VOJIN SAŠA VUKADINOVIĆ (HG.)

FREIHEIT IST KEINE METAPHER

ANTISEMITISMUS, MIGRATION, RASSISMUS, RELIGIONSKRITIK

QUERVERLAG

Dank an Jim Baker, Ilona Bubeck, Yasemin Makineci, Fathiyeh Naghibzadeh und Caroline Sosat.

Erste Auflage: Oktober 2018
Zweite, durchgesehene und erweiterte Auflage: Oktober 2024

Umschlag und grafische Realisierung von Sergio Vitale

Druck und Weiterverarbeitung: Rotomail Italia S.p.A.
ISBN 978-3-89656-269-2
Printed in Italy

Bitte fordern Sie unser Gesamtverzeichnis an:
Querverlag GmbH
Akazienstraße 25, 10823 Berlin
www.querverlag.de

Für Donato

Inhalt

Vorwort zur zweiten Auflage

Vojin Saša Vukadinović

Manche Bücher kehren irgendwann nach ihrer Publikation wieder, weil sich das, was sie zu einem bestimmten Zeitpunkt zum Sujet gemacht hatten, indessen verschärft hat. Nichts von dem, was 2018 in *Freiheit ist keine Metapher* kritisiert worden war, ist in den vergangenen Jahren besser geworden. Das mag mit erklären, warum die Nachfrage nach diesem Sammelband nie abgerissen ist. Eine Wiederveröffentlichung drängte sich also auf.

Da die erste Auflage kurz auf die irrational erregte Debatte um *Beißreflexe*[1] und in derselben Reihe des Querverlags gefolgt war, sind diesbezüglich einige erläuternde Bemerkungen voranzustellen. Als die 2017 von Patsy l'Amour laLove herausgegebenen Essays und Kommentare zum desolaten Zustand des Queer-Aktivismus und zu dessen autoritären wie antisemitischen Ausprägungen für enorme Aufregung sorgten, kaprizierten sich die lautstarken, aber auch die sich durchdachter gebenden Reaktionen schnell auf die Phrase, dass jener Sammelband für die Perspektive vermeintlich „Privilegierter" stünde – wie es im aktivistischen Duktus üblicherweise lautet –, weswegen Rassismus darin kein Thema sei. Dies gilt im Besonderen für die wohl bizarrste Stellungnahme, die im Zuge jener Kontroverse erschien. Nachdem *EMMA* vier Beitragenden der Anthologie Gelegenheit gegeben hatte, ihre Beiträge bzw. deren Zuspitzungen in einem Dossier der Sommerausgabe der feministischen Zeitschrift abzudrucken, dozierten zwei darin Kritisierte in der *ZEIT* so hochtrabend wie moralisierend: „Welchen Feminismus *Emma* auch immer vor Augen hat: Es scheint ein Feminismus zu sein, der kein Problem mit Rassismus hat."[2]

Zwar handelt es sich bei diesem Gedanken offenkundig um eine gehörige Projektionsleistung; interessanterweise fand er sich aber auch in weniger prominenten Besprechungen wiederholt. So behauptete ein Rezensent im Deutschlandfunk, „[d]ie sehr berechtigten Grundanliegen des Queerfeminismus, insbesondere etwa Rassismus auch szene-intern zu thematisieren", würden in *Beißreflexe* durch Zuhilfenahme „ihrer in der Tat erschreckenden Übertreibungen verlacht"[3] – ohne den Hinweis folgen zu lassen, dass die angebliche „Thematisierung" in Gestalt von Pseudotheorien wie Critical Whiteness daherkommt, die unwissenschaftlich und de facto Neorassismus sind. Ganz im Duktus des eiligen Anschlusses an diese Konsensbildung fragte sich auf *literaturkritik.de* ein anderer Rezensent, „warum die Kritisierten sich nach all den Beleidigungen noch mit den Kritikern zu einem konstruktiven Dialog treffen sollen."[4] Abgesehen davon, dass *Beißreflexe* keine Einladung zum Gespräch war, sondern erstmalig auf ein endemisches Problem hingewiesen hat und sich strikt negativ auf dieses bezog, ist es äußerst bezeichnend, die Verurteilung kulturalistischer Postulate – die Verklärung von Genitalverstümmelung zu etwas Schützenswertem etwa oder das systematische Schweigen zur Verfolgung Homosexueller aus religiösen Gründen – in globaler wie lokaler Perspektive für „Beleidigungen" zu halten und hierüber einen „konstruktiven Dialog" führen zu wollen. Was soll „differenzierte" Kritik an Rassisten eigentlich sein?

In *Texte zur Kunst* hatte ein weiterer Rezensent eine Unterscheidung zwischen rechtmäßigen queeraktivistischen Einwänden gegen Rassismus und „ihren exzessiven Formen"[5] aufzustellen versucht, die *Beißreflexe* verzerrt habe – eine aufschlussreiche Fehldiagnose. Bei den Forderungen des Antirassismus in seiner gegenwärtigen Verfasstheit handelt es sich eben nicht um Ausschweifungen, sondern um grundsätzliche Probleme, wie inzwischen andernorts detailliert nachzulesen ist[6], und um die politische Normalität eines Milieus, das nicht an der Zurückdrängung des Rassismus, sondern an der Gängelung Dritter interessiert ist und damit ein instrumentelles Verhältnis zu einem real existierenden Problem unterhält. Wenig überraschend wurden in derselben Besprechung im Tonfall feindistinguierter Misogynie bekannte Verdrehungen wiederholt, indem der Queeraktivismus zu einem Erbe der Frauenbewegung erklärt wurde, schlösse dieser doch an „Jahrzehnte feministischer Selbstkritik" an – ein historisch grotesker Irrtum, der gar zu folgendem Urteil verleitete: „Damit wurde sie" – die vermeintliche feministische Selbstkritik – „auch zu einer naheliegenden intersektionalen Bündnispartnerin für antirassistische Kritik und postkolonialen Feminismus, die schon lange problematisieren, dass die wirklichen Interessen nichtweißer, nichtwestlicher Frauen in feministischen Kämpfen für ‚die Rechte *der* Frau' oft unberücksichtigt bleiben."[7] Wer den Regress, der von der politischen Subjektwerdung des weiblichen Teils der Menschheit nach einem jahrhundertelangen, mühsamen und diskontinuierlichen Emanzipationsprozess zur Degradierung auf die Rolle einer „intersektionalen Bündnispartnerin" für Fortschritt hält, begeistert sich auch für andere Abwärtsentwicklungen: Nachdem die Frauenrechtsorganisation Terre des Femmes 2018 die Petition „Den Kopf frei haben"[8] gestartet hatte, die sich gegen die Verschleierung von Mädchen richtete, gehörte derselbe Rezensent alsbald zu den „Erstunterzeichnenden" der Gegenkampagne, die mit ungeheuerlichen Sätzen Partei für die patriarchale Kontrollmaßnahme ergriff: „Die Forderung nach einem Kopftuchverbot für Minderjährige stellt einen starken Eingriff in die Selbstbestimmung junger Menschen dar, führt zu weiteren Eingriffen in ihre Lebensbedingungen und Teilhabechancen und legitimiert die schon bestehende Diskriminierung kopftuchtragender Musliminnen."[9] Wie so oft dürfen die Konsequenzen solcher Forderungen nicht etwa deren Urheberinnen und Urheber, sondern andere ausbaden.

Wie sich an diesen und zahlreichen anderen Rezensionen zeigte, bot die *Beißreflexe*-Debatte Gelegenheit, mit vorgetäuschter Rassismus-Sensibilität das eigene Ressentiment auszuagieren oder zumindest in projektiver Gestalt viel davon preiszugeben. Sabri Deniz Martin spricht in diesem Zusammenhang zurecht von „Diffamierung als Selbstentblößung".[10] Nichts beweist dies mehr als das Pamphlet zweier Doktorandinnen der Ruhr-Universität Bochum, die in einem nur schwerlich als wissenschaftlich zu bezeichnenden Papier Einwände hilflos zusammenzutragen versuchten, um den Autorinnen und Autoren des Sammelbands zu unterstellen, eigentlich verkappte Rechte zu sein: „Plötzlich klingt die Verteidigung der Aufklärung aus der Perspektive der Kritischen Theorie wie die Verteidigung des

Abendlandes aus der Perspektive der populistischen Rechten – einer neuen, ‚identitären Bewegung' übrigens."[11] Dumm nur, dass die neurechte Publizistin Ellen Kositza schon 2011 angeregt in der Kopftuch-Eloge der Gender Studies schlechthin geblättert hatte, der getätigte Applaus von ganz weit rechts also dem Gedankengut des eigenen Milieu galt und gerade nicht dessen Kritik, deren Verfechter mit Emanzipation und Freiheit für Werte streiten, denen Traditionalisten gleich welcher Couleur entgegenwirken.[12] Das generöse Verschweigen dieses Details ist exemplarisch. Trotz Unterstellungen, einer Zitatfälschung und der Unfähigkeit, auch nur einen kohärenten Gedanken zu formulieren, wurden die beiden Nachwuchswissenschaftlerinnen 2019 mit dem „Best Publication Award Gender & Medien" der Gesellschaft für Medienwissenschaft ausgezeichnet.[13]

Mit der Publikation von *Freiheit ist keine Metapher* waren die Pseudoeinwände all jener Pseudokritiker widerlegt, während sich diesen nun Gelegenheit bot, ihre Behauptungen am konkreten wie umfänglichen Material zu überdenken. Dass sie es noch Jahre später vorziehen, gekränkt auf *Beißreflexe* hinzuweisen, den vorliegenden Sammelband hingegen verschweigen, zeigt, dass sie sich überhaupt nicht für Rassismus interessierten, damals nicht und heute genauso wenig – und für Antisemitismus, an dessen akademischer Popularisierung das entsprechende Milieu bekanntlich arbeitet, ohnehin nicht. Der Zugang zum Thema war und ist grundsätzlich ahistorisch, da moralischer Art, und die Produkte dieser Entscheidung zeugen von einer wissenschaftlich salonfähigen Abneigung, die sich in steter Regelmäßigkeit gegen selbstbewusste migrantische Individuen richtet. Diese werden umso mehr verachtet, je mehr man sich kollektiv für misogyne Verhüllungspraktiken begeistert und zum florierenden Hass auf den jüdischen Staat, der in den eigenen Reihen inzwischen das einzige überhaupt noch klar identifizierbare politische Credo ist, nichts sagen möchte. Dass Alice Schwarzer gendertheoretisch geschulten Kreisen derweil als ewige Zielscheibe dient, erklärt sich bereits darüber, dass es dieselben Kreise niemals wagen würden, sich mit gleicher Vehemenz dem salafistischen Milieu oder der personellen Spitze der Islamverbände, deren Weltbild und gesellschaftspolitischen Forderungen zu widmen. So will eine Doktorandin, die einen opportunistisch anmutenden Artikel zur *Beißreflexe*-Debatte verfasst hat, herausgefunden haben, dass der Einsatz der *EMMA*-Herausgeberin für Frauenrechte auf die antagonistische „Zuschreibung eines politisierten Islams“[14] setze – eine Formulierung, auf die man in Zeiten von Jihadismus, legalistischem Islam, Atomprogramm und Geschlechterapartheid der „Islamischen Republik“ sowie der Türkei unter Recep Tayyip Erdoğan erst einmal kommen muss. Judith Butler wird an selber Stelle für ihre „deviante Position zur Burka“ gelobt, die dort ironiefrei als „Herrschaftskritik“ bezeichnet wird.[15]

Wenn herkunftsdeutsche Nachwuchswissenschaftlerinnen mit bescheidenem Wissen in Sachen Rassismus und Migration sowie noch weniger Kenntnis in islamistischen Belangen die Verherrlichung der Burka durch die Galionsfigur der Gender Studies für „Herrschaftskritik“ halten, sprich: ordinären Rassismus wissenschaftlich nobilitieren, weil sie sich durch diese konformistische Geste offenbar Beifall erhoffen, ist dies durchaus symptomatisch. Es ist aber lange noch nicht so verwerflich wie der Anspruch der Fachgesellschaft Geschlechterstudien, die ihre eigene Jahrestagung 2022 der völlig selbstbezüglichen Devise „Decolonizing Gender Studies“ gewidmet und damit eine antiimperialistische Agenda bedient hat, die unumwunden als wissenschaftspolitische Intervention ausgegeben worden ist.[16] Zu den dringlichsten, die Gegenwart von Geschlecht und Sexualität betreffenden Problemen wird derweil so kontinuierlich geschwiegen, dass sich über dieses kritikresistente universitäre Milieu Jahr für Jahr derselbe Artikel verfassen ließe.

So bestätigen dieses kleine wie auch das große Beispiel die Kritik, die in *Beißreflexe* angerissen und im vorliegenden Sammelband auf 500 Seiten vertieft worden ist, nur aufs Neue: Die deutschen Hochschulen haben ein akutes Rassismusproblem von links. Dies zeigt sich eben nicht nur im endemischen Schönreden der Zwangsverhüllung und -entrechtung afghanischer Frauen durch die Taliban und im zugehörigen Loblied auf vermeintlich ursprüngliche Kollektive, die vom Westen korrumpiert und zersetzt würden, sondern vor allem an der Unfähigkeit, die sich stetig ausweitende Präsenz des Alltagsislam auch hierzulande anzuerkennen – geschweige denn zu analysieren – und sich mit dessen Opfern zu solidarisieren. „Nicht in meinen schlimmsten Albträumen hätte ich mir vorstellen können, dass in meinem Fachbereich ein akademisches Plädoyer zur Verteidigung des Kopftuches erscheinen könnte“[17], schreibt Fathiyeh Naghibzadeh in ihrem Beitrag über das kulturrelativistische Standardwerk der hiesigen Gender Studies, dessen Urheberinnen keck beansprucht hatten, selbst „kein Kopftuch tragen“[18] zu wollen. Inzwischen hat sich auch eine jüngere Generation dieses Nicht-Denken zu eigen gemacht. Wie Yasemin Makineci hervorhebt, ist es heute eine „aus dem aufbereiteten Müllhaufen der Ideengeschichte entstandene Halluzination namens Queerfeminismus“, die dem „politischen Islam mit ganz besonderem Elan ideologische Schützenhilfe“ leistet, denn „er lügt das Kopftuch oder die Burka zum bloßen Kleidungsstück um, während er Betroffene in die Parallelgesellschaft abschiebt, die zu deren unverrückbare[r] ‚Kultur‘ erklärt wird.“[19] Dass es migrantische Individuen sind, die diesen ideologischen Unrat wegräumen und genau dafür mit zusätzlicher Verachtung seitens seiner oftmals staatlich angestellten herkunftsdeutschen Produzentinnen und Produzenten gestraft werden, darf als akademisches Pendant noch der konventionellsten rassistischen Momente der hiesigen Gesellschaft verstanden werden. Gefiltert durch die steifen Gepflogenheiten und den Jargon einer sich kontrolliert gebenden Wissenschaftlichkeit artikuliert sich darin ein abgespaltenes Ressentiment, das man ansonsten gerne „Wutbürgern“, „Rechtspopulisten“ und anderen attestiert – der bewährte Trick besteht wie gesagt darin, die eigene Verachtung als Rassismus-Sensibilität zu vermarkten und, wie Hannah Kassimi vermerkt, dabei stets zu ignorieren, dass es sich bei den zugehörigen politischen Vorstellungen um Partikel aus der Ideenwelt „ausgemachte[r] Nationalsozialisten wie Carl Schmitt und Martin Heidegger“[20] handelt. „Selbstreflexivität“, das zeigen alle in diesem Band versammelten Analysen, ist *die* politische Lebenslüge einer akademischen Szene, die von sich selbst das Bild hegt, Vorkämpferin einer besseren Gesellschaft zu sein, tatsächlich aber auf deren Gegenteil hinarbeitet, indem sie unentwegt um Hautfarbe, vermeintlich ursprüngliche „Kultur", Gemeinschaft und Ähnliches kreist und damit an allen emanzipatorischen Errungenschaften des 20. Jahrhunderts sägt, die lediglich vorläufige waren.

Die Kritik hieran, die *Freiheit ist keine Metapher* in offener Form versammelt, widmet sich insbesondere dem Nahverhältnis von Antisemitismus und vermeintlicher Rassismus-Sensibilität, das spätestens mit dem Pogrom vom 7. Oktober 2023 als unmissverständlicher Vernichtungswunsch nicht nur der Hamas, sondern weiter Teile der hiesigen Geistes- und Sozialwissenschaften sichtbar wurde, ob studentisch oder auf professoraler Ebene.[21] Der Sammelband *Zugzwänge* wiederum, der 2020 erschien, galt einer spezifischeren Fragestellung und zeigte am konkreten Beispiel von Flucht und sexuellen Minderheiten, was die gesellschaftspolitischen Konsequenzen eines Denkens sind, welche die von Makineci diagnostizierte „Halluzination" mit zu verantworten hat.[22] Beide Bände erschienen, bevor „Identitätspolitik" und insbesondere „woke" zu erregten Begriffen wurden, die seither durch die deutschsprachige Öffentlichkeit geistern, wo ihnen in der Regel aber weder auf den Grund gegangen noch ihr ideologischer Gehalt freigelegt wird.

Auch deshalb also diese Neuauflage, die nun ein Nachwort von Ioannis Dimopulos ergänzt. Die Durchsicht galt lediglich wenigen Flüchtigkeitsfehlern, die dem Lektorat entwischt waren, sowie Formalem. Die Artikel selbst blieben so, wie sie 2018 erstveröffentlicht wurden. Einzeln wie in toto dokumentieren sie den polyphonen wie dissonanten Einspruch gegen Tendenzen, die sich seither verselbständigt und in erheblichem Maße gesellschaftlich ausgedehnt haben. Mag die Warnung damals schon zu spät gekommen sein, kann die retrospektive Lektüre zumindest zeigen, dass diese Entwicklung mit Argumenten angefochten worden ist, die nichts von ihrer Gültigkeit eingebüßt haben. Während sich am Umstand, dass diese Kritik von den Gemeinten nicht gehört werden will, nichts ändern dürfte, sind die vorliegenden Beiträge nun für diejenigen, die etwas mit ihnen anzufangen wissen, wieder verfügbar.

Anmerkungen

1 Vgl. Patsy l'Amour laLove (Hg.), *Beißreflexe. Kritik an queerem Aktivismus, autoritären Sehnsüchten, Sprechverboten*, Berlin 2017.

2 Judith Butler/Sabine Hark, „Die Verleumdung", in: *Die ZEIT*, Nr. 32/2017, 03.08.20217.

3 Philipp Schnee, „Polemik statt kühler Analyse", DLF, *Buchkritik*, Sendung vom 07.08.2017.

4 Johannes Stier, „Viel Feind', viel Ehr'. Patsy L'amour LaLove [*sic*] veröffentlicht mit ‚Beißreflexe' einen undifferenzierten Rundumschlag gegen Queer Theory und queeren Aktivismus", auf: *literaturkritik.de*, 08.11.2017, https://literaturkritik.de/lamour-lalove-beissreflexe,23844.html (letzter Abruf: 30.08.2024).

5 Floris Biskamp, „Das falsche Buch zur richtigen Zeit", in: *Texte zur Kunst*, Nr. 107, September 2017, S. 131-134, hier: S. 133.

6 Vgl. Ingo Elbe et al. (Hg.), *Probleme des Antirassismus. Postkoloniale Studien, Critical Whiteness und Intersektionalitätsforschung in der Kritik*, Berlin 2022.

7 Floris Biskamp, „Das falsche Buch zur richtigen Zeit", S. 131. (Hervorhebung im Original).

8 Das Motiv zur Petition findet sich unter https://frauenrechte.de/shop/detail/postkarten-den-kopf-frei-haben-20er-packung (letzter Abruf: 30.08.2024).

9 Netzwerk Rassismuskritische Migrationspädagogik BW, „Nein zu einem Kopftuchverbot für Minderjährige – eine migrationspädagogische Stellungnahme", 23.03.2019, https://www.rassismuskritik-bw.de/nein-zum-kopftuchverbot/ (letzter Abruf: 30.08.2024).

10 Vgl. Sabri Deniz Martin, „Diffamierung als Selbstentblößung. Ein Rückblick auf die *Beißreflexe*-Debatte", in: Till Randolf Amelung (Hg.), *Irrwege. Analysen aktueller queerer Politik*, Berlin 2020, S. 44-86.

11 Jasmin Degeling/Sarah Horn, „‚Queer' aufs Spiel gesetzt: Über Beißreflexe, queere Bewegungsgeschichte und gegenwärtige Affektkulturen", in: *onlinejournal kultur & geschlecht*, Nr. 21, 2018, S. 1-41.

12 Vgl. Ellen Kositza, „Kopftuchmädchen", in: *Sezession*, Nr. 40, Februar 2011, S. 22-27, hier: S. 24f. Kositza bezog sich darin auf Christina von Braun/Bettina Mathes, *Verschleierte Wirklichkeit. Die Frau, der Islam und der Westen*, Berlin 2007.

13 Kritisch dazu Sabri Deniz Martin, „Diffamierung als Selbstentblößung", S. 64-69.

14 Emma Göttle, „‚Herrschaft' und ‚Denkverbote'. Judith Butler, Alice Schwarzer und der Feminismus im Feuilleton", in: Ole Petras/Dirk Westerkamp (Hg.), *Inexklusion. Diskreter Ausschluss und kulturelle Vereinnahmung im medialen Feld der Gegenwart*, Kiel/Hamburg 2021, S. 119-132, hier: S. 128.

15 Ebd., S. 125.

16 *Decolonizing Gender Studies*, 11. Jahrestagung der Fachgesellschaft Geschlechterstudien, Universität Kassel, 06.-09.04.2022.

17 Fathiyeh Naghibzadeh, „Freiheit ist weder westlich noch östlich, sondern universal", S. 366-378 in diesem Band, hier: S. 370.

18 Christina von Braun/Bettina Mathes, *Verschleierte Wirklichkeit*, S. 17. Eine ausführliche Kritik der kulturrelativistischen Abhandlung findet sich bei Bernd Martin, *Aufgeklärte Vernunft und konkurrierende Handlungsrationalitäten am Ende des 20. Jahrhunderts. Sozialtheorie zwischen prädisponiertem Nutzenkalkül, Werterelativismus und den Vorzeichen islamischen Absolutismus*, Bamberg 2013, S. 338-351.

19 Yasemin Makineci, „Bodies That Shatter. Zur Psychoanalyse des Selbstmordattentats", S. 95-104 in diesem Band, hier: S. 102.

20 Hannah Kassimi, „Kognitive Dissonanz. Der linke Hass auf migrantisch-feministische Individuen", S. 331-351 in diesem Band, hier: S. 342.

21 Siehe dazu die Beiträge in Vojin Saša Vukadinović (Hg.), *Siebter Oktober Dreiundzwanzig. Antizionismus und Identitätspolitik*, Berlin 2024.

22 Vgl. Vojin Saša Vukadinović (Hg.), *Zugzwänge. Flucht und Verlangen*, Berlin 2020.

Am Abgrund der Freiheit

Vorbemerkung

Vojin Saša Vukadinović

Silvia Bovenschen hat einmal bemerkt, dass vermutlich jede Bewegung im Zuge fortschreitender Popularisierung ihre eigene Karikatur hervorbringt.[1] Der Genderfeminismus, der Antirassismus und der Queerfeminismus sind ebendies: Karikaturen geschlechter-, migrations- und sexualpolitischer Emanzipationsregungen. Der vorliegende Sammelband nimmt diesen pessimistischen Befund zum Ausgangspunkt, um über den Verrat an der Mündigkeit nachzudenken, der mittlerweile vollumfänglich dort anzutreffen ist, wo Analysen zu Antisemitismus, Migration, Rassismus und Religionskritik gefragt wären.

Der bewusst didaktische Titel *Freiheit ist keine Metapher*, der auf eine Autorin dieses Bandes, Fathiyeh Naghibzadeh, zurückgeht[2], ist dabei Programm. Die hier versammelten Beiträge erinnern an eine Idee, deren Erosion durch die drei vorgenannten Phänomene beschleunigt wird. Angeblich in Geschlechterfragen sensible Akademikerinnen, die nach Euphemismen für Genitalverstümmelung suchen; mit einem vorangestellten „anti-“ eingeleitete rassistische Postulate über einen intrinsischen Zusammenhang von Hautfarbe und gesellschaftlicher „Positionierung“; Queer-Aktivistinnen, die religiöse Folklore selbst dann für einen Ausdruck gesellschaftlicher Vielfalt halten, wenn Frauen unter dieser vollständig zum Verschwinden gebracht werden – was noch in den 1990er Jahren belacht, vielleicht auch für wahnhaft erklärt worden wäre, ist längst kein schlechter Scherz mehr. Mittlerweile ist die Satire zur Realität geworden, moralisch zusammengehalten von „Bekenntnisfuror“[3], wie Sarah Schumann dies in einem anderen Zusammenhang einmal auf den Begriff gebracht hat: das larmoyant vor sich hergetragene Leiden an der Welt, das gegenwärtig in akademischen wie aktivistischen Kreisen bevorzugt auf den Namen „Selbstreflexivität“ hört.

Zwanzig Jahre nach Gründung des migrationspolitischen Zusammenschlusses Kanak Attak, der sich explizit *gegen* die Frage nach Pass, Herkunft und kultureller Identität gewandt hatte, ist es so, als ob es diesen Einspruch nie gegeben hätte: „Sprechorte“ sind das Gebot der Stunde, das Einfordern von Akzeptanz noch für die absurdesten Identitätsentwürfe sowie eine rigide Sphärentrennung, der zufolge Deutsche höchstens „Allies“ von „POCs“ seien können, aber niemals egalitäre Partnerinnen und Partner mit demselben politischen Anliegen. Das unentwegte Austarieren von „Opferhierarchien“[4] ist längst synonym dafür, politisch zu sein; derweil gilt heute noch der Gebrauch falscher Personalpronomen als „gewaltvoll“.

Was die damit einhergehende endemische Apologie physischer Gewalt auch deshalb zu einem solch dringlichen Problem macht, ist, dass sich in unmittelbarer Nähe zu besagten Phänomenen mit steter Regelmäßigkeit Antisemitismus findet. Dieser wiederum ist konstitutiv für den Jihadismus, zu dem in ebenjenen Kreisen vor allem geschwiegen wird. Dieser Konsens muss gestört werden. „Dass es einen Unterschied gibt zwischen einer Religion und ihrem Fundamentalismus, sollte uns nicht davon abhalten, in aller Gelassenheit und ohne uns zu ereifern die Querverbindungen zwischen beiden zu untersuchen“, schrieb Julia Kristeva nach den Anschlägen vom 11. September 2001: „Denn in Gedanken an ein paar Zeilen einer dieser Lehren lässt ein Terrorist ein Flugzeug explodieren, nicht in Gedanken an eine Sonate von Mozart, einen Vers von Shakespeare oder ein Gemälde von Picasso!“[5] Auch Elfriede Jelinek erklärte damals entschieden: „Ich höre bis heute kaum irgendwelche Bannflüche der großen Gelehrten der islamischen Welt gegen diese rasenden Weltlehrer mit ihren Stöcken, reitend in Flugzeugen, ich höre keine Schreie, beinahe nur Flüstern“, und erinnerte weiter daran, dass es Unschuldige seien, „die für irgendwelche eingebildeten Schuldigen und für irgendeine Schuld, die von den Tätern willkürlich behauptet wurde, zahlen mussten (und immer, immer die Gewalt gegen Frauen, die offenbar eines nie zu sühnenden Verbrechens schuldig sind, bloß weil sie überhaupt da sind, daher muss man sie verbergen, aber für Vergewaltigungen sind sie immer noch gut genug, verborgen oder nicht)."[6]

Doch während der Jihadismus wahrscheinlich *das* zweigeschlechtliche Identitätsangebot der Gegenwart schlechthin ist und damit a priori die Aufmerksamkeit eines Forschungszweigs erregen müsste, der vorgibt, sich mit ebenjener „Zweigeschlechtlichkeit", der „heterosexuellen Matrix" und „Normativität" zu befassen, haben deutsche Genderforscherinnen andere Prioritäten gesetzt: Von all dem unbeeindruckt, sind sie damit befasst, „in Differenz über Differenz nachzudenken und zwischen Differenzen zu differenzieren."[7] Silvia Bovenschen indes hatte schon 2006 gewarnt, dass „eine islamische Jugend [...] begeistert in den frühen Tod"[8] rast, wofür mittlerweile LKWs gekapert werden, um damit massenmordend durch Städte wie Nizza, Berlin und Barcelona zu fahren, oder minderjährige Besucherinnen eines Popkonzerts in die Luft gesprengt werden, so geschehen in Manchester. Dabei sind Beispiele dafür, was angesichts dieser Entwicklung notwendig ist, zahlreich – werden doch am Londoner King's College unter der Leitung des Politikwissenschaftlers Peter Neumann seit Jahren die Strukturen jihadistischer Netzwerke sowie deren Rekrutierungsweisen und politische Verzweigungen erforscht; hat Lisa Lübars mit „Alice im Splatterland"[9] eine Analyse europäischer Islamistinnen in der ideologiekritischen Zeitschrift *Bahamas* vorgelegt, die zeigt, wie weiblicher Sadismus im Kampf gegen „Ungläubige" zu sich selbst kommt; hat Julia Kristeva den Simone-de-Beauvoir-Preis für die Freiheit der Frauen initiiert, zu deren bisherigen Preisträgerinnen u. a. die Frauenrechtlerinnen Ayaan Hirsi Ali und Taslima Nasreen, die iranische Gleichberechtigungskampagne „Eine Millionen Unterschriften", die von Taliban niedergeschossene Schülerin Malala Yousefzai sowie die Journalistin Aslı Erdoğan zählen. Couragierte Arbeit wie diese, die schon deshalb von einer universitären Geschlechterforschung erbracht werden müsste, weil diese von der Prämisse ausgeht, dass ihr Sujet alle

Bereiche des gegenwärtigen Lebens durchdringe – weswegen sie sich auch als gesellschaftspolitisch relevant versteht und genau hierüber von anderen Fächern absetzen möchte –, wird also längst von anderen vorgelegt. Und diese erledigen den Auftrag in jedweder Hinsicht besser, als es bei Abhandlungen der Fall wäre, die dem Gender-Paradigma folgen.

Die Gender Studies seien dem „Nichtanerkannten und Prekären"[10] verpflichtet, behauptete die Fachgesellschaft Geschlechterstudien in einer 2014 veröffentlichten Erklärung. Inwiefern dieses Gelöbnis mit der Realität kollidiert, dürfte aus nahezu jedem Beitrag dieses Sammelbands hervorgehen. Auch die Leiterin des Frankfurter Forschungszentrums Globaler Islam (FFGI), Susanne Schröter, hat im Gespräch mit der *FAZ* hervorgehoben, dass der Geschlechterforschung der Bezug zur Wirklichkeit verloren gegangen sei.[11] Diesem Urteil kann nur beigepflichtet werden – obschon es keine Neuigkeit ist: Schließlich waren es Studierende der Berliner Gender Studies (Thomas Maul, Fathiyeh Naghibzadeh, Philippe Witzmann), die schon in den 2000er Jahren umfänglich auf exakt diese Fehlentwicklung in Wissenschaft und Aktivismus hingewiesen haben.[12] Ihre bisweilen harsche, aber notwendige Kritik wurde nicht nur jahrelang ignoriert, sondern mit einem Verdikt belegt: Wer schon einmal einen wissenschaftlichen Text zu publizieren versucht hat, der sich auf Thomas Mauls singuläre Studie *Sex, Djihad und Despotie* bezieht, wird mit Sicherheit von schrillen, alarmistischen Reaktionen zu berichten wissen.[13] Die irrationalen Zurückweisungen sprechen für sich: Abgewehrt wird nicht ein Autor mit missliebiger Meinung, sondern die Möglichkeit von Kritik und letztlich auch die Realität. Der Umstand, dass hingegen pseudotheoretische Behauptungen wie „Critical Whiteness" oder modisch aufbereitete Hetze wie „Pinkwashing" im akademischen Rahmen nicht nur rezipiert werden, sondern Anerkennung erfahren, bezeugt diese Kapitulation vor der Wirklichkeit ebenfalls. Die Trivialisierung von Rassismus durch die Mobilisierung von Schuldgefühlen und Selbstethnisierung, die als „Antizionismus" ausgegebene Bejahung antisemitischen Gedankenguts, das Absinken wissenschaftlicher Standards: all dies ist – gekrönt von absoluter Humorlosigkeit – Symptom eines Denkens, das längst nur noch „Wahrheiten“ kennt.

Die 38 Beiträge des vorliegenden Sammelbandes, die sich auf sieben thematische Sektionen verteilen, sind als Dokumentation des Verfalls des Denkens und als entschiedener Einspruch gegen die vorgenannten Tendenzen zu verstehen. Die Autorinnen und Autoren vertreten keinen einheitlichen politischen Standpunkt und haben nicht den Anspruch, die vier Begriffe im Untertitel erschöpfend abzuhandeln. Vielmehr zeigen sie, dass die beschriebenen Probleme miteinander verbundene sind.

Den Feminismus halte sie für eine Frage der Intelligenz, bemerkte Silvia Bovenschen einst.[14] Es ist Zeit, sich diesem Diktum anzuschließen. Denn die Geschlechterforschung „muss sehen, dass sie auch wieder Resultate liefert, die zur Konfliktlösung beitragen“, so Susanne Schröter weiter.[15] Weil davon auszugehen ist, dass sich Genderfeminismus, Antirassismus und Queerfeminismus aus ihren selbstverschuldeten Sackgassen nicht hinausmanövrieren können, ist *Freiheit ist keine Metapher* als eigenständiger Beitrag zu ebenjener Konfliktlösung zu verstehen.

Anmerkungen

1 Vgl. Silvia Bovenschen, *Älter werden*, dritte Auflage, Frankfurt am Main 2013, S. 172.
2 Vgl. Fathiyeh Naghibzadeh, „Freiheit ist keine Metapher", in: *Jungle World*, Nr. 26/2009, 25.06.2009.
3 Zitiert nach Silvia Bovenschen, *Älter werden*, S. 46.
4 Silvia Bovenschen, *Sarahs Gesetz*, Frankfurt am Main 2015, S. 110.
5 Julia Kristeva, „Wie wird man Terrorist?", in: *taz*, 10.10.2001.
6 Elfriede Jelinek, „Das Los hat getroffen", in: *taz*, 24.12.2001.
7 Sabine Hark/Paula-Irene Villa, *Unterscheiden und herrschen. Ein Essay zu den ambivalenten Verflechtungen von Rassismus, Sexismus und Feminismus in der Gegenwart*, Bielefeld 2017, S. 25.
8 Silvia Bovenschen, *Älter werden*, S. 125.
9 Lisa Lübars, „Alice im Splatterland", in: *Bahamas*, Nr. 70, Winter/Frühjahr 2015, S. 50-54.
10 Fachgesellschaft Geschlechterstudien, „Stellungnahme des Vorstands zur Diffamierung von Kolleg_innen", 23.07.2014.
11 Zitiert nach Thomas Thiel, „Wie viel Islam steckt im sexuellen Übergriff?", auf: *FAZ.net*, 18.01.2016, http://www.faz.net/aktuell/feuilleton/wie-viel-islam-steckt-im-sexuellen-uebergriff-gespraech-mit-der-islam-expertin-susanne-schroeter-14019218.html?printPagedArticle=true#pageIndex_2 (letzter Abruf: 01.06.2018).
12 Vgl. den Dokumentarfilm *Kopftuch als System – Machen Haare verrückt?*, R: Fathiyeh Naghibzadeh et al., Deutschland 2004; dies., „Freiheit ist keine Metapher. Zur Geschichte und Struktur des Geschlechterverhältnisses im Iran", in: Thomas von der Osten-Sacken/Oliver M. Piecha/Alex Feuerherdt (Hg.), *Verratene Freiheit. Der Aufstand im Iran und die Antwort des Westens*, Berlin 2010, S. 171-192; Thomas Maul/Philippe Witzmann, „Feminismus aus Tausendundeiner Nacht. Die Gender Studies als spirituelle Avantgarde der Selbstzerstörung des Westens", in: Hartmut Krauss (Hg.), *Feindbild Islamkritik. Wenn die Grenzen zur Verzerrung und Diffamierung überschritten werden*, Osnabrück 2010, S. 199-214.
13 Thomas Maul, *Sex, Djihad und Despotie. Zur Kritik des Phallozentrismus*, Freiburg 2010.
14 Vgl. Silvia Bovenschen, *Älter werden*, S. 171.
15 Zitiert nach Thomas Thiel, „Wie viel Islam steckt im sexuellen Übergriff?".

Der lange Schatten der Islamischen Revolution

Der Schah musste weg – die Mullahs müssen es auch

Nasrin Amirsedghi

Als Reaktion auf die Vernichtungspolitik und die Gräueltaten der Nationalsozialisten garantiert das Grundgesetz der Bundesrepublik Deutschland seit dem 23. Mai 1949 die Unantastbarkeit der Menschenwürde in Artikel 1 Abs. 1. Es verpflichtet jede staatliche Gewalt, sie zu achten und zu schützen. In Artikel 2 wird dies konkretisiert: „Das deutsche Volk bekennt sich darum zu unverletzlichen und unveräußerlichen Menschenrechten als Grundlage jeder menschlichen Gemeinschaft, des Friedens und der Gerechtigkeit in der Welt."

Wo auch immer der Islam *als Staatswesen* an den Schalthebeln der Macht sitzt, herrschen in unterschiedlichem Maße Totalitarismus, Fanatismus, Terror und Mord. Dies resultiert aus dem Wesen seines „heiligen Buches", seiner auf der „Scharia" beruhenden Gesetze und deren Auslegung, die in ihnen eine zeitlose Gesetzmäßigkeit sieht. Das ist im Iran seit 1979 nicht anders: Zu den Verfassungsgrundlagen der „Islamischen Republik" zählen der Koran, die Überlieferungen des Propheten Mohammed und seiner Gefolgschaft (*Ahl-ul-Bait*) sowie der Regierungsauftrag Imam Alis an Malik al-Aschtar, eine Schrift aus dem siebten Jahrhundert, die für die Schiiten sinnstiftend wurde. Hier kontrastieren zwei grundverschiedene Gemeinwesen: der Schutz der Menschenwürde einerseits und die historische Regression andererseits.

Woran liegt dies? Meine Antwort beruht auf drei Thesen, die im Wesen des Islam und der iranischen Verfassung[1] zu finden sind:

1. Der Islam – und insbesondere die im Kontext des Korans begründete Verfassung der „Islamischen Republik Iran" – ist als Staatswesen mit Demokratie und Menschenrechten nicht vereinbar.

2. In einem solchen System ist die Durchsetzung individueller Rechte, vor allem jener von Frauen und Minderheiten, nicht möglich. Islamisch verfasste Systeme sind keineswegs reformierbar.

3. Der Koran als religiöse und gesellschaftspolitische Norm für Muslime läuft in zentralen Punkten den allgemein anerkannten Menschenrechten und Grundfreiheiten radikal zuwider.

Menschenrechte sind ein universelles Recht des Einzelnen

Die UN-Charta gründet auf dem Glauben an die Unteilbarkeit und Universalität der Menschenrechte. Weiterhin fußt ein demokratischer Staat wie die Bundesrepublik Deutschland, die ohne Partizipationsmacht der Bevölkerung an politischen Entscheidungsprozessen unvorstellbar ist, auf dem Prinzip der auf Dauer angelegten objektiven Wert- und Rechtsordnung sowie auf den Menschenrechten, die durch unabhängige Gerichte überprüft werden. Die Rechtsstaatlichkeit geht so weit, dass auch das Handeln des Staates selbst und das seiner Institutionen, Machtorgane und Machtträger vor Gericht überprüfbar sind. Der Staat steht demnach im Dienst der Bürgerinnen und Bürger für deren Wohl ein – nicht umgekehrt.

In islamischen Ländern gründet der Staat hingegen auf 1400 Jahre alten Glaubensgrundsätzen, die seitdem wenig oder gar nicht verändert fortdauernd praktiziert werden. In diesen Staaten setzen sich die Säulen des politischen und gesellschaftlichen Geschehens durch das Heilige Buch, den Koran, und die islamischen Gesetze zusammen. Der Islam kennt keine Privatsphäre: Das Private ist politisch und wird von dem Staat zu Gunsten des Glaubens geregelt. Beide sind nur „Allah" und seinen Gesetzen (der Scharia) gegenüber verpflichtet. Nach der Definition des Korans sind Menschen auf dieser Erde nicht fähig, „Recht" von „Unrecht" zu unterscheiden. Die moslemische Gemeinschaft, die Umma, darf nur im Dienste „Allahs" handeln. „Allah" ist das Maß aller Dinge. Allein „Allah" wählt seinen Vertreter für die Umma. Und das sind – zu allererst – der Prophet Mohammed (als Allahs Gesandter) und seine Nachfolger. Nach deren Tod sind es dann die Geistlichen, die eine Staatsordnung nach dem Gesetz „Allahs“ umsetzen sollen. Hier muss der islamische Staat als Stellvertreter handeln und agieren. Insofern ist der Islam keine Religion im üblichen Sinne, sondern meint stets auch eine Staatsform mit globalem Anspruch.

Die Scharia als einzige gesetzgebende Gewalt ist gleichzusetzen mit dem Recht im Islam; dies ist im Koran als Wort Gottes vorgeschrieben. Es sind keine Gesetze, die durch demokratische Prozesse, also von Menschen für ihr Gemeinwesen, vereinbart werden, da sie göttlich sind – und deswegen „eins“ im Sinne von unteilbar: „ewig“, unfehlbar und unveränderbar. Der Mensch ist unter diesem Gesetz „Sklave Gottes“ (*'Ab dul-Allah*) und eben kein Individuum, das selbstverantwortlich handeln kann und darf. Deshalb kennt der Islam keine Menschenrechte, die per Definition individuelle sind. Das Wesen des kollektivistischen Ideals im Islam ist die Aufopferung des und der Einzelnen zugunsten Allahs, was zur Lebensaufgabe und zum politischen Ziel erhoben wird. In diesem Weltbild ist der Mann ein Sklave Allahs und die Frau wiederum die Sklavin von Allahs Sklaven.

Die Scharia schreibt nicht nur die private Lebensführung vor, die von der Kleidung bis zum Liebesleben reicht, sondern auch die Führung der Staatsgeschäfte, des Rechtswesens und der Wirtschaft. In der Scharia finden nur gläubige Muslime Schutz; alle anderen sind entweder Schutzbefohlene mit minderem Rechtsstatus, sogenannte *Dhimmis*, oder haben als Ungläubige, sogenannte *Kuffar*, keine Existenzberechtigung. Sie sind vogelfrei und somit der Willkür preisgegeben, die sehr häufig eine tödliche ist.

Die „Islamische Republik Iran“

Nach diesem Dogma ist das iranische Staatssystem aufgebaut; die Verfassung beginnt mit Sure 57:25: „Wir haben unsere Gesandten mit den deutlichen Zeichen gesandt und mit ihnen das Buch und die Waage herabkommen lassen, damit die Menschen für die Gerechtigkeit eintreten."[2] In der Verfassung wird zu allererst der Sinn des Staates definiert:

> „Aus der Sicht des Islams geht der Staat nicht aus dem Klassendenken oder der Hegemonie von Individuen bzw. Gruppen hervor, sondern er ist die Umsetzung des politischen Ideals eines in Religion und Denkweise gleich ausgerichteten Volkes, das sich organisiert, um bei dem geistigen und ideologischen Entwicklungsprozess den Weg zu seinem letztendlichen Ziel – den Weg hin zu Gott – zu ebnen."[3]

Ehre und Würde des Menschen und seine mit Verantwortung verbundene Freiheit vor Gott

Durch die iranische Verfassung wurde ein Gottesstaat gegründet, der im Namen Allahs und des Korans die absolute Herrschaft der Obersten Rechtsgelehrten (*Welaiat-e Faghih*), der Revolutionsführer, des Expertenrates (bestehend aus 86 Mullahs) und des Wächterrates als Zentrum der Macht (zusammengesetzt aus sechs Geistlichen und sechs weltlichen Machthabern) garantiert. Es gibt keine Gewaltenteilung im üblichen Sinne. Legislative, Exekutive und Judikative stehen unter der Aktionsmacht des religiösen Führers. Dieser wird vom Expertenrat auf Lebenszeit gewählt. Alle politischen und religiösen Entscheidungen stehen unter seiner Prüfungs- und Genehmigungsbefugnis, sogar die Entscheidung über die Präsidentschaftskandidaten. Sein Wille und seine Worte sind eins und ewig, ungeachtet dessen, ob das „Staatsvolk" will oder nicht.

Mit dieser Verfassung werden den Menschen unter dem iranischen Regime die elementarsten Rechte nicht nur verweigert, sondern das Unrecht auch noch gesetzlich festgeschrieben. Seit 1979 hat sich im Iran ein theokratisches Regime etabliert, das Frauen einen klar begrenzten Lebensraum zuweist. Nach diesen sind die größten Leidtragenden (religiöse) Minderheiten und

Andersdenkende. Repression, Zensur, öffentliche Hinrichtungen, Steinigungen, mittelalterliche Strafen wie Gliederamputationen und viele unbeschreibliche Brutalitäten mehr gehören zum Alltag des Gottesstaates.

Wird all dies mit der Verfassung eines Rechtsstaates verglichen, der nicht von Gott (bzw. Allah), sondern von der Würde des Menschen und vom Individuum als „Maß aller Dinge" ausgeht, wird die große Diskrepanz zwischen demokratischen und totalitären Verhältnissen, wie sie in der Verfassung der „Islamischen Republik Iran" herrschen, sehr deutlich. Solche Staatsformen sind wegen ihres aggressiven Dogmas und ihrer Gewaltbesessenheit im Kern menschen- und frauenfeindlich, rassistisch, antichristlich, antijüdisch, antizionistisch, antibahaisch, antiwestlich und antidemokratisch. In diesem System ist unabhängiges Denken verboten. Insofern sind im Islam die europäischen Errungenschaften wie Gleichheit, uneingeschränkte persönliche Freiheit, Meinungsfreiheit, Freiheit der Presse sowie der Künste Tabu.

Die menschenrechtsverachtenden Gesetze sichern die Diskriminierung der Frauen, der (religiösen) Minderheiten und der politisch Andersdenkenden

Die Frauendiskriminierung ist unter einer islamischen Rechtsordnung Programm. Während die Gleichheit von Mann und Frau in den einfachgesetzlichen Normen wie Zivil- und Strafrecht in demokratischen Verfassungen verankert ist, sind im Iran Frauen und Männer „in der Geltendmachung ihrer Rechte gleich (Art. 3 Ziff. 14), aber eben nicht im tatsächlichen Gehalt der Normen."[4] Das bedeutet, dass die Gleichheit von Mann und Frau „unter den Vorbehalt der ‚islamisch-adäquaten Gleichwertigkeit' der Rechte gestellt [ist], die zudem unterschiedlich ausgelegt werden."[5] Mit anderen Worten: die Frau ist zwar gleichwertig, aber keineswegs gleichberechtigt.

Die diskriminierende Herrschaft der Scharia durchzieht in der „Islamischen Republik" sämtliche Lebensbereiche von Frauen:

Die Ehe als Tauschvertrag, Zeitehe und Polygamie; die Scheidung nur auf Antrag des Ehemannes; die Vormundschaft beim männlichen Geschlecht; das Erbrecht, in dem Töchter halb so viel erben wie Söhne[6]; die Kleiderordnung unter Zwangsverschleierung; das Bildungs- und Berufsverbot, u. a. der fehlende Zugang zum Richteramt etc. Ethnische und religiöse Minderheiten – Juden, Sunniten, Christen – werden als Bürger zweiter Klasse massiv diskriminiert. Bahais, zum Christentum Konvertierte, Atheisten und Homosexuelle werden unter dem Vorwand von *Murtadd* (dem Abfall vom Islam) verfolgt, verhaftet und hingerichtet. Oft finden solche Hinrichtungen auf öffentlichen Plätzen an mobilen Kränen statt.

Aktuelle Menschenrechtslage in Iran

In den letzten zehn Jahren sind mehr als 440.432 Frauen wegen der Nichtbeachtung der Kleiderordnung festgenommen, gefoltert und zu Freiheitsstrafen verurteilt worden.[7] Allein zwischen März und Dezember 2013 waren etwa 31.000 Mädchen unter fünfzehn Jahren Opfer der gesetzlich erlaubten Kinderehe.[8] Mindestens sechs Millionen Menschen sind wegen der gesellschaftlichen Missstände oder aus Armut drogenabhängig, davon 50 % Frauen. Das Land hält den Weltrekord an Drogenkonsum: Bei einer Bevölkerung von 80 Millionen Menschen gelten zwischen 3,5 und 4 Millionen als abhängig von harten Drogen wie Opium, Heroin, synthetischen Drogen, Crack sowie weicheren Rauschmitteln wie Haschisch.[9] Es werden jährlich mehr als 1.000 Todesurteile ausgesprochen und Hunderte davon vollsteckt.[10] Es kommt regelmäßig zu Säureattacken auf Frauen.[11] Unter der Überschrift „Verteidigung hinter den Gittern“ berichtete Radio Zamane am 14. Januar 2015 über die Lage der Rechtsanwälte im Iran: „Iran ist eines der wenigen Länder in der Welt, in dem sogar die Rechtsanwälte zusammen mit ihren Mandanten verhaftet werden.“[12] Es sind überwiegend diejenigen, die politisch Verfolgte, kritische Journalisten oder Blogger verteidigen. Viele von ihnen bekommen nach sieben oder zwanzig Jahren Freiheitsstrafe Berufsverbot. Tagtäglich finden willkürliche Verhaftungen von Regimekritikern statt. Im Namen der „inneren Sicherheit" und der Bewahrung der „islamischen Einheit in der Gesellschaft" werden Presse und Internet streng zensiert und die Bildungseinrichtungen wie Universitäten, Schulen und Kindergärten kontrolliert. Seit Beginn der Mullah-Herrschaft wurden über 110.000 Menschen (politische Oppositionelle, Intellektuelle, Journalisten, Blogger, Andersgläubige wie Bahais, Christen, Juden und Sunniten, Homosexuelle, Kinder, nicht verheiratete Liebespaare, Drogenabhängige, Diebe) im Alter zwischen 13 bis 65 Jahren hingerichtet, 3.000 gesteinigt und etwa 70 % von ca. 800.000 Verurteilungen zu Amputationen von Fingern, Händen, Beinen oder Füßen sowie Blendungen und Auspeitschungen vollstreckt.[13]

Alle weiteren Ausprägungen der totalitären Herrschaft sind ebenfalls bekannt.[14]

Anmerkungen

1 Die Verfassung der „Islamischen Republik" ist in deutscher Sprache online verfügbar unter http://www.eslam.de/manuskripte/verfassung_iri/verfassung_iri.htm (letzter Abruf: 06.08.2018).

2 Ebd.

3 Ebd.

4 Parinas Parhisi, „Frauenrechte in Iran", in: *Aus Politik und Zeitgeschichte*, Nr. 49/2009, 30.11.2009, S. 21-26, hier: S. 22.

5 Ebd.

6 Ebd., S. 24.

7 Vgl. http://justice4iran.org/wp-content/uploads/2014/03/Hijab-report-Final-FA.pdf

8 Vgl. Forough Hossein Pour, „Gestohlene Kindheit: Kinderehen im Iran", 14.07.2014, auf: *IranJournal.org*, http://iranjournal.org/politik/gestohlene-kindheit-kinderehen-im-iran (letzter Abruf: 06.08.2018).

9 Vgl. Janne Bjerre Christensen, *Drugs, Deviancy and Democracy in Iran. The Interaction of State and Civil Society*, London/New York 2011, S. 121.

10 Vgl. Haid Ghaemi, „The Islamic Judiciary", in: Robin Wright (Hg.), *The Iran Primer. Power, Politics, and U. S. Policy*, Washington, DC 2010, S. 23-27, hier: S. 24.

11 Vgl. o.A., „Bericht: Wieder Säureattacken auf Frauen im Iran", auf: *ZEIT Online*, 08.07.2017,

https://www.zeit.de/news/2017-06/08/gesellschaft-bericht-wieder-saeureattacken-auf-frauen-im-iran-08110804 (letzter Abruf: 06.08.2018).

12 Zitiert nach http://www.radiozamaneh.com/197615 (Übersetzung aus dem Persischen von mir, N. A.) (letzter Abruf: 06.08.2018).

13 Zu all diesen Strafen siehe Reza Afshan, *Human Rights in Iran. The Abuse of Cultural Relativism*, Philadelphia 2011.

14 Vgl. Wahied Wahdat-Hagh, *Die Islamische Republik Iran. Die Herrschaft des politischen Islam als eine Spielart des Totalitarismus*, Münster 2003; ders., *Der islamistische Totalitarismus. Über Antisemitismus, Anti-Bahaismus, Christenverfolgung und geschlechtsspezifische Apartheid in der „Islamischen Republik Iran"*, Frankfurt et al. 2012; Ulrike Marz, *Kritik des islamischen Antisemitismus. Zur gesellschaftlichen Genese und Semantik des Antisemitismus in der Islamischen Republik Iran*, Berlin 2014.

Der Iran und der Kulturrelativismus

Eine Gefahr für die Demokratie in Deutschland

Kazem Moussavi

Die Ayatollahs haben im Iran einen Gottesstaat installiert, der als eines der brutalsten Herrschaftssysteme unserer Zeit gilt. Die iranische Bevölkerung unterliegt den Gesetzen der Scharia, deren Deutung vom religiösen Führer des Irans bestimmt ist. Es handelt sich um ein Regime, das jeden letzten Oppositionellen und in seinem Sinne für einen „Ungläubigen" gehaltenen Iraner – und potenziell halten sie jeden dafür – zu töten gewillt ist, um mithilfe von Terror und Hegemonialkriegen in der Region einen schiitischen Weltherrschaftsanspruch durchzusetzen. Der erklärte Endgegner ist Israel. Das antisemitische Regime bekämpft alles, was es als Auswüchse des Judentums betrachtet: das Ablegen des Kopftuchs, Feminismus, Homosexualität, die Moderne sowie die Menschenrechte.

Tatsächlich betrachtet das apokalyptische System insbesondere iranische Frauen als seinen antisemitischen Bestrebungen gegenüber widerständisch. Unmittelbar nach der Gründung der „Islamischen Republik" 1979 demonstrierten Tausende Frauen in Teheran am internationalen Frauentag, dem 8. März, gegen die Gewalt der Zwangsverschleierung. Sie skandierten: „Freiheit ist weder westlich noch östlich, sondern universal!" Damit führten sie vor, wie es um das Verhältnis der Iraner zum menschenverachtenden Gottesstaat bestellt ist und wie sie und auch die Weltöffentlichkeit die Islamisierung des Iran wahrnehmen. Das avantgardistische Moment dieser Parole bestätigte das grundlegende Misstrauen der Mullahs gegenüber der iranischen Bevölkerung sowie insbesondere den Frauen im Land und verschärfte dadurch die im Koran verankerte und islamistisch tradierte Ungleichheit der Geschlechter im Handeln des Regimes. Für dieses ist die Frauenunterdrückung überlebensnotwendig.

Die desolate ökonomische Lage der Bevölkerung, die eigentlich dank üppiger Energiereserven und Bodenschätze innerhalb des Staatsgebietes problemlos behoben werden könnte, resultiert sowohl aus der Missachtung des Regimes gegenüber dem Individuum als auch aus einer Verachtung der zum Abfall vom einzigen Glauben Verführten, wofür die Frauen verantwortlich gemacht werden. Stattdessen wird jegliches Staatsvermögen in die Terror-, Expansionskriegs- und Atomraketenwirtschaft investiert, um die vermeintliche Quelle des Übels – Israel – auszumerzen.

Kulturrelativisten haben dieser Praxis nicht nur nichts entgegenzusetzen, sondern befeuern sie letztlich durch Ignoranz. Wissenschaftlerinnen wie Christina von Braun und Judith Butler sowie Mitglieder der Grünen und der Linkspartei in Deutschland verkennen, dass sie mit kulturrelativistischen Theorien und Debatten zum bloßen Werkzeug der aggressiven Islamisierungspolitik der menschenverachtenden Mullahs geworden sind. Sie propagieren zwar Menschenrechte, unterstützen aber auf ihre Weise ein islamistisches Regime, in dessen 40-jähriger Willkürherrschaft mehrere Millionen Iraner ins Exil getrieben und Zehntausende verhaftet, gefoltert, hingerichtet und ermordet worden sind. Sie suggerieren, gegen Geschlechter-Apartheid zu sein, ignorieren jedoch die Zwangsverschleierung und von der iranischen Regierung initiierte oder beförderte körperliche Angriffe auf Frauen.

Auf ihren Iran-Reisen präsentierte sich Claudia Roth (Die Grünen) – wie ihre Kolleginnen von der CSU, CDU und SPD – gemäß der von den islamistischen Herrschern vorgeschriebenen Zwangsverschleierung den lokalen Medien mit Kopftuch. So legitimierte sie auf ihre Weise die brutale Unterdrückung von Frauen im Land. Jedes Mal, wenn sie vor Ort war, wurden mehrere Regimegegner, darunter Frauen, hingerichtet. Roth hat dagegen mit keinem Wort öffentlich protestiert. Der Hass auf die USA und Israel, beide Statthalter der westlichen Kultur und Zivilisation, ist der Politik der „Islamischen Republik" und ihren kulturrelativistischen und antiimperialistischen, linken Unterstützern im Westen gemein, während das Mullah-System konstatiert, dass die „höchste Kultur die Kultur des Jihad" sei und „die iranische, die islamische und die Kulturen der ganzen Welt Opfer der von den USA und dem zionistischen Israel verbreiteten verführerischen Kunst und Kultur" seien. Iranische Kunst und Kultur hätten dem Islam als Söldner zu dienen. Daher versucht das Regime seit 40 Jahren, die nicht-islamischen Elemente der humanistischen Tradition und auch anderer im Iran vorhandener Sprachen, Kulturen und Religionen immer weiter zurückzudrängen und zu zerstören.

Die Leugnung des Holocausts sowie die wiederholten Vernichtungsdrohungen der „Islamischen Republik" werden von westlichen Linken verharmlost. Auch die nukleare Aufrüstung des Staates und seine substanzielle Unterstützung für die religiös-terroristischen Organisationen Hisbollah und Hamas, die im Sinne der angeblichen Verteidigung von Palästinensern legitimiert wird, werden geflissentlich ignoriert. Diverse antiisraelische Kulturrelativisten und antiimperialistische Linke marschieren gemeinsam mit den Anhängern des iranischen Regimes und Rechtsextremisten beim antisemitischen Al-Quds-Tag Khomeinis mit oder sie kooperieren mit der israelfeindlichen *Boycott, Divestment and Sanctions*-Kampagne, während sie sich weiter für die Abschaffung der internationalen Sanktionen gegen die islamistische Herrschaft engagieren – und damit Menschenrechtsverletzungen, Kriegsverbrechen und Nuklearprojekten zuarbeiten. Das Regime nutzt genau diesen Kulturrelativismus der Wirtschafts- und Kulturbeziehungen, um seine Ideologie und Politik insbesondere unter Studenten, Immigranten und Flüchtlingen zu verbreiten. Und es kooperiert längst mit der Neuen Rechten, von der ein Teil den Islamismus explizit bewundert.[1]

Der in den Geisteswissenschaften und in der Politik insbesondere in Deutschland weit verbreitete Kulturrelativismus gefährdet durch seine Ignoranz gegenüber dem Recht des Individuums auf universelle Menschrechte Frauen und LGBTIQ-Menschen weltweit. Erodiert der Universalismus weiter, wird eines Tages kaum noch ein Ort der Erde als sicher gelten dürfen. Der Weltherrschaftsanspruch der Teheraner Machthaber verspricht der Menschheit Zustände wie im Iran, mit allfreitäglichen Hinrichtungen von Homosexuellen und Säureattacken auf Frauen – und am Ende die Apokalypse. Dem Kulturrelativismus und den Wirtschaftsbeziehungen mit dem antisemitischen Regime muss energisch entgegengetreten werden, um die Freiheitsbewegung im Iran dabei zu unterstützen, das klerikalfaschistische System, das eine Gefahr für die Zivilisation und die Menschheit darstellt, abzuschaffen.

Anmerkung

1 Siehe dazu Kazem Moussavi, „Eine Gefahr für die Demokratie in Deutschland: Die AfD-Iran-Russland-Connection", auf: Iran Appeasement Monitor, 22.09.2017, http://iraniansforum.com/eu/eine-gefahr-fur-die-demokratie-in-deutschland-die-afd-iran-russland-connection/ (letzter Abruf: 08.08.2018).

Iranischer Imperialismus, antiimperialistischer Egalitarismus

Anastasia Iosseliani

Am 5. April 2018 publizierte der Politikwissenschaftler Hillel Frisch, Professor an der Bar-Ilan-Universität und leitender wissenschaftlicher Mitarbeiter am Begin-Sadat-Zentrum für strategische Studien, einen Artikel in der US-amerikanischen jüdischen Wochenzeitung *Algemeiner*, der dem Imperialismus der Islamischen Republik Iran gewidmet war.[1] Dieser Beitrag ist deshalb bemerkenswert, weil er etwas benennt, das für sogenannte „Antiimperialisten" im Westen ein wunder Punkt ist: Für sie, die einem politisch unterkomplexen und moralisch schäbigen Weltbild anhängen, fällt sogenannter „Imperialismus" nämlich einzig Politikern, Regierungen und Organisationen westlich der Dnjepr und nördlich des Mittelmeers zu. Ist hingegen die territoriale Souveränität von Staaten wie Georgien und der Ukraine bedroht, wird dies totgeschwiegen.

Dies gilt auch für die „Islamische Republik", welche effektiv nur auf dem Papier eine Republik ist: Das irredentistische und imperialistische Handeln der Teheraner Mullahs, die mit ihren Revolutionsgarden und ihren überregional agierenden Proxys für Unheil sorgen und eine eminente Bedrohung für den Juden unter den Staaten darstellen, wird von Antiimperialisten ignoriert, relativiert und manchmal sogar mit Applaus bedacht. Dabei ist es historisch nicht überraschend, dass sich dieses Regime durch imperialistische Züge auszeichnet. Iran ist der Rechtsnachfolger der Perserreiche, von Imperien also, welche auch auf kaukasischer Sklavenarbeit gedeihen konnten. Als Beispiel sei hier die Politik der Schahs für Georgien genannt, welche auf zwei Säulen fußte: erstens Massaker, um den Gedanken an Rebellion im Keim zu ersticken, zweitens Deportationen der Zivilbevölkerung ins iranische Kernland –

etwa nach Mazandaran, für den lokalen Reisanbau, oder nach Isfahan, um den dortigen Prunk zu errichten.[2] Dem italienischen Abenteurer Pietro della Valle zufolge gab es während der dynastischen Herrschaft der Safawiden vom 16. bis zum 18. Jahrhundert keinen iranischen Haushalt ohne georgische Sklaven: Das Perserreich hatte also bereits zu einem Zeitpunkt kaukasische Bevölkerungsgruppen – unter ihnen Abertausende Georgier – unterworfen und schwunghaften Menschenhandel betrieben, als die Niederländische Westindien-Kompanie noch nicht mal existierte.[3] Aus diesen und anderen historischen Gründen ist der Iran anfällig für imperialistische und irredentistische Bestrebungen. Seit der Islamischen Revolution wird der Iran von schiitischen Klerikern regiert, die bisweilen sogar die Rechtfertigungspolitik von Putins Russland zu überbieten vermögen: Denn im Gegensatz zu letzterem, das immerhin behaupten kann, die russischen Militärstützpunkte in den syrischen Städten Tartus und Latakia zu „schützen", stilisiert die Propagandamaschinerie der „Islamischen Republik" die dortige iranische Präsenz – die primär aus Revolutionsgarden, den paramilitärischen Basiji und zwangsverpflichteten schiitischen Flüchtlingen aus Afghanistan und Pakistan besteht – zu Hütern von Schreinen schiitischer Heiliger und Märtyrer. Den eigenen imperialistisch-irredentistischen Zügen wird so ein religiöser Anstrich und damit Legitimität verliehen. Es ist deshalb vollkommen irrelevant, ob der Außenminister des iranischen Regimes, Mohammed Javad Zarif, Anfang 2018 an der Münchner Sicherheitskonferenz einem westlichen Publikum versicherte, dass es die „Republik" nicht anstrebe, Alleinherrscher der Region zu werden: Die Politik des Regimes spricht eine andere Sprache.

Dies wird nun von Antiimperialisten entweder ignoriert oder bis zur Unkenntlichkeit schöngeredet, um das eigene Weltbild nicht zu gefährden, das immer und immer wieder den Westen als historischen Buhmann zeichnen muss. Daran ändert auch die Tatsache nichts, dass Staaten wie der Iran und Russland eine koloniale Vergangenheit haben: und zwar in Form der Perserreiche sowie des Zarenreiches, und später dann der Sowjetunion (dieses historische Detail interessiert die Postcolonial Studies, die seit den 1990er Jahren an westlichen Hochschulen gelehrt werden und die Folgen kolonialer Herrschaft zum Thema haben, übrigens ebenfalls nicht). Anklang findet der Vorbehalt aber auch in manchen exil-iranischen Kreisen, die bis heute im Mossadegh-Märtyrerkult schwelgen und der Meinung sind, dass der Iran aufgrund der vom Westen orchestrierten „Operation Ajax", mit welcher der damalige iranische Premierminister 1953 gestürzt worden war, und nicht etwa wegen der Islamischen Revolution ein religiöses Regime ist, das Terrorismus exportiert. Diese Exil-Iraner erweisen den Iranern im Iran einen Bärendienst.

Historische Ignoranz, zeitgemäße Relativierungen und autoritäre Sehnsüchte sind die wesentlichen Merkmale der westlichen Antiimperialisten. Während sie in jedem noch so kleinen Akt eines europäischen oder nordamerikanischen Politikers das Fortleben von Kolonialismus, Imperialismus und Irredentismus wittern, schieben sie solche Tendenzen bei Staaten wie Russland beiseite, biedern sich unmenschlichen Regimen wie der „Islamischen Republik" an und sehen in ihrer maßlosen Selbstgerechtigkeit noch etwas Gutes. Der britische Autor und Ex-Islamist Maajid Nawaz, auf den die treffende Bezeichnung der „regressiven Linke" zurückgeht, nennt ein solches Schönreden von Handlungen, die Menschen aus dem islamischen „Kulturkreis" zufallen, einen *„racism of low expectations*"[4]. Trotz solcher Kritik und unumstößlichen Fakten wie der Tatsache, dass das iranische Regime Minderjährige hinrichten lässt und Frauen sowie ethnische und religiöse Minderheiten in der „Republik" bestenfalls als Bürgerinnen und Bürger zweiter Klasse behandelt, biedern sich Antiimperialisten der Diktatur weiterhin an. Auch dass der weiblichen Bevölkerung das Kopftuch in der Öffentlichkeit aufgezwungen wird und die Fatwen gegen Salman Rushdie und Shahin Najafi noch immer in Kraft sind, ändert daran nichts. Dies und vieles mehr zeigt, dass analog dazu, wie die „Islamische Republik" nur auf dem Papier eine Republik ist, Antiimperialisten nur in der Theorie gegen Imperialismus sind. Faktisch handelt es sich um politische Existenzen, die von der

Freiheit in liberalen Demokratien überfordert sind. Weil diese regressiven Linken höchstwahrscheinlich nie Opfer der imperialistischen Politik solch autoritärer Staatsformen werden, die sie begeistern, schweigen sie auch jetzt, während die Rechtsnachfolger gescheiterter Imperien – Erdoğans Türkei, Russland und die „Republik" der Mullahs – nach Feudalherrenmanier Syrien so parzellieren, wie ihre Vorfahren einst den Kaukasus unter sich aufgeteilt haben. Somit opfern die Antiimperialisten die Zivilbevölkerung Syriens und des Irans ihrem Weltbild, den Bauern beim Schachspiel nicht unähnlich.

Marx sagte einst, dass die Geschichte sich wiederholen würde: zuerst als Tragödie und dann als Farce.[5] Jeden, der sich als irgendwie „links" versteht, sollte es beschämen, wenn Antiimperialisten sich einem antisemitischen, irredentistischen und imperialistischen Regime wie der sogenannten Islamischen Republik andienen und anbiedern. Für jedes Individuum mit funktionierendem Gewissen – ganz gleich welcher politischen Haltung – sollte es abstoßend sein, wenn eine Gruppe von Leuten Agitation für eine solche Diktatur macht. Aber da der Kulturrelativismus – wesentlich akademisch vermittelt durch Gender Studies, Queer Theory, Postcolonial Studies usw. – mittlerweile zum argumentativen Standard der Mainstream-Linken zählt, gibt es kaum oder keinerlei Einwände. Stattdessen hört man gebannt Mohammed Javad Zarif zu, als wäre er die Reinkarnation subalterner Vernunft, verhüllt in Rom in vorauseilendem Gehorsam Renaissance-Statuen für Hassan Rohani, das freundliche Gesicht der Teheraner Diktatur, und hofiert an den Universitäten antiwestliche Apologetinnen wie Judith Butler. Diese macht aus ihrer antiimperialistischen Gesinnung seit Langem keinen Hehl mehr. In *Gefährdetes Leben* behauptet sie beispielsweise, dass es für Akademikerinnen ihres Schlages „wichtiger denn je" sei, nicht etwa Frauenrechte global zu stärken, gerade weil die weibliche Hälfte der Menschheit in vielen Ländern von religiösen Kräften entmündigt wird, sondern dass es vielmehr darauf ankäme, den Feminismus „von der Überheblichkeit der Ersten Welt zu lösen und die Ressourcen feministischer Theorie und feministischen Aktivismus zu nutzen, um zu überdenken, welche Bedeutung die Bindung, das emotionale Band, das Bündnis und die Beziehung haben, wenn sie im Horizont eines antiimperialistischen Egalitarismus gedacht und gelebt werden“[6]. Sabine Hark hat diesen Gedanken bei zahlreichen Gelegenheiten wiederholt und zum politischen Ethos erhoben, an dem sich die deutschsprachigen Gender Studies orientieren sollen.[7] Die linken Nachkommen handeln bereits in diesem Geiste: Eine Delegation der Grünen Jugend reiste 2016 nach Teheran, um sich selbst ein Bild von der „Republik“ zu machen, wobei sich die weiblichen Gruppenangehörigen kritiklos verschleierten und die queerfeministische Politikerin Theresa Kalmer den Besuch folgendermaßen rechtfertigte: „Nach den Gesprächen, die wir geführt haben, wird Rohani vor Ort als moderat eingeschätzt. Die dennoch hohen Hinrichtungszahlen wurden uns so erklärt, dass er aufgrund seiner moderaten Politik innenpolitische Härte zeigen muss, um auch die Konservativen hinter sich zu bekommen.“[8]

Dank solch unglaublicher Naivität, der Feindschaft gegenüber Israel und besagtem Rassismus der niedrigen Erwartungen, der dem Kulturrelativismus unmittelbar entspringt, stärkt die regressive Linke autoritäre Regime weltweit. Weil sie mit der eigenen Freiheit nichts anzufangen weiß und sich ihren antisemitischen Ressentiments nicht stellen will, gönnt sie niemand anderem – und ganz besonders niemandem aus dem sogenannten „Globalen Süden“, dem angeblichen „Kulturkreis“ des Islam – diejenigen Rechte, die sie ganz selbstverständlich für sich beansprucht.

„Es gibt keine größere Plage für Menschenrechte als Relativismus“, hat die iranisch-amerikanische Autorin Roya Hakakian im *Tagesspiegel* richtig bemerkt.[9] Für Individuen, für die Freiheit nicht nur ein abstrakter Begriff ist, gibt es demzufolge keinen Grund, Antiimperialismus – gleich welcher Form und Schule – zu unterstützen. Nicht nur, weil man so die letzten Reste der eigenen Vernunft preisgibt: Man opfert auch die „Minderheit innerhalb der Minderheit“, konkret LGBTI-Muslime, Bahai im Iran, Ex-Muslime und andere, und unterstützt am Ende eben doch imperialistische Regungen. Für Personen mit intaktem politischen Gewissen wiederum bedeutet dies, dass sie sich jedwedem Kulturrelativismus und autoritären Bedürfnissen wie etwa besagtem „antiimperialistischen Egalitarismus" entgegenstellen müssen. Menschen- und Bürgerrechte wie Presse-, Meinungs- und negative Religionsfreiheit sind auch in Staaten mit islamischer Mehrheitsbevölkerung einzuhalten. Sie dürfen nicht auf dem westlichen Altar der Indifferenz geopfert werden. Alles andere ist Verrat an der Aufklärung und der Würde der Menschheit als solcher.

Anmerkungen

1 Hillel Frisch, „The Return of Imperialism: The Islamic Republic of Iran", in: *The Algemeiner*, 05.04.2018.

2 Vgl. Massumeh Farhad/Marianna Shreve Simpson, „Safavid Arts and Diplomacy in the Age of the Renaissance and Reformation", in: Finbarr Barry Flood/Gülru Necipoğlu (Hg.), *A Companion to Islamic Art and Architecture*, Volume II, Hoboken 2017, S. 931-971, hier: S. 942.

3 Vgl. Rudi Matthee, „Georgians in the Safavid Administration", in: Ehsan Yarshater (Hg.), *Encyclopaedia Iranica*, Volume X, New York 2001, S. 493-496, hier: S. 493.

4 http://www.patheos.com/blogs/friendlyatheist/2015/11/19/activist-maajid-nawaz-criticizes-the-regressive-left-for-allowing-bigotry-in-religious-contexts/ (letzter Abruf: 21.05.2018).

5 Vgl. Karl Marx, „Der achtzehnte Brumaire des Louis Bonaparte", in: *MEW*, Band 8, Berlin (Ost) 1960, S. 115-123, hier: S. 115.

6 Judith Butler, *Gefährdetes Leben, Politische Essays*, Frankfurt am Main 2005, S. 59.

7 Zuletzt in Hark, Sabine/Villa, Paula-Irene, *Unterscheiden und herrschen. Ein Essay zu den ambivalenten Verflechtungen von Rassismus, Sexismus und Feminismus in der Gegenwart*, Bielefeld 2017.

8 Zitiert nach Stefan Laurin, „Grüne Jugendliche empfehlen Reisen in den Iran", auf: https://www.ruhrbarone.de/gruene-jugend-empfiehlt-iran-reisen/132636 (letzter Abruf: 22.05.2018).

9 Johannes C. Bockenheimer, „‚Es gibt keine größere Plage für Menschenrechte als Relativismus'. Die iranische Autorin Roya Hakakian spricht über Misogynie im Iran, den Kopftuchzwang und warum Islam und Demokratie nicht vereinbar sind", in: *Tagesspiegel*, 10.03.2017.

Psychoanalyse des Rassismus/ Psychoanalyse des Jihadismus

„Obama ist nicht schwarz"

Die Krux mit der Identitätspolitik

Sama Maani

I.

„Obama ist nicht schwarz"[1], behauptete die afroamerikanische Autorin Debra J. Dickerson, kurz nachdem dieser Anfang 2007 seine Präsidentschaftskandidatur bekannt gegeben hatte. „Eine Mehrheit der Schwarzen", sekundierte damals der *Spiegel*, „scheint diese Meinung zu teilen. In einer aktuellen Umfrage der *Washington Post* unter Afro-Amerikanern unterstützen 60 Prozent die weiße Parteirivalin Obamas, Hillary Clinton. Obama selbst kam bei den Schwarzen dagegen nur auf 20 Prozent […] Dieses Phänomen erklärt sich dadurch, dass in den USA […] unter Schwarzen die Bezeichnung ‚schwarz' nicht allein die Hautfarbe beschreibt, sondern viel mehr: Kulturerbe, Herkunft, Philosophie, Sprache. Dickerson zieht die Linie glasklar: ‚*Schwarz* heißt in unserer politischen und sozialen Realität, dass jemand von westafrikanischen Sklaven abstammt.'"[2]

Gute eineinhalb Jahre später berichtete *Salon*, dasselbe Online-Magazin, in dem Dickerson Obama das „Schwarz-Sein" abgesprochen hatte, über folgende Episode:

> „Ein Mann fragt beim *canvassing* [Von-Haus-zu-Haus-Gehen und um Stimmen werben, S. M.] für Obama im westlichen Pennsylvania eine Hausfrau, welchen Kandidaten sie wählen würde. Sie brüllt ins

> Haus, um es herauszufinden. Der Mann im Inneren des Hauses brüllt zurück: ‚Wir wählen den Nigger!' Woraufhin sich die Hausfrau dem Stimmenwerber zuwendet – und die Aussage ihres Mannes in aller Ruhe wiederholt."[3]

Jenen beiden Rassisten, der Hausfrau und ihrem Mann, ist es herzlich egal, ob Obama von westafrikanischen Sklaven abstammt oder nicht. Der Sohn einer weißen US-amerikanischen Mutter und eines kenianischen Vaters ist für sie genauso ein „Nigger" wie ein aus Nigeria eingewanderter Taxifahrer, auch wenn sie – aus welchen Gründen auch immer – bereit sind, diesmal einen „Nigger" zum Präsidenten zu wählen.

Dieser brutalen, fremdbestimmten, gleichmacherischen Identifizierung des „Nigger ist Nigger" versucht Debra J. Dickersons Rede von „Schwarz heißt, dass jemand von westafrikanischen Sklaven abstammt" eine selbstbestimmte Identifizierung entgegenzusetzen, indem sie sich und „ihr eigenes Kollektiv" als Nachfahren westafrikanischer Sklaven zu identifizieren versucht. Oder anders: Dickerson setzt der *Identifizierung* durch den Feind eine – selbstbestimmte – *Identität* entgegen.

Erstaunlicherweise – und entgegen der vom *Spiegel* zitierten Umfrage – stimmten am 4. November 2008 nicht 20, sondern 95 Prozent aller schwarzen Wähler für Obama, einschließlich jener, die wie Debra J. Dickerson ihre Identität auf ihre Abstammung von westafrikanischen Sklaven gründen. Zwar dürften jene „Westafrikaner" Obama selbstverständlich nicht *nur* aufgrund seines Schwarz-Seins (oder trotz seines angeblichen „Nicht-Schwarz-Seins") gewählt haben, wir sind aber dennoch mit dem seltsamen Befund konfrontiert, dass am 4. November 2008 nicht die *Identität* als Nachfahre westafrikanischer Sklaven ausschlaggebend gewesen ist, sondern die gleichmacherische *Identifizierung* durch den rassistischen Feind – die zwischen Obama und den „Westafrikanern" keinen Unterschied macht.

Der Schriftsteller und Widerstandskämpfer Jean Améry war ein Kleinkind, als sein jüdischer Vater als Tiroler Kaiserjäger im

Ersten Weltkrieg fiel. Er wurde dann von seiner katholischen Mutter erzogen. 1938, nach dem „Anschluss“ Österreichs an das nationalsozialistische Deutschland, floh er mit seiner jüdischen Frau aus Wien nach Belgien, wo er 1940 von den Nazis festgenommen und in einem südfranzösischen Lager interniert wurde. 1941 gelang ihm die Flucht. Zurück in Belgien schloss er sich einer Widerstandsgruppe an. 1943 wurde er erneut verhaftet und im Lager Breendonk schwer gefoltert. 1944 wurde er nach Ausschwitz, anschließend nach Buchenwald und Bergen-Belsen deportiert. Als er schließlich befreit wurde, war seine Frau, um derentwillen er in jenen Konzentrationslagern „zwei Jahre lang die Lebenskräfte wach gehalten hatte“[4], nicht mehr am Leben.

Zwanzig Jahre später begann Améry das Unbewältigbare jener Erlebnisse im Essayband *Jenseits von Schuld und Sühne* schreibend zu bewältigen:

> „… als ich 1935 in einem Wiener Café über eine Zeitung saß und die eben drüben in Deutschland erlassenen Nürnberger Gesetze studierte […] brauchte [ich] sie nur zu überfliegen und konnte schon gewahr werden, dass sie auf mich zutrafen. Die Gesellschaft, sinnfällig im nationalsozialistischen deutschen Staat, den […] die Welt als legitimen Vertreter des deutschen Volkes anerkannte, hatte mich soeben in aller Form […] zum Juden gemacht […]. Ich war, als ich die Nürnberger Gesetze gelesen hatte, nicht jüdischer als eine halbe Stunde zuvor. Meine Gesichtszüge waren nicht mediterran-semitischer geworden […] der Weihnachtsbaum hatte sich nicht magisch verwandelt in den siebenarmigen Leuchter. Wenn das von der Gesellschaft über mich verhängte Urteil einen greifbaren Sinn hatte, konnte es nur bedeuten, ich sei fürderhin dem Tode ausgesetzt. Dem Tode. Nun, dem gehören wir allen an, über kurz oder lang. Aber der Jude, als der ich durch Gesetzes- und Gesellschaftsbeschluß jetzt dastand […], dessen Tage waren eine zu jeder Sekun-

> de widerrufbare Ungnadenfrist […] ich [bin] gewiß, dass ich in […] diesem Augenblick der Gesetzeslektüre […] das Todesurteil schon vernahm, und dazu gehörte [ja] auch keine besondere Geschichtsempfindlichkeit […]. Ich hatte […] in diesen Tagen [einmal] in einer illustrierten Zeitung das Photo einer Winterhilfsveranstaltung in einer rheinischen Stadt gesehen, und da prangte im Vordergrund, vor dem elektrisch strahlenden Lichterbaum, ein Spruchband […] ‚Keiner soll hungern, keiner soll frieren, aber die Juden sollen krepieren …'"[5]

Die – von den Nationalsozialisten beherrschte – Gesellschaft hatte also Améry in diesem Augenblick „zum Juden gemacht". Die Nürnberger Rassengesetze definierten ja akribisch anhand der Kriterien Abstammung, konfessionelle Zugehörigkeit und Ehe, ob jemand als Jude, als jüdischer Mischling ersten bzw. zweiten Grades oder als „deutschblütig" galt. Améry firmierte, weil er zwei jüdische Großeltern besaß und mit einer Jüdin verheiratet war, als sogenannter „Volljude" – die jüdische Identität wurde hier also *gesetzlich konstruiert.*

Aber: „Wenn Jude sein heißt", schreibt Améry, „mit anderen Juden das religiöse Bekenntnis zu teilen, zu partizipieren an jüdischer Kultur und Familientradition, ein jüdisches Nationalideal zu pflegen, dann befinde ich mich in aussichtsloser Lage. Ich glaube nicht an den Gott Israels. Ich weiß sehr wenig von jüdischer Kultur. Ich sehe mich, einen Knaben, Weihnachten zur Mitternachtsmette durch ein verschneites Dorf stapfen, ich sehe mich in keiner Synagoge. Das Bild des Vaters – den ich kaum gekannt habe […] – zeigt mir keinen bärtigen jüdischen Weisen, sondern einen Tiroler Kaiserjäger in der Uniform des Ersten Weltkriegs."[6]

Identität denken wir gewöhnlich als etwas Eigenes, uns Zugehöriges, Vertrautes – und Bedeutsames. Glauben wir, diese unsere Identität sei „verschüttet" oder gar „verloren", fühlen wir uns aufgerufen, dieses Verschüttete oder Verlorene zu suchen: in den Tiefen unseres Selbst, in Erinnerungen oder in den Traditionen der Vorfahren. Von all dem finden wir in Amérys Verhältnis zu „seinem“ Jüdisch-Sein nicht die geringste Spur.

> „Ich war neunzehn Jahre alt, als ich von der Existenz einer jiddischen Sprache vernahm, wiewohl ich [...] genau wußte, dass meine religiös und ethnisch vielfach gemischte Familie den Nachbarn als eine jüdische galt [...]. Ich war Jude, so wie einer meiner Mitschüler Sohn eines bankrotten Wirtes war: wenn der Knabe mit sich allein war, mochte der geschäftliche Niedergang der Seinen so gut wie nichts für ihn bedeutet haben [...]. Meint also Jude sein einen kulturellen Besitz, eine religiöse Verbundenheit, dann war ich keiner und kann niemals einer werden.“[7]

Eine wie auch immer geartete *positive* Identität als Jude hatte Améry also nicht – was aber nicht heißt, dass er glaubte, jenen brutalen negativen Akt der Identifizierung als Jude per Rassengesetz einfach zurückweisen zu können:

> „Als ich 1935 die Nürnberger Gesetze las und mir bewußt wurde, nicht nur, dass sie auf mich zutrafen, sondern dass sie der juridisch [...] zusammengefaßte Ausdruck des schon vorher von der deutschen Gesellschaft durch ihr ‚Verrecke!‘ gefällten Urteilsspruches waren, hätte ich geistig die Flucht ergreifen [...] können. Dann hätte ich mir gesagt: So, so, dies ist also der Wille des nationalsozialistischen Staates [...] er hat aber nichts zu schaffen mit dem wirklichen Deutschland. Oder ich hätte argumentieren können, dass es eben nur Deutschland sei, ein leider in einem blutigen Wahn versinkendes Land, das mich da absurderweise zum Untermenschen [...] stempelte, während zu meinem Heil die große und weite Welt draußen, in der es Engländer,

> Franzosen, Amerikaner, Russen gibt, gefeit ist gegen die Deutschland geißelnde Paranoia. Oder ich hätte [mir] schließlich [...] zusprechen können: Was immer man von mir auch sage: es ist nicht wahr. Wahr bin *ich* nur, als der ich mich selber im Innenraum sehe [...]; ich bin, der ich *für mich* und *in mir* bin, nichts anderes. Ich will nicht sagen, dass ich nicht bisweilen solcher Versuchung unterlag."[8]

Bisweilen – aber nicht dauerhaft. Denn: „Ich verstand, wenn auch undeutlich, dass ich [...] den Urteilsspruch [der Nürnberger Gesetze, S. M.] als einen solchen akzeptieren müsse [...] Ich nahm das Welturteil an [...]."[9] Und weiter:

> „Ich kann in meinen Erwägungen den Juden, die Jude sind, weil eine Tradition sie birgt, keinen Raum lassen. Nur für mich selber darf ich sprechen – und [...] für die wohl nach Millionen zählenden Zeitgenossen, auf die ihr Judesein hereinbrach, ein Elementarereignis, und die es bestehen müssen ohne Gott, ohne Geschichte, ohne messianisch-nationale Erwartung. Für sie, für mich heißt Jude sein die Tragödie von gestern in sich lasten spüren. Ich trage auf meinem linken Arm die Ausschwitz-Nummer; sie liest sich kürzer als der Pentateuch oder der Talmud und gibt doch [...] gründlicher Auskunft. Sie ist auch verbindlicher als Grundformel der jüdischen Existenz."[10]

Jener von Debra J. Dickerson repräsentierte Diskurs, der Obama das Schwarz-Sein abspricht, bringt gegen die negative rassistische Identifizierung aller Schwarzen als „Nigger" eine *positive* Identität in Stellung: die Abstammung „echter" schwarzer US-Amerikaner von westafrikanischen Sklaven. Anders Améry, der seine Identifizierung als Jude durch den nationalsozialistischen Todfeind als *gesellschaftliches Urteil* radikal auf sich nahm und sich weigerte, vor der negativen Identität, die ihm als

Ausschwitz-Nummer auf dem linken Unterarm eingeschrieben war, in eine positive Identität als – religiöser, nationaler, kultureller, traditioneller – Jude zu flüchten.

Juden sind, nach Moishe Postone, für den modernen Antisemiten „Personifikationen der unfaßbaren, zerstörerischen, unendlich mächtigen [...] Herrschaft des Kapitals“.[11] Der Antisemitismus ist daher, wie Detlev Claussen bemerkt, nicht einfach irgendeine „Unterabteilung des Rassismus“[12]. Dennoch aber, und bei aller Unterschiedlichkeit, gibt es eine für unseren Zusammenhang wichtige Gemeinsamkeit zwischen der Identifizierung von Juden durch die Rassengesetze der Nazis und der rassistischen Identifizierung schwarzer US-Amerikaner als „Nigger“. Die per Gesetz zu Juden Gestempelten sind, wie die als „Nigger“ Identifizierten, Opfer eines – wie Améry es nennt – „Würdeentzugs“, den dieser in der Todesdrohung eingebettet sieht:

> „Jude sein, das hieß für mich von diesem Anfang an, ein Toter auf Urlaub [zu] sein, ein zu Ermordender, der nur durch Zufall noch nicht dort war, wohin er rechtens gehörte [...]. In der Todesdrohung, die ich zum ersten Mal in voller Deutlichkeit beim Lesen der Nürnberger Gesetze verspürte, lag auch das, was man [...] die methodische ‚Entwürdigung‘ der Juden durch die Nazis nennt.“[13]

Die Todesdrohung, mit der Schwarze in den USA konfrontiert waren und sind, ist zwar – weil sie nicht, wie im Falle des Holocaust, einen industriellen Massenmord ankündigt – gänzlich anderer Art als jene, von der Améry spricht. Todesdrohung, die Entwürdigung in sich birgt, war, ist und bleibt sie aber dennoch.

> „Grundsätzlich galt [...] für alle Sklaven, dass sie [...] in den Südstaaten der USA vor dem Gesetz so wie Vieh als Eigentum galten und keinerlei persönliche Rechte hatten. Sie waren der Willkür ihres Besitzers schutzlos ausgeliefert, d.h. er konnte sie

> einsperren, hungern lassen, auspeitschen [...] ja töten, ohne dafür rechtlich belangt zu werden."[14]

Die Morde des Ku Klux Klan – etwa an den Bürgerrechtsaktivisten 1964 in Mississippi, die bis heute nicht angemessen gesühnt wurden – und der Umstand, dass der KKK seit der Wahl Obamas neuen Zulauf verzeichnet, erinnern daran, dass diese Vergangenheit nicht vergehen will. Gibt man in die Google-Suchleiste die Begriffe „USA" und „Polizist" ein, lautet der erste Vorschlag: „erschießt Schwarze".

Karl Abraham, der Berliner Pionier der Psychoanalyse, beschreibt in seiner 1924 publizierten Schrift *Versuch einer Entwicklungsgeschichte der Libido auf Grund der Psychoanalyse seelischer Störungen* den Fall eines Patienten, der

> „in seinen ersten Lebensjahren ein in jedem Sinne verwöhntes Kind [war]. [Von der Brust] [...] entwöhnte ihn [die Mutter] erst mit drei Jahren. Mit der Entwöhnung, die unter großen Schwierigkeiten erfolgte, traf nun zeitlich eine Reihe von Ereignissen zusammen, die den [...] Knaben plötzlich seines Paradieses beraubten. Er war bisher der Liebling der Eltern, der um drei Jahre älteren Schwester und der Kinderfrau gewesen. Die Schwester starb, die Mutter zog sich in eine [...] langdauernde Trauer zurück [...]. Die Kinderfrau verließ die Familie. Die Eltern [...] aber ertrugen das Leben in dem bisherigen Hause nicht, da sie sich beständig an das verstorbene ältere Kind erinnert fühlten. Man zog in [...] ein neues Haus. Mein Patient hatte [...] alles verloren, was ihm bis dahin an Mütterlichkeit zuteil geworden war. Die Mutter hatte ihm zuerst die Brust entzogen und sich dann in ihrer Trauer auch psychisch gegen ihn abgesperrt. Schwester und Kinderfrau waren nicht mehr da, und selbst das Haus – ein so wichtiges Symbol der Mutter – existierte nicht mehr.

> […] Im halberwachsenen Alter verlor der Patient seinen Vater […] und lebte nun mit der Mutter, der er jetzt [wieder] liebevoll zugetan war. Aber nach kurzer Witwenschaft heiratete die Mutter und ging mit ihrem Mann für längere Zeit auf Reisen. Sie stieß damit die Liebe des Sohnes aufs neue von sich ab […].
> Nach einer Reihe von Jahren starb die Mutter des Patienten. Er weilte während ihrer letzten Krankheit bei ihr und hielt die Sterbende in seinen Armen. Die starke Nachwirkung dieses Erlebnisses erklärt sich […] daraus, dass es eine *vollkommene Umkehrung der unvergessenen Situation darstellte, in welcher der Patient als kleines Kind in den Armen und an der Brust der Mutter gelegen hatte.*
> Kaum war die Mutter gestorben, so eilte der Sohn in die […] Stadt, in welcher er sonst lebte, zurück. Seine Affektlage aber war keineswegs die eines Trauernden, sondern gehoben, glückselig. Er schildert, wie er von dem Gefühl beherrscht war, *die Mutter nun für immer und unverlierbar in sich zu tragen.* Eine innere Unruhe bezog sich nur auf die Beerdigung der Mutter. Es war, als störte ihn die Tatsache, dass der Körper der Mutter noch sichtbar im Sterbehause lag. Erst nach der Beerdigung konnte er sich dem […] Gefühl des unverlierbaren Besitzes der Mutter hingeben.“[15]

Karl Abraham entwickelt hier in einer geradezu poetischen Sprache die psychoanalytische Theorie der Identifizierung – als Mechanismus der Verlustverarbeitung. Sein Patient reagiert auf den Verlust des mütterlichen Objekts, indem er sich mit der Mutter identifiziert, sich die Mutter buchstäblich einverleibt: Er trägt „die Mutter nun für immer und unverlierbar in sich“. Identifizierung bedeutet hier zugleich *Rückzug ins Innere*: In Reaktion auf den Verlust des geliebten Objekts zieht sich das Subjekt auf die Bühne seines Inneren zurück. Und wechselt dabei die Rolle: Es ist nun nicht mehr der Patient, der die Mutter liebt. Da er sich die Mutter „einverleibt“ hat, *ist er selbst zur Mutter geworden – ist nun also selbst das geliebte Objekt.* Er liebt nicht mehr, sondern wird geliebt. Und zwar von sich selbst.

Identifizierungen gehen daher, mit Freud zu sprechen, stets mit einer Zunahme an narzisstischer Libido auf Kosten von Objektlibido einher. Es kommt also – in die Alltagssprache übersetzt – zu einer Zunahme an Selbstachtung und Selbstwertgefühl auf Kosten des Interesses an real existierenden Objekten der Außenwelt. Nach dem Motto: „Ich habe nun das Objekt meiner Liebe unverlierbar in mir – das macht mich stark, weil unabhängig von der Welt da draußen.“

Lesen wir nun Debra J. Dickersons Diktum („*Schwarz* heißt, dass jemand von westafrikanischen Sklaven abstammt“) vor diesem Hintergrund, lässt sich jene Würde, die den Schwarzen unter Todesdrohung entzogen wurde, als – immer schon – verlorenes „äußeres Objekt“ auffassen, das hier zu einem *inneren Objekt* wird, mit dem sich Dickersen und andere „echte“ schwarze US-Amerikaner identifizieren und das den Namen „Abstammung von westafrikanischen Sklaven“ trägt.

Wie jede Identität verlagert auch die Identität, die auf der Identifizierung mit der „Abstammung von westafrikanischen Sklaven“ gründet, das Interesse der Subjekte von der realen Außenwelt auf das imaginäre Innere. Dort bietet sie dem Subjekt – als Ersatz für das draußen, in der gesellschaftlichen Realität, fehlende Objekt „Würde“ – ein imaginäres inneres Objekt an, mit dem es sich identifizieren kann. Das Subjekt selbst *wird*, anders gesagt, zu jener Würde, die es – in den Augen der rassistischen Gesellschaft – nicht *hat*.

II.

> „Unsere Ehre wurde mit Füßen getreten. Irans Größe und Ehre ist verloren. Die Größe und Ehre der iranischen Armee ist verloren. Das Parlament hat ein Gesetz verabschiedet, das allen amerikanischen

> Militärberatern samt ihren Familien, ihrem technischen Personal und ihren Hausangestellten, welches Verbrechen sie auch immer begehen mögen, Immunität zuspricht. Nun ist das iranische Volk weniger wert als amerikanische Hunde. Wenn jemand einen amerikanischen Hund überfährt, wird er zur Rechenschaft gezogen. Wenn der iranische Kaiser einen amerikanischen Hund überfährt, wird er zur Rechenschaft gezogen. Überfährt ein amerikanischer Koch den Kaiser [...] hat niemand das Recht zu protestieren. Ich warne vor einer großen Gefahr! [...] Ihr Führer des Islam, der Islam ist in Gefahr. Rettet den Islam!“[16]

In dieser Passage seiner berühmten Rede vom 26. Oktober 1964 beklagte Ruhollah Khomeini die Verabschiedung eines Gesetzes durch das iranische Parlament, das US-Militärberatern eine Art diplomatische Immunität zusprach, sofern das infrage stehende Delikt im Dienst begangen wurde. Noch am selben Tag veröffentlichte der spätere Führer der Islamischen Revolution ein Kommuniqué, in dem es hieß: „Die Welt soll wissen, dass an allen Problemen des iranischen Volkes und anderer islamischer Völker die Ausländer [*sic*] schuld sind – die Ausländer, und die Amerikaner. Das iranische Volk hasst Ausländer im Allgemeinen und Amerikaner im Besonderen.“[17]

Der Begriff, den Khomeini hier für jenes Objekt verwendet, dessen Verlust er beklagt bzw. befürchtet – „Ezzat“ –, hat einen weiteren Bedeutungsumfang als die deutsche Übersetzung „Ehre“ vermuten lässt. Das Wörterbuch übersetzt „Ezzat“ darüber hinaus mit *Ehrfurcht, Achtung, Glorie, Herrlichkeit.* Eine Umschreibung, die diesen Bedeutungsumfang in etwa wiedergeben würde, wäre: „Der (ehrfurchtgebietende) Glanz der Herrschaft/der Macht“. Oder: „Der Glanz, der den Mächtigen umgibt“.

Die Klage des Islamisten Khomeini ist prototypisch für die Haltung und die Weltsicht aller Islamisten. Es ist die Klage über den Verlust – oder den drohenden Verlust – der Macht und der „Herrlichkeit der Macht“ des Islam. Beruht die Identität der „echten Schwarzen“ im Sinne Dickersons auf der Identifizierung mit dem verlorenen Objekt „Würde“, so gründet die Identität des Islamisten auf seiner Identifizierung mit dem verlorenen Objekt „Ehre“ – im Sinne der „Herrlichkeit der Macht“ des Islam. Und es sind die Ungläubigen, der Kolonialismus, der US-Imperialismus, der globale Kapitalismus, die Juden, Israel etc., die diese Ehre in seinen Augen mit Füßen getreten haben und treten: „Amerika ist schlimmer als England, England ist schlimmer als Amerika, die Sowjetunion ist schlimmer als alle anderen, alle sind schlimmer als alle anderen [*sic*] [...] alle unsere Probleme sind von Amerika gemacht, alle unsere Probleme sind von Israel gemacht. Israel gehört zu Amerika“[18], sagt Khomeini an einer anderen Stelle der zitierten Rede. Der Islamist, dem das Objekt „Ehre des Islam“ in der Gegenwart verloren erscheint – verloren oder beschädigt oder bedroht –, und da er mit dem „Islam“ identifiziert ist, *seine eigene* Ehre, dieser Islamist identifiziert sich, in Reaktion auf diesen Verlust, mit dem *frühen* Islam. Mit jenem vermeintlich goldenen Zeitalter, in dem er die unbeschädigte „Herrlichkeit der Macht“ des Islam noch in Kraft sieht.

Zwischen dem Objekt „Ehre“ und dem Objekt „Würde“ existiert allerdings ein für unseren Zusammenhang entscheidender Unterschied. Zwar ist entgegen anderslautenden Behauptungen die Würde des Menschen – siehe Amérys Rede vom „Würdeentzug“ – durchaus antastbar. „Würde“ ist also kein vom gesellschaftlichen Außen gänzlich abgekapselter Wert. Dennoch verortet unsere Alltagsintuition „Würde“, nicht ganz zu Unrecht, primär im „Innenraum“ der Subjekte. „Ehre“ hingegen ist ein gesellschaftlich hergestellter, dem Subjekt von Außen zugeteilter und im gesellschaftlichen Umgang leicht wieder zu zerstörender Wert – und dementsprechend verletzlich. Die Ehre ist daher auch in modernen Gesellschaften ein rechtlich geschütztes, weil zerbrechliches Gut (siehe Ehrverletzungsdelikte). Dass es andererseits, um die *Würde* des Menschen zu verletzen oder sie ihm gar zu entziehen, viel radikalerer Maßnahmen bedarf (siehe oben), scheint der erwähnten Alltagsintuition, welche die

Würde des Menschen ungleich fester in seinem Inneren verankert sieht als die Ehre, recht zu geben. Zumal, wenn uns Ehre in der spezifischen Gestalt von „Ezzat" begegnet. Als Glanz, der die Macht umgibt, kann diese Art Ehre ihren Ort natürlich nicht in *subjektiver Innerlichkeit* haben, setzt sie doch die Herrschaft über real existierende andere in der „handfesten" äußeren Realität voraus.

„Wenn das Ich", schreibt Freud in Das Ich und das Es „die Züge des [verlorenen] Objekts annimmt [sich mit dem Objekt also identifiziert, S. M.], drängt es sich sozusagen selbst dem Es als Liebesobjekt auf, sucht ihm seinen Verlust zu ersetzen, indem es sagt: ‚Sieh, du kannst auch mich lieben, ich bin dem Objekt so ähnlich'. Die Umsetzung von Objektlibido in narzißtische Libido, die hier vor sich geht, bringt eine Desexualisierung mit sich, also eine Art Sublimierung".[19]

Folgen wir dieser Überlegung Freuds, gründet *Sublimierung* als Verzicht auf die unmittelbare Befriedigung von sexuellen oder auch aggressiven Triebzielen auf Identifizierung – als Mechanismus der Verarbeitung von Objektverlusten. Mit anderen Worten: auf der Entschärfung von Liebe oder auch von Hass, durch Verinnerlichung und Verwandlung in Selbstachtung.

Da sich nun aber Ehre, zumal Ehre im Sinne jener „Herrlichkeit der Macht" (im Unterschied zur Würde) *nicht in Innerlichkeit aufzulösen vermag*, gelingt es dem Islamisten nicht, den Verlust des Objektes „Ehre" durch Identifizierung (mit dem frühen Islam) zu verarbeiten, die aggressiven Energien, die der Machtverlust des Islam freizusetzen vermag (siehe Khomeinis Rede), zu sublimieren. Im Gegenteil: Jene Identifizierung mit dem frühen Islam – auf der die Identität des Islamisten beruht – *radikalisiert* seine Wut und seinen Hass. Denn verglichen mit der (vermeintlichen) Herrlichkeit des frühen Islam muss ihm das real existierende Elend islamisch geprägter Gesellschaften der Gegenwart umso schändlicher erscheinen. Und je schändlicher ihm „das Elend des Islam" erscheint, umso flammender sein Hass, umso rasender seine Wut. Identifizierung führt hier also nicht nur nicht zur Sublimierung und somit zur Zähmung aggressiver Triebziele bei den Subjekten. Identifizierung gießt – im Gegenteil – Öl ins Feuer ihres Zorns.

Unter bestimmten Umständen scheint jedoch die Identifizierung mit dem Objekt „Ehre" sehr wohl geeignet zu sein, einer Sublimierung aggressiver Triebenergien den Weg zu bereiten oder eine solche (Sublimierung) zumindest nicht zu behindern. Am 7. Juni 1844 erschien die erste und letzte Nummer der Zeitschrift *Nauvoo Expositor*. Nauvoo, eine Ortschaft im US-Bundestaat Illinois, war damals überwiegend von Mormonen bewohnt, die aufgrund religiöser Verfolgung aus dem benachbarten Missouri ausgewandert waren. Der *Nauvoo Expositor* kritisierte Joseph Smith, den Propheten des Mormonentums, und einige seiner Lehren, insbesondere die Polygamie. Der von Mormonen dominierte Stadtrat von Nauvoo bezeichnete in einer Sitzung, unter Vorsitz Smiths, der zugleich das Stadtoberhaupt war, die Zeitung als „öffentliches Ärgernis" und beschloss die Zerstörung ihrer Druckerpresse. Der Beschluss wurde am 10. Juni vom obersten lokalen Polizisten in Begleitung von hunderten Bürgern vollstreckt. In der Folge wurden Joseph Smith und andere Mitglieder des Stadtrats vom Gericht des Landkreises Hancock wegen Landfriedensbruchs angeklagt. Smith widersetzte sich zunächst der Verhaftung, rief am 18. Juni das Kriegsrecht aus und mobilisierte die 5000 Mann zählende *Nauvoo Legion*, deren Oberbefehlshaber er war, lenkte aber schließlich ein. Er wurde verhaftet und nach Carthage, Illinois, gebracht, wo er, in Erwartung seines Verfahrens, im Gefängnis vom Mob gelyncht wurde.

2011 wurde am Broadway das Musical *The Book of Mormon* aufgeführt. Das von Trey Parker und Matt Stone, den Machern der Animationsserie *South Park*, geschrieben und komponiert wurde und das von zwei jungen Mormonen handelt, die ihren Missionsdienst in einem Dorf in Uganda ableisten müssen, wo die zu missionierenden Menschen, geplagt von Aids, Armut und Warlords, kein Interesse für die Inhalte des Buches Mormon, der heiligen Schrift der Mormonen, aufzubringen vermögen.

The Book of Mormon, das Publikum und Kritik gleichermaßen begeisterte, ist eine beißende, streckenweise derbe Satire auf das Mormonentum, gegen die sich die Mohammed-Karikaturen als absolut harmlos ausnehmen. Es fällt nicht schwer, sich vorzustellen, dass der eine oder andere Mormone „die Ehre des Mormonentums“ durch dieses Musical verletzt, ja verloren sieht – und bedenkt man, dass uns jene Art „handfester“ politischer und militärischer Herrschaft, mit der Islamisten sich identifizieren, auch in der Geschichte des Mormonentums begegnet, ist der Gedanke nicht fern, dass *The Book of Mormon* das Potenzial gehabt hätte, Hass und aggressive Energien freizusetzen – bis hin zu terroristischen Akten. Dass dem nicht so war, mag nicht zuletzt damit zusammenhängen, dass die Identifizierung mit dem Objekt „Ehre“ – im Sinne jenes Glanzes der Herrschaft – im kollektiven Bewusstsein der Mormonen keine oder eine weitaus geringere Rolle spielen dürfte als im Bewusstsein von Subjekten, die mit dem Islam identifiziert sind. Schon deshalb nicht, weil die „Macht“ des frühen Mormonentums ungleich geringer war als die imperiale Macht des frühen Islam. Während der von Joseph Smith gegründeten Siedlung Nauvoo bestenfalls der Status einer autonomen Gemeinde zukam (Smith musste sich ja der Jurisdiktion des Bezirksgerichts Hancock unterwerfen, was ihn schließlich das Leben kostete), erstreckte sich das Herrschaftsgebiet des Islam beim Tode Mohammeds auf die gesamte arabische Halbinsel. Gute eineinhalb Jahrhunderte später war den Arabern die Errichtung eines islamisch beherrschten Weltreichs zwischen Indien und Spanien gelungen.

„Die Leute“, sagte Matt Stone, einer der Macher des Musicals, in einem Radio-Interview, „„fragten uns, ‚Habt Ihr keine Angst vor der Reaktion der Mormonen?‘, Trey und ich meinten: ‚Die werden cool reagieren‘. Und die Leute: ‚Werden sie nicht. Es wird Proteste geben‘, und wir: ‚Nein. Die werden cool reagieren.‘“[20] Als Reaktion auf *The Book of Mormon* schaltete die mormonische *Kirche Jesu Christi der Heiligen der Letzten Tage* in den Programmheften der Theaterhäuser folgende, an das Publikum gerichtete Anzeige: „Sie haben das Stück gesehen, lesen Sie jetzt – das Buch.“

Anmerkungen

1 Debra J. Dickerson, „Colorblind“, auf: *Salon*, 22.01.2007, http://www.salon.com/2007/01/22/obama_161/ (letzter Abruf: 01.06.2018) (Alle Übersetzungen aus dem Englischen und dem Persischen von mir, S. M.).
2 Marc Pitzke, „US-Wahlkampf: Ist Barack Obama schwarz genug?“, auf: *SPIEGEL ONLINE*, 10. Februar 2007. http://www.spiegel.de/politik/ausland/us-wahlkampf-ist-barack-obama-schwarz-genug-a-465571.html (letzter Abruf: 01.06.2018)
3 James Hannaham, „Racists For Obama“, auf: *Salon*, 03.11.2008. http://www.salon.com/2008/11/03/racists_for_obama/ (letzter Abruf: 15.07.2018).
4 Jean Améry, *Jenseits von Schuld und Sühne. Bewältigungsversuche eines Überwältigten*, Stuttgart 1977, S. 77.
5 Ebd., S. 149f.
6 Ebd., S. 131.
7 Ebd.
8 Ebd., S. 156 (Hervorhebung von mir, S. M.).
9 Ebd., S. 157.
10 Ebd., S. 146.
11 Moishe Postone, *Nationalsozialismus und Antisemitismus*, online verfügbar unter: http://www.anarchismus.at/antifaschismus/faschismus-und-nationalsozialismus/367-postone-nationalsozialismus-und-antisemitismus (letzter Abruf: 01.06.2018).
12 „Antisemitismus ist nicht gleich Rassismus“. Interview mit Detlev Claussen, 2001, in *ZAG – antirassistische zeitschrift*, online verfügbar unter: http://www.zag-berlin.de/antirassismus/archiv/39claussen.html (letzter Abruf: 01.06.2018).
13 Jean Améry, *Jenseits von Schuld und Sühne*, S. 150f.
14 Britta Waldschmidt-Nelson, *Malcolm X, Der schwarze Revolutionär. Eine Biografie*, München 2015, S. 14.
15 Karl Abraham, *Versuch einer Entwicklungsgeschichte der Libido auf Grund der Psychoanalyse seelischer Störungen*. Leipzig/Wien/Zürich 1924, S. 28f (Hervorhebung von mir, S. M.).
16 https://fa.wikipedia.org/wiki/ناریا_رد_نویسالوتیپاک
17 Ebd.
18 Ebd.
19 Sigmund Freud, *Das Ich und das Es*, Frankfurt am Main 1992, S. 269.
20 http://www.npr.org/2011/05/19/136142322/book-of-mormon-creators-on-their-broadway-smash

Der ewige Neger

Grundlagen einer materialistischen und historischen Kritik des Rassismus am Beispiel der bis heute anhaltenden rassistischen Feindschaft gegen dunkelhäutige Menschen

Dennis Schnittler

Prolog

Wer sich einen Eindruck über die bis heute anhaltende Inferiorität schwarzer Menschen verschaffen will, kann dies rund um den Frankfurter Hauptbahnhof bewerkstelligen. Außer der relativ offen agierenden Dealer-Szene, die zu großen Teilen aus geflüchteten jungen Männern aus Äthiopien und Eritrea besteht, finden sich dort mehrere, unter dem Schutz des Vereinsrechts betriebene Kneipen, die ausschließlich von schwarzen Afrikanern frequentiert werden. Dem Ordnungsamt zum Trotz und manchem Anwohner zum Ärgernis bietet sich hier einem zahlungsschwachen Publikum vom afrikanischen Kontinent die seltene Möglichkeit, ein in Frankfurt am Main unschlagbar kostengünstiges Bier unter Gleichgestellten zu trinken.

Bei meinem letzten Besuch in einer dieser Kaschemmen, die nahezu ausschließlich von Schwarzen besucht werden, hatte ich zum ersten Mal zwei weiße Freunde dabei. Anhand der deutlichen Reaktion auf meine Begleitung war zu erahnen, wie vergiftet das Verhältnis zwischen Schwarz und Weiß nach wie vor sein kann. Der mir entfernt bekannte, aus dem Sudan stammende Kneipenbetreiber begann lautstark sein Personal zu befehligen, sie mögen Theke, Tische und Toilette reinigen, sobald wir den Raum betreten hatten. Wie ich später erfuhr, befürchtete er, meine weißen Freunde wären vom Ordnungsamt geschickt worden, um ihm seine prekäre Lebensgrundlage zu entziehen. Hektisch lief er zwischen den billigen Plastikstühlen hin und her, gerierte sich als *Master* und verwies einen Gast des Raumes, von dem er lautstark in Richtung der hellhäutigen Neuzugänge mutmaßte, er würde sich auf fremde Kosten „ein schönes Leben machen", weil dieser nur herumstand und sich mit den Anwesenden unterhielt, ohne etwas zu trinken und auf diese Weise für Umsatz zu sorgen. Als wir begannen, uns im Raucherraum mit einigen Anwesenden zu unterhalten, setzte sich das kleine Drama, das sich offensichtlich vorrangig an der für diesen Ort ungewöhnlichen Hautfarbe meiner Begleitung entzündet hatte, mit einem neuen Protagonisten fort. Einer, von dem ich schon Wochen zuvor erfahren hatte, dass er aus dem Tschad stammt, versuchte mit einem akribisch antrainierten nordamerikanischen Slang, seine Herkunft als gebürtiger Afrikaner zu verleugnen, indem er einen Afroamerikaner mimte. Er schämte sich offensichtlich vor meinen Freunden, den vermeintlichen Herrenmenschen, so wie sich ein aus armen Verhältnissen stammender Mann für seine Familie schämt, sobald er bei den reichen Eltern seiner Angebeteten um ihre Hand anhält.

Frantz Fanon hat in seiner Studie *Schwarze Haut, weiße Masken* einige anschauliche Beschreibungen der unterschiedlichsten Verheerungen geliefert, welche die jahrhundertelange Ära weißer Kolonialherrschaft in den Seelen der schwarzen Kolonisierten angerichtet hat.[1] Die von ihm behandelten Beispiele für die Fortsetzung kolonialer Unterdrückung im inferiorisierten Seelenleben schwarzer Menschen stammen aus dem Frankreich der 1940er Jahre, einem Land, das aktiv Kolonien auf dem afrikanischen Kontinent beherrschte, ausbeutete und die eingeborenen Bewohner der unterworfenen Länder, wenn überhaupt, als Bürger zweiter Klasse behandelte. Es ist vielfach festgestellt und kritisiert worden: Die Devise der Französischen Revolution *Liberté, Égalité, Fraternité*, unter der die bürgerlichen Revolutionäre Europas den Feudalismus bezwangen und den Spielraum der individuellen Freiheit erweiterten – indem persönliche Herrschafts- und Knechtschaftsverhältnisse durch sachlich vermittelte ersetzt wurden –, schloss die Schwarzen bis weit in die zweite Hälfte des letzten Jahrhunderts hinein weitgehend aus. Fanon selbst hat als Soldat die rassistische Behandlung der Kolonialsoldaten durch weiße Vorgesetzte und das Verheizen offensichtlich entbehrlichen schwarzen Lebens an den Fronten des Zweiten Weltkriegs miterleben müssen. Seine eindringlichen Beschreibungen schwarzer Inferiorität stammen aus dem Frankreich einer anderen Ära, in der kolonialrassistische Zustände herrschten, die mit den heutigen Zuständen in Deutschland oder den USA nicht zu vergleichen sind. Der schwarze Mensch hat heute seine vollständige, rechtliche Gleichheit erlangt und viele Bastionen erobert, die früher nur den Weißen vorbehalten blieben. Und trotzdem sind Fanons psychoanalytische Beobachtungen aus dem Seelenleben der depravierten Kolonisierten der 1940er Jahre nach wie vor zutreffend und die Vorurteile der Weißen sterben trotz permanenter handgreiflicher „Beweise" gegen die Ungleichheit der Rassen nicht aus. Die Hoffnung, die Fanon ausdrückte, der Rassismus würde seiner materiellen Grundlage entbehren und aussterben, sobald die „farbigen Völker" die unter ihnen grassierende horizontale Gewalt als vertikale Gewalt[2] gegen die weißen Unterdrücker wenden und die Fesseln der Kolonialherrschaft abschütteln und so vor aller Welt belegen, dass sie nicht minderwertig sind, sondern gleichwertig, ist enttäuscht worden. Einmalige oder zeitlich begrenzte Akte der Auflehnung, der Rebellionen gegen Sklaverei und Kolonialismus, der antirassistischen Revolutionen, reichten hierfür offenbar nicht aus.

Die über den vielfachen Wandel ihrer Form in allen Teilen der „zivilisierten" Welt erhalten gebliebene Feindseligkeit gegen dunkelhäutige Menschen und das Fortbestehen rassistischer Ideologien über alle gesellschaftlichen Entwicklungen hinweg legen nahe, dass derlei Übel auf einem sozialen Nährboden gedeihen muss, der bisher nicht angetastet worden ist.

Inzwischen werden die Affekte vieler Weißen auf Schwarze und die entsprechenden rassistischen „Theorien" primär soziologisch und psychologisch gedeutet. In der gängigen Darstellung erscheint der Rassismus als eine Art „toxischer Volksglaube“, als bloße Herrschaftsideologie, die mit engagierter Aufklärung und staatlichen Antidiskriminierungsmaßnahmen aus der Welt geschafft werden könnte. Meine vorrangige Aufgabe ist es jedoch nicht, dem Gehalt der gängigen Interpretation zu widersprechen und die Donquijoterie vieler bürgerlich-antirassistischer Kampagnen zu bejammern. Was ich im Folgenden zu bewerkstelligen suche, ist zuvorderst ein Analyseansatz der ökonomisch-sozialen Totalität, die der Negrophobie und dem Rassismus bis heute ein psychisches Fundament verleiht. Im aktuellen Zustand der gesamtgesellschaftlichen ideologischen Fäulnis und individuellen Überforderung auch der Wohlmeinenden halte ich dies für einen nötigen ersten Schritt, um die lähmende Krankheit, die der Rassismus bedeutet, dereinst überwinden zu können.

Über die ökonomische Grundlage des Rassismus gegen schwarze Menschen

1.

Als Vertreter des europäischen Handelskapitals vor circa 500 Jahren mit den unterschiedlichen Gesellschaften des afrikanischen Kontinents in größerem Ausmaß in Berührung kamen, fiel es ihnen leicht, die Afrikaner im Handel zu übervorteilen. Dabei beließen sie es jedoch nicht und schon bald verwandelten sie Teile des Kontinents „in ein Geheg zur Handelsjagd auf Schwarzhäute“, wie es Karl Marx im *Kapital* formulierte.[3] Die Gewaltmittel afrikanischer Gesellschaften waren den europäischen – als Ausdruck einer wissenschaftlich-technischen und gesellschaftlich höheren Entwicklungsstufe – unterlegen. Die sich rasch entwickelnde Sklaverei wurde begünstigt durch eine schon bis dahin bestehende, Jahrhunderte andauernde „Tradition“ gegenseitiger innerafrikanischer Versklavung[4] und des überseeischen Sklavenhandels, der von den muslimischen Stämmen Nordafrikas und der arabischen Halbinsel organisiert wurde.

Durch den Kontakt zu den Europäern gerieten die Menschen des subsaharischen Afrikas in eine Lage, in der es bald nicht mehr „nur" um die Freiheit Einzelner, sondern um das Überleben ganzer Gesellschaften ging. Nicht alleine aufgrund der Dezimierung der Bevölkerung durch den gesteigerten Menschenraub, sondern auch durch den bloßen Kontakt mit den ökonomischen Verhältnissen der europäischen Kolonialmächte selbst: „Wo das Geld nicht selbst das Gemeinwesen, muss es das Gemeinwesen auflösen [...]", denn „die Vorepoche der Entwicklung der modernen industriellen Gesellschaft wird eröffnet mit der allgemeinen Geldgier, sowohl der Individuen als der Staaten."[5]

Aber anders als etwa in Indien, wo durch die mörderische Kolonialherrschaft der Briten die Grundlage der kapitalistischen Produktionsweise, das Verhältnis von Lohnarbeit und Kapital, zumindest in seinen rudimentärsten Formen eingeführt wurde, entwickelte sich in Afrika so gut wie keine kapitalistische Produktion. In Afrika brachte der Kolonialismus dieser Epoche wenig mehr als Zerstörung und gesellschaftlichen Verfall. Die auf eigenen Varianten der asiatischen Produktionsweise fußenden afrikanischen Gesellschaften[6] wurden im Zeitraum zwischen dem 17. Jahrhundert und der Mitte des 19. Jahrhunderts mehr oder weniger gründlich zerstört. Der Gier des Handelskapitals, das sich der Träger der Arbeitskraft und der Produkte fremder Gemeinwesen, insbesondere des Goldes, durch Prellerei und gewaltsamen Raub bemächtigte, öffneten sich fantastische Quellen der Bereicherung. Die enormen Gewinne aus dem Kolonialhandel waren eine entscheidende Bedingung für die zeitgleich erfolgende Entwicklung der kapitalistischen Produktionsweise, der Subsumtion der Produktion unter das Kapital-Lohnarbeitsverhältnis in den Entstehungsländern des Kapitalismus, den kolonialen Mutterländern selbst. Das zu ökonomischer und damit gesellschaftlicher Macht kommende, produzierende Kapital nahm das Handelskapital schließlich ganz in Dienst. Für die Versklavten bedeutete dies eine noch schärfere Degradierung zur bloßen Menschenware als zuvor. Die Bedingungen, unter denen sie nun leben und sterben mussten, wurden bestimmt vom Weltmarkt, dessen Hauptzweck darin bestand, den Hunger der Industrie nach billigen Rohstoffen zu befriedigen. Diese Phase der „Subsumtion des Handelskapitals unter das industrielle Kapital" (Marx) bedeutete für die Versklavten ebenso millionenfaches Leid, wie sie die Bauern Britanniens ab dem 15. Jahrhundert unter der sogenannten „ursprünglichen Akkumulation" erdulden mussten – eine Gewalt, die notwendig war, um die bis dahin häufig privat oder auf Gemeineigentum produzierenden Bauern durch Beschlagnahmung ihrer Produktionsmittel und blutige Vertreibung von Grund und Boden in *doppelt freie*, dem Verwertungsinteresse des Kapitals ausgelieferte Lohnarbeiter zu verwandeln. Während selbst zehnjährige Kinder der (sich in Europa gerade als solche konstituierenden) proletarischen Klasse bis zu 16 Stunden täglich in den Fabriken zugrunde gerichtet wurden, mussten Afrikaner in den Bergwerken und auf den Plantagen Amerikas unter Peitschenhieben der Natur jene Rohstoffe abtrotzen, die für die rasant expandierende Produktion in den kolonialen Mutterländern nötig waren. Die Afrikaner wurden durch die Versklavung und Losreißung von ihren eigenen, afrikanischen Produktionsmitteln jedoch nicht in *doppelt freie* Lohnarbeiter verwandelt, wie die ehemaligen Bauern Britanniens, sondern in *beseeltes Werkzeug*. Als Sklaven figurierten sie in den Kalkulationen ihrer Besitzer nicht auf der Seite des *variablen Kapitals*, als Empfänger von Arbeitslohn, den sie im Tausch gegen „freiwillige" Verausgabung von *Nerv, Muskel und Hirn* erhielten, sondern auf der Seite des *fixen Kapitals*, als bloßer Kostenfaktor der leblosen Maschinerie, deren lebendige Bestandteile sie abzugeben gezwungen wurden. Im Gegensatz zum europäischen Proletariat verkauften die afrikanischen Sklaven ihre Arbeitskraft nicht einmal nominell freiwillig, sondern sie wurden verschleppt, verschifft, verkauft, vernutzt und ersetzt, wie und wo es einem Sklavenjäger, einem Sklavenhändler und zuletzt einem Sklavenhalter zum Vorteil gereichte.

Entgegen dem Eindruck, den die bisherige Darstellung ökonomischer Aspekte nahelegt, hatten die Proletarisierten und Versklavten eines gemeinsam: die tödliche Ausbeutung zum Zwecke der Kapitalakkumulation, unter der sie litten.

Ihre voneinander unterschiedenen Schicksale waren über den Weltmarkt in einer Verwertungskette miteinander verknüpft. Das Kapital war schon damals darauf angewiesen und wusste es blutig durchzusetzen, dass jeder auf dem ihm zugewiesenen Platz funktionierte: die unfreien Arbeiter – die schwarzen Sklaven – während der Extraktion der Rohstoffe, und die nominell „freien" Lohnarbeiter – die weißen Proletarier – bei der Verarbeitung selbiger. Für diese Phase der sich entwickelnden, weltumspannenden Herrschaft des Kapitals gilt: Kein Kapitalverhältnis ohne Kolonien und afrikanische Sklaven, kein Kapitalverhältnis ohne die Verwandlung der europäischen Bauern in Lohnarbeiter! Es zeigte sich schon damals, dass der gemäß den Anforderungen des Kapitals *verdinglichte* Mensch (z. B. als Charaktermaske-Typ: Sklavenjäger oder „*House Nigger*"[7]) tendenziell zu jeder Gewalttat bereit ist, wenn sie seiner fortgesetzten, gewohnheitsgemäßen Existenzweise dienen könnte, und dass das Terrorregime, unter das Millionen afrikanischer Menschen gezwungen wurden, potenziell den Menschen aller Hautfarben droht, sobald sich die gesellschaftlichen Bedingungen ändern:

> „Die Behandlung der Eingebornen war natürlich am tollsten in den nur zum Exporthandel bestimmten Pflanzungen, wie Westindien, und in den dem Raubmord preisgegebenen reichen und dichtbevölkerten Ländern, wie Mexiko und Ostindien. Jedoch auch in den eigentlichen Kolonien verleugnete sich der christliche Charakter der ursprünglichen Akkumulation nicht. Jene nüchternen Virtuosen des Protestantismus, die Puritaner Neu-Englands, setzten 1703 durch Beschlüsse ihrer Assembly eine Prämie von 40 Pfd. St. auf jedes indianische Skalp und jede gefangne Rothaut, 1720 Prämie von 100 Pfd. St. auf jedes Skalp, 1744, nachdem Massachusetts-Bay einen gewissen Stamm zum Rebellen erklärt hatte, folgende Preise: für männliches Skalp, 12 Jahre und darüber, 100 Pfd. St. neuer Währung, für männliche Gefangne 105 Pfd. St., für gefangne Weiber

> und Kinder 50 Pfd. St., für Skalps von Weibern und Kindern 50 Pfd. St.! Einige Dezennien später rächte sich das Kolonialsystem an der unterdes aufrührerisch gewordnen Nachkommenschaft der frommen pilgrim fathers. Unter englischem Antrieb und Sold wurden sie tomahawked. Das britische Parlament erklärte Bluthunde und Skalpieren für ‚Mittel, welche Gott und die Natur in seine Hand gegeben'."[8]

2.

Das Kapital reduziert die Menschen auf ihre bloße Qualität als Arbeitskraft und bestimmt sie sodann rein quantitativ. Unter dem Kapital ist der Mensch zuvorderst ein Arbeitskraftbehälter, dessen gesellschaftlicher Wert bestimmt ist durch seine mehr oder weniger ausgebildete Arbeitskraft und ihren entsprechenden Preis. Das Kapital abstrahiert von der konkreten Beschaffenheit der Individuen und setzt sie – im Gegensatz zum historisch vorangegangenen Feudalismus sowie das erste Mal in der Gattungsgeschichte – als *doppelt Freie*, als Lohnarbeiter, unter dem Verwertungsinteresse des Kapitals frei von Produktionsmitteln und frei von unmittelbaren Herrschafts- und Knechtschaftsverhältnissen. Die Menschen sind im „freiwilligen" Tausch ihrer Arbeitskraft gegen Geld vor dem Verwertungsinteresse des Kapitals und als Tauschende untereinander nominell gleich, gleichgültig, welchen Geschlechts und welcher Herkunft sie sind. Das Kapital, vor dem alle Arbeitskräfte insofern gleich sind, als sie ihm gegenüber alle den Charakter von Waren angenommen haben, verhilft somit dem bereits zuvor existierenden Gedanken der Gleichheit aller Menschen (vor Gott) als abstrakte Menschen tendenziell zu seinem gesellschaftlichen Durchbruch.

> „Damit ist also die vollständige Freiheit des Individuums gesetzt: Freiwillige Transaktion; Gewalt von keiner Seite; Setzen seiner als Mittel, oder als dienend, nur als Mittel, um sich selbst als Selbstzweck, als das Herrschende, das Übergreifende zu setzen;

> endlich das selbstsüchtige Interesse, kein darüberstehendes verwirklichend; der andere ist auch als ebenso sein selbstsüchtiges Interesse verwirklichend anerkannt und gewusst, so dass beide wissen, dass das gemeinschaftliche Interesse eben nur in der Doppelseitigkeit, Vielseitigkeit und Verselbstständigung nach den verschiednen Seiten, der Austausch des selbstsüchtigen Interesses ist. Das allgemeine Interesse, ist eben die Allgemeinheit der selbstsüchtigen Interessen."[9]

Und:

> „Um diese Dinge [Arbeitsprodukte, D. S.] als Waren aufeinander zu beziehn, müssen die Warenhüter sich zueinander als Personen verhalten, deren Willen in jenen Dingen haust, so daß der eine nur mit dem Willen des andren, also jeder nur vermittelst eines, beiden gemeinsamen Willensakts sich die fremde Ware aneignet, indem er die eigne veräußert. Sie müssen sich daher wechselseitig als Privateigentümer anerkennen. Dies Rechtsverhältnis, dessen Form der Vertrag ist, ob nun legal entwickelt oder nicht, ist ein Willens Verhältnis, worin sich das ökonomische Verhältnis widerspiegelt. Der Inhalt dieses Rechts- oder Willensverhältnisses ist durch das ökonomische Verhältnis selbst gegeben. Die Personen existieren hier nur füreinander als Repräsentanten von Ware und daher als Warenbesitzer."[10]

Auf dem Arbeitsmarkt, auf dem die Proletarisierten ihre Arbeitskraft als Ware an das Kapital verkaufen, sind alle einerseits als Verkäufer der Ware Arbeitskraft gleich. Andererseits sind sie sehr ungleich hinsichtlich ihrer Qualifikation, ihrer Stellung innerhalb der gesellschaftlichen Teilung der Arbeit und ihrer Entlohnung. Diese Ungleichheit kann besonders im globalen Maßstab enorme Ausmaße annehmen und daher in der sinnlichen Wahrnehmung die potenzielle Gleichheit aller Menschen als Arbeitskraftware überlagern. Da gesellschaftliche Verhältnisse – in diesem Fall jene, die die Ungleichheiten erzeugen – als solche sinnlich nicht zu fassen sind, sondern an ihren materiellen Trägern, den lebendigen Individuen, erscheinen, verschmelzen gesellschaftlich bedingte Auswirkungen auf die Individuen mit der sinnlichen Wahrnehmung ihrer körperlichen Merkmale. Konkret: Sind die gesellschaftlichen Verhältnisse so, dass die Mehrzahl der Individuen mit schwarzer Hautfarbe eine im Durchschnitt schlechtere Ausbildung haben, niedriger bezahlt oder gleich versklavt werden, so fallen natürliche und gesellschaftliche Merkmale in der Erscheinung zusammen. In dieser „Hypostasierung geschichtlich gewordner gesellschaftlicher Verhältnisse“[11] liegt ein Moment von Wahrheit beschlossen: Die Tatsache nämlich, dass in der warenproduzierenden Gesellschaft die verfestigten sozialen Formen den Individuen als zweite Natur erscheinen. Diese Amalgamierung natürlicher Merkmale mit gesellschaftlich bedingten Eigenschaften im Alltagsbewusstsein bildet bis heute eine Grundlage für das seelische Reservoir, aus dem sich Ideologien wie der Rassismus immer wieder speisen.

Die globale Arbeitsteilung bedeutet eine enorme Ungleichheit, nicht nur in der Lohnhierarchie, sondern auch in der Produktion und in der Produktionsweise. Auf dem Weltmarkt aber muss diese Ungleichheit ausgeglichen werden, muss eine formelle Gleichheit herrschen. Einerseits bedingt das Kapital die Ungleichheit zwischen den Klassen, andererseits muss diese Ungleichheit in der Zirkulation vermittelt werden, da sonst eine weltweite Warenproduktion und Warenkonsumption nicht möglich wäre. Auch wenn sich Gesellschaften und Regionen unter der kapitalistischen Totalität sehr ungleich entwickeln, geschieht dies unter der Verallgemeinerung der Warenproduktion, die sich auch als menschliche Gleichheit ausdrückt, wie sie – zumindest für die entwickelten Gesellschaften – auch notwendig ist. Damit erhellt sich der offensichtliche Widerspruch, dass die Aufklärung und die bürgerlichen Revolutionen der *Liberté, Égalité, Fraternité* zeitlich in eins fallen konnten mit der transatlantischen Sklaverei und der ideengeschichtlichen Blüte rassistischer Theorien im 19. Jahrhundert, als ihrem genauen Gegenteil.

3.

Das Kapital ist nicht in all seinen Formen so mobil und international wie das Handelskapital. Um den vom Proletariat erarbeiteten Mehrwert immer wieder aufs Neue aneignen zu können, muss das Kapital die Form des produktiven Kapitals annehmen. Als solches ist es gebunden an Grund und Boden, auf dem die Produktion stattfindet. Aufgrund der Immobilität des *fixen Kapitals*, der Fabrikgebäude, der Maschinen usw., ist das produzierende Kapital verbunden mit den jeweiligen Produktionsverhältnissen, der Beschaffenheit der Umwelt, dem Ausbildungsgrad und der Mentalität der Bevölkerung etc. Vor Ort sind die einzelnen Kapitalien in der Produktion miteinander verschlungen, voneinander abhängig und in der relativen Einheit gemeinsamer Durchschnittsprofitraten von den Kapitalien anderer Nationalstaaten unterschieden. Diese stoffliche, aber auch wertmäßige und die Profite bestimmende Verzahnung der Kapitalien vor Ort bedingt ein gemeinsames Interesse. Die unter diesen bornierten Verhältnissen im Arbeitsprozess Kooperierenden vollziehen dieses übergreifende, ökonomische Moment ihrer als Nation parzellierten „Konföderation der Produktivkräfte" (Friedrich List) nach, u. a. anhand des verkehrten Gedankens an natürlich gewachsene und durch unterschiedliche Rasseeigenschaften voneinander unterschiedene Bevölkerungen. Entsprechend prägte der englische Ökonom Thomas Mun als führender Vertreter des Merkantilismus schon zu Beginn des 17. Jahrhunderts das Wort vom „englischen Blut", das den Charakter der überlegenen angelsächsischen Ökonomie ausmache, und die bis heute aktuelle Rede von der „Dritten Welt" bringt Ähnliches zum Ausdruck.[12] Die im globalen Maßstab enorme Ungleichheit unter der weltweiten Arbeitsteilung und die hierdurch bedingte, vorgestellte Rassentrennung in den Köpfen des Weltproletariats bilden zusätzliche Produktionskräfte für das Kapital. Ein Arbeiter, der Seinesgleichen aufgrund ihrer andersartigen äußeren Beschaffenheit nicht als Seinesgleichen erkennt, wird deren Angelegenheiten nicht als die eigenen begreifen und kaum lernen, den gemeinsamen Kampf zur Verbesserung der Lage zu führen.

Die entwickelte kapitalistische Produktionsweise, die sich durch das Ensemble von planmäßig-systematischer Anwendung der Wissenschaften auf den Produktionsprozess, eine durch das Maschinensystem vorgegebene Teilung der Arbeit und ein hohes Maß an vergesellschafteter Arbeit in Kooperation auszeichnet, besitzt eine weitaus höhere Produktivkraft der Arbeit als eine kaum entwickelte kapitalistische oder gar vorkapitalistische Produktionsweise, wie sie zumindest in ländlich geprägten Teilen Afrikas nach wie vor vorherrscht:

> „Ein englischer und ein chinesischer Spinner z. B. mögen dieselbe Stundenzahl mit derselben Intensität arbeiten, so werden beide in einer Woche gleiche Werte erzeugen. Trotz dieser Gleichheit besteht ein ungeheurer Unterschied zwischen dem Wert des Wochenprodukts des Engländers, der mit einem gewaltigen Automaten arbeitet, und des Chinesen, der nur ein Spinnrad hat. In derselben Zeit, wo der Chinese ein Pfund Baumwolle, verspinnt der Engländer mehrere hundert Pfund.“[13]

Weil aber die Waren auf dem Weltmarkt zu Durchschnittspreisen verkauft werden, rangieren die durchschnittlichen, national gebündelten Arbeitskräfte des am wenigsten industrialisierten Kontinents auf dem Weltmarkt – und hiermit ebenso im Alltag – unter Wert. Auf dem Weltmarkt müssen sich die Bewohner des subsaharischen Afrikas bis heute auf die Zweige der Produktion, auf eine Stellung in der internationalen Arbeitsteilung beschränken, in der sie bestehen können: in der extraktiven Industrie und im landwirtschaftlichen Produktionsfeld. Sie konkurrieren dort mit einer Reihe anderer Länder, die unter ähnlich schlechten Bedingungen ihren Stoffwechsel mit dem Weltmarkt zu bewerkstelligen suchen, und den im höchsten Grade automatisierten Industrien westlicher Länder, z. B. im

Falle des Fischfangs vor afrikanischen Küsten.[14] Das Pro-Kopf-Bruttoinlandsprodukt Äthiopiens im Jahr 2016 (795 US-Dollar) stellt im Vergleich zum Pro-Kopf-Bruttoinlandsprodukt, das die USA im gleichen Zeitraum erwirtschaftete (57.324 US-Dollar pro Jahr), in nackten Zahlen dar, was im Alltag häufig mit schwarzer Hautfarbe verknüpft wird, weil sozial erworbene Eigenschaften und von der Natur gegebene, äußerliche Eigenschaften in der Phänomenologie des Alltags in eins fallen. Das ungleiche Verhältnis zwischen den Bewohnern der subsaharischen Regionen Afrikas, deren Entwicklung durch jahrhundertelangen Menschenraub, Ausrottung ganzer Gesellschaften und Plünderung der Rohstoffe behindert wurde und den Bewohnern derjenigen Gegenden, die von diesem Menschenraub, der Ausrottung und Plünderung profitierten, setzt sich bis heute fort. Afrika liefert mit billiger Schwerstarbeit und wohlfeilen Rohstoffen einen Beitrag zu den Spitzenleistungen der Bewohner der hochindustrialisierten Zentren. Einfache Arbeitskraft, *unskilled labour*, bildet unter der weltweit arbeitsteiligen Produktion die stoffliche Voraussetzung für die Verausgabung zusammengesetzter Arbeitskraft, der *skilled labour*; kein Chirurg wird operieren, bevor eine Putzkraft den Raum desinfiziert hat, und kein Product Development Engineer wird eine neue App launchen, bevor ein namenloser schwarzer Mensch die für Smartphones nötigen seltenen Erden – im schlimmsten Fall mit bloßen Händen – aus der harten Erde Afrikas gekratzt hat. Schwarze Arbeitskraft als durchschnittlich schlecht ausgebildete, billige oder unverkäufliche Ware tritt weißer Arbeitskraft als durchschnittlich gut ausgebildeter, relativ begehrter Ware auf dem Weltmarkt ebenso chancenungleich gegenüber wie ihre Träger im von Konkurrenz und finanzieller Vergleichung geprägten Alltag. Man kennt sie, die Sonnenbrillenverkäufer an den Stränden Südeuropas oder die Toilettenfrau auf dem Bahnhofsklo, bei deren Anblick mancher im Vorbeigehen denken mag: „Gott sei Dank stecke ich nicht in deren Haut!"

Viele weiße Proletarier als potenzielle Pauper müssen das Ökonomische als bestimmendes Moment der gesellschaftlichen *zweiten Natur* des afrikanischen Subproletariats verdrängen, weil sie anhand des von ihnen verkörperten, deprimierenden Zustands der Menschenwelt ihr eigenes wahrscheinliches Schicksal erblicken müssen. Nämlich das Damoklesschwert der permanent eintreten könnenden Nicht-Verwertbarkeit über ihren Häuptern; das Schicksal der schwarzen *wretches*, der *Boat People*, der Kleindealer, Hilfsarbeiter, Straßenhuren und flüchtenden Habenichtse aus dem Fernsehen. Die bedrückende Wirklichkeit des „schwarzen Kontinents" aufgreifend, den zum Gelingen des Alltags naheliegenden *realen, aber falschen Schein* gedanklich nachvollziehend und die Seele entlastend denkt manch weißer Proletarier: „Die Schwarzen sind zur qualifizierten Lohnarbeit und damit zum Aufbau und zur Kulturleistung offensichtlich nicht in der Lage." In Zeiten persönlich erlebter Krise und den Interessen und individuellen Motiven entsprechend radikalisiert sich dieser Gedanke häufig: „Die Schwarzen sind den Weißen nicht ebenbürtig, sie sind nicht gleich." Im alltäglichen Denken wird das, was für die Regel gehalten wird, dem Einzelfall übergestülpt. Es sind dies Erscheinungen der globalen kapitalistischen Realität, die sich unmittelbar auch in den Köpfen der weißen Lohnarbeiter widerspiegeln. Rassistisch verfestigt sich diese „grobe Behandlung des Singulären" (Agnes Heller) häufig zu einer Aufklärungsresistenz, die neben materiellen und ideologischen auch noch psychische Ursachen hat. Der Rassismus, der die enormen ökonomisch-sozialen Unterschiede und Widersprüche naturalisiert, verspricht seelische Entlastung angesichts der sich in den Lebenslagen der Schwarzen zeigenden, eigenen potenziellen Nicht-Verwertbarkeit. Wenn die relative Armut des „schwarzen Kontinents" der Natur geschuldet ist, wenn die Schwarzen zu Kultur, Reichtum und demokratischem Frieden von Natur aus unfähig oder minder begabt sind, dann kann der weiße Arbeitsmann aus der rassistischen Ideologie einen psychischen Gewinn ziehen. Die ihm wie adäquat auch immer stets wieder zu Bewusstsein kommende und ängstigende eigene Lage, sein gesellschaftliches Dasein als Lohnarbeiter und damit *virtueller Pauper* kann nun auf die Schwarzen projiziert werden. Die Vorstellung, dass die Lage der Schwarzen einer Natureigenschaft, ihrer Rassenzugehörigkeit, geschuldet ist, hilft die *Rückkehr des Verdrängten* zu verhindern. Er kann gar nicht oder nicht so schlimm pauperisiert werden wie der Schwarze, weil die Pauperisierung ja der schwarzen Kulturlosigkeit entspringt. Die Ängste, welche die Vorstellung der eigenen „rassischen Überlegenheit" vor den angeblich „rassisch unterlegenen" Schwarzen begleiten, erscheinen auf den ersten Blick widersprüchlich. Warum sollte man sich vor den von Natur aus Unterlegenen fürchten? Antwort: Weil ihre Lebenslage das reale Schreckbild, die Inkarnation der eigenen Ängste vor der Deklassierung, ist.

In einer Welt, die vom Kapital in eine v.a. afrikanische Peripherie der Nicht-Verwertbarkeit, der Lohnarbeitslosigkeit, der Armut und des gesellschaftlichen Chaos auf der einen Seite und ein europäisches respektive nordamerikanisches Zentrum der gelingenden Kapitalverwertung, der Lohnarbeit, der Ordnung und der relativen Wohlfahrt auf der anderen Seite verwandelt worden ist, bleibt die auf dem afrikanischen Kontinent am häufigsten vertretene Hautfarbe für viele ein Stigma der Wertlosigkeit, des „Untermenschen" an sich. Der Rassismus hält sich nicht bloß wegen dieses Fetischismus so hartnäckig, sondern auch wegen seiner psychischen Funktionalität, seiner Wirkung als Psychopharmaka.

„Black stranger fucks a white wife in all holes in front of her hubby"

4.

Die heutige bürgerliche, „zivilisierte" Welt ist eine Welt der Trennungen und der entsprechend falschen Gegensätze im Denken und Handeln ihrer Mitglieder. Diese Trennungen und falschen Gegensätze sind jedoch nicht rein gedanklichen Ursprungs, sondern fußen auf der grundlegenden Trennung der Produzierenden von den zum Leben notwendigen Produktionsmitteln. Der deswegen in einer grundsätzlich freien Entfaltung der eigenen Wesenskräfte und wirklichen Befriedigung seiner multiplen Bedürfnisse behinderte, als Rädchen im ökonomischen Betrieb entfremdet arbeitende Mensch teilt sich im praktischen Alltag auf. Die objektiven Zwecke der Verwertung des Kapitals gehen seinen subjektiven Zwecksetzungen voraus. Die Proletarisierten müssen diesen fremden Zwecken für die Dauer des Arbeitsprozesses ihren eigenen Willen unterordnen und sind gezwungen, unterschiedliche Rollen zu spielen: während der Lohnarbeit als technokratischer Vertreter fremder Interessen und „heißblütiger" Liebhaber in der romantischen „Privatheit" zugleich; als „Hausfrau", Sklavin der Kindererziehung und die Lust der Männer reizendes Sexobjekt in einer Person; als Patriarch, „Ernährer" und „Vorstand der Familie" und gleichzeitig „liebender Vater", der Verständnis zeigt für die „Selbstverwirklichung" seiner Frau. Wer einen romantischen, vielleicht sogar erotischen Abend mit der Partnerin oder dem Partner plant, sollte zuvor die Anspannungen und Schmerzen des „Arbeitslebens" beiseiteschieben, sie nicht ins „Private" hinein verlängern und so das gewünschte romantische Beisammensein behindern. Das Ganze vice versa: Wer die romantischen und sexuellen Bedürfnisse, die in den eigenen vier Wänden nicht befriedigt werden können, am Arbeitsplatz mit Kundinnen, Klienten oder Untergebenen auszuleben versucht, wird über kurz oder lang in Schwierigkeiten geraten und tendenziell scheitern.

Durch den modernen Mensch geht ein Riss, hinein in die Untiefen seiner Seele, der seinen Ursprung in der materiellen Wirklichkeit des *gesellschaftlichen Seins* hat. Er ist ein selbstsüchtiger *Bourgeois*, der bei Gelegenheit alle für sein Vorankommen hinderlichen Konventionen außer Acht lässt, und ein selbstloser, um das Allgemeinwohl der Gesellschaft besorgter *Citoyen*. Er ist der Mensch des Alltags, der sich selbst für die Zwecke anderer verdinglichen muss, und der allgemeine Mensch des bürgerlichen Rechts, der dies selbstverständlich von allen anderen erwartet.

> „Wo der politische Staat [als ideeller Gesamtkapitalist und ausführendes Organ der bürgerlichen Klasse, D. S.] seine wahre Ausbildung erreicht hat, führt der Mensch nicht nur im Gedanken, im

> Bewußtsein, sondern in der Wirklichkeit, im Leben ein doppeltes, ein himmlisches und ein irdisches Leben, das Leben im politischen Gemeinwesen, worin er sich als Gemeinwesen gilt, und das Leben in der bürgerlichen Gesellschaft, worin er als Privatmensch tätig ist, die andern Menschen als Mittel betrachtet, sich selbst zum Mittel herabwürdigt und zum Spielball fremder Mächte wird."[15]

Bourgeois und *Citoyen* werden mit sich selbst niemals identisch. Ihre Bewegung ist die der schmerzhaften Abstoßung und lustvollen Anziehung zwischen den Polen, die eine im Gesamten unbefriedigende Existenz als Arbeitskraftbehälter, als Mittel zum Zweck anderer, als potenzieller Pauper bestimmen.

Diesen falschen Trennungen folgend, gestalten sich auch die Triebstruktur und das dieser Triebstruktur entsprechende sexuelle Begehren. Was den multiplen Rollen, denen im Alltag entsprochen werden muss, nicht entspricht, gar die Erfüllung dieser Rollen konterkariert, unterliegt einem Tabu, der an diesem Tabu ausgerichteten Moral und Gesetzgebung und der bis in die Psyche der Individuen hineinreichenden gesellschaftlichen Konventionen. Das nicht Regelkonforme, die asozialen Anteile des menschlichen Triebbündels müssen unterdrückt und ins Peinliche und Heimliche des Vor- und Unbewussten abgeschoben werden wie der Drang nach Bummelei, erfüllter Romantik, ausgelebtem Sadismus und infantiler Verspieltheit während des täglichen Lohnarbeitsprozesses. Doch was verdrängt wird und trotzdem weiterbesteht, muss auch im Alltagsbewusstsein weiterhin schmerzhaft Befriedigung einfordern, auch wenn die Tabus, die Wünsche nach radikaler Vermeidung unmittelbarer Unlust und sofortiger Triebbefriedigung nur in abgewandelter, konformer, „verkleideter" Form (aber unter der prinzipiellen Wahrung des Charakters des ursprünglichen Wunsches) an die Oberfläche des Denkens und Handelns treten lassen. Dies ist einer der bestimmenden Antriebe für die projektiven Fantasien, die Menschen voneinander hegen. Der moderne Mensch ist prinzipiell unzufrieden mit sich und seiner Lebenssituation und deswegen kann er vielfach die anderen nicht nach ihrer Fasson leben lassen, muss ihnen in alle Bereiche ihres Lebens hineinregieren, immer wieder aufs Neue definieren, was „normal“ ist und was als „unnormal“ zu gelten hat. Sein Denken ist bestimmt von der permanenten Mutmaßung über das Wesen und die Motive seiner Mitmenschen, weil er ihrer bedarf, als potenzielles Mittel seiner verworfenen Zwecke.

5.

In seinem Aufsatz „Über die allgemeinste Erniedrigung des Liebeslebens“ aus dem Jahre 1912 nennt Sigmund Freud ein Beispiel für die Zwiegestalt der permanenten Anziehung und Abstoßung, die auch die Möglichkeiten und v.a. Unmöglichkeiten einer praktischen Auslebung des Polymorph-Perversen im menschlichen Triebbündel unter den herrschenden Verhältnissen bestimmen. Sein Beispiel handelt von einer Frau und einem Mann, die aufgrund der definierten, gesellschaftlichen Rolle ihres Gegenübers und der entsprechend internalisierten Tabus die verworfenen, „asozialen“ und Scham bedingenden Anteile ihrer Sexualität nicht im Ehebett ausleben können und dort impotent bzw. frigide bleiben:

> „Das Liebesleben dieser Menschen bleibt in die zwei Richtungen gespalten, die von der Kunst als himmlische und irdische (oder tierische) Liebe personifiziert werden. Wo sie lieben, begehren sie nicht, und wo sie begehren, können sie nicht lieben. Sie suchen nach Objekten, die sie nicht zu lieben brauchen, um ihre Sinnlichkeit von ihren geliebten Objekten fernzuhalten, und das sonderbare Versagen der psychischen Impotenz tritt nach den Gesetzen der ‚Komplexempfindlichkeit‘ und der ‚Rückkehr des Verdrängten‘ dann auf; wenn an dem zur Vermeidung des Inzests gewählten Objekt ein oft unscheinbarer Zug an das zu vermeidende Objekt erinnert. […] Aus der langen und schwierigen Entwicklungsgeschichte des Triebes heben

> sich sofort zwei Momente hervor, die man für solche Schwierigkeit verantwortlich machen könnte. Erstens ist infolge des zweimaligen Ansatzes zur Objektwahl mit Dazwischenkunft der Inzestschranke das endgültige Objekt des Sexualtriebes nie mehr das ursprüngliche, sondern nur ein Surrogat dafür. Die Psychoanalyse hat uns aber gelehrt: wenn das ursprüngliche Objekt einer Wunschregung infolge von Verdrängung verlorengegangen ist, so wird es häufig durch eine unendliche Reihe von Ersatzobjekten vertreten, von denen doch keines voll genügt. Dies mag uns die Unbeständigkeit in der Objektwahl, den ‚Reizhunger' erklären, der dem Liebesleben der Erwachsenen so häufig eigen."[16]

Die zur Sphäre von Familie und Lohnarbeit komplementären Refugien, in denen eine Annäherung an die Befriedigung der tabuisierten Teile des menschlichen Triebbündels in der verdinglichten Form als warenförmiger „Sex" bewerkstelligt werden können, bieten der Rotlichtbezirk und das Internet. Hier können – fern der Ansprüche eines Vorgesetzten und vom die Libido hemmenden Ehebett getrennt – geheime Wünsche als Rollenspiel oder Travestie ausgelebt werden, dessen narzisstischem Frönen im Alltag für viele eine Pathologisierung durch die Mitmenschen bedeuten würde. Eine weitere „Zuflucht" findet das Bündel unbefriedigter Bedürfnisse in der alltäglichen Projektion des eigenen Unterdrückten und der Unterschiebung eigener Motive in die vermuteten Verhaltensweisen, gar „Rasseeigenschaften" der anderen.[17] In der westlichen Welt wurde die Rolle der Projektionsfläche für unterdrückte sexuelle Triebregungen traditionell den diskriminierten Juden zugedacht, deren strafender Gott des Alten Testaments mittels archaisch anmutender Riten seiner Anhänger die Mitglieder einer christlichen Mehrheitsgesellschaft zu blühenden Fantasien über die vermeintliche, sexuelle Gewalttätigkeit der Juden und deren Blutsadismus ermuntert. *Der Stürmer*, das Wochenblatt des antisemitischen Lüstlings Julius Streicher, das von der Anklage der

Nürnberger Kriegsverbrecherprozesse treffend als „pornografisches Hetzblatt" bezeichnet wurde, ist hierfür ein gutes Beispiel. Nach den Juden bieten Schwarze und sogenannte „Zigeuner" bis heute eine willkommene Angriffsfläche für Neurotisches, für pathische Unterstellungen und projektive Fantasien.

Der Psychoanalytiker Otto Fenichel schrieb in seinem Aufsatz „Elemente einer psychoanalytischen Theorie des Antisemitismus" zur Wesensverwandtschaft von Antisemitismus und Rassismus, aber auch zu deren Verschiedenheit u. a. Folgendes:

> „Aber die Neger besitzen ein anderes Merkmal, das sie als Sündenböcke geeignet erscheinen lässt: sie sind schwarz. Auch die Juden wurden von Antisemiten wegen ihrer kulturellen oder körperlichen ‚rassischen' Besonderheiten geschmäht. Ihr Haar ist häufig schwarz, auch wenn ihre Haut dies nicht ist. Darüber hinaus erscheinen sie in ihren Sitten und Gebräuchen, in ihrer Sprache und in ihrem eng mit dem Gottesdienst verbundenen Alltagsleben als fremdartig. Diese Fremdartigkeit teilen sie mit den Armeniern, den Negern und Zigeunern. Darin liegt das Geheimnis, das andere glauben machte, sie seien bösartige Übeltäter. Die herrschenden Mächte und jene, die zum eigenen Menschenschlag gehören, verdächtigt man nicht, die anders aussehen, sich anders ausdrücken und benehmen, können zu allem in der Lage sein. In diesem Sinn steckt ein Körnchen Wahrheit in der häufig von Antisemiten vertretenen Behauptung: ‚Am Antisemitismus sind die Juden selbst schuld, weil ihr Verhalten provokativ ist.' Dem muß jedoch hinzugefügt werden, daß nicht die ‚schlechten Manieren' der Juden provokant sind, sondern ihre besondere Fremdartigkeit […]."[18]

Diese „Fremdartigkeit" des empirischen Schwarzen wie er geht und steht liegt jedoch häufig nicht ausschließlich in dunkler

Hautfarbe und krausem Haar, sondern z. B. in einem subproletarischen Gepräge, dem im Wortsinne „eigenartigen" Habitus derjenigen, denen es gelungen ist, aus den verarmten Regionen dieser Welt zu entkommen, die durchschnittlich unter den schlechtesten Voraussetzungen in die zwischenmenschliche Konkurrenz treten, derjenigen, die sich hierzulande auf den „billigen Plätzen" durchschlagen müssen und deren alltägliche Sorgen und Nöte den allermeisten hierzulande viel fremder sein dürften als ihr Äußeres. Dass man schwarzen Menschen eine vorzivilisatorische Wildheit, eine urwüchsige Potenz, die entsprechenden Geschlechtsmerkmale und einen ursprünglichen, unverstellten Zugang zu den Quellen sexueller Lust unterschiebt, geschieht nicht zufällig. Diese Projektionen speisen sich auch aus der verkümmerten Wahrnehmung des historischen Fakts, dass afrikanische Menschen den Weltmarkt als Sklavenware, als „wertlose Untermenschen" betraten und aus Gesellschaften stammten, die den Entwicklungsgrad der europäischen Nationen zum Zeitpunkt des Beginns der transatlantischen Sklaverei noch nicht erreicht hatten. Dass sich die ehemaligen Sklavennationen nach wie vor in einem verheerenden Zustand befinden, der aufgrund der bestehenden ökonomischen Schranken so schnell nicht aufgehoben werden kann, verleitet die Projizierenden erneut zum interessierten Missverständnis, Schwarze hätten sich aufgrund ihrer Rasseeigenschaften bis heute nicht geändert, wären zu disziplinierter Arbeit, gesellschaftlichem Aufbau und demokratischem Frieden nicht in der Lage. Viele erblicken an ihnen Aspekte ihrer eigenen, unbegriffenen Vorgeschichte, deren reale und vorgestellte, auch das Sexuelle bestimmende Gebräuche sie unter dem Dampfhammer der kapitalistischen Maschinerie zu verdrängen und fürchten gelernt haben. Immer wieder fragen sie: „Wer hat ihn denn, den ungehemmten, animalischen Sex, von dem überall die Rede ist und der uns verwehrt bleibt?". Die Antwort der Negrophoben, die von vielen verstanden wird, lautet: „Der Neger, der sich nicht um Sitte und Moral schert, weil derlei nicht seiner unterlegenen Rasseeigenschaft entspricht."

Vielleicht bietet die Filmkunst ein im Wortsinn anschauliches Beispiel, wie ökonomische Inferiorität und sexuelle Grenzüberschreitungen in projektiven Gedanken immer wieder traumwandlerisch zueinander finden: Die vierte Folge der zweiten Staffel des Arbeiter-Epos *Rote Erde 2* des Regisseurs Klaus Emmerich handelt von der heftigen Affäre des arbeitslosen Bergmanns Max Kruska mit der schönen Laura, Tochter des örtlichen Grubenbesitzers. Der sozial Deklassierte und von der Massenarbeitslosigkeit der 1920er Jahre Betroffene kann zunächst nicht begreifen, warum die „hohe Dame" die Schranken der sozialen Konventionen überschreitet und zu seinen Gunsten die romantischen Avancen eines schmucken Offiziers in den Wind schlägt. Seine Angebetete dagegen ist ganz verrückt nach ihm und es wird schnell deutlich, dass eines ihrer Motive für die Verbindung mit dem grobschlächtigen Underdog die Provokation und Rebellion gegen ihren übermächtigen Vater ist. Nach einem Tanzabend, bei dem sich Kruska mit einem Nebenbuhler heftig geprügelt hat, flieht das junge Paar aus dem Tanzlokal, hinein in die dunkle Nacht. Auf dem Heimweg schützen sie sich vor einem beginnenden Regenschauer in einem kleinen Stall. Dort beginnen sie eine heftige Küsserei. Kruska, der stark alkoholisiert ist und immer noch aus der Nase blutet, wirft Laura mit einem Schwung auf einen der umherliegenden Strohballen und zerreißt dabei ein Stück ihres Abendkleides. Auf dem Strohballen liegend fordert Laura ihren Liebhaber zum Geschlechtsverkehr auf: „Vergewaltige mich doch endlich, das ist doch bei euch so üblich!" Die guten Manieren des Offiziers haben sie kalt gelassen, die attraktiven Tanzpartner, die ihr Vater für sie vorsah, lehnte sie ab. Aber ein ungehobelter, nach Schweiß, Blut, Tabak und Alkohol stinkender, arbeitsloser Kneipenschläger provoziert ihre leidenschaftliche Fantasie der sexuellen Grenzüberschreitung und Triebbefriedigung.

Frantz Fanon beschreibt dieses sexualpsychologische Syndrom unter der ökonomisch-sozialen Totalität, in dem rassistische Projektionen schon angelegt sind, apodiktisch wie folgt:

> „Phantasiert die Frau die Vergewaltigung durch einen Neger, so ist das gewissermaßen die Erfüllung eines persönlichen Traums, eines geheimen Wunsches. Indem die Frau das Phänomen der Wendung gegen die eigene Person realisiert, vergewaltigt sie sich selbst. Den sicheren Beweis dafür finden wir in der Tatsache, dass es nichts Außergewöhnliches ist, wenn die Frauen während des Koitus zu ihrem Partner sagen ‚tu mir weh'. Sie bringen damit lediglich folgende Idee zum Ausdruck: tu mir weh, so wie ich es täte, wenn ich an deiner Stelle wäre."[19]

6.

Die Lügengeschichten über Schwarze (und Flüchtlinge), die eine Frau oder ein minderjähriges Mädchen vergewaltigt hätten, die (auch wenn dies im realen Leben selbstverständlich vorkommt) regelmäßig vor Gerichten als solche entlarvt werden[20], bieten nur wenig Spielraum für eine Deutung ihrer psychischen Dimension. Wer fälschlicherweise vorgibt, er wäre von einem „Neger" vergewaltigt worden, dürfte es in einigen Fällen vielleicht ersehnt haben. Neben der wichtigen Funktion als politisches Kampfmittel bietet der von sexuellen Unterstellungen geprägte Rassismus gegen Schwarze ein seelisches Ventil für viele in der Ausübung ihrer eigenen Sexualität gehemmte Menschen. In den unterschiedlichen Typologien rassistischer Denkweisen[21] spielt die von Fanon beschriebene Wendung gegen die eigene Person eine bedeutende Rolle und der Inhalt der sogenannten *Interracial*-Pornografie bietet hierfür vielgestaltige Belege. Die masochistische Hingebung einer weißen Frau an einen im Sexuellen als beherrschend vorgestellten Schwarzen kann auch vom Mann vollzogen werden, indem bei ihm unterdrückte, homosexuelle und masochistische Anteile mit der Negrophobie eine Liaison eingehen. Die vorbewusste Aufforderung an den Schwarzen lautet in einer der unzähligen Varianten nicht „Tue mir weh", sondern: „Tue der weißen Frau weh, wie ich es täte, wenn ich es dürfte". Im Internet ist diese Vorliebe unter dem Label der *interracial cuckold*-Pornografie zu finden, deren stereotype Inszenierungen darin bestehen, dass eine weiße Frau von einem oder mehreren schwarzen Männern vergewaltigt wird, während deren passiv oder aktiv mitwirkender weißer Ehemann zum Hahnrei gemacht und in einer weiteren Eskalationsstufe noch entmannt wird, indem er nach dem Koitus das Sperma des schwarzen Mannes aus der Vagina seiner vergewaltigten Frau lecken muss. Die Fülle dieser Fantasien, die sich immer wieder um den durchschnittlich größeren Penis schwarzer Männer[22], ihre angenommene Triebhaftigkeit, Potenz und vorgestellte Neigung zum brutalen Analverkehr – von Rassisten häufig pseudowissenschaftlich verbrämt als quasi primitive Verhütungsmethode der „Naturvölker" – verweisen auf die Vielgestaltigkeit der vorbewussten Bilder.[23] Bei manchen provozieren schwarze Menschen Anziehung, Angst, Abstoßung, sadistische Wünsche und alle Vermittlungsschritte zwischen den Extremen zugleich. Entsprechend verworren, inkohärent und den buntscheckigsten Launen unterworfen, artikuliert und verhält sich der Negrophobe, sobald er mit schwarzen Menschen konfrontiert wird. Er droht zwischen den peinlichen Nötigungen seines Triebbündels und den wiederstreitenden Ansprüchen einer am ökonomischen Verwertungsinteresse des Kapitals ausgerichteten Moral verrückt zu werden. Er bewegt sich wie die bürgerliche Gesellschaft als Ganzes permanent am Rande des Abgrunds, auf dem schmalen Grat zwischen den unkontrollierbaren Gravitationszentren, welche die Prekarität seiner bemitleidenswerten Bedürfnisökonomie bestimmen. Er gleicht darin dem Antisemiten, der den Juden eine höhere Intelligenz und die Fähigkeit zur geheimen Manipulation der Gesellschaft zu egoistischen Zwecken unterstellt, sie für diese bloß vorgestellten Fähigkeiten beneidet und sie gleichzeitig dafür verfolgt und blutig zu strafen trachtet. Für Negrophobe und Antisemiten gilt häufig dasselbe paranoide Phantasma: „Wirklich, alles geht schief ... Die Regierung und die Verwaltung werden von Juden belagert. Unsere Frauen von den Negern."[24]

Schon während der transatlantischen Sklaverei war die Kastration sich widersetzender Sklaven üblich und auch die Lynchmorde, die in den USA noch lange nach der offiziellen Abschaffung der Sklaverei regelmäßig stattfanden, waren häufig geprägt von einer Obsession der Täter, die sich an den Geschlechtsorganen ihrer schwarzen Opfer entzündete. Der 16-jährige Afroamerikaner Jesse Washington, der 1916 im texanischen Waco gelyncht wurde, nachdem man ihm die Ermordung einer weißen Frau vorwarf, musste vor der Verbrennung auf dem Scheiterhaufen Kastration erdulden, während 15.000 weiße Menschen die grausame, als „Waco-Barbecue" bekannt gewordene Hinrichtung fasziniert verfolgten (von diesem Schauspiel wurden Fotos angefertigt, die anschließend als Postkarten auf Jahrmärkten und Bahnhöfen verkauft wurden).[25] Ähnlich Offensichtliches zeigt der Fall des 14-jährigen Emmett Till, der 1955 in Money, Mississippi gelyncht wurde, weil er sich bei einer gleichaltrigen, weißen Verkäuferin eines Krämerladens mit einem saloppen „bye, baby" verabschiedet haben soll. Alleine ein Verdacht, der „Nigger" Emmett, dieser minderwertige „boy", könne sich einem weißen Mädchen sexuell angenähert haben, provozierte die Meute zu Folter und Mord an einem Minderjährigen.[26] Doch auch dort, wo kein KKK oder eine offen rassistische Partei gesellschaftlichen Einfluss innehat, bleibt die permanente Unterstellung, Schwarze würden sich sexuell aggressiv und primitiv verhalten, virulent. Die entsprechende Türpolitik vieler Diskotheken, Schwarze und Dunkelhäutige nicht hereinzulassen, kennen viele aus dem eigenen Erleben.[27] Auch hier lautet die leicht zu decodierende Argumentation häufig, dass so auf den Schutz der anwesenden Frauen geachtet werde. Es besteht Anlass zu der Spekulation, dass der 2005 verbrannt in seiner Polizeizelle aufgefundene Asylbewerber Oury Jalloh auch totgeschlagen wurde, weil die bis heute unbekannten Täter – nachdem Jalloh (nach den Angaben der Dessauer Polizei!) betrunken und unter Drogen stehend deutsche Frauen sexuell belästigt haben soll – sich u. a. als Beschützer weißer Frauen aufspielten, als sie ihn verprügelten und anschließend anzündeten, wie der Behördenleiter der Dessauer Staatsanwaltschaft Folker Bittmann 2017 überraschend bekannt gab[28], ihn also ebenso behandelten wie die bigotten Lynchmörder des Jesse Washington oder Emmett Till. Die Tatsache, dass in derselben Zelle, in der Oury Jalloh ermordet wurde, schon Jahre zuvor zwei Obdachlose unter ungeklärten Umständen sterben mussten, lässt vermuten, dass sich die Täter von der – am Verwertungsinteresse des Kapitals gemessenen, relativen – „Wertlosigkeit" ihrer Opfer zu ähnlicher Gewalt verleitet gesehen haben könnten wie vom Anblick des „Schwarzen Mannes".

Epilog

Der antischwarze Rassismus und der Rassismus überhaupt verdanken ihre Zähigkeit allen handgreiflichen und wissenschaftlichen Gegenbeweisen zum Trotz nicht der bloß tradierten Hartnäckigkeit rassistischer Einstellungen. In Abwandlung einer Formulierung aus *Zur Judenfrage* muss konstatiert werden, dass „die bürgerliche Gesellschaft aus ihren eignen Eingeweiden heraus" fortwährend den „Nigger" produziert.[29]

So wie im Falle des in Zeiten ökonomischer Krise eskalierenden Antisemitismus nützt es gegen die offensichtliche Unausrottbarkeit des Rassismus in diesen Verhältnissen nur sehr beschränkt, der weißen Mehrheitsgesellschaft immer wieder aufs Neue klar zu machen, dass Schwarze auch Wissenschaftlerinnen und Präsidenten werden können und dass rassistische Klischees und pseudowissenschaftliche Theorien über die vermeintlich in den Genen festgeschriebene, inferiore Leistungsfähigkeit schwarzer Menschen falsch sind. Rassistinnen und Rassisten subsumieren die Individuen unter unwahre Kategorien der vorgestellten Rasse. Sie tun dies *trotz* widersprechender, eigener empirischer Erfahrungen, weil sie dadurch auch den fragwürdigen Nutzen der Verdrängung der schmerzhaften Gewissheit über die eigene potenzielle „Wertlosigkeit" erwirtschaften. Auf der Seite ihrer politischen Gegner werden ähnliche Placebos verteilt. Viele Antirassistinnen und Antirassisten versuchen den Rassismus zu bekämpfen, indem sie *jede* Kategorie, die ein Allgemeines ausdrückt, angreifen. Als Theorie und Praxis empfehlen sie eine „Erblindung" vor der durch die Gene und sonst nichts bestimmten *ersten Natur* und der *zweiten*, gesellschaftlich bedingten *Natur*, die in der Empirie des gelingenden Alltags in eins fallen. In der rassistischen Ideologie figuriert das gesellschaftliche Sein die häufige Deklassierung und durchschnittlich häufigere Pauperisierung schwarzer Menschen als von Natur und Rasseeigenschaft erteilte gesellschaftliche Stellung. Im Antirassismus wird immer öfter selbst auf die Wahrnehmung der durchschnittlich fortgeschrittenen Deklassierung und Verarmung schwarzer Menschen verzichtet und voluntaristisch die abstrakte Gleichheit aller Menschen eingefordert. Sie versuchen, den Rassismus abzuschaffen, indem sie den anderen einreden, sie sollten es ihnen gleich tun und so denken und handeln, als gäbe es keine feststellbaren empirischen Unterschiede zwischen Schwarzen und Weißen, während die wirkmächtige Unterschiedlichkeit alltäglich erlebt werden kann. Sie fordern die Beseitigung des Rassismus unter den herrschenden Bedingungen des Kapitals.[30]

Ihre Ablehnung des Rassismus basiert nicht auf einer Analyse der materiellen Wirklichkeit, die den Umgang zwischen den Rassen bestimmt, und der anschließenden Feststellung, dass die einzig relevanten Unterschiede menschengemacht sind und – wie jedes gesellschaftliche Verhältnis – prinzipiell von Menschen auch wieder abgeschafft werden können, sondern auf der empörten Verneinung eines wirkmächtigen Unterschieds zwischen den Menschen überhaupt. Aufgrund dieser bürgerlichen Denkart in scheinbar unvermittelten Widersprüchen kennen sie nur Individuen *oder* abstrakte Menschen. Rassistinnen und Rassisten haben weiterhin leichtes Spiel, wenn sie z. B. auf den durchschnittlich niedrigeren Bildungsstand von Geflüchteten, die Kriminalitätstatistiken und Ähnliches verweisen und somit die emphatisch vorgetragene These von der Gleichheit aller Menschen höhnisch „widerlegen".

Diese Gleichmachung des Ungleichen im Denken behindert eine wirkliche Analyse der von den falschen Trennungen des kapitalistischen Alltags bestimmten, gesellschaftlichen Verhältnisse. Diese speisen bis heute eine über alle ideengeschichtlichen Entwicklungen der letzten 300 Jahren hinweg in ihren Inhalten weitgehend gleichgebliebene, rassistische Ideologie. Worauf es zur wirklich nachhaltigen Beseitigung rassistischer Ideologien aber ankäme, wäre zunächst eine Analyse der kapitalistischen Klassenverhältnisse, anhand deren verkehrten Erscheinungen im Alltag sich die negrophoben (und antisemitischen, antiziganistischen und sexistischen) Gefühle der „Zivilisierten" immer wieder entzünden.

Dieser Beitrag umreißt nur die gesellschaftliche und individuelle Genesis des Rassismus gegen schwarze Menschen. Dessen konkrete, gesellschaftliche Funktion ist damit nur abstrakt geklärt. Anknüpfend an diese Arbeit wäre u. a. zu zeigen, welche Funktion der Rassismus in den konkreten Klassenkämpfen – zu einer bestimmten Zeit, unter spezifischen gesellschaftlichen Bedingungen etc. – immer wieder aufs Neue erhält. Auch wenn sein Inhalt nahezu identisch bleibt, weil er auf einer in ihrem Wesen ähnlichen Entfremdung der Individuen gedeiht, sind seine ideologischen und politischen Funktionen, über die unterschiedlichen Gesellschaften und Jahrhunderte hinweg, nicht zwangsläufig miteinander identisch.

Es käme darauf an zu unterbinden, dass die zur nachhaltigen Befreiung von Rassismus und Negrophobie nötige Aufhebung der Klassenantagonismen – durch den Klassenkampf eines kollektiv handelnden Weltproletariats aller Hautfarben – von Rassistinnen und Rassisten in einen *Race War* zurückgebogen wird, damit die Herrschaft des Kapitals über alle himmelschreienden Widersprüche hinweg fortbestehen kann: denn „die Arbeit in weißer Haut kann sich nicht dort emanzipieren, wo sie in schwarzer Haut gebrandmarkt wird."[31] Um die vom Kapital selbst begünstigte Entwicklung hin zu einer nicht bloß nominellen, sondern substanziellen Gleichheit aller Menschen abzuschließen, ist es nötig, den ökonomisch-sozialen Zusammenhang aufzuheben, der die Trennung der Produzierenden von den Produktionsmitteln sowie alle weiteren auf diesen ökonomischen Verhältnissen fußenden psychischen und ideologischen Trennungen zwischen den Menschen bedingt.

Anmerkungen

1 Frantz Fanon, *Schwarze Haut, weiße Masken*, Wien/Berlin 2013.
2 Frantz Fanon, *Die Verdammten dieser Erde*, Frankfurt am Main 1966, S. 29-78.
3 Karl Marx, *Das Kapital. Kritik der politischen Ökonomie*, Band 1, Berlin (Ost) 1968, S. 779.
4 Die traditionelle afrikanische Sklaverei entsprach nicht der modernen Sklaverei des sich im 17. Jahrhundert gerade entwickelnden produzierenden Kapitals mit all seinen Gräueln. Es bestand weitgehende Übereinstimmung mit der germanischen und antiken Sklaverei der Mittelmeerländer, die geprägt war durch erhöhte Arbeitspflicht, Zwangsabgaben und Anbindung an Stamm und Clan der Sklavenhalter, mit spezifischen Pflichten und Rechten. Afrikanische Sklaven waren bis zur Ankunft der Europäer kein *beseeltes Werkzeug*, ihre Nachkommen waren frei, während sie sich selbst häufig nur temporär in einem Zustand der Versklavung befanden, z. B. nach einer verlorenen, militärischen Auseinandersetzung oder bis zur Abarbeitung einer Schuld. Siehe dazu Jean Suret-Canale, *Schwarz-Afrika, Geografie, Bevölkerung, Geschichte*, Berlin (Ost) 1966, S. 103-120.
5 Karl Marx, *Ökonomische Manuskripte* 1857/58, zweite, unveränderte Auflage, Berlin 2006, S. 148f.
6 Vgl. Ferenc Tökei, *Zur Frage der asiatischen Produktionsweise*, Neuwied/Berlin 1969, S. 128.
7 Zur Illustration des „House Nigger" empfehle ich den Spielfilm *Django Unchained* (R: Quentin Tarantino, USA 2012), in dem die Figur „Stephen" (gespielt von Samuel L. Jackson) perfekt verkörpert, was der Begriff der „Charaktermaske" in diesem Zusammenhang meint. Bemerkenswert auch die Hellsichtigkeit des Filmemachers, die „Stephen" dem schwarzen Rächer wider die Sklaverei Kastration durch seine weißen Herren androhen lässt.
8 Karl Marx, *Das Kapital*, S. 781.
9 Karl Marx, Grundrisse der Kritik der politischen Ökonomie, Frankfurt/Wien o. J., S. 156.
10 Karl Marx, *Das Kapital*, S. 99.
11 Peter Schmitt-Egner, *Kolonialismus und Faschismus – Eine Studie zur historischen und begrifflichen Genesis faschistischer Bewußtseinsformen am deutschen Beispiel*, Gießen/Lollar 1975, S. 29.
12 Vgl. Guenther Sandleben, *Nationalökonomie & Staat. Zur Kritik der Theorie des Finanzkapitals*, Hamburg 2003.
13 Karl Marx, *Das Kapital*, S. 632.
14 Vgl. Marlies Uken, „Europa kauft die Meere leer", auf: http://www.spiegel.de/wirtschaft/fischfang-vor-afrikas-kueste-europa-kauft-die-meere-leer-a-712541.html (letzter Abruf: 20.06.2018).
15 Karl Marx, *Zur Judenfrage*, in: *MEW*, Band 1, Berlin (Ost) 1958, S. 354-355.

16 Sigmund Freud, „Über die allgemeinste Erniedrigung des Liebeslebens", in: *Studienausgabe*, Band V, Frankfurt am Main 1982, S. 197-209.

17 Vgl. George L. Mosse, *Die Geschichte des Rassismus in Europa*, Frankfurt am Main 1996, S. 23-42.

18 Otto Fenichel, *Elemente einer psychoanalytischen Theorie des Antisemitismus*, in: Ernst Simmel (Hg.), *Antisemitismus*, Frankfurt am Main 1993, S. 35-57, hier: S. 41.

19 Frantz Fanon, *Schwarze Haut, weiße Masken*, S. 161f.

20 Siehe u.A. o.A., „Erfundene Vergewaltigung. Oftmals Hetze gegen Flüchtlinge", in: *Augsburger Allgemeine*, 09.02.2016, unter: https://www.augsburger-allgemeine.de/panorama/Erfundene-Vergewaltigungen-Oftmals-Hetze-gegen-Fluechtlinge-id36887172.html (letzter Abruf: 26.06.2018).

21 Es wird an anderer Stelle nötig sein, eine Typologie der Rassistinnen und Rassisten zu erstellen, wie es Max Horkheimer in seinem Aufsatz über Antisemitismus – in Erich Simmels Sammelband *Antisemitismus* – mit den Antisemitinnen und Antisemiten tat. Die buntscheckigsten, sich nicht nur in ihren psychischen Motiven, sondern auch in ihren politischen Darstellungsformen voneinander unterscheidenden Varianten des Rassismus könnten so dargestellt und systematisiert werden, um wirkungsvolle Gegenmaßnahmen ergreifen zu können.

22 Prinzipiell ist es möglich, dass schwarze Männer vom afrikanischen Kontinent durchschnittlich größer beschaffene Genitalien haben. Weiße haben schließlich auch durchschnittlich längere Nasen und schmalere Lippen als schwarze Afrikaner. Drei diesbezügliche Studien, die ich im Internet fand, drückten Unterschiedliches aus. Eine behauptet, die Penisse schwarzer Afrikaner wären durchschnittlich größer als die der weißen Europäer, eine negiert dieses Ergebnis mit anderen Forschungsmethoden und eine dritte kommt zu keinem klaren Schluss. Sei es, wie es ist, auch die vorbewusste Analogisierung eines großen Penis mit überlegener Potenz und entsprechender sexueller Befriedigung ist ein aus dem Sexuellen stammendes Phantasma. Jede Frau weiß, dass ein großer Penis nicht gleichbedeutend ist mit lustvollem Sex, sondern auch Schmerzen und Umstände bedingen kann, die eine Befriedigung behindern. Auch ein großer Penis kann impotent, schlaff und – für Penetrationssex nicht zu gebrauchen – nach unten hängen.

23 Friedrich Engels witzelte hellsichtig über den Völkerkundler Edvard Westermarck, er habe bei seiner „Entdeckung" der sog. „Sumpfehe" die Sitte des wahllosen Wechsels der Geschlechtspartner beim Stamm der Irokesen eine „Bordellbrille" getragen, also sein eigenes, aus dem Vorbewussten stammendes Bedürfnis nach Orgien und ausschweifender Promiskuität einer indigenen Gesellschaft Nordamerikas untergeschoben. Siehe: Friedrich Engels, „Der Ursprung der Familie, des Privateigentums und des Staats", in: *MEW*, Band 21, Berlin (Ost) 1984, S. 25-173, hier: S. 43.

24 Frantz Fanon, *Schwarze Haut, weiße Masken*, S. 146.

25 Siehe dazu Patricia Bernstein, *The First Waco Horror. The Lynching of Jesse Washington and the Rise of the NAACP*, College Station 2005.

26 Siehe dazu Devery S. Anderson, *Emmett Till. The Murder That Shocked the World and Propelled the Civil Rights Movement*, Jackson 2015.

27 Das Ergebnis vieler Untersuchungen lautet, dass schwarze Menschen deutlich seltener in Clubs hineingelassen werden, so u. a. eine Studie der Eidgenössischen Kommission gegen Rassismus (EKR) 2017. https://www.zhaw.ch/de/ueber-uns/aktuell/news/detailansicht-news/news-single/studie-zu-rassismus-gegenueber-schwarzen-menschen-in-der-schweiz/ (letzter Abruf: 20.06.2018)

28 Vgl. o. A., „Staatsanwalt in Dessau sieht begründeten Mordverdacht", in: *Tagesspiegel*, 16.11.2017; Anne Hähnig/Martin Machowecz, „Oury Jalloh: Wurde er doch ermordet?", in: *Die Zeit*, Nr. 10/2018, 28.02.2018.

29 Karl Marx, *Zur Judenfrage*, S. 374.

30 „Die Bourgeoisie stellt sich die Welt, worin sie herrscht, natürlich als die beste Welt vor. Der Bourgeoissozialismus arbeitet diese tröstliche Vorstellung zu einem halben oder ganzen System aus. Wenn er das Proletariat auffordert, seine Systeme zu verwirklichen und in das neue Jerusalem einzugehen, so verlangt er im Grunde nur, daß es in der jetzigen Gesellschaft stehenbleibe, aber seine gehässigen Vorstellungen von derselben abstreife." Karl Marx/Friedrich Engels, *Das kommunistische Manifest*, in: *MEW*, Band 4, Berlin (Ost) 1959, S. 459-493, hier: S. 488.

31 Karl Marx, *Das Kapital*, S. 318.

Bodies That Shatter

Zur Psychoanalyse des Selbstmordattentates

Yasemin Makineci

Antisemitismus ist der ideologische Kitt der Moderne. Jenseits aller Kulturen und politischen Fraktionen ist er deren unteilbarer Konsens. Ob in der islamischen Welt, wo er koranexegetisch verfeindete Organisationen zum Zweckbündnis versöhnt, oder in der sogenannten Neuen Rechten, wo das Judentum als Feind nationaler Souveränität gilt, ob in der staatsfetischistischen Linken, für die das Menschenrecht auf „Israelkritik" eine Wahrheit ist und nicht Symptom des Problems: Antisemitismus ist konstitutiv für gesellschaftliches Denken in der Gegenwart. Damit ist auch die Bedingung für seine radikalste Ausprägung gegeben: das jihadistische Töten.

Erst, als am 11. September 2001 das Grauen des politischen Islam unausweichlich in das öffentliche Bewusstsein drang, wurde deutlich, dass sich diese Form des Massenmords von dessen gängigem Verständnis – dem schieren Abschlachten willkürlich ausgesuchter Opfer – wesentlich unterscheidet. Anstelle unvermittelter Wut oder Trauer über das Unfassbare brach sich in der Reaktion auf die Anschläge von New York und Washington D.C. etwas Verborgenes Bahn: Analysen wurden publiziert, die sich als bereits gemachte Erklärungen darboten; Solidarisierungen wurden bekundet, die jedoch nicht den Hinterbliebenen der Ermordeten galten, sondern ganz im Sinne der islamischen Propaganda Unbeteiligte zu Tätern machten, denen beispielsweise noch der Weg zur Arbeit als Handlangerei des Kapitals ausgelegt wurde. Der politische Islam, dessen Anfang im Westen keineswegs auf den 11. September 2001 datiert, zeigte nun unmissverständlich, dass diese Weise des Tötens nicht mehr als Verzweiflung irre gewordener Einzelpersonen fremder Länder zu verstehen war. Vielmehr entpuppte er sich als industrielles Vernichtungsunternehmen mit effizientem Exportvolumen – mitsamt Freifahrtschein dank religiöser Toleranz. Dieses benötigt kein schweres Kriegsgerät, sondern lediglich einen Menschen, der in Barcelona, Berlin, Nizza oder Stockholm mit einem Fahrzeug in eine Menschenmenge fährt oder sich in Ansbach, Brüssel, London, Manchester, Moskau, Paris oder St. Petersburg in die Luft sprengt.

Im Zuge der geostrategischen Reaktion der Bush-Administration auf 9/11, dem Irakkrieg 2003, reichten Zweifel an kompakten – und in Wahrheit eben nur völlig diffusen und auch widersprüchlichen – Erklärungen für das Weltgeschehen nicht mehr aus, um das Irrationale abzuwehren. Die vernünftige Skepsis am magischen Gehalt von Verschwörungstheorien wurde über Bord geworfen. Diese florierten im besonderen Maße dort, wo angeblich kritisches Denken vermutet wird: weder wissenschaftliche Abhandlungen noch sogenannter Qualitätsjournalismus waren davor gefeit. Darin zeigte sich ein Spezifikum, das über den für solche Phänomene in der Regel verantwortlichen psychischen Vorgang, die Projektion, hinausweist: Antisemitismus ist eine universelle Art des Denkens. In dieser hat das Subjekt die Fähigkeit verloren, an seiner eigenen Wahrnehmung der Außenwelt zu zweifeln. Seine Perzeption der Realität ist verkürzt, verblendet und verzerrt. Es hält nicht nur eine Erscheinung für „wahr", sondern empfindet sie als untrügliche Offenbarung und als ein Geheimnis, das von ihm – und nur von ihm – durchschaut worden sei.

Doch der Antisemitismus bestimmt auch das Denken seiner vermeintlichen KritikerInnen. Ein Beispiel hierfür ist der Ruf nach einem „moderaten Islam". Auch wenn dieser Wunsch in der Hoffnung vorgetragen wird, den Terrorismus zu schwächen, so ist er doch zuvörderst eine Absage an den Zweifel. Denn die Fantasie einer gemäßigten und aufgeklärten Religion – also der explizite Wunsch nach einer Ideologie, die ein diesseitiges Heilsversprechen nicht nur trotz, sondern wegen der Moderne anbietet – kommt ohne antiisraelisches und antiamerikanisches Ressentiment nicht aus. So, wie Antisemitismus ein Produkt moderner Verhältnisse ist, ist die Vernichtungsfantasie nur als eine Reaktionsbildung des Subjekts auf diese Verhältnisse zu verstehen. Der bürgerliche Antisemitismus braucht notwendigerweise die Irrationalität des Verhältnisses von Staat zu Individuum – also vom Abstrakten zum Konkreten –, die sich selbst der unreflektierten Wahrnehmung entzieht. So erscheint die Wirklichkeit als von „denen da oben" kontrolliert und gelenkt, um in ein personifiziertes Feindbild überführt zu werden. Max Horkheimer und Theodor W. Adorno vermerken hierzu: „Der bürgerliche Antisemitismus hat einen spezifischen ökonomischen Grund: die Verkleidung der Herrschaft in Produktion."[1]

Im Jihadismus hingegen ist diese Irrationalität verdichtet. Die psychische Dimension des islamischen Terrorismus weist durch ihren langen und paranoiden Schatten über besagtes Abschlachten von Menschen im Massenmord hinaus. Es handelt sich um eine politische Gewalt, die durch individuelle Rationalisierung gesellschaftlicher Irrationalität verstärkt und zugleich aufgehoben wird. Zwischen der Ökonomie des Antisemitismus, also seiner gesellschaftlichen Vermittlung, und dessen psychischen Bedingungen im Individuum selbst tut sich eine Lücke auf, die nicht dinglich-konkret bestimmbar ist: Sie lässt sich nicht restlos fassen. Nur in dieser Lücke ist der Zweifel möglich, und erst ihr Aufspreizen eröffnet die Möglichkeit, Freiheit überhaupt denkbar werden zu lassen. Anders gesagt: Weder wird ein Subjekt durch erfahrene Ausgrenzung – ob qua Herkunft oder Geschlecht – zur tickenden Bombe noch ist der Selbstmordattentäter bloß isoliert, als unbehandelter Patient, zu verstehen. „Vor allem fehlt es ihm [dem Antisemiten und auch der Antisemitin, Y. M.] ja an Krankheitseinsicht, d.h. er betrachtet sich nicht als krank"[2], schrieb der Psychoanalytiker Ernst Simmel über den Antisemitismus als Pathologie der Masse. Insofern ist die Psychoanalyse nicht nur als eine notwendige therapeutische Praxis zu verstehen, die richtigerweise Parallelen zwischen Antisemitismus und klinischer Psychose aufzeigt: Vielmehr erlaubt sie, das Bewusstsein jihadistischer Täterinnen und Täter zu erforschen· Sie ist somit zum einen als Wissenschaft der Gesellschaft zu verstehen, die im Ich des Subjekts operiert, und zum anderen als ein notwendiges Handwerk, das zur Erkenntnis führt, weshalb sich TäterInnen- und Opferbewusstsein nicht immer so deutlich voneinander trennen lassen. „Die Freiheit ist deswegen durch diese Lücke bestimmt, weil das eine nicht in das andere zu überführen ist", schreibt die Psychologin Christine Kirchhoff diesbezüglich: „Weil man, so sehr die Verhältnisse dazu treiben, so beschädigt man auch immer ist, so viel man auch ins ‚böse Außen' zu projizieren gezwungen sein mag, noch lange nicht AntisemitIn sein muss."[3]

Der Jude in ihnen

Das Selbstmordattentat ist als eine Marke des praktischen Antizionismus zu begreifen. Ganz wesentlich für seinen antisemitischen Charakter ist sein Verhältnis zum Tod und damit zur Leiblichkeit. Weil es eben kein bloßes Kampfmittel niederer Absicht ist, sondern der höhere Zweck selbst und zudem ein in sich geschlossener Wahn, in dem das Subjekt seine Fähigkeit zu zweifeln verloren hat, gedenkt die Attentäterin und der Attentäter, „mit dem eigenen Tod möglichst viele Menschen zu vernichten – nicht irgendwelche, obwohl es auf den einzelnen nicht ankommt."[4] Die Opfer dienen den Ausführenden der Suizidattacken als Objekthülsen ihres eigenen Todeswahns. Dieser wiederum ist das islamische Glücksversprechen im Jenseits. Der Mensch, der sich in die Luft sprengt, wird zur Vergangenheit eines entmenschlichten Leibes. Diese Dehumanisierung steht am Ende einer verdichteten psychischen Repression, die zuvor jede Triebregung des Subjektes – also absolut menschliche Eigenschaften – totalitär zu leugnen versucht hat. Diese Entwicklung des Bewusstseins bleibt unverständlich, wenn ihre gesellschaftlichen Voraussetzungen nicht in die Analyse einbezogen werden.[5]

Die islamische Gesellschaft ist mehrfach von Gewalt geprägt. Einmal von tatsächlicher; dann von permanent durch die Scharia angedrohter; schließlich durch die Vollstreckung des islamischen Rechts im Privaten. Die islamische Gemeinschaft der Gläubigen, die Umma, kennt indes keine Gewaltenteilung in dem Sinne, dass ein einzelnes Subjekt etwa nur dann Bestrafung erfährt, wenn es beispielsweise als Moslem die Frömmigkeit verweigert und sich stattdessen widerislamischen, weltlichen Gelüsten hingibt. Vielmehr ist jedes einzelne Subjekt durch die zugehörige Sittenlehre dazu gezwungen, zugleich Hüter und Vollstrecker des islamischen Rechts zu sein, weil dieses keine Privatheit kennt. Der sadomasochistische Doppelcharakter des islamischen Subjekts gründet vor allem in der grundmenschlichen Veranlagung der Triebhaftigkeit, die es in der islamischen Gemeinschaft rigide zu kontrollieren und abzustrafen gilt.

Ein besonders plastisches Beispiel hierfür ist der Ritus des Fastens, welcher eine tragende Säule der islamischen Theologie ist und damit Pflicht eines jeden Moslems. Dieser erfährt durch den Fastenmonat ein zeitlich sehr umfängliches, disziplinarisches Regulativ, das seinen Leib „beständig in der extremen Spannung zwischen den Polen totaler Triebversagung und totaler Triebabfuhr" hält, wie Thomas Maul hervorhebt.[6] Das Fasten, das in der jüdischen wie christlichen Praxis als „Überwindung des archaischen Opferkultes durch Individualisierung und Verinnerlichung des Verzichts, sprich: Triebsublimierung"[7] gekennzeichnet ist, unterscheidet sich im Islam dergestalt, dass es im Subjekt nicht als Buße praktiziert werden kann: denn diese böte die Möglichkeit, nach Transzendenz zu streben. So wird der Moslem ständig an die eigene Triebhaftigkeit als sakrale Unzulänglichkeit erinnert. Er ist Sklave des eigenen Leibes und der Primitivität seiner basalen Bedürfnisregungen unterworfen, so, als könnte der Mensch doch eigentlich nicht mehr als ein Tier sein. Also werden alle irdischen Genüsse und menschlichen Abgründe auf den späten Abend verschoben, um nach Fastenbruch umso ausgiebiger zuzuschlagen. Die Umma kennt keine Kultur der Sublimierung; in ihr soll es kein gesellschaftliches Leben geben, in dem ein Individuum als zum reifen Ausdruck seiner Triebe fähig verstanden und befähigt werden kann. Die Gemeinschaft der Gläubigen verweigert ihren Mitgliedern die reife Triebabfuhr und verwehrt ihnen den Freiraum, der notwendig dafür wäre, das Subjekt nicht seinen Trieben zu überlassen, sondern diesen einen zivilisierten Ausdruck zu verleihen.

Eine Besonderheit des islamischen Patriarchats ist der Phallozentrismus, also die schariatisch juridifizierte „Abstimmung des patriarchalen Systems auf die Bedürfnisse männlicher Potenz und Triebabfuhr".[8] Mit dieser spezifisch islamischen Triebvergesellschaftung zeigt die Entsagung reifer und zivilisierter Sublimierung menschlicher Bedürfnisse ihre besondere Rigidität. Triebtheoretisch lässt sich anhand des Mutterkultes im Islam nachzeichnen, dass auch hier eine besondere Archaik der Persönlichkeit mit der islamischen Subjektwerdung in Zusammenhang gestellt werden kann. „Das Paradies auf Erden liegt unter den Füßen der Mutter" ist im Türkischen ein geflügeltes Wort. Es hat seinen Ursprung in der theologischen Praxis, wo es als beliebte Ausrede des Predigers für den islamischen Hass auf Weiblichkeit, Sexualität im Allgemeinen sowie weibliche Sexualität im Besonderen gelehrt wird. Die Mutter als Pendant zur heiligen Hure vereint hierbei die Funktion als masochistisch erlebte Willensprüfung vor Allah und als Primärobjekt des Sadismus. In der Freud'schen Triebtheorie ist der Primärnarzissmus als jenes selbstbezogene Erleben zu verstehen, bei dem das Subjekt noch gar kein eigenständiges sein kann, weil der Fötus mit seiner Mutter eins ist. Deshalb kann jede Triebbefriedigung nicht in ein gereiftes Ich integriert werden, wohingegen die Mutter jedoch selbst das einzige Befriedigungsangebot stellt:

> „Die Sexualtriebe lehnen sich zunächst an die Befriedigung der Ichtriebe an, machen sich erst später von den letzteren selbstständig; die Anlehnung zeigt sich aber noch darin, dass die Personen, welche mit der Ernährung, Pflege, dem Schutz des Kindes zu tun haben, zu den ersten Sexualobjekten werden, also zunächst die Mutter oder ihr Ersatz."[9]

Die Beherrschung der gebärfähigen Frau ist seit jeher eine Fantasie infantiler männlicher Sexualität. Mit deren wortwörtlicher

Verschleierung geht die Leugnung ihrer potenziellen autonomen Sexualität einher, jedoch auch die zweifelhafte Illusion der hohen Reinheit des eigenen Glaubens, weil angenommen wird, dass die Frau „durch tugendhaftes, d.h. den eigenen Körper desexualisierendes Verhalten den männlichen Trieb erst gar nicht weckt."[10] Der Sex mit der Ehefrau wird so, durch strenge islamische Reglementierung, zu einem lustbefreiten, sakralen Akt erhoben. Zugleich handelt es sich um eine Prüfung in Anwesenheit des Teufels, welcher als dritte Partei dem Beischlaf beiwohnt. Dass dieser Schaitan jedoch im Unbewussten stets in der Frau ausgemacht wird, die als Verführerin den frommen Partner vor eine Reinheitsprüfung stellt, macht den Sex zu einem Stoßgebet, welches bei bestandener Prüfung vor Allah als eine „mächtige Schutzwehr gegen den Gottesfeind" gilt. Die Frau als passive und ebenfalls lustlose Beteiligte wird so als „Erzeugerin islamischer Nachkommen aussichtsvoll in die eschatologische Schlacht mit Satan und den Ungläubigen"[11] verheiligt, wie Thomas Maul schreibt, und zugleich als Gebärmaschine abgewertet.[12]

Die Gebärfähigkeit ist im islamischen Phallozentrismus essenzieller Teil seiner repressiven Triebökonomie. Die Selbstmordattentäterin Dareen Abu-Aysheh, die sich am 18. Mai 2003 in Amakim, Nordisrael, in die Luft sprengte, verlautbarte in einer Videoaufzeichnung die Rolle der Frau im Jihad wie folgt: „*Let Sharon the coward know that every Palestinian woman will give birth to an army of martyrs, and her role will not only be confined to weeping over a son, brother or husband instead, she will become a martyr herself.*"[13] Die Jihadistin Samira Ahmad Jassim von der Terrororganisation Ansar as-Sunna, die fünf Monate nach Beginn des Irakkrieges gegründet wurde, war verantwortlich für die Rekrutierung von über 80 Selbstmordattentäterinnen. Sie organisierte die Vergewaltigung dieser Frauen, um sie anschließend wegen doppelter widerislamischer Schande (als Geschändete und als unehelich Schwangere) durch Selbstmordattentate zur Wiederherstellung ihrer islamischen Tugendhaftigkeit zu erpressen. Nachdem sich Reem al-Reyashi, eine Selbstmordattentäterin der Al Aqsa-Märtyrerbrigaden aus Gaza und Mutter von zwei Kindern, an der Erez-Grenzkontrolle 2004 in die Luft sprengte, revidierte der damalige geistliche Führer der Hamas, Ahmad Yasin, das Martyriumsverbot für Frauen, das er zunächst noch mit der weiblichen Pflicht zur Bescheidenheit begründet hatte: „*Women are like the reserve army – when there is a necessity, we use them.*“[14]

Folglich macht das Martyrium erst den Tod zu einem Ort der Freiheit. Die Erlaubnis zum weiblichen Martyrium durch das Selbstmordattentat ist demnach die negative Aufhebung des Geschlechterverhältnisses. So wird die islamische Gebärmutter zum Perpetuum mobile der Auslöschung „des Juden“ und „des Juden“ Freundes. Als letztmöglich erscheinender Ausweg zur Teilhabe am Glück, das sich für die Attentäterin und auch den Attentäter nur im Jenseits als Freiheit denken lässt, wird dem völlig sinnlosen Tod deshalb ein vermeintlich höherer Sinn verliehen. Adorno:

> „Was sie von ihrer Ohnmacht in der Gesellschaft wissen, gehört dem Ich, freilich dem ganzen Geflecht seiner Beziehungen zur Realität, nicht erst dem voll bewußten Urteil an. Sobald aber die Erfahrung zum ‚Gefühl‘ der Ohnmacht wird, tritt das spezifisch Psychologische erst hinzu: daß nämlich die Individuen ihre Ohnmacht eben nicht erfahren, ihr nicht ins Auge zu sehen vermögen.“[15]

Zwar können die grässlichsten Taten des Menschen unvermittelter Erfahrung entbehren. Doch Ohnmacht als Reaktion auf die Möglichkeit des Schlimmsten ist dabei selbst als Verdrängung zu verstehen:

> „Solche Verdrängung der Ohnmacht deutet nicht nur aufs Missverhältnis zwischen dem einzelnen und seiner Kraft im Ganzen, sondern mehr noch auf die Verletzung des Narzissmus und auf die Angst, dass die falsche Übermacht, vor der zu ducken sie allen Grund haben, eigentlich aus ihnen selber sich

> zusammensetzt. Sie müssen die Erfahrung von der Ohnmacht zum ‚Gefühl' verarbeiten und psychologisch sedimentieren, um über die Ohnmacht nicht hinauszudenken. Sie verinnerlichen sie wie von je die gesellschaftlichen Gebote."[16]

Das außerhalb stehende, nicht in die Umma integrierbare „Andere" ist der Feind des Islam. Dessen Ideologie nährt den Vernichtungswunsch jenes „Anderen"; der Wille zum Morden ist dabei der subjektpathologische Ausdruck einer objektiven Krise der eigenen Leiblichkeit. Die tiefste narzisstische Kränkung des Jihadisten und der Jihadistin wird darin liegen, nicht nur dem bürgerlichen Freiheitsversprechen[17] vorenthalten worden zu sein. Vielmehr haben die Ausführenden von Suizidattacken gleich welchen Geschlechts gelernt, sich in Entbehrung zu üben – unter Verzicht auf das schwache Schimmern einer Vorahnung des besseren Lebens, nämlich, unter Verzicht auf ihre individuelle Freiheit. Wenn also das der Umma Äußerliche doch im Subjekt selbst ist, so muss dem Selbstmordattentäter und der Selbstmordattentäterin die eigene Leiblichkeit als das „Andere" und damit auch „der eigene Körper als der Verräter erscheinen, der mit dem Juden kollaboriert".[18] Das Selbstmordattentat ist dem islamischen Subjekt daher eben *nicht* das Kampfmittel der letzten Wahl, das auf eine politische Ausweglosigkeit reagiert: Vielmehr erscheint es ihm als seine einzige Erlösung vom irdischen Dasein, das er nur als Leiden wahrnehmen kann.

Der ehrbare Antirassismus

Ausgangspunkt jeder Kritik am Jihadismus muss sein, dass das Grauen den Menschen nicht determiniert – ebenso wenig wie fehlende biografische Erfahrung des Schreckens Mitmenschen zur Empathielosigkeit zwingt. In sich logisch, folgt das Selbstmordattentat der „Fortsetzung des Pogroms mit anderen Mitteln"[19], wobei die Vernichtungsabsicht abseits des staatlichen Gewaltmonopols verwirklicht wird. So wird den Ausführenden von Suizidattacken in der Regel selbst Ohnmacht attestiert, während der Anschlag als solcher willig als Verzweiflungstat fehlgedeutet wird.[20] Es ist deshalb kein Zufall, dass sich aus palästinensischen und tschetschenischen Selbstmordanschlägen ideologisches Kapital auch für die linken, „queeren" und gendergeschulten AntisemitInnen schlagen lässt. Eine aus dem aufbereiteten Müllhaufen der Ideengeschichte entstandene Halluzination namens Queerfeminismus leistet dem politischen Islam mit ganz besonderem Elan ideologische Schützenhilfe: er lügt das Kopftuch oder die Burka zum bloßen Kleidungsstück um, während er Betroffene in die Parallelgesellschaft abschiebt, die zu deren unverrückbaren „Kultur" erklärt wird. Die gender- und queerfeministische Leugnung der ersten Natur, also der tatsächlich nicht von Menschen und Verhältnissen verdinglichten körperlichen Existenz, ist dabei ein Theorieabwurf, der in enger Verwandtschaft zum islamischen Hass auf die Leiblichkeit steht. Insofern haben Queer-TheoretikerInnen wie Jasbir Puar und IslamistInnen in der Ikonisierung von Frauen als widerständige Automaten gegen den Westen und seine Zivilisation eine geistige Heimat in Deutschland gefunden: Das Bild der islamischen Kämpferin und Selbstmordattentäterin, die selbstbewusst mit Niqab, Burka oder anderer jihadistischer Folklore auftritt, verhält sich analog zur politischen Psychose der Selbstviktimisierung des Moslems als „neuer Jude". Auch der gesellschaftliche Handel mit der Lüge von der angeblichen „Gegenkultur Islam", die in Politik, Medien und Wissenschaft sehr erfolgreich als „antifaschistisch" verkauft wird, ist fast schon eine Übersetzungsleistung islamischer Schriftüberlieferung. Dies macht die vorgeblichen GesellschaftskritikerInnen zu neidvollen ImitatorInnen einer islamischen Kultur der Verrohung, der Empathielosigkeit und der Kälte. Es ist deshalb kein Zufall, dass der Antirassismus und der Queerfeminismus sich in die deutsche Mehrheitsgesellschaft verabschiedet haben: in eine hippe Studentenkneipe in Berlin-Neukölln etwa, in der zwar Nazis nicht willkommen sind, in der man sich aber darüber wundert, dass der Türke von nebenan die Einladung in die

Spelunke abgelehnt und dessen Tochter ihre Einladung gar nicht erst erhalten hat.

Jedwede Apologie des islamischen Selbstmordattentats ist nicht nur ein Verrat an der bürgerlichen Freiheit, sondern eine Absage an die Menschwerdung.

Anmerkungen

1 Max Horkheimer/Theodor W. Adorno, *Dialektik der Aufklärung*, Frankfurt am Main 2013, S. 182.

2 Ernst Simmel, „Antisemitismus und Massen-Psychopathologie"; in: ders. (Hg.), *Antisemitismus*, Frankfurt am Main 1993, S. 58-100, hier: S. 60.

3 Christine Kirchhoff, „Hass auf Vermittlung und ‚Lückenphobie'. Zur Aktualität der Psychoanalyse", in: *Phase 2*, Nr. 41, online verfügbar unter https://phase-zwei.org/hefte/artikel/hass-auf-vermittlung-und-lueckenphobie-34/ (letzter Abruf: 06.8.2018).

4 Gerhard Scheit, *Suicide Attack. Zur Kritik der politischen Gewalt*, Freiburg 2015, S. 427.

5 Zum analytischen Scheitern vorverurteilt sind somit genderfeministische Abhandlungen wie diejenige von Claudia Brunner, in denen das angebliche Fortleben kolonialer Herrschaft in der Terrorismusforschung skandalisiert wird, nicht jedoch die keineswegs zufällig gewählten Todesopfer der JihadistInnen. Vgl. Claudia Brunner, *Wissensobjekt Selbstmordattentat. Epistemische Gewalt und okzidentalistische Selbstvergewisserung in der Terrorismusforschung*, Wiesbaden 2011.

6 Thomas Maul, *Sex, Djihad und Despotie. Zur Kritik des Phallozentrismus*, Freiburg 2010, S. 177.

7 Ebd., S. 176.

8 Ebd., S. 33.

9 Sigmund Freud, „Zur Einführung des Narzissmus", in: ders., *Das Ich und das Es*, Frankfurt am Main 2014, S. 51-77, hier: S. 63f.

10 Thomas Maul, *Sex, Djihad und Despotie*, S. 33.

11 Ebd., S. 44.

12 In dieser Logik ist dabei die Objektwahl nicht auf die gebärfähige Frau beschränkt, sondern, der Logik folgend, kann das Objekt auch männlich-passiv oder zukünftig gebärfähig und damit ein Kind sein oder gar ein Homosexueller, der als „verfemt" gilt. Ausschlaggebend ist dabei, dass das Objekt als das „Andere" identifiziert ist. Für den Antizionismus und das Selbstmordattentat als seine beliebteste Waffe habe ich jedoch in diesem Beitrag die Selbstmordattentäterin herausgestellt, um die Kriegsökonomie des Djihads in direkten Zusammenhang mit dem politischen Islam als modernen Antisemitismus zu stellen und damit den Ursprung der Ikonografie der Selbstmordattentäterin herzuleiten.

13 Zitiert nach dem Eintrag zu Dareen Abu Aysheh im Islam Online Archive, „Number Two Woman Martyr", auf: htps://archive.islamonline.net/?p=21043 (letzter Abruf: 07.08.2018).

14 Zitiert nach Debra D. Zedalis, *Female Suicide Bombers*, Strategic Studies Institute 2004, S. 7, online verfügbar unter http://ssi.armywarcollege.edu/pdffiles/pub408.pdf (letzter Abruf: 07.08.2018).

15 Theodor W. Adorno, *Soziologische Schriften I*, in: *Gesammelte Schriften*, Band 8, vierte Auflage, Frankfurt am Main 1996, S. 73f.

16 Ebd.

17 Wenn auch der bürgerliche Staat notwendigerweise immer wieder selbst an der Erfüllung dieses Glücksversprechens wird scheitern müssen, so ist es die höchste Annäherung an die Freiheit in der Zivilisationsgeschichte.

18 Gerhard Scheit, *Suicide Attack*, S. 427.

19 Ebd., S. 5.

20 Ebd., S. 427f.

Antisemitismus, das ewige Vorurteil

Rassismus bekämpfen, Antisemitismus leben: Wenn antirassistisches Engagement zu Antisemitismus führt

Zur Differenz von Antisemitismus und Rassismus

Polina Kiourtidis

Spätestens seit der Silvesternacht in Köln und der darauffolgenden Instrumentalisierung von rechts steht fest: „Kein Feminismus ohne Antirassismus“[1]. Dass dabei auch berechtigte Kritik an den Vorfällen der sexualisierten Gewalt durch die Thematisierung des höchst misogynen islamischen Frauenbilds als „rassistisch“ abgetan wurde, zeigt auf, wie sich solch ein antirassistisches Selbstverständnis konkret ausdrückt: nämlich in einem Schutzreflex vor jeglicher Kritik, die in Rassismus umgeformt wird und somit existierende Probleme tabuisiert. So gehört mittlerweile der postmoderne Antirassismus speziell in seiner Warnung vor der wachsenden Islamfeindlichkeit zum grundlegenden Element des aktuellen Genderfeminismus. Es gibt kaum eine feministische Gruppe in der radikalen Linken, die sich nicht das Label des Antirassismus auf die Fahnen schreibt.[2] Was genau aber „Antirassismus“ meint und wie die Implikationen für die Vorstellungen von Rassismus aussehen, bleibt häufig offen. Clemens Nachtmann problematisierte schon 2009 den zunehmend sinnentleerten Rassismusbegriff, als er schrieb:

> „‚Rassismus‘ ist ein ideologisches Stichwort eines anti-rassistischen Rackets, das jeden Realitätsbezugs

> entbehrt, das seine Mitglieder vielmehr nur als Ausweis von Gesinnungsfestigkeit und Ehrbarkeit vor sich hertragen und das ihnen als probates Mittel dient, um nach Willkür und freiem Ermessen festzulegen, wer gerade als ‚Rassist' zu gelten hat. […] ‚Anti-Rassismus' ist ein Ticket, ein Kombi-Paket an Selbsteinschätzungen, Haltungen und darauf beruhenden Verhaltensweisen, der Anspruch, eine moralisch saubere und politisch wirksame Gegenposition zum Rassismus einzunehmen."[3]

Eine Begriffsbestimmung findet somit hauptsächlich über das Gegenkonzept des Antirassismus statt, sodass Rassismus in erster Linie das ist, was Antirassisten als solchen begreifen. Es besteht daher akuter Nachholbedarf in einer konkreten Bedeutungsgebung. So unternehmen vor allem zwei Autorinnen von *Feministisch streiten,* Randi Becker und Teresa Streiß, in ihrem Artikel „Sich in die Nesseln setzen – Zum Verhältnis von Antirassismus und Feminismus"[4] den Versuch, den Rassismusbegriff wieder mit Inhalt zu füllen und dabei gleichzeitig an universellen und aufgeklärten Werten festzuhalten.

Noch viel größerer Nachholbedarf besteht jedoch in der Auseinandersetzung mit dem Antisemitismus, der in Anbetracht des starken Fokus auf dem antirassistischen Anliegen immer häufiger auf der Strecke bleibt. Ein Großteil der radikalen Linken und speziell der feministischen Gruppen, die sich sonst so ambitioniert gegen Rassismus in den Weg stellen, schauen bei dem Thema Antisemitismus immer wieder entschlossen weg. Es fällt schließlich auf, dass eine große Diskrepanz zwischen dem angebrachten Interesse und der Mühe an der Abarbeitung der beiden Konzepte besteht. Daher will ich in diesem Beitrag aufzeigen, dass die mangelnde Auseinandersetzung mit dem Antisemitismus einerseits aus dem antirassistischen Selbstverständnis und andererseits aus dem Nichtwissen über die spezifische Beschaffenheit des Antisemitismus resultiert. Diese Asymmetrie durch eine Übersensibilisierung im Kontext des Rassismus bei gleichzeitiger Nichtbeschäftigung mit dem Antisemitismus speist sich schließlich nicht zuletzt aus der Unkenntnis über die existente Verschiedenheit beider Konzepte. Nach wie vor wird häufig die Ansicht vertreten, dass der Antisemitismus als eine Form des Rassismus, als eine Art antijüdischer Rassismus, begriffen werden kann und damit auch schon im Antirassismus das Engagement gegen Antisemitismus enthalten sei. Dabei wird allerdings vollkommen verkannt, dass sowohl die Funktionsweise als auch die gegebenen Denkmuster, die hinter den jeweiligen Konzepten stecken, völlig verschiedene sind. Um solch eine analytische Vermischung beider Konzepte entgegenzuwirken, versuche ich im Folgenden, den Antisemitismus in Abgrenzung zum Rassismus zu bestimmen.

Zunächst muss betont werden, dass sich der „Antisemitismus [...] nicht nur gegen Juden und den jüdischen Staat, sondern gegen alles, was als jüdisch imaginiert wird"[5], richtet. Wie Adorno schon treffend zusammenfasste, ist der Antisemitismus demzufolge „das Gerücht über die Juden"[6]. Die Wahrnehmung von Juden oder von dem, was jüdisch zu sein scheint, ist dementsprechend entscheidend für antisemitische Stereotype. So ist der Antisemitismus nicht nur das Problem der Juden selbst, sondern auch immer ein Angriff auf die aufgeklärten und modernen Werte der bürgerlichen Gesellschaft.

Zweitens muss hervorgehoben werden, dass der Antisemitismus ein Phänomen ist, das nicht unter anderen Kategorien subsumierbar ist. Besonders geeignet, die spezifische Eigenschaft des Antisemitismus in Abgrenzung zum Rassismus deutlich zu machen, ist Moishe Postones Antisemitismustheorie. Sie versteht – aus der Perspektive der politischen Ökonomie – die Besonderheit in der projizierten Identifikation der Juden mit der Abstraktheit in der kapitalistischen Zirkulationssphäre. Antisemitismus wird in diesem Kontext insbesondere darin begründet, dass Juden, die in die Zirkulationssphäre gezwängt werden, als vermittelte Instanz, welche die unpersönlichen und abstrakten Tauschprozesse wieder auf unmittelbare und greifbare Prozesse rückübersetzen, wahrgenommen und letztlich in dieser übertragenen Vermittlerfunktion im Kapitalismus zu Hassobjekten werden.

Postone stellt dabei fest, dass der moderne Antisemitismus mit dem tragischen Höhepunkt der industriell durchgeführten Massenvernichtung der europäischen Juden so lange unerklärlich bleiben musste, „wie der Antisemitismus als bloßes Beispiel für Vorurteile, Fremdenhass und Rassismus allgemein behandelt wird, als Beispiel für Sündenbock-Strategien, deren Opfer auch sehr gut Mitglieder irgendeiner anderen Gruppe hätten gewesen sein können."[7] Schließlich ist es nicht möglich, in der Jahrtausende alten Tradition des Judenhasses, die Juden durch eine andere Gruppe auszutauschen: Die beliebige Ersetzung des Hassobjekts ist durch die Fixierung auf einer wahnhaften Vorstellung über den Juden und das vermeintlich Jüdische schließlich ausgeschlossen. Der Antisemitismus zeichnet sich letztlich neben der Singularität der Shoah insbesondere durch die Kontinuität der Projektion einer allmächtig imaginierten Macht auf den Juden aus – und die damit einhergehende Schuldzuweisung für alles Übel dieser Welt. Während beim Rassismus die Macht also konkret durch den Rückgriff auf das Biologische formuliert werden kann, sei es in Form der Arbeitskraft oder der sexuellen Potenz, bleibt die Macht beim Antisemitismus unkonkret und „mit Attributen wie mysteriöse Unfassbarkeit, Abstraktheit und Allgemeinheit umschrieben"[8]. Aufgrund eines fehlenden Identifikationsträgers dieser Abstraktheit wird die Macht dabei immer auch als „ungeheuer groß und schwer kontrollierbar empfunden"[9] und letztlich als „konspirativ"[10] wahrgenommen. Mit der Projektion der abstrakten Macht auf die Juden wird somit gemäß dieser Logik auch das konspirative Element übertragen, sodass in der Konsequenz die Vorstellung der Beherrschung der ganzen Welt durch „die Juden" entsteht. Hinzu kommt, dass Juden mit dem Kapital in Verbindung gebracht werden. So hängt auch der Verschwörungsgedanke der Weltbeherrschung zentral mit der Herrschaft des Kapitals und der Zirkulationssphäre des Geldes zusammen. Postone fasst dies wie folgt zusammen: „Die abstrakte Herrschaft des Kapitals [...] verstrickt die Menschen in das Netz dynamischer Kräfte, die, weil sie nicht durchschaut zu werden vermochten, in Gestalt des ‚Internationalen Judentum[s]' wahrgenommen wurden."[11] Juden werden also zu Repräsentanten der Zirkulationssphäre als Träger des Geldes und letztlich „zur Personifikation der unfassbaren, zerstörerischen, unendlich mächtigen, internationalen Herrschaft des Kapitals"[12] selbst. Dabei ist es genau diese wahnhafte Vorstellung der Weltbeherrschung, die den Antisemitismus vom Rassismus oder anderen Formen von Vorurteilen unterscheidet.

Um es also auf den Punkt zu bringen: Der Antisemitismus liefert im Gegensatz zum Rassismus eine allumfassende Welterklärung, in der „die Juden" die Rolle des globalen Beherrschers einnehmen. Im Antisemitismus gilt somit „nicht nur alles Jüdische als Böse, sondern auch alles Böse als jüdisch"[13]. Daher enthält auch der Antisemitismus eine Vernichtungsdimension, die der Rassismus in dieser Form nicht kennt. Für den Juden, der für all das Übel auf der Welt verantwortlich gemacht wird – für gesellschaftliche Krisen und Umbrüche sowie für Armut und Leid – gibt es keinen Platz mehr in der Gesellschaft. So richtet sich der Antisemitismus in der Projektion sämtlichen Unheils auf „die Juden" nicht gegen Taten, sondern gegen ihre Existenz an sich. Dem Antisemitismus ist folglich eine eliminatorische Komponente inhärent. Der Rassifizierte im Rassismus hingegen findet noch Verwendung. Selbst in der Versklavung oder in der wirtschaftlichen Ausbeutung erfüllt der Rassifizierte einen Zweck, vor allem als Arbeitskraft. Der Jude allerdings kann nicht mehr gebraucht werden und daher muss „die Ausrottung der Juden nicht nur total sein, sondern ist sich auch selbst Zweck – Ausrottung um der Ausrottung willen".[14]

So kann zusammengefasst werden, dass, während beim Rassismus der Unterwertigkeitsgedanke im Vordergrund steht, beim Antisemitismus das Übermächtige imaginiert wird. Der Jude ist schließlich die Projektionsfläche für eine allmächtige und abstrakte Macht. Selbstredend lassen sich auch beim Rassismus „Phantasien von der Allmächtigkeit der Rassifizierten"[15] finden, zum Beispiel in der Vorstellung einer „angeblichen sexuellen Omnipotenz"[16] gemäß dem rassistischen Motiv des „schwarzen Vergewaltigers"[17]. Doch stehen diese Allmachtsfantasien im Kontext der Reduzierung des Rassifizierten auf das Biologische ohne jegliche konspirativen Auswüchse und Vernichtungsforderungen, ganz im Sinne des Unterwertigkeitsschemas. So ist die Allmachtsvorstellung im Rassismus eine grundlegend andere als im Antisemitismus. Daher ist auch der immer wieder vorgenommene Vergleich von Antisemitismus und „Islamophobie" aufgrund einer vermeintlichen strukturellen Verwandtschaft ihres Fremdenhasses entschieden als falsch zurückzuweisen. Nicht nur ist das spezifische Merkmal der Projektion der abstrakten Macht auf Muslime nicht gegeben, bei dem Konzept der „Islamophobie" wird der Islam auch noch zusätzlich zu einem schützenswerten Subjekt erklärt. Dabei sind lediglich Individuen und keine Religion schützenswert. Jegliche Kritik am Islam wird folglich als Rassismus ausgelegt und somit als unzulässig degradiert. Es muss entschieden darauf hingewiesen werden, dass die Auffassung, „Islamophobie" sei der neue Antisemitismus, aufgrund der analytischen Verschiedenheit beider Phänomene unzulässig ist – und angesichts der Shoah historisch obszön.

Neben mangelndem Wissen über die Funktionsweise von Antisemitismus und seine Spezifizität kann das fehlende Problembewusstsein für die Feindschaft gegenüber Juden auch noch mit dem antirassistischen Selbstverständnis selbst erklärt werden. Während also der Rassismusvorwurf schon fast reflexartig hervorgebracht wird, sucht man eine auch nur annährend ähnlich intensive Bestrebung für die Bekämpfung des Antisemitismus vergeblich. In Anbetracht der immer wieder zu vernehmenden antisemitischen Ausfälle genderfeministischer Aushängeschilder wie Judith Butler oder Linda Sarsour wäre dies dringlich. Ein eindrückliches Beispiel für die ambitionierte Auseinandersetzung mit Rassismus einerseits und die vollkommene Ignoranz im Umgang mit Antisemitismus anderseits ist die #ausnahmslos-Kampagne gegen „sexualisierte" Gewalt und Rassismus, welche in Reaktion auf die Silvesternacht in Köln initiiert wurde. Zu den Erstunterzeichnerinnen zählten zahlreiche Genderfeministinnen, die mit ihrem Engagement an der antisemitischen Hetzkampagne *Boycott, Divestment and Sanctions* (BDS)[18] auffielen.[19] Während also auf der einen Seite der Kampf gegen den Rassismus, insbesondere angesichts der vermeintlich immer stärker werdenden Gefahr der „Islamophobie", zum festen Bestandteil des Genderfeminismus geworden ist, scheint auf der anderen Seite eine Sensibilisierung für das Thema Antisemitismus völlig zu fehlen. Doch wird Antisemitismus nicht nur nicht thematisiert, sondern auch immer wieder reproduziert. Dabei zeigt gerade Israel als beharrliche Projektionsfläche, inwiefern der jüdische Staat als neues Hassobjekt anstelle „der Juden" tritt und alte antisemitische Ressentiments auf sich zieht, dass der antirassistische Auftrag vieler Genderfeministinnen in Antisemitismus umschlägt. Letztlich beinhaltet der Kampf gegen Rassismus immer häufiger auch den Kampf gegen Israel – insbesondere unter der Prämisse, dass Zionismus Rassismus und damit der jüdische Nationalstaat selbst ein rassistisches Projekt sei (wie auch von einigen dieser Erstunterzeichnerinnen geschehen). Es muss deshalb unmissverständlich deutlich gemacht werden, dass es sich bei diesen Bezeichnungen und Kategorisierungen nebst all den bekannten Schmähungen gegenüber Israel um Antisemitismus handelt. Moderne Definitionen von Antisemitismus – wie z. B. die Arbeitsdefinition der Europäischen Stelle zur Beobachtung von Rassismus und Fremdenfeindlichkeit (EUMC) – fassen explizit auch bestimmte Wahrnehmungen und Beurteilungen Israels z. B. als „rassistisches Projekt" oder „Apartheidstaat" unter Antisemitismus zusammen. Demzufolge erfüllt immer häufiger auch antirassistisches Engagement, wenn es um Israel geht, die Kriterien moderner Judenfeindschaft. So finden zwar antirassistische Genderfeministinnen den gewöhnlichen, vor allem aber den historischen, Antisemitismus fürchterlich, stehen aber gleichzeitig ganz ungeniert und offen zum Antizionismus, der es praktischerweise möglich macht, die alten Ressentiments in einer neuen Ausdrucksweise und zwar in einer politisch korrekten Art und Weise auch in antirassistischer Manier zu artikulieren. Doch der Gedanke einer klaren Trennung zwischen Antisemitismus und Antizionismus muss als Mythos zurückgewiesen werden. Der Antizionist hat schließlich die gleiche Grundhaltung zu Israel wie der Antisemit zum Juden. Solch eine Trennung von Antisemitismus und Antizionismus ist demzufolge eine künstliche, die einzig und allein den Zweck der Immunisierung vor einem Antisemitismusvorwurf erfüllt.

So würde eine ausführliche Beschäftigung mit dem Antisemitismus auch idealerweise eine neue kritische Auseinandersetzung mit dem Antirassismus nach sich ziehen. Angesichts der zunehmenden antisemitischen Tendenzen innerhalb des antirassistischen Engagements, das ein fester Bestandteil des akademischen Genderfeminismus und des aktivistischen Queerfeminismus ist, erscheint dies dringend notwendig.

Anmerkungen

1 Titel des Aufrufs zur Gegendemo am 17.02.2018 anlässlich des Frauenmarsches, welcher vom AfD-Mitglied Leyla Bilge initiiert wurde.

2 Bei fast allen Aufrufen zum „Frauen*kampftag" 2018 taucht neben „antisexistisch", „queer" und „antikapitalistisch" auch immer das Attribut „antirassistisch" auf.

3 Clemens Nachtmann, „Rasse und Individuum – Plädoyer für eine vollendet künstliche Amoral", in: *Bahamas*, Nr. 58, Winter 2009, S. 51-64, hier: S. 52.

4 Randi Becker/Teresa Streiß, „Sich in die Nesseln setzen – Zum Verhältnis von Antirassismus und Feminismus", in: Koschka Linkerhand (Hg.), *Feministisch Streiten – Texte zu Vernunft und Leidenschaft unter Frauen*, Berlin 2018, S. 228-237.

5 Stephan Grigat, *Fetisch und Freiheit. Über die Rezeption der Marxschen Fetischkritik, die Emanzipation von Staat und Kapital und die Kritik des Antisemitismus*, unveränderter Nachdruck, Freiburg 2015, S. 311.

6 Theodor W. Adorno, *Minima Moralia. Reflexionen aus dem beschädigten Leben*, Frankfurt am Main 2001, S. 200.

7 Moishe Postone, „Nationalismus und Antisemitismus. Ein theoretischer Versuch", in: Dan Diner (Hg.), *Zivilisationsbruch. Denken nach Auschwitz*, Frankfurt am Main 1988, S. 242-258, hier: S. 243.

8 Moishe Postone, „Nationalismus und Antisemitismus", S. 15.

9 Ebd.

10 Ebd.

11 Ebd., S. 16.

12 Ebd., S. 22.

13 Stephan Grigat, *Fetisch und Freiheit*, S. 311.

14 Moishe Postone, „Nationalismus und Antisemitismus", S. 243.

15 Stephan Grigat, *Fetisch und Freiheit*, S. 314.

16 Ebd.

17 Ebd.

18 Die BDS-Kampagne mit dem Ziel des umfassenden politischen, wirtschaftlichen und auch akademischen Boykotts Israels wird von WissenschaftlerInnen (u. a. von Samuel Salzborn) aufgrund der kontrafaktischen Behauptungen, die BDS gegenüber Israel einsetzt (bspw. „Apartheid", „Kolonisation", „ethnische Säuberung") als antisemitisch eingestuft.

19 Merle Stöver hat in ihrem Blogeintrag „Schluss mit dem Kuschelfeminismus" diese Problematik ausführlich thematisiert. Dort benennt sie auch Genderfeministinnen und konkrete Handlungen, die als antisemitisch eingeordnet werden: http://merlestoever.blogspot.com/2016/03/schluss-mit-dem-kuschelfeminismus.html (letzter Abruf: 05.07.2018).

Boykott, Sanktionen, Frauenrechte

Antizionistischer Feminismus

Lisa Bertel & Oliver Vranković

Beim *Women's March on Washington*, der am 21. Januar 2017, einem Tag nach der Amtseinführung Trumps, stattfand, erklärte die US-amerikanische Bürgerrechtlerin Angela Davis, dass Frauenrechte überall auf der Welt Menschenrechte seien – und verband damit die Forderung nach Freiheit und Gerechtigkeit für Palästina. Es war der einzige Konflikt außerhalb der USA, den sie benannte.[1] Als die Anti-Trump-Bewegung am Weltfrauentag 2017 zu einem „Tag ohne Frauen" aufrief, wurde auf der Plattform zum Streik der programmatische Anspruch nach einem antirassistischen und antiimperialistischen Feminismus erhoben. Zu den konkreten Forderungen, aus denen „das schlagende Herz des neuen Feminismus" abgeleitet wurden, gehört die „Dekolonialisierung Palästinas" und das Niederreißen aller Mauern – „von Gefängnismauern bis zu Grenzmauern, von Mexiko bis Palästina."[2] Die Journalistinnen Phoebe Maltz Bovy[3] und Emily Shire[4] warfen daraufhin die Fragen auf, wie Feminismus gegenüber jüdischen Frauen, die sich um den jüdischen Staat sorgen, „inklusiv" sein kann, und warum Israelfeindschaft der Grundstein des Feminismus sein sollte.

Die Neudefinition des Feminismus

Wenige Tage später behauptete die US-amerikanische Aktivistin Linda Sarsour in einem Interview mit *The Nation*, dass Zionismus und Feminismus unvereinbar seien. Menschen, die den Staat

Israel unterstützen und ihn nicht kritisieren, könnten aufgrund der unterstellten Gleichgültigkeit gegenüber den Rechten palästinensischer Frauen nicht feministisch sein: „Entweder setzen sie sich für die Rechte aller Frauen ein, einschließlich der Palästinenserinnen, oder gar nicht. Daran führt einfach kein Weg vorbei.“[5]

Sarsour verdeutlichte dabei, was eine Reihe von Akademikerinnen bereits vor ihr erklärt hatten. So bemüht sich Dr. Simona Sharoni, Professorin für Gender and Women's Studies am Merrimack College in Massachussetts, um eine „Neudefinierung des Feminismus“, wonach Solidarität mit Palästina sinnstiftend werden soll.[6] Als Mitbegründerin der *Feminists for Justice in/for Palestine* hat sie 2015 die Pro-Boykott Positionierung der *National Women's Studies Association* (NWSA), Nordamerikas größter akademisch-feministischer Organisation, veranlasst. Sharoni bringt sexuelle Gewalt im universitären Bereich und „israelische Apartheid“ in einen logischen Zusammenhang, wonach Vergeltung, Entmenschlichung, Täter-Opfer-Umkehr, Zweifel an der Glaubwürdigkeit des Opfers sowie im ungleichen Machtverhältnis beide Phänomene zueinanderfänden. Die theoretische Verknüpfung ist von einer aktivistischen Gruppe gegen sexuelle Übergriffe an der Columbia University praktisch geleistet worden: 2015 hat *No Red Tape* ihre offizielle Unterstützung für *Columbia Students for Justice in Palestine* verlautbart.[7]

Antizionismus und Feminismus stehen in einer langen Tradition. So wurde 1975 bei der ersten Weltfrauenkonferenz der UN in Mexiko-Stadt auf Initiative der Sowjetunion und der PLO beschlossen, dass Frieden die Beseitigung von Kolonialismus, Fremdherrschaft, Zionismus, Apartheid und rassistischer Diskriminierung in allen Formen voraussetze. 1982 beschrieb die Autorin Letty Cottin Pogrebin, wie feindselig der Feminismus ihrer Zeit den Juden und Jüdinnen und dem Zionismus gegenüberstand. Über die linke Agenda des modernen Feminismus vermerkte sie, dass von Israel erwartet würde, Selbstmord zu begehen, um Palästina zu befreien, und verweist auf den Widerspruch, dass von jüdischen Frauen Universalismus eingefordert werde, während den palästinensischen Frauen eine nationale Identität zugesprochen würde.

Feminismus ohne Frauen gegen Israel

Was genau ist das Feministische der Palästina-Solidarität? Die NWSA erläutert in ihrer Resolution, dass es im Prinzip der Intersektionalität und im Kampf gegen Ungerechtigkeit begründet liege, dass sich Frauen für Palästina einsetzen müssten.[8] Nada Elia, Mitglied im Organisationskomitee der *US Campaign for the Academic and Cultural Boycott of Israel* (USACBI) und ehemalige Dozentin an der Antioch Universität Seattle, erklärt, dass die „illegale Besatzungsmacht Israel" den palästinensischen Frauen „ihr Recht auf Bewegungsfreiheit, ihr Recht auf Bildung, ihr Wahlrecht, ihr Recht zu arbeiten, zu leben, wo sie wollen, wo sie geboren wurden, ihr Recht auf ausreichende Ernährung, sauberes Wasser und medizinische Versorgung in ihrem Heimatland"[9] verwehre. Nach Elia würden palästinensische Frauen seit Jahrzehnten darauf hinweisen, dass der Zionismus „das Böse, das sie über allem anderen anprangern"[10] sei. Die benachteiligte Lage der Frauen bedeute jedoch nicht, dass palästinensische Männer keine Opfer seien – immerhin agiere Israel stets nach dem Motto „*Operation Kill Them All.*" Deswegen, so Elia, solle der Feminismus „sich nicht begrenzt auf nur ein Bevölkerungssegment"[11] fokussieren.

Frauen werden herangezogen, um die Ursachen ihrer misslichen Lage zu benennen, sollen aber nicht zum Subjekt politischer Bemühungen gemacht werden. Der Kampf um Geschlechtergerechtigkeit verschwimmt im Streben nach „nationaler Befreiung". Feministische Anliegen lösen sich im Antizionismus auf. Innere Widersprüche werden dabei durch einen „antiimperialistischen, anti-kolonialen, militarismus-kritischen" und intersektionalen Denkansatz sowie durch die Abstraktion von historischen Entwicklungen aus der Welt geschafft. Die Besatzung Palästinas gilt als Enteignung indigenen Landes, und feministische Politik, welche sich nicht dem politischen Kampf der Dekolonisierung verschreibe, würde Komplize in der durch und durch vergeschlechtlichten und rassifizierten „neo-imperialen Aggression"[12] werden.

Kurze Geschichte des Zionismus ...

Anliegen des modernen Zionismus, gegen den Linda Sarsour und ihre Genossinnen den heutigen Feminismus in Stellung bringen, ist die Wiederherstellung der nationalen Selbstbestimmung von Jüdinnen und Juden in ihrem historischen Heimatland. Einer der wegweisenden Texte des Zionismus war das 1882 publizierte Pamphlet *Auto-Emanzipation* von Leo Pinsker, das unter dem Eindruck des Pogroms von Odessa 1881 entstanden war. Pinsker, der schockiert darüber war, dass der Judenhass auch vermeintlich kultivierte und fortschrittliche Elemente erfasst hatte, forderte eine Abkehr von der Assimilation und eine „Wiedergeburt der jüdischen Nation". Moses Hess, ein zeitweiliger Weggefährte von Karl Marx, hatte bereits 1862 in seiner Schrift *Rom und Jerusalem* die Besinnung auf die jüdische Nationalität und die Errichtung eines jüdisch-sozialistischen Gemeinwesens in Palästina gefordert.

Zur politischen Kraft wurde der Zionismus durch Theodor Herzl. Der österreichisch-ungarische Korrespondent wurde 1894 in Paris Zeuge der antisemitischen Kampagnen gegen den jüdischen Kommandanten Dreyfus, der in einem Schauprozess als Verräter beschuldigt wurde, während die Massen auf den Straßen „Tod den Juden" skandierten. Herzl kam zu der Überzeugung, dass Antisemitismus durch Assimilation nicht zu lösen sei, was er in dem 1896 geschriebenen Traktat *Der Judenstaat* darlegte. 1898 wurde unter seinem Vorsitz auf dem ersten zionistischen Weltkongress die Forderung nach einer „gesicherten Heimstätte in Palästina" erhoben.

Palästina, das 1920 zum britischen Mandatsgebiet wurde, war zu dieser Zeit eine Provinz des Osmanischen Reiches und sah ab 1904 die Einwanderung jüdischer Pioniere, die den Traum einer nationalen Auferstehung verwirklichen wollten und diesen mit der Befreiung des Proletariats vereinigten. Die Gleichberechtigung der Geschlechter war dabei eines der Kernanliegen, das sich in der Unabhängigkeitserklärung von 1948 spiegelt, in der es über den Staat Israel heißt: „Er wird all seinen Bürgern ohne Unterschied von Religion, Rasse und

Geschlecht, soziale und politische Gleichberechtigung verbürgen."[13]

Es ist entsprechend unredlich, das feministische Anliegen der Befreiung der Frauen gegen das emanzipatorische Anliegen der Befreiung der Juden und Jüdinnen, wie es im Zionismus aufgehoben ist, in Stellung zu bringen. Die bereits erwähnte Kritikerin des Antisemitismus in der Frauenbewegung, Letty Cottin Pogrebin, erläutert 2012: „Meiner Ansicht nach ist der Zionismus für Juden und Jüdinnen das, was Feminismus für Frauen ist – ein kontinuierlicher Kampf für Selbstbestimmung, Würde und Gerechtigkeit."[14]

... und des israelisch-arabischen Konflikts

Die unbedingte Notwendigkeit einer souveränen jüdischen Heimstätte wurde durch den Holocaust am europäischen Judentum unmissverständlich deutlich. Der antisemitische Wahn, vernichten zu müssen, um selbst erlöst zu werden, führte zum bürokratisch geplanten und industriell durchgeführten Völkermord. Dass der zivilisatorische Fortschritt die Integration der Juden und Jüdinnen in nicht-jüdische Gesellschaften erlaubt, erwies sich als tödliche Illusion: Sicherheit für jüdische Individuen kann nur von einem souveränen jüdischen Staat mit einem überlegenen Militär garantiert werden. Die israelische Staatsräson „Nie wieder", die meint, nie wieder eliminatorisch gesinnten Antisemiten ausgeliefert zu sein, bildet den Kontext für das Verständnis des israelisch-arabischen Konflikts.

Seit den 1930er Jahren exportierten die Nazis ihre antisemitischen Verschwörungstheorien in den Nahen Osten, wo sie mit judenfeindlichen Elementen des Islam verbunden wurden. Das Welterklärungsmodell, wonach die Juden am Unheil der Menschheit schuld seien, wurde zur Ideologie der Muslimbrüder, deren palästinensischer Arm die Hamas im Gazastreifen ist. Der Wahn, wonach die Juden zur eigenen Erlösung eliminiert werden müssen, fand in Amin Al-Husseini, dem Mufti von Jerusalem und Mentor des späteren Anführers der PLO, Yassir

Arafat, einen begeisterten Abnehmer. Nach dem Ende des Zweiten Weltkrieges „kündigte sich die Verschiebung des antisemitischen Zentrums von Deutschland in die arabische Welt an."[15] Dort sind die *Protokolle der Weisen von Zion*, die einen jüdischen Welteroberungsplan behaupten, seit den 1950er Jahren Bestseller und werden wider alle Beweise als authentisch angepriesen.[16]

Als die Vereinten Nationen 1947 die Teilung des Mandatsgebiets Palästina in einen jüdischen und einen arabischen Staat beschlossen, stimmten die jüdische Bevölkerung in Palästina dem zu, während die arabische sowie die umliegenden arabischen Staaten dies ablehnten. Noch in der Nacht der Verkündung der israelischen Unabhängigkeit griffen fünf arabische Armeen an. Der junge Staat Israel gewann den Krieg und konnten der Vernichtung entgehen. Viele Shoah-Überlebende fielen in diesem Krieg, der 1949 mit einem Waffenstillstand beendet wurde.

Heute ist die Waffenstillstandslinie von 1949 als „Grenzen von 1967" bekannt. Judäa, Samaria und der Osten Jerusalems einschließlich der Altstadt blieben nach 1949 von Jordanien besetzt, der Gazastreifen von Ägypten. Im Zuge des israelisch-arabischen Krieges sind Hunderttausende AraberInnen geflohen oder wurden vertrieben. Auf der anderen Seite fanden Hunderttausende Juden und Jüdinnen, die aus arabischen Ländern geflohen sind oder vertrieben wurden, in Israel Zuflucht.[17]

1967 rüsteten sich die arabischen Nachbarn zum Krieg gegen den jüdischen Staat und verlautbarten explizierte Vernichtungsankündigungen. Der damalige Kommandant der Fallschirmjäger Uzi Narkiss erklärte in einer Dokumentation, dass die angedrohte Zerstörung Israels im Land das Gefühl erzeugte, von aller Welt verlassen zu sein, und dass sich dieses Gefühl mit der Erfahrung des Holocaust verband.[18] Die Juden und Jüdinnen konnten den Krieg in sechs Tagen gewinnen und somit der Todesgefahr entgehen. Darüber hinaus wurden die von Jordanien (Westjordanland) und Ägypten (Gaza) besetzten Gebiete erobert. Wenn heute von „Dekolonialisierung Palästinas" die Rede ist, sind bestenfalls Gebiete gemeint, die Israel in einem Krieg, der dem jüdischen Staat in eliminatorischer Absicht aufgezwungen wurde, erobern konnte.

Das Dilemma der Besatzung

Wer sich die Mühe macht, die ursprüngliche PLO-Charta mit derjenigen zu vergleichen, die nach dem Sechstagekrieg verfasst wurde, erkennt anhand der vorgenommenen Veränderungen die Überführung der einst panarabisch angelegten Bewegung in eine nationalistische. Die in Palästina lebenden Araber wurden als Palästinenser mit eigenen nationalen Ansprüchen definiert. Diese Ansprüche verfolgte die PLO mit terroristischem Eifer. 1974 starben bei einem Überfall auf Kiriat Shmona 18 Menschen, darunter acht Kinder; wenig später wurden bei der Besetzung einer Schule in Maalot 22 SchülerInnen getötet. 1978 beging die PLO-Fraktion der Fatah das sogenannte Küstenstraßenmassaker, bei dem 38 Israelis starben. Das Fatah-Universitätskomitee für Frauen wurde nach der Anführerin dieses Anschlags Dalal Mughrabi „Schwestern von Dalal" benannt. Noch am 1. Januar 2018 wurde die Attentäterin in einer Fernsehsendung als vorbildliches Beispiel für den palästinensischen Kampf der Frauen gelobt.[19]

1993 kam es in Oslo zu direkten Gesprächen zwischen Israel und der PLO, bei denen vereinbart wurde, Teile der 1967 besetzten Gebiete in die palästinensische Autonomie zu überführen. Als Verwaltungsapparat dieser Gebiete, in denen der Großteil der Palästinenser wohnen, fungiert die dafür geschaffene Autonomiebehörde (PA). Als der Fatah-, PLO- und PA-Vorsitzende Yassir Arafat 2000 in Camp David vom israelischen Premierminister Barak einen palästinensischen Staat mit weitreichenden israelischen Zugeständnissen angeboten bekam, entschied er sich gegen einen solchen und stattdessen für die zweite Intifada. Unter den verschiedenen Terrororganisationen, die in dieser Zeit eine Allianz gegen die israelische Bevölkerung eingegangen sind, war auch die in der ersten Intifada (1987-1993) geborene islamistische Hamas. Der „Widerstand" verfestigte sich zur Essenz der palästinensischen Identität.

Als Reaktion auf die Anschläge der zweiten Intifada hat Israel 2003 mit dem Bau eines Sperrwalls begonnen – eine wirkungsvolle Schutzmaßnahme, welche die Zahl der Selbstmordattentate drastisch gesenkt hat. Die Forderung, Mauern von Mexiko bis Palästina einzureißen, dekontextualisiert diese Errichtung und verleugnet ihre Notwendigkeit für die Sicherheit der Israelis. 2004 räumte Israel den Gazastreifen in der Hoffnung, Land gegen Frieden zu tauschen. Vorbild war die Rückgabe des im Sechstagekrieg eroberten Sinai für Frieden mit Ägypten. Doch die von einer großen Mehrheit der Israelis geteilten Hoffnungen wurden unter dem Raketenhagel, der diesem Rückzug folgte, begraben. Der israelische Journalist Ben-Dror Yemini sagte auf einer Buchvorstellung 2014, dass er die absolute Notwendigkeit einer Zwei-Staaten-Lösung sehe, da die Beibehaltung des Status quo zu einem bi-nationalen Staat führe, der Israel als jüdischen und demokratischen Staat gefährdet. Gleichzeitig sehe er aber nicht, so Yemini, wie die Zwei-Staaten-Lösung realisierbar sei.

Nahaufnahmen – feministisch UND zionistisch

Die inzwischen pensionierte Miriam Saggi war mehr als 20 Jahre lang Vorsitzende der jüdischen Frauenorganisation Naamat in Givataim und im Onotal. Gemeinsam mit ihren Mitarbeiterinnen bemühte sie sich nach Ausbruch des Krieges im Nachbarland Syrien darum, syrischen Frauen und ihren Kindern mit Babynahrung, Kleidung und Medikamenten zu helfen. Als Tochter von Holocaust-Überlebenden aus Polen, deren gesamte Familie von den Deutschen ermordet wurde, gibt es Miriam zufolge keinen anderen sicheren Ort, kein anderes Zuhause für Juden und Jüdinnen als Israel. Gleichzeitig ist ihr klar, dass sich nach der Vertreibung der Juden vor 2000 Jahren aus ihrer Heimat andere dort niederließen. Als Jüdin, sagt sie, streckt sie diesen Völkern ihre Hand entgegen. „Ich will Frieden zwischen uns und unseren Nachbarn", erklärt Miriam. Dennoch: In jeder militärischen Auseinandersetzung gäbe es einen Sieger und einen Besiegten, und im Fall des israelisch-palästinensischen Konflikts sei sie froh, dass Israel, das Land der Überlebenden des Holocaust und der verfolgten Juden aus der ganzen Welt, der Sieger sei.

Als Attaché für Frauenangelegenheiten an der israelischen Botschaft in Washington DC und als Koordinatorin der Kommission für die Stellung der Frau im Prime Minister's Office in Israel hat sich Ora Ahimeir, geboren 1941, jahrzehntelang für Frauenrechte eingesetzt. Der gegen Israel gerichtete Feminismus hat für sie trotz der langen Tradition anti-israelischer Instrumentalisierung des Feminismus, den sie miterlebt hat, heute angesichts der offen liegenden Realitäten im Nahen Osten eine besondere Qualität. „Es ist hochgradig absurd, dass ausgerechnet Israel als Unrechtsstaat herausgepickt wird", meint Ora. „Das Land kann Frauenrechte und Gleichberechtigung aufweisen, während die Frauen in den Nachbarstaaten in jeder erdenklichen Weise leiden, von Sklaverei über Zwangsbeschneidung bis zu Ehrenmorden." Die Diskriminierung und Misshandlung der palästinensischen Frauen seien auf die gesellschaftlichen Verhältnissen in den palästinensischen Gebieten – ähnlich jener in den arabischen Nachbarstaaten – zurückzuführen. Hinter den Forderungen von Sarsour und ihren Anhängerinnen sieht Ora nichts als Judenhass: „Der Ausschluss jüdischer Frauen aus dem Feminismus ist zeitgemäßer Ausdruck der Jahrhunderte alten Judenfeindschaft, die sich in immer anderen Formen zeigt."

Die israelische Journalistin und Gleichheitsfeministin Lahav Harkov versteht die Fokussierung auf die Kämpfe in der Dritten Welt und die UN-Frauenkonferenz in Mexiko 1975 als Wendepunkt im Feminismus, der von nun an als intersektional *avant la lettre* begriffen wurde. Seitdem, sagt Lahav, hätte die Konkurrenz um den Opferstatus den Kampf um Gleichberechtigung ausgehebelt. Sprechen und eine Meinung haben dürfe nur, wer das vermeintlich schlechteste Los aufweisen kann. Das Argument trete hinter den Sprechort zurück: „Menschenrechte und Gleichheit sind keine prinzipiellen Forderungen mehr und werden manchmal sogar von der Identitätspolitik verraten – so wie es beim Frauenmarsch passierte, als Tamika Mallory den Hassprediger Farrakhan unterstützte, der ein homophober, patriarchaler Antisemit ist." Sarsour selbst, so sagt Lahav, sei schlau genug, sich nicht unmittelbar antisemitisch zu äußern, ihr Weltbild und das ihrer Anhängerinnen affimiere aber Verschwörungstheorien und antisemitische Gerüchte. Die antiisraelische Ausrichtung des Feminismus habe dementsprechend wenig mit der Realität in Palästina zu tun. „Palästinensische Frauen werden nicht gezielt von Israel angegriffen. Sie erleiden mehr unter der Besatzung, wie israelische Frauen mehr unter dem Raketenterror leiden. Es gibt keine spezifische Verletzung von palästinensischen Frauenrechten durch Israel." Linda Sarsour und ihre AnhängerInnen würden Israel verantwortlich machen, um über die gravierenden Probleme palästinensischer Frauen, beispielsweise Abtreibungen und Ehrenmorde, schweigen zu können.

„Als Frau ist mir die Gleichberechtigung von Männern und Frauen ein wichtiges Anliegen, etwa beim Zugang zu Bildung und auf dem Arbeitsmarkt. Feminismus tritt für Frauenrechte auf Grundlage der Gleichheit der Geschlechter ein", sagt Olga Deutsch, Direktorin der Europaabteilung der israelischen Organisation *NGO Monitor*. Von einem Verständnis von Feminismus, das die Gleichstellungsforderungen von Frauen mit politischen und nationalistischen Ansinnen verbindet, sagt Olga, sei sie „wenig beeindruckt." Den intersektionalen Feminismus begreift sie als konzeptionelle Falle, weil er Frauenrechte als Vehikel für andere Anliegen missbraucht und sogar Gewalt rechtfertigt. Frauen und Frauenrechtsorganisationen in Palästina befinden sich Olga zufolge, einer Expertin auf diesem Gebiet, in einer prekären Lage. Mit Verweis auf Studien der Vereinten Nationen argumentiert sie, dass die patriarchalen und kulturellen Traditionen in Palästina ein großes Problem darstellen. „Sie durchdringen alle Lebensaspekte der Frauen und machen Geschlechtergerechtigkeit zu einem Thema, das nur sehr schwer diskutiert werden kann." Der Gender Development Index verortet Palästina auf Platz 114 von 188 und zeigt auf, dass das geschätzte Bruttonationaleinkommen pro Kopf für Frauen achtmal geringer ist als das für Männer. Angesichts dieser Schieflage hätten sich seit den 1990er Jahren immer mehr Frauenorganisationen gegründet, erklärt Olga. „Die meisten palästinensischen Frauenorganisationen haben Gleichstellungsfragen jedoch mit nationalen, politischen Bestrebungen, denen radikale oder gewaltsame Narrative zugrunde liegen, ersetzt." Wie alle anderen Organisationen in Palästina würden auch Frauenrechtsorganisationen dem „Palestinensischen NGO Verhaltensgrundsatz" unterstellt, der die Normalisierung der Verhältnisse mit Israel verbietet und die Nationalbestrebung gegenüber allen anderen Bemühungen priorisiert. „Palästinensische Frauenorganisationen sind zwar innerhalb der palästinensischen Gesellschaft akzeptiert, werden jedoch gleichzeitig zu politischen Projekten gemacht, die den diskriminierenden Status quo nicht herausfordern und ändern können." Anstatt die offensichtlichen Nachteile der Frauen anzusprechen, würden die Organisationen Frauenemanzipation mit Märtyrertum verbinden und Terroristinnen wie Leila Khaled, Wafa Idris, Dalal Mughrabi und Khalida Jarrar als Vorbilder für Frauen anpreisen. Regierungen, AkademikerInnen, internationale NGOs und multilaterale Organisationen wie die EU und die UNO würden den behaupteten Zusammenhang zwischen palästinensischen Nationalbestrebungen und Geschlechtergerechtigkeit durch die politische Zusammenarbeit legitimieren. Sie würden damit zur Verschlechterung der Frauenrechte beitragen, die faktisch in den Hintergrund gedrängt werden. „Es gibt schlicht keinen Widerspruch zwischen Feminismus und Zionismus", ist Olga überzeugt. Frauenrechte und das Recht des jüdischen Volkes auf Selbstbestimmung sollten im Gegenteil beide als grundlegende Menschenrechte angesehen werden. „Wer einen direkten kausalen Zusammenhang zwischen palästinensischen Frauenrechten und israelischer Besatzung behauptet, spielt die Diskriminierung von Frauen innerhalb der palästinensischen Gesellschaft herunter."

Sara Zoabi trägt Kopftuch, fastet am Ramadan und sagt, dass sie sich mit keiner anderen Fahne als der israelischen identifiziere. Israel, so erklärt sie, respektiere alle seine BürgerInnen so wie sie selbst, eine arabische Muslimin – und das, obwohl das Land unter islamischem Terrorismus leidet. Dass Israel sich für Gleichbehandlung, Demokratie, Fortschritt und Aufklärung einsetze, sei besonders für Frauen entscheidend, die in den arabischen Ländern nach wie vor als Eigentum des Mannes wahrgenommen werden und auch im Falle von Vergewaltigungen oft bestraft würden. Viele Imame, so Sara, erlauben es, eine Frau zu schlagen, wenn sie gegen die Wünsche ihres Mannes verstößt. Die Situation der arabischen Frauen in den palästinensischen Gebieten sei nicht anders, und dies liegt nicht in der Besetzung begründet, sondern in der arabisch-islamischen Mentalität, weiß sie: „In Anbetracht dessen ist es zynisch, dass Linda Sarsour und ihre terroristisch gesinnten Freunde wie Rasmea Odeh[20] sich einer Agenda wie derjenigen der Frauenrechte bedienen, um gegen den einzigen aufgeklärten und demokratischen Staat im Nahen Osten zu hetzen."

Obsession mit Israel und der genderfeministische Beitrag zu BDS

Linda Sarsour und ihre antizionistischen Mitkämpferinnen vom IWS, die NWSA, *No Red Tape*, die Akademikerinnen Davis, Sharoni, Elia und Bhandar – sie alle bejahen und fordern Unterstützung für die 2005 gegründete Kampagne *Boycott, Divestment and Sanctions* (BDS), die zum umfassenden akademischen, kulturellen und wirtschaftlichen Boykott Israels aufruft. Die Bewegung verfolgt wesentlich drei Ziele – das Ende der Besatzung, die gleichen Rechte für PalästinenserInnen sowie das Recht auf Rückkehr[21] –, deren Verwirklichung konsequenterweise zur Zerstörung des jüdischen Staates führen würde. Die Kombination ohne vertragliches Friedensabkommen bedeutet nicht nur ein extremes Sicherheitsrisiko, sondern die demografische Aushöhlung des israelischen Staates, in dem Juden und Jüdinnen zu einer der Mehrheit ausgelieferten Minderheit gemacht würden – ein Zustand, der ja gerade durch die Errichtung des jüdischen Staates verhindert werden sollte.

Nach Angaben von BDS-AktivistInnen geht es ihnen nicht um den Ausschluss von Individuen, sondern um institutionellen Boykott. In diesem Aufruf liegt zweierlei veranlagt: Einerseits handelt es sich um einen politischen Test, der israelische Kollektivschuld unterstellt und daher öffentliche Distanzierung von „israelischer Apartheid" einfordert. So war es beispielsweise bei der ehemaligen britischen Lehrergewerkschaft NATFHE der Fall. Andererseits wird eine Unterscheidung getroffen, die kaum aufrechterhalten werden kann.[22] Während des *Chicago Dyke March* 2017 wurden drei jüdische Demonstrantinnen, die eine Regenbogenflagge mit Davidstern mit sich führten, des Platzes verwiesen. Die jüdische Journalistin Gretchen Hammond, die über den Vorfall berichtet hatte, wurde bedroht, vom Chicagoer LGBTQ-Blatt *Windy City Times* in die Verkaufsabteilung versetzt und sah sich daher gezwungen, die Zeitung zu verlassen.

In letzter Zeit haben genderfeministische BDS-Unterstützerinnen den institutionellen Boykott Israels in einen Boykott jüdischer Institutionen verwandelt. Nachdem ein Starbucks-Mitarbeiter zwei Afroamerikaner, die dort ohne Kaffeekonsum auf einen Freund warteten, von der Polizei festnehmen ließ, beschloss die Kette angesichts massiver Kritik eine Antirassismus-Fortbildung zu organisieren, die von der *Anti-Defamation League* (ADL) geleitet werden sollte. Laut Tamika Mallory, Organisatorin des *Women's March*, handle es sich bei Amerikas ältester Organisation gegen Rassismus und Antisemitismus um eine Institution, die „PERMANENT schwarze und braune Menschen"[23] angreife. Die ADL verlor den Auftrag. Ihr großes Verbrechen besteht in den Augen der *Women's March*-Organisatorinnen darin, dass sie sich nicht antizionistisch positioniere und somit den politischen Test nicht bestehe. „Um als legitime Menschenrechtsgruppe akzeptiert zu werden, reicht es nicht, Islamophobie zu bekämpfen, man muss auch anti-israelisch sein", analysiert der arabisch-kanadische Journalist und Wissenschaftler Fred Maroun.

Israel wird von BDS und seinen feministischen Unterstützerinnen nicht als Staat begriffen, der wegen der Erfahrung der Shoah Heimstätte für Juden und Jüdinnen und materieller Verteidigungsort gegen eliminatorisch gesinnten Antisemitismus sein muss. Nicht begriffen bleibt auch der komplexe israelisch-palästinensische Konflikt. Israel wird von den BDS-Genderfeministinnen als rassistischer, genozidaler, kolonialer Apartheid-Siedler-Nazi-Staat gesehen, der von allen anderen Staaten der

Welt ausgesondert und dem mit besonderem Hass begegnet werden soll. Diese Obsession mit dem jüdischen Staat findet nicht zufällig in der Sprache der Dämonisierung und Delegitimierung statt. David Hirsh, britischer Soziologe an der University of London, sieht die Gefahr von BDS nicht lediglich in ökonomischen Konsequenzen für Israel, sondern in ihrem Einfluss auf die Debatte um Israel: „In der Kampagne geht es um die Delegitimierung Israels. Die BDS-Kampagne muss keine Abstimmungen gewinnen, ihr Prinzip muss nicht von Gewerkschaften adaptiert werden – BDS muss gar nicht gewinnen. Es braucht schlichtweg die Debatte, und es muss die Delegitimierung zu einem zentralen Element in der Debatte machen, worüber sich die Identitäten und politischen Akteure dann definieren."[24] Zu Ehren des zehnjährigen Bestehens von BDS ließ Omar Barghoutti, der Gründer der Kampagne, verlautbaren, dass es deren ultimatives Ziel sei, Israel zu einem Paria-Staat zu machen.[25]

Antizionistischer Feminismus als exklusiver Universalismus

Der dargestellte BDS-Feminismus hat den Antizionismus zum Kernelement der progressiv-feministischen Identität erklärt. Dies geschieht vor dem Hintergrund eines grundsätzlich antikolonialen Standpunktes, der eine Liste von Identitäten von ihrem historischen und materiellen Kontext abstrahiert, auf den Gegensatz „kolonialistisch/unterdrückt" zurichtet und dabei weder Komplexität noch Widerspruch kennt. Israel wird entgegen der aufgezeigten historischen Entwicklung und der heutigen Realität als europäisch-weißer Kolonialstaat angeführt, als dessen Opfer die palästinensischen Frauen gelten. Die Feministinnen in Israel, die für diesen Beitrag interviewt wurden, verweisen ob der Dämonisierung Israels auf den Judenhass, der sich historisch bereits verschiedenster Anliegen bediente. Jede der fünf von uns befragten Frauen zeigt in ihrem Verständnis, ihrer Erfahrung und ihrer Biografie die Vereinbarkeit von Feminismus und Zionismus auf. Der Universalismus, der bei

Sarsour preisgegeben wird, wird von ihnen mit dem Bewusstsein um die Gefahr ihrer Vernichtung, sollte es den jüdischen Staat nicht geben, aufrechterhalten. Die fünf Frauen zeigen sich besorgt um die Lage palästinensischer und arabischer Frauen und beklagen, dass die gewaltsamen Lebensrealitäten, unter denen diese leiden, durch die identitätspolitische Obsession mit Israel nicht zur Sprache kommen. Innerhalb der feministischen Bewegung, bei der Antizionismus zum Identitätsmerkmal wird, wird die Gemeinschaft der Progressiven exklusiv umgestaltet. Dies betrifft selbstverständlich ZionistInnen und im höheren Ausmaß Juden und Jüdinnen – es sei denn, sie haben sich politisch den Erwartungshaltungen der Bewegung gefügt und werben, wie etwa Sharoni, für die Sache der Israelfeindschaft. Entgegen dem an Martin Luther King angelehnten Anspruch der Bewegung ist Gerechtigkeit teilbar. Und die Teilung gründet ausgerechnet in der Haltung zu Israel.

Anmerkungen

1 Angela Davis, Rede beim Women's March in Washington, D.C., 21.02.2017, online verfügbar unter: https://www.elle.com/culture/career-politics/a42337/angela-davis-womens-march-speech-full-transcript/ (letzter Abruf: 05.05.2018).

2 International Women's Strike USA, „For an Antiracist and Anti-imperialist Feminism“, auf: https://www.womenstrikeus.org/ (letzter Abruf: 02.05.2018).

3 Phoebe Maltz Bowy, „Zionist Feminist: Not an Oxymoron“, 08.03.2017, auf: https://forward.com/sisterhood/365292/zionist-feminist-not-an-oxymoron/ (letzter Abruf: 05.05.2018).

4 Emily Shire, „Does Feminism Have Room for Zionists?“, auf: *The New York Times*, 07.03.2017, https://www.nytimes.com/2017/03/07/opinion/does-feminism-have-room-for-zionists.html (letzter Abruf: 02.05.2018).

5 Collier Meyerson, „Can You Be a Zionist Feminist? Linda Sarsour Says No“, 13.03.2017, auf: *The Nation*, https://www.thenation.com/article/can-you-be-a-zionist-feminist-linda-sarsour-says-no/ (letzter Abruf: 02.05.2018).

6 Elizabeth Redden, „Another Association Backs Israel Boycott“, 01.12.2015, auf: *Inside Higher Ed*, https://www.insidehighered.com/news/2015/12/01/national-womens-studies-association-joins-israel-boycott-movement (letzter Abruf: 02.05.2018).

7 Aviva Stahl, „Why Feminists Should Care About the Israeli-Palestinian Conflict", 18.04.2016, auf: *Alternet.org*, unter: https://www.alternet.org/world/why-feminists-should-care-about-israeli-palestinian-conflict (letzter Abruf: 02.05.2018).

8 National Women's Studies Association, „2015 Member Recommendations and Results", https://www.nwsa.org/content.asp?contentid=105# (letzter Abruf: 02.05.2018).

9 Nada Elia, *Justice is indivisible: Palestine as a feminist issue*, in: *Decolonization. Indigeneity, Education & Society*, Vol. 6, No. 1, 2017, S. 45-63, hier: S. 51.

10 Ebd., S. 56.

11 Ebd., S. 59.

12 Brenna Bhandar, „Some Reflections on BDS and Feminist Political Solidarity", in: *feminists@law*, Vol. 4, No. 1, 2014, online verfügbar unter http://journals.kent.ac.uk/index.php/feministsatlaw/article/view/110/291#_ftnref30 (letzter Abruf: 02.05.2018).

13 Israel Ministry of Foreign Affairs, *The Declaration of the Establishment of the State of Israel*, online verfügbar unter: http://www.mfa.gov.il/mfa/foreignpolicy/peace/guide/pages/declaration%20of%20establishment%20of%20state%20of%20israel.aspx (letzter Abruf: 02.05.2018).

14 Letty Cottin Pogrebin, „Zionism, Meet Feminism", 16.03.2012, auf: *The Daily Beast*, https://www.thedailybeast.com/zionism-meet-feminism (letzter Abruf: 08.05.2018).

15 Matthias Küntzel, *Djihad und Judenhass. Über den neuen antijüdischen Krieg*, Freiburg 2002, S. 10.

16 Vgl. Carmen Matussek, *Der Glaube an eine „jüdische Weltverschwörung". Die Rezeption der „Protokolle der Weisen von Zion" in der arabischen Welt*, Münster 2012, S. 26-32.

17 Dem gegen Israel gerichteten Vorwurf, ein europäisch-weißer Kolonialstaat zu sein, muss immer auch damit erwidert werden, dass die Einwanderer aus nordafrikanischen und orientalischen Ländern und ihre Nachfahren heute die größte Einwanderergruppe in Israel sind.

18 *The 50 Years War – Israel & the Arabs*, Part 1, 1999 ab 1:07:15, online verfügbar unter: https://www.youtube.com/watch?v=fSAD9pS8NIw&t=4083s (letzter Abruf: 06.08.2018).

19 Palestinian Media Watch, „Case study: Dalal Mughrabi, from terrorist to hero", 01.01.2018, online verfügbar unter: http://palwatch.org/main.aspx?fi=680&fld_id=680&doc_id=24836&sort=d (letzter Abruf: 08.05.2018).

20 Die Mitorganisatorin des Frauenstreiktages, Rasmea Odeh, wurde in Israel für Bombenanschläge, bei denen zwei Menschen gestorben sind, zu lebenslanger Haft verurteilt und im Zuge eines Gefangenenaustausches freigelassen.

21 Palestinian Civil Society, „Palestinian Civil Society Call for BDS", 09.06.2005, unter: https://bdsmovement.net/call (letzter Abruf: 03.05.2018).

22 Vgl. David Hirsh, *Contemporary Left Antisemitism*, London/New York 2017, S. 121-128.

23 Tamika D. Mallory, Tweet vom 17.4.2018, https://twitter.com/tamikadmallory/status/986386072685940736?lang=de (letzter Abruf: 04.05.2018).

24 David Hirsh im Interview mit Lisa Bertel, Tel Aviv, 07.11.2017.

25 Vgl. Adam Horowitz/Philip Weiss, „The BDS Movement at 10: An interview with Omar Barghouti", 09.06.2015, auf: *Mondoweiss*, http://mondoweiss.net/2015/07/movement-interview-barghouti/ (letzter Abruf: 04.05.2018).

„... das Unrecht des Staates Israel“

Eine Analyse selbstlegitimierender Abwehrargumente im akademischen Kontext

Rocío Rocha Dietz

„Und ich finde es sehr traurig,
dass das jetzt von manchen Menschen verdreht wird.
Immer, wenn man das Unrecht des Staates
Israel gegenüber den Palästinensern erwähnt,
rufen viele nach Ausgewogenheit.“[1]

Antirassistische Gender- und SozialwissenschaftlerInnen nutzen gegenwärtig vor allem Vermeidungs- und Selbstlegitimierungsargumente, um die *Boycott, Divestment and Sanctions*-Kampagne (BDS) zu unterstützen, Israel Verbrechen gegen die Menschheit vorzuwerfen oder auf ein Recht auf sogenannte „Israelkritik“[2] zu beharren. Unter diesem Deckmantel und der Wissenschaftsfreiheit werden heute an den Hochschulen antisemitische Ressentiments normalisiert. Die Soziologin Karin Stögner beschreibt dies treffend als „Merkwürdige Allianzen: Intersektionalität, (Anti-)Feminismus und Antisemitismus“.[3] Sie verweist auf die Nutzung von „Intersektionalität“ als politischem Slogan, der in Allianz mit BDS und „Pinkwashing“-Vorwürfen Israel delegitimiert. Aus einer Position der moralischen Selbsterhöhung fordern sich auf diese Theorie berufende FeministInnen, AntirassistInnen und Kapitalismus-GegnerInnen besonders im akademischen Kontext Kritik an Israel ein. Obwohl es sich um ein Einwandererland mit einer heterogenen Bevölkerung handelt (Muslime, Drusen, Christen, arabisch-palästinensische Israelis, äthiopische, russische, irakische Juden etc.), wird dem jüdischen

Staat dabei zumeist eine weiße Identität zugeschrieben, die als „privilegiert“ verstanden wird. Doch die Trias *race, class, gender* vermag es eben nicht, „die umfassende Diskriminierung und Verfolgung von Juden und Jüdinnen im globalen Antisemitismus zu fassen“[4] bzw. diesen einer Erklärung zuzuführen. Dazu wird bisweilen auch vor dem Hintergrund der deutschen Vergangenheit wie folgend argumentiert: „zu Unrecht zu schweigen, darf gerade mit unserer geschichtlichen Erfahrung keine Option sein“.[5] Dieses moralische Selbstbild vereinnahmt den Zivilisationsbruch der Shoah und zieht daraus auf bemerkenswerte Weise eine Legitimation zur Kritik des Staates der Nachkommen. Hierin zeigt sich eine neue Ausdrucksart des Antisemitismus: Auschwitz als „Wiedergutwerdung der Deutschen“[6] – oder auch der in Deutschland Lebenden.

Dabei gerät die akademische Freiheit durchaus in Gefahr, denn für die einen werden *Safe Spaces* erkämpft, während andere – Juden – gleichzeitig ausgeschlossen und antisemitisch beschimpft werden. Dies führt nicht zu einer kritischen emanzipatorischen Haltung, sondern fällt regressiv auf kollektive Identitätszuweisungen und den Aufbau einer eigenen Dominanz im akademisch-politischen Feld zurück. Dieser Anspruch auf politisch korrekte Deutungshoheit und die voranschreitende Normalisierung des auf Israel fokussierten antisemitischen Ressentiments zeigen sich dann nicht nur in Form von Sprech- oder Handlungsverboten, sondern auch in antisemitischen Übergriffen. Das bedeutet vor allem eine Gefahr für jüdische Studierende, aber auch für alle anderen, die sich diesen Tendenzen entgegenstellen, wie Studien zur Auswirkung von Hetze an Universitäten festgestellt haben.[7]

Der vorliegende Beitrag untersucht die Abwehrargumente der „IsraelkritikerInnen“, die sich auf die akademische Freiheit berufen (die ein nicht einzuschränkendes Gut darstellt) und deren Selbstlegitimation. Dabei sollen explizit die Argumente der AkteurInnen betrachtet werden und die Diskussion nicht als Konflikt unter „linken AkademikerInnen“ marginalisiert werden. Dazu wurden in einer kursorischen explorativen Korpus-Analyse 30 Texte (Stellungnahmen der AkteurInnen selbst und Kommentare von UnterstützerInnen) untersucht, die sich mit der medial-öffentlichen Auseinandersetzung mit folgenden Ereignissen befasst haben: mit der Einladung der BDS-Vertreterin Islah Jad an das Cornelia Goethe Centrum (CCG) Frankfurt am Main im April 2018[8]; mit den Äußerungen einer Seminarleiterin am Otto-Suhr-Institut der Freien Universität Berlin (FUB) im Januar 2017[9]; und schließlich mit dem Seminar „Soziale Situation junger Menschen in Palästina“ an der HAWK in Hildesheim im Juli 2016[10].[11]

Theoretische Grundlagen

Sicherlich beinhaltet die Textsorte *Stellungnahme* auf offene Briefe – in denen entweder die Sorge, antisemitischen Positionen eine Plattform[12] zu bieten, oder in denen der Nachweis solcher Äußerungen direkt erfolgt – argumentative Erklärungsmuster. Diese wiederum bedingen jedoch nicht die speziellen Antisemitismus-Abwehr- und -Umdeutungsstrategien bei gleichzeitiger Reproduktion antisemitischer Stereotype wie z.T. in den Texten, die im Folgenden analysiert werden. Selbstlegitimierende Abwehrargumente werden nicht nur aufgrund gesellschaftlicher Ächtung expliziter antisemitischer Äußerungen, sondern auch als Ausdruck einer positiven Selbstdarstellung genutzt – z.B. der eigenen „Unschuld, Integrität, philosemitische[r] Haltung etc.“[13] Dabei beinhalten vor allem Texte von AkademikerInnen argumentative Strategien zur Verteidigung oder Begründung antisemitischer Einstellungen oder Äußerungen.[14] Diese indirekten Verbalisierungsformen umfassen u.a. Vermeidung und defensive Selbstverteidigung, Legitimierung und moralische Selbsterhöhung, Rechtfertigungen, Relativierungen sowie Umdeutung und Re-Klassifikation.

Legitimierungsstrategien sind Argumente, die die Respektabilität, moralische Integrität oder besondere Kompetenzen wie Erfahrungs- oder Fachwissen des Textproduzierenden belegen. Vorgreifend sollen sie einem möglichen Antisemitismusvorwurf entgegnen.[15] Dagegen lassen sich zwei Typen von Vermeidungsstrategien unterscheiden. „Das Gesagte wird entweder mittels reklassifizierender Sprachformen ausgedrückt, umgedeutet und aufgewertet, wodurch das tatsächlich Gemeinte scheinbar negiert wird", wie die Antisemitismus-ForscherInnen Monika Schwarz-Friesel und Jehuda Reinharz festhalten – z. B. als „Israelkritik" [16] –, oder aber „das Gemeinte wird über zusätzlich zu ziehende Schlussfolgerungen (Implikaturen) vermittelt".[17]

Dem Politikwissenschaftler Samuel Salzborn zufolge ist „Kritik" vom antisemitischen Ressentiment vor allem als „normative Distanzierungsfähigkeit" abzugrenzen, welche die „Interpretation von Fakten an rationale Instanzen"[18] rückbindet. Also eine realitätsbezogene, wahrheits- und problemorientierte Bewertung, oder Problemlösung. Das Ressentiment hingegen basiert auf „rein affektiver Hingabe an Emotion, unreflektierten und nicht an Maßgaben der Rationalität gemessenen Einschätzungen"[19], welche die eigene Weltsicht über den Wahrheitsgehalt stellt. Unter Rechtfertigungsstrategien[20] werden Begründungmuster verstanden, mit denen die eigene Argumentation als rational, begründet abgesichert oder bewiesen dargestellt wird. Dabei trägt diese über die Vermeidungsstrategie hinaus zur „Aufrechterhaltung des positiven Selbstbildes" bei, indem ein globales Anliegen zusätzlich die „Diskreditierung der Adressaten in den Vordergrund"[21] rückt und damit eine Rückbindung an Faktizität und Objektivität vermittelt. Als Verbal-Antisemitismus gelten sprachliche Äußerungen, die explizit oder implizit judenfeindliche Konzeptualisierungen vermitteln und die dabei direkt oder indirekt, bewusst und unbewusst über Stereotypzuweisungen Jüdinnen und Juden kollektiv entwerten, stigmatisieren, diskriminieren oder diffamieren.[22] Dabei müssen die Worte „Jüdin", „Jude", „jüdisch", „Judentum" – oder, in aktualisierter Form, „Israelis" – in einem Text nicht vorkommen, um diesen als antisemitisch zu klassifizieren.

Analyse

Die drei ausgewählten Fälle eignen sich aufgrund der Selbstbezeichnung und -inszenierung der jeweiligen Beteiligten als

„kritische AkademikerInnen“[23] und ihrer Zugehörigkeit zu geschlechter- und migrationssensiblen Disziplinen (Soziale Arbeit, Gender Studies, Politikwissenschaften) als Analysegegenstand. Die Untersuchung beschränkt sich auf die linguistisch beschreibbaren Argumentationsmuster und Äußerungen antisemitischer Stereotype in den Interviews und Stellungsnahmen, nicht auf deren faktischen Wahrheitsgehalt. Insgesamt sind in diesen 30 Texten über 100 Stereotype reproduziert – wobei in der Stellungnahme des CCG keine, dafür in denjenigen der HAWK und der FUB auch mehrere innerhalb eines einzigen Beitrags vorkommen. Der linguistischen Nomenklatur folgend, werden diese im Folgenden in Kapitälchen wiedergegeben.

Am häufigsten wurden dabei mit ca. 60 % israelbezogene antisemitische Stereotype wie UNRECHTSTAAT, BESATZER und AGGRESSOR ausgedrückt; mit ca. 30 % Post-Holocaust-Stereotype wie MEINUNGSDIKTAT, ZUGESTÄNDNISSE und SONDERROLLE; wohingegen klassische Stereotype wie HINTERLIST und LÜGNER oder KINDERMÖRDER mit ca. 6 % kaum vorkommen.

Wie antizipiert, beriefen sich die am häufigsten belegten Vermeidungs- und Legitimierungsstrategien auf eine befürchtete Einschränkung der akademischen Freiheit sowie eine Umdeutung antisemitischer Äußerungen in sogenannte „Israelkritik“. Eine erwartete Verteidigung aufgrund einer moralisierenden antirassistischen Positionierung hingegen kann nur ein einziges Mal belegt werden (1), hier auch mit der Re-Klassifikation von Antisemitismus als „antijüdischem Rassismus“ (siehe dazu auch die Belege 4-6):

> (1) „Ich habe mich aber immer wieder gegen jede Form von Rassismus, inklusive antijüdischem Rassismus, ausgesprochen. Das ist doch völlig klar, schließlich leite ich ein Seminar zum Thema Rassismus.“ FUB_FL

Wenig erstaunlich war, dass alle AkteurInnen und ihre UnterstützerInnen Rechtfertigungsargumente nutzen, d.h. verschiedene Begründungsmuster, um ihre Position als rational oder berechtigt darzustellen. Als Besonderheiten zeigten sich beim CCG-Kollegium die Vermeidungs- und Legitimierungsstrategien, bei der Lehrenden des HAWK die moralische Selbsterhöhung als Legitimierung und bei der Seminarleiterin der FU Berlin die Umdeutung von Antisemitismus in Kritik (1) einhergehend mit einer Selbst-Viktimisierung (siehe Belege 16-20).

Am häufigsten fanden sich defensive Vermeidungsstrategien (2-3), die die mögliche Brisanz der eigenen Äußerung mit Verweis auf die Meinungsfreiheit als das höchste Gut verteidigen und verbal antisemitische Angriffen die Relevanz absprechen.

> (2) „Die grundgesetzlich gewährleistete Wissenschaftsfreiheit wird hiermit infrage gestellt." FUB_FL
>
> (3) „Das Cornelia Goethe Centrum hat sich in seiner Geschichte immer wieder für eine Debattenkultur eingesetzt, für die es Resonanzräume geben muss." CCG_Brief

Damit geht nicht nur eine Aufrechterhaltung eines positiven Selbstbildes einher, sondern auch die Betonung eines moralischen Anliegens, durch das der Eindruck von Objektivität und Faktizität vermittelt werden soll. So stellt der Verweis „grundgesetzlich" (2) den Eindruck von Objektivität dar, aber auch den gleichzeitigen Versuch der Diskreditierung der damit Adressierten. Der Verweis auf „Resonanzräume" (3) verharmlost dabei die stereotyp-reproduzierenden Äußerungen der BDS-Aktivistin Islah Jad – „keine Normalisierung mit dem Unterdrücker" und „anhaltende Kolonialpolitik" Israels (Unterdrücker- und Kolonialstaat) – als notwendigen Teil einer akademischen *Debattenkultur*.

Eng mit dem Verweis auf die akademische Freiheit ist die Selbstlegitimation durch den Aufbau eines positiven Selbstbildes als moralisch integer, wie (4-6) als *kritisch*, an *Gerechtigkeit* orientiert und *anti-rassistisch* (1) verbunden. Die AkteurInnen beschreiben dabei durchaus emanzipativ erstrebenswerte Qualitäten, die jedoch genauerer Betrachtung nicht standhalten[24] und in (5+6) zudem die Grenzen ihres analytischen Zuganges aufzeigen. Vielmehr wird durch das Verständnis von Antisemitismus als einer Unterform von Rassismus oder einem Problem unter vielen dessen Unikalität infrage gestellt, die Komplexität nicht erfasst und damit auch die politische Tragweite relativiert.

> (4) „Für mich ist wichtig, dass die jungen Leute vielfältig denken und kritisch sind. Das ist mein Ziel.“ HAWK_HAZ
> (5) „Wir verstehen unsere Reihe explizit als einen Beitrag zur intersektionalen Analyse sämtlicher Formen globaler Unterdrückungs- und Ungleichheitspolitiken und sehen uns damit dem Gerechtigkeitsanliegen, welche DIH und VJSH implizit formulieren, eng verbunden.“ CCG_Brief
> (6) „Ich verstehe Antisemitismus als den Überbegriff von historisch und geografisch spezifischen Formen von Rassifizierung und Andersbehandlung von Menschen aufgrund ihrer Zuschreibung zu einem angeblich homogenen Judentum.“ FUB_FL

Die Umdeutung in Kritik findet sich tatsächlich nur bei FUB, wo das häufigste verwendete Legitimierungsargument lautet, dass „legitime Kritik“ an Israel oder dem Zionismus kein Antisemitismus sei (7+8): Auffällig sind hier die Begriffe *Zionismus* und *Narrativ*. Letzterer verweist auf die Verankerung der IntersektionalistInnen im Poststrukturalismus, während Ersterer die neue Codierungsart für juden- bzw. israelfeindliche Ressentiments aufzeigt. Hierbei wird auch der Vorteil dieser kommunikativen Strategie kenntlich: Der Angriff auf Israel als zionistisches Projekt ermöglicht es der Akteurin, etwaige Schuld zu projizieren und eine Täterschaft auf der Adressatenseite zu konstruieren.[25] Dabei wird in (7) mit der Unterstellung einer „taktischen Nutzung“ oder Umdeutung des Vorwurfs das Stereotyp des KRITIKTABUS in Bezug auf Israel reproduziert. Zusätzlich zur De-Realisierung einer durchaus möglichen Kritik israelischer Politik zeigt sich in (8) die darin zugrundeliegende Konzeptualisierung ISRAELS ALS UNRECHTSSTAAT:

> (7) „Es geht um die taktische Nutzung des Antisemitismus-Vorwurfs, um ein bestimmtes zionistisches Narrativ festzuschreiben. Die Basis dieses Narrativs ist eine Antisemitismus-Definition, die eine Reihe von Kritiken an Israel als Staat verunmöglichen." FUB_FL
> (8) „ihre legitime Positionierung gegen Besatzung und Zionismus als hetzerisch und antisemitisch umdeutet" FUB_FB_IKLFUB

Auffällig waren folgende, nicht antizipierte konzeptuelle Muster und Strategien in FUB und HAWK, die hier nur kursorisch als „Manichäismus" beschrieben werden können. Damit wird die Interaktion dreier ideologischer Komponenten bezeichnet: einem radikalen Dualismus der Welt (Gut und Böse), die Stilisierung des Feindes zum existenziell bedrohlichen, wesenhaft Bösen und ein eschatologischer Grundzug[26]; der Sehnsucht nach einem bevorstehenden, alles entscheidenden, letzten Konflikt zwischen den Mächten des Guten und Bösen. Nur analytisch trennbar davon ist die Konstruktion identitärer Kollektive – und zwar in eine Fremd- und in eine Eigengruppe –, die von „einer vorgängigen Natur oder Wesenhaftigkeit"[27] vor dem Individuum ausgehen.

Folgend zeigt sich in (9-11) dieser Dualismus in ausgeprägten Freund/Feind-Konzeptualisierungen, in denen PalästinenserInnen als unterdrückte, gequälte Opfer und Israelis als kollektiver Aggressor konstruiert werden. Nicht zufällig werden dabei auch die antisemitischen Stereotype ISRAEL ALS UNRECHTS-, KOLONIAL- UND APARTHEIDSSTAAT reproduziert. Zum Herstellen von Autorität werden hingegen Augenzeugen (12) und jüdische WissenschaftlerInnen (10) bemüht, die Israels vermeintliche *koloniale Unterdrückung* und dessen *Misshandlungen* generalisieren und damit dämonisieren. In (9+11) wird zudem die Totalität und Unveränderlichkeit dieses Dualismus aufgezeigt.

> (9) „Wer diesem Unrecht nichts entgegensetzt, unterstützt damit passiv die bestehende koloniale Unterdrückung." FUB_LCM

> (10) „Extremely inspiring…“: „Judith Butler – a deep and insightful talk on […] Israeli occupation of Palestine“ FUB_blog_CQNSR
> (11) „Israel ist ein Kolonialstaat. Und Punkt.“ FUB_blog_CQNSR
> (12) „Der Alltag vieler Palästinenser ist jedenfalls von Qual und Misshandlung geprägt.“ HAWK_HAZ

Dabei ist die Zuschreibung identitärer Kollektive so wirkungsvoll, dass sogar SelbstmordattentäterInnen eher als Opfer denn TäterInnen verstanden werden (13) und damit die Gewalt gegenüber Israel verharmlost wird. In (12) zeigt sich die Tragweite der De-Realisierungen als Antwort auf die Frage, ob im HAWK-Seminar auch darauf hingewiesen würde, dass die Sicherheitsmauer und Checkpoints eine Reaktion auf die verübten Selbstmordattentate seien.[28] In der nächsten Antwort zeigt sich wiederum die Wirkmacht der identitären Kollektive: Nicht die Opfer, sondern die Täter werden im Unterricht weiter thematisiert (13).

> (13) „700 Checkpoints sind nicht dafür da, um Selbstmordattentate zu verhindern, sondern um die Menschen in den besetzten Gebieten zu kontrollieren.“ HAWK_HAZ
> (14) „Die Geschichte der Selbstmordattentäter.“ HAWK_HAZ

Israel und dessen UnterstützerInnen hingegen werden als *radikal proisraelisch, rechts, reaktionär hetzerisch* oder *störend* beschrieben und dabei deutlich als Feind markiert:

> (15) „Die den gut organisierten Versuchen rechter, prokolonialer und großkapitalistischer Allianzen und ihren UnterstützerInnen etwas entgegensetzt.“ FUB_LCM

Sehr häufig zeigte sich bei FUB und HAWK eine Selbstviktimisierung der AkteurInnen, die sich falsch verstanden, einer *Dif-*

famierungs-, Hetzkampagne oder *Hexenjagd*[29] ausgesetzt fühlten, was auch von UnterstützerInnen (17) reproduziert wurde. Auffällig war dabei auch ein hohes Emotionspotenzial durch Affekte ausdrückende (17) Wörter.[30] Dabei scheint es kein Zufall zu sein, dass wie in (19) der *Vorwurf*, sich antisemitisch geäußert zu haben, als die eigentliche Grenzverletzung wahrgenommen wird:

> (16) „die reaktionäre Hetze, die mich als Wissenschaftlerin in den vergangenen Tagen getroffen hat" FUB_FL
> (17) „Und ich finde es sehr traurig, dass das jetzt von manchen Menschen verdreht wird."
> (18) „Immer, wenn man das Unrecht des Staates Israel gegenüber den Palästinensern erwähnt, rufen viele nach Ausgewogenheit." HAWK_HAZ
> (19) „unwissenschaftliche Verleumdung unserer Dozentin" FUB_FB_IfKLFU
> (20) „Es gibt kaum einen stärker diffamierenden Vorwurf als den des Antisemitismus." HAWK_SPGL

Die Viktimisierung fügt sich dabei letztendlich passgenau in das Ressentiment beladene und manichäische Weltbild ein (ISRAEL ALS LANDRÄUBER UND KOLONIALSTAAT) und verdichtet sich in (18) zu einer Täter-Opfer-Umkehr, in der die ***kritischen Intellektuellen*** der ***zionistischen Ideologie*** zum Opfer fallen.

> (21) „Die Diffamierungskampagne [...] reiht sich ein in eine Reihe von Angriffen auf kritische Intellektuelle, jüdisch und nicht-jüdisch, die durch entschlossene, scharfe Kritiken an der Besatzungspolitik Israels, an der zionistischen Ideologie und/oder am israelischen Siedlungskolonialismus nicht nur in Deutschland heftiger Repression ausgeliefert sind." FUB_LCM

Fazit

„Antisemitismus macht das ‚Gerücht über die Juden' zu einem gängigen Erklärungsmuster für gesellschaftliche Probleme und bietet ein Weltbild an, das einfach in Gut und Böse einteilt sowie jegliche Komplexität ausschließt", urteilt die Erziehungswissenschaftlerin Astrid Messerschmidt.[31] Die Analyse der Vermeidungs- und Selbstlegitimierungsstrategien der sich auf akademische Freiheit berufenden „IsraelkritikerInnen" und AnhängerInnen der Intersektionalitätstheorie belegen eine aktuelle Ausprägungsform des Antisemitismus und eröffnen mit dem Manichäismus eine weitere, noch zu vertiefende Analysedimension. Die meisten Argumente und Strategien erwiesen sich als Antisemitismus-Abwehrargumente – auch wegen gleichzeitiger Reproduktion von Stereotypen. Die Behauptung, nicht antisemitisch, sondern „israelkritisch" eingestellt zu sein, funktioniert dabei als „kommunikative[s] Ablenkungsmanöver"[32], das vor Sanktionen und Gesichtsverlust schützen soll.

Die Textbelege (9-20) lassen sich mit den Strukturprinzipien der antisemitischen Weltanschauung[33] weiter analysieren: Personifizierung, Manichäismus und die Konstruktion identitärer Kollektive zeigen die zugrundeliegenden judenfeindlichen Ressentiments auf. Diese sind den Elementen des antirassistischen Antisemitismus[34] und den Strukturelementen des linken Antisemitismus[35] zuzuordnen. Mittels der Unfähigkeit des intersektionalen Ansatzes, Antisemitismus zu begreifen, wird zuweilen „der Anspruch auf Selbstermächtigung und nationale Selbstbestimmung von Jüdinnen und Juden ausschließlich als letzte Bastion des Imperialismus gesehen [...] und der Antisemitismus als eine der bösartigsten globalen Ideologien und Praxen ausgeblendet"[36] oder sogar verleugnet. In diesem Dualismus, der nur Freund/Feind-Konzeptualisierungen kennt, bleiben die nach Gerechtigkeit Strebenden gefangen, verorten das existenziell Böse im jüdischen Staat Israel und weisen kollektive Identitäten zu, was eben *nicht* zur Überwindung von Diskriminierung und Unrecht führt. Dieser „moralische Antisemitismus", „im Namen des Friedens gegen Israel zu sein", ist daher nichts Neues. Er beinhaltet aber sehr wohl eine „deutsche Wiedergutwerdung" – und zwar durch eine „Banalität des Guten"[37].

Anmerkungen

1 So die Dozentin Ibtissam Köhler, zitiert nach Redaktion HAZ, „HAWK-Dozentin spricht über Antisemitismus-Vorwurf", auf: *HAZ Online,* 09.09.2016, https://www.hildesheimer-allgemeine.de/news/article/haz-exklusiv-hawk-dozentin-ueber-antisemitismus-vorwurf.html (letzter Abruf: 26.09.2018).

2 Zur Besonderheit dieses Begriffs siehe Georg Hafner/Esther Schapira, *Israel ist an allem Schuld: Warum der Judenstaat so gehasst wird,* Berlin 2015, S. 18ff.

3 Vgl. die Vorankündigung des Vortrags, online einsehbar unter https://www.asta.tu-darmstadt.de/asta/de/termine/3180-karin-st%C3%B6gner-merkw%C3%BCrdige-allianzen-intersektionalit%C3%A4t-anti-feminismus-und (letzter Abruf: 26.07.2018).

4 Karin Stögner, „Neue Perspektiven auf Intersektionalität", in: *Psychologie & Gesellschaftskritik,* Heft 41 (2), 2017, S. 25-45, hier: S. 28.

5 Zitiert nach Die Freiheitsliebe, „Sie versuchen Zionismus und Judentum gleichzusetzen – Im Gespräch mit Eleonora Roldán Mendívil", 17.01.2017, auf: https://diefreiheitsliebe.de/politik/sie-versuchen-zionismus-und-judentum-gleichzusetzen-im-gespraech-mit-eleonora-roldan-mendivil/ (letzter Abruf: 26.07.2018).

6 Vgl. Eike Geisel, *Die Wiedergutwerdung der Deutschen. Essays & Polemiken,* Berlin 2015.

7 Vgl. Leonard Saxe et al., *Hotspots of Antisemitism and Anti-Israel Sentiment on US Campuses,* Steinhardt Social Research Institute, Brandeis University 2016; American Council of Trustees and Alumni/Institute for Effective Governance (Hg.), *Campus Free Speech, Academic Freedom, and the Problem of the BDS Movement,* Washington, DC 2017; AMCHA Initiative (Hg.), *The Impact of Academic Boycotters of Israel on U.S. Campuses,* o. O., 2017.

8 Siehe dazu Helma Lutz/Uta Ruppert/Tanja Scheiterbauer, „Stellungnahme zum offenen Brief der Deutsch-Israelischen Hochschulgruppe und des VJSH an das CGC", 15.05.2018, online verfügbar unter http://www.cgc.uni-frankfurt.de/29635/stellungnahme-zum-offenen-brief-der-deutsch-israelischen-hochschulgruppe-und-des-vjsh-an-das-cgc/ (letzter Abruf: 27.07.2018).

9 Siehe dazu Gegen jeden Antisemitismus Berlin, „Schreiben an das Präsidium der FU", 10.01.2017, online verfügbar unter

https://www.facebook.com/notes/gegen-jeden-antisemitismus-berlin/schreiben-an-das-pr%C3%A4sidium-der-fu/610365752482738/?fref=mentions (letzter Abruf: 27.07.2018).

10 Siehe dazu Alan Posener, „Das Seminar, das antisemitische Propaganda lehrte", auf: *WELT ONLINE*, 14.11.2016, https://www.welt.de/politik/deutschland/article159493236/Das-Seminar-das-antisemitische-Propaganda-lehrte.html (letzter Abruf: 27.07.2018).

11 Diese Dokumente werden nachfolgend als CCG, FUB und HAWK mit dem Zusatz des jeweiligen Mediums: Facebook, blog oder zugehörigen Zeitung abgekürzt.

12 Siehe dazu Deutsch-Israelische Hochschulgruppe (Uni Frankfurt)/Verband Jüdischer Studierender Hessen, „Offener Brief an die Präsidentin der Goethe-Universität Frankfurt, Prof. Dr. Birgitta Wolff, und die Direktorin des Cornelia Goethe Centrums, Prof. Dr. Helma Lutz, online verfügbar unter https://www.facebook.com/jufoffm/posts/1345330195568385 (letzter Abruf: 27.07.2018).

13 Ruth Wodak et al., *Wir sind alle unschuldige Täter. Diskurshistorische Studien zum Nachkriegsantisemitismus*, Frankfurt am Main 2013, S. 353.

14 Vgl. Monika Schwarz-Friesel/Jehuda Reinharz, *Die Sprache der Judenfeindschaft des 21. Jahrhunderts*, Berlin/Boston 2013, S. 346ff.

15 Vgl. ebd., S. 351.

16 Zur Abgrenzung von Kritik und Ressentiment vgl. ebd., S. 194ff. und S. 207.

17 Ebd., S. 369. Der erste Typ lässt sich paraphrasieren durch „Das Gemeinte ist etwas Anderes als das Gesagte"; der zweite Typ als „Das Gemeinte ist etwas Zusätzliches zum Gesagten".

18 Vgl. Samuel Salzborn, „Israelkritik oder Antisemitismus? Kriterien für eine Unterscheidung", in: *Kirche und Israel. Neukirchener Theologische Zeitschrift*, Heft 1/2013, S. 5-16, hier: S. 7ff.

19 Ebd.

20 Vgl. Monika Schwarz-Friesel/Jehuda Reinharz, *Die Sprache der Judenfeindschaft des 21. Jahrhunderts*, S. 369ff.

21 Ebd., S. 370.

22 Vgl. ebd., S. 2ff.

23 In zwei Fällen waren „Lehrende" selbst betroffen und äußerten sich; im aktuellsten Fall veröffentlichte ein Kollegium einer deutschen Hochschule eine Stellungnahme.

24 So zeigt sich im weiteren Verlauf des Interviews, dass die Vielfältigkeit und Kritik dort ein Ende haben, wo sie der dualen Weltsicht der Lehrenden widersprechen: Studierende, die anderer Meinung waren, wurden von ihr als „Störer" wahrgenommen, vgl. Redaktion HAZ, „HAWK-Dozentin spricht über Antisemitismus-Vorwurf".

25 Vgl. Monika Schwarz-Friesel/Jehuda Reinharz, *Die Sprache der Judenfeindschaft des 21. Jahrhunderts*, S. 367.

26 Vgl. dazu Thomas Haury, *Antisemitismus von links. Kommunistische Ideologie, Nationalismus und Antizionismus in der frühen DDR*, Hamburg 2002, S. 109ff.

27 Ebd., S. 108.

28 Vgl. Redaktion HAZ, „HAWK-Dozentin spricht über Antisemitismus-Vorwurf".

29 Siehe etwa Jüdische Stimme für gerechten Frieden in Nahost e.V., „Stellungnahme: Hexenjagd an der Freien Universität Berlin, 18.01.2017, online verfügbar unter: http://www.juedische-stimme.de/2017/01/18/stellungnahme-hexenjagd-an-der-freien-universitat-berlin/ (letzter Abruf: 27.07.2018).

30 Siehe dazu Monika Schwarz-Friesel, *Sprache und Emotion*, zweite, aktualisierte und erweiterte Auflage, Tübingen/Basel 2013.

31 Astrid Messerschmidt, „Verbunden und getrennt. Antisemitismus und Rassismuskritik", in: *Überblick*, Nr. 4/2017, S. 3-6, hier: S. 4.

32 Monika Schwarz-Friesel/Jehuda Reinharz, *Die Sprache der Judenfeindschaft des 21. Jahrhunderts*, S. 250.

33 Siehe dazu Thomas Haury, *Antisemitismus von links. Kommunistische Ideologie, Nationalismus und Antizionismus in der frühen DDR*, Hamburg 2002, S.109ff.

34 Nach Alex Gruber, „Antirassistischer Antisemitismus: Judenhass im moralisch einwandfreien Gewand", in: *Context XXI*, Nr. 2-3/2004, o.S.

35 Siehe dazu nochmals Thomas Haury, *Antisemitismus von links.*

36 Karin Stögner, „Neue Perspektiven auf Intersektionalität", S. 28.

37 So Eike Geisel, *Die Wiedergutwerdung der Deutschen*, S. 57.

Believing the Hype

Antisemitisches Verschwörungsdenken und HipHop-Kultur

Annette Seidel-Arpacı

Wenn es um HipHop und Antisemitismus in Deutschland geht, war das Jahr 2018 vor allem durch die Echo-Preisverleihung an Kollegah und Farid Bang für ihr Album *Jung, Brutal, Gutaussehend 3* geprägt. Es wurde jedoch nur ansatzweise über die Bedeutung der Tatsache diskutiert, dass der Preis anhand von Verkaufszahlen verliehen wurde und ein breites gesellschaftliches Problem zum Ausdruck brachte. Die Textzeile „Mein Körper definierter als von Auschwitz-Insassen" aus dem Track „0815" des Albums wurde häufig als Beispiel für antisemitische Lyrics angeführt. Dabei sind einzelne Rhymes weniger der springende Punkt als die Gesamtheit der antisemitischen „Heilserzählungen", die im „Deutschrap" kursieren. So, wie sie etwa in Kollegahs fast 14-minütigem Track „Apokalypse" (2016) und dem Video dazu vermittelt werden, in dem es vor antisemitischen Bildern nur so strotzt. In der ARD-Reportage *Die dunkle Seite des deutschen Rap*[1] wurde der Versuch einer Auseinandersetzung mit Antisemitismus im deutschen HipHop gemacht. Jedoch wurde auch dort nicht der Frage nachgegangen, wieso in der HipHop-Kultur Verschwörungstheorien zirkulieren und inwieweit Antisemitismus, Sexismus und Homophobie darin verwoben sind.

In diesem Beitrag kann dieses ganze Feld selbstverständlich nicht bearbeitet werden, weswegen angesichts der neuerlichen Debatten der Zusammenhang von HipHop, Islam und Antisemitismus in den Blick genommen wird. In diesem Kontext braucht es eine Auseinandersetzung mit antisemitischen Verschwörungstheorien, die vom Beginn der HipHop-Kultur Eingang in diese fanden. Hier soll jedoch in der Kürze der Antisemitismus in Teilen des „Deutschrap" betrachtet werden. Dabei geht es um eine Rückschrittlichkeit, die nicht als solche erkannt oder benannt werden will, da sie als Antirassismus, als „Israelkritik" sowie in identitären Selbstzuschreibungen daherkommt.

HipHop entstand Anfang der 1970er in New York City und erwuchs auch daraus, gewaltfreie Wege der Auseinandersetzung unter vorwiegend männlichen Jugendlichen finden zu wollen (Musik, Tanz, Graffiti und Worte – daher auch Rap-*Battles*).[2] Die Vorstellung, dass HipHop einen politisch und kulturell subversiven Charakter habe (besonders im *Conscious Rap*), ist seit der Jahrtausendwende auch ausgeprägt hinsichtlich dessen, was als *Islamic Rap* oder *Muslim HipHop* bezeichnet wird. So erklären etwa Shamim Miah und Virinder S. Kalra am Beispiel Großbritannien: „*Muslim Hip Hop also forms part of the resistance to social inequality and injustice by marginalized and disaffected youths.*"[3] Diese Ineinandersetzung reflektiert eine allgemeinere Entwicklung, im Zuge derer soziale Gerechtigkeit, Antirassismus und Islam als verquickt erscheinen – wenngleich diese Verquickung bereits eine ältere und auch eine US-amerikanisch-häretische ist.[4]

Eine frühe Verbindung liegt in den Doktrinen der quasi-islamischen Organisationen, die in einem Teil der afroamerikanischen Bevölkerung ab Beginn des 20. Jahrhunderts Fuß gefasst hatten. Zunächst ging es auch um ökonomische Unabhängigkeit und Teilhabe inmitten einer zutiefst rassistischen Gesellschaftsordnung. Die Nähe zu allem, was nach Islam klang, war verbunden mit der Vorstellung, dass der Islam nicht weißdominiert sei wie das Christentum und deshalb eine Strategie gegen Rassismus und damit auch zur Stärkung des Selbstwerts biete. So lässt sich diese Vorstellung u. a. bei Malcolm X erkennen. Die Ideologien dieser Organisationen setzen sich zusammen aus Verschnitten von biblischen Erzählungen, islamischer Rhetorik, *Black Empowerment* sowie *Supremacy* und Verschwörungstheorien, die als „*science*" und „*wisdom*" begriffen werden.

Organisationen gibt es einige, hier sei auf drei verwiesen: den *Moorish Science Temple of America*, die *Nation of Islam (NOI)* und die *Five Percent Nation* aka *Nation of Gods and Earths*.[5] Die NOI erklärt sich die Welt ganz wesentlich auf der Grundlage von Rassendenken und antisemitischer Verschwörungstheorie, z. B. zur „Erschaffung von Weißen" durch den bösartigen Wissenschaftler Yakub vor über 6000 Jahren. RZA vom Wu-Tang Clan hat einmal gesagt, „*In a lot of ways, HipHop* is *the Five Percent*".[6] Ebenso könnte gesagt werden, HipHop ist auch die NOI – nicht zuletzt, weil die Five Percent Nation eine Abspaltung Ersterer ist.[7]

Selbstverständlich gibt es andere Richtungen im HipHop, jedoch ist die Entstehung und sind viele der die Kultur prägenden Outfits mit den genannten Organisationen verbunden. Als HipHop die Reise über den Atlantik antrat, waren die NOI-affiliierten Public Enemy eines der einflussreichsten Outfits. Lines wie „*Don't believe the Hype*" und „*Fight the Power*" kamen auch in Europa an. Am bekanntesten sind vermutlich die antisemitischen Ausfälle von Professor Griff, damals Public Enemys „Informationsminister", vom Frühjahr 1989.[8] Ein solches Ausmaß an Antisemitismus in Bildern und Lyrics im HipHop, wie er in Europa gemacht und konsumiert wird, gibt es in einem großen Teil des nordamerikanischen HipHop dennoch nicht. Während auch in Deutschland HipHop zunächst ein Weg war, gesellschaftliche Missstände und insbesondere Rassismus in den Blick zu nehmen, hat sich eine Richtung des Rap, bei der auch Frauenverachtung und Schwulenhass am meisten zum Tragen kommen, in deutscher „Gangsta-Rap"-Variante als Mainstream durchgesetzt. Und eben dieser Mainstream kommt auch mit islamistischen und antisemitischen Motiven daher, sowohl in Lyrics als auch visuell. In Deutschland wird das Gebräu aus dem Antisemitismus nach der Shoah mitsamt Schuldabwehr und aus spezifisch linkem und muslimischem Israelhass und verschwörerischem Antiamerikanismus im Mainstream-HipHop erkennbar. Dazu braucht es keinen Bezug auf die antisemitische Welterklärung einer NOI. Im Mainstream-„Deutschrap" vereinen sich sodann Versatzstücke aus einem sich Dauerverfolgt-Wähnen und dumpf-tradiertem „Man wird ja wohl noch sagen dürfen“ mit einem Grundpfeiler des HipHop, „*spitting the truth*“, zu einem Geraune, welches unbeeinträchtigt von intelligentem Wortspiel und Selbstironie bleibt. Und es gibt im Mainstream solche den islamistischen Terror affirmierende Lines wie im Track „11. September“ von Bushido aus dem Jahr 2006:

> „Meine Feinde euer Blut läuft ich spürs
> Vielleicht werd ich dieses Jahr ein Flugzeug entführen
> Kontert wie ihr wollt, ich bekomme noch mal Gold
> Ich hab Chemowaffen bei und komme durch den Zoll
> Scheiß auf Hengzt, scheiß auf Fler seine Diss-Tracks
> Ihr fetten Schweine ich hab eure Airline gekidnappt
> Sonny und Saad zwei ganz harte Moslems
> Wir sind das Double-Team wie Van Damme und Rodman
> Junge ich kotz, denn Amerika gefällt euch
> Für mich gibts nur eine Zahl und die is 11-9“

Der erwähnte „Sonny“ ist Bushidos Alter Ego Sonny Black. Unter diesem Namen hat er u. a. mit dem genannten Rapper Saad (aka Baba Saad) für das Album *Carlo Kokxxx Nutten II* (2005) zusammengearbeitet. Darin heißt es im Track „Taliban“: „C'est la vie, ich mach'n Anschlag wie Tel-Aviv“. Die Lyrics und Videos deutscher „Gangsta-Rapper“ triefen zudem nur so von Frauenverachtung und Schwulenhass. Bushido erklärt seine Prioritäten in einem Interview so: „Ich finde einen Typen, der eine Mohammed-Karikatur zeichnet, schon beleidigender, als wenn ich sage: Ey jo, Schlampe, was geht.“[9] Trotz des Millionenmarktes, der weite gesellschaftliche Kreise durchzieht, arbeitet sich kaum jemand etwa in den Gender Studies hieran ab. Angesichts des Anspruchs des Fachs, Geschlechterbilder und geschlechtliche „Normalität“ zu untersuchen, ist dies eine auffällige Leerstelle.

Zurück zur eingangs erwähnten Reportage *Die dunkle Seite des deutschen Rap*. Zu Beginn heißt es erstaunlicherweise, dass Sexismus und Homophobie im HipHop nichts Neues seien –

aber nun auch Judenhass? Dann hören wir, dass sich Juden in der deutschen HipHop-Szene lieber nicht als solche zu erkennen geben. Das sagt auch die Promoterin Marina Buzunashvilli und berichtet vom Antisemitismus, den sie hinter den Kulissen und gegen sich selbst gerichtet erfährt. Demgegenüber steht die Abwehrhaltung gegen alles und jede/n, die der HipHop-Kultur und damit gar der eigenen Person einen „Antisemitismusvorwurf" machen. Das wird überdeutlich in Interview-Sequenzen mit dem Manager Erfan Bolourchi (Ex-Manager des Rappers Haftbefehl, der wiederum selbst antisemitische Mythen in Rhymes verbreitet) und dem Rapper PA Sports. Bolourchi sagt, dass er in seinen langen Jahren in der Szene nur einen einzigen Antisemiten getroffen habe. Man möchte sich nicht ausmalen, was diese Person geäußert haben muss, um als Antisemit bezeichnet zu werden. PA Sports besticht dann mit durchweg klassischen Aussagen und Verhaltensweisen, von denen manche deutschsozialisierter nicht sein könnten. Inmitten von Relativierung der Shoah und „Israelkritik" fällt bei ihm zweierlei auf: Er kann eine bestimmte Art Grinsen nicht abstellen und es wird sein Unvermögen deutlich, die Begriffe „Jude" oder „Juden" ohne Stocken, „Ähm"s oder ähnliche Sprachflussfüller auszusprechen. Zum einen ist das Wort „Jude" in Deutschland zum Schimpfwort geworden, auf Schulhöfen und anderswo; zum anderen wird neu-deutsch lieber von „jüdischen Mitbürgern" oder „Mitbürgern jüdischen Glaubens" gesprochen. Und PA Sports merkt man das Unbehagen an, wenn er „Juden" sagen muss: Die Verfolgung haftet dem Begriff an, man weiß um Schuld und Verantwortung gerade im Land der TäterInnen. Aber man selbst möchte nun wieder Juden verfolgen, insbesondere als „Zionisten". PA Sports stellt klar, dass er mit solchen „ein Problem" hat – aber natürlich nicht mit dem jüdischen Rapper SpongeBOZZ (aka Sun Diego), mit dem er zwar „Beef" hat, aber den er ja nicht als „Semit, Jude oder … äh … russischer Jude oder so was" angreife. Dabei gibt es z. B. in PA Sports' Track „HS.HC" („Hurensohn Holocaust", feat. Kollegah), in dem SpongeBOZZ (als Sun Diego) gedisst wird, ein beispielhaftes Verweben von Misogynie, Schwulenhass und Antisemitismus. Über Sun Diego heißt es darin, keine Eier, dafür aber eine Pussy zu haben, und eine der Hooklines ist, „deutscher Rap sieht homo aus". PA Sports erklärt, es gehe doch darin um einen ganz anderen Holocaust – die „Vernichtung aller Hurensöhne" eben. Des Rappers Grinsen an vielen Stellen könnte man mit dem Psychoanalytiker Paul Parin als „Ichstärkung im Lachen" lesen, welche „schließlich die Aggression wenigstens als Spott erlaubt erscheinen" lässt.[10] Die Aggression wird im Spott überspielt und richtet sich auch gegen jene, die PA Sports mit dem „Antisemitismusvorwurf" konfrontieren.

PA Sports, der keinesfalls Antisemit sein will, ist es auch, der sagt, dass „Juden geschäftlich überall sehr stark sind auf der Welt, das ist, glaub ich, etwas, das allgemein bekannt ist, aber es wird nicht mehr ... also der Neid spielt keine Rolle mehr. Ja? Aber jetzt stell ich umgekehrt eine Frage. Jetzt stell dir mal vor, das würde auf einmal bei Muslimen passieren, dass wir so die ganze Weltwirtschaft übernehmen würden, und überall die Reichsten sind, in allem." Und dass es ja eigentlich um etwas ganz anderes ginge: nicht um Antisemitismus, sondern darum, dass „das Bild nach außen geraten" sei von „gewissen Menschen mit Migrationshintergrund, darunter auch viele die in der HipHop-Szene aktiv sind, oder die es in der HipHop-Szene gibt, aber die es eigentlich überall gibt, nicht nur in der HipHop-Szene", und die alle „ein Problem mit dem Staat Israel haben. So." Dazu stehe jeder öffentlich. Nur sei es eben so, wenn man in Deutschland eine Meinung zu dem Thema habe „wirst du oft totgemacht". Zur Verstärkung des letzten Wortes schlägt sich PA Sports mit der rechten Faust in die linke Handfläche. *So* – totgemacht von der Auschwitzkeule. Weil er weiß, welche „Vorwürfe" man ihm anhängen will und warum und auch wer dahinter steckt, trägt er sein passiv-aggressives Lächeln. Dabei darf nicht fehlen, dass es eben gegen „gewisse Menschen mit Migrationshintergrund" gehe, und es darf angenommen werden, dass damit im heutigen Jargon „Muslime" gemeint sind. Denn „ein Problem mit Israel", also mit der Existenz Israels (wie u. a. ein jahrelang bestehendes Twitter-Profilbild von Bushido mit Palästina-Flaggen-Landkarte ohne Israel zeigt), dürfte PA

Sports wohl unter allen Menschen mit Migrationshintergrund jenen zuschreiben, die er „als Muslime" bei den Israelfeinden eingemeinden würde. Dabei ist es tatsächlich so, dass viele sich als Muslime identifizierende Rapper Israelhass und Verschwörungsdenken bis hin zur Jihad-Affirmation verbreiten. Nur: mit „Migrationshintergrund" hat das weniger zu tun als mit Ideologie.[11] Jeffrey Ogbar, der zu *Black Power* und der Bürgerrechtsbewegung gearbeitet hat, schreibt in seiner Studie *Hip-Hop Revolution* zur Obsession mit dem *„keeping it real"* im HipHop:

> „In rap, the realest is often the blackest, though the meaning of blackness is in constant flux. For some, ‚authentic blackness' is clearly expressed in the black militant expression of nationalism among groups like Dead Prez. For others, a ghettocentric expression is the iconic expression of blackness with an artist like 50 Cent."[12]

Unterdessen wurde gerade in Europa *„the realest"*, oder *„the most authentic"*, so könnte man sagen, *„the muslimest"*. Höchst problematisch an der „Argumentation" mit dem Migrationshintergrund ist die seit einigen Jahren wohlfeile Gleichsetzung von MigrantInnen und deren Nachkommen mit voll-identischem „Muslimisch-Sein" – ganz so, als ob es weder KonvertitInnen noch AtheistInnen gäbe, gar nicht zu reden von Andersgläubigen und solchen Individuen, die gerne darauf verzichten, mit ihrer Kultur „identisch" zu sein. Im Kontext einer Auseinandersetzung um Antisemitismus bedeutet dies auch, sich immerzu qua eines angeblichen „Seins", also hier aufgrund von „Muslim*sein*" oder „Migrant*sein*", des Antisemitismus geziehen zu sehen – und nicht aufgrund eigener Worte und Taten. Angelehnt an Ogbar lässt sich dann auch sagen, dass Rapper im Streben nach dem, was heute *„the realest"*, *„the most authentic"* ist, eben zum Islam konvertieren; genannt seien nur Kollegah und Fler. So kann man sich in einer autoritär-rebellischen Außenseiterposition wähnen, die wesentlich für antisemitisches Verschwörungsdenken ist, da sie meint, sich beständig gegen Angriffe oder eine

Schmach verteidigen zu müssen. Die Abwehr des „Antisemitismusvorwurfs" ist durchdrungen davon, sich selbst als eigentliches Opfer zu imaginieren – und letztlich ohnehin als Opfer einer politischen Kultur, die wiederum von Juden bestimmt sei. So schließt sich der weltanschauliche Kreis des Antisemitismus. Und nur so lässt sich Islamkritik mitsamt dem Kampf gegen den politischen Islam von vorneherein als Rassismus denunzieren.

Ein Beispiel für solch geschlossene Kreise ist auch Xavier Naidoo, dem man nun wirklich keine *Battle-Rap*-Lines – der *Battle-Rap* ist ja die Rechtfertigung für jedwede Aussagen – nachsagen kann. Aber es lassen sich Entlastungen finden, Battle und Gangsta hin oder her. Bei Naidoo sind es „jüdische Freunde und ein jüdischer Konzertmanager", wegen derer er, der notorisch für Verschwörungsideologie und Reichsbürgernähe ist, dagegen klagt, als Antisemit bezeichnet zu werden. Damit kommt er auch juristisch durch, wie sich im Juli 2018 bei einem Prozess in Regensburg gezeigt hat.[13] Und so bewegt sich Naidoo seit Langem irgendwo zwischen christlicher Heilspredigt, einem vagen Antirassismus und verschwörerisch-krudem Deutschtum. Das geht zusammen. Und sowohl wegen seiner eigenen Musikkarriere wie auch durch die Kollaborationen mit RapperInnen wie Kool Savaş und Sabrina Setlur – Anfang der 2000er Jahre gar mit RZA –, muss Naidoo auch als eine der Größen im deutschen HipHop gelten. Afrob attestiert Naidoo denn auch, dass er „ein Guter" sei.[14]

Schon am 19. März 2011 strahlte das ZDF eine Folge der Reportagenserie *Wild Germany* aus, welche mit *Islamistischer Rap?* betitelt war. Der Journalist Manuel Möglich reiste durch Deutschland, um „muslimische Rapper" zu interviewen. Es ging um deren Verhältnis zum Islam und wie sich dieses in ihrer Musik ausdrückt. Abgesehen davon, dass in diesem Beitrag nichts von Rapperinnen zu hören war, wurden islamistische Hassprediger darin im Handumdrehen in einen großen Islam-Topf mit Jugendlichen geworfen, denen zunächst einmal zugeschrieben wird, dass „Muslim-Sein" ein überaus bedeutendes Element ihres Lebens sein müsse. Möglich sprach mit der

Sozialwissenschaftlerin Claudia Dantschke über die Gefahren des politischen Islam und die Tendenz unter Islamisten, Jugendliche gerade durch Rapper zu indoktrinieren. Weiterhin wurden Gespräche mit Alpa Gun, PA Sports und mit Deso Dogg gezeigt, der sich zu der Zeit bereits „Abu Maleeq" nannte und HipHop als etwas bezeichnete, das „von Amerika rüberkam" und junge Leute auf einen völlig falschen Pfad führe – genauso wie es für ihn gewesen sei: auf direktem Pfad in den Knast eben. Dabei gehen Rappen, Islamismus und Jihad-Aufrufe bestens zusammen. „Abu Maleeq" erklärt, dass er seine CDs weggeworfen habe und solche Musik nicht mehr hören würde. Stattdessen, wie wir in einem kleinen Ausschnitt sehen können, mache er nun „Anaasheed". Dabei handelt es sich um islamische Musikstücke, die a cappella dargeboten werden – oft nur unter Verwendung einer kleinen Handtrommel. In strikten islamischen Lesarten sind insbesondere Wind- und Saiteninstrumente nicht erlaubt. Nicht wenige Performer vermengen dies mittlerweile mit HipHop (siehe Native Deen, Khalifa). Rappen als solches vereint sich auch gut mit Anaasheed, da es als Sprachfluss mit Predigen durchaus vergleichbar ist. Imani Perry hat den religiös-maskulinen Kontext beschrieben, in welchem ein männlicher MC, also Rapper, sich selbst sieht *„as a kind of preacher"*.[15] Diese Rolle einzunehmen, geht auch mit dem Verständnis von Rappen als Überbringen einer Botschaft einher und gilt als Ausdruck von Wahrhaftigkeit, d.h. dem „Sagen, wie es wirklich ist".

Zurück zu Deso Dogg. So weit bekannt, hatte er sich etwa Anfang 2013 nach Syrien aufgemacht, um sich dem IS anzuschließen. Als Video-Producer und Rekrutierer im IS wurde er zu einem der meistgesuchten islamistischen Terroristen. Mehrmals wurde sein Tod gemeldet, aber angeblich kam er Anfang 2018 bei einem Luftangriff tatsächlich ums Leben. Er ist nicht der einzige, der vom Rap zum Jihadismus kam. Spätestens als Propagandaproduzent dürfte er erkannt haben, wie wertvoll die Durchsetzung von Popkultur mit Verschwörungstheorien für die Indoktrinierung gerade von jungen Menschen ist. Mitwirkende an einer vierjährigen Studie zu Online-Islamismus kamen 2015 zu dem Schluss, dass gerade der IS ein Paradies per Videos inszeniere, welche „schnell mehrere zehntausend Klicks erreichten, auch, weil sie so professionell gemacht seien: Islamisten würden sich der Popkultur bedienen, [...] Figuren wie Spongebob oder Transformers würden Hassbotschaften in den Mund gelegt."[16] Und der Journalist Michael Hanfeld schrieb zu Relativierung der Shoah, Judenhass und der enormen Popularität von HipHop in der *FAZ*:

> „Die Judenvernichtung bei jeder Gelegenheit für einen vermeintlich coolen Gag oder eine lässige Zeile – alles selbstverständlich nicht so gemeint, weil nur Pose, schon klar – heranzuziehen, also für etwas ganz Normales oder sogar Witziges zu halten, das ist Verharmlosung pur. Das ist Antisemitismus zum Mitsingen und Mitklatschen, Frauenverachtung und Schwulenhass gibt es zum Abtanzen obendrauf. Von den Folgen dieser vermeintlichen ‚Posen' der ‚Gangsta-Rapper', die für ihre Fans Idole sind, kann man täglich in den Nachrichten lesen. Sie werden zum Nennwert genommen und als Handlungsanleitung verstanden."[17]

Nun ist HipHop weder monolithisch noch die einzige kulturelle Ausdrucksform, die antisemitische Verschwörungstheorien und islamistische Ideologie befördert. Allerdings ist HipHop enorm populär, und Judenhass in Worten und Taten wird an Schulen und im weiteren öffentlichen Raum in vielen Städten immer massiver ausgelebt. Im Mainstream des „Deutschrap" wird Antisemitismus nicht nur normalisiert, sondern von den konformistischen Rebellen des Genres *en détail* in Worten und Bildern „erklärt" und gelehrt. In der HipHop-Kultur heißt es auch „*Each one teach one*". Rapper sind als MCs, als *Masters of Ceremony*, diejenigen, die Sprechgesang über Musik legen und die Menge anfeuern. Und genau darum geht es: dass viele deutsche „Gangsta-Rapper" Lehrmeister und Prediger in Sachen antisemitischer Verschwörungstheorien sind und als solche benannt und kritisiert werden müssen – da hilft keine Ausflucht in die Kunstfreiheit, eine Alles-geht-Lesart von *Battle-Rap* und auch nicht das konstante Schweigen jener, die über das akademische Forschungspotenzial verfügen, sich aus vermeintlich antirassistischem Bewusstsein aber nicht damit befassen.

Anmerkungen

1 *Die dunkle Seite des deutschen Rap,* R: Viola Funk, Deutschland 2018.

2 Für Publikationen, in welchen die Entwicklungen von HipHop nachgelesen werden können, siehe Jeff Chang, *Can't Stop Won't Stop. A History of the Hip Hop Generation* New York 2005; Marcus Reeves, *Somebody Scream! Rap Music's Rise to Prominence in the Aftershock of Black Power,* Mira Loma 2007; Gwendolyn D. Pough, *Home Girls Make Some Noise! HipHop Feminism Anthology,* New York 2008.

3 Vgl. Shamim Miah/Virinder S. Kalra, „Muslim Hip-Hop. Politicisation of Kool Islam", in: *South Asian Cultural Studies* 2, Nr. 1, 2008, S. 12 -25, hier: S. 22.

4 Auch formierten sich in den 1980ern in West-Berlin HipHop-Gruppen wie z. B. Islamic Force, die in englischer, türkischer und deutscher Sprache und auch gegen Rassismus rappten. Damals wurde die Musik, genauso wie die von Aziza A. und anderen, allerdings als „Oriental Hip-Hop", manchmal auch als „TürkHop", bezeichnet.

5 Geschichte, Ideologie und der Weg vom Moorish Science Temple über die NOI zur Five Percent Nation sind in Kurzform nachzulesen u. a. in Felicia M. Miyakawa, *Five Percenter Rap. God Hop's Music, Message, and Black Muslim Mission,* Bloomington 2005, S. 9-37. Zu weiteren Organisationen Yvonne Yazbeck Haddad und Jane Idleman Smith, *Mission to America. Five Islamic Sectarian Communities in North America,* Gainesville 1993.

6 Vgl. Michael Muhammad Knight, *The Five Percenters. Islam, Hip Hop & the Gods of New York,* Oxford 2007, S. 1.

7 NOI und Five Percenters lehren u. a., dass „Knowledge of Self" zentral ist. Und dass die Menschheit folgendermaßen aufgeteilt sei: 85% seien „deaf, dumb and blind" und somit die Masse, die leicht in eine falsche Richtung geführt werden kann. Diese 85% sind versklavt und manipuliert von 10%, welche zu diesem Zweck Verdummung, Religion und Massenmedien einsetzen. Dann gebe es die „poor righteous teachers", die die Wahrheit über diese Manipulationen kennen. Diese 5% kämpfen gegen die 10% an, um das Denken der 85% zu befreien. Die Five Percenters haben auch eigene Doktrinen entwickelt, wie etwa „the blackman is god" – d.h. „ALLAH" („Arm, Leg, Leg, Arm, Head"), da sie es ablehnen, an einen „mystery god" oder „spook" zu glauben. „Knowledge

of Self" hat auch eine Verbindung zum Begriff „Conscious" (Rap), und nicht zufällig hat das neuerlich notorische „woke" eine ähnliche Konnotation.

8 Vgl. Jon Pareles, „Public Enemy Rap Group Reorganizes after Anti-Semitic Comments", in: *New York Times,* 11.08.1989, online verfügbar unter https://www.nytimes.com/1989/08/11/arts/public-enemy-rap-group-reorganizes-after-anti-semitic-comments.html (letzter Abruf: 19.05.2018).

9 Vgl. Felix Zwinzscher, „Meine Musik und mein Glaube passen nicht", in: *Die Welt,* 16.01.2015, online verfügbar unter https://www.welt.de/kultur/pop/article136453424/Meine-Musik-und-mein-Glaube-passen-nicht.html (letzter Abruf: 20.06.2018).

10 Vgl. Paul Parin, „Witz und Lachen in der Technik der Psychoanalyse", in: *Werkblatt 28. Zeitschrift für Psychoanalyse und Gesellschaftskritik,* Nr. 9, Salzburg 1992, S. 5-21, hier: S. 21.

11 Es gibt z. B. diverse YouTube-Videos, die die Bemühungen des Salafistenpredigers Pierre Vogel zeigen, deutsche Rapper für sein jihadistisches Projekt zu gewinnen. Bei Deso Dogg und dem nunmehr Jihadi-Rap verbreitenden Sadiq hatte er in jedem Fall Erfolg. Vgl. Benjamin Prüfer, „Deutscher Rapper outet sich als IS-Anhänger", auf: *Huffingtonpost.de,* 17.03.21016, auf https://www.huffingtonpost.de/2016/03/17/sadiq-islamischer-staat_n_9482828.html (letzter Abruf: 20.07.2018).

12 Jeffrey O. G. Ogbar, *Hip-Hop Revolution. The Culture and Politics of Rap,* Lawrence 2007, S. 42.

13 Vgl. Stefan Aigner, „Landgericht Regensburg: Xavier Naidoo darf nicht ‚Antisemit' genannt werden", auf: *regensburg-digital,* 17.07.2018, https://www.regensburg-digital.de/landgericht-regensburg-xavier-naidoo-darf-nicht-als-antisemit-bezeichnet-werden (letzter Abruf: 19.07.2018).

14 Zitiert nach Johannes Jimeno, „Xavier Naidoo ist ein Guter", auf: *laut.de,* 05.10.2016, https://www.laut.de/Afrob/Interviews/Xavier-Naidoo-ist-ein-Guter-05-10-2016-1388 (letzter Abruf: 19.07.2018).

15 Vgl. Imani Perry, *Prophets of the Hood. Politics and Poetics in Hip Hop,* Durham und London 2004, S. 153.

16 Vgl. Sonja Álvarez, „Studie um ‚Pop-Dschihad': Wie Islamisten um Nachwuchs werben", auf: *Tagesspiegel.de,* 11.12.2015, https://www.tagesspiegel.de/medien/studie-um-pop-dschihad-wie-islamisten-um-nachwuchs-werben/12708630.html (letzter Abruf: 18.07.2018).

17 Vgl. Michael Hanfeld, „Keine Verharmlosung?", auf: *FAZ.net,* 17.06.2018, http://www.faz.net/aktuell/feuilleton/gangsta-rap-kommentar-keine-verharmlosung-15644630.html (letzter Abruf: 18.07.2018).

Der „pinke" Israelhass

Erfahrungen mit der queerfeministischen Gruppe „Berlin Against Pinkwashing" – und was sich daraus lernen lässt

Sercan Aydilek

Es ist ein warmer Sommertag, Sonntag, der 17. Juni 2016, und ich befinde mich auf dem Lesbisch-schwulen Stadtfest in Berlin. Mit einem Freund schlendere ich durch die kleinen Gassen mit den vielen bunten Ständen. Nachdem wir die Straße mit den Vertretungen der Parteien und der politischen Organisationen passiert haben, höre ich plötzlich Rufe wie *„No Pride in Israeli Apartheid!"* und *„From Berlin to Palestine, occupation is a crime!"*. Einige Tage vor dem Motzstraßenfest war bekannt geworden, dass eine Politgruppe, die sich *Berlin Against Pinkwashing* nennt, eine Störaktion am Stand der israelischen Botschaft durchführen wollte. Hier war sie nun und schürte antizionistische Propaganda.

In der queeren Szene zirkuliert der Begriff „Pinkwashing" seit fast einem Jahrzehnt. Das aktivistische Spektrum, in dem er anfangs verwendet worden ist, hat er aber schon lange verlassen. An den Universitäten ist er besonders von der Queer-Theoretikerin Jasbir Puar beliebt gemacht worden, die als notorische „Kritikerin" Israels bekannt ist: In ihrem ersten Buch *Terrorist Assemblages* hat sie Selbstmordattentäterinnen pseudowissenschaftlich zu queeren Freiheitskämpferinnen geadelt. In ihrem zweiten, *The Right to Maim*, unterstellt sie dem israelischen Militär, spezielle Schusswaffen einzusetzen, welche die palästinensische Bevölkerung angeblich absichtlich verstümmeln, aber nicht töten, so dass die Getroffenen behindert weiterleben müssten.[1] Und auch einige andere bekannte aktivistische Akademikerinnen wie Angela Davis und Sarah Schulman beziehen sich auf den Begriff. Der Gedanke ist deswegen vielen geläufig, sei aber trotzdem kurz erklärt: Unter „Pinkwashing" wird eine Vermarktungs- bzw. eine politische Strategie verstanden, die Menschen, Staaten oder Organisationen positiv darstellen soll, indem sich diese mit LGBTTIQ*-Belangen identifizieren. Die weltberühmte Antizionistin Judith Butler hat das einmal so definiert:

> „Wenn ‚Homosexuellen-Rechte' zu einem Merkmal für den ‚fortschrittlicheren' Status europäischer Kulturen instrumentalisiert und benutzt werden, um staatliche Sicherheitsapparate auszubauen, dann ist diese Politik von einem europäischen Nationalismus und der Ausweitung sicherheitspolitischer Machtregime vereinnahmt worden."[2]

Im Falle des jüdischen Staates soll das heißen: Israel zeige sich in entsprechenden Fragen nur deshalb aufgeschlossen, um in perfider Absicht die sogenannte „Besatzung" zu verschleiern und die arabische Bevölkerung zu unterdrücken. Für diese steile These gibt es keinen Beweis. Belege will ihre Anhängerschaft aber auch nicht, denn es handelt sich um eine queere Verschwörungstheorie. Auf der Website von *Berlin Against Pinkwashing* wird die Frage „Was ist Pinkwashing?" folgendermaßen zusammengefasst:

> „Pinkwashing passiert, wenn LGBTQI Rechte dazu genutzt werden, eine komplett andere Agenda zu promoten, die in Realität nichts mit diesen Rechten gemein hat, sondern sich um Politik und Macht dreht. Diese Art von falscher Unterstützung kann von Firmen, Institutionen oder Regierungen genutzt werden. Viele Regierungen nutzen zum Beispiel LGBTQI Rechte als Zeichen für ihre Modernität und Progressivität, während jemand, der anders

> ist, als unzivilisiert und homophob dargestellt wird. Diese Strategie wird von vielen so genannten ‚westlichen‘ Ländern genutzt, wenn diese darin einen Mehrwert für sich selbst sehen. Es ist dabei nichts weiter als eigennütziger Rassismus und fügt der LGBTQI Gemeinschaft erheblichen Schaden zu.
> Israel (und seine ‚Westlichen‘ Verbündeten) benutzen *Pinkwashing*, um von den Menschenrechtsverletzungen in den besetzten palästinensischen Gebieten abzulenken.“[3]

Die Verantwortlichen für diese Zeilen, die Mitglieder von *Berlin Against Pinkwashing*, befanden sich nun also vor dem Stand der israelischen Botschaft und verkündeten: *„There is no space here for war criminals“* und *„Israel colonizes millions of Palestinians yet promotes itself as a human rights haven“*. Manche Besucherinnen und Besucher gingen unbeeindruckt weiter, andere wiederum wirkten regelrecht schockiert von dem, was sich ihnen darbot. Da niemand der Protestgruppe widersprach oder sich ihr in den Weg stellte, ging ich zum Stand der Botschaft und fragte die dort Arbeitenden, ob alles in Ordnung sei. Sie beschrifteten regenbogenfarbene Buttons mit hebräischen Worten, verteilten Luftballons und schienen von der ganzen Situation ziemlich überfordert. Eine Mitarbeiterin sagte mir, dass sie Angst habe. Direkt neben dem Stand der israelischen Botschaft befand sich derjenige der *Democrats Abroad*, der Auslandsableger der Demokratischen Partei der Vereinigten Staaten von Amerika. Als einer der Standbetreuter sah, dass ich mit den Botschaftsmitarbeiterinnen sprach, kam er rüber und schrie mich an, ich solle mich verziehen. Erst als ich ihm erklärte, dass ich nichts Böses wolle, sondern nur wissen möchte, wie ich helfen könnte, merkte er, dass ich kein Teil der Protestaktion war. Gemeinsam versuchten wir den Botschaftsmitarbeiterinnen die Angst zu nehmen und versprachen, dass wir gegenhalten würden. Ich wusste aber, dass es nicht damit getan sein würde, defensiv aufzutreten. Um die Umstehenden davon zu überzeugen, dass dieser Protest keine Legitimation hat, setzte ich auf meine eigenen Methoden. Ich ging auf einzelne Passantinnen und Passanten zu und erklärte ihnen, wer diese Gruppe sei und was sie für Interessen habe. Ihre Parolen erwiderte ich lautstark mit „Lang lebe Israel!" und *„Free Gaza from Hamas!"* Außerdem verteilte ich Sticker und Luftballons mit der Aufschrift *„I <3 Israel"*. Nachdem die Mitglieder von *Berlin Against Pinkwashing* ihre nicht angemeldete Kundgebung beendet hatten, legten sie sich gemeinsam für ein „Die-in" zu Boden – eine Protestform, bei der alle Teilnehmerinnen und Teilnehmer symbolisch „sterben". Ende der 1980er und Anfang der 1990er Jahre hat dies zum Repertoire von ACT UP gehört, um im öffentlichen Raum gegen die unmittelbaren Effekte der Aids-Krise aufmerksam zu machen. Auf Nachfrage teilte man mir mit, dass man das mache, um auf diese Art und Weise auf das „Leid" der palästinensischen Bevölkerung aufmerksam zu machen.

Als das „Die-in" beendet war, standen die Mitglieder von *Berlin Against Pinkwashing* auf und wollten weiterziehen. In diesem Moment kam es unvermittelt zum Handgemenge. Sie schrien mich an und drohten mir nicht nur mit körperlicher, sondern auch mit sexueller Gewalt – offenbar, um mich mundtot zu machen. Als ich nicht nachgab und darauf bestand, dass sie sich sofort vom Stand entfernen sollten, wünschte man mir den Tod – und zwar in der Form, dass mich „ein Panzer überrollen" solle. So sieht linker, antiimperialistischer Protest im Jahre 2016 aus. Später wird aus einem YouTube-Video, das die Gruppe selbst veröffentlicht hat, ersichtlich, dass die Polizei und die Veranstalter die Beteiligten mit ihrem Verhalten konfrontieren.[4] Darin erklären Mitglieder von *Berlin Against Pinkwashing*, dass Israel schwul-lesbische Errungenschaften instrumentalisiert habe, um sich positiv darzustellen. Sie halluzinieren den von der Hamas kontrollierten Gazastreifen zu einem Quasi-KZ (das natürlich nicht von der Hamas, sondern von Israel beherrscht sein soll) und behaupten obendrein, dass man jetzt gegen dieselben Widrigkeiten zu kämpfen habe wie einst die Beteiligten an den Stonewall-Krawallen: aus der Position einer radikalen (queeren) Minderheit heraus gegen eine staatliche (heterosexuelle) Übermacht, die einen zum Schweigen bringen wolle. Von

Geschichte hat die Gruppe offenbar in jeglicher Hinsicht wenig Ahnung.

Nach diesem Tag fing ich an, mich intensiver mit dem Zusammenschluss und seinen Forderungen auseinanderzusetzen. Ich wollte wissen, wie man solch einen Hass auf den jüdischen Staat entwickeln kann, der schließlich die einzige Demokratie und der einzige Rechtsstaat im Nahen Osten ist. Denn während LGBTTIQ* in Ländern wie Saudi-Arabien, der Islamischen Republik Iran oder in Ägypten staatlich verfolgt werden und gesellschaftlich ausgegrenzt sind, können sie in Israel Prides feiern, sind gesellschaftlich sichtbar und überall vertreten: politisch in der Knesset; kulturell in der Film- und in der Musikbranche; selbst im Militär. In der Islamischen Republik Iran hingegen werden gleichgeschlechtlich liebende Menschen an deutschen Baukränen aufgeknüpft, und in Ägypten macht die Polizei mit Schwulen-Apps Jagd auf homosexuelle Männer. Leute, die sich selbst in der Tradition von Stonewall sehen und queere Protestformen nachahmen, solche Verfolgungen aber noch nicht einmal für erwähnenswert halten, haben bestenfalls ein problematisches Verhältnis zur Wirklichkeit.

Während meiner Recherche stieß ich auf die Facebook- und Blogeinträge von *Berlin Against Pinkwashing*. Von hier aus, online, betrieben sie also ihre antizionistische Propaganda. Beim Sichten der Posts und Kommentarspalten wurde mir schnell klar, dass die Beteiligten ein hohes Aggressionspotenzial und offensichtlich auch ein Problem mit Andersdenkenden haben. Einwände, die ich zu ihren „israelkritischen" Posts hinterließ, verschwanden innerhalb weniger Minuten oder aber wurden mit Hasskommentaren beantwortet und anschließend entfernt. Die Gruppe hatte kein ehrliches Interesse an einer Diskussion. Einladungen zu Gesprächen, die ich mehrfach in der Kommentarzeile hinterließ, blieben unbeantwortet. Ich wollte erfahren, was das für Personen sind, woher sie kommen, warum sie so denken, wie sie denken – und sie sachlich überzeugen, dass sie sich irren. Ich bin nämlich selbst jemand, der einst antizionistische Positionen vertreten hatte. Mit einem nüchternen Blick in die Vergangenheit muss ich sogar gestehen: Ich war einmal ein glühender Antisemit und habe Israel abgrundtief gehasst. Mir war das im Freundes- und teilweise auch im Familienkreis vermittelt worden, und ich hatte die plumpen und zutiefst menschenverachtenden Positionen unhinterfragt übernommen. Irgendwann begann ich zu zweifeln. Ich fing an, mich zu informieren. Zum Zeitpunkt meines konfrontativen Kontakts mit *Berlin Against Pinkwashing* hatte ich mich längst gründlich mit der Situation im Nahen Osten auseinandergesetzt, war selbst in Israel und in den palästinensischen Autonomiegebieten gewesen und hatte jede Möglichkeit genutzt, mich mit Menschen, die aus der Region kamen, zu unterhalten und mich mit ihnen auszutauschen. Niemand, mit dem ich sprach, gab auch nur ansatzweise das wieder, was die Israelhasser dieser Gruppe propagieren. Leider kam der anfänglich von mir gewünschte Dialog mit ihnen nie zu Stande. Sie hatten kein Interesse daran, im direkten Gespräch auf meine Kritik zu reagieren.

Als ich beschloss, mich nicht weiter mit ihnen auseinanderzusetzen, weil ich mir sicher war, sie nicht von ihrem Wahn abbringen zu können und jede Bemühung meinerseits nur kostbare Lebenszeit beanspruchen würde, schrieb mir ein Freund, dass *Berlin Against Pinkwashing* eine Demonstration am Rande eines israelischen Filmprogramms, der „Israel Queer Movie Night", im Kino Babylon angemeldet habe und dass nun eine Gegendemo organisiert werde. Ich versprach, diese Kundgebung zu unterstützen. Rednerinnen und Redner wie Anja Schillhaneck (MdA, Grüne), Volker Beck (MdB, Grüne), Hakan Tas (MdA, Linke) und Oliver Höfinghoff (MdA, Linke) waren vor Ort, um ihre Solidarität mit Israel und den dortigen LGBTTIQ* auszudrücken. Anja Schillhaneck stellte in ihrem Redebeitrag vollkommen richtig fest: „Queere Menschen in Israel sind lebendig." Auch das ist ein Grund, mich für Israel einzusetzen. Das Land liegt in einer Region voller Intoleranz und Hass und bietet seinen Minderheiten Schutz und ein menschenwürdiges Leben. Die Trolle riefen die immer gleichen Parolen. Ich fragte mich, ob ihnen wirklich nicht auffällt, dass sie billige, haltlose Propaganda betreiben. Zu Hause angekommen, hakte ich auch diesen Vorfall ab. Ich wusste nicht, dass diese antiemanzipatorischen Kräfte mich lange noch nicht in Ruhe lassen würden.

Am darauffolgenden Wochenende sollte ich dann das Vergnügen haben, die Gruppierung erneut zu treffen – diesmal mit einem noch unschöneren Ende. Am Donnerstag vor dem Christopher Street Day wurde mir ein Aufruf von *Berlin Against Pinkwashing* in die Facebook-Timeline gespült. Darin hieß es, man wolle bei der Veranstaltung „dem israelischen Vertreter keine Möglichkeit bieten, seine Propaganda zu verbreiten“. Ich setzte mich mit einigen Freundinnen und Freunden in Verbindung. Wir planten, dieses Vorhaben zu unterbinden. Wir wollten, dass der Gesandte des Staates Israel ungestört zu den Besucherinnen und Besuchern des Christopher Street Days sprechen kann, und überlegten uns eine kreative Art des Protests. Wir besorgten uns Israelfahnen, Seifenblasen, Konfetti, Glitzer und Luftschlangen und verabredeten uns 20 Minuten vor dem Beginn der Reden. Da ich eine Woche vor dem CSD schon erste Erfahrungen mit *Berlin Against Pinkwashing* hatte sammeln dürfen, war mir klar, dass es sich um eine aggressive Gemeinschaft handelt, deren Angehörige vermutlich nicht davor zurückschrecken werden, auch körperliche Gewalt anzuwenden. Als dann nach einigen Vorrednern der Gesandte des Staates Israel zu Wort kam, brachen beim antisemitischen Kollektiv alle Dämme. Wie von Tollwut Besessene stießen sie alles und jeden zur Seite, brüllten ihre Parolen und hielten mit ihrem Logo versehene Styroporplatten in die Höhe. Wir erwiderten. Auf unsere Rufe wie „Lang lebe Israel!“ und auf unseren Konfettiregen reagierten sie mit Faustschlägen und Tritten, bespuckten uns und zogen uns an den Haaren. Ich bin weder Psychologe noch Soziologe, glaube aber, dass im Leben solcher Personen einiges schiefgelaufen sein muss, wenn derartige Verhaltensweisen zum politischen Programm gehören und sich solcher Zorn schon gegen Solidaritätsbekundungen mit dem jüdischen Staat richtet. Die Polizei ging dazwischen, sprach Platzverweise gegen die Vandalen aus – und nahm mich und zwei Freund*innen für etwas mehr als eine Stunde in Gewahrsam. Dieser Tage ist es wohl inakzeptabel, sich *für* Israel einzusetzen.

Natürlich ließen sich die geschilderten Erfahrungen als „unglückliche Einzelfälle" abhaken, aber es schloss sich noch eine weitere Episode an, die auf einen systematischen Charakter der Unbelehrbarkeit der „Pinkwashing"-Gläubigen hinweist. Im Februar 2017 referierte Freddy Schindler bei Polymorphia – der bis 2018 gefeierten Polit-Tuntenshow von Patsy l'Amour laLove im SchwuZ – zum Thema. Mitglieder von *Berlin Against Pinkwashing* störten die Veranstaltung permanent durch Zwischenrufe und Lacher. Bei der anschließenden Fragerunde meldeten sie sich dann zu Wort. Sie warfen allen im Raum – vorneweg dem Referenten – in der mittlerweile sattsam bekannten Manier vor, zu weiß, nicht queer genug und ohnehin nicht „betroffen" zu sein, weswegen sie auch kein Recht hätten, zum Thema der Veranstaltung zu sprechen. Sie begannen ihre Redebeiträge mit einer Bestimmung des eigenen Sprechorts: also damit, zu erzählen, woher sie kommen, wie lange sie wo lebten, welche sexuellen und geschlechtlichen Identitäten sie haben und inwiefern sie dies alles autorisiere, sich zu äußern. Im Verlauf der Diskussion meldete ich mich und wollte wissen, ob Freddy etwas zu der Situation von LGBTTIQ*-Personen in den arabischen Ländern sagen könne. Ich fühlte mich genötigt, meinen Redebeitrag so zu beginnen: „Hi, ich bin Sercan, ich bin schwul und Muslim, ich hoffe, ich darf eine Frage stellen." Ich sah mich angesichts der vor allem im Queerfeminismus und in Critical-Whiteness-Kreisen beliebten „Selbstpositionierung" gezwungen, zunächst meine „Betroffenheit" darzulegen, bevor ich nach der Situation von LGBTTIQ* in arabischen Ländern fragen konnte. Völlig überfordert von der Tatsache, dass jemand gleichgeschlechtlich liebt, aus einer islamischen Familie stammt, sich Israel verbunden fühlt und Menschenrechtsverletzungen im Herrschaftsgebiet der Scharia kritisiert, schrien die Angehörigen von *Berlin Against Pinkwashing* los und fielen mir ins Wort. Wegen meiner Frage wurde mir ein verzerrtes Bild sowie eine rassistische und „islamophobe" Einstellung vorgeworfen. Jegliche Kritik an bestehenden Verhältnissen war undenkbar. Ich hatte noch nie eine solche Verrohung von Debattenkultur erlebt. Als wäre das alles nicht genug, wurden ich und Freund*innen von mir im

Nachgang von diesen Personen bedrängt, wobei die bekannten Vorwürfe wiederholt wurden. Auf meine Frage, wie es denn um LGBTTIQ* in der Islamischen Republik Iran, in Saudi-Arabien oder im Gaza-Streifen stehe und ob sie sich vorstellen könnten, sich einmal für deren Rechte einzusetzen, bekam ich Beleidigungen an den Kopf geworfen. Es ist offensichtlich, dass in dieser Gruppierung kein Interesse besteht, sich mit tatsächlich Unterdrückten zu solidarisieren und für diese zu kämpfen.

An diesen Beispielen sieht man deutlich, dass die Berliner Sektion der Anti-„Pinkwasher“ ein autoritärer Zusammenschluss ist, der vor allem ein Ziel hat: diejenigen zum Schweigen zu bringen, die sich mit Israel solidarisch erklären. Er steht exemplarisch für das antizionistische Spektrum. Ich glaube, dass man vor solchen Polit-Gruppen nicht zurückschrecken darf. Wo immer sie auftauchen, muss man sich ihnen entgegenstellen und ihnen zeigen, dass man mit dem Unsinn, den sie verbreiten, nicht nur nicht einverstanden ist, sondern ihn auch nicht ohne Widerrede hinnehmen wird. Diesen Leuten die öffentliche Bühne zu überlassen, würde nur dazu führen, dass sie weiterhin unwidersprochen ihre Verschwörungstheorien verbreiten können, womit sie bei vielen gesellschaftlichen Akteuren anschlussfähig bleiben würden. Außerdem würde ein Ignorieren dazu führen, dass diese Personen sich bestätigt fühlen. Dies wäre fatal in Anbetracht der Tatsache, dass in diesem Milieu ein gewisses Gewaltpotenzial vorherrscht. Zudem schließe ich noch etwas aus dem durchaus exemplarischen, handgreiflichen Auftreten: ihre pure Verzweiflung – weil man wahrscheinlich merkt, dass die Lügenmaschinerie bald wie ein Kartenhaus über einem zusammenstürzen dürfte. Denn die antisemitische Bedrohung, die von der alltäglichen Drangsalierung von Juden bis zur jihadistischen Gefahr des Selbstmordanschlags reicht, wird vielen immer bewusster – und das sektenhafte Ziel der erhofften Beseitigung des jüdischen Staates deshalb immer schwieriger zu vermitteln. Daraus könnte Folgendes resultieren: Erstens, dass Zusammenschlüsse wie *Berlin Against Pinkwashing* ihre sinnfreien Aktionen einstellen – oder aber, dass sie den Weg fortschreitender Radikalisierung gehen und noch gewalttätiger werden, was dann aber die Sicherheitsbehörden auf den Plan rufen sollte. Doch egal, was diese Leute für Methoden einsetzen mögen oder in welche Richtung sie sich ideologisch entwickeln werden: Sie werden mich nicht von meinem Engagement für Israel und gegen sämtliche Formen des Antisemitismus abbringen.

Anmerkungen

1 Jasbir K. Puar, *Terrorist Assemblages. Homonationalism in Queer Times*, Durham 2007; dies., *The Right to Maim, Debility, Capacity, Disability.* Durham 2017.

2 Zitiert nach Katharina Hamann, „‚In diesem Kampf gibt es keinen Platz für Rassismus.' Judith Butler im Gespräch über Rassismus, Homophobie und Antisemitismus", in: *Jungle World*, Nr. 30/2010, 29.07.2010.

3 Berlin Against Pinkwashing, „Was ist Pinkwashing?", auf: https://berlin-againstpinkwashing.wordpress.com/what-is-pinkwashing-3/ (Fehler in Interpunktion und Orthographie sowie Hervorhebung im Original. Letzter Abruf: 09.05.2018).

4 https://www.youtube.com/watch?v=u6W_zokK7KE (letzter Abruf: 09.05.2018).

„Ich bin nicht daran interessiert, Antisemiten von irgendetwas zu überzeugen."

Interview mit Chloé Valdary

Christina Dschaak

In Zeiten zunehmender antizionistischer Organisierung an Hochschulen lohnt es sich, an wirksame Gegenbeispiele zu erinnern. Die Tätigkeit von Chloé Valdary ist eines. Die US-amerikanische Aktivistin hat u. a. für das *Tablet Magazine*, die *Jerusalem Post* und das *Wall Street Journal* geschrieben. Sie ist darüber hinaus auf YouTube bekannt, wo sie in zahlreichen Videos eine konsequent pro-zionistische Haltung vertritt.

* * *

Worin besteht deine Arbeit? Wen möchtest du mit deinem Aktivismus erreichen?
Ich vertrete Jerusalem U – eine israelische Bildungsorganisation, die Film und digitale Medien als Plattform nutzt, um Studenten über Israel und die israelische Gesellschaft zu informieren. Ein Teil meiner Arbeit besteht darin, im ganzen Land Vorträge über und Workshops zu unseren Filmen und Dokumentationen an Schulen und an Universitäten zu halten sowie Inhalte für unsere Kurzfilme auf YouTube zu entwickeln. Unser Hörerkreis setzt sich vor allem aus jungen Juden im Alter von 16 bis 28 zusammen. Eine weitere Zielgruppe sind Millennials und die Generation Z/Post-Millennials.

Warum hast du dich für den Pro-Israel-Aktivismus entschieden?
Ich bin in einer untypischen christlichen Familie aufgewachsen, die Dinge wie den Schabbat, Jom Kippur und die koscheren Vorschriften befolgt hat. Wir haben außerdem die ganze Zeit über Israel diskutiert, so dass meine Haltung zu Israel immer eine der kulturellen und sozialen Affinität war. Offiziell aktiv wurde ich 2012, in meinem zweiten Jahr auf dem College, als ich sah, dass der Antisemitismus an Orten wie Frankreich und in anderen Ländern Europas zunahm. Daraufhin gründete ich eine Pro-Israel-Gruppe an der University of New Orleans und habe mich drei Jahre für Israel engagiert.

Was für Leute haben sich deiner Pro-Israel-Gruppe angeschlossen oder haben sie unterstützt?
Als ich meine studentische Gruppe gründete, brachte ich vor allem meine Freunde dazu mitzumachen, warb aber auch einige andere Leute an, darunter viele Christen. Ich habe außerdem eng mit pro-israelischen Gruppen an der Tulane University zusammengearbeitet, so dass dort einige Verbindungen entstanden.

Es scheint, als ob Leute, die sich heutzutage als „links" verstehen, extrem sensibel für Dinge wie Rassismus, Sexismus etc. wären. Sie wollen niemanden verärgern oder kränken, jede mögliche Identität und sexuelle Orientierung wird anerkannt, zelebriert und respektiert. Was, glaubst du, ist der Grund dafür, dass dieselben Menschen nicht willens sind, sich mit Antisemitismus auseinanderzusetzen, insbesondere mit dem Antisemitismus in den eigenen Reihen?
Die extreme Linke kann nicht mit Antisemitismus umgehen, weil Antisemitismus die Verfolgung von Leuten beinhaltet, die weiß sind oder weiß zu sein scheinen. Wenn das Fundament deiner Bewegung darin besteht, eine Neuorientierung von Machtstrukturen weg von Weißen zu suchen, sind Juden, die als weiß gesehen werden, Freiwild.

Siehst du hier eine Verbindung zu Identitätspolitik und Intersektionalität?

In ihrer heute praktizierten Form ist Intersektionalität ethnischer Essenzialismus, d.h. die Auffassung, dass Menschen aufgrund ihrer Hautfarbe bestimmte unveränderliche Charakteristika aufweisen. Also ja.

Intersektionalität ist Identitätspolitik: der Glaube, dass unveränderliche Aspekte deiner Identität – wie Hautfarbe – deine Lebenserfahrungen diktieren oder vorherbestimmen, wie z.B. den Grad deines Privilegs und/oder Zugang zu Ressourcen wie Reichtum, beziehungsweise dessen Mangel.

Wie dominant ist die Rolle der BDS-Bewegung an amerikanischen Hochschulen?

Sie ist sicherlich dominant an einigen Instiutionen, wenn auch nicht an allen. Und während sie ein Produkt anti-israelischer Gruppen wie *Students for Justice in Palestine* und *Jewish Voice for Peace* ist, handelt es sich dabei auch um eine Folge des Mangels an qualitativer Aufklärung über den Staat Israel an Schulen. Das ist eine institutionelle Herausforderung.

Warst du bereits das Ziel anti-israelischer Gruppen oder wegen deiner Arbeit sonstigen Anfeindungen ausgesetzt?

In der Vergangenheit wurde ich angefeindet, und wenn ich in einer anti-israelischen Umgebung über Israel spreche, ist es zwar unangenehm, aber nichts, was ich regelmäßig erlebe.

Du bist auch für deine Kritik an der „Black Lives Matter"-Bewegung bekannt. Was ist in deinen Augen das größte Problem an BLM?

Ich stimme einigen ihrer Punkte zu und widerspreche anderen. Ich stimme mit ihnen darin überein, dass es eine Reform der Kriminaljustiz braucht, aber lehne ihre Schulpolitik ab. Ich stimme ihren Bemühungen um *Community Policing* zu, aber nicht, wie sie diese durchführen wollen· Was Letztere betrifft, so glaube ich, dass Polizisten in die Communitys, die sie kontrollieren, involviert sein müssen – d.h. sie sollten selbst dort wohnen und beispielsweise an Grillfesten, Sport- und anderen Veranstaltungen teilnehmen, die eine Verbindung herstellen zwischen der Community und den Polizeikräften, deren Aufgabe es ist, diese Community zu überwachen. BLM hingegen ruft zu Desinvestitionen und Ausgliederung der Polizei auf, was auf jeden Fall zu gewinnorientierter Polizeiarbeit und zu *mehr* Ausbeutung seitens der Polizei führen wird.

Und ich lehne natürlich ihre (willkürliche) Haltung zu Israel ab, zu der gehört, Israel des Genozids zu beschuldigen. BLM befolgt außerdem eine Politik der Intersektionalität, die toxisch ist.

Viele Schlüsselfiguren der Bürgerrechtsbewegung hatten eine positive Haltung gegenüber Israel und dem Zionismus. Woher kam ihre Unterstützung für den Zionismus und wie würdest du dir die aktuelle Haltungsänderung erklären?

Die afroamerikanische Community ist kein Monolith. Diejenigen, die den Wert des Zionismus sehen, betrachten das Weltgeschehen durch ein bestimmtes Paradigma: das Versprechen des Westens, die Notwendigkeit, Individuen nach ihrer Leistung zu beurteilen (und nicht nach ihrer Hautfarbe) etc. Die Leute vergessen häufig, dass Dr. Martin Luther King Sokrates studiert hat. Das bedeutet, dass die Forderung aus bestimmten „*Social Justice*“-Kreisen, mit allen Dingen aufzuräumen, die der „westlichen Zivilisation“ zufallen, einen krassen Widerspruch darstellt. Denn der von denselben Leuten gepriesene Dr. King war selbst ein Student und Freund der westlichen Zivilisation und vieler Ideen, die aus ihr hervorgegangen sind.

Es gibt allerdings innerhalb dieser Community eine andere Denkrichtung, die neo-marxistisch ist und die Welt als einen Zusammenprall von Machtstrukturen sieht: die Unterdrücker versus die Unterdrückten. Sie ist eher an Gruppen als an Individuen interessiert und ihre Verfechter halten europäische Juden vor allem wegen ihrer Hautfarbe für Siedlerkolonialisten, nicht aufgrund objektiv beobachtbarer historischer Fakten. Diese Sichtweise ist oberflächlich, aber voller performativer und dramatischer Rhetorik, die attraktiv auf jemanden wirken kann, der noch nicht gelernt hat, dass Geschichte und die Welt etwas Komplexes sind.

Wie kann man dem in der Gesellschaft verbreiteten Antizionismus begegnen? Können Antisemiten durch Argumente überzeugt werden?
Ich bin nicht daran interessiert, Antisemiten von irgendetwas zu überzeugen. Für mich stellt sich eher die Frage, wie man dabei helfen kann, Verständnis für Israelis in der amerikanischen Gesellschaft auszubauen. Das wäre für mich ein Gegenmittel gegen Antizionismus. Das beinhaltet, Studenten nicht beizubringen, wie man sich auf der Seite Israels stehend streitet, sondern Empathie für Israelis als Menschen zu kultivieren, die in einer Welt voller Bedrohungen und Möglichkeiten vielen Herausforderungen und Chancen ausgesetzt sind.

Ist das die von dir vertretene „Theorie der Verzauberung", die Theory of Enchantment?
Die *Theory of Enchantment* bezeichnet einen Prozess, in dem Inhalte von jemandem derart gestaltet werden, dass sich das Publikum selbst und sein Potenzial in ihnen wiedererkennt. Sie ist nicht wirklich eine Erwiderung auf den Antizionismus (auch wenn sie hilfreich sein kann), sondern vielmehr eine Antwort auf die Neutralität gegenüber dieser Sache, die in der amerikanischen Gesellschaft um einiges prominenter ist. Sie ist ein Rahmen, innerhalb dessen versucht werden soll, Studenten über die Komplexität der israelischen Gesellschaft aufzuklären, wie bzw. warum man sich Israelis zuwenden sollte (anstatt sich in ihrem Namen zu streiten) und wie man eine transformative und produktivere Diskussion über den israelisch-palästinensischen Konflikt führen kann.

Sediment des Zeitgeists

Zur Popularität des unkritischen Werks von Judith Butler

Die Butlerianer

Notiz zu einer performativen Glaubensgemeinschaft

Vojin Saša Vukadinović

„If everything is drag,
there is no such thing as real love or friendship."
Kathy Acker, *The Childlike Life of the Black Tarantula by the Black Tarantula*

Wenn sie sich mittlerweile mit Hannah Arendt befasse, heiße das lange noch nicht, dass sie damit proklamieren wolle, „Ich bin jetzt Arendtianerin!", betont Judith Butler in *Die Macht der Enteigneten* energisch.[1] Nicht etwa, weil sie ungern mit einer Philosophin in Verbindung gebracht würde, deren Werk sie ihren eigenen Schriften bekanntlich niemals einverleiben könnte.[2] Vielmehr will sie auf keinen Fall mit einer anderen Denkschule assoziiert werden, da ihr dies unweigerlich den Schein bahnbrechender Eigenständigkeit nehmen würde. In *Die Macht der Geschlechternormen* erwähnt sie zwar, was sie von „formalistischen Lacanianern" trennt, und bekundet ihre Irritation darüber, von Deleuzianern auf konzeptuelle Überschneidungen hingewiesen zu werden.[3] Galant umgangen wird dabei das Faktum, dass sie längst selbst einer Glaubensgemeinschaft vorsteht. Dass Judith Butler „an deutschen Universitäten wie eine Heilige verehrt wird", ist mittlerweile sogar dem *Spiegel* aufgefallen.[4] Fast wortgleich konstatierte die *Süddeutsche Zeitung*, dass ihre Arbeiten „von vielen Anhängern weltweit wie heilige Schriften gelesen" würden.[5] Und es heißt, dass „zumindest in Deutschland jede jüngere queerfeministische Autobiografie folgenden seltsamen Einschnitt kennt:

‚Und dann kam Butler.'"[6] Die religiöse Emphase ist kein Zufall. Die Verwechslung von Erkenntnis und Bekenntnis ist exemplarisch für ein Milieu, das sich selbst aus Gründen akademischer Erhabenheit oder aktivistischer Unmittelbarkeit niemals eingestehen könnte, im Wortsinn an etwas zu glauben. Nur hierüber ist erklärlich, weshalb man der Ikone alles nachsieht: rassistische Bemerkungen über die Burka, Antizionismus, vermeintliche Versprecher über Terrorbanden usw. Die Gemeinte jedenfalls stimmt der kollektiven Erfahrung zu: *„one of the first receptions* [von *Gender Trouble*, V.S.V.] *was in Germany, and there it seemed very clear that young people wanted a politics that emphasized agency or something affirmative that they could create or produce.*"[7] Sehnsucht nach „Handlungsfähigkeit" und etwas Affirmativem waren es demnach, welche die Lektüre einer ganzen universitär ausgebildeten Generation beflügelten – nicht der Wunsch nach Überwindung von Abzulehnendem und Falschem. Emanzipation wurde von Butler ohnehin früh als Fiktion abgetan, weil diese „niemals die Transzendenz der Macht an sich sein" könne.[8] Sie hat damit „durchaus so etwas wie einen Zeitgeist (mit-)geprägt, und sie ist sich dessen wahrscheinlich bewusst", heißt es hierzu in einer Einführung.[9] Das Missverständnis von Denken und Gehabe tritt damit erneut deutlich zutage.

„Wenn Wörter zu Handlungen führen oder selbst eine Art von Handlung sind, dann nicht deshalb, weil sie die Absichts- oder Willenskraft eines Individuums widerspiegeln, sondern weil sie sich aus Konventionen herleiten und diese wieder in Szene setzen; Konventionen, die ihre Kraft durch *sedimentierte Wiederholbarkeit* gewonnen haben."[10] Diesem einen Gedanken Judith Butlers frönt ihre Anhängerschaft seit den frühen 1990er Jahren. Gemeinsam mit dem misogynen Impetus, nicht etwa die männliche Herrschaft, sondern die Frauenemanzipation durch einen Feminismus ohne Frauen zur Implosion zu bringen, ist somit evident, was den Erfolg dieses Denkens zur Voraussetzung hatte: Zeitgemäßheit, auf die sich schon per Definition alle einigen können. Es ist kein Zufall, dass genau diese Vorstellung von Geschlecht zum Hit avancierte: Hier können wirklich alle mitperformen.

Anmerkungen

1 Judith Butler/Athina Athanasiou, *Die Macht der Enteigneten. Das Performative im Politischen*, Zürich/Berlin 2014, S. 169.

2 Vgl. dazu Dirk Ludigs, „Beliebigkeit mit Sektenanschluss. Anti-Pinkwashing, Antisemitismus oder warum Hannah Arendt keine Queer-Aktivistin hätte werden können", in: Patsy l'Amour laLove (Hg.), *Beißreflexe. Kritik an queerem Aktivismus, autoritären Sehnsüchten, Sprechverboten*, Berlin 2017, S. 180-184.

3 Judith Butler, *Die Macht der Geschlechternormen und die Grenzen des Menschlichen*, vierte Auflage, Frankfurt am Main 2017, S. 334 und S. 317.

4 René Pfister, „Die Lage", auf: *SPON*, 14.11.2016, http://www.spiegel.de/politik/deutschland/news-neuer-bundespraesident-gesucht-donald-trump-und-sein-team-gruenen-sind-tagesverlierer-a-1121104.html (letzter Abruf: 01.07.2018).

5 Johan Schloemann, „Wir sind nicht das Volk", in: *Süddeutsche Zeitung*, 07.11.2016.

6 Bini Adamczak/Mike Laufenberg, „Zur unmöglichen Möglichkeit queerer Kollektivität", auf: *igkultur.at*, 01.01.2011, https://igkultur.at/artikel/zur-unmoeglichen-moeglichkeit-queerer-kollektivitaet (letzter Abruf: 01.07.2018).

7 Zitiert nach Udi Aloni/Judith Butler, „There are some muffins there if you want … A Conversation on Queerness, Precariousness, Binationalism, and BDS", in: Udi Aloni (Hg.), *What does a Jew want? On Binationalism and Other Specters*, New York 2011, S. 204-227, hier: S. 206.

8 Judith Butler, „Für ein sorgfältiges Lesen", in: Seyla Benhabib/Judith Butler/Drucilla Cornell/Nancy Fraser, *Der Streit um Differenz. Feminismus und Postmoderne in der Gegenwart*, Frankfurt am Main 1993, S. 122-132, hier: S. 127.

9 Paula-Irene Villa, *Judith Butler. Eine Einführung*, zweite Auflage, Frankfurt am Main 2012, S. 101.

10 Judith Butler, „Für ein sorgfältiges Lesen", S. 124 (Hervorhebung im Original).

Rückruf

Judith Butlers Antihumanismus des Anderen

Panagiotis Koulaxidis

Die Grenzen meiner Kritik sind die Grenzen meiner Nachsicht. Wo Kritik denunziert wird, wird nicht nur selbst Kritik angebracht, sondern in der Regel auch zu ausschweifender Toleranz aufgerufen. Ein fataler Verlauf, denn das Feuer dieser Denunziation greift nicht bloß auf diejenigen Stimmen über, die andere Menschen auszugrenzen versuchen, sondern auch auf Kritik, die im Bewusstsein solidarischer Verantwortung urteilt.

Wenn Kritik und Toleranz nicht Hand in Hand miteinander gehen, bleibt die Frage offen, wer für wen überhaupt Verantwortung zu tragen hat: das liberale Gesellschaftsmodell selbst gerät in Zweifel. Besonders am Zweifeln ist der identitätspolitische Tenor, der dem Gender-Paradigma zufällt und im Queer-Aktivismus der Gegenwart deutlich zutage tritt. Worin drückt sich die einvernehmliche Grundhaltung in den entsprechenden Kreisen aus? Urteile, die durch „Externe" einer Identitätsgruppe an deren „Interne" erhoben werden, gelten mittlerweile als „gewalttätig", als „diskriminierend" oder gar „imperialistisch", und werden entsprechend heftig angeprangert. Kritik wird zur Privatangelegenheit verklärt. Ein Ethos, das Geduld und Toleranz ad absurdum führt, indem es auch noch jedem frei stellt, seine persönliche Vorstellung vom guten Leben zur Lebensform zu hypostasieren – unabhängig des Inhalts dieser Vorstellung –, versetzt damit jeder Kritik den Todesstoß. Die identitätspolitische Wende im linken Spektrum hat mit Sicherheit keinen sich geradewegs offenbarenden Anfang, doch sie hat auf jeden Fall mit einem verfehlten Verständnis von Toleranz zu tun. Ich möchte anhand der ethischen Überlegungen von Judith Butler nachzeichnen, wie es zur Entwicklung dieses Unverständnisses kam.

Vorab: Butlers Betrachtungen drehen sich um das Verhältnis von sozial anerkannten Subjektformen und Verantwortungsübernahme. Damit gehen Fragen der Subjektkonstitution einher. Erstaunlicherweise ist es nicht (nur) der gemeine Kantianer, der von Butler in seine Schranken verwiesen wird, sondern die Alteritätsethik des Philosophen Emmanuel Lévinas, auf die sich ihre eigenen Gedanken maßgeblich beziehen. Sie unternimmt den Versuch, ihre diskurstheoretischen Ideen mit denen der Alterität zu verbinden – dies jedoch deutlich auf Kosten Lévinas' und zugunsten eines antihumanistischen Ethikentwurfs. Wie hängt diese Theorie-Wende mit der identitätspolitischen Verantwortungsirritation nun zusammen, und was ist überhaupt damit gemeint?

Urteile sind gewaltsam, so der Kerngedanke Butlers in ihren bereits 2002 gehaltenen Adorno-Vorlesungen, die im Jahr darauf als *Kritik der ethischen Gewalt* veröffentlicht wurden. Wer andere Menschen beurteilt, versuche „sich selbst vom Anderen zu reinigen", eine „ontologische Differenz" zwischen sich und dem Anderen zu erzeugen, heißt es darin.[1] Das soll bedeuten, dass ich in dem Moment, in dem ich über eine andere Person urteile, voraussetze, dass ich im Bilde darüber bin, wer sie (die Person) ist. Das Problem mit Urteilen beginnt, so Butler, schon mit dieser Voraussetzung. So wenig, wie ich wirklich sicher sein kann, wer der Andere ist, so wenig kann ich mit vollständiger Sicherheit Urteile über mich selbst fällen. Wenn ich dennoch über den Anderen urteile, obwohl diese gegenseitige Undurchsichtigkeit den Ausgang unserer Begegnung bildet, halte ich gewalttätig an meinem Urteil fest. Dabei bilde ich mir nicht nur ein, besser zu wissen, wer du bist, sondern verleugne auch, dass unsere Gemeinsamkeit in dieser Undurchsichtigkeit liegt.

Butler wie auch Lévinas machen diese Undurchsichtigkeit zum Ausgangspunkt ihrer ethischen Untersuchungen. Worin aber nun diese Undurchsichtigkeit besteht, wird von beiden anders konzipiert und kennzeichnet den fundamentalen Unterschied ihrer Positionen. Einig sind sie sich zumindest darin, dass Intransparenz und Subjektkonstitution eng miteinander verwoben sind.

Das, was Lévinas als Intransparenz erfasst, ist die Alterität, die sich mir in der Begegnung mit dem Anderen eröffnet. Ich und der Andere sind durch eine undurchsichtige Verantwortung miteinander verbunden, die im Antlitz des Anderen offenbar wird. Beim Antlitz handelt es sich um keine Vorstellung, die ich mir von einem konkreten Gegenüber *mache*, sondern um den Ausdruck seiner Subjektivität, die ich unwillentlich *empfange*. Diese Empfänglichkeit, durch die das Antlitz seinen moralischen Appell an mich richtet, bildet den Grundstein für das, was Lévinas als Humanität bezeichnet. Nicht nur das Menschliche wird durch die ethische Beziehung erfasst, sondern auch der einzelne Mensch selbst. Es ist ebenjener Appell – der bloße, moralische Aufruf zur Verantwortung –, der mich als Selbst konstituiert. Die Gerichtetheit des Aufrufs errichtet mich zum Subjekt. Oder anders gesagt: Subjektkonstitution findet in Form des Akkusativs statt, das Selbst beginnt mit dem „mich". Das, was hier als Undurchsichtigkeit bezeichnet wird, soll verdeutlichen, dass der zwischenmenschlichen Verantwortung keine transparente Auswahl vorhergeht, sondern dass wir allen gegenüber Verantwortung tragen.

Bei Butler findet Subjektkonstitution andernorts statt. Die Undurchsichtigkeit, die mich als Selbst ins Leben ruft, ist ihr zufolge das sogenannte „Wahrheitsregime" – also die regierenden sozialen Regeln einer Gesellschaft. Mit Bezug auf Michel Foucault schreibt sie, „dass jede Beziehung zum Wahrheitsregime zugleich eine Beziehung zu mir selbst ist" und dass „dieses Wahrheitsregime die Subjektwerdung [*assujettissement*] beherrscht".[2] Das Selbst wird also durch einen bestimmten, normativen Ordnungsrahmen konstituiert. Auf Basis dieses Begriffs von Undurchsichtigkeit modelliert Butler die Alteritätsethik um. Das Ergebnis dieser Zwangshochzeit: Der Ordnungsrahmen setzt nicht nur fest, wer ich bin und wer du bist, sondern auch unsere Beziehung zueinander. Er „geht jedem dyadischen Austausch voraus und bedingt ihn".[3] Das bedeutet: Der Ordnungsrahmen bestimmt den Verantwortungsrahmen. Statt des Anderen steuert nun das Wahrheitsregime, für wen ich Verantwortung zu tragen habe und für wen nicht. Das Unhintergehbare, der eigentliche Anruf geht in diesem Konzept vom normativen Ordnungsrahmen aus.

Was Lévinas ursprünglich noch als humanistisches Konzept entwickelte, dessen Alteritätsethik von einer Idee universaler Verantwortung getragen ist, schlägt bei Butler offen ins Antihumanistische und Kulturalistische um. Diese Wendung kommt natürlich nicht von ungefähr: Sie ist systematisches Resultat einer Philosophie der Diskursmacht. Wenn man das Fundament dieses Denkens durchleuchtet, werden die Annahmen ersichtlich, die hierzu geführt haben.

Der Ordnungsrahmen, der Subjekte konstituiert, hat zwei wesentliche Eigenschaften: Zum einen ist er partikular, insofern er ein *bestimmter* Ordnungsrahmen ist. Zum anderen ist er nicht bloß Produkt, sondern genauso Produzent von Subjekten, verkörpert somit selbst eine Form von Subjektivität. Wenn nun ein bestimmter, also endlicher Ordnungsrahmen zum Produzenten von Subjekten erklärt wird, dann sind dessen Produkte ebenfalls endlich und bestimmt. Interpretiert man diesen Gedanken auf kultureller Ebene, ist damit gemeint, dass jede Kultur andere Menschen hervorbringe. Das mag im ersten Moment nicht besorgniserregend klingen, ist es allerdings. Denn damit ist nicht bloß die Behauptung aufgestellt, Menschen seien ja offensichtlich irgendwie unterschiedlich. Gefährlich an diesem Ansatz ist vielmehr die Annahme partikularer Subjektivitäten – die jeweiligen Ordnungsrahmen –, welche andersartige Subjekte produzieren und als partikulare Produkte normativ determinieren. Eine Idee, die den verhängnisvollen Einbruch von Humankategorien eröffnet.

Vertreter einer solchen Philosophie, die trotz antihumanistischer Annahmen einen moralischen Appell an Andere zu richten versuchen – beispielsweise die Diskriminierung und Verfolgung von Individuen auch außerhalb der westlichen Welt kritisieren –, sind einem grundlegenden Dilemma ausgesetzt.

Behauptet man, es gebe eine allgemeine Form von Menschlichkeit, die uns als Humanität verbindet und zu unbedingter Verantwortung verpflichtet, dann gibt man damit den Prius partikularer Ordnungsrahmen auf. Das Wahrheitsregime ist dann weder die konstituierende Intransparenz, die Subjekte ins Leben ruft und in sozialen Rastern geknechtet hält, noch bestimmt es einen begrenzten Verantwortungsrahmen. Hält man wiederum an diesen Überzeugungen fest, delegitimiert man zugleich die Äußerung von transkategorialer Kritik – erklärt also Fragen allgemeiner Solidarität in Schmittianischer Manier für obsolet.

Der Weg, den Lévinas entlang der Spur des Anderen verfolgt, führt in eine andere Richtung. Was mich als Selbst konstituiert, ist nicht eine bestimmte Norm, sondern etwas Unbestimmtes. Er verweist auf eine Unbestimmtheit, die nicht durch einen ontologischen Rahmen zu erfassen ist – durch keine bestimmte Kultur, Wahrheitsregime oder sonstige Ordnung –, sondern genau als das Andere einer ontologischen Untersuchung seinen Ausdruck findet. Sein Verständnis von Alterität möchte eben nicht eine bestimmte Andersartigkeit, eine kulturelle Fremdheit bezeichnen, sondern das *absolut* Andere. Unsere Verantwortungsbeziehung erschließt sich uns in keinem konkreten Inhalt, also nicht im Gesagten – im Moment der Mit-teilung seiner selbst drückt sich ein *Sagen* diesseits des Gesagten aus: äußerlich, aber gestaltlos, extravagant, das heißt außer-ordentlich. Verantwortung rührt somit nicht von einem endlichen, normativen Ordnungsrahmen her, sondern von ebenjener Transzendenz des Sagens, der ich in der Begegnung mit dem Anderen ausgeliefert bin. Damit ist gemeint: Verantwortung wählt man nicht, denn als Wählende stehen wir bereits in der Verantwortung. Nicht die determinierenden, normativen Vorgaben, denen mein Gegenüber erliegt, verpflichten mich dazu, seiner Unterlegenheit Einhalt zu gebieten, sondern dessen Freiheit.[4] Wir sind zur Freiheit verdammt – um es mit den bekannten Worten Sartres zusammenzufassen.

Zurück zum anfangs behandelten Urteil und der Frage, in welchem Verhältnis Kritik und Verantwortung zueinander stehen. Die gendertheoretisch ausgearbeitete Haltung, die Butler in ihrer *Kritik der ethischen Gewalt* entwickelt, kapselt sich selbst in Eigenverantwortung ab. Genauer: Ihr zufolge sei jede Identitätsgruppe für sich alleine verantwortlich, da schließlich aus den hauseigenen Annahmen ein determiniertes Verantwortungsgefüge resultiere – egal, wie antihumanistisch dieses ausfallen mag. Ganz so determiniert und ausweglos sieht Butler die Sache natürlich nicht. Zweifelhaft sind allerdings die Vorschläge, die sie anführt, um den normativen Rahmen, der mich und dich bedingt, aufzuweichen.

Da Urteile nun gewalttätig seien und mich daran hindern würden, den Anderen anzuerkennen, schlägt Butler eine neue Form kritischer Praxis vor. Kritik wird dezidiert als Ablassen von Urteilen konzipiert. Indem ich mich also eines Urteils enthalte, verhalte ich mich neutral zum Anderen. Verantwortungsübernahme beginnt somit bei der Anerkennung des Anderen. Ich entstelle den Ordnungsrahmen, wenn ich zugestehe, dass sowohl dein Selbst wie auch meins durch eine Undurchsichtigkeit konstituiert ist, die uns nicht transparent ist.[5] Das ist auch dann richtig, wenn man davon absieht, dass Butler einen kulturalistischen Begriff von Undurchsichtigkeit gebraucht. Doch im kulturrelativistischem Kontext bedeutet Anerkennung eben, dass ich dich in deinem So-Sein hinnehme, dass du unter deinen sozialen Bedingungen zu dem geworden bist, der du eben bist. Statt den Anderen, erkenne ich letztlich die Bedingungen seiner Unfreiheit an: die ihn konstituierenden Normen.

In welchem Ausmaß vermag also die Ent-haltung eines Urteils, das beispielsweise die Kritik an entmenschlichenden Praktiken meint, einen gegebenen Ordnungsrahmen zu entstellen? Einverstanden: Enthaltung, Duldung, Toleranz mögen der erste Schritt sein, um den Dialog mit dem Anderen zu eröffnen. Doch wenn Enthaltung bedeutet, dass ich dich und mich darin anerkenne, dass wir unterschiedliche Erzeugnisse unterschiedlicher normativer Ordnungsrahmen sind, dann ist damit noch gar nichts entstellt. Im Gegenteil. Durch meine Enthaltung re-produziere ich den Anderen in seinem So-Sein. Und genau so re-produziert die Enthaltung die Verhältnisse, denen ich und der Andere unterlegen sind, unabhängig davon, wie prekär diese ausfallen. Das Ganze versteht sich dann noch obendrauf als innovative, aufklärerische Praxis – Schweigen und zum Schweigen bringen, und das im Namen der Verantwortung.

Die Entstellung der uns vermittelnden, normativen Horizonte beginnt bei der Neueinstellung. Eben weil wir als zur Freiheit Verdammte schon immer Verantwortung füreinander tragen, fällt das Verantwortungsgewicht, d.h. die gerechte Gewichtung und Abwägung, auf die Wahl. Verantwortung zu übernehmen, bedeutet, *Antworten* zu formulieren, die notwendigerweise mit Kritik und Urteil einhergehen müssen. Eine solche kritische Neueinstellung des Ordnungsrahmen muss vom Selbstverständnis getragen sein, dass wir uns in Distanz zu unserer eigenen Herkunft verhalten und damit in ein Verhältnis *zu*einander treten können. Jede zwischenmenschliche Begegnung handelt zwar immer innerhalb eines tradierten Ordnungsrahmens, doch im Moment des Miteinanders ist stets auch das Potenzial eines neuen mit angelegt. Ein solcher Gestaltungsprozess verlangt nicht nur die Enthaltung, er setzt zwingend einen radikalen Begriff subjektiver Freiheit voraus – eben damit die Neugestaltung mehr ist als ein bloßer kultureller Führungswettstreit. Es ist dieses „mehr", die Orientierung an deiner und meiner Freiheit, durch die meine Antwort, mein Rückruf, überhaupt erst solidarische Form annimmt.

Was bedeutet das alles für die identitätspolitischen Befangenheiten des 21. Jahrhunderts? Anerkennung und Kritik sind nicht so einfach voneinander zu trennen, und unterbundene Kritik sowie der Aufruf zu losgelöster Enthaltung können durchaus gefährliche und regressive Gestalt annehmen, wie die einschlägigen Passagen in Butlers Werk darlegen. Eine substanzielle Veränderung des Ordnungsrahmens findet nicht dort statt, wo Kleingruppierungen untereinander ihre Ideen eines gesellschaftlichen Miteinanders neu aushandeln und „Externe" sich diesem Diskurs enthalten müssen. Es verhält sich doch genau umgekehrt: Genau da, wo diejenigen, die *nicht* als Teil einer Identität oder Gruppe gelten, Mitverantwortung übernehmen und ihre Urteile miteinbringen, wird fundamental aufgeräumt. Heterosexuelle, die sich für sexuelle Minderheiten einsetzen, weil sie vom allgemeinen Prinzip der sexuellen Selbstbestimmung geleitet sind, Moslems, die sich für Christen engagieren, weil sie die Idee der Religionsfreiheit ernst nehmen, vice versa: Engagement, nicht etwa aufgrund einer Sexualität, eines Glaubens oder sonst irgendeiner Identität, sondern aus Einsicht der Kritiker in universale Prinzipien, die einem freiheitlichen Miteinander beisteuern – dem Projekt „Menschlichkeit".

Anmerkungen

1 Judith Butler, *Kritik der ethischen Gewalt. Adorno-Vorlesungen 2002*, erweiterte Ausgabe, Frankfurt am Main 2007, S. 65.
2 Ebd., S. 34.
3 Ebd., S. 36.
4 Vgl. Emmanuel Lévinas, *Humanismus des anderen Menschen*, Hamburg 2005, S. 78.
5 Vgl. Judith Butler, *Kritik der ethischen Gewalt*, S. 62.

Die „Identifikation mit dem Leiden"

Zur Apologie der Gewalt in Judith Butlers Agitation nach dem 11. September 2001

Marco Ebert

Daß das Individuum mit Haut und Haaren liquidiert werde, ist noch zu optimistisch gedacht. Wäre doch in seiner bündigen Negation, der Abschaffung der Monade durch Solidarität, zugleich die Rettung des Einzelwesens angelegt, das gerade in seiner Beziehung aufs Allgemeine erst ein Besonderes würde. Weit entfernt davon ist der gegenwärtige Zustand. Das Unheil geschieht nicht als radikale Auslöschung des Gewesenen, sondern indem das geschichtlich Verurteilte tot, neutralisiert, ohnmächtig mitgeschleppt wird und schmählich hinunterzieht.

Theodor W. Adorno, *Minima Moralia*

I. Judith Butler und die negative Aufhebung der bürgerlichen Gesellschaft

1. Gesellschaft und politische Gewalt

2005 widmete das Zentrum für transdisziplinäre Geschlechterstudien (ZtG) an der Humboldt-Universität zu Berlin sein hauseigenes Bulletin dem Thema *Female Genital Cutting. Die Schwierigkeit, sich zu positionieren.*[1] Das ZtG, das sich selbst häufig als eine feministische Einrichtung und als wissenschaftspolitische Errungenschaft der deutschen Frauen- und LGBT-Bewegungen darstellt, ließ darin Genderforscherinnen das Für und Wider der Genitalverstümmelung von Frauen abwägen – einen gewalttätigen Akt, der zu dauerhaften psychischen wie physischen Schäden sowie zu Komplikationen bis hin zum Tod der Betroffenen führen kann. Eine Aufarbeitung dieser regressiven Neutralitätsbekundung gegenüber der virulent misogynen Religionsauslegung und „Tradition“ gab es nicht. Vielmehr fügte sich das pseudowissenschaftliche Pamphlet in eine ganze Reihe gendertheoretischer Verharmlosungen oder gar offenen Zustimmungen zu patriarchaler Gewalt ein. Statt qua Wissenschaft parteiisch für die körperliche Unversehrtheit und Souveränität von Frauen – unabhängig von deren Herkunft – zu streiten, wird darin der Leib anderer Frauen kulturalisiert. Was Gewalt ist, hinge demnach von der „Kultur“ des Opfers und dem Standpunkt der KritikerInnen ab. Im Folgenden wird der Frage nachgegangen, wie es dazu kommen konnte, dass ein akademischer Fortbestand der Frauenbewegung in den Modus offener Selbstzerstörung übergehen konnte – und dies mit der besten Absicht, emanzipatorisch zu handeln. Hierzu soll der Gewaltbegriff der für die Geschlechterstudien wichtigsten Stichwortgeberin analysiert werden. Dabei beschränke ich mich auf eine Auswahl ihrer Veröffentlichungen aus der Zeit nach dem 11. September 2001.

Um Judith Butlers Gesellschaftsverständnis besser zu verstehen, sei dieses hier einleitend skizziert. Dies ist – neben der Kenntnis der ihnen zugrunde liegenden Ordnungsideen – unerlässlich für die weitere Analyse ihrer nach 9/11 und den Kriegen in Afghanistan und dem Irak vorgelegten Abhandlungen. In ihrer 2010 veröffentlichten Schrift *Raster des Krieges* skizziert Butler eine Vorstellung von Subjektivität, die auch für das Gesellschaftsverständnis in ihrer Essaysammlung *Gefährdetes Leben* von 2005 konstitutiv ist:

> „[W]ichtiger ist indes vielleicht, dass das Subjekt das ich bin, an das Subjekt gebunden ist, das ich nicht bin, dass jeder von uns die Macht hat zu zerstören

> und dass jeder von uns zerstört werden kann und dass wir darin, in dieser Macht und dieser Gefährdung, aneinander gebunden sind. In diesem Sinne ist unser aller Leben gefährdetes Leben.“[2]

Nach Butler ist das Leben der Menschen immer ein gefährdetes, von der Geburt bis zum Tod. Stets drohen ihnen physische Gewalt und Vernichtung – unabhängig von historischen Entwicklungen und sozialen Umständen. Leben bedeute, gefährdet zu sein. Es sei ein permanenter Ausnahmezustand; der 11. September habe diese prinzipielle Gefährdung in Erinnerung gerufen. Dies ist das zentrale Moment in Butlers Schriften nach den Anschlägen von New York und Washington DC. Es ist das Fundament, auf dem sie ihre Thesen über Krieg und Gewalt aufbaut. Hier lohnt also ein genauerer Blick.

Der gesamte Verlauf der Geschichte hinge davon ab, ob sich die Menschen zu ihrem gefährdeten und abhängigen Wesen bekennen würden oder ob sie diese Einsicht verdrängten und versuchten, dagegen anzukämpfen. Ein solcher Kampf könnte nach Butler nur zu noch mehr und entsetzlicherer Gewalt führen als jene, die ohnehin zum Menschsein dazugehöre.

> „Wenn ich für Autonomie kämpfe, müßte ich dann nicht auch für etwas anderes kämpfen? Für eine Vorstellung meiner selbst unweigerlich in Gemeinschaft eingebunden, als von anderen beeinflusst und umgekehrt auch andere beeinflussend und dies in Formen, die ich nicht vollständig steuern oder klar vorhersagen kann? […] *Eine Gemeinschaft, in der wir uns nur gleichen, insofern wir jeweils einzeln diese Voraussetzung haben und daher eine Bedingtheit gemeinsam haben, die ohne Differenz nicht gedacht werden kann?* Diese Art, sich Gemeinschaft vorzustellen, bejaht die Relationalität nicht bloß als eine deskriptive und historische Tatsache unserer Formierung, sondern auch als eine dauerhafte normative Dimension unseres sozialen und politischen Lebens, als eine Dimension,

> in der wir gezwungen sind, uns über unsere wechselseitige Abhängigkeit klarzuwerden.“[3]

So beschreibt Butler in *Gefährdetes Leben* die mögliche Form des Zusammenlebens, die zu einer friedlicheren Welt führen würde. Widmen wir uns zunächst jener sonderbaren Vorstellung von Gemeinschaft, die sie hier als Innovation verstanden wissen will – eine Zusammengehörigkeit, in der die Individuen alle voneinander verschieden sind und nur im allgemeinen Ausgeliefertsein gleich und darüber aufeinander bezogen sind. Es stellt sich heraus, dass diese Form der Gemeinschaft keineswegs ein noch zu erkämpfendes Ziel darstellt, noch dass sie von dem Bekenntnis zu ihr abhängt, wie Butler behauptet. Vielmehr umschreibt die Autorin präzise die bereits herrschende Subjektivität in der warenproduzierenden, bürgerlichen Gesellschaft. Die Subjekte sind als gesellschaftliche Monaden, d.h. als isolierte Konkurrenten, alle voneinander getrennt. Ihr Getrennt-Sein ist die Voraussetzung dafür, dass sie miteinander in Austausch geraten können – sei es durch die Arbeitskraft, die verausgabt wird, oder die Ware, die ihren Besitzer wechselt: Alles kann zu einem bestimmten Zeitpunkt nur *einen* Eigentümer haben und muss klar von allen anderen getrennt sein. Genauso kann nie ein und derselbe Mensch zugleich Eigentümer und Käufer ein und derselben Ware sein. Die Isoliertheit der Wareneigentümer und -produzenten ist also zwingende Eigenschaft der Menschen für das Funktionieren des Tauschs. Dieses Prinzip (Kaufen & Verkaufen) wiederum besorgt in der bürgerlichen Gesellschaft die Vergesellschaftung der voneinander isolierten Individuen. Hier erhalten die Waren ihren Tauschwert und die Menschen treten miteinander in Beziehung. Die isoliert voneinander verrichteten konkreten Arbeiten werden im Tausch in allgemein menschliche Arbeit abstraktifiziert und in Geld als allgemeines Äquivalent verdoppelt und materialisiert.

Kurzum, Butler schlägt hier nichts anderes als den entscheidenden Wesenszug bürgerlicher Subjektivität als Mittel gegen Krieg und Gewalt vor. Was bejaht wird, ist jedoch weder das Subjekt selbst noch die positiven Aspekte bürgerlicher Subjektivität, wie die Erkenntnis- und Gestaltungsfähigkeit, die sich aus der Scheidung des Menschen von seiner Umwelt bzw. des Subjekts vom Objekt ergeben. Lediglich die negativen Aspekte bürgerlicher Vergesellschaftung sollen bei ihr affirmiert werden: das Ausgeliefert-Sein, die Abhängigkeit und Ohnmacht vor den gesellschaftlichen Gewaltverhältnissen. Materialistisch ausgedrückt: die politische Herrschaft des Kapitals über die Individuen und ihre Zurichtung zur gesellschaftlichen Monade. Im Gegensatz zu Adorno, der in den isolierten Konkurrenten eine Voraussetzung für Auschwitz sah, sieht Butler in einer solchen Zurichtung des Subjekts durch die herrschenden Produktionsverhältnisse eine Chance für den Abbau von kriegerischen Handlungen und Terror.[4] Das Zielsubjekt soll nicht mehr als seine soziale Formierung sein. So sei es notwendig, die Menschen dazu zu bringen, „die allgemeine Bedingung von Fragilität und physischer Verletzbarkeit einzusehen“ und diese „Einsicht menschlicher [zu] machen“.[5] Was den Menschen äußerlich zugefügt wird, soll in das Individuum selbst hereingenommen und der Veränderbarkeit entzogen werden. Politische Herrschaft und historisch entstandene Abhängigkeit werden „menschlich“ – und so als anthropologische Konstante verewigt.

Wie dies funktionieren kann, erläutert die Autorin sodann anhand der „Identifikation mit dem Leiden selbst“.[6] Statt zur Empathie mit Leidenden werden die Menschen aufgefordert, sich mit ihrem Leiden selbst zu identifizieren. Es soll keine Differenz mehr zwischen ihnen und den Aggressionen gegen sie geben – und somit auch keine Erlösung mehr davon, die außerhalb des eigenen Todes liegt. „Vielleicht können wir sagen, daß der Schmerz die Möglichkeit beinhaltet, eine Form der Enteignung zu verstehen, die grundlegend dafür ist, wer ich bin“, heißt es an anderer Stelle – was nichts anderes als Marter als Selbsterkenntnis meint.[7] Die eingeforderte Affirmation ist also zuvorderst die Sinnstiftung der Gewalt gegen das Individuum und gegen sein Streben nach einem glücklichen Leben ohne Angst. Somit sind es ausgerechnet die regressivsten Elemente der bürgerlichen Gesellschaft, die Butler hier als heilbringend empfiehlt. Statt einem Ende gewalttätiger Verhältnisse fordert sie tatsächlich ein Ende der Erkenntnis von Gewalt als solche, denn nur das, mit dem ich nicht identisch bin – das, was also außerhalb meiner selbst liegt –, kann ich noch erkennen, begreifen und verändern. Menschen können sich mit Butler nicht in der Welt zurechtfinden. Nur mehr ein Effekt der Subjektbildung unter den gegenwärtigen Verhältnissen, der Schmerz, soll noch gespürt werden. Die Entstehung außerhalb des Individuums indes bleibt im Dunkeln. Das Gefühl der Wunde allein verrät nicht ihre Herkunft. Man wird blind vor Schmerz, nicht sehend.

Indem das Leiden vollständig in das Mensch-Sein verlagert und ontologisiert wird, nehmen Butlers Thesen religiöse Züge an, deren Kern die Verachtung des irdischen Lebens stellt. Der Mensch sei schon im Schmerz geboren und könne sich nie davon freimachen, sondern sich nur dazu bekennen, um darin schließlich sein eigenes Wesen zu erkennen und ohnmächtig davor zu kapitulieren. Die Autorin empfiehlt ihren LeserInnen zur Eindämmung des Blutvergießens in Zeiten des Terrors die radikale Praxis des „Nichthandelns". Dazu gehöre es, „sich den Bindungen zu überlassen, die binden und entbinden", um einen „Weg der affektiven Erkenntnis" beschreiten zu können und so aus dem „geschlossenen Zirkel der Reflexivität auszubrechen".[8] Reflexion, eigentlich ein vermittelter Denkprozess, bei dem das Ich sich und seine Handlungen bewusst in Beziehung zur eigenen Umwelt setzt und das eigene Erkenntnisinteresse ergründet, soll hier durch ein unmittelbares Fühlen ausgetauscht werden. Das Ich soll sich in einer aktiven Passivität seiner Umgebung hingeben und dazu gerade der kritischen Distanz der Reflexion entsagen. „Allerdings fürchte ich, dass wir uns de facto in die entgegengesetzte Richtung entwickelt haben und stattdessen versuchen, unsere Verletzbarkeit auszumerzen und uns als unverwundbar, ja als undurchdringlich vorzustellen. Was dabei herauskommt, ist, so kann man es auch sagen, ein entsetzlicher Maskulinismus", so Butler weiter.[9] Mit anderen Worten: Das Aufbegehren gegen das eigene Leiden führe zu noch mehr Leid. Es nimmt nicht wunder, dass die Autorin mit dem vergeblichen Kampf gegen das wesensbestimmende Leiden und die Akzeptanz der eigenen Abhängigkeit das Subjekt, die Individualität, die Freiheit und die Vernunft identifiziert – allesamt Kernbegriffe der Aufklärung also und Aspekte, welche die von Butler ausgeblendete Seite des bürgerlichen (Rechts-)Subjekts ausmachen. Es seien diese Konzepte, die der Durchsetzung eines allgemeinen Bekenntnisses zum „gefährdeten Leben" im Wege stünden und somit eine friedlichere Welt blockierten. Butler schlägt daher eine radikale Neuformulierung dieser Entwürfe sowie eine „Perspektivenverschiebung" vor:

> „Ich denke jedoch, dass der Begriff der Handlungsfähigkeit – der die Frage betrifft, wie eine Person als Person *handelt* – einen weiteren Horizont für die Diskussion um Freiheit und Rationalität bereithält, als es die Begriffe des Individualismus und der Selbstbestimmung tun. Er erlaubt, diverse Praktiken als Ausdruck von Freiheit vorzustellen, die nicht unbedingt dem Individuum entspringen oder irgendeiner innerlichen Vorstellung von Selbstbestimmung."[10]

> „Und tilgt nicht das Insistieren auf dem Subjekt als einer Vorbedingung für politische Handlungsfähigkeit die grundlegenderen Formen der Abhängigkeit, die uns binden und aus denen unser Denken und unsere Zugehörigkeit hervorgehen, die Grundlage unserer Verletzbarkeit, unserer Zugehörigkeit und unseres kollektiven Widerstands sind?"[11]

Der Begriff der Handlungsfähigkeit dient der Autorin als argumentative Brücke, um sich des emanzipatorischen Verständnisses von Subjektivität, Individualität und Freiheit zu entledigen. Alles, was der einzelnen Handlung nicht unmittelbar anhaftet, bleibt somit unsichtbar und wird als nicht mehr relevant betrachtet. Die mit dem Begriff erfassten Handlungen und Menschen werden vom Geschichtsprozess selbst abgeschnitten. Der gesamte Subjektbildungsprozess, die Sozialisation der Menschen und die dabei ablaufende psychologischen Prozesse von Verdrängung, Identifikation und Projektion, kurzum: die Zurichtung der Menschen in einer auf Gewalt basierenden Gesellschaft, werden damit ausgeblendet. Gewalt gegen das Individuum kann so gar zum Ausdruck von Freiheit umgedeutet werden – aber eben nicht mehr von tatsächlicher, nämlich individueller, sondern von kollektiver „Freiheit“: Die Herrschaft des nationalen, religiösen oder kulturellen Kollektivs über das Individuum wird schließlich affirmiert. Dass auf Butlers Ausführungen zur Handlungsfähigkeit als einziges Beispiel die „Freiheit, eine Burka zu tragen“ und das gemeinschaftliche Verhüllen von Frauen als herausragender kollektiver Widerstand gelobt wird, deutet bereits die Genese dieses Begriffs an. Im folgenden Abschnitt wird auf solche geschlechtlichen Implikationen noch einmal ausführlicher einzugehen sein.

Des Weiteren zeigt sich hier erneut, dass es Butler gerade *nicht* um Solidarität unter den Menschen geht. Solidarität kann sich nur aus einer Vermittlung von Besonderem und Allgemeinem ergeben. Sie beruht auf der Anerkennung des Humanen in den Menschen, dem allgemeinen Streben nach einem Leben ohne Angst, in Glück und in körperlicher Unversehrtheit. Das Allgemeine ist die Basis dafür, dass die Einzelnen Empathie füreinander empfinden können. Doch genau dieses Allgemeine, etwa in Form der Idee von „Selbstbestimmung“, soll durch Butlers Theorie bestritten und als Gewalt diffamiert werden. Ihr Konzept einer Gemeinschaft von Monaden, in der Ohnmacht, Gefährdung, Verwundbarkeit und Abhängigkeit die einzigen gemeinsamen Bezugspunkte der Menschen darstellen, ist der schärfste denkbare Gegenentwurf zu einem solidarischen Zusammenleben. Wer sich mit der Monade als Existenzform menschlichen Daseins identifiziert, identifiziert sich schließlich mit der gesamten politischen Herrschaft, die dieses gewaltsam erzeugt. Bürgerliche Gesellschaft und Monade könnten jeweils nicht ohne einander existieren. Die Autorin wirbt für einen Zustand, in dem das Individuum als Monade unumkehrbar der Macht des Kollektivs unterworfen ist. Subjektivität, Individualität und Vernunft sollen zu diesem Zweck neu definiert werden und damit in ihrer Bedeutung und Wirkungsmöglichkeit für die Befreiung der Menschen vernichtet werden. Ruft man sich die historische Bedeutung der Philosophie für die Aufklärung in Erinnerung – und welche Hoffnungen an sie geknüpft wurden –, wird das ganze Ausmaß dieser „Perspektivenverschiebung" deutlich. Butlers Konzeptionen zielen auf einen Zustand *vor* der Aufklärung ab: auf allgemeine Unmündigkeit. Doch bei ihrer Argumentation handelt es sich weder um bloße Gegenaufklärung noch um Anti-Modernismus. Ihre Angriffe kommen nicht von außerhalb der bürgerlichen Verhältnisse, sondern greifen jene Aspekte kapitalistischer Vergesellschaftung auf, die auf eine regressive Überwindung der bürgerlichen Verhältnisse durch die totale Entfesselung der Herrschaft abzielen.

Die These dieses Beitrags lässt sich deshalb folgendermaßen formulieren: Das Studium der Schriften Judith Butlers ist zugleich das Studium regressiver Tendenzen *innerhalb* der bürgerlichen Gesellschaft. Sie kennzeichnen jene Prozesse am Ende bürgerlicher Emanzipationsbewegungen, die im Entzug der eigenen Grundlagen und damit in ihre Selbstvernichtung münden. Es ist dabei nicht das erste Mal, dass wir solche Verfalls- und Untergangsprozesse beobachten müssen. Scheinbar ohne äußeren Zwang tendieren Teile der Emanzipationsbewegungen zur Wiederherstellung jenes Zustands, an dem sie einst ihren Ausgang nahmen. Dieses Phänomen wiederholt sich, weil es bisher noch keine bürgerliche Emanzipationsbewegung vermochte, den Bann zu brechen, den die kapitalistische Produktionsweise den Menschen auferlegt. Solange die materiellen Grundlagen menschlichen Lebens nicht bewältigt werden, solange bleibt jede Emanzipation eine unvollständige Freiheit auf Widerruf. Der regressiven Tendenz zur Selbstzerstörung, die für die westliche Frauen- und LGBT-Bewegung aktuell u. a. die Queer Theory in Nachfolge von Judith Butler darstellt, entgegenzuarbeiten, bedeutet, die Befreiung als denk- und erkennbare Möglichkeit überhaupt zu bewahren – und damit die Erinnerung an das Versprechen der Emanzipation wachzuhalten.

2. Geschlechtervorstellungen und das Patriarchat

Judith Butlers Nimbus als großer Dekonstrukteurin von Geschlecht zum Trotz, operiert die Autorin in den untersuchten Schriften mit klar dichotomen Geschlechtervorstellungen. Daran lässt sich bereits erkennen, dass der in den 1990er Jahren verfolgte queertheoretische Impetus, vermeintlich natürliche Gewissheiten zu entmythologisieren, längst nicht mehr verfolgt wird, sondern im Gegenteil Identitäten nun geradezu festgeschrieben werden sollen. Obschon Butler den Begriff der Handlungsfähigkeit (*agency*) als Alternative zur Bestimmung der Subjekt-Objekt-Beziehung einführt – also als Konzept, das nicht nur auf bestimmte Menschen anzuwenden ist –, wird es keineswegs universell appliziert. So kritisiert Butler beispielsweise eine voreingenommene Berichterstattung in den US-Medien, die durch die Darstellung von Osama Bin Laden, Jassir Arafat und Saddam Hussein Bilder des Bösen hergestellt hätten. „Es handelt sich dabei um mediengerechte Porträts, die oft im Dienst des Kriegs arrangiert werden, so als ob Bin Ladens Gesicht das Gesicht des Terrors wäre, als ob Arafats Gesicht das Gesicht der Täuschung wäre, als ob Saddams Gesicht das Gesicht zeitgenössischer Tyrannei wäre“, schreibt sie in *Gefährdetes Leben.*[12] Die Handlungen dieser Männer, die eine solche Darstellung in den Medien verständlich machen könnten, spielen für die Beurteilung offenbar keine Rolle. Die Gewalt, die diese Herrscher, Propagandisten, Kriegsfürsten und Racket-Chefs entfesselt haben, sind für die Philosophin einer „Ethik der Gewaltlosigkeit“ nicht von Belang; ihre Taten erscheinen nur mehr als bloße Konstruktionen einer kriegstreiberischen US-Medienlandschaft. Doch nicht allein die Führerschaft dieser drei Männer wird von Butler ausgeblendet, sondern scheinbar jede Form patriarchaler Machtausübung.

Die Verachtung der Autorin gegenüber selbstbestimmten Frauen wird dabei nicht direkt und offen formuliert. Stattdessen macht Butler sich die Gewalt gegen diese zu eigen, indem sie sie zur Identität der Opfer dieser Gewalt erklärt. Abermals geraten zunächst die Begriffe Freiheit, Individuum und Subjektivität in Butlers Fadenkreuz, und ohne Umschweife geht es an den Kern bürgerlich-liberaler Gesellschaften. Wie bereits zuvor mit dem Begriff der „Perspektivenverschiebung" hält sie auch hier einen Begriff bereit, der es ihren LeserInnen leicht macht, die Augen vor der lebensfeindlichen Gewalt zu verschließen, die legitimiert werden soll. Es bedürfe einer „Praxis kultureller Übersetzung"[13], denn:

> „Sofern die künstlerische und die sexuelle Ausdrucksfreiheit als letztgültiges Zeichen dieser Entwicklungsvorstellung von Modernität und als Rechte auf der Grundlage einer bestimmten Form des Säkularismus verstanden werden, haben wir den Kampf um sexuelle Freiheiten vom Kampf gegen Rassismus und gegen islamfeindliches Empfinden und Handeln zu trennen. Innerhalb des gerade skizzierten Rahmens besteht wohl keine Solidarität zwischen diesen verschiedenen Bestrebungen [...]."[14]

Das Beharren auf sexueller und künstlerischer Ausdrucksfreiheit sowie ein säkulares Gesellschaftsverständnis werden als Hindernisse für einen solidarischen Kampf gegen Rassismus und „islamfeindliches Empfinden" ausgemacht. Im Umkehrschluss wird behauptet, die Opfer von Rassismus würden von westlichen Menschenrechtsbewegungen abgeschreckt, da diese nicht nur dem heterosexuellen Mann, sondern ebenso LGBT-Personen wie auch heterosexuellen Frauen eine sexuelle Selbstbestimmung zugestehen. Es ist offenkundig, wie rassistisch Butlers Vorstellung von Schwarzen Menschen hier ist, denen sie pauschal kaum zutraut, sich mit den genannten sexuellen Freiheiten und Säkularismus zu identifizieren.

Nicht ohne Verwunderung fügt die Autorin hinzu: „nach der skizzierten Auffassung [von Modernität, M. E.] hängt der Kampf um sexuelle Selbstbestimmung geradezu von der Beschränkung und vom Ausschluss religiöser Rechte ab (sofern wir uns weiter innerhalb liberaler Vorgaben bewegen) [...]".[15] Wüsste man es nicht besser, könnte man meinen, Butler habe noch nie etwas vom Patriarchat gehört. Selbstverständlich beginnt die Freiheit etwa von LGBT-Personen mit der Befreiung von Religionen und Theokratien, die Homosexualität verbieten oder gar unter Strafe stellen. Ebenso widerspricht der Anspruch etwa des konservativen Islams auf den weiblichen Körper, um den es Butler hier eigentlich geht, der Forderung nach sexueller Selbstbestimmung.

An die bereits im vorangegangen Abschnitt zitierte Passage zum Konzept der Handlungsfähigkeit und der Kritik der Selbstbestimmung schließt sich ein längerer Absatz zum Lob der Vollverschleierung von Frauen an. Zunächst hebt die Autorin die „Lyrik von Beduinenfrauen“ als „politisch extrem subversiv“ hervor, freilich ohne dabei ein Beispiel zu nennen oder die poetische Subversion einer einzelnen Frau näher zu ergründen, die mit einer gesellschaftspolitischen nicht gleichbedeutend ist. Schließlich warnt sie vor einer Verurteilung der Burka. Die islamische Vollverschleierung sei grundsätzlich positiv zu bewerten, denn

> „sie symbolisiert, dass eine Frau bescheiden ist und dass sie ihrer Familie verbunden ist, aber auch, dass sie nicht von der Massenkultur ausgebeutet wird und dass sie stolz auf ihre Familie und Gemeinschaft ist. […] Die Burka zu verlieren bedeutet mithin auch einen gewissen Verlust dieser Verwandtschaftsbande zu erleiden […], eine Erfahrung von Entfremdung und Zwangsverwestlichung“.[16]

Der bloße Fakt, dass es Frauen gibt, die eine Burka tragen, genügt der Autorin, um die Sinnhaftigkeit der evident frauenfeindlichen Gewalt zu behaupten. Nicht allein bewertet sie Bescheidenheit, Konformität und Abhängigkeit von der Familie positiv: die Gewalt gegen das weibliche Individuum wird in dieses selbst verlagert und zum eigenen Wesen erklärt. Dementsprechend ist die Befreiung von der Verschleierung eine „Entfremdung“ und „Zwangsverwestlichung“ der jeweiligen Frauen. An anderer Stelle schreibt Butler von einer „kulturimperialistischen Ausbeutung des Feminismus“ und meint damit die Propagierung von Selbstbestimmung der Frau und die Verurteilung ihrer religiös begründeten Unterdrückung. So sei ein Feminismus, der das Ablegen der Burka von afghanischen Frauen und Mädchen begrüßt, nichts anderes als ein westliches „Kolonialprojekt". Die USA würden in „vorsätzlich ignorierten kulturellen Kontexten" Frauen westliche Menschenrechte oktroyieren, die offenbar diesen nicht-westlichen Frauen nicht zustehen oder mit denen diese nicht umgehen können. Indem die USA ihnen eine Lebensperspektive offenbarten, die sich nicht in der Unterwerfung unter das Regime der Männer der Familie erschöpft, bewiesen die Amerikaner wieder einmal die „Überheblichkeit der Ersten Welt". Ihre Handlungen seien als nachträgliche Legitimationen für die Kriegshandlungen der USA zu werten.[17] Die Begriffe „Kulturimperialismus" und „Kolonialismus" suggerieren, dass das Ablegen der Verschleierung durch die USA und mittels neuer Rechtsprechung erzwungen worden sei. Ein Zwang zur Freizügigkeit oder zum Konsum amerikanischer Kultur im Irak oder Afghanistan bleibt allerdings eine bloße Phantasmagorie der Autorin, für die sie folglich keinerlei Belege anführen kann. Auf der anderen Seite ist hingegen der Zwang zum Tragen der Burka in vielen religiösen afghanischen Familien weiterhin trister Alltag für die Betroffenen.

Bemerkenswert an der Verherrlichung patriarchaler Gewalt und submissiver Frauen ist die antikapitalistische Konnotation. Burkaträgerinnen ließen sich durch ihre Verschleierung „nicht von der Massenkultur ausbeuten", die USA hingegen betrieben verdeckt durch feministische Forderungen eben jene Ausbeutung, Imperialismus und Kolonialismus, womit der Körper der muslimischen Frauen, um dessen kulturelle Reinhaltung es hier geht, von Butler zum antikapitalistischen Kampfgrund auserkoren wird. Deutlicher ist dies in einer Anekdote, welche die Autorin beschreibt:

> „Außerdem gibt es die Gesichter afghanischer Mädchen, die ihre Burkas abgelegt oder fallen gelassen haben. Irgendwann im letzten Winter besuchte ich einen Politikwissenschaftler, der diese Gesich-

> ter stolz an seiner Kühlschranktür zur Schau stellte – direkt neben einigen anscheinend wertvollen Supermarktcoupons: Für ihn waren sie ein Zeichen erfolgreicher Demokratie.[18]

Der Politikwissenschaftler platziert die Aufnahme der Gesichter ausgerechnet an seinem Kühlschrank, neben seinen Rabattscheinen – normalerweise eine vollkommen überflüssige Information, doch diese Beschreibung soll den Stellenwert der Bilder für den Kollegen unterstreichen. Sie werden selbst zu Supermarktcoupons – und sollen dem Besitzer einen Vorteil bringen. Während er diese Gesichter also „zur Schau stellt“ und die Autorin keinerlei weitere Zeilen darauf verwendet, dessen Beweggründe näher zu beschreiben oder den Zusammenhang von Demokratie und der Befreiung von Religion zu untersuchen, räumt sie der Apologie der Verschleierung deutlich mehr Raum ein. Die entschleierte Frau wird in der Anekdote zum schieren Gebrauchsgegenstand des Akademikers. Dass es sich bei den Abgebildeten zudem um Mädchen handelt, unterstreicht nochmals die moralische Verwerflichkeit in der Benutzung von Abbildungen dieser Frauen und weckt Assoziationen von Vergewaltigung und Prostitution. Damit ist Butler selbst auf Linie mit iranischen Klerikern etwa, denen entschleierte und geschminkte Frauen als verwestlichte Huren gelten. Wenig später schreibt Butler despektierlich von den entschleierten afghanischen Mädchen als „Kriegsbeute“ der USA.[19] Frauen in Afghanistan, die das vorläufige Ende des Taliban-Regimes als Befreiung erlebten, sind für Butler der Rede nicht wert. Sie bekommen weder Subjektivität zugesprochen, noch scheint das Konzept der Handlungsfähigkeit für sie in gleicherweise zu gelten, wie für die Burkaträgerinnen. Sie werden schlicht entmündigt: Ihre Handlungen seien, folgt man der von Kalifornien aus nicht empirisch urteilenden Autorin, entweder inszeniert oder durch die USA erzwungen.

Im Gegensatz dazu stelle die Burka einen „Schleier dar, hinter dem und durch den die weibliche Handlungsfähigkeit wirken kann“.[20] Weibliche *agency* definiert sich hier also über das Auslöschen des Gesichts und der Individualität. Sie ist hinter Stoff verborgen und zum bloßen Sexualobjekt der Männer reduziert. Weiter berichtet Butler, die „Zerstörung der Burka" durch den Westen könne zu „einer Ausbreitung von US-amerikanischen kulturellen Annahmen, wie Sexualität und Handlungsfähigkeit zu organisieren und darzustellen seien" in der islamischen Welt führen. Es gehe also um feindliche Infiltration über den Körper der Frau, die Zerstörung von Familienbande und die Sexualisierung der Muslime. Nicht nur, dass dieses Bild merklich an antisemitische Vorstellungen geheimer, zersetzender Machenschaften erinnert – auch in dieser Untergangsfantasie unterscheidet sich Butler nicht von den konservativen islamischen Klerikern, deren Gewalt über und gegen Frauen sie ideologisch zu begründen versucht: „Religion besteht nicht nur in bestimmten Glaubensüberzeugungen oder dogmatischen Ansichten, sie ist vielmehr ein in der Form letztlich offener Nährboden der Subjektwerdung, eine diskursive Matrix der Artikulation und Diskussion von Werten und ein Feld kontroverser Auseinandersetzungen".[21] Das ideologische Vorgehen der Autorin ist immer gleich: Bestehende Gewalt wird mit einer Vielzahl theoretischer Scheinabstraktionen überzogen, die nach der erstmaligen Erwähnung mitunter nicht einmal wieder aufgegriffen werden, sodass tatsächliche Gewalt hinter diesen Theorieattrappen unkenntlich gemacht ist – die konkrete Verschleierung von Frauen wird durch akademischen Jargon ein weiteres Mal vollzogen.

In ihren Ausführungen zur Burkaträgerin verrichtet Butler also genau das, was sie in ihrem Gesellschaftskonzept und der Idee des „gefährdeten Lebens" vorbereitet hat. Die Gewalt wird in das Wesen ihrer Opfer selbst verlagert, in diesem Fall zu „Kultur" oder „Tradition" verkitscht; parallel werden die Begriffe der Aufklärung entkernt und radikal umgedeutet. Weibliche Individuen aus muslimischen Familien sollen in den Stand vor der Ersten Frauenbewegung zurückversetzt werden. Ihnen wird keinerlei echte Subjektivität zugestanden. Frauen, die sich von ihren Familien und der männlichen Herrschaft emanzipieren und sich zum Ablegen der Burka entscheiden, werden als „Kriegsbeute" der USA diffamiert. Ihre Handlungen seien demnach nicht autonom und führten zur Entfremdung – so werden diese Frauen implizit noch ermahnt, unter die Gewalt ihrer Familien zurückzukehren.

Doch auch die Burkaträgerinnen haben in Butlers Utopia nichts zu lachen. Nicht einmal die Frauen, die sich positiv auf ihre Verschleierung beziehen, interessieren die Autorin. Wenngleich sie in unzähligen Texten die Überlegenheit, Freiheit und Handlungsmacht vollverschleierter Afghaninnen unterstreicht, taucht doch nie eine einzelne dieser Frauen namentlich in den genannten Texten auf. Auch bleibt etwa die Handlungsfreiheit oder das Wirken dieser Frauen abstrakt und allgemein. Das wahre Interesse Butlers gilt eben nicht jenen Individuen in der Stoffhülle, sondern bloß der archaischen Gewalt, die sich an und auf den Körpern der Leidtragenden materialisiert. Genau diese Eigenschaft macht die Burkaträgerin zum fetischisierten Ding für die nicht-muslimische Literaturwissenschaftlerin. Die bewunderte Gewalt schließlich kann nur am Allgemeinen affirmiert werden, da es ihr Wesen und Ziel ist, jede Differenz und Individualität zu unterbinden. Das Besondere wäre hier immer ein Eingeständnis in die Schwäche der Gewalt, deren Prinzip das Gleichmachen ist. Aus diesem Grund bleiben die einzelnen Frauen genauso wie ihre Wunden in Butlers Lobeshymnen namenlos.

Alles, was an den verschleierten Frauen noch als „Subjektivität“ und „weiblicher Handlungsfähigkeit“ gelten darf, sind ebenjene äußerlichen Spuren männlich-patriarchaler Gewalt, d.h. ihre Objekthaftigkeit. Sie, die vollständig verhüllten Afghaninnen, dienen Butler als Projektionsfläche par excellence für das angestrebte gewaltfreie „Subjekt“, das nicht selbst handelt und sich den bestehenden Bindungen unterwirft. Sie sind die, deren (Pseudo-)Freiheit „nicht irgendeiner innerlichen Form von Selbstbestimmung“ entspringt. Sie sind ausgeliefert, abhängig, ohnmächtig und differenzloses Produkt der Gewaltverhältnisse. Es ist die patriarchale Gewalt selbst, die diese Frauen zum Kollektiv macht, und ihr Leiden ist ihnen bereits zur Identität geworden. Daher müssen sie sich nicht mehr eigens zu ihrer Verletzbarkeit und ihrem „gefährdeten

Leben" bekennen, denn es ist bereits nur mehr jene Verletzbarkeit, die sie für alle sichtbar definiert. Die Verletzbarkeit gegenüber ihren Vätern, Ehemännern, Brüdern, Onkeln, Imamen usw. tragen diese Frauen in Stoff gebannt umher. Sie stehen unter patriarchaler Verfügungsgewalt und sind ganz Ding des Mannes. Butler ermahnt diese Frauen, die eigene Gefährdung des Lebens – dies „Leben" im weitläufigen Sinne zu nennen, trägt bereits höhnische Züge – mit Stolz zu (er-) tragen. So ist die nicht-westliche Frau, deren Wesen Butler so genau wie kaum eine Ethnologin zu definieren trachtet, ein bloßes Mittel zum Zweck. Es ist dabei offenkundig, dass ihre Texte nicht auf eine Islamisierung des Westens abzielen. Wie sie die religiösen Begründungen für Terror oder die Verhüllung von Frauen kaum interessiert, so ist der Islam als Religion an sich für sie kein wichtiger Bezugspunkt. Nachdem wir das ideologische Mittel also als solches erkannt haben, widmen wir uns im folgenden Abschnitt dem noch nicht genügend geklärtem Zweck zu.

3. Feindbestimmung

Die „Identifikation mit dem Leiden" und die sich darüber herstellende neue Form nicht handelnder Subjektivität, die zu Beginn beschrieben wurde, sind umkämpft. Nach Butler führe zwar jede Form der Abwehr in die Einsicht der eigenen Verletzbarkeit und Abhängigkeit zu „entsetzlichem Maskulinismus" und damit zu noch größeren Gewaltausbrüchen. Dennoch gebe es gesellschaftliche Kräfte, die diesen falschen Weg gingen und damit die Menschheit ins Unheil stießen. Butlers vorgebliche AdressatInnen sind die Bevölkerungen des „globalen Nordens", besonders aber ihre eigenen Landsleute. Sie wolle mit ihren Schriften eine politische Opposition zum Islam-Diskurs in den USA bieten.[22] Die globale Lage seit 2001 würde das

> „Opfer der eigenen, partikularen Interessen erfordern oder deren Revision im Lichte der Interessen

> anderer nötig machen. Es gibt in den entsprechenden Prozessen eine Art von Freigabe, von Nachsichtigkeit, von Unterordnung, die dem zuwiderläuft, was ich jetzt als amerikanisch-maskulinistische Militärideologie bezeichnen möchte.“[23]

Es sind also die USA, die sich einer Unterordnung unter kollektive Interessen verweigern und weder bescheiden noch nachsichtig, sondern aggressiv auftreten würden. Das Feindbild bekommt einen Namen.

An anderer Stelle schreibt Butler über die US-amerikanische Politik nach den Terroranschlägen vom 11. September:

> „Wenn die Vereinigten Staaten handeln, etablieren sie eine Vorstellung davon, was es heißt, als ein Amerikaner zu handeln, sie etablieren eine Norm, anhand deren das Subjekt erkannt werden kann. In den vergangenen Monaten ist auf nationaler Ebene ein Subjekt eingeführt worden [...] das seine beherrschende Stellung wiederherstellen und aufrechterhalten will, indem es seine multilateralen Beziehungen, seine Verbindungen zur internationalen Völkergemeinschaft, systematisch zerstört. Es panzert sich, es versucht seine eingebildete Ganzheit wiederzuerlangen, dies aber um den Preis, seine eigene Verwundbarkeit, seine Abhängigkeit und Ungeschütztheit leugnen zu müssen, wohingegen es genau diese Eigenschaften bei anderen ausnutzt und dabei diese Eigenschaften ‚zum anderen‘ seiner selbst macht.“[24]

Die Autorin nimmt eine höchst sonderbare Konstruktion des Nationalsubjekts USA vor. Es ist einerseits souverän, beherrschend und nahezu allmächtig – und indem es all das ist, ist es zugleich schwach, verwundbar und abhängig. Dieser Widerspruch, der in der Kausalität von Souveränität und Abhängigkeit liegt, wird von Butler nicht aufgelöst. Deutlich wird aber bereits an dieser Stelle, dass das so gezeichnete Subjekt das Negativbild zur „Subjektivität" der Burkaträgerin abgibt. Letztere erlange durch ihre Abhängigkeit „weibliche Handlungsfähigkeit", während die USA durch ihre Souveränität eine zu bemitleidende Schwäche offenbarten, die sie durch den Drang nach Unabhängigkeit und Unversehrtheit zu verdecken suchten. Sie sind damit unfähig zu wahrer Souveränität, die in der Bejahung der eigenen Ohnmacht, in der „Freiheit des Opfers" (Heidegger) läge. Jede Bekundung der Stärke oder des Widerstands wird in dieser Konzeption zur Leugnung der eigenen Schwäche. Somit wird auch diesem Subjekt keine andere Möglichkeit der vernünftigen Reaktion auf Gewalt gelassen, als sich dieser Gewalt selbst zu unterwerfen. Das Subjekt wäre damit ganz Objekt, den an ihm zerrenden Kräften vollständig ausgeliefert und, vor dem Hintergrund des internationalen Jihadismus, seiner eigenen Vernichtung preisgegeben. Die Autorin stellt dies jedoch genau andersherum dar. Der islamistische Terrorismus sei von den USA und Israel selbst hervorgebracht worden[25] – eine bei Faschisten wie auch Islamisten überaus beliebte antiwestliche Verschwörungstheorie. Während in diesen antisemitischen Konstruktionen in der Regel Israel, eine „Israel-Lobby" oder schlicht „die Juden" als Strippenzieher für den 11. September verantwortlich gemacht werden, ist es bei Butler eine US-amerikanische Schaffung des Subjekts sowie eine universelle Vorstellung von Fortschritt. Die Terroristen werden so zu Opfern des Liberalismus westlicher Demokratien, die sich durch den Massenmord an Zivilisten lediglich gegen ihre Bevormundung und Ausgrenzung zur Wehr setzen.

Butlers Überlegungen möchten mehr sein als eine Kritik an der US-amerikanischen Anti-Terror-Politik und an konkreten geopolitischen Leitlinien. Sie will jenes undurchdringliche und als unverwundbar imaginierte Subjekt kritisieren, das in den USA erschaffen und von „mächtigen Medien" gestützt werde. Denn es sei dieses Subjekt, das eine „Neukonzeption der Weltpolitik durch Perspektivenverschiebung" verhindere, die Butler durch ihr eigenes Wirken herbeiführen will.[26] Die Autorin geht nicht darauf ein, was unter „Weltpolitik" zu verstehen sei.

Deutlich wird aber, dass die USA diese offenbar dominierten und damit die ganze Erde bedrohten, während die Autorin sich offenbar als Kämpferin um die zukünftige Gestaltung der Welt imaginiert. Die USA sind somit für Butler mehr als ein gewöhnlicher Staat: Sie seien in ihrer aktuellen Verfassung ein zerstörerisches Prinzip. So schreibt sie etwa über die sexualisierte Folter von Insassen des US-Gefangenenlagers Abu Ghuraib: „Das [die Folterungen, M. E.] sind keine vorübergehenden Fehlentwicklungen des Krieges; hier liegt vielmehr die grausame und spektakuläre Logik der imperialen Kultur Amerikas im Kontext seiner gegenwärtigen Kriege. [...] Die Barbarei, um die es hier geht, ist die der Zivilisationsmission [...]“.[27] Die von der US-Army begangenen Verletzungen der Menschenrechte seien selbst keine Erscheinung des Krieges. Hingegen offenbarte der Krieg endlich das wahre Gesicht der „imperialen Kultur Amerikas“. Es geht Butler nicht mehr um die konkrete Politik der Bush-Administration, sondern um ein Kulturprinzip, das sie als „Zivilisationsmission“ mit globalem Anspruch bezeichnet.

Rhetorisch geschickt verbindet Butler die Folter, bei der die Gefangenen zu sexuellen Handlungen genötigt werden, mit dem Anspruch auf sexuelle Freiheit und Subjektivität. Während sie die Befreiung von der Burka als „Entfremdung“ und Propaganda der USA darstellt, sei die Folter notwendiger Bestandteil der Selbstversicherung der eigenen Subjektivität der US-AmerikanerInnen und Mittel zur Behauptung von Modernität gegenüber dem Islam. Subjektivität und Modernität führten geradewegs zum Foltern des Anderen, um sich darin selbst zu bestätigen. Die entsetzlichen Verbrechen von Abu Ghuraib werden so in Butlers Argumentation gegen das Subjekt eingebunden. Dabei blendet sie sowohl die Debatten in den USA seit Bekanntwerden dieser Gräueltaten als auch jene Gewalt außerhalb der westlichen Welt aus. „Schließlich bringen die Vereinigten Staaten dem angeblich ‚zurückgebliebenen‘ oder vormodernen Anderen die Zivilisation. Und sie bringen ihm vor allem die Folter als Instrument und Zeichen der Zivilisation.“[28] Die „‚Zivilisation‘ [ist, M. E.] Bestandteil einer dubiosen säkularen Politik, die kein Stück aufgeklärter oder kritischer als die schlimmsten Formen dogmatischer und restriktiver Religion ist".[29] Ginge es der Autorin tatsächlich um eine Verurteilung der Folter, wie sie behauptet, hätte sie diese Verallgemeinerungen nicht nötig. Statt konkrete AkteurInnen und Ereignisse zu benennen, macht sie daraus ein Kulturprinzip und erledigt mit der Folter auch gleich noch die Religionskritik, das Subjekt und die Zivilisation. Was hier offenbar mit Letzterer gemeint ist, ist die konkrete Rechtsordnung des bürgerlich-demokratischen US-amerikanischen Staates. Deutlich wird das an ihren Ausführungen zur Demokratie, deren Existenz sie infrage stellt:

> „Kann man eine undemokratisch aufgezwungene politische Herrschaftsform als Demokratie bezeichnen? Demokratie ist der Begriff sowohl für die Mittel der Konstitution politischer Macht als auch für das Resultat dieses Prozesses. Damit wird eine Art Zwickmühle geschaffen, denn die Mehrheit kann (wie die Deutschen, als sie 1933 Hitler wählten) eine undemokratische Herrschaftsform an die Macht wählen, während man zugleich mit militärischer Gewalt Wahlen und andere Ausdrücke des Volkswillens – mit offensichtlich undemokratischen Mitteln – außer Kraft setzen kann, um so die Demokratie zu ‚errichten'."[30]

In geradezu bestürzender historischer wie politischer Naivität bezweifelt Butler die Möglichkeit der Errichtung einer Demokratie auf Gewalt. Selbstverständlich ist aber jede politische Herrschaftsform in der Geschichte und somit auch jede Demokratie auf Gewalt gegründet, nicht nur der neue irakische Staat nach dem US-geführten Krieg. Die ersten Demokratien waren die Resultate gesellschaftlicher Kämpfe gegen feudale Herrschaftsformen – das scheint Butler vergessen, vielleicht aber auch nie gewusst zu haben.

Dem von den USA erzwungenen Fortschritt hält sie den „Volkswillen" entgegen. Zwar bemerkt sie, dass dieser selbst auch undemokratische Entscheidungen treffen könne; an der Existenz eines solchen Willens des Kollektivsubjekts „Volk“ zweifelt die Autorin aber nicht. Der „Volkswille“ meint mehr als das bloße Ergebnis freier Wahlen. „Wir kennen weder ihre Meinungen noch ihre Wünsche, und wir sind von ihnen auch nicht eingeladen worden“, doziert Butler etwa über das irakische „Volk“.[31] Diese Bemerkung stellt ihre Antwort auf die Frage dar, ob durch den Krieg die Menschen im Irak befreit wurden. Das „Volk“ erscheint hier als einheitliches Subjekt, das in der Lage ist, zu seiner eigenen Befreiung einzuladen. Dies ist blanker Zynismus – nicht allein, weil Saddam Hussein keine freie Wahl über die Befreiung seines Volkes von seiner eigenen Herrschaft oder andere Bekundungen des „Volkswillens“ gegen ihn zugelassen hätte, sondern auch, weil es die unterstellte Einheitlichkeit des Willens in keiner Gesellschaft gibt. Für ein Gros der Kurden im Norden des Landes bedeutete die US-Intervention – an der sie sich übrigens selbst beteiligten – Befreiung, während Funktionäre des irakischen Regimes mit ihrem Leben oder zumindest ihrer vorläufigen Entmachtung zahlen mussten.

Weiter kann es auch kein Mittel geben, einen solchen Willen festzustellen. Butler abstrahiert hier abermals von der konkreten Herrschaft im Irak und den unterschiedlichen Interessen gesellschaftlicher Gruppen. Jede erkämpfte Freiheit wurde historisch immer auch gegen Widerstände durchgesetzt, zum Teil selbst gegen den Willen derer, die von der Freiheit profitieren würden. Die historischen Debatten um das Frauenwahlrecht in Deutschland etwa belegen dies. Freiheit kann nicht allein über den Willen der Betroffenen definiert werden, zumal in Gesellschaften, die ihre Mitglieder in Unmündigkeit halten. Der „Volkswille“ simuliert in Butlers Argumentation die Möglichkeit einer unmittelbaren und einheitlichen Gesellschaft, die es aber so nie geben kann. Der einzige Zweck ist es hier, eine authentisch-ursprüngliche Gewalt gegen die vermittelte Gewalt bürgerlich-liberaler Staatlichkeit zu konstruieren. Das zu analysierende Verhältnis von Recht und Souverän wird mit der Behauptung der Möglichkeit einer unmittelbaren Herrschaft verdeckt. An diese Camouflage knüpft sich Butlers Pseudo-Staatskritik an.

„Statt auf die Konzeption der persönlichen Freiheit" sollten wir uns „auf die Staatsgewalt und die Nachzeichnung ihrer Zwangsmechanismen" konzentrieren, um schließlich „nicht nur ein anderes Verständnis von Modernität, sondern auch ein anderes Verständnis der Zeit" zu gewinnen, schlussfolgert sie in *Raster des Krieges*.[32] „Die Macht des Staates baut auf einem ganz bestimmten unhinterfragten Begriff des historischen Fortschritts auf, mit dem sich der Staat als moderne Errungenschaft selbst legitimiert", heißt es weiter über die USA.[33] Würde dieser Satz zutreffen, wäre der Staat bloß eine machtvolle Erzählung und die Revolution ein exklusives Vergnügen engagierter KulturwissenschaftlerInnen. Was Butler hier mit dem „historischen Fortschritt" meint, ist die Anerkennung von Frauen und LGBTs als vollständige Rechtssubjekte. Doch für sie ist der Verweis auf diesen tatsächlichen gesellschaftlichen Fortschritt nicht mehr als Propaganda zur „Spaltung" und Verhinderung möglicher Bündnisse mit jenen religiösen Kräften, die das amerikanische Rechtssubjekt in dieser Form ablehnten. Um einer solchen „Spaltung" zuvorzukommen und Bündnisfähigkeit mit Reaktionären herzustellen, unternimmt Butler nun ein überaus geschicktes Manöver. Sie fordert nicht etwa, alle amerikanischen Frauen zu verhüllen oder Homo- und Transsexualität wieder zu kriminalisieren, denn solche Appelle wären leicht durchschaubar und vor ihrer Anhängerschaft (zumindest noch) nicht offen vertretbar. Stattdessen greift sie das Rechtssubjekt selbst und mit diesem die sexuelle Selbstbestimmung von Frauen und LGBTs an. Ihre Anstrengungen verdichten sich in der Aufgabe, die Subjektivität als Übel darzustellen, das Gewalt und Unheil produziere. Das „andere Verständnis von Modernität" ist nichts anderes als das Werben für Akzeptanz für die Verfolgung von Homosexuellen und anderen Minderheiten, die Diskriminierung von Frauen und die Verwehrung demokratischer Grundrechte. Die Autorin tritt nicht für den Entzug von Menschenrechten ein, sondern für deren Sinnentleerung und Banalisierung, was am Ende freilich auf das Gleiche hinausläuft. Sie liefert damit sogar ihre eigene

Klientel ans Messer: denn auf die Gewalt, die dieser weiterhin durch Patriarchat, Religion und Terror droht, hat Butler keine Antwort. Die Möglichkeiten, dagegen zu klagen oder die Polizei einschalten zu können, sind indes vielfach die einzigen wirksamen Mittel, die dieser zur Verfügung stehen. Darauf zurückgreifen zu können, markiert für offen schwule Männer oder emanzipierte Frauen den entscheidenden Unterschied zwischen dem Leben in den USA und dem Irak. Die Anerkennung als Rechtssubjekt in einem demokratischen Staat ermöglicht ein Leben, das für Butler offenbar unvorstellbar ist, ein Dasein außerhalb der ständigen Gefährdung der eigenen physischen Existenz – kurz: ein Ende des permanenten Ausnahmezustands.

4. Apologie der unmittelbaren Gewalt

Der Historiker Moishe Postone schreibt über den Antikapitalismus des modernen Antisemitismus:

> „Diese Form des ‚Antikapitalismus' beruht also auf dem einseitigen Angriff auf das Abstrakte. Abstraktes und Konkretes werden nicht in ihrer Einheit als begründete Teile einer Antinomie verstanden, für die gilt, daß die wirkliche Überwindung des Abstrakten – der Wertseite – die geschichtlich-praktische Aufhebung des Gegensatzes selbst sowie *jeder* seiner Seiten einschließt. Stattdessen findet sich lediglich der einseitige Angriff gegen die abstrakte Vernunft, das abstrakte Recht und, auf anderer Ebene, gegen das Geld- und Finanzkapital."[34]

Diese antikapitalistische Ordnungsvorstellung scheint auch in besonderem Maße auf das analysierte Gesellschaftsverständnis Butlers zuzutreffen. Der Ausgangspunkt von Butlers „Angriff auf das Abstrakte" findet sich in der Ablehnung von Subjektivität, die sich tatsächlich aber als eine Aufspaltung des bürgerlichen Subjekts darstellte. Was vom Subjekt abgespalten wurde, war das Erkenntnisvermögen und die Fähigkeit, sich in ein Verhältnis zum Souverän und zur gesellschaftlichen Gewalt zu setzen, kurzum: Philosophie und bürgerliches Recht. Affirmiert wurde wiederum die konkrete Existenzweise des bürgerlichen Subjekts als gesellschaftliche Monade, seine Abhängigkeit und Ohnmacht gegenüber den gesellschaftlichen Gewaltverhältnissen. Butlers angestrebtes neues Subjekt ist somit nicht neu, sondern umreißt lediglich die Gewalt, der das Subjekt in der bestehenden Gesellschaft ausgeliefert ist.

Die USA fungieren bei Butler als die Konkretion des verschmähten Abstrakten. Sie stifteten mit Hilfe des von ihnen geschaffenen Subjekts Gewalt und Unheil in der Welt. Durch den Export der Aufklärung, die eine allgemein-abstrakte Vorstellung von Freiheit und Individualität beinhalte, würden die USA den Nahen Osten bereits schaden. Ausbeutung und die Durchsetzung von liberaler Rechtssicherheit sind für sie identisch. Deshalb kann Butler von Ersterer schreiben, ohne auch nur einmal das Kapital zu erwähnen. In ihrer Kritik am amerikanischen Staat wird dies nochmals deutlich. Hier kritisiert sie den Staat nicht über dessen Funktion als Garanten der Bedingungen für eine reibungslose Kapitalakkumulation, sondern als Konstrukteur einer Vorstellung von Modernität – von der dann wieder alle Übel ausgingen. Erzählungen von Fortschritt, die der Staat über sich verbreite, garantierten ihm seine zerstörerische Macht. Folglich seien diese Erzählungen, die in Wirklichkeit aber immer mehr als bloße Geschichten und Vorstellungen seien, zu bekämpfen.

Durch die Abschaffung der abstrakten Vermittlung von gesellschaftlicher Gewalt, also des Rechts und der Vernunft, soll diese Gewalt selbst verschwinden. Butlers Gesellschaftskritik rangiert damit auf dem Niveau jener vermeintlichen Kapitalismuskritik, die mit der Abschaffung des Geldes kapitalistische Herrschaft überwinden will. Das lässt sie nicht nur jenen Gewaltformen nacheifern, die konkret und unmittelbar erscheinen – wie die patriarchale Gewalt gegen Frauen unter der Burka –, sondern auch mit antisemitischen Massenmördern sympathisieren. Über die Terroranschläge des 11. Septembers 2001 frohlockte Butler vom „Verlust der Überheblichkeit der Ersten Welt": Sie freue sich über die „Chance für eine Neubesinnung", die sich aus dem Trauma und Leiden der Amerikaner ergeben könne.[35] Mit Neubesinnung durch die Erfahrung der eigenen Gefährdung ist die Preisgabe des Rechtssubjekts und universaler Vorstellungen des Humanen gemeint. Wichtig bei der Darstellung der beiden Formen der Gewalt gegen das Leben und die Individualität ist ihre Verschleierung als unmittelbare Gewalt und Ausdruck wahrer Freiheit. So muss jeder Zwang beim Tragen der Burka geleugnet werden und der Selbstmordanschlag als Reaktion, nicht als Angriff, und als authentischer Ausdruck eines vorangegangenen Leidens dargestellt werden. Butler beschreibt den Jihadismus als eine Gewalt, welche die USA und Israel selbst gegen sich erzeugten.

Die Identifikation mit dem Leiden selbst, die Bejahung der menschlichen Ohnmacht und das Fügen in das eigene Gebunden-Sein – also die Objektwerdung des Subjekts – führt unter den bestehenden Gewaltverhältnissen nicht zum befriedeten Dasein, sondern bedeutet nichts anderes als die Affirmation der Herrschaft von Menschen über Menschen. Butlers Apologie der Gewalt ist die Identifikation mit den herrschenden Machtverhältnissen mit dem Ziel der negativen Aufhebung der bürgerlichen Gesellschaft. Sie affirmiert alles, was ihr unmittelbar erscheint, und richtet dies gegen das Rechtssubjekt, das sie mit den USA und der Aufklärung als Übel identifiziert. In diesem Sinne ist das Studium ihrer Schriften mit dem Studium regressiver Tendenzen innerhalb der bürgerlichen Gesellschaft gleichzusetzen. Wie anfänglich beschrieben, tauchen diese Züge hin zur Selbstzerstörung oder Selbstaufhebung wiederkehrend im Verlauf bürgerlicher Emanzipationsbewegungen auf. Diese latenten Neigungen in den Emanzipationsbewegungen verstärken sich proportional mit ihrem eigenen Erfolg, also mit ihrer Vergesellschaftung und der Inklusion ihrer Forderungen und Konzepte in staatliche Politik und Repräsentation. Adorno bezeichnet diesen sozialen Zusammenhang treffend als „Klaustrophobie der Menschheit in der verwalteten Welt", die in eine „Wut gegen die Zivilisation" münde.[36] Gesellschaftliche Vermittlung wird als Bedrängnis, Verschwörung oder Verfälschung erfahren und unbeachtet der konkreten Funktionen und des tatsächlichen Inhalts irrational abgewehrt. Je schwerer es wird, den Schein der Unmittelbarkeit der eigenen Gewalt und des (Auf-)Begehrens zu wahren, desto größer die Bereitschaft, sich mit der Gewalt zu identifizieren, die verspricht, genau jenen Zustand wiederherzustellen, in dem die Gewalt als scheinbar rein und unmittelbar erlebt werden kann. Diese versprochene Lage ist die Situation vor der Emanzipation. Die Debatten um die Homo-Ehe oder „Pinkwashing" sind Musterbeispiele dafür. Anders ausgedrückt: Solange etwa LGBTs noch nicht als vollwertige Rechtssubjekte anerkannt waren, galten sie als *das* authentische Subjekt wider die bürgerliche Ordnung. Seitdem sich dies im Westen dank schwul-lesbischer Bürgerrechtskämpfe geändert hat, haben sie diesen Status verloren. Die Angriffe Butlers richten sich nicht direkt gegen die nun als angepasst geltenden und angeblich Macht reproduzierenden Schwulen und Lesben, sondern viel subtiler gegen jene gesellschaftlichen Institutionen, von deren Existenz ihre prekäre Freiheit und im Notfall ihr Leben abhängt. Dies ist das antihumane Kalkül, welches sich hinter der Rhetorik der „Perspektivenverschiebung" verbirgt.

II. Judith Butler und die Sprache der Macht

> „Was ich anzubieten habe, ist keine Argumentation im strengen Sinne, auch nicht wirklich gründlich, und ob es nun den Anforderungen an Scharfsinn entspricht, die in der Institution Philosophie derzeit maßgeblich sind, kann ich schwer sagen. Dies kann durchaus eine gewisse Bedeutung haben, sogar eine philosophische Bedeutung, die ich ursprünglich nicht beabsichtige. Ich bin seit etlichen Jahren nicht in der Institution Philosophie beheimatet, schreibe oder arbeite nicht in ihr, und es ist fast ebenso viele

> Jahre her, dass ich mir die Frage gestellt habe: Was würden Philosophen mit dem anfangen, was ich anzubieten habe?“
>
> Judith Butler, *Die Macht der Geschlechternormen*

Die queer-theoretisch informierten Gender Studies haben in den vergangenen Jahren mit dazu beigetragen, dass „Reflexion“ heute in Uni-Seminaren wie auch in queer-aktivistischen Kreisen außerhalb der Akademie kaum mehr als eine Unterwerfungsgeste unter die Autorität von WissenschaftlerInnen, AutorInnen oder ReferentInnen bedeutet. Die Lektüre und die Analyse von Judith Butlers Schriften ist in vielerlei Hinsicht eine vertrackte Angelegenheit. Umso mehr käme es hier auf die Fähigkeit zu reflexivem Denken und auf die Überprüfung des eigenen Verhältnisses zu den dargebotenen Gedankengängen an. Nicht aufgrund besonders komplexer und anspruchsvoller Argumentationen, sondern vielmehr in Bezug auf die verwandten rhetorischen Techniken. Die Konzeption der Sprache, die Verwendung von Stilmitteln und rhetorischen Tricks verweisen die Leserschaft stets auf die Rolle des ehrfürchtig-staunenden Zuschauers. Obschon Butler vielen als Philosophin gilt, handelt es sich hierbei um eine „Philosophie“, die offenkundig keinen besonderen Wert darauf legt, dass die LeserInnen die dargebotenen Gedankengänge genau betrachten und dann selbst beschreiten. Die Argumentation ist der Ort, an dem die LeserInnen sich in Bezug zum Gedanken setzen können. Hier ist die Autorin genötigt, ihre Thesen möglichst plausibel und nachvollziehbar herzuleiten. Und exakt darauf verzichtet Butler in ihren Texten, wie sie selbst freimütig einräumt. Die LeserInnen sind also genötigt, die bloßen Behauptungen der Autorin schlicht zu glauben, denn eine eigenständige Prüfung der Konsistenz und Stichhaltigkeit ist ohne dazugehörige Argumentation kaum durchführbar. Eine aktive Auseinandersetzung mit Butlers Thesen wird damit eher blockiert denn ermöglicht. Reflexion lässt sich kaum anleiten. Sie ist keine Methode, sondern markiert eine kritische Distanz. Sie lässt sich jedoch negativ systematisch erfassen, indem etwa untersucht wird, wie die Leserschaft so eingebunden wird, dass eine kritische Distanz erschwert wird. Ebenso kann analysiert werden, wie Kritik bereits vor ihrem Aufkommen verhindert wird. Dies soll abschließend anhand einiger Beispiele aus Butlers Schriften geschehen.

Die Relativierung

Die Relativierung ist eines der am häufigsten von Butler eingesetzten rhetorischen Mittel, um Kritik zu verhindern. Hier sei zunächst ein Absatz zitiert, der in seiner Kompaktheit dieses Vorgehen gut aufzeigt. Der konkrete Inhalt soll dabei zunächst nebensächlich sein.

> „Tragischerweise sieht es so aus, als versuchten die USA, der gegen sie gerichteten Gewalt zuvorzukommen, indem sie selbst als erste Gewalt anwenden, *doch die Gewalt, die sie fürchten, ist die Gewalt, die sie erzeugen.* Ich will damit nicht sagen, daß die USA in irgendeiner ursächlichen Weise für die Angriffe auf ihre Bürger verantwortlich sind. Und ungeachtet der furchtbaren Bedingungen, die palästinensische Selbstmordattentäter zu ihren mörderischen Taten animieren, entlaste ich diese Sprengstoffattentäter keineswegs. Denn auch zwischen dem Leben unter furchtbaren Bedingungen, dem Leiden an schweren, schier unerträglichen Verletzungen und dem Entschluß zu mörderischen Handlungen muß eine gewisse Entfernung zurückgelegt werden. Präsident Bush hat diese Entfernung recht schnell zurückgelegt […].[37]

Der erste Satz in diesem Absatz stellt die eigentliche Aussage dar: Der Terrorismus ist von den USA selbst erschaffen worden. Sie erzeugen diese Gewalt. Die Aussage ist unmissverständlich. Der zweite Satz stellt nun die Relativierung dar, die in diesem Fall die vorherige Aussage vollständig negiert. Die USA seien nicht ursächlich für den Terrorismus verantwortlich. Mit anderen Worten: Sie erzeugen diese Gewalt *nicht*. Dann werden – absolut unvermittelt – die palästinensischen Selbstmordattentate gegen die israelische Bevölkerung eingeführt. Die USA und Israel scheinen für die Autorin einerlei zu sein, ebenso werden Al Qaida und die verschiedenen palästinensischen Terrororganisationen nicht differenziert. Auch hier wird ein Vorwurf relativiert, mit dem sich die Autorin nicht weiter auseinandersetzt. Lediglich wird behauptet, sie entlaste die „Sprengstoffattentäter“ nicht, von denen zuvor gar nicht die Rede war. Aber bereits diese Relativierung hat eine folgenschwere Einschränkung, denn es seien hier eben doch die „furchtbaren [Lebens-]Bedingungen“, die die Terroristen „zu ihren mörderischen Taten animieren“ – und nicht etwa Indoktrination, Antisemitismus und islamistische Ideologie.

Nun folgt der affektive Appell an die LeserInnen, womit der eigentliche Zweck des vollkommen unvermittelten Einschubs der Palästinenser erfüllt wird. Trotz des diesen zugemuteten „Leben[s] unter furchtbaren Bedingungen“ und ihrem „Leiden an schweren, schier unerträglichen Verletzungen“ führe dies nicht sofort zum „Entschluß zur mörderischen Handlung“. Der Satz bezieht sich auf den vorangegangen, was das „denn“ am Satzanfang indiziert. Es werden also die USA und Israel – die Opfer des Terrorismus – für die harten Lebensbedingungen anderer Bevölkerungen verantwortlich gemacht. Subtil werden durch die aufgerufenen Bilder Affekte bei den LeserInnen erzeugt. Die Gewalt wird als Antwort oder gar Konsequenz aus den Lebensbedingungen suggeriert. Es folgt die dritte und letzte Relativierung, die bei genauer Hinsicht gar keine Relativierung, sondern eine Bestätigung der Ausgangsaussage ist. Es müsse erst eine gewisse Entfernung zwischen Leiden und Terroranschlag zurückgelegt werden. Damit wird eben dieses angeblich von den USA und Israel zu verantwortende Leiden an den Anfang einer Reaktionskette gesetzt. Der Ausgangspunkt, d.h. die Ursache, liege bei den USA und Israel. Die Wahl der rein quantitativen bestimmbaren Metapher „Entfernung“ ist dabei überaus geschickt. Was wie eine Relativierung anmutet, ist eine bloße Bestätigung des ersten Satzes, denn einzig qualitativ ließe sich die Anti-Terror-Politik vom Terrorismus differenzieren, wenn Butler damit tatsächlich aussagen wollte, dass die USA nicht ursächlich für den Terror verantwortlich seien. Nur um die Aussage, dass es sich bei der Unterscheidung von Gewalt nicht um eine qualitative, sondern quantitative Frage handelt, noch einmal zu unterstreichen, vertauscht sie nun Subjekt und Objekt des Terrors. Präsident Bush und der Anti-Terror-Krieg werden damit mit Al Qaida und den Anschlägen vom 11. September gleichgesetzt, um sie austauschbar zu machen. Mehr noch: Bush habe die beschriebene „Entfernung recht schnell zurückgelegt" – während also die palästinensischen Selbstmordattentäter noch als duldsam beschrieben werden, scheint der US-amerikanische Präsident besonders aggressiv aufzutreten.

In diesem kurzen Absatz finden sich somit drei unterschiedliche Relativierungen, die zusammengenommen den anfänglich beschriebenen Effekt auslösen. Die erste Relativierung ist die schlichte Negation der Aussage des Absatzes. Darauf folgt eine zweite Relativierung, die ebenso eine Aussage negiert, aber bereits die vorangegangene Relativierung wieder aufhebt. Es werden nun affektive Reaktionsweisen abgerufen, welche die dritte (Pseudo-)Relativierung vorbereiten. Diese letzte Relativierung ist nichts anderes als die Bestätigung der ersten Aussage. Sie hat also die Form der Relativierung und den Inhalt der anfänglichen Aussage. Es ist offenkundig, welche Funktion dieses Lavieren für die Autorin hat: Die einzelnen Relativierungen fungieren als eine Art Hintertür. Wird einzig die Aussage des Absatzes zitiert und kritisiert, so verfügt Butler über eine Reihe von Relativierungen, um einer solchen Kritik effektiv zu begegnen. Gleichzeitig trägt sie aber Sorge, dass ihre LeserInnen sie weiterhin in der gewünschten Weise verstehen. Sie schafft es mittels einer Relativierung, einen Satz unverändert zu bestätigen. In der Regel liegen Aussage und dazugehörige Relativierung in den Schriften der Autorin nicht so nah beieinander wie in dem oben zitierten Absatz. Dies macht es noch schwerer, ihre Thesen für die Kritik daran greifbar zu machen. Noch in dem Augenblick, in dem man vermeintlich ihres Inhalts habhaft wird, entzieht die Autorin einem dieses sofort durch die

Behauptung, eine solche These niemals geschrieben zu haben oder genau das Gegenteil aussagen zu wollen. Wir haben es hier nicht bloß mit einem Widerspruch zu tun, sondern mit einem kalkulierten Effekt, der eine Aussage transportiert und sie zugleich gegen zu erwartende Kritik abschottet.

Die akademische Märtyrerin und das Tabu

> „Bezichtigt man diejenigen, die kritische Ansichten äußern, des Verrats, des Sympathisantentums mit Terroristen, des Antisemitismus, des moralischen Relativismus, des Postmodernismus, des unreifen Verhaltens, der Kollaboration, der anachronistischen linken Gesinnung, dann will man damit nicht die Glaubwürdigkeit der betreffenden Ansichten zerstören, sondern die der betreffenden Person. Solche Vorwürfe erzeugen ein Klima der Angst, in dem es ein Wagnis ist, eine bestimmte Ansicht auszusprechen, da man mit einer verabscheuungswürdigen Benennung gebrandmarkt und beschämt werden kann.“[38]

Dieser Absatz ist der Einleitung von *Gefährdetes Leben* entnommen. Butler sieht sich selbst als Teil eines akademischen Milieus, das „kritische Ansichten zur staatlichen Politik und staatsbürgerlichen Kultur“ vertrete und dafür verfolgt würde.[39] Sie verbittet sich daher eine ganze Reihe möglicher Einwände, ohne zu konkretisieren weshalb und ohne zu erklären, was an den Vorhaltungen im Einzelnen falsch ist. Warum etwa der Vorwurf des Antisemitismus nicht auf ihre Positionen zutreffen könne, wird dabei nicht einmal ausgeführt. Dafür sind die Umschreibungen ihres Leidens nach einer solchen Kritik umso fantasievoller – diese sei nicht nur „verabscheuungswürdig“ und erzeuge ein „Klima der Angst“, vielmehr handle sich dabei gar um eine „psychologische Terrorisierung“ ihrer Person und der anderen StaatskritikerInnen.

Wie bereits bei den argumentativen Relativierungen, versucht Butler auch hier die Kritik abzufangen, bevor diese sich entfalten und eine tatsächliche Diskussion entstehen könnte. Es werden einige Punkt als infam und zerstörerisch benannt, bevor diese tatsächlich ernsthaft eingebracht werden konnten. Es geht der Autorin nicht um eine Auseinandersetzung mit der Kritik, sonst hätte sie die jeweiligen Einwände zitiert, differenziert und zudem versucht, sie argumentativ zu entkräften. Sie hätte diese Punkte dann auch nicht in einer bloßen Auflistung in der Einleitung abgeurteilt, sondern an den konkreten Objekten der Kritik im Verlauf ihrer Schrift erörtert. Die LeserInnen werden hier jedoch bereits zu Beginn der Lektüre der Essaysammlung auf die Autorität der Autorin eingeschworen. Wer sie kritisiere und dabei auf die genannten Punkte zurückgreife, betreibe „Zensur", da so die Kritik unsagbar gemacht werde. „Die Grenzziehung, die umschreibt, was aussprechbar ist und was lebenswert ist, dient ebenfalls als Instrument der Zensur" – eine überaus perfide Argumentation.[40] Während Butler selbst ihren KritikerInnen verbietet, sie für ihren in der genauen Analyse klar hervortretenden Relativismus, ihren Antisemitismus oder ihre Bewunderung des Terrorismus zu kritisieren, deutet sie dieses Kritikverbot als Akt *wider* die Zensur um. Sie verleiht sich selbst den Status einer entrückten Autorität, die man zwar bewundern darf und der man Respekt zu zollen hat, aber die man für das Offensichtliche, das einem bei der Lektüre ihrer Texte entgegenschlägt, nicht kritisieren dürfe. Sie inszeniert sich als Kämpferin für den demokratischen Meinungsstreit – und wer es mit ihr aufnimmt, wird so schnell zum Feind der Demokratie. Das, was Butler hier einer US-amerikanischen hegemonialen Öffentlichkeit zuschreibt, wird tatsächlich von ihr selbst gegen die eigenen KritikerInnen angewandt, noch ehe deren Argumente ernsthaft zur Sprache gebracht werden könnten.

Dies sind nur zwei von unzähligen Tricks der Autorin, um sich gegen mögliche Kritik abzuschotten. Sie haben das Lesen, Kritisieren und darüber Schreiben erschwert – und damit ihren Zweck erfüllt. Doch wenn die rhetorischen Kniffe einmal als solche erkannt und entlarvt sind, lassen sie sich gegen ihre Urheberin wenden. Denn dort, wo solch argumentative Camouflage besonders umfangreich betrieben wird, ist das ideologische

Fundament zu vermuten. Judith Butler selbst ist es, die ihr Publikum auf die neuralgischen Punkte ihres Denkens hinweist. Keine autoritäre (Denk-)Bewegung kann ihre Dissidenten vollständig verhindern, und keine Ideologie ist unzerstörbar.

Die Instrumentalisierung des Leidens und die falschen Versprechen an die Gefolgschaft

Besagte Tricks zur Verhinderung von Kritik können nicht erklären, warum sich Butler weiterhin einer solch großen Popularität erfreut. Was machen das Denken ohne Denken, die Philosophie ohne Argumentation und das Subjekt ohne eigene Handlungen so attraktiv für ihre Gefolgschaft? Was bietet Butler ihnen? Wie bereits gezeigt wurde, sind die einzelnen Behauptungen keineswegs zufällig oder beliebig, sondern entspringen einer konkreten Vorstellung von gesellschaftlicher Gewalt und befördern ein antiliberales und antiwestliches Gesellschaftsbild als vorgebliche Lösung aktuellen Leids. Ebenso ist die Rhetorik keineswegs beliebig. Sie entspringt der inhaltlichen Zielsetzung und ist von dieser nicht getrennt zu betrachten. Inhalt und Form greifen ineinander.

Butlers Wirkungskraft resultiert daraus, dass sie die gesellschaftliche Gewalt nicht einfach aus ihren Schriften ausschließt, sondern sie selektiv und oberflächlich miteinbezieht und für ihre Zwecke nutzbar macht. Der in der US-amerikanischen Gesellschaft nach den Anschlägen vom 11. September hervorstechende Rassismus wird beispielsweise genauso aufgegriffen wie die Gewalt gegen das Individuum, die einem hierarchischen Geschlechterverständnis innewohnt. Beides taucht jedoch vollkommen entstellt auf. Ersteres sei Produkt eines von US-amerikanischen Konzernen und Medien erschaffenen Verständnisses von Subjektivität und Zivilisation, Letzteres erscheint lediglich in Form des „Maskulinismus“: Dieser bestehe im erkennenden und handelnden Subjekt, wohingegen die traditionelle Geschlechterrolle der Frau als bescheidenes und fügsames Objekt unter der Verfügungsgewalt des Mannes als in doppeltem Sinne gewaltfreies Vorbild gepriesen wird. Rassismus und Geschlecht werden nicht als gesellschaftliche Vermittlungen der Beziehungen von Menschen zueinander kritisiert, sondern als bloße Instrumente medialer Einflüsse sowie als Ausdruck einer überheblichen und arroganten Kultur. Offensichtliche Produkte gesellschaftlicher Strukturen, die außerhalb dessen keine eigene Existenz haben, werden vermenschlicht. Der US-amerikanische Staat erhält eine Psyche und das Kollektivsubjekt „Volk" bekommt einen einheitlichen Willen. Beide Konstruktionen verschleiern dort, wo Analyse notwendig wäre. So können die tatsächlichen gesellschaftlichen Ursachen von Rassismus und seine Geschichte mit Butler gar nicht erkannt werden, weil Gesellschaft bei ihr ein Flickenteppich isolierter Handlungen einzelner AkteurInnen ist. Gleichwohl suggeriert sie etwa in *Gefährdetes Leben* Stellungnahmen und neue Erkenntnisse zu aktuellen politischen Problemen zu liefern.

Doch die vielen Abstraktionen simulieren bloß Theorie – eine Theorie, die ohne explizites Erkenntnisinteresse auskommt und keine Erweiterung des Denkprozesses bedeutet, sondern bloß immer die gleichen stereotypen Bilder als Ergebnis präsentiert. Ein Denken, das wie eine mathematische Formel funktioniert, bei der es ganz egal ist, welche Zahlen man einsetzt, weil am Ende bereits das immer gleiche Ergebnis auf den Rezipienten wartet. Die schlimmsten Formen gegenwärtigen Leids und Gewalt können die so geschulten Intellektuellen nicht mehr verunsichern, denn selbst wo alles ungewiss ist, bleibt diese Theorie auf Linie und seltsam unbeeindruckt. Das „Sich-von-der-Gesellschaft-dumm-machen-Lassen" ist in erster Linie ein „Sich-hart-Machen" gegen gesellschaftliche Gewalt. Es ist die schiere Indifferenz gegenüber realem Elend – dargeboten als spitzfindige Analyse. Ein Phänomen, das selbstverständlich nicht nur an der Gendertheoretikerin und ihren AdeptInnen beobachtet werden kann.

Jede Kritik läuft bei Butler in einem wiederkehrenden Feindbild zusammen: die Moderne, verkörpert von den Vereinigten Staaten, die wiederum einen halb-geheimen Plan forciere. Die USA erscheinen bald als unerzogenes Kind, das sich für etwas Besseres hält, dann wieder als rachsüchtiger und gewalttätiger Mann oder auch als Hinterbliebener, der seinen Verlust nicht betrauern kann und daher immer wieder Stärke beweisen müsse. Das mögen rhetorisch eindrucksvolle und in gendergeschulten Kreisen populäre Bilder sein, die ihre affektive Wirkung bei den meisten LeserInnen nicht verfehlen. Mit der Funktionsweise bürgerlich-kapitalistischer Gesellschaften haben sie aber selbstverständlich genauso wenig zu tun wie mit einer Analyse des Staats. Das Erkennen selbst sei bereits falsch, weil daraus Gewalt resultiere. Daher zielt Butler auf die Objektwerdung des Subjekts, auf die Hingabe seines Selbst an die angeblich rätselhafte Macht, die doch in Wirklichkeit seinen eigenen undurchschauten Handlungen entspringt.

An dieser Stelle ist bereits klar, dass eine solche Agenda nicht nur nicht argumentativ begründet werden kann, sondern auch nicht begründet werden soll. Die Argumentation setzt ein erkennendes und urteilendes Subjekt voraus und zugleich ein. Hier wägt es ab und vollzieht Gedanken nach, es setzt sich zum Objekt (Text bzw. Idee) ins Verhältnis. Der eingeforderten Abschaffung des Subjekts geht konsequent auch die Abschaffung der Argumentation voraus – und mit ihr die der Philosophie. Diese Leerstelle durch das Herausreißen der Argumentation aus Butlers politischer Agitation bleibt jedoch nicht frei: an die Stelle des Überzeugens von der Richtigkeit der eigenen Thesen rückt Stimmungsmache.

Das Gefühl soll bei Butler die Reflexivität ersetzen. Sie nennt dieses Vorgehen den Erwerb von „affektiven Erkenntnissen“ durch die Praxis des „Nichthandelns“.[41] Die Anhängerschaft soll sich also ganz den vermeintlich eigenen Emotionen hingeben, die gemeinhin als unverdächtig gelten. Sie scheinen aus dem Innersten der Menschen selbst zu kommen und werden in ihrer Gänze, wenn überhaupt, oft erst retrospektiv erfasst. Wo sie genau herkommen, bleibt den meisten unergründlich. Tatsächlich bieten sich Affekte hervorragend zur Manipulation an. Besser noch als durch gute Argumentation sind die Menschen in der gegenwärtigen Gesellschaft durch die Erzeugung bestimmter Gefühle zu konkreten Handlungen zu bewegen. Das lässt sich musterhaft an dem Vorgehen der Werbebranche nachvollziehen.

Ein Auto wird heute mit einer Vielzahl von Versprechen und Gebrauchswerten beworben, die nichts mehr mit der eigentlichen Aufgabe als Fortbewegungsmittel zu tun haben, aber konkrete Empfindungen beim Konsumenten auslösen sollen. Ein ausgewähltes Modell einer bestimmten Marke verspricht dem männlichen Käufer dann etwa Individualität, Virilität, Erfolg bei Frauen, Stilbewusstsein und Unabhängigkeit. Es werden bestimmte Bilder gezeigt, um damit verbundene Gefühle zu erzeugen. Wenn der Konsument das nächste Mal einen Wagen der Marke auf der Straße oder im Autohaus sieht, entstehen eben jene durch die Werbung eingeübten Sinnesreize, sofern die Reklame erfolgreich verlief. Es ist kaum möglich, jede Form der Beeinflussung vollständig zu bemerken – und es ist natürlich auch das Ziel guter Reklame, dass die Manipulation der Gefühlswelt der Betrachter von diesen unbemerkt und beiläufig geschieht. Der Konsument soll eher zum Konsum verführt werden, denn von der Nützlichkeit des beworbenen Produkts argumentativ überzeugt werden. Während die guten Argumente immer endlich sind, zumal die meisten Waren in der gleichen Sparte bis aufs Markenemblem identisch sind, eröffnet sich den Werbetextern ein nahezu unendliches Reich menschlicher Empfindungen, Ängste und Hoffnungen.

Butlers Vorgehen ähnelt der Strategie der Werbebranche, nur dass es ihr freilich nicht um den Verkauf eines Automobils geht. Sie möchte, dass ihre LeserInnen ihre Weltsicht teilen. Die Autorin sieht sich in einem Kampf und ruft zum Beitritt zur Gemeinschaft des „kollektiven Widerstands“ auf.[42] Das ist jener Zustand, der sich durch den Verzicht auf Selbstbestimmung, Subjektivität und Individualismus herstelle. Butlers „Ethik der Gewaltlosigkeit“ gründet in der umfassenden Gewalt gegen das Individuum und sein Streben nach Entwicklung seiner Fähigkeiten und Bedürfnisse. Die so gewonnene Kampfgemeinschaft könne es mit jenen Kräften aufnehmen, die die Welt unablässig ins Unheil stießen. Dabei handelt es sich um die Moderne und den Liberalismus, der mit den kriegsführenden USA identifiziert wird.

In Butlers Schriften werden unablässig Bilder und Begriffe entworfen, die diese Vorstellung eines allgemeinen Kampfes tragen und Butlers Schlüsse daraus nahelegen, nicht aber plausibel erklären. In der verwendeten Sprache aus dem Repertoire von Verschwörungstheoretiker wird dies deutlich. Die auf die USA angewandten Begriffe und Umschreibungen sind ausnahmslos stark affektiv aufgeladen und sollen eine feindselige Stimmung erzeugen. Hier sei nur eine terminologische Auswahl genannt, die das Wesen und die Handlungen der USA während des Irakkriegs charakterisieren sollen: „mächtige Medien“, „dem säkularen Modernismus spezifische Barbarei“, „Krieg gegen den Islam“, „Säkularisierungsprojekt“, „Zivilisationsmission“, „dubiose Politik“, „grausame und spektakuläre Logik der imperialen Kultur“, „stillschweigend und nachdrücklich von jenen Konzernen gedeckt, die die Kontrolle über die breitenwirksamen Medien monopolisieren“.[43] Weder erfahren die LeserInnen, worin jene Mission zur Zivilisation besteht und wer den Auftrag dazu gegeben hat, noch um welche Konzerne es sich handelt und insbesondere, woher diese ihre Macht erhalten. Gerade die Vagheit dieser Beschreibungen, die das Bild eines übermächtigen, feindlichen und verborgen agierenden Aggressors erzeugen, macht die Wirkungsmacht ihrer Texte aus: Sie sind antisemitische Chiffren.

In *Raster des Krieges* heißt es, die niederländische Regierung unternehme derzeit Versuche, „Europa weiß, rein und ‚säkular‘ zu halten“, indem sie Einwanderer aus mehrheitlich muslimischen Ländern einen zweifelhaften Einbürgerungstest unterziehe, bei dem deren Reaktionen auf ein Bild von zwei sich küssenden Männern festgestellt wird. Das Urteil über diese Politik ist vollkommen überzogen angesichts dessen, dass hier recht naiv die Einwanderer auf homophobe Einstellungen überprüft werden und nicht auf ihre Hautfarbe oder dergleichen. Die Begriffe „rein“ und „weiß“ evozieren aber jenes affektiv besetzte Bild einer weißen Vorherrschaft und Kolonialpolitik. Es ist eine bloße Behauptung einer verborgenen Absicht der niederländischen Regierung, die genauso wenig begründet wird, wie die implizite Aussage, Schwarze seien per se schwulenfeindlich eingestellt. Es geht Butler hier um die Verknüpfung von Menschenrechten für Homosexuelle mit Gewalt. Diese Gewalt muss als noch größer dargestellt sein als jene der Homophobie unter Muslimen, denn das Ziel ist die Delegetimierung sexueller Selbstbestimmung und des Liberalismus. Auch weil so etwas argumentativ nicht ginge, ohne das fragmentarische Selbstbild als Linke endgültig aufzugeben, bedient sich Butler hier abermals der Stimmungsmache. Die oberflächliche und halbherzige Politik gegen Homophobie wird zur weißen Vorherrschaftspolitik fantasiert. Das niederländische Vorgehen wird für den notwendigen Kampf gegen Homophobie nicht als wirkungslos kritisiert, sondern ihre Wirkmacht wird als ein angeblich gesamteuropäisches, kolonialrassistisches Projekt maßlos übertrieben. Das nimmt letztlich parodistische Züge an, wenn Butler bekennt, dass sie persönlich zwar gerne weiterhin Frauen in der Öffentlichkeit küssen möchte, aber nicht einsehe, „dass dem jeder zuschauen und zustimmen muss, um Bürgerrechte für sich zu erlangen".[44] Dass das auch niemand verlangt, wird dann zur Nebensache und ist für die Autorin nicht erwähnenswert. Die Macht der niederländischen Regierung indes reicht offenbar bis nach Kalifornien, wo sich die US-amerikanische Akademikerin bedrängt fühlt. All das kann nicht plausibel gemacht werden, ebenso wenig, warum ein Staat wie der niederländische, der strikt von Religion getrennt ist, ausgerechnet eines Bildes in einem Einbürgerungstest bedürfe, um den Status quo aufrechtzuerhalten. Die LeserInnen erfahren zudem nichts über die weiteren Fragen im Einbürgerungstest und den Stellenwert der Fragen zur Akzeptanz schwuler Lebensweisen in Relation zu anderen Dingen, die dort abgefragt werden. Die ganze Überzeugungskraft dieser bloßen Behauptungen basiert auf dem Hervorrufen hochemotionaler Bilder beim Publikum bzw. der Konstruktion enormer Bedrohungspotentiale.[45]

Dieses Zusammenspiel aus dem Aufgreifen aktueller Probleme, der Ausschaltung der Argumentation und der Ersetzung dieser durch affektive Bilder wurde bereits 1949 vom deutschen Literatursoziologen Leo Löwenthal in seiner Studie *Falsche Propheten* als Grundmuster der Agitation faschistischer Prediger in den USA ausgemacht.[46] Er erforschte die Entstehung des Faschismus als gesellschaftliches Phänomen, das der bürgerlichen Gesellschaft nicht von außen zugestoßen ist, sondern sich aus ihren immanenten Widersprüchen entwickelt hat. Löwenthal skizziert das Vorgehen der Prediger, und es liest sich wie eine Vorwegnahme von Butlers Agitation unter dem Begriff des „gefährdeten Lebens":

> „Wenn er [der Agitator, M. E.] eine Absage an alle bestehenden Loyalitäten fordert, versucht er die zeitgenössische Tendenz zum Zweifel an der Zulänglichkeit und Wirksamkeit westlicher Werte auszunutzen. Wenn er die Ängste seiner Zuhörer ausnutzt, manipuliert er echte Ängste, denn es besteht guter Grund zur Angst. Wenn er ihnen das Gefühl der Zugehörigkeit zu suggerieren versucht, gleichgültig, wie verlogen es sein mag, und das Bewusstsein der Beteiligung an einer guten Sache, fallen seine Worte nur deshalb auf empfänglichen Boden, weil Menschen sich heutzutage als heimatlos und entwurzelt empfinden. […] Der Agitator aktiviert also die primitivsten und bedrängendsten Reaktionen seiner Anhänger auf allgemeine Krisenentwicklungen der gegenwärtigen Gesellschaft."[47]

Der Agitator bietet aber weder tatsächliche Lösungen noch kritische Analysen. Er lenkt vielmehr das aus den gesellschaftlichen Problemen resultierende Unbehagen in Bereiche, in denen die Ursache gar nicht mehr erfasst werden kann. Das Nicht-Erkennen der gesellschaftlichen Ursachen für das Unbehagen der Menschen ist für die Strahlkraft des Agitators konstitutiv. Er muss stets behaupten, dass sich die Gewalt selbst niemals abschaffen oder vollständig kontrollieren ließe, sondern lediglich ergriffen werden kann. Es gibt hier nur zwei Möglichkeiten: herrschen oder beherrscht werden. Oder anders ausgedrückt: Der Kampf ums Dasein wird verewigt und die Menschen bleiben darin ewig Getriebene. „Bei aller Betonung und Formulierung des sozialen Unbehagens", schreibt Löwenthal weiter, „ist die Strategie des Agitators objektiv auf eine Perpetuierung der

Verhältnisse ausgerichtet, die dieses Unbehagen gerade verursachen".[48]

Butlers Begriff von Gewalt und die propagierten Lösungsansätze weisen in die gleiche Richtung. Die Autorin macht etwas, was heutzutage von Intellektuellen häufig eingefordert wird: Sie holt ihre LeserInnen dort ab, wo sie stehen. Doch anstatt zu Kritik und neuen Erkenntnisse anzuregen, führt sie Menschen nur noch tiefer in die Misere, indem sie dazu aufruft, exakt jene Fähigkeiten und Beziehungen aufzugeben, von denen Analyse und Kritik abhängen. Die eigene Unterwerfung und die gefühlte Ohnmacht sollen bereits als Ort der Emanzipation verstanden werden, Subjektivität und Liberalismus seien hingegen synonym mit kriegerischer Gewalt. Ihr Publikum muss sich tatsächlich nicht mehr bewegen, um zu vermeintlich neuen Sphären vorzudringen. Was eben noch diffus bedrückend empfunden wurde, erstrahlt plötzlich klar als eine Position moralischer Überlegenheit und als goldener Weg zu einer besseren Zukunft. Was Butler betreibt, ist Radikalaffirmation – und genau das macht wohl den größten Reiz für die AnhängerInnen aus. Es ist die alte Lebenslüge der Spießer und Opportunisten, wonach die Gewalt einfach aufhöre, wenn man sich ihr nur restlos unterwerfe. Allerdings produziert die bürgerliche Gesellschaft unablässig Spannungen und Widersprüche. Sie kann diese nicht aus sich heraus lösen, sondern allenfalls für einen gewissen Zeitraum ruhigstellen. Jede Form radikaler Bestätigung des Bestehenden braucht also ein Ventil, da die versprochene bessere Zukunft auf sich warten lässt. Während es bei Löwenthals Predigern noch sehr direkt die Juden sind, die das Volk um die verdienten Meriten betrügt, arbeitet Butler mit klassischen antisemitischen Codes.

Selbstverständlich gibt es auch Unterschiede zwischen den Redetechniken der faschistischen Prediger aus den 1940er Jahren und Butlers Vorgehen. Insbesondere die klassenspezifischen Heilsversprechen zeugen von Abweichungen. Die Radioprediger richteten sich an Arbeiter und kleine Angestellte. Sie offerierten ihrer Anhängerschaft Partizipation an Macht und Gewalt. Die von Löwenthal untersuchten Demagogen räumten ihrem Publikum die Möglichkeit ein, gegen die sozial Schwächeren loszuschlagen, und halfen ihnen, einen solchen Blutrausch als legitim zu rationalisieren. Der Mob nehme sich nur, was ihm ohnehin zustehe – das Pogrom fungiert in ihren Reden als Restitution von Gerechtigkeit. Butler indes fokussiert mit ihren Schriften eine akademisch geprägte Mittelschicht. So sind es hier auch nicht unmittelbar materielle Interessen und Bedürfnisse, deren Befriedigung versprochen wird, sondern die Teilhabe an moralischer Überlegenheit und einer neu zu konstituierenden Gemeinschaft des „kollektiven Widerstands“. Dennoch, diese Unterschiede fallen nicht zu schwer ins Gewicht. Die Versprechen der autoritären Demagogen sind ohnehin falsche: Sie erfüllen bloß Funktionen im Verführungsakt, an dessen Ende die Affirmation bestehender Machtverhältnisse steht. Das Gemeinsame ist hier das Entscheidende – und das ist die Ausschaltung des Subjekts und des Individuums sowie die Perpetuierung gesellschaftlich produzierten Leids.

Die unterschiedlichen Formen, in denen das Gemeinsame ausgedrückt wird, hängen mit den verschiedenen AdressatInnen zusammen. Butler weiß sehr genau, wie sie mit ihrem Publikum zu sprechen hat, um die eigene Agenda dort populär zu machen. Ihre Pamphlete sind Zeitgeist und sie vermitteln den LeserInnen, mit ihren Ängsten und Sehnsüchten verstanden zu werden. Es gebe eine naheliegende Lösung und die beinhalte gar die Befreiung von den Zwängen der Zivilisation. Butler appelliert an das Regressive in den Menschen selbst, an das latente Unbehagen in der Moderne, um die regressivste Form der Bewältigung dieses Unbehagens zu propagieren. Diese negative Krisenbewältigung wäre die vollständige Entfesselung der faschistischen Tendenzen in der Gesellschaft – die Selbstzerstörung der bürgerlichen Freiheiten, ohne die es keine Zukunft geben kann.

Schließlich: Bei allen aufgezeigten rhetorischen Tricks muss bedacht werden, dass in einer vernünftigen Gesellschaft, in der die Menschen mündige Individuen wären und tatsächlich als Subjekte ihre Geschicke selbst bestimmen könnten, Butlers Schriften trotz eben dieser Versuche zur Manipulation sich nie durchsetzen könnten, weil sie wohl eher allseits belacht würden. So sehr Butler Produkt dieser unvernünftigen Gesellschaft ist, so sehr bedarf sie eben auch dieser Gesellschaft. Das allgemeine Schwinden der Spontaneität und Erfahrungsfähigkeit in der verwalteten Welt ist gleichbedeutend mit der Verminderung des Reflexionsvermögens und dem Denken in Stereotypen. Weil die Menschen ihre Subjektivität kaum in der Form wahrnehmen und realisieren können, wie sie etwa in vielen Produkten bürgerlicher Kultur vorgelebt und von staatlichen Institutionen propagiert werden, weil sie insgeheim vom Betrug um jene Freiheiten wissen, die sie angeblich bereits besitzen sollen, stört es sie kaum, die noch gar nicht realen Freiheiten, und mit ihnen die Idee des Subjekts, vollständig aufzugeben. Butler kann sich hier ins „gemachte Nest" setzen und braucht die gesellschaftlichen Verfallserscheinungen nur mehr zum eigenen Programm zu erklären. Sie ist nicht für den Niedergang der bürgerlichen Gesellschaft und der Philosophie verantwortlich, aber sie setzt diesen Erscheinungen auch nichts entgegen und nutzt ihre akademische Autorität, um die Entstehung und Wirkung dieser allgemeinen Regression ideologisch zu vernebeln. Die vollständige Preisgabe des Subjekts, wie von Butler in letzter Konsequenz gefordert, wäre nicht nur die der bürgerlichen Gesellschaft, sondern zugleich die des noch unrealisierten menschlichen Glücks überhaupt. Butlers Stärke ist zugleich die allgemeine Schwäche der Philosophie als Erinnerung an die Möglichkeit und Dringlichkeit einer besseren, solidarischen und befreiten Gesellschaft.

Anmerkungen

1 Geschäftsstelle des Zentrums für transdisziplinäre Geschlechterstudien der Humboldt-Universität zu Berlin (Hg.), *Bulletin – Texte 28*, Berlin 2005.

2 Judith Butler, *Raster des Krieges. Warum wir nicht jedes Leid beklagen*, Frankfurt am Main/New York 2010, S. 48.

3 Judith Butler, *Gefährdetes Leben. Politische Essays*, vierte Auflage, Frankfurt am Main 2012, S. 44 (Hervorhebung von mir, M. E.).

4 Vgl. Theodor W. Adorno, *Erziehung zur Mündigkeit*, Frankfurt am Main 1971, S. 101.

5 Judith Butler, *Krieg und Affekt*, Zürich/Berlin 2009, S. 72.

6 Judith Butler, *Gefährdetes Leben*, S. 47.
7 Ebd., S. 45.
8 Judith Butler, *Raster des Krieges*, S. 170.
9 Judith Butler, *Krieg und Affekt*, S. 72.
10 Ebd., S. 84f. (Hervorhebung im Original).
11 Judith Butler, *Gefährdetes Leben*, S. 67.
12 Ebd., S. 168.
13 Judith Butler, *Krieg und Affekt*, S. 84.
14 Judith Butler, *Raster des Krieges*, S. 106.
15 Ebd.
16 Judith Butler, *Krieg und Affekt*, S. 86.
17 Judith Butler, *Gefährdetes Leben*, S. 59.
18 Ebd., S. 168.
19 Ebd., S. 170.
20 Ebd.
21 Judith Butler, *Raster des Krieges*, S. 116.
22 Ebd., S. 22.
23 Judith Butler, *Krieg und Affekt*, S. 84.
24 Judith Butler, *Gefährdetes Leben*, S. 58f.
25 Vgl. ebd., S. 176.
26 Judith Butler, *Raster des Krieges*, S. 51.
27 Ebd., S. 125.
28 Ebd.
29 Ebd.
30 Judith Butler, *Raster des Krieges*, S. 42.
31 Judith Butler, *Krieg und Affekt*, S. 80.
32 Judith Butler, *Raster des Krieges*, S. 107.
33 Ebd., S. 127.
34 Moishe Postone, „Antisemitismus und Nationalsozialismus“, in: ders., *Deutschland, die Linke und der Holocaust. Politische Interventionen*, Freiburg 2005, S. 165-194, hier: S. 189 (Hervorhebung im Original).
35 Judith Butler, *Gefährdetes Leben*, S. 57.
36 Theodor W. Adorno, *Erziehung zur Mündigkeit*, S. 90.
37 Judith Butler, *Gefährdetes Leben*, S. 176 (Hervorhebung von mir, M. E.).
38 Ebd., S. 15.
39 Ebd.
40 Ebd., S. 16.
41 Judith Butler, *Raster des Krieges*, S. 170.
42 Judith Butler, *Gefährdetes Leben*, S. 67.
43 Judith Butler, *Raster des Krieges*, S. 51, S. 123 und S. 125; dies., *Gefährdetes Leben*, S. 174.
44 Judith Butler, *Raster des Krieges*, S. 105.
45 Ebd., S. 104f.
46 Vgl. Leo Löwenthal, *Falsche Propheten. Studien zum Autoritarismus*, zweite Auflage, Frankfurt am Main 2017.
47 Ebd., S. 150.
48 Ebd., S. 151.

Judith Butlers antizionistische Radikalisierung und deren post-nationalsozialistische Rezeption

Ljiljana Radonić

Die Vordenkerin der Queer-Bewegung verurteilt in ihren Buchbeiträgen zum Thema Antisemitismus – oder genauer: zum sogenannten „Antisemitismus-Vorwurf" – diesen uneingeschränkt und distanziert sich jeweils zumindest in einem Satz implizit oder explizit von der Hamas. „Jeder fortschrittliche Jude sowie überhaupt jeder fortschrittliche Mensch sollte den Antisemitismus energisch bekämpfen, wo immer er auftaucht, und besonders dann, wenn er sich im Kontext von Bewegungen bemerkbar macht, die teilweise oder ganz gegen die israelische Besetzung palästinensischen Landes mobilisieren", schreibt Judith Butler 2004.[1] Dreizehn Jahre später, 2017, vermerkt sie: „The colonizer projects the desire to destroy colonial power onto the colonized, but renames it as the desire to destroy the Jewish people. The founding mandate of Hamas only amplifies this problem – and should be definitively rejected."[2] Der Haken an der Sache: Recycelt wird dabei immer wieder der Einwand, „Kritik an Israel" sei nicht antisemitisch – dass das *so* niemand behauptet, hindert Butler nicht daran, stets auf der Legitimität der angeblichen „Kritik" zu beharren. So weit, so bekannt.

Doch vergleicht man diese argumentativ zunächst sehr ähnlich wirkenden Texte von 2004 und 2017, so lässt sich daran – in einem, ja *dem* entscheidenden Punkt – eine Radikalisierung erkennen. Im Sammelband *Neuer Antisemitismus? Eine globale Debatte* aus dem Jahr 2004 bezeichnet sich Butler selbst noch als eine jener Jüdinnen und Juden, die „für den Staat Israel gefühlsmäßig engagiert sind, seiner Form kritisch gegenüberstehen und eine radikale Umstrukturierung seiner wirtschaftlichen und rechtlichen Basis fordern".[3] Eine „Kritik an Israel ist nicht dasselbe wie eine Anfechtung der Existenz Israels"[4], betont sie. 2017 hingegen sieht sie im Vorwort zum antizionistischen Machwerk *On Antisemitism* der einschlägigen Gruppe *Jewish Voice for Peace* den palästinensischen Kampf in einer Linie mit der Dekolonisierung Südafrikas (von der Apartheid) und fragt in Umkehrung ihrer älteren Aussage, welchen Unterschied es denn mache, ob man die israelische Politik, die Besatzung oder die Struktur und Legitimität des Staates Israel selbst kritisiere. Wenn moderne Demokratien Kritik ertragen müssten, sogar Kritik in Bezug auf den Prozess, durch den ein Staat seine Legitimität erhielt, dann wäre es nun Butler zufolge merkwürdig zu behaupten, dass jene, die dieses demokratische Recht auf freie Meinungsäußerung in Anspruch nehmen, ausschließlich oder weitgehend von Hass und Vorurteil beherrscht würden. Genauso gut könne es sein, dass jemand, der Israel oder gar die Umstände der Gründung des israelischen Staates kritisiere, sich leidenschaftlich für Gerechtigkeit einsetze und sich eine Politik wünsche, die die Gleichheit und Freiheit aller dort lebenden Menschen anstrebe. Entwirrt man diese auffällig vielen Wenn und Aber, so heißt das der nun deutlich radikalisierteren Position Butlers zufolge, nicht nur die „Kritik Israels", sondern explizit auch die Infragestellung der Legitimität Israels sei nicht antisemitisch, sondern „gerecht".

Die Tatsache, dass die beiden oben genannten Anthologien das Wort Antisemitismus zumindest im Titel tragen, scheint Butler dazu zu verpflichten, in ihren Beiträgen auch einige Sätze über den quasi „wirklichen" Antisemitismus und die Notwendigkeit seiner Bekämpfung zu verlieren, obwohl sie ihn bloß als eine Unterform des Rassismus begreift und die Existenz von Israel-bezogenem Judenhass per Definition leugnen muss. Entsprechend lapidar erklärte sie im Rahmen eines Vortrags im Berliner HAU im April 2018, Antisemitismus sei zu verurteilen „like any other sort of racism".[5]

Am Scheideweg sind bereits alle Wegscheiden festgelegt

Anders stellt sich das in ihrer 2012 auf Englisch und 2013 auf Deutsch veröffentlichten Abhandlung *Am Scheideweg. Judentum und die Kritik am Zionismus* dar, in welcher der Antisemitismus an sich im Wesentlichen nicht, sondern einzig die Antisemitismus-Keule existiert. Ein genauerer Blick auf diese scheinbar zwanghafte Dämonisierung des israelischen Staates in seiner Gesamtheit erlaubt es uns, im Folgenden noch einmal zu beleuchten,[6] wie sich Butler von der „für den Staat Israel gefühlsmäßig engagierten" zu einer sich selbst als „anti-zionistisch" bezeichnenden Autorin entwickelt hat.

Zunächst fällt auf, dass sich Butler gezählte neunzehn Mal in fast wortgleichen Formulierungen dafür rechtfertigen zu müssen glaubt, überhaupt auf jüdische Quellen und AutorInnen zurückzugreifen:

> „Mit der Behauptung, es gebe eine bedeutende jüdische Tradition des Einsatzes für Gerechtigkeit und Gleichheit, eine Tradition, die notwendig zu einer Kritik am jüdischen Staat führen muss, eröffne ich eine jüdische nicht-zionistische, ja anti-zionistische Perspektive mit dem Risiko, aus dem Widerstand gegen den Zionismus selbst einen ‚jüdischen' Wert zu machen und damit indirekt ethische Ausnahmeressourcen des Judentums zu beteuern. Soll die Kritik des Zionismus jedoch effektiv und substanziell sein, muss dieser Anspruch auf eine Sonderstellung zugunsten fundamentaler demokratischer Werte zurückgewiesen werden. […] Die Opposition gegen den Zionismus verlangt den Bruch mit einem exklusiv jüdischen Denkrahmen der Ethik sowie der Politik."[7]

Darf man eigentlich im ehrenvollen Dienste der „Kritik" Israels, die Butler hier nun selbst offen als eine antizionistische bezeichnet, auf „jüdische Werte" zurückzugreifen? „Das bedeutet, dass in der Artikulation solcher Werte das Primat und die Exklusivität des jüdischen Bezugsrahmens negiert werden muss und dass diese Artikulation sich gleichsam von sich selbst trennen und ihre eigene Zerstreuung betreiben muss."[8] In Folge imaginiert Butler, ihr könnte der Vorwurf gemacht werden, auch dies sei ein jüdischer, da von der messianischen „Zerstreuung" hergeleiteter Wert, weswegen sie ihren imaginierten KritikerInnen ihren größten Alptraum in den Mund legt: „Sie [Judith Butler, L.R.] wollen vom Judentum loskommen, können es aber nicht!"[9]

Sie greift dann trotz aller Vorbehalte auf die jüdischen Autoren Emmanuel Lévinas, Walter Benjamin und Primo Levi sowie auf Hannah Arendt zurück, auch wenn bei dieser sogar in den von Butler selbst zitierten Stellen der Unterschied zur Queer-Theoretikerin sofort ins Auge springt. Arendt erwidert in der folgenden Passage auf Gershom Scholems Vorwurf, ihre Kritik sei ein Zeichen mangelnder Liebe für das jüdische Volk:

> „Tatsache ist, dass ich nicht nur niemals so getan habe, als sei ich etwas anderes, als ich bin, ich habe niemals auch nur die Versuchung dazu verspürt. Es wäre mir vorgekommen wie zu sagen, dass ich ein Mann sei und nicht eine Frau, also verrückt. […] Judesein gehört für mich zu den unbezweifelbaren Gegebenheiten meines Lebens. […] Eine solche Gesinnung grundsätzlicher Dankbarkeit für das, was ist wie es ist, gegeben und nicht gemacht, […] ist präpolitisch."[10]

Butler kann angesichts dieser Behauptungen, die ihren eigenen Theorien grundlegend widersprechen, nur fragen: „Geht sie hier vielleicht zu weit? […] Man kann diese Kategorien schließlich auch ablehnen, das Judesein verwerfen und die Geschlechtszugehörigkeit ändern."[11] Letzteres zumindest wissen wir noch aus *Körper von Gewicht*: Der performative Akt – der Ausruf der Hebamme – mache überhaupt erst das Mädchen, das Geschlecht sei ein gesellschaftliches Konstrukt.[12] In Bezug auf das Judesein unterschlägt Butler hier aber, dass Arendts Satz im

Original-Brief an Scholem von 1963 nicht bei der Feststellung endet, dass eine solche Gesinnung präpolitisch sei – denn dann müsste sie erörtern, warum Arendt, wie diese gegenüber Scholem beteuerte, ihr Judesein politisch nicht verwerfen wollte, was auch immer sie in *Eichmann in Jerusalem* Kritisches über Israel schrieb. Arendt fügte in ihrem Schreiben nämlich an, eine solche präpolitische Einstellung habe „aber doch unter außergewöhnlichen Umständen, wie etwa den Umständen jüdischer Politik, auch gleichsam negative politische Folgen; sie macht bestimmte Verhaltensweisen unmöglich, und zwar, scheint mir, genau diejenigen, die Sie [Gershom Scholem, L. R.] in meine Ausführungen hineinlesen".[13] Diese „Umstände jüdischer Politik" sind der Antisemitismus: Arendt wusste wenigstens noch, dass es das Problem des jüdischen Antisemitismus gibt, das Problem, dass Juden mit ihren eigenen Feinden übereinstimmen, das Problem der Identifikation mit dem Aggressor, auch wenn sie dies – somit quasi im Nachhinein auf Butler zielend – als „unmögliche" Verhaltensweise bezeichnete.

Butler begreift Israel in *Am Scheideweg* als rassistischen, von Siedlerkolonialismus und Reinheitsvorstellungen geprägten, auf Vertreibung basierenden illegitimen Staat. Am Hass, der ihm entgegenschlägt, soll er selbst schuld sein: Es sei „das Regime israelischer Gesetze und israelischer Militärgewalt", das „eine Widerstandsbewegung hervorgebracht hat, die sich sowohl gewaltsamer wie gewaltloser Mittel bedient".[14] Keinesfalls zufällig erreicht Butler ihren größten Ruhm in der antisemitischen Gesellschaft der Intellektuellen, wenn sie mit Nachdruck „als Jüdin" ausspricht, dass die Israelis für die gegen sie gerichteten Vernichtungsversuche selbst verantwortlich seien:

> „Könnte es sein, dass Selbstverteidigung nicht zu Selbsterhalt führt, sondern zu Selbstzerstörung? […] ‚Verteidigt' wird also eine Form der verleugneten Unterdrückung, ohne die das Selbst nicht überleben kann. Aber eben diese Unterdrückung führt zu Widerstand gegen den Status quo und sucht damit das Selbst mit dem Gespenst der Zerstörung heim.

> [...] Es lebt dann in einer Welt, die nur zwei Optionen kennt: vernichtet werden oder vernichten."[15]

Gut für alle Beteiligten, dass der israelische Staat in der Realität mehr Handlungsmöglichkeiten hat, als es dieses binäre Dilemma nahelegt.

Das Entscheidende an Butlers „Post-Zionismus", wie sie ihren Antizionismus manchmal verharmlost, ist die Aufspaltung des Judentums in den israelischen Souverän und die gewaltfreie Diaspora. Diaspora heiße zunächst „hineingeworfen sein in eine Welt der Nicht-Juden, in der man ethisch und politisch seinen Weg inmitten einer unumkehrbaren Heterogenität finden muss, [...] eine Bevölkerung und sogar eine ‚Macht', die von der Kohabitation mit den Nicht-Juden abhängt und die zionistische Verknüpfung von Volk und Land vermeidet".[16] Doch Butler dekonstruiert in der Folge auch das Diaspora-Judentum, denn „in diesem Sinne heißt Jude ‚sein', sich von sich selbst zu trennen", „die Betrachtung des Jüdischseins im Moment seiner Begegnung mit dem Nicht-Jüdischen und der sich daraus ergebenden Zerstreuung des Selbst".[17] Ergo ist Jüdischsein ihrer Auffassung nach als „anti-identitäres Projekt zu verstehen", als ein Gegensatz zur „Aufnahme einer ethischen Beziehung zum Nicht-Juden".[18] Jüdische Identität könne per se nicht „ethisch" sein.

Nun könnte man einwenden, Butler dekonstruiere Identität und „Identitätskategorien durchkreuzen"[19] sei eben ihr Motto. Doch ganz anders verhält es sich – in der Tradition des Postkolonialismus von Edward Said – mit der von ihr verklärten palästinensischen Identität und dem als legitim erachteten „nationalen Widerstand". Von Terror kann Butlers Verständnis zufolge, wie oben bereits zitiert, keine Rede sein. Dementsprechend fasst sie den systematischen antisemitischen Massenmord immer schon auf eine Art, die ihn mit dem Schicksal der Palästinenser vergleichbar machen soll, was zuweilen seltsame Formulierungen wie diese produziert: „Jüdische Bevölkerungsgruppen wurden unter dem Naziregime, soweit sie nicht zerstört wurden, ihrer Heimat und ihres Landes beraubt."[20] Gegen eine Gleichsetzung des Holocaust mit den von den Israelis begangenen „Verbrechen“ spricht sie sich zwar einige Male aus, jedoch nur, um „Ähnlichkeiten“ als strategisch angebrachtere Bezeichnung ins Feld zu führen: „Niemand behauptet, die Juden hätten anderen angetan, was sie selbst erlitten haben. Ganz im Gegenteil gibt es hier eine gewisse Ähnlichkeit, ja Resonanz, obgleich man sich vielleicht hüten sollte, diese in einem solchen Moment überzubenennen, um nicht jenen Widerhall zu verlieren, von dessen Wahrnehmung so viel abhängt.“[21] Letztlich läuft aber die ganze Abhandlung doch auf die Gleichsetzung hinaus. So rutscht ihr in Zusammenhang mit Primo Levis notorischer Behauptung, heute seien „die Palästinenser die Juden der Israelis“, heraus, dass diese Formulierung nicht etwa falsch, sondern bloß taktisch „unklug“ sei.[22] Die Idee eines konzentrierenden statt eines expansionistischen Kolonialismus bei Martin Buber assoziiert Butler frei mit Konzentrationslagern: Das „wird noch beängstigender, wenn wir den ‚Erfolg‘ des konzentrierenden Kolonialismus im Westjordanland und vor allem in Gaza betrachten, wo die Lebensumstände ganz nach dem Motto der Konzentration beengt und verarmt sind“.[23] Die „Nakba“, die „katastrophale Zerstörung der Heimat der Palästinenser“ 1948, nennt sie nur den Beginn von „Deportationen“, die die „Reinigung von allem Heterogenen“[24] anstrebten: „Es gibt also keine einmalige Deportation der Unterdrückten, sondern wiederholtes Handeln, einen andauernden Prozess der Deportation, der Landenteignung oder der Vertreibung als Möglichkeitsbedingung dieser Art von Fortschritt.“[25] Und die Shoah heißt bei Butler immer und immer wieder „NS-Völkermord“, der zwar singulär sei, aber:

> „Räumt man die Singularität der einen Geschichte ein, ist man tatsächlich implizit auch verpflichtet, die Singularität aller dieser Geschichten anzuerkennen, und an diesem Punkt kann man anfangen, ganz andere Fragen zu stellen. Es geht nicht darum zu behaupten, der Zionismus sei wie der Nazismus oder sei dessen unbewusste Wiederholung mit den

> Palästinensern als Juden. Solche Analogien übergehen die Unterschiede zwischen Nationalsozialismus und politischem Zionismus in Unterdrückung, Vertreibung und Tötung."[26]

Nachdem sie auf diese Weise nahelegt, die Unterschiede seien bloß gradueller Art, scheint die Trägerin des Theodor-W.-Adorno-Preises schließlich Adornos kategorischen Imperativ, alles Handeln so einzurichten, dass Auschwitz sich nicht wiederhole, direkt anzugreifen:

> „Es geht vielmehr um die Frage, wie sich aus einer historischen Konstellation bestimmte Grundsätze zum Verständnis einer anderen ableiten lassen. […] Möglicherweise ergibt sich tatsächlich ein moralischer oder politischer Auftrag aus dem Nazi-Völkermord an den Juden (ein Genozid an mehreren verschiedenen Bevölkerungsgruppen) zur Opposition gegen sämtliche Formen staatlichen Rassismus und den zugehörigen Gewaltformen."[27]

Aus dem kategorischen Imperativ wird zunächst ein „möglicherweise", und aus der Wiederholung von Auschwitz „sämtliche Formen staatlichen Rassismus", inklusive zugehöriger Gewaltformen. Damit leugnet Butler den Imperativ selbst kategorisch und streicht die Shoah durch – denn wer wollte bestreiten, dass immer schon galt, gegen sämtliche Formen von staatlichem Rassismus und zugehöriger Gewaltformen zu opponieren? Doch mittlerweile wissen wir: Mit „sämtlichen" Übeln ist bei der Gender-Vordenkerin ohnehin einzig Israel gemeint.

Die Gallionsfigur des Antizionismus im post-nationalsozialistischen Kontext

Spätestens seit *Am Scheideweg* lässt sich Butlers Werk nun wirklich nicht mehr bequem auf ihre queer-theoretischen

Schriften reduzieren – eine ganze Monografie, die sich absolut unmissverständlich gegen Israels Existenzberechtigung ausspricht, kann von den nach 2012/2013 erschienenen akademischen Würdigungen nicht mehr außer Acht gelassen werden. Wie wird also diese Doppelrolle von Gender-Theoretikerin und Antizionistin unter Bezugnahme auf *Am Scheideweg* verhandelt?

Bettina Brandt lobt in ihrem Butler-Porträt, das 2015 im Sammelband *Eingreifende Denkerinnen* erschienen ist, explizit beides, d.h. Butlers genderfeministische wie politische Theorie, als einen „Weg des Infragestellens, Unruhestiftens, Störens"[28]. Diese Affirmation steht exemplarisch für die Werkrezeption im deutschsprachigen Raum, wo bis heute schlicht keine Gender-Studies-immanente Kritik an der antizionistischen Radikalisierung der Ikone formuliert worden ist.

Das Abstreiten der Existenzberechtigung Israels verkleidet Brandt in ihren Ausführungen über *Am Scheideweg* folgendermaßen:

> „Sie fordert den Nationalstaat als politisches Modell der Souveränität heraus. Sie fordert damit aber auch ein Modell der Selbstbehauptung und des Schutzes vor Regierungen und Rechtsordnungen heraus, deren Willkür und, mit der nationalsozialistischen Herrschaft, deren Vernichtungspolitik Juden in Europa ausgesetzt waren."[29]

Natürlich ist es bei Butler nicht *der* Nationalstaat an und für sich, dessen Souveränität herausgefordert wird, sondern einzig Israel – während zugleich ein palästinensisches Recht auf Nationalstaatlichkeit verlangt wird. Was der zweite Satz dieses Zitats genau besagen will, erschließt sich auch dann nicht, wenn man Butlers oben zitierte Passage zur Selbstbehauptung und Selbstzerstörung Israels kennt. Soll Israel hier als ebenso willkürlich agierend wie der NS-Staat dargestellt werden? Irgendwie nein und irgendwie doch, heißt die Antwort vermutlich wie schon bei Butler. Jedenfalls verschweigt Brandt, dass die von ihr Porträtierte in *Am Scheideweg* dezidiert die „Zerstreuung" Israels als jüdischem Staat fordert, und behauptet stattdessen, ihre Kritiker „implizierten“[30] dies bloß.

Nach Butlers notorischem, 2006 bei einer Podiumsdiskussion in Berkeley getätigtem Sager, es sei „extrem wichtig“, Hamas und Hisbollah als „Teil der globalen Linken“ zu verstehen, habe sich Brandt zufolge die Debatte um ihre Person „hochgeschaukelt“:

> „Gegen die Vorwürfe des Generalsekretärs des Zentralrats der Juden in Deutschland, Stephan J. Kramer, Butler habe 2006 zwei auf die ‚physische Vernichtung Israels‘ zielende Terrororganisationen als soziale Bewegungen legitimiert und verdiene daher den Adorno-Preis nicht, stellte sie erneut ihr Engagement für eine demokratische und gewaltfreie Kritik an der israelischen Palästinenser-Politik klar. Während Butler von Kritikern in Kategorien persönlicher Herabsetzung und des politischen Verdachts bzw. der Diffamierung als Israel-Hasserin und Antisemitin attackiert wurde, hatte sie ihrem Selbstverständnis nach in Berkeley als Wissenschaftlerin und Denkerin einer politischen Ethik gesprochen. Ähnlich differenzierte Butler in ihrer Unterstützung von BDS zwischen dem Boykott und der Diskriminierung von Personen, die sie ablehne, und dem gewaltlosen Boykott von Institutionen eines Staates, der Ungleichheit, Unrecht und Ausgrenzung erzeuge.“[31]

Sollen wir daraus schließen, dass Butlers Dämonisierung und Delegitimierung Israels legitim – und jede „Diffamierung“ ihrer Person unberechtigt – sein soll, solange sie die Existenzberechtigung des „Juden unter den Staaten“ bloß mit friedlichen Mitteln negiert? Offenbar, denn die „politische Kontroverse um Judith Butlers Interventionen für die Rechte der Palästinenser nahm die Gestalt der Verhinderung ihrer wissenschaftlichen Aktivitäten an“.[32] An dieser Stelle fällt selbst Brandt zum Glück wenigstens auf, dass gerade auch die von Butler geforderten Boykotte „bei akademischen Kooperationen nicht minder die akademische Freiheit treffen“[33]: diejenige israelischer WissenschaftlerInnen nämlich. Dennoch beharrt sie darauf:

> „Butler spricht und interveniert als unabhängiges professionelles Individuum: als Intellektuelle [...]. Ihre Überlegungen suchen einen Ausweg aus binären und hegemonialen Identitäts- und Politikkonzepten, die sowohl die Vielfalt jüdischer Selbstverständnisse einengten als auch die koloniale Unterdrückung der Palästinenser fortschrieben.“[34]

Dass auch das Diaspora-Judentum sich Butler zufolge letztlich in seinem Jüdisch-Sein zerstreuen, „von sich selbst trennen“ müsse, um ethisch zu sein, unterschlägt Brandt.

2006 hatte Butler den Boykott Israels noch nicht öffentlich befürwortet. Vielmehr hielt sie damals das Prinzip akademischer Freiheit hoch, das sie auf Menschen – vor allem in den palästinensischen Gebieten – ausdehnen wollte, deren Lebensumstände seine Geltung einschränkten: „My point is not to argue in favour of or against the boycott, but to discern the various invocations of academic freedom by both sides of that debate, and to see whether a new possibility for extending the domain of academic freedom claims can emerge from such a consideration.“[35] Heute hingegen ist sie die (jüdische) Gallionsfigur der *Boycott, Divestment and Sanctions*-Bewegung (BDS), die Israel als Apartheitsregime dämonisiert. Und sie protegiert seit einigen Jahren Jasbir Puar, jene Queer-Theoretikerin, die behauptet, dass Suizidattacken nicht etwa töten, sondern „Tod und Werden zu Einem verschmelzen“, weil der „ballistische Körper“ des Selbstmordattentäters in der Explosion „‚die Körper der Anderen‘ mit sich“ trage: „Seine eigene penetrative Energie sendet Metallsplitter und zerrissenes Fleisch hinaus in den Äther. [...] Das Echo ist eine queere Zeitlichkeit [...] und es verursacht Wellen der Zukunft, die in die Gegenwart brechen.“[36] Deutsche und österreichische Genderforscherinnen sehen in dieser queeren Verklärung von antisemitischem Massenmord eine „unkonventionelle Weise", wie akademisch „eine gewagte Verbindungslinie zwischen Queerness, Terrorismus, politischer und epistemischer Gewalt gezogen" werden könne.[37] Das wiederum deckt sich mit der Einschätzung Judith Butlers, die vom Buchdeckel von Puars jüngster Abhandlung *The Right to Maim* – die abermals obsessiv die angebliche Grausamkeit Israels zum Thema hat – verkündet: „Puar references a wide range of scholarly and activist resources to show how maiming becomes a deliberate goal in the continuing war on Palestine, and how the powers of whiteness deflect from the demographics of disability and ability."[38]

Während die Fixierung auf Israel bei Butler und anderen jüdischen AntizionistInnen als ihre eigene Art begriffen werden kann, sich mit Israel als dem „Juden unter den Staaten" auseinanderzusetzen – so sehr eine kritische Auseinandersetzung mit ihren Positionen auch geboten ist –, so ist es doch nochmals etwas anderes, wenn diese Fixierung auf Israel im nichtjüdischen Kontext, insbesondere in den post-nationalsozialistischen Gesellschaften Deutschlands und Österreichs verharmlost, übernommen oder gar überboten wird. Stellvertretend für diese Tendenz steht folgende selbstentlarvende Bemerkung aus einer deutschsprachigen Einführung in Butlers Werk: „Es sollte möglich sein, als Jude bzw. Jüdin israelkritische Positionen zu formulieren, auch wenn sich hierbei immer – und aus zunächst guten Gründen – das Risiko des Antisemitismus ergibt."[39]

Anmerkungen

1 Judith Butler, „Der Antisemitismus-Vorwurf. Juden, Israel und die Risiken öffentlicher Kritik", in: Doron Rabinovici/Ulrich Speck/Natan Sznaider (Hg.), *Neuer Antisemitismus? Eine globale Debatte*, Frankfurt am Main 2004, S. 60-92, hier: S. 61.

2 Judith Butler, „Foreword", in: Jewish Voice for Peace (Hg.), *On Antisemitism. Solidarity and the Struggle for Justice*, Chicago 2017, S. vii-xii, hier: S. X.

3 Judith Butler, „Der Antisemitismus-Vorwurf", S. 73.

4 Ebd., S. 71.

5 Judith Butler, „Resistance for the Present?", Vortrag, Hebbel Am Ufer, Berlin, 29.04.2018. https://soundcloud.com/hau-hebbel-am-ufer/judith-butler-resistance-for-the-present-1 (letzter Abruf: 02.05.2018).

6 Vgl. dazu Ljiljana Radonić, *Die friedfertige Antisemitin reloaded. Weibliche Opfermythen und geschlechtsspezifische antisemitische „Schiefheilung"*, Graz 2018; dies., „Von der friedfertigen Antisemitin zur queer-theoretischen Post-Zionistin", in: Charlotte Busch/Martin Gehrlein/Tom David Uhlig (Hg.), *Schiefheilungen. Zeitgenössische Betrachtungen über Antisemitismus*, Wiesbaden 2016, S. 201-217; dies., „‚Deutsche Therapie ist irgendwie universell.' Von der friedfertigen Antisemitin zur queer-theoretischen Post-Zionistin", in: *sans phrase*, Nr. 4/2014, S. 50-62.

7 Judith Butler, *Am Scheideweg. Judentum und die Kritik am Zionismus*, Frankfurt am Main 2013, S. 10.

8 Ebd., S. 14.

9 Ebd.

10 Hannah Arendt, „Brief an Gershom Scholem", in: Thomas Sparr (Hg.), *Gershom Scholem: Briefe*, Band 2: *1948–1970*, München 1995, S. 101f.

11 Judith Butler, *Am Scheideweg*, S. 14.

12 Judith Butler, *Körper von Gewicht. Die diskursiven Grenzen des Geschlechts*, Frankfurt am Main 1995, S. 21. Siehe zur Kritik an der Auslöschung des naturhaften Leibes Alex Gruber, „Dekonstruktion und Regression. Der Poststrukturalismus als Masseverwalter Carl Schmitts und Martin Heideggers", in: ders./ Philipp Lenhard (Hg.), *Gegenaufklärung. Der postmoderne Beitrag zur Barbarisierung der Gesellschaft*, Freiburg 2011, S. 155-194, hier: S. 159f.

13 Hannah Arendt, „Brief an Gershom Scholem", S. 102.

14 Judith Butler, *Am Scheideweg*, S. 43. Siehe auch ebd., S. 143.

15 Ebd., S. 118.

16 Ebd., S. 26.

17 Ebd., S. 39.

18 Ebd., S. 140f.

19 So der Titel einer Zwischenüberschrift in Bettina Brandt, „Judith Butler in Verteidigung der Palästinenser – ‚Demanding the impossible'", in: Ingrid Gilcher-Holtey (Hg.), *Eingreifende Denkerinnen. Weibliche Intellektuelle im 20. und 21. Jahrhundert*, Tübingen 2015, S. 199-212.

20 Judith Butler, *Am Scheideweg*, S. 26.

21 Ebd., S. 134.

22 Ebd., S. 237.

23 Ebd., S. 51.

24 Ebd., S. 122.

25 Ebd., S. 121.

26 Ebd., S. 42f.

27 Ebd., S. 43.

28 Bettina Brandt, „Judith Butler in Verteidigung der Palästinenser", S. 199.

29 Ebd., S. 206.

30 Ebd., S. 209.
31 Ebd., S. 207f.
32 Ebd., S. 209.
33 Ebd.
34 Ebd., S. 208ff.
35 Judith Butler, „Israel/Palestine and the paradoxes of academic freedom“, in: *Radical Philosophy*, No. 135/2006, https://www.radicalphilosophy.com/article/israelpalestine-and-the-paradoxes-of-academic-freedom (letzter Abruf: 24.04.2018). Siehe dazu auch David Hirsh, *Contemporary Left Antisemitism*, London/New York 2018, S. 118.
36 Jasbir K. Puar, „Queere Zeiten, terroristische Assemblagen“, in: Gabriele Dietze/Claudia Brunner/Edith Wenzel (Hg.), *Kritik des Okzidentalismus. Transdisziplinäre Beiträge zu (Neo)Orientalismus und Geschlecht*, zweite Auflage. Bielefeld 2010, S. 271-294, hier: S. 286.
37 Gabriele Dietze/Claudia Brunner/Edith Wenzel, „Orientalismus konkretisieren, kritisieren, theoretisieren“, in: ebd., S. 11-21, hier: S. 19.
38 Judith Butler, Klappentext-Blurb zu Jasbir K. Puar, *The Right to Maim. Debility, Capacity, Disability*, Durham 2017.
39 Paula-Irene Villa, *Judith Butler. Eine Einführung*, zweite Auflage, Frankfurt am Main/New York 2012, S. 127f.

Siedlerkolonialismus

Oder: Die Macht der Enteignenden

Ioannis Politis

Chrysanthos Katsoulogiannakis zum Gedenken

Sie kamen aus einem anderen Land. In gewaltsamer Absicht. Sie wollten erobern. Mit Flugzeugen, Panzern, Schusswaffen. Sie unterwarfen das Gebiet, auf das sie es abgesehen hatten. Sie verjagten die, die dort schon lebten und anders als sie waren. Hunderttausende von diesen mussten deshalb fliehen. Viele starben. Viele sind verschollen. Und viele haben seither ihre Heimat nicht mehr gesehen. Sie sind vertrieben worden und sie sind Vertriebene geblieben. Es gibt kein Rückkehrrecht für sie. Sie können nicht mehr in den Häusern leben, die ihnen gehören. Sie können nicht an die Gräber ihrer Eltern, wann sie es wünschen. Sie können nicht an andere Orte, die ihnen etwas bedeutet haben. Denn dort, wo sie einst gelebt hatten, ist ein anderer Staat ausgerufen worden. Ein durch und durch militarisierter. Seine unbezwingbare Armee ist seine Stärke. Er beruft sich auf eine andere Religion, die mit diesem Staat in eins gesetzt ist. Seine Flagge symbolisiert das unmissverständlich: Dort prangt das Erkennungszeichen jenes Glaubens.

Die, die mit gewaltsamer Agenda anderswoher gekommen waren, konnten sich darauf berufen, dass die ihren als Minderheit schon immer auf dem beanspruchten Flecken Erde gelebt hatten. Das sollte ihren bewaffneten Herrschaftsanspruch moralisch rechtfertigen. Weil die Weltgemeinschaft trotz völkerrechtswidriger Landnahme nicht eingriff, konnten die Eroberer bleiben. Nach ihrem Einmarsch, der Enteignung und der Vertreibung derjenigen, die dort gelebt hatten, folgten ihre eigenen Siedler. Massenhaft, aus der Ferne kommend, im Rahmen gezielter Neubesiedelung des eroberten Gebiets. Siedlerkolonialismus. Dies ist die einzige treffende Bezeichnung für das, was geschah, und für das Unrecht, das in den kommenden Jahren institutionalisiert wurde.

Irgendwann zog die Kolonialmacht eine Mauer quer durch das Land. Seither verläuft eine Betonwand mitten durch Dörfer und trennt diese in zwei unüberwindbare Hälften. Besatzung, Architektur geworden. Geografische Apartheid, mit klarem „hier" und „dort". Und eine seither geteilte Hauptstadt. Ein Ende der Fremdherrschaft ist nicht abzusehen.

Doch das politische Schicksal Zyperns war und ist der westlichen Linken – ansonsten so alert, wenn es um „koloniale Herrschaft", „Repression", „militärisch-industriellen Komplex" usw. geht – noch nie ein Skandalon gewesen. Seit 1974 haben diese hunderttausenden Vertriebenen keine engagierten Unterstützerkreise und Solidaritätskomitees, keine universitären Fürsprecher und keine kulturellen Gallionsfiguren, die für ihre Sache eintreten, und auch keine eigens für sie gegründete Flüchtlingsorganisation. Dieses Schweigen hat System. Und kaum eine Repräsentantin linksakademischer „Theorie" gibt darüber so konzise Auskunft wie die mittlerweile wohl berühmteste Kämpferin für „unbetrauerbares"[1] Leben.

„Colonial power is wrong", dozierte Judith Butler im April 2018 bei einer Veranstaltung im Berliner HAU.[2] Wen sie damit schulen wollte, ist unklar, denn: „Wer ist schon für Kolonialismus?"[3], wie Dierk Saathoff ihr in *Beißreflexe* vorausschauend erwidert hat? Und doch ist an Butlers Bemerkung besonders interessant, dass die vorgebliche Kritikerin von Siedlerkolonialismus[4] von „Kolonialmacht" im Präsens spricht. Ihre geschichtslose Verwendung historischer Begriffe ist bezeichnend: Erst die Verdrängung dessen, was an realer kolonialer Herrschaft in der Gegenwart zu kritisieren wäre, ermöglicht ihr den unsachgemäßen Gebrauch dieser Bezeichnung sowie die projektive Übertragung auf Staatsformen und Konflikte, auf die sie überhaupt nicht zutrifft. Aus dem inflationären Gebrauch des Schlagworts folgt die Bequemlichkeit, sich mit der überaus lokalisierbaren Macht der Enteignenden gar nicht erst zu befassen, weder theoretisch noch politisch. Dieser Gestus erfordert nichts – weder analytische Brillanz noch besonderen Mut. Es handelt sich um Scheinrebellion auf hohem Niveau.

Wer wissen möchte, was Butler unter „Herrschaft" versteht und wie sie diesen Begriff mit Bedeutung füllt – d.h., wie sie ihre Vorstellung vom Politischen auf leicht nachzuvollziehende Weise veranschaulicht, wenn das Abstrakte gesprächsbedingt konkret werden muss –, wird in *Die Macht der Enteigneten* fündig.[5] Dieser mit der griechischen Sozialwissenschaftlerin Athena Athanasiou verfasste Dialogsband führt kompakt in Butlers politische Weltsicht ein. Und diese erscheint altbacken links und auffallend plump.

„Enteignung ist ein schwieriges Konzept", sagt Athena Athanasiou um des Sagens willen über den titelgebenden Begriff. Ihre Gesprächspartnerin hilft ihr aus: Das Wort bezeichne „genau das, was geschieht, wenn Menschen und Bevölkerungen Land, Bürgerrechte oder die Mittel zum Bestreiten ihres Lebensunterhalts verlieren oder wenn sie militärischer Willkür oder der Gewalt des Gesetzes ausgesetzt sind."[6] Butler weiß weiter, dass „Rechtstaatlichkeit selbst in das Kolonialprojekt eingelassen"[7] ist, und Athanasiou ergänzt, linke Akademikerinnen müssten sich deshalb „der Struktur der Enteignung zuwenden, die zeitgenössische Formen von Kolonialismus, Sklaverei, rassistischer oder geschlechtsbezogener Gewalt organisiert."[8] Was damit indiziert wird, ist unmissverständlich: Hier wird nicht abstrakt über Herrschaft nachgedacht, sondern dämonisiert. Die „palästinensische Bevölkerung lebt unter fortwährender kolonialer Herrschaft und Unterwerfung", so Butler: „Die Akte der Freiheit, die sich unter der Besatzung entwickeln, nehmen dabei verschiedene Formen an"[9] – vom Steinewerfen bis zum Selbstmordattentat, dürfte wohl gemeint sein. Für Emanzipation und Individualismus, Grundpfeiler des freien Lebens, scheint in der gemeinten Gegend wohl keine Zeit zu sein, und für kritisches Denken, dem sich die beiden Autorinnen verpflichtet fühlen, schon gar nicht. So verzichtet Butler auf eine analytische Bestandsaufnahme dessen, was sie in den 1990er Jahren berühmt gemacht hat, nämlich eine Beschäftigung mit der „zwangsheterosexuellen Matrix“ in der Hamas-Version. Solche Gewalt zu kritisieren – was den wissenschaftlichen Anforderungen einer echten Geschlechterforschung nachkäme – ist für sie sekundär. Sexuelle Drangsalierung gilt ihr, wenn sie nichtwestlicher Herkunft ist, als eine Petitesse: Wieso sollte man sich auch mit geradezu bourgeoisen Fragen nach individuellem Verlangen befassen, wenn eine so hehre Pflicht ruft wie der Kampf gegen „koloniale Herrschaft“? Es ist, als lebte der K-Gruppen-Geist der 1970er Jahre mitsamt seinen lustfeindlichen Ausprägungen wieder auf, nur eben in zeitgemäßem Jargon gehalten.

So entpuppt sich das Hoffen auf eine *Macht der Enteigneten* als Pseudokritik. Was dem Status quo entgegengesetzt wird, ist: nichts. Weil Butler und Athanasiou es konsequent vermeiden, die Macht der Enteignenden zu analysieren – was sie täten, wären sie tatsächlich links, mutig und wissenschaftlich –, handelt es sich bei diesem Dialog um ein weiteres Dokument genderfeministischer Kommentarkultur. In diesem Sinne umkreist der Gesprächsband alle möglichen Konflikte in der Region, doch was die Konversation exakt ausspart, ist genau jener Ort in der Gegend, an dem die vielbeschworene militärische „Enteignung“, welche die Autorinnen unfreiwillig auf den Begriff bringen, staatlich institutionalisiert ist. Nordzypern, das ist der blinde Fleck auf Butlers postkolonialer Landkarte, und auch eine griechische Gesprächspartnerin hilft ihr, da ebenfalls antiimperialistisch gesinnt, historisch nicht auf die Sprünge. Einerseits ist das Desinteresse an diesem Konflikt Resultat von Butlers Antizionismus – *„no Jews, no news“*. Andererseits interessiert sie die sehr konkrete Macht der Enteignenden aus zwei Gründen nicht:

Erstens, weil ihr antiwestliches Ressentiment es ihr untersagt, die extraterritoriale Ausdehnung der Kolonialmacht als ein Erbe des Osmanischen Reiches zu begreifen und dies mit demselben moralischen Tadel zu belegen wie den angeblichen Fortbestand einstiger kolonialer Dependenzen europäischer Länder in der südlichen Hemisphäre. „Vertreibung“ und „Enteignung“, das zählt für Butler nur in Palästina. Schätzungsweise eine Million ermordeter Armenier, Zehntausende ermordeter syrischer Christen, eine Million vertriebener Griechen – all das ist der angeblich kolonialismus- und machtsensiblen Theoretikerin der Verwundbarkeit keine Zeile wert. Verantwortlich dafür ist ihr Weltbild: „Ich sehe unsere Überlegungen sich daher gegen ein zentrales Moment des Kapitalismus richten, wenn wir beispielsweise Formen der Landnahme oder der territorialen Enteignung ablehnen."[10]

Zweitens, weil eine akademische Kritik am nordzypriotischen Siedlerkolonialismus als unmittelbarem Ausdruck der Macht der Enteigneten bedeuten würde, die Kolonialmacht auf sich aufmerksam zu machen – eine Kolonialmacht, die mit missliebigen Meinungen bekanntlich nicht zimperlich umgeht, insbesondere was Akademiker und Journalisten anbelangt.

Da Butlers langjährige akademische Weggefährtin Gayatri Chakravorty Spivak Suizidattacken einmal als „Botschaft" bezeichnet hat, die ausgeschickt werde, „wenn kein anderes Mittel mehr durchkommt"[11], und die von Butler geschätzte Jasbir Puar Selbstmordanschläge für „queer" hält, weil diese „Tod und Werden zu Einem verschmelzen"[12], überrascht es nicht, dass auch *Die Macht der Enteigneten* auf diese Form des Massenmordes zu sprechen kommt – allen genderfeministischen und queertheoretischen Dogmen folgend selbstverständlich affirmativ. So hört Butler ihrer griechischen Verbündeten ohne Widerrede zu, als Athanasiou dazu ansetzt, Puars wahnhafte Ausführungen noch zu überbieten:

> „Du sprichst die Relationalität eines Selbst an, das sich unter Anwendung von Gewalt verteidigt, und stellst die Frage, ob es zu jenen, die da bekämpft werden, weiterhin in Beziehung steht; das lässt mich an das Geschehen eines ‚Selbstmordattentats' denken, bei dem die Attentäterin oder der Attentäter (*Shahida/Shahid*) zusammen mit ihren/seinen Opfern in einer umfassenden thanatopolitischen Intimität stirbt, in einer Nähe im Moment der Auf-

> lösung und Auslöschung, die von der relationalen Dimension der Selbstbestimmung wie auch der Selbstvernichtung ‚Zeugnis ablegt'. Möglicherweise lassen sich Selbstmordattentate als eine absolute, exzessive Form verstehen, dem anderen ausgesetzt zu sein, doch zugleich als ein Ausgesetztsein, das gerade durch seine Exzessivität der Empfänglichkeit des Anderen gegenüber gleichgültig bleibt? Vielleicht liegt die ‚Einzigartigkeit' von Selbstmordattentaten oder sogenannten Opfertoden gerade darin und weniger in den solchen Taten unterstellten pathologischen Motiven – die stereotypisch einem vormodernen Bösen zugeordnet werden, das sich grundlegend unterscheidet von dem guten Gewissen und der moralischen Rechtfertigung der Truppen im gerechten Krieg."[13]

Butler, die seit ihrer Hamas-und-Hisbollah-Blamage darauf achtet, sich nicht mehr unmittelbar zu Terrorbanden zu äußern, nickt die phrenetische Formulierung der „thanatopolitischen Intimität" – ein im Griechischen mindestens absurd klingendes Adjektiv – schweigend ab, um dann zu ihren üblichen Sophismata überzugehen. Dass Suizidattacken *Leben*, das Kostbarste überhaupt, enteignen (vom Schmerz der Angehörigen, die für die verbliebene Dauer ihrer Existenz mit dem unfassbar grausamen Verlust leben müssen, ganz zu schweigen), regt bei den Ideologinnen kein Mitgefühl. Beklagenswert sind ihnen, die über die „Prekarität" des Daseins elaboriert nachzudenken vorgeben, ohnehin nicht die Ermordeten, die Verstümmelten und die Hinterbliebenen, sondern die Ausführenden von Selbstmordattentaten, zeugten diese doch von einer „relationalen Dimension der Selbstbestimmung" ihres Seins – auch wenn es offensichtlich ist, das jene Relationalität ausschließlich auf „Allah" rekurriert. So feinfühlig ist Massenmord schon lange nicht mehr veredelt worden.

Dabei drängt sich während der Lektüre des Meinungsmonologs der beiden Gleichgesinnten vor allem eine Frage auf:

Weshalb hat trotz des eingangs skizzierten völkerrechtswidrigen Unrechts in Nordzypern – der institutionalisierten Diskriminierung, der von einer Mauer zementierten Fremdherrschaft, der fortwährenden Ignoranz der Weltgemeinschaft, der Plünderungen und der Hehlerei mit religiösen Kunstschätzen und vielem mehr –, noch nie ein enteigneter Grieche, noch nie eine enteignete Griechin ein Selbstmordattentat gegen die Kolonialmacht verübt? Die Antwort, welche Butler abzuwehren versucht, liegt auf der Hand.

Anmerkungen

1 Judith Butler, *Raster des Krieges. Warum wir nicht jedes Leid beklagen*, Frankfurt am Main/New York 2010, S. 36.

2 Judith Butler, „Resistance for the Present?", Vortrag, Hebbel Am Ufer, Berlin, 29.04.2018. https://soundcloud.com/hau-hebbel-am-ufer/judith-butler-resistance-for-the-present-1 (letzter Abruf 02.05.2018).

3 Dierk Saathoff, „Wer ist schon für Kolonialismus? Die Politik des guten Gewissens im queeren Aktivismus", in: Patsy l'Amour laLove (Hg.), *Beißreflexe. Kritik an queerem Aktivismus, autoritären Sehnsüchten, Sprechverboten*, Berlin 2017, S. 191-198.

4 Vgl. Judith Butler, *Am Scheideweg. Judentum und die Kritik am Zionismus*, Frankfurt am Main/New York 2013, S. 30f.

5 Judith Butler/Athena Athanasiou, *Die Macht der Enteigneten. Das Performative im Politischen*, Berlin 2014.

6 Ebd., S. 13 und S. 15.

7 Ebd., S. 44f.

8 Ebd., S. 46.

9 Ebd., S. 247.

10 Ebd., S. 20.

11 Zitiert nach Jasbir K. Puar, „Queere Zeiten, terroristische Assemblagen", in: Gabriele Dietze/Claudia Brunner/Edith Wenzel (Hg.), *Kritik des Okzidentalismus. Transdisziplinäre Beiträge zu (Neo-)Orientalismus und Geschlecht*, zweite Auflage, Bielefeld 2010, S. 271-294, hier: S. 287 (Übersetzung aus dem amerikanischen Englisch von mir, I. P.).

12 Ebd., S. 286.

13 Judith Butler/Athena Athanasiou, *Die Macht der Enteigneten*, S. 172f. (Hervorhebung im Original).

Der Flirt mit der Unfreiheit

Zu den politischen und wissenschaftlichen Verfallserscheinungen des Gender-Paradigmas

Regressive Lifestyles bewerben

Queerfeminismus – das aktivistische Verfallsprodukt des Gender-Paradigmas

Naida Pintul

Will man das Phänomen Queerfeminismus begreifen, sind weniger Bibliotheken eine hilfreiche erste Anlaufstelle als vielmehr das Internet, wo diese aktivistische Ausprägung des in den 1990er Jahren dominant gewordenen Genderfeminismus mitunter aufgekommen ist. Stand Letzterer schon für den Niedergang der Emanzipation, weil er „Frauen" dezidiert nicht mehr zur politischen Referenz- und zur wissenschaftlichen Analysekategorie haben wollte, sondern einzig die „Performativität" geschlechtlicher Identitäten hervorzuheben gedachte, radikalisiert der Ableger genau diesen Punkt weiter. Queerfeminismus zeichnet sich insbesondere durch eine Abneigung gegenüber Theoriearbeit aus und die Weigerung, sich auf bisherige Errungenschaften des Feminismus rückzubeziehen. Hier wird aus der (intellektuellen) Not eine Tugend gemacht unter dem Vorwand, eine möglichst breite Masse – auch ohne akademische Vorbildung – miteinbeziehen zu wollen, was im eigenen Sprachgebrauch „inkludieren" genannt wird. Dabei bleibt unbemerkt, dass man einerseits selbst hochgradig jargonhaft kommuniziert. Gleichzeitig kann man sich nicht des Eindruckes erwehren, dass jene Personen, die man im Besonderen ansprechen möchte, tatsächlich für unfähig gehalten werden, was die Wissensaneignung zum besseren Verständnis komplexer Texte anbelangt. Während andererseits Individualität gepredigt wird, hat die queerfeministische Szene ihre eigenen Dresscodes und ästhetische Normen, die auf Außenstehende nicht selten so wirken, als fände hier bewusst eine äußere Verelendung statt, um sich von der als „problematisch“ empfundenen Mehrheitsgesellschaft abzugrenzen. Im Folgenden sollen einige wesentliche Merkmale dieser Bewegung analysiert werden.

Eines der ersten queerfeministischen Portale in Deutschland, *Mädchenmannschaft*, legte 2007 den Grundstein für diese oft auch als „Netzfeminismus“ verstandene Strömung, deren Vertreterinnen sich selbst entsprechend als Netzaktivistinnen bezeichnen. Im Jahr darauf wurde das *Missy Magazine* gegründet, das erste queerfeministische Printmagazin mit einem auf Stil- und Lebensgefühl zugeschnittenen Anspruch („für Frauen, die Berichterstattung über Popkultur, Politik und Style mit einer feministischen Haltung verbindet“). Diese Generation an heute 16- bis 40-jährigen Feministinnen hat ihre geschlechterpolitische Sozialisierung größtenteils online erlebt bzw. wurde dort auf die feministische Bewegung aufmerksam. Die von ihr produzierten Texte werden zumeist auf Blogs oder auf Facebook veröffentlicht, für queerfeministische Events oft auch in Zines. Die bekannteste Form dieser Veranstaltungen ist das Lady*Fest, ein meist mehrtägiges Festival mit Workshops, Vorträgen, DIY-Angeboten, Musik und Performancekunst, das 2000 erstmalig in Olympia, Washington stattfand und seither weltweite Verbreitung gefunden hat – mit zunehmendem inhaltlichen Beliebigkeitscharakter. Infolge der wachsenden Popularität des Queerfeminismus etablierten sich weitere Onlineangebote, beispielsweise *Feminismus im Pott*, *Pinkstinks* und, als queerfeministischer Zweig der *VICE*, *Broadly*. Queerfeministische Publikationen sind nicht auf ihre „hauseigenen“ Portale beschränkt, sondern haben Einzug in Medien mit linkem Selbstverständnis gehalten, u.a. in die *taz* und den *Freitag*. Neben Facebook ist Twitter das beliebteste Portal für queerfeministische Online-Präsenz, die bekanntesten dort entstandenen Hashtags sind #aufschrei und #ausnahmslos. Ersterer entstand als Reaktion auf den „sexistischen Normalzustand“, der in einem wenig ausdifferenzierten Blogartikel elaboriert worden war, wobei die Formen der damit gemeinten Belästigung vom bloßen Gucken bis hin zu körperlichen Übergriffen reichen. Letzteres wurde nach der Kölner Silvesternacht 2015 initiiert – infolge der „rassistischen“ Berichterstattung, um sich „ausnahmslos“ sowohl gegen Sexismus als auch Rassismus zu positionieren.

Sucht man nach dezidiert queerfeministischen Publikationen in Buchform, bietet sich eine äußerst dürftige Auswahl, was für das theoretische Niveau des Phänomens überaus bezeichnend ist. Als (alleiniges) Standardwerk gilt das 2013 erschienene Bändchen *Queer_Feminismus* von Leah Bretz und Nadine Lantzsch. Schon das Inhaltsverzeichnis offenbart einen erheblichen Mangel an jedweder Auseinandersetzung mit feministischer Theorie: Die Kapitel heißen beispielweise „handeln_handlung“, „intervention“, „praxis“ oder auch „kritisch ver_orten“. Dieser Stil, der sich merklich an den linguistisch zweifelhaften, sprachmagischen Vorstellungen von Lann Hornscheidt[1] orientiert, ist ganz im denk- und abstraktionsfeindlichen Sinne der Autorinnen, die erklären: „es soll nicht darum gehen, theorien zu wälzen.“[2] Auffällig ist zum einen die nahezu durchgehende Kleinschreibung, die so erklärt wird:

> „wir haben uns dazu entschieden, (fast) alles in diesem buch kleinzuschreiben. […] kleinschreibung setzt worte in bewegung, es vereinfacht das schreiben für uns und erleichtert das lesen. großschreiben birgt viele hürden, nicht nur für personen, deren erste sprache nicht deutsch ist. außerdem stellt das kleinschreiben für uns die sinnhaftigkeit von substantiven infrage sowie die hierarchisierung verschiedener worte.“[3]

Zum anderen wird hier der in queerfeministischen Kreisen übliche Unterstrich verwendet, jedoch nicht allein im gewohnten Sinne vermeintlichen sprachlichen Aufbrechens der Geschlechterbinarität: „weiterhin arbeiten wir mit dem dynamischen unterstrich. […] der dynamische unterstrich wandert durch w_orte, um die prozesshaftigkeit und uneindeutigkeit von positionen zu benennen und die vielfältigen bedeutungsebenen innerhalb einzelner w_orte und begriffe hervorzuheben und zu verdeutlichen."[4] Konsequent umgesetzt, entstehen dann Schriftbilder wie dieses:

> „neben der re_zentrierung einer teilweise entnannten andro_hetera_cis_zwei_reprogendernden perspektive innerhalb dieser ver_suche um deutungshoheit queer_feministischer praxis ist besonders eine entnannt *weiße*_ableisierte und klassenspezifische normsetzung zu merken, die sich in der ständigen ent_erwähnung antirassistischer und disableisierter interventionen und der expliziten re_produktion von rassismus, der reduzierung von feminismus auf antisexismus und der ent_merkung der bedeutung und realisierungsformen von klassenzugehörigkeit zeigt."[5]

Ob eine solche Zersetzung von Sprache „für personen, deren erste sprache nicht deutsch ist", hilfreich ist, darf bezweifelt werden; die angebliche queerfeministische Rassismus-*Awareness* entpuppt sich schon auf dieser Ebene als verlogen.

Einer der bemerkenswertesten Aspekte am Queerfeminismus ist sein Verhältnis zur Ersten wie zur Zweiten Welle der Frauenbewegung, die von Bretz und Lantzsch gerade mal erwähnt werden: „das wellenmodell lehnen wir als form der erzählenden einbettung feministischer geschichte ab, weil die eurozentrierenden, weißen, heteragegenderten und ableisierten normen dieser hegemonialen geschichtsschreibung bis heute kaum hinterfragt werden."[6] Eine derart selektive, ahistorische und voreingenommene Herangehensweise verwundert nicht weiter, wenn man um das queerfeministische Verhältnis zur Realität weiß. Den Prämissen des Gender-Paradigmas verpflichtet, sollen Wahrheit und Objektivität als Herrschaftskonzepte „enttarnt" werden:

> „damit behaupten wir nicht, dass diese thesen wahr oder richtig seien, weil es ein wahr oder richtig in unserem theoretischen wie politischen verständnis nicht gibt. ‚wahrheit', ‚logik' und ‚richtigkeit' sind für

> uns begriffe, die einen universalen anspruch auf aussagen erheben, die vermeintlich ‚objektiv' getroffen worden seien (von wem?) […]. diese begriffe handeln mit normalisierten und naturalisierten vorannahmen außerhalb von machtverhältnissen […]. da es für uns keine welt außerhalb von machtverhältnissen gibt, ergeben diese begriffe für uns keinen sinn […]. häufig wird darauf reagiert mit: ‚aber 1+1 = 2 ist eine wahre aussage!' wir sagen 1+1 = 2 ist erst mal eine aussage, die sich auf ein bestimmtes zeichensystem bezieht und nur innerhalb dieses zeichensystems sinn machen kann (vgl. a+a ≠ b), nicht aber muss".[7]

Zu Gunsten der beiden Autorinnen muss an dieser Stelle fairerweise erwähnt werden, dass ihre groteske Wirklichkeitsverweigerung kein queerfeministisches Alleinstellungsmerkmal ist, sondern eine Erbschaft des Genderfeminismus, der selbst immer schamloser in Richtung Absurdität schreitet. So hat beispielsweise Ulrike Auga – bis 2016 Junior-Professorin für Religionswissenschaft und Gender Studies an der Humboldt-Universität – im Frühjahr 2018 einen Vortrag im Schwulen Museum in Berlin gehalten, dessen Ankündigungstext von „eco-feministischen Healing-Circles" und befreienden Atemübungen schwärmte, und zudem katholische Ordensfrauen „als inspirierende feministische Lehrerinnen" lobte (offenbar mangels Alternativen). Auga behauptete vor Ort, dass „widerständige Praxen" [*sic*] heute oftmals „spirituelle Praxen" [*sic*] seien; die Unterscheidung von Vernunft und Irrationalität lehnte sie als „westliches Konstrukt" ab. Auf den Einwand einer Zuhörerin, dass Wasser aus einem umgedrehten Glas sich zum Boden bewegen würde und dies nicht nur die Schwerkraft beweise, sondern auch die Richtigkeit einer in Rationalität gründenden Forschung belege, antwortete die genderfeministische Theologin sinngemäß, dass der Umstand, dass Wasser bei 100° C koche, ein „Konstrukt" der Celsius-Skala sei.[8]

Die Berücksichtigung solcher akut realitätsverleugnenden Prämissen ist elementar, um im Nachfolgenden aufzuzeigen, was den Queerfeminismus als aktivistische Spielart der Postmoderne von denjenigen feministischen Strömungen unterscheidet, die bis zu den frühen 1990ern wortführend waren.

Intersektionalität: Bruch mit feministischer Tradition

Im Zentrum dieser Bewegung steht die von Judith Butler geprägte Vorannahme, dass Sprechakte bereits Realität erzeugten. Der Bezug auf die Vordenkerin der Gender Studies darf nicht darüber hinwegtäuschen, dass der Queerfeminismus eine weitläufige Auseinandersetzung mit Theorie meidet. Es handelt sich vielleicht um die erste, aus den Resten des Feminismus hervorgegangene Denkweise, die nicht mehr kritisieren, reflektieren und urteilen will. Denn eine kritische Auseinandersetzung mit Werken, die der eigenen Linie zuwiderlaufen, birgt dem queerfeministischen Konsens zufolge die Gefahr, dass das bloße Äußern abweichender Ideen als „verletzend" und „gewaltvoll" wahrgenommen wird. Diese Haltung, deutlich mehr Gefühl denn Analyse, bricht mit den Errungenschaften eines bürgerlich-liberalen Feminismus, der bei aller Unkenntnis über Materialismus und der Dialektik von Geschlecht und Produktionsverhältnissen noch in der Lage war, universalistische Forderungen für Frauen zu formulieren. Auch Simone de Beauvoir verstand Feminismus nicht als bloße Vertretung kulturabhängiger Partikularinteressen, ja noch nicht einmal als eine politische Bewegung für Frauen in ihrer Gesamtheit, sondern als Aufgabe für die Menschheit als solche. *Das andere Geschlecht* schließt bekanntlich mit folgenden Worten: „Es ist Aufgabe des Menschen, dem Reich der Freiheit inmitten der gegebenen Welt zum Durchbruch zu verhelfen. Damit dieser höchste Sieg errungen werden kann, ist es unter anderem notwendig, daß Männer und Frauen über ihre natürlichen Unterschiede hinaus unmißverständlich ihre Brüderlichkeit behaupten."[9] Für die queerfeministische Gemeinde, die Freiheit für einen Diskurseffekt hält, sich selbst für ihre angebliche Diversität feiert, zugleich aber einem identitären Lieblingsfeindbild anhängt – „der Eigentum besitzende, *weiße*, cis-heterosexuelle (waffentragende) Mann"[10], wie es von Sabine Hark paradigmatisch definiert wird –, ist ein solches Ziel nicht weniger als ein Affront.

So ist anstelle eines pragmatischen, bürgerlichen Feminismus mittlerweile einer mit breitem Inklusionsanspruch getreten: Queerfeminismus möchte nicht mehr nur einfach für Frauen und gegen Sexismus sein, sondern ein breites Spektrum an Unterdrückungsformen berücksichtigen, die im Jargon „Schnittachsen der Unterdrückung" genannt werden. Dieser sogenannte „intersektionale Feminismus" wurde Ende der 1980er Jahre erstmalig von der amerikanischen Juristin Kimberlé Crenshaw angedacht, jedoch für die bloße Kreuzung von *sex* und *race* – als Reaktion auf den Missstand, dass im Falle von Massenentlassungen bei großen Unternehmen schwarze Frauen überproportional häufig betroffen sind. Erst in den kommenden Jahrzehnten hielten weitere Faktoren wie sozioökonomischer Hintergrund, Alter, Geschlechtsidentität etc. Einzug in dieses Modell. So wendet sich intersektionaler Feminismus auch gegen Frauen, die als „privilegiert" gelten, was in queeren Kreisen bereits zur ressentimenthaften Gewohnheit geworden ist:

> „Wenn *weiße* Frauen Brooklyn gentrifizieren und sich über sexuelle Belästigung beschweren, werden 15 Cops geschickt, die in die Häuser von Menschen einbrechen und Papierlose deportieren. Es ist verantwortungslos, Dinge wie ‚Fuck All Men' ohne eine Analyse zu Race herumzuposaunen, weil der Staat das benutzt, um so viele Männer of Color umzubringen. Das ist so abgefuckt. Wir müssen als Queers und Transpersonen of Color einen Weg finden, über männliche Gewalt zu sprechen, ohne unsere Männer zu kriminalisieren. Der Grund, weshalb unsere Männer gewaltvoll sind, ist weil sie Staatsgewalt erfahren und es an uns auslassen."[11]

Wie bereits im Rahmen von #ausnahmslos ersichtlich wurde, ist der Queerfeminismus, der beansprucht, antirassistisch und feministisch zu sein, nur ersteres – und zwar in dem Sinn, als dass Antirassismus auch hier längst zur Chiffre für Kulturrelativismus und Ethnopluralismus verkommen ist: Im besten Fall wird die Gewalt an Frauen relativiert, im schlechtesten sind weiße Frauen Schuld für die Gewalt an Frauen in schwarzen Communitys.

Intersektionalität stößt gerade dort an ihre Grenzen, wo die unter ihr subsumierten Individuen selbst gegen andere Minderheiten vorgehen: Wenn beispielsweise afghanische Flüchtlinge die Abschiebung von syrischen fordern; wenn daran erinnert wird, dass ein wesentlicher Bestandteil der islamisch geprägten Länder vor ihrer Kolonialisierung die Sklaverei war; wenn die nahezu sklavenähnlichen Bedingungen vergegenwärtigt werden, unter denen asiatische Haushälterinnen in Saudi-Arabien gehalten werden. Auch erlaubt die queerfeministische Ideologie keine Beschäftigung mit dem mittlerweile von mehreren Frauen der Vergewaltigung beschuldigten Tariq Ramadan oder dem von Pakistanis geführten Kinderprostitutionsring in Rotherham, in dem über Jahre hinweg ca. 1400 britische Kinder und Jugendliche sexuell missbraucht wurden. Die von Queerfeministinnen propagierte Critical-Whiteness-Irrlehre, die für Rassismus unter „POC" keine Erklärungen liefern kann, gerät ins Wanken, wenn die eigenen Schützlinge patriarchale, sexistische und rassistische Verhaltensweisen an den Tag legen, während ein universalistischer, ja schon nur ein bürgerrechtlicher Ansatz nach Martin Luther King solche Handlungen unabhängig ihrer Träger einer Kritik zu unterziehen vermag. Es ist nicht weiter verwunderlich, dass dem schwulen Libanesen Nasser El-Ahmad – der nach Bekanntwerden seiner Homosexualität vom eigenen Vater und einem Onkel mit Benzin übergossen worden war und in den Libanon entführt werden sollte, offenbar, um ihn dort zu ermorden[12] –, der 2015 eine Demonstration für sexuelle Selbstbestimmung durch Berlin-Neukölln führen wollte, von *Missy*-Redakteurin Hengameh Yaghoobifarah tadelnd vorgehalten wurde, wieso er ausgerechnet einen Ort „mit vielen Moscheen, People of Color, Schwarzen Personen und von Klassismus betroffenen Menschen"[13] für diese Kundgebung gewählt habe. In einem

Weltbild, in dem die bloße Benennung von Tätern bereits für das Anfachen rassistischer Diskurse beschuldigt wird, bleibt nichts anderes übrig, als sich ausschließlich auf weiße Täter zu fokussieren. Damit wird die Welt selbst rassistisch ausgelegt.

Liaison mit dem Islam

Das Intersektionalitätsdenken, das Tür und Tor geöffnet hat für einen Pseudo-Feminismus, dessen revolutionäres Kollektivsubjekt „Frauen" nicht mehr sein dürfen, sondern Identität mit beliebig vielen hintereinander anzureihenden Markern, hat einige paradigmatische Folgen gezeitigt. Unter diesen sticht besonders die Rassifizierung des Islam hervor: Dieser gilt nun als ein unveränderliches, inhärentes Wesensmerkmal seiner Anhänger, und eine Kritik an ihm bedeute mindestens einen Affront gegenüber Muslimen, wenn sie nicht gar deren „gewaltvoller" Negierung als gleichwertigen Subjekten gleichkomme. Größere gesellschaftliche Zusammenhänge wie legislativ verordneter Verhüllungszwang in islamisch geprägten Ländern, moralische Überwachung durch die Angehörigen der eigenen Community und damit einhergehende massive Frauenrechtsverletzungen dürfen im Queerfeminismus nicht als mit dieser Religion in Verbindung stehend gedacht werden. Zur Immunisierung vor einer kritischen Beschäftigung hat sich in linken wie in queerfeministischen Kreisen die Abwehr-Phrase „Das hat nichts mit dem Islam zu tun" eingebürgert. Diese wird auch von sogenannten „islamischen Feministinnen" propagiert: „Die Palästinenserin Lana Sirri […] verwendet den Ausdruck ‚glaubensbasierter Einspruch': So beschreibt sie ihren Umgang mit Koranpassagen, die herabsetzend gegenüber Frauen klingen. Das heißt: Die Annahme, dass der Islam insgesamt eine auf Gerechtigkeit, auch Geschlechtergerechtigkeit, zielende Interpretation ermöglicht, wird durch solche Passagen nicht infrage gestellt […]."[14] Geht es jedoch um Phänomene wie Almosengeben, Hilfsbereitschaft etc. seitens Muslimen, dann sei dies ein akkurates Ausleben des Glaubens – „der" Islam also. Das, was nicht sein soll, darf hingegen nicht sein. Auf solch kleinbürgerliche Moralvorstellungen folgen entsprechende autoritäre Sehnsüchte nach dem Zusammenhalten der eigenen Gemeinde, deren Angehörige nicht aus der drögen Einheit im buntglitzernden Dogma der Identitätsvielfalt ausscheren dürfen. Eine solche gezwungene Gleichheit aller Kulturen kann nur dann aufgehen, wenn in religiöse, ethnische, soziokulturelle Minderheiten schon per se das Potenzial zum progressiven Hoffnungsträger hineinprojiziert wird. Solche an ein Ressentiment gegen die Moderne geknüpfte Vorstellungen von kolonisierten Muslimen, die in Robin-Hood-Manier gegen die westliche, korrumpierte Mehrheitsgesellschaft aufbegehren würden, halten einem Abgleich mit der Realität nicht stand – vor allem dann nicht, wenn die protegierten Minderheiten keine homogene Manövriermasse ausmachen, sondern aus der Mär der kulturellen Gleichwertigkeit ausbrechen und sich von den Strukturen zu lösen versuchen, die Queerfeministinnen ihnen als unveränderliches Merkmal andichten. Damit es hier nicht zu einer kognitiven Dissonanz kommen kann, die dem rigiden kollektivistischen Denken Risse verpasst, ist es zwingend notwendig, Dissidentinnen von der intersektionalen Gemeinschaft abzusondern und sie auszuschließen. Die um Inklusion bedachte Haltung produziert damit zwangsläufig und aus sich selbst heraus unweigerlich das, was sie unentwegt zu verhindern vorgibt: Ausschlüsse.

Ein Mittel hierfür ist die analytisch unterkomplexe wie politisch hochmoralische Irrlehre Critical Whiteness, deren Effekte andere Beiträge in diesem Band erschöpfend erörtern. Ein aus der queerfeministischen Gemeinde verstoßener oder angefeindeter Protegé wird in CW-Manier beispielsweise zum Teil der weißen Mehrheitsgesellschaft erklärt, zum „Uncle Tom“ oder gar – wie Necla Kelek von Kübra Gümüşay – zur „Haustürkin.“[15] Weil eine Konfrontation mit den Ideen eines solchen Individuums nicht dialektisch abgewehrt werden kann, wird sie auf diese Art erfolgreich umgangen. Dies ist nicht nur antimaterialistisch, sondern fußt auf Verschwörungstheorien – in diesem Fall in der Annahme einer weißen, das Kapital hütenden und verschworenen Elite, welche die subalternen „POC“

beherrsche. Die antisemitische Komponente dieses Denkens ist evident. Mittlerweile wird in CW-geschulten Kreisen bereits über ein angebliches „jüdisches Privileg" gesprochen, so wie auf einem 2017 auf der University of Chicago zirkulierenden Flugblatt, das als Voraussetzung zum Ende des „*White privilege*" das Ende des „*Jewish privilege*" benannte und als angeblichen „Beweis" auf überproportional hohe Einkommen jüdischer Bürger verweist.[16]

Vor dem Siegeszug des intersektionalen Feminismus waren politische Kollektive in der Hoffnung geschaffen worden, dass es sie eines Tages nicht mehr geben müsse, weil sich das Individuum als solches gesellschaftlich frei entfalten könne, ohne einer Zwangsgemeinschaft (wie beispielsweise „Schwarzer" oder „Frau") subsumiert zu werden: Sie waren mehr ein notwendiges Übel denn ein *Safe Space* für Minderheiten. Doch solange die Einzelnen in einer solchen „POC"-Gemeinde ideologisch auf Linie bleiben, d.h. ihre Individualität negieren, sind sie für den Queerfeminismus äußerst nützlich.

Die Obsession mit dem Sprechort

Gemeinsam mit Ulrike Auga nahm das weibliche Aushängeschild der zu Unrecht als „liberal" geltenden Ahmadiyya-Gemeinde, Khola Maryam Hübsch, im Mai 2018 an einer vom Queerfeministischen Kollektiv Heidelberg organisierten Podiumsdiskussion mit dem Titel „Zwischen Macht und Moral – Religiöse und politische Thesen zur Sexismus-Debatte" teil. Auf dem Werbeplakat für die Veranstaltung wurde Hübsch mit den Attributen „Publizistin" und „Muslima" angekündigt. Identitätszuschreibungen auf diese Weise als Kompetenzmarker zu verwenden ist in einer Bewegung, die den Glauben an universalistische, unveräußerliche Rechte und Freiheiten zugunsten von jedem noch so regressiven, antimodernen Habitus aufgegeben hat, nur konsequent. Ein Politikverständnis, das denjenigen „marginalisierten" Subjekten, die ihre politischen Ziele mittragen, automatisch Expertinnenstatus für alle übergeordneten Zusammenhänge verleiht, erfüllt den Vorwurf des Paternalismus, den sie auf westliche, weiße Feministinnen projiziert: Sie hält diese Subjekte beispielsweise für unfähig, sich aus dem ideologischen Korsett des Islam zu befreien, und verstößt sie, sobald sie nicht mehr die Rolle idealtypischer Betroffener spielen – nämlich dann, wenn sie sich aus eigenem Antrieb, durch eigene kritische Reflexion der Gesellschaft und ihrer Rolle in dieser zugunsten der Entfaltung ihrer Individualität vom Kollektiv emanzipieren. Wenn etwa gefordert wird, dass nur Burkaträgerinnen sich zum Tragen der Burka in all seinen repressiv-regressiven Facetten äußern dürfen, kann das zwangsläufig nur bedeuten, die Stimmen westlich sozialisierter Frauen – vorwiegend Konvertitinnen – zu hören: Denn eine in den Westen geflohene Frau, die ihre Burka ablegt, verliert in dem Moment, indem sie das islamistische Zwangskollektiv verlässt, ihre Sprecherinnenautorität. Im Queerfeminismus findet eine Diskussion darüber, wofür Burkas existieren und was sie ideologisch symbolisieren, wie sie im Alltag behindern und wieso – analog wie beim Kopftuch – nur Frauen sie tragen, ohnehin nicht statt. Individuelle Betroffenenaussagen werden nicht in größere gesellschaftliche Kontexte eingebettet, die Burka aus ihrem historischen Kontext gelöst und zum bloßen Kleidungsstück depolitisiert – so, als handle es sich dabei um einen Rock oder einen Schal. Judith Butlers rassistische Bemerkung, die Textil gewordene Repression sei eine „Übung in Bescheidenheit und Stolz“[17], unter der afghanische Frauen ihrer Handlungsfähigkeit nachgehen könnten, ist die mitunter infamste Zuspitzung und der wahrscheinlich bösartigste Verrat an universellen Frauenrechten, der bislang von gender- wie queerfeministischer Seite formuliert worden ist.

Kopftuch-Empowerment

Noch stärkere queerfeministische Verrenkungen erfährt ein weitaus präsenteres islamisches Textil, das für Sittsamkeit steht. Um den Zwangscharakter des Kopftuches zu verbergen, wird es in einer völlig ahistorischen Weise entkontextualisiert, um dann beispielsweise zu einem antirassistischen Statement zu werden: „In einer antimuslimisch rassistischen Gesellschaft bleibt die Sichtbarkeit als Muslimin ein Widerstandskampf, eine bewusste Ablehnung der Assimilation an die christliche Dominanzkultur“[18], behauptet beispielsweise Hengameh Yaghoobifarah. Im Rahmen des nach Donald Trumps Inauguration abgehaltenen *Women's March* 2017 banden sich viele Teilnehmerinnen die US-Flagge zum Hijab – als Zeichen der Solidarität mit muslimischen Frauen und als Einspruch gegen den neuen Präsidenten bzw. seine Verkörperung als dem größtmöglich vorstellbaren Sexisten. Diese Protestform kann ebenfalls nur für eine solche gehalten werden, wenn ignoriert wird, dass in vielen islamischen Ländern drakonische Strafen auf das Ablegen des Kopftuches stehen, während sein Anziehen in den USA jeden Tag neu ausgehandelt werden kann. Auch Deutschland kann seit Neuestem auf ähnliche Aufrufe verweisen: Als Reaktion auf Alice Weidels ohne jeden Zweifel diskriminierendes Gerede von „Kopftuchmädchen“ startete auf Facebook eine Protestaktion gegen die AfD, in der dazu aufgerufen wurde, sich am 30. Mai 2018 in Solidarität mit ebensolchen selbst zu verschleiern.

Um dem Kopftuch potenziell emanzipativen Charakter zuzuschreiben, ist auch die „Lesart“ als antisexistisches Statement geläufig. So verkündete Khola Maryam Hübsch vor einigen Jahren:

> „Weil es der Philosophie, die hinter diesem Stück Stoff steht, darum geht, Rahmenbedingungen für Geschlechtergerechtigkeit zu schaffen. Es geht darum, Liebe vor Profanisierung zu schützen und die Verantwortung für Familie und verbindliche Beziehungen zu betonen – das gilt derzeit vor allem für Männer. Nebenbei entzieht man sich dem Wettbewerb des weiblichen Körpers [...]. Schon junge Mädchen stehen unter Druck, weil sie Schönheitsidealen genügen möchten, weil sie sich Moden unterwerfen. Wir leben in einer sehr oberflächli-

> chen, materiellen Welt, und schon die Körper und die Reize von Frauen stehen in Konkurrenz zueinander. Entsprechend werden Mädchen und Frauen von Männern betrachtet und zugeordnet. Mit dem Kopftuch sende ich eine Botschaft aus: Reizarm nenne ich das. Ich werde entsprechend stärker als Person wahrgenommen."[19]

Sexualisierung und Zurichtung des weiblichen Körpers sind jedoch keine Einbahnstraße. Zudem gründen sie nicht allein in den Vermarktungsmechanismen spätkapitalistischer Gesellschaften des Westens. Sexualisierung durch Bedeckung und Sexualisierung durch Sichtbarkeit sind zwei Seiten derselben Medaille, ohne qualitativ genau dasselbe zu sein – gerade deshalb, weil man sich in freien Gesellschaften jeden Tag aufs Neue ohne legislativen Zwang und den moralischen Druck wachsamer Männer aus der eigenen Gemeinschaft für wechselnde Kleidung entscheiden kann. Selbst da, wo sich Frauen im Westen für das tägliche Tragen des Kopftuches „entscheiden", steht hinter dieser Wahl oftmals entweder die alles reglementierende Gemeinschaft der islamischen Gläubigen, die Umma, oder aber das dringende Abgrenzungsbedürfnis zu den schlechten, unbedeckten Frauen, die als solche umso stärker gebrandmarkt werden, je mehr Frauen in der Community sich verhüllen. Das Kopftuch als subversiver Gegenentwurf zu westlichen Schönheitsidealen geht aufgrund seiner gesellschaftlich erwachsenen Bedeutung nicht auf. Dort, wo man von der Last befreit ist, angestarrt zu werden, trägt man nun die Last, immer ausreichend bedeckt zu sein: Man tauscht die eine Unfreiheit gegen die andere, schwerwiegendere ein. Unbeantwortet bleibt seitens der Kopftuchbefürworterinnen zudem die Frage, was eine solche Strategie der eigenen Desexualisierung bei jungen Mädchen zu suchen hat.

Die wohl wichtigste queerfeministische Strategie zur Aufwertung des Kopftuches ist das sogenannte „Empowerment" dort, wo es ohne Zwang durch Eltern oder Community „selbstermächtigend" angelegt wird:

> „Früher war das Kopftuch ein Stigma für die türkische Gastarbeiter-Hausfrau, heute tragen es gebildete, modebewusste und souveräne Frauen. Der Inhalt des Stigmas Kopftuch wurde positiv umgedeutet – das nennt man Selbstermächtigung. Denn: Viele der jungen Frauen tragen das Kopftuch heutzutage freiwillig – sie übernehmen dabei nicht stumpf das traditionell behaftete Islamverständnis ihrer Eltern, sondern sie lesen, erkundigen sich und eignen sich ein neues Islamverständnis an. Dabei integrieren sie ihre religiösen Vorstellungen in ihren säkularisierten Alltag in Deutschland.“[20]

Eine solche Überhöhung des Individuums und seiner Entscheidung bis hin zum Punkt, an dem individuellen Gesten das Potenzial zugeschrieben wird, über Jahrhunderte von diversen Faktoren etablierte Codes, Normen und Wertvorstellungen invalidieren zu können, zeugt von einem Feminismus, der das Individuum nicht vor den sozialen Kontexten reflektiert, in denen dieses seine Entscheidungen trifft: Er begreift nicht, wie sich Gesellschaft und Moralvorstellungen wechselseitig konstituieren. Es geht nicht mehr darum, zu erkennen, dass Entscheidungen nicht in einem ideologischen Vakuum getroffen werden, sondern nur noch darum, dass diese Entscheidungen sich für das Individuum besonders angenehm anfühlen und von anderen nicht hinterfragt werden, da eine solche Hinterfragung einen massiven Affront gegen die gesamte Identität des Individuums darstellen würde.

Queerfeminismus – eine Neidbewegung

Eines der zentralen Merkmale des Queerfeminismus ist die laufende Forderung, die eigenen „Privilegien zu checken“, d.h. ganz im Sinne intersektionaler Theorie zu überprüfen, an welchen Punkten entlang der „Unterdrückungsachsen“ man bessergestellt sei: weiß/POC, cis/trans, jung/alt etc. Diese permanent erwartete Selbstreflexion dient als Selbstgeißelungsinstrument, als Politik des guten Gewissens, etwas für die wirklich Unterprivilegierten getan zu haben. Sie trägt damit unweigerlich religiöse, genauer: bußfertige Züge. Das gute Leben für alle soll mit dieser Aufladung von Schuld gerade *nicht* angestrebt werden. Vielmehr sollen diejenigen, die verhältnismäßig viele Freiheiten genießen, das Vergnügen an diesen verlieren – und genauso wenig glücklich sein wie die, die am unteren Ende der Privilegienskala angesiedelt sind. Momentaufnahmen von Glück sind verboten, wenn dieses nicht von allen einzelnen Mitgliedern der intersektionalen Gemeinschaft erlebt werden kann. Einen eindrucksvollen Beleg für diese autoritäre Vorstellung vermeintlicher „Privilegien" liefert der Blog *Mädchenmannschaft*, wo es in einem durchaus exemplarischen Eintrag heißt:

> „Wenn ich in der Öffentlichkeit meinen Boyfriend küsse, führe ich damit anderen Menschen demonstrativ vor Augen, was ihnen versagt bleibt – zum Beispiel jenen, die einander jetzt auch gern küssen würden, es aber nicht tun, um Sanktionen zu vermeiden. Darauf Rücksicht zu nehmen fände ich als Argument für einen sensiblen Umgang mit der eigenen Paarsituation eigentlich schon ausreichend."[21]

Man kann sich diese Situation analog als ein Schiffsunglück vorstellen, bei dem im Rettungsboot Sitzende die Gelegenheit haben, die Ertrinkenden aus dem Wasser zu ziehen, ihre eigene Sicherheit aber nicht wertschätzen dürfen und deshalb kollektiv ebenfalls untergehen müssen. Der Verweis darauf, dass es kein „Knutschverbot" geben sollte, darf nicht über die Bitte hinwegtäuschen, doch „Rücksicht zu nehmen" – was auf nichts anderes als die Unterbindung heterosexueller Zärtlichkeiten im öffentlichen Raum hinausläuft. Dass gerade der Islam mit seiner rigiden Geschlechtertrennung und den nahezu kollektivneurotischen Ängsten vor Zuneigungsbekundungen außerhalb des Privaten zum Schützling ausgerechnet einer sich „feministisch" nennenden Bewegung werden konnte, mag mittlerweile immer weniger verwundern.

Queerfeminismus und das schmutzige Wort „Frau"

Seit dem Vormarsch des Queerfeminismus in den 2010er Jahren hat sich die Antwort auf die Frage, für wen Feminismus denn stehe, weg von „Frau" und hin zu einer Ausweitung auf diverse Identitäten verschoben. Dies können „Frauen*" (alle sich als Frauen identifizierende Personen) sein, aber auch „FLTI" (FrauenLesbenTransInter), „LGBTQI" (die Akronymlänge variiert hierbei) oder eine willkürliche Aufzählung wie „Genderqueere", „Nonbinary", „Trans*-Menschen" usw. Die Frauenabteilung der Grünen in Großbritannien hat bereits für den Begriff „Non-Men" plädiert – als Ausdruck für alle, die keine „Cis-Männer" seien. Sie begründete dies damit, möglichst „inkludierend" vorgehen zu wollen.[22] Dafür erntete sie einen Sturm der Entrüstung und des Spottes für einen Missstand, den schon Simone de Beauvoir erkannt hatte: dass Frauen immer nur als Abbild von Männern gedacht und entsprechend abgegrenzt werden können.

Auch in Deutschland hat sich im Rahmen von Demonstrationen für das Recht auf Abtreibung gezeigt, dass „Frau" und der Kampf um Reproduktionsrechte nicht gemeinsam gedacht werden sollen. Die Facebook-Gruppe *Marsch für das Leben? What the Fuck*, die sich aktivistisch für das Recht auf Abtreibung einsetzt, postete am 9. September 2017 mahnend im Vorfeld zu einer Demonstration: „Achtet beim Schilder malen darauf, Trans*-Personen nicht auszuschließen. Nicht alle und nicht nur Frauen* können schwanger werden. Nicht alle Frauen* haben eine Vulva, nicht alle Personen mit Vulva identifizieren sich als Frau*. Achtet auf einschließende Formulierungen und benutzt vielfältige Symbole." Und auch die Münsteraner Queerfeminismus-Gruppe *QueerfeMS* erinnert in einem Redebeitrag auf einer Demo pro Reproduktionsrechte: „Nicht nur Frauen werden schwanger! Transmänner und nicht-binäre Personen mit Uterus können schwanger werden."

Während der queerfeministische Identitätsreigen in fortwährender Butler-Exegese immer neue Schubladen eröffnet im Glauben, sich durch Performanz und Sprechakte aus rigiden

Rollenvorstellungen befreien zu können, argumentieren materialistische Feministinnen wie Christine Delphy seit Jahrzehnten, dass „Gender" nichts weiter sei als das Produkt hierarchischer Machtverhältnisse und kein biologisch begründeter Unterschied zwischen den Geschlechtern. Dieses Urteil basiert auf biologischen Geschlechtsmerkmalen und ist auch nicht von diesen zu abstrahieren: „Wir wissen nicht, wie die Werte, individuellen Persönlichkeiten oder die Kultur einer hierarchiefreien Gesellschaft wären, und wir haben große Schwierigkeiten, uns dies vorzustellen [...] vielleicht werden wir erst dann Gender richtig begreifen, wenn wir eine Idee von Non-Gender haben."[23]

Ein radikaler Feminismus bestreitet, dass man Geschlechtsidentität als Sinnsystem durch bloße Gesten erzeugen, anfechten oder – im Butler'schen Jargon – „verschieben" kann. Gesellschaftlich wird man auf biologisch-materiellen Grundlagen als Frau oder als Mann sozialisiert; wachsende gesellschaftspolitische Sensibilisierung gegenüber Inter- und Transsexualität ändert hieran nichts. Reproduktionsarbeit (gerade als unbezahlte Arbeit, die die Arbeitskraft der Zukunft sicherstellt) ist untrennbar verbunden mit dem biologisch weiblichen Körper. Dieser Körper wird in globaler Perspektive unterdrückt durch den Umgang mit Menstruation, Schwangerschaft, Geburt und weiblicher Anatomie: Genitalverstümmelung und Brustbügeln sind zwei der eklatantesten Beispiele. So wird dann auch ein Schuh aus der islamophilen Anbiederung seitens Queerfeministinnen an den Iran, der in puncto Geschlechtsangleichungen die höchsten Zahlen weltweit verbucht, was nicht etwa auf einer großen Toleranz für LGBT-Angelegenheiten fußt, sondern auf reiner Homophobie: Für die iranischen Machthaber sind Transsexuelle, die sich oft nur deshalb einer solchen OP unterziehen, um den drakonischen Strafen gegen Homosexualität zu entgehen, leichter zu akzeptieren als homosexuelle Menschen.

Frauen, die diese biologisch-materielle Realität teilen und dafür *als Frauen* unterdrückt werden, müssen die Möglichkeit haben, ihre Unterdrückung benennen zu können. Wenn potenziell „jedes Gender" schwanger werden könne, wie aus queerfeministischen Kreisen oftmals zu vernehmen ist, wird die Einsicht vernebelt, dass es ein weibliches Kollektivinteresse zur Abschaffung der Kategorie Gender geben kann – wobei die gegenwärtig zu beobachtende Vielfaltsideologie ebenfalls mit gemeint ist. Ein Feminismus mit emanzipatorischem Anspruch hat das Ziel vor Augen, ebenjenes Kollektiv in einer befreiten Gesellschaft abschaffen zu können. Dafür bedarf es der Abschaffung jeglicher tradierter Geschlechterrollen, Stereotypisierungen und sonstiger persönlicher Zuschreibungen bloß auf Basis des Geschlechtes. Nichts anderes als ein solches Set an Stereotypisierungen, Klischees und Erwartungshaltungen wird im Konzept Gender manifestiert. Wer in einer Gesellschaft leben möchte, in der sich Frauen wie Männer frei entfalten können, kann nur für dessen Abschaffung plädieren, anstatt immer weitere Schubladen vermeintlicher Vielfalt kreieren zu wollen, die dem Abgleich mit der materiellen Realität des binären Geschlechtersystems nicht standhalten. Solange Produktions- und Reproduktionsverhältnisse, religiöse Bevormundung und archaische Traditionen eine solche Freiheit nicht zulassen, müssen „Frauen“ das Subjekt feministischer Kämpfe sein.

Der Queerfeminismus weigert sich – zugunsten einer willkürlichen Inkludierung aller denkbaren Identitäten und zu Lasten des weiblichen Teils der Menschheit –, am politischen Kollektivsubjekt „Frauen“ festzuhalten. Er ist somit als regressive Praxis der regressiven Gendertheorie Judith Butlers zu verstehen. Er hat kein Interesse an Konzepten wie „Befreiung“ bzw. „Freiheit“, die auf alle Gesellschaften anwendbar sind, weil sie das Leben jedes einzelnen Menschen tangieren. Und er übt sich wegen seines kruden, ahistorischen Rassismusbegriffs noch in Unterwerfung an Lebensentwürfe wie das Kopftuchtragen, die von Feministinnen bereits vor Jahrzehnten als in ihrem Wesen unterdrückend und frauenfeindlich begriffen wurden. Eine solche Bewegung, die vorgibt, besonders sensibel zu sein und ihre „Privilegien“ reflektieren zu wollen, gleichzeitig aber zugunsten von „Empowerment“-Narrativen all diejenigen ausschließt, die unter islamischer Repression leiden, kann nur als antiaufklärerisch und antifeministisch verstanden werden.

Anmerkungen

1 Vgl. etwa Lann Hornscheidt, *feministische w_orte. ein lern-, denk- und handlungsbuch zu sprache und diskriminierung, gender studies und feministischer linguistik*, Frankfurt am Main 2012.
2 Leah Bretz/Nadine Lantzsch, *Queer_Feminismus. Label & Lebensrealität*, Münster 2013, S. 5.
3 Ebd., S. 7.
4 Ebd., S. 8.
5 Ebd., S. 56.
6 Ebd., S. 13.
7 Ebd., S. 35.
8 Vgl. den Bericht zur Veranstaltung von Fabienne du Neckar, veröffentlicht als Facebook-Post von Patsy l'Amour laLove, 17.05.2018.
9 Simone de Beauvoir, *Das andere Geschlecht. Sitte und Sexus der Frau*, Reinbek 2000, S. 900.
10 Sabine Hark, *Koalitionen des Überlebens. Queere Bündnispolitiken im 21. Jahrhundert*, Göttingen 2017, S. 40 (Hervorhebung im Original).
11 Alok Vaid-Menon, „Wut-Poesie", auf: *Missy*-Blog, https://missy-magazine.de/blog/2016/05/17/darkmatter/ (Hervorhebung im Original) (letzter Abruf: 15.03.2018).
12 Vgl. o.A., „Schwulen-Aktivist Nasser El-Ahmad: Meine neue Familie ist Berlin", in: *Berliner Kurier*, 10.03.2017.
13 Zitiert nach Melanie Götz, „Critical Sadness", in: Patsy l'Amour laLove (Hg.), *Beißreflexe. Kritik an queerem Aktivismus, autoritären Sehnsüchten, Sprechverboten*, Berlin 2017, S. 125-130, hier: S. 129.
14 Charlotte Wiedemann, „Schafft Vorbilder!", auf: *taz online*, 28.05.2016, http://www.taz.de/!5303689/ (letzter Abruf: 10.03.2018).
15 Vgl. Kübra Gümüşay, „Die deutschen Haustürken", auf: *taz online*, 01.05.2013, http://www.taz.de/!5068331/ (letzter Abruf: 15.03.2018).
16 Vgl. Daniel J. Solomon, „‚End Jewish Privilege' Poster Circulates on Chicago College Campus", auf: *Fast Forward*, 16.03.2017, https://forward.com/fast-forward/366240/end-jewish-privilege-poster-circulates-on-chicago-college-campus/ (letzter Abruf: 15.03.2018).
17 Judith Butler, *Gefährdetes Leben. Politische Essays*, Frankfurt am Main 2005, S. 168.
18 Hengameh Yaghoobifarah, „Hijab is Punk", auf: *taz online*, 28.05.2016, http://www.taz.de/!5307415/, 12.06.2016 (letzter Abruf: 14.03.2018).
19 Maryam Khola, „Die Wut findet ein Ventil", in: *Frankfurter Neue Presse*, 15.12.2014, http://www.fnp.de/lokales/frankfurt/Die-Wut-findet-ein-Ventil;art675,1175304 (letzter Abruf: 13.03.2018).
20 Reyhan Şahin, „Je suis EinKopftuchMädchen!", auf: *Missy*-Blog, 03.03.2015, https://missy-magazine.de/blog/2015/03/03/jesuiseinkopftuchmadchen/ (letzter Abruf: 15.03.2018).
21 Hannah-Sarah Hennig, „Hat jemand ‚Knutschverbot' gesagt?! – Critical Hetness 101", auf: *Mädchenmannschaft*, 08.03.2013, https://maedchen-

mannschaft.net/hat-jemand-knutschverbot-gesagt-critical-hetness-101/ (letzter Abruf: 15.03.2018).

22 Vgl. Samantha Rea, „I won't be referred to as ‚non-male' by the Green Party while women still suffer prejudice because of our female bodies", in: *The Independent*, 04.04.2016, https://www.independent.co.uk/voices/i-wont-be-referred-to-as-non-male-by-the-green-party-women-have-suffered-prejudice-because-of-their-a6967926.html, 04.04.2016 (letzter Abruf: 14.03.2018).

23 Christine Delphy, „Rethinking Sex and Gender", in: Lisa Adkins/Diana Leonard (Hg.), *Sex in Question. French Materialist Feminism*, London 1996, S. 30-41, hier: S. 41 (Übersetzung aus dem Englischen von mir, N. P.).

Queere Salafistinnen

„Rassismussensible“ Apologetinnen des Radikal-Islam

Judith Sevinç Basad

Mythos Kopftuch

Das Kopftuch ist ein Zeichen der Emanzipation: Mit dieser Nachricht forderte die Deutsche Welle neulich in einem Video mehr Toleranz für kopftuchtragende Muslimas.[1] Zu sehen waren dort vier junge Frauen mit Hijab, die sich über das negative Bild des islamischen Schleiers beschwerten. „Ich glaube, ich habe sogar mehr Freiraum als mein Bruder“, behauptete etwa die 24-jährige Jenny. „Es herrscht immer das Vorurteil, dass die Brüder oder die Väter das Sagen haben, dass sie die Frauen unterdrücken und dass die Frauen alle hinter'm Herd stehen. Bei uns ist das umgekehrt, bei uns haben die Frauen die Hosen an“, beteuerte daraufhin Nadia. Dass es einen Zusammenhang zwischen der Unterdrückung der Frau und dem Kopftuch gäbe, ist für die vier Gläubigen mehr als abwegig. „Es ist ein Stück Stoff, mehr nicht“ lautet das Fazit der Diskussionsrunde.

Was hier passiert, erinnert an den Mythos, wie er von Roland Barthes definiert wurde: Ein Zeichen wird von seinem ursprünglichen Sinn losgelöst, indem ihm eine neue Bedeutung zugeschrieben wird.[2] Referierte das Kopftuch also bisher auf eine reale Praxis der Unterdrückung, wird diese Bedeutungsebene durch einen neuen Referenten ersetzt: Die ursprüngliche Bedeutung des Hijabs, die Frauen zum Sklaven eines sexistischen Ehrenkodex degradiert, wird dadurch vollständig zerstört. An ihre Stelle tritt ein neuer Referent, der uns nun als „natürlich" und schon immer dagewesen erscheinen soll: die emanzipierte Muslima.

Es liegt auf der Hand, warum diese Umkonnotierung nicht überzeugt. Denn die repressive Bedeutung des Kopftuches dominiert die islamische Welt – sie lässt sich nicht einfach aus der Wirklichkeit und auch nicht aus dem Bewusstsein herausstreichen. Das bestätigte etwa eine Studie, die 2017 von zwei NGOs und den Vereinten Nationen durchgeführt wurde. Sie befragte fast zehntausend Männer und Frauen aus mehreren arabischen Ländern zu ihren Vorstellungen von Männlichkeit. Das Ergebnis:

> „Etwa die Hälfte von ihnen, und zwar sowohl der Männer als auch der Frauen, vertrat die Ansicht, dass Gleichberechtigung zwischen den Geschlechtern nicht zu ihrer Tradition und Kultur gehöre. Bei den Männern manifestiert sich diese Überzeugung in einem klassischen Rollenverständnis: Unter den Palästinensern beispielsweise sahen es achtzig Prozent als wichtigste Aufgabe der Frauen an, sich um den Haushalt zu kümmern. Ebenso viele in allen vier Ländern meinten, dass der Zugang zu Jobs zuerst den Männern vorbehalten sein sollte. Und auch, dass Männer in ihren Familien den Ton angeben, also etwa entscheiden, welche Freiheiten ihre Ehefrauen genießen, was sie tragen und wohin sie gehen dürfen, wurde von mehr als zwei Dritteln aller männlichen Befragten unterstützt."[3]

Dass der Islam in großen Teilen für ein misogynes Frauenbild steht, nimmt die in Deutschland lebenden Muslime nicht aus. So geriet die Paul-Simmel-Grundschule in Berlin-Tempelhof 2018 in die Schlagzeilen, weil dort eine Zweitklässlerin von ihren muslimischen Mitschülern bedroht wurde. Weil sie nicht an Allah glaubte, sollte das Mädchen geschlagen und umgebracht werden, hatte ein Mitschüler gefordert.[4] Solche Vorfälle vonseiten konservativer Muslime sind in Deutschland keine Einzelfälle. Ähnliches schildert auch Ahmad Mansour, der in dem Verein „Heroes" an Berliner Schulen mit muslimischen Jugendlichen über antiquierte Rollenbilder und Gleichberechtigung diskutiert. So tragen in manchen Workshops sechs von zehn Mädchen Kopftuch, nur zwei dürfen mit auf Klassenfahrten. Dass die eigene Ehre aus der „Familie, der eigenen Jungfräulichkeit oder der der Schwester"[5] besteht, ist für viele junge Muslime eine Selbstverständlichkeit. Der Psychologe selbst berichtet über weitere Fälle aus den Berliner Klassenzimmern: „Manche Schüler würden ihre Schwester umbringen, wenn sie mit einem Mann schlafen würde", sagte er in einem Interview. Und: „Wir arbeiten gegen Sätze wie: ‚Lieber fünf kriminelle Söhne als eine verhurte Tochter' oder ‚Die Ehre eines Mannes steckt zwischen den Beinen einer Frau.'"[6]

Wieso beharren Genderfeministinnen also darauf, das Kopftuch als ein Zeichen der Emanzipation auszuweisen? Einen Einblick in dieses Denken gewährt die Sprachwissenschaftlerin und Porno-Rapperin Reyhan Şahin alias Lady Bitch Ray. In einem Beitrag für das *Missy Magazine* schrieb sie 2015:

> „Früher war das Kopftuch ein Stigma für die türkische Gastarbeiter-Hausfrau, heute tragen es gebildete, modebewusste und souveräne Frauen. Der Inhalt des Stigmas Kopftuch wurde positiv umgedeutet – das nennt man Selbstermächtigung. Denn: Viele der jungen Frauen tragen das Kopftuch heutzutage freiwillig – sie übernehmen dabei nicht stumpf das traditionell behaftete Islamverständnis ihrer Eltern, sondern sie lesen, erkundigen sich und eignen sich ein neues Islamverständnis an."[7]

Lady Bitch Ray begeht hier einen Denkfehler, der auch hinter ihrer Theorie des „Bitchism" steckt, dem Versuch also, das Wort „Bitch" positiv umzukonnotieren: Denn eine Minderheit aufgeklärter Muslimas wird die Deutungshoheit eines übermächtigen, weil auf mehreren Kontinenten dieser Welt dominierenden Patriarchats nicht einfach zerstören können. Das wäre in etwa so, als ob eine Minderheit linker Aktivisten sich ein AfD-Logo auf die Stirn malen und behaupten würde, dass dies ab sofort ein Zeichen des Antirassismus sei.

Solange der Islam den Schleier für seinen Frauenhass missbraucht, ist es auch immer möglich, das Kopftuch als ein Zeichen der Repression zu sehen. Gerade emanzipierte und aufgeklärte Kopftuchträgerinnen sollten sich deswegen darüber bewusst sein, dass sie ein Symbol tragen, das mindestens zu 50 Prozent für eine frauenverachtende Religionsausübung steht. Solange Muslimas in Deutschland von ihren Familien tyrannisiert werden und Frauen im Iran bei Protesten gegen den Schleier Freiheitsstrafen riskieren, so lange bleibt der Schleier, was er ist: ein sexistisches Instrument der Unterdrückung.

Der genderfeministische Präventivkrieg

Eine beliebte Taktik der Neuen Rechten ist es, einzelne Vorfälle gewalttätiger Muslime herauszugreifen und damit sämtliche Muslime zu einer Masse von Gewalttätern zu homogenisieren. Das wurde zum Beispiel nach dem Mord an der 15-jährigen Mia durch einen afghanischen Flüchtling in Kandel deutlich. Nach dem Vorfall bildete sich das rechtsextreme Bündnis „Kandel ist überall", das von „unüberwindlichen kulturellen Unterschiede[n] zwischen Europäern und nicht westlichen Migranten" schwadronierte und eine „Schließung der Grenzen" forderte.[8] Auch die AfD stimmte schnell in den Hassgesang mit ein: Der Vorfall in Kandel hätte gezeigt, dass der Islam an sich eine „unselige Kultur archaischer Stammesgesellschaften"[9] sei, meinte etwa der Bundestagsabgeordnete Dirk Spaniel. Der AfD-Vorsitzende Georg Pazderski war sich indes sicher: Muslimische Migranten seien aufgrund ihrer Religion „nicht integrierbar"[10].

Dass der Feminismus Strategien entwickelt, um gegen derartige Propaganda anzukämpfen, ist nicht nur nachvollziehbar, sondern absolut notwendig. In seinem Kampf gegen rassistische Homogenisierungen („alle Muslime sind kriminell und sexistisch"), begeht der Genderfeminismus jedoch einen entscheidenden Fehler: Er verhängt die gesamte Islamkritik mit einem Sprechverbot, um „den Rechten nicht in die Hände zu spielen", wie es oftmals heißt. Anders ausgedrückt: Er begeht einen rhetorischen Präventivschlag. Das konnte man etwa im Jahr 2015 beobachten, als die feministische Bloggerin Kübra Gümüşay und die Journalistin Rita Knobel-Ulrich bei *Anne Will* über den richtigen Umgang mit der Repression innerhalb des Islam diskutierten. Als Knobel-Ulrich von übergriffigen Arabern in Flüchtlingsheimen erzählte, unterstellte ihr die Muslima augenblicklich Rassismus. „Das dürfen Sie nicht sagen!", empörte sie sich, denn damit würden Stereotype und Vorurteile über Asylbewerber befeuert werden: „Sie erzeugen damit eine Stimmung, dass alle Geflüchteten ungebildete Rassisten oder Sexisten sind."[11] Anstatt zwischen muslimischen Extremisten und moderaten Muslimen zu differenzieren und den rechten Homogenisierungen eine differenzierte Kritik entgegenzustellen („nicht alle Muslime sind sexistisch und kriminell"), affirmiert die Bloggerin hier die Verallgemeinerungen und somit auch die rhetorische Spielart ihrer rassistischen Widersacher. Nicht nur die AfD befeuert somit rechte Stereotype, sondern die Antirassisten selbst.

Sprechverbote sind nicht die einzige Methode der Genderfeministinnen, um Rassismus abzuwehren. Besonders hässlich gebärdet sich hier auch die Täter-Opfer-Umkehr. Die konnte man kurz nach der Kölner Silvesternacht im *Tagesspiegel* beobachten. Die Journalistinnen Dagmar Dehmer und Andrea Dernbach beharrten damals darauf, dass einige der betroffenen Frauen aus rassistischer Motivation heraus die übergriffigen Flüchtlinge angezeigt hätten. Sie schrieben: „Womöglich sind aber auch Frauen dabei, die gar nicht Opfer geworden sind, sondern aus politischer Überzeugung der Meinung waren, dass die Täter mit Migrationshintergrund oder die Flüchtlinge, die das Chaos auf der Domplatte für sexuelle Übergriffe ausgenutzt haben, abgeschoben gehören. Das hoffen sie womöglich mit einer Anzeige zu beschleunigen."[12] Glaubt man den beiden Redakteurinnen, hätten sich die Straftäter nur deswegen auf der Domplatte versammelt, weil sie zu wenig Geld für eine Party in einem Club gehabt und „womöglich auch keine Freunde" hätten, „die sie zu einer privaten Party hätten einladen können".

Eine ähnliche Form der Täter-Opfer-Umkehr konnte man in der im Oktober 2017 eröffnete Berliner Ausstellung „Andere Heimaten – Herkunft und Migrationsrouten von Drogenverkäufern in Berliner Parks" beobachten. Hier wurde beschrieben, wie afrikanische Drogendealer „unerschrocken und tapfer im öffentlichen Raum" arbeiteten, weil sie von der Gesellschaft als „Sündenbock und Projektionsfläche für kollektiven Hass" stigmatisiert werden würden.[13] Auch hier antworteten die Feministinnen auf rechte Homogenisierungen, indem sie die Flüchtlinge selbst homogenisierten – und zwar zu einer Masse unmündiger Teddybären. Aufgrund ihrer ethnischen Zugehörigkeit wurde den Flüchtlingen nicht nur der freie Wille abgesprochen, sich gegen die Kriminalität zu entscheiden, sondern auch das Recht, sich amoralisch zu verhalten. Wer ist hier eigentlich rassistisch?

Die Wunderwaffe im genderfeministischen Präventivkrieg bleibt jedoch der Kulturrelativismus. So verglichen Dehmer und Dernbach im erwähnten Artikel die Gewalt in Köln mit den sexuellen Übergriffen, die sich jährlich auf dem Oktoberfest ereigneten. Ein anderes Beispiel konnte man neulich in der *Süddeutschen Zeitung* nachlesen. Die Bloggerin Meredith Haaf behauptete dort, dass das Kopftuch für Mädchen nicht sexistischer sei als das westliche Schönheitsideal, das bereits achtjährige Mädchen in Bikinis zwängen würde. Der Vergleich funktioniert aus einem einfachen Grund nicht: Keine Kirche, keine Familie und keine christliche Community in Deutschland zwingt junge Frauen – unter der Androhung sozialer Exklusion durch Ehrverlust – dazu, sich täglich so zu kleiden wie die barbusigen Models aus der *Bild*-Zeitung.

Nach jedem Vorfall, der die Repression im Islam veranschaulicht, beginnt mittlerweile reflexhaft die Suche nach deutschen Analogien, die es nicht zu dessen Problem machen. Genau hier liegt jedoch der Irrtum: Es *ist* ein Problem des Islam, unsere

Gesellschaft *hat* ein Problem mit extremistischen Muslimen. Die Kritik an einer fundamentalistischen Islamauslebung fordert jedoch nicht automatisch die Stigmatisierung einer gesamten Religion. Eine differenzierte Betrachtungsweise solcher Probleme ist der einzige Weg, mit den frauenverachtenden Praktiken im Islam umzugehen. Es sind jedoch gerade Genderfeministinnen wie Kübra Gümüşay und Dagmar Dehmer, die durch ihre Rassismus-Phobie die gesamte Debatte lahmlegen und somit Lösungsvorschläge im Keim ersticken.

Queere Salafistinnen

Oskar Lafontaine sorgte kurz nach den Pariser Attentaten im November 2015 für Aufregung, weil er Verständnis für die Motive der Islamisten bekundete: „Was sollen die Armen machen im Vorderen Orient, die seit Jahren dem Kolonialismus ausgesetzt sind?", fragte der Linken-Politiker damals: „Sie haben keine Bomben, sie haben keine Raketen, sie haben keine Heere, die sie auf den Weg bringen können, um ihre Interessen zu wahren – und dann greifen sie zum Selbstmordattentat."[14] Lafontaine übernahm damit das Argument der Islamisten, die in ihrem Bekennerschreiben geschrieben hatten, die Anschläge seien als „gesegneter Kriegszug" auf das „kreuzzüglerische Frankreich" zu verstehen.

Doch nicht nur linke Politiker haben ein Herz für Selbstmordattentäter. Auch die Gender und Postcolonial Studies legitimeren regelmäßig islamistischen Terror und argumentieren dabei wie Lafontaine: Indem sie den gesamten Orient als Opfer einer kapitalistischen Ausbeutung inszenieren und so Verständnis für Jihadisten einfordern. Nun muss man den antiimperialistischen Fantastereien eines ehemaligen SPD-Genossen keine größere Bedeutung beimessen. Anders sieht es jedoch bei den Vertreterinnen dieser Hochschulfächer aus. Denn für sie stellt die Sympathie mit Selbstmordattentätern und Terroristen keineswegs nur eine politische Äußerung dar: Sie wird zur wissenschaftlichen Tatsache erhoben. Das geschieht, indem sich die

Forscherinnen auf den Poststrukturalismus und den Dekonstruktivismus beziehen. Moralische Wertungen sollen bei der Untersuchung eines kulturellen Zustandes absichtlich vermieden werden, damit man die Dinge objektiver beschreiben, also „dekonstruieren" kann.

Diese Herangehensweise ist besonders heuchlerisch. Denn die in der postkolonialen Theorie festgeschriebene Täter-Opfer-Beziehung „kolonialer Westen" vs. „ausgebeuteter Orient" nimmt in sich schon eine moralische Wertung vor. Diesen Widerspruch kann man etwa in der Dissertation der Genderforscherin Claudia Brunner nachlesen, die sich mit dem *Wissensobjekt Selbstmordattentat* befasst. Darin moniert sie, dass die gesamte Terrorismusforschung von der Forderung begleitet sei, den Terrorismus bekämpfen zu wollen.

> „Ich frage danach, inwiefern dies für die Konturierung des Wissensobjekts von Bedeutung ist. Zugänge, die ein Verstehen in den Vordergrund rücken und es dabei auch belassen, also keine mittelbar umsetzbaren Handlungsanweisungen vorschlagen, riskieren rasch den Verdacht der Rechtfertigung und damit der Diffamierung in der wissenschaftlichen ‚Gemeinschaft'."[15]

Diese Äußerung ist doppelt verlogen. Denn die vermeintlich objektiven Beschreibungen Brunners identifizieren sehr wohl einen moralischen Sündenbock: den kapitalistischen Westen. So verurteilt sie nicht etwa die Anschläge der Hamas, des IS oder der Taliban, sondern identifiziert mörderische Absichten hinter der Darstellung der französischen *Grande Nation*. In der Trikolore und dem Motto *Liberté, Egalité, Fraternité* würde bis heute der grausame Imperialismus der ehemaligen Kolonialmacht Frankreich fortleben, weil der Dreispruch zu Kolonialzeiten noch mit dem Zusatz *„ou la mort!"* versehen war. Brunner schreibt:

> „Es ist diese Auslassung der bereits an sich gewaltförmigen Konstitution eines eurozentrischen Uni-

> versalismus, die es diesem ermöglicht, immer wieder im makellosen Kleid der Freiheit, Gleichheit und Brüderlichkeit, der Demokratie und der Gewaltfreiheit aufzutreten und jegliche Schattenseiten auf austauschbare Gegenüber zu projizieren."[16]

Die Frage, inwiefern Freiheit, Demokratie und Gewaltfreiheit im „imperialistischen Frankreich" inszeniert sind, lässt die Autorin offen. Stattdessen verweist sie auf poststrukturalistische Theorien, in der Gewalt nicht gleich Gewalt bedeutet, sondern sich als „hegemoniale Struktur" bzw. als „Epistem" in der Sprache oder in bildlichen Darstellungen manifestiert. So analysiert sie an einer anderen Stelle ihrer Dissertation das Buchcover einer Publikation über Selbstmordattentäter, welches das abgeschnittene Gesicht eines Terroristen zeigt:

> „Obwohl das Gesicht nur etwa zu einem Drittel angeschnitten ist, kann man erkennen, um wen es sich dabei eventuell handeln könne. Man könnte darin die Züge Mohammed Attas, einer der Piloten der Anschläge auf das New York World Trade Center, sehen. Jedenfalls eignet sich diese Art der Darstellung, um einen stereotypisierten Selbstmordattentäter zu ‚identifizieren'; eine dunkle männliche Gestalt mittleren Alters, dessen rechtes Auge direkt vom Titelbild auf den Leser/die Leserin zu blicken scheint. Kein Mund ist sichtbar, der sprechen könnte, kein Körper, kein Kontext, keine weiteren Personen, keine Vergangenheit oder Zukunft angedeutet."[17]

Dieses Beispiel steht exemplarisch für die Unsinnigkeit, Gewalt nicht mehr anhand von empirischen Fakten, sondern durch „Episteme" zu definieren: Nicht der Massenmord der Terroristen auf das World Trade Center wird hier verurteilt, sondern die Grausamkeit des „kapitalistische[n] Weltsystem[s]"[18], das einem vermeintlich unschuldigen Jihadisten auf einem Buchcover den Mund abschneidet. Derartige Thesen stellen keineswegs eine wissenschaftliche Lappalie innerhalb der Gender Studies dar. Denn Claudia Brunner wurde für ihre Verherrlichung des Terrorismus mit dem Caroline-von-Humboldt-Preis für Nachwuchswissenschaftlerinnen ausgezeichnet – einer der höchstdotierten Wissenschaftspreise in Deutschland.

Eine ähnliche Apologie des Terrorismus betreibt Judith Butler in ihrer Abhandlung *Raster des Krieges*. Im Vordergrund steht die Frage, wieso wir den Tod von Menschen im eigenen Land mehr betrauern als den Tod derer, die in entfernteren Staaten und Kontinenten leben. Die Antwort liegt auf der Hand: Natürlich sind wir mehr von dem Tod unserer Angehörigen und den Personen betroffen, die uns nah und ähnlich sind, weil sie dieselbe Lebensrealität teilen. Diese Selbstverständlichkeit ist für Butler nicht ohne Grund bedeutungslos, zielt ihre Fragestellung doch in erster Linie darauf ab, ihrem antiwestlichen Ressentiment Luft zu machen. So fragt sie sich: „Weshalb empfinden wir Grauen und moralische Entrüstung angesichts von Selbstmordattentaten, obwohl wir angesichts vom Staat zu verantwortender Gewaltakte nicht immer so empfinden?“[19] Auf diese Frage folgt nicht etwa ein Hinweis auf die Tatsache, dass Jihadisten durch Attentate unser Leben bedrohen, sondern eine ausführliche Verurteilung des „liberalen Subjektes“[20].

Das Leben von Selbstmordattentätern, so Butler, würden wir nur deswegen als minderwertiger betrachten, weil ihre Religion und Kultur nicht unserer „westlichen“ Norm entspreche. Als Beispiel nennt sie den Islam, der als „barbarisch oder vormodern“ stigmatisiert und folglich als weniger „menschlich“ bewertet werde.[21] Sie schreibt: „Diejenigen, die wir töten, sind nicht ganz menschlich und nicht ganz lebendig, und das bedeutet, dass wir beim Verlust ihres Lebens nicht den gleichen Schrecken und Zorn empfinden wie beim Verlust anderer, die uns in nationaler oder religiöser Hinsicht ähnlicher sind.“[22] Dass hinter den Kriegen, die das „liberale Subjekt“ in den letzten Jahren geführt hat, vor allem das Interesse stand, Unschuldige von der islamistischen Tyrannei zu befreien, interessiert Butler nicht. Denn in ihren Augen ist „der Westen“

noch immer eine sklaventreibende Kolonialmacht, die allein aus einer kulturellen und wirtschaftlichen Überlegenheit heraus alles tötet, was nicht christlich, weiß und der „westlichen Norm“ entspricht. Diese postkoloniale Täter-Opfer-Konstellation wird in der Welt der Genderforscherinnen zur absoluten Wahrheit, zu einer Schablone, die man über die Wirklichkeit legt. Historische Ereignisse, politische Fakten, ja unsere gesamte Auffassung von Moral und Zwischenmenschlichkeit zählen vor diesem Binarismus nicht mehr. Es gibt nur noch „den Westen“ und „das Andere“ – nicht mehr, nicht weniger. Je nach Hautfarbe und Herkunft werden die einen zum Täter, zum „neoliberalen“ weißen Ausbeuter, und die anderen zum Ausgebeuteten, zum orientalischen Opfer, stilisiert. Die störende Wirklichkeit wird dabei so lange zurechtgebogen, bis sie in das postkoloniale Raster hineinpasst.

Wie bei Claudia Brunner mit ihrer mordenden Trikolore geschieht das bei Butler durch die Sprache: Wer oder was überhaupt ein Terrorist sei, so die Islamismus-Versteherin, würde von der westlichen Diskursmacht definiert.[23] Erst, wenn etwas in der Sprache existiert, existiert es also auch in der Wirklichkeit. Nach dieser Logik würden sich die Kinder, die von der Hamas in den Jihad geschickt werden, einfach in Luft auflösen, würden wir das Wort „Terrorist“ nur aus unserem Wortschatz streichen.

Die Konsequenzen eines derartigen Sprach-Konstruktivismus sind fatal: Denn auf diese Weise kann alles nach Belieben weg- oder herbeikonstruiert werden. Falls die Gewalt also nicht der Täter-Opfer-Schablone entspricht, wird sie einfach aus der Sprache getilgt, indem sie als ein Produkt einer westlich-kolonialen Zuschreibung stigmatisiert wird und man ihr somit die reale Existenz abspricht. Falls die Gewalt jedoch nicht an der gewünschten Stelle vorhanden ist, identifizieren wir sie einfach als unterbewusste „Struktur“ oder verschwurbeltes „Epistem“.

Butlers Fazit über islamistischen Terrorismus fällt nach dieser Zuschreibungswut einfach aus: Nicht mehr die Bomben, Anschläge und Suizidattacken der Jihadisten gelten als moralisch verwerflich, sondern die westliche Staatsgewalt:

> „Wenn wir erst einmal in der Lage sind, diese Formen der Gewalt vergleichend zu betrachten, das heißt sie als Bestandteil des heutigen Spektrums tödlicher Akte zu erkennen, wird auch sichtbar, dass die Zerstörungen und Übergriffe durch die Staatsgewalt weit schwerwiegender sind als die Wirkungen jener Akte, die in die Kategorie ‚terroristisch' fallen."[24]

Die Genderforscherinnen rütteln hier nicht nur an den Grundfesten der Moral, welche die Massaker und Gräuel der Islamisten verurteilt. Sie attackieren auch jenes staatlich-kulturelle System, das Freiheit, Diversität und einen demokratischen Rechtsstaat ermöglicht. Es ist bezeichnend, dass die Gender und Postcolonial Studies den Terror verteidigen, der Homosexuelle, Queers und andere Minderheiten ermordet und an Baukränen aufhängt, obwohl sich die Gender Studies für die Rechte und die Sicherheit der LBTQs verbürgt haben.[25] Brunner, Butler und viele andere profitieren wissenschaftlich und privat von der Toleranz und Diversität des Westens. Trotzdem verhalten sie sich zu ihm wie Salafistinnen – wie queere Salafistinnen.

Kulturgut Genitalverstümmelung

Selbstmordattentate sind nicht die einzige Grausamkeit, für die die Gender Studies Verständnis aufbringen. Auch die Genitalverstümmelung wird von manchen Akademikerinnen als zu beschützendes Kulturgut verstanden, das von der kulturellen Hegemonie des Westens bedroht wird.

So behauptet Anna-Katharina Meßmer in ihrer Dissertation *Überschüssiges Gewebe*, dass der Begriff „Genitalverstümmelung" nur deswegen negativ konnotiert sei, weil der Westen zu Kolonialzeiten den Orient als ein „unzivilisiertes Anderes"[26] wahrgenommen habe. Der Akt der Verstümmelung in afrikanischen Dörfern ist also nicht deshalb grauenhaft, weil er es ist, sondern weil der Westen – im Glauben, dass seine eigene „moderne, aufgeklärte, heilende Medizin“ die Überlegenere sei – sie zu einer „barbarischen Tradition“[27] stigmatisiert habe. Dementsprechend verurteilt Meßmer auch die Sichtweise des westlichen Feminismus auf Genitalverstümmelungen. Denn in ihm werde „die afrikanische Frau“ als „sich nach westlichen Standards zu emanzipierende“ gesehen.[28] Abermals bestimmt hier der Hass auf den Westen die wissenschaftliche Thesenbildung: Nicht die afrikanische Tradition der Verstümmelung wird von der Autorin problematisiert, sondern der Westen, der sie im Zuge seiner vermeintlich kolonialen Interessen überhaupt als eine barbarische Praxis bezeichnete.

Auch die Genderforscherin Daniela Hrzán fordert in ihren Artikeln dazu auf, Verständnis für Genitalverstümmelung aufzubringen. Dafür ersetzt sie den Begriff „female genital mutilation“ (FGM) durch die Bezeichnung „female genital cutting“ (FGC), verharmlost also „Genitalverstümmelung“ zu „Genitalbeschneidung“. Der Grund: Bei „Genitalverstümmelung“ könne der Eindruck entstehen, „dass Eltern ihre Kinder bewusst verletzen und foltern, wodurch jeglicher sozialer Kontext, in dem FGC-Praktiken eingebettet sind, ausgeblendet wird“.[29] Wieso man eine Praxis, mit der man kleinen Mädchen ohne Betäubung und unter Einsatz von körperlicher Gewalt die Klitoris, manchmal auch die Schamlippen mit Rasierklingen, Messern oder Scheren abschneidet und deren Vagina anschließend zunäht – wieso man genau eine solche Praxis nicht als „bewusst verletzend“ bezeichnen sollte, verschweigt die Autorin. Auch, welcher „soziale Kontext“ hier die begriffliche Verharmlosung einer menschenverachtenden Misshandlung legitimiert, führt die Genderforscherin nicht aus. Stattdessen ist sie überzeugt, dass ihre sprachliche Beschwichtigung „für einen kritisch-reflektierten und antirassistischen Umgang mit dem Thema“ stehe.[30]

Abermals vollzieht hier die Forscherin in der Manier des genderfeministischen Präventivkrieges eine Täter-Opfer-Umkehr: Nicht mehr für die misshandelten Mädchen soll hier Verständnis aufgebracht werden, sondern für die afrikanischen Familien, die von einem westlich-kolonialen Rassismus bedroht würden.

Diese gedankliche Perversion stellt keineswegs einen akademischen Ausrutscher dar, sondern ist sogar im wissenschaftlichen Mainstream salonfähig geworden. So belehrte Hrzán auf dem 35. Feministischen Juristinnentag im Jahr 2009 Richterinnen und Rechtsanwältinnen über den richtigen Umgang mit der Thematik. Ihr Hauptkritikpunkt: die „westlichen Perspektiven" auf Genitalverstümmelungen, die mit einer „Critical-Race-Theory" bekämpft werden sollen. Auch der eigene Fachbereich bejubelt die Thesen deutschlandweit: So wurden Hrzáns Artikel im ZtG-Bulletin veröffentlicht, der hauseigenen Publikation des Berliner Zentrums für transdisziplinäre Geschlechterstudien. 2017 wurde die Genderforscherin zudem an die Universität Trier eingeladen, um ihr Konzept der „Genitalbeschneidung" in einem Kolloquium für Postdoktorandinnen vorzustellen.[31]

Das Streben nach Macht

Karl Mannheim beschreibt in *Ideologie und Utopie*, wie die Handlungen von politischen Gruppen immer durch ein kollektives Unterbewusstsein verdeckt sind. Die „wahren" Handlungsmotive sind einer Gruppe also nie klar, sondern offenbaren sich erst durch den politischen Akt. Der Soziologe beschreibt, wie diese „Enthüllung des Unbewussten" auch als „geistige Waffe" im politischen Kampf verwendet werden kann:

> „Es war niederschmetternd, wenn ihnen [der zu bekämpfenden Gruppe, J. S. B.] gezeigt werden konnte, dass ihre Ideen bloß ihre Lebenssituation verzerrt widerspiegelten, bloß ihre unbewussten Interessen vorwegnahmen. Die bloße Tatsache, dass dem Gegner überzeugend nachgewiesen werden konnte, wie bisher von ihm verheimlichte Motive am Werke waren, muss ihn mit Schrecken erfüllt und anderseits in demjenigen, der die neue Waffe benutzte, das Gefühl einer wunderbaren Überlegenheit geweckt haben."[32]

Hinter dieser Waffe steckt jedoch auch immer eines: Eine Anmaßung des „richtigen" Wissens über die Gesellschaft und somit auch von Macht. Dieses Wissen erscheint umso absoluter, weil es sich um Erkenntnisse über das Unbewusste handelt: Ein psychoanalytisches Konzept also, dessen Schlüsse an sich einen unveränderlichen, weil archaischen Charakter besitzen.

Es erstaunt, wie sehr Mannheims „politische Waffe" mit der Vorgehensweise der Gender und Postcolonial Studies übereinstimmen. Auch diese wähnen sich im Besitz des absoluten Wissens und argumentieren mit verdeckten Motiven, die seit dem Kolonialismus als unbewusste Struktur in der Sprache weiterleben und unser Bewusstsein umnebeln. Vor allem begeben sie sich jedoch in eine Machtposition: Denn nur die Genderforscherinnen wissen über die „wahren" Handlungsmotive ihrer Mitmenschen Bescheid, nur sie haben das „kollektive Unterbewusste" mit Hilfe ihrer Theorien durchschaut – und erwarten nun vom Rest der Welt, sich ihren archaischen „Erkenntnissen" bedingungslos anzupassen. Ein Regime argumentiert nicht totalitärer.

Der poststrukturalistische Binarismus „Subjekt" vs. „das Andere" und „imperialistischer Westen" vs. „ausgebeuteter Orient" wird bei dieser Wissens-Diktatur zum gesellschaftlichen Urprinzip, zum universellen Verhaltenscode, der allen Individuen einprogrammiert wurde und sie somit zu fremdgesteuerten Robotern degradiert. Dem freien Willen wurde hier längst abgeschworen.

Nicht nur störende Fakten räumen die Genderforscherinnen mit Hilfe des Täter-Opfer-Schemas aus dem Weg, auch unser Wertesystem stellen sie auf den Kopf: So werden Selbstmordattentäter zu heroischen Widerstandskämpfern und der demokratische Rechtsstaat zu einem massenmordenden Ungeheuer. Die vermeintliche moralische Unvoreingenommenheit der Theoretikerinnen hat dabei nichts mehr mit objektiver Wissenschaft zu tun. Vielmehr haben sich die Gender und Postcolonial Studies mittlerweile einer politischen Prämisse verpflichtet: Der Apologie des Radikal-Islam.

Anmerkungen

1 Deutsche Welle, Tweet vom 21.03.2018.
2 Vgl. Roland Barthes, *Mythen des Alltags*, Frankfurt am Main 1964.
3 Lena Bopp, „So sieht sich der arabische Mann", auf: *Frankfurter Allgemeine Zeitung Online*, 04.05.2017: http://www.faz.net/aktuell/feuilleton/debatten/un-studie-untersucht-das-selbstbild-des-arabischen-mannes-14998492.html (letzter Abruf: 06.06.2018).
4 Vgl. Andreas Conrad, „Mobbing im Namen Allahs", in: *Tagesspiegel*, 24.03.2018.
5 Zitiert nach Matthias Hamann, „Echte Helden gegen falsche Ehre", auf: *SPIEGEL ONLINE*, 25.03.2010: http://www.spiegel.de/lebenundlernen/schule/junge-muslime-echte-helden-gegen-falsche-ehre-a-668832.html (letzter Abruf: 06.06.2018)
6 Zitiert nach Matthias Drobinski, „Psychologe: ‚Übrig bleibt das Macho-Gehabe'", auf: *Süddeutsche Zeitung Online*, 09.01.2016: http://www.sueddeutsche.de/politik/interview-psychologe-uebrig-bleibt-dasmacho-gehabe-1.2810369 (letzter Abruf: 06.06.2018).
7 Reyhan Şahin aka Lady Bitch Ray, „#JeSuisEinKopftuchMädchen", auf: *Missy Magazine Online*, 03.03.2015: https://missy-magazine.de/blog/2015/03/03/jesuiseinkopftuchmadchen/ (letzter Abruf: 06.06.2018).
8 http://kandel-ist-ueberall.de/startseite/wp-content/uploads/2018/03/manifest-von-kandel.pdf (letzter Abruf: 06.06.2018).
9 https://afdkompakt.de/2018/03/05/kandel-ist-ueberall/ (letzter Abruf: 06.06.2018).
10 https://www.afd.de/pazderski-die-meisten-muslime-sind-in-deutschland-nicht-integrierbar/ (letzter Abruf: 06.06.2018).
11 *Anne Will*, Sendung vom 17.12.2015.
12 Dagmar Dehmer/Andrea Dernbach, „Warum habt Ihr keinen Respekt?", in: *Tagesspiegel*, 10.01.2016.
13 Zitiert nach o.A., „Drogendealer arbeiten tapfer im öffentlichen Raum", auf: *WELT Online*, 25.10.2017: https://www.welt.de/vermischtes/article170037114/Drogendealer-arbeiten-tapfer-im-oeffentlichen-Raum.html (letzter Abruf: 06.06.2018).
14 Zitiert nach Christoph Asche, „Mit diesem Terror-Zitat schockt Lafontaine sogar seine Parteigenossen", auf: *Huffington Post*, 16.01.2016: https://www.huffingtonpost.de/2016/01/16/mit-diesem-terror-zitat-schockt-lafontaine-sogar-seine-parteigenossen_n_8997354.html (letzter Abruf: 06.06.2018).
15 Claudia Brunner, *Wissensobjekt Selbstmordattentat. Epistemische Gewalt und okzidentalistische Selbstvergewisserung in der Terrorismusforschung*, Wiesbaden 2011, S. 101.
16 Ebd., S. 101.
17 Ebd., S. 119-120.

18 Ebd., S. 36.
19 Judith Butler, *Raster des Krieges. Warum wir nicht jedes Leid betrauern*, Frankfurt am Main 2010, S. 45.
20 Ebd., S. 148.
21 Ebd., S. 46f.
22 Ebd., S. 47.
23 Ebd., S. 143.
24 Ebd., S. 146.
25 Die Sammelvertretung der deutschsprachigen Gender Studies etwa, die Fachgesellschaft Geschlechterstudien, betonte 2014, sie sei dem „Nichtanerkannten und Prekären" verpflichtet. Vorstand der Fachgesellschaft Gender e.V., Stellungnahme vom 23.07.2014.
26 Anna-Katharina Meßmer, *Überschüssiges Gewebe. Intimchirurgie zwischen Ästhetisierung und Medikalisierung*, Wiesbaden 2017, S. 222.
27 Ebd., S. 231.
28 Ebd.
29 Fana Asefaw/Daniela Hrzán, „Female Genital Cutting – Eine Einführung", in: *ZtG-Bulletin*, Nr. 28, 2005, S. 8-21, hier: S. 10.
30 Ebd., S. 11.
31 https://www.uni-trier.de/index.php?id=42096 (letzter Abruf: 08.06.2018).
32 Karl Mannheim, *Ideologie und Utopie*, Frankfurt am Main 1952, S. 37.

Nicht allein

Wie der Kampfbegriff der „Islamophobie“ gesellschaftliche Probleme verschleiert und die vom Islam Bedrohten im Stich lässt

Ali Tonguç Ertuğrul

„Ein Gott vermöchte gar nichts zu erkennen,
weil er keine Bedürfnisse hat.“[1]

Das Ziel einer linken Kritik und Praxis, wenn der Begriff „links“ noch etwas zu bedeuten hätte, könnte man so zusammenfassen: den Zugriff von Herrschaft, Gewalt und Ideologie auf den Einzelnen zu mindern und, wenn möglich, im Sinne der Autonomie der Individuen und der ihrer selbst bewussten Menschheit, ganz abzuschaffen. Nur „einer zum Subjekt erwachten Menschheit“[2] – d.h., einer Menschheit, die ihre Geschichte bewusst gestaltete – könnte die Einlösung der Autonomie des Einzelnen wirklich zukommen. „Es ist die unendliche Schwäche einer jeden kritischen Position“, dass „wir von einer solchen Welt nichts Zuverlässiges wissen“[3], dass das falsche Ganze der gesellschaftlichen Selbsterhaltung die Voraussetzung dafür ist, dass es einmal besser werde. Doch die ohnehin vorhandenen Tendenzen der Gesellschaft zur Subsumierung der Einzelnen unter Kollektive zu affirmieren und in die Vorstellung umzulügen, dass man auf der richtigen Seite der Geschichte stehe, heißt, sich den schlechten historischen Tendenzen anzuschmiegen. Dagegen wären Voraussetzungen zu schaffen, welche die Bedingungen der Möglichkeit von Freiheit des Einzelnen erhielten und die Menschen in den Stand versetzten, dem schlechten Lauf der Geschichte in die Parade zu fahren.[4]

Die Vertreter desjenigen Teils der Linken, die den Begriff der „Islamophobie" oder des „antimuslimischen Rassismus" im Munde führen, scheinen der eigenen Wahrnehmung nach die Schwächsten der Gesellschaft vor dem verheerenden Rassismus der Mehrheitsgesellschaft schützen zu wollen. Doch zum einen übersehen sie dabei den Herrschaftsanspruch des Islam, zum anderen – und damit eng verbunden – ist ihr Begriff der Minderheit kein zwangsläufig politischer.[5] Dieser setzt sich bei ihnen grob aus Herkunft und Religion zusammen, nicht aus den jeweiligen Einzelinteressen der Individuen oder möglichen politischen Zusammenschlüssen, die entweder nicht zwingend oder sehr vermittelt mit Herkunft und Religion zu tun haben, und vernachlässigt außerdem die besondere Qualität des jeweiligen Gegenstands. Diese Einzelinteressen mögen zwar Überschneidungen mit Erfahrungen haben, die im Zusammenhang mit der Religion und der Herkunft stehen, doch heißt zum einen das Subsumieren aller in irgendeiner Weise aus mehrheitlich islamischen Staaten stammenden Menschen unter den Islam, die Erfahrungen derer zu übergehen, die aus guten Gründen kein Interesse haben, dieser Religion anzugehören. Zum anderen ist der Islam eben eine Religion, kein zwingender Verweis auf die Herkunft und darüberhinaus in seiner mehrheitlich regressiven Ausprägung selbst in der Weise politisch, dass er die Möglichkeit von Autonomie des Einzelnen beschneidet und diese Beschneidung irrational verklärt.[6] Und nicht nur diese allgemeine Beschneidung wird vollzogen, sondern auch die ganz konkrete an den Geschlechtsteilen von Mädchen und Jungen.[7]

In ihrer Verteidigung des Islam gegen jegliche Kritik verteidigen diese Linken nichts anderes als eine Religion, die jeden Lebensbereich der ihr Unterworfenen zusätzlich kontrolliert, und eben nicht die Einzelnen. Angesichts des Scheiterns des Liberalismus und der prekären Aussichten vieler Menschen, ihr materielles Auskommen zu sichern, den wärmenden Schoß von Umma und Familie anzuempfehlen, bedeutet, die Möglichkeit eines Fortschritts überhaupt zu denunzieren – d.h., was fällt, auch noch zu stoßen. Es bedürfte kaum der Diskussion über den Begriff der „Islamophobie", würde man an den ephemeren Errungenschaften des Westens, die immer bedroht sind, so lange die ganze Menschheit ihrer eigenen Geschicke nicht mächtig ist, politisch festhalten. Die islamophile Linke fällt aber hinter diese zurück – aus dem Glauben heraus, die Ablehnung dieser partiellen historischen Gewinne würde die Partikularität jenes Universalismus brechen, während sie ihr doch nichts als eine andere, erneuerte, den heutigen Anforderungen des Konkurrenzkampfes entsprechende, verallgemeinerte Partikularität entgegenhält, welche die „Verwirklichung des Allgemeinen in der Versöhnung der Differenzen"[8] noch stärker verunmöglicht: indem sie nämlich deren Voraussetzung, Individuation, abschneidet.[9] Dies ist jedoch kein Plädoyer für den bewusstlosen Fortschrittsoptimismus vergangener Tage und auch keines, das den Konkurrenzkampf der Einzelnen zur Doktrin erhöbe, sondern eines gegen die „universale [...] Regression"[10], welche auch im Gewand des ganz Neuen aufzutreten vermag.[11] Das, was Fortschritt sei, besonders gegenüber dem ohnehin fortschreitenden und zugleich auf der Stelle tretenden Status quo, wird jedoch so weit verdrängt, dass dessen Gegenteil als Befreiung erscheint: „[M]an wählt gleichsam aus prekärer Autonomie das Heteronome."[12]

Fast vierzig Jahre nach der Islamischen Revolution im Iran, deren verheerende Resultate für das Geschlechterverhältnis niemandem unbekannt sein sollten, sollen wir also noch immer vorsichtig sein, wenn wir über diejenige Religion sprechen, deren Image Linken anscheinend so wichtig ist, dass sie die ihr unterworfenen Menschen lieber guten antirassistischen Gewissens ganz ihrem vermeintlichen Schicksal überlassen, als ihnen brauchbare Angebote zu machen und Gründe zu geben, eben diesem zu entkommen. Des Weiteren würde Kritik an der islamischen Realität – die nicht funktionierte ohne die einzelnen Muslime, welche die Kontrolle an sich und anderen vollziehen – diejenigen, die für diese Kritik empfänglich sind, im besten Sinne des Wortes enttäuschen. Und diejenigen, die diese Kontrolle nicht verlieren wollen, in ihre Schranken weisen:

> „Linke, emanzipatorische Kritik an der Ideologie der vollen Identität sollte genau hier ansetzen – wo Subjekte sich selbst mit ihrer eigenen Unterwerfung identifizieren, ihre eigene Unterdrückung begehren und aus der Identifikation mit ihrer Unterwerfung Selbstachtung beziehen. Denn Herrschaft kann sich ohne Identifikationsprozesse dieser Art weder etablieren noch reproduzieren."[13]

Es gibt Uneinigkeit darüber, ob der Begriff der „Islamophobie" nun eine Erfindung der Islamischen Revolution war oder nicht. Doch es ist unerheblich, ob der „westlichen Dekadenz" deshalb der Kampf angesagt worden ist, weil sie „islamophob" oder „gegen den Islam"[14] oder „gegen die Revolution"[15] sei. „Islamophobie" ist so oder so ein Kampfbegriff: Er wird nicht nur von muslimischen Organisationen genutzt, sondern auch von Teilen der sogenannten Zivilgesellschaft und nicht zuletzt von Linken.[16] Er dient der inneren Kontrolle der islamischen *communities* über ihre Mitglieder, insbesondere über die Mädchen und Frauen, sowie der kultursensiblen Auslagerung von ehemals staatlichen Aufgaben und Leistungen an ebenjene *communities* – vor allem aber zur Abwehr von Kritik.[17]

Eindrücklich führte die Islamische Revolution im Iran vor, was besagter Kampf gegen die westliche Dekadenz für das Geschlechterverhältnis bedeuten kann. Noch bevor die „Islamische Republik" offiziell am 1. April 1979 ausgerufen wurde, begann der fromme Krieg gegen die Frauen. Wie Wahied Wahdat-Hagh unter Berufung auf eine historische Untersuchung Nima Namdaris schreibt, berichteten laut der iranischen Tageszeitung *Kayhan*

> „‚säkulare iranische Frauen und Männer', dass ‚verschleierte Frauen unverschleierte Frauen auf der Straße beleidigten'. Die Lage eskalierte schon in der revolutionären Phase, als der Schah ausgereist war, aber die Islamische ‚Republik' noch nicht ausgerufen worden war. *Kayhan* wiederum veröffentlichte

> Auszüge aus Protestschreiben säkularer Organisationen, die sich beschwerten, dass manche ‚uninformierte Gruppen Frauen bedrohen, Mädchen mit Messer angreifen und ihre Kleidung anzünden und sie mit Säure bespritzten'."[18]

Gegen Ende des Jahres 1979 kam keine Frau im Iran mehr an der Zwangsverschleierung vorbei. Seither werden dort regelmäßig Menschen für sogenanntes unislamisches Verhalten wie Homosexualität, Libertinage und Drogenhandel hingerichtet, ausgepeitscht, anderweitig gefoltert und ins Gefängnis gesteckt.[19]

Trotz solcher geschichtlichen Vollzüge gibt es in der zeitgenössischen genderfeministischen Literatur eine besondere Abneigung gegen den Säkularismus und – wahrscheinlich nicht zufällig – eine Begeisterung für „islamischen Feminismus". Sie bemerkt den Gegensatz zwischen Säkularismus und Islam zwar, doch schlägt sie sich schlafwandlerisch auf die Seite des Letzteren, unter anderem durch die Hypostasierung der einzelnen Muslime zum ideellen Gesamtmigranten. Eine 2017 erschienene Abhandlung, die exemplarisch für diese Tendenz steht, ist *Sexualpolitik* von Gabriele Dietze.[20] Darin sind mehrere ihrer Essays zu verschiedenen Facetten der „Verflechtungen von Race und Gender" zusammengeführt, wiederveröffentlicht und um eine längere Einleitung ergänzt worden. In der Einleitung kommt Dietze über die Begriffsgeschichte der Sexualpolitik und den amerikanischen *race*-Begriff zu „sexualpolitisch argumentierende[n] Problematisierungsweisen"[21], welche sie in Bezug auf den angeblichen „antimuslimische[n] Rassismus"[22] und die „Stigmatisierung von (muslimischer) Religion"[23] bespricht. Den Begriff der „Problematisierungsweise" entlehnt sie Michel Foucault, der im Genderfeminismus und in der Queer Theory nach wie vor als stichwortgebende Gallionsfigur gilt.[24]

Zur „Sexualpolitik" zählt Dietze vermeintliche „Migrationsabwehrfigurationen"[25] der angeblich nur „abstammungsdeutschen Bevölkerung"[26], wobei sie alle MigrantInnen als Muslime und alle Muslime als MigrantInnen identifiziert:

> „[Ich] beschreibe [...] im Folgenden vier Figurationen, die die deutsche Migrationsabwehr [*sic*] allegorisieren: die bedeckte Muslima und – meist mit ihr verbunden – die des ‚orientalischen Patriarchen' –, dann die Figuration des ‚homophoben' muslimischen Jugendlichen und zuletzt die Trope des sexuell übergriffigen Geflüchteten. In allen Fällen wird muslimische Erziehung für eine sexualpolitisch argumentierende Problematisierungsweise verantwortlich gemacht."[27]

Damit übergeht die Autorin nicht nur die zahlreichen neuen und alten Zugewanderten und deren Nachkommen, die entweder nie Muslime waren oder sich vom Islam losgesagt haben, sondern verdrängt auch den Gedanken an die Solidarität mit denjenigen, die frei von diesem Bekenntnis sein wollen und sind.[28] Hinzu kommt, dass ihre Beanstandung der angeblichen „Rassisierung von Religion"[29] die islamische Erziehung, die veränderbar und kritisierbar wäre, zur Rasse, also zu etwas Statischem, ontologisiert:

> „Wenn ich hier von sexualpolitischer Stigmatisierung spreche, ist sowohl die Problematisierung des Geschlechterverhältnisses angesprochen (als ‚rückständiges' Machtverhältnis) als auch die Problematisierung von *race*. Hier wird eine Art von Rassisierung von Religion vorgenommen und die angebliche sexuelle Gefährlichkeit des muslimischen Jungmannes als ein Ergebnis islamischer Erziehung gewertet."[30]

Dietze stellt darüberhinaus die schon sprachlich ganz passiv „migrantisierten"[31] Muslime in einen absoluten Gegensatz zur „abstammungsdeutschen Bevölkerung"[32] – oder, ganz unverhüllt, zur „nicht-muslimischen Gesellschaft"[33] –, um anschließend der (nicht mal besonders[34]) säkularen Gesellschaft zu attestieren, dass ihr Säkularismus nichts als ein sinisteres Projekt zur Abwehr des Fremden sei:

> „Wie soll die Hysterie um das Kopftuch anders erklärt werden, als als Konversion der ‚unerträglichen Vorstellung' der permanenten Anwesenheit von angeblich ‚fremden' Elementen in ein Projekt von messianischem Säkularismus (das Paradox ist gewollt) und die Feier einer sexuellen Autonomie, die für die Mehrheit der Bevölkerung wenig empirische Grundlage hat?"[35]

Dietze stellt also den Säkularismus mit dem Begriff des „sexuelle[n] Exzeptionalismus"[36] zum einen als reine Abwehrtechnik und Reaktion auf Muslime, und zum anderen mit dem Bild des „säkularen Körper[s] als entblößten weiblichen Körper des Globalen Nordens"[37] als Figur verruchter Freiheit dar. Verrucht, weil diese Freiheit ein offenes Geheimnis erzählt: das der versperrten Möglichkeit jedes Einzelnen, „einst ganz frei, ganz zart, ganz liebevoll"[38] zu sein. Obschon Freiheit gegenwärtig mit Zwang verbrüdert ist, scheint die Voraussetzung ihrer Verwirklichung doch in der Solidarität mit denjenigen auf, für die Freiheit mehr wäre und ist, als eine bloße Metapher.[39] Dieser Spott über die Freiheit macht sich zum Handlanger der Falschen, was besonders am Vorwurf des „Homonationalismus"[40] deutlich wird, auf den sich die Argumentation in der Einleitung von *Sexualpolitik* stützt. Gemäß der genderfeministischen Politikwissenschaftlerin Gundula Ludwig und dem queertheoretischen Literaturwissenschaftler Chandan Reddy, auf die sich Dietze in ihrer Argumentation beruft, entspringe die „ostentative Toleranz gegenüber Homosexuellen"[41] nicht etwa der politischen Teilintegration jahrzehntelanger schwuler und lesbischer Kämpfe um Bürgerrechte, sondern einem Willen, „‚das Versprechen der Moderne' einzulösen und damit einen Exzeptionalismus gegenüber allen anderen nicht so toleranten Zivilisationen behaupten zu können".[42] Demgegenüber möchte man darauf bestehen, dass die sexuelle Autonomie des Westens tatsächlich ein Schein ist – einer jedoch, der noch seiner Verwirklichung harrt: Eingelöst ist er oder das Versprechen der Moderne sicher nicht. Doch jener Schein ermöglicht ja tatsächlich eine relative Freiheit, welche die „nicht so toleranten" Kulturen und Ideologien eben nicht gewähren. Er wäre gegen das Tabula-rasa-Machen der Linken zu verteidigen.[43] Maryam Namazie, britisch-iranische Bürgerrechtlerin, Feministin und Sprecherin des *Council of Ex-Muslims of Britain*, brachte dagegen den Zusammenhang von Säkularismus und Feminismus und die Möglichkeit eines Universalismus, der einzulösen versuchte, was der Westen einst versprach, auf der Veranstaltung *Congress for Enlightenment Feminism* in Suleymaniah in Irakisch-Kurdistan im Jahre 2017 auf den Punkt:

> *„The fight for women's liberation is a fight against Islam and Islamism. Also, it is a fight for secularism – the complete separation of religion from the state. Secularism is a precondition for women's emancipation. Secularism is a women's issue. Rather than excuse and justify ‚good' religious interpretations and ‚moderate' or ‚reformist' Islamists, it would serve our societies better to defend citizenship rights irrespective of beliefs. It would serve our societies better to insist on secularism and women's equality – not western, not eastern but universal. Long live women's freedom."*[44]

Der Realität von Kopftuch, regressiven Geschlechterrollen und Ehrenmorden, der vor allem Frauen und als effeminiert wahrgenommene Homosexuelle ausgesetzt sind, entgegnet Dietze – einen Gedanken der Islamwissenschaftlerin Schirin Amir-Moazami aufgreifend – mit dem Verweis auf die angebliche „sexualpolitische[…] Skandalisierung"[45] des „muslimischen Körpers" durch die Mehrheitsgesellschaft. Dies äußere sich darin, dass die „‚liberal säkulare […] Matrix' sich konstant an islamisch konnotierten Körperpraktiken wie Kopftuch, Beschneidung oder öffentlich verrichteten Gebeten stößt. Muslime zeichne aus abendländischer Perspektive aus, dass sie anstößige Körperpraktiken verfolgen."[46] Die Obsession des Islam mit der Sexualität seiner Unterworfenen, die dieser nicht einfach tabuisiert, sondern zugleich auf das vermeintlich Weibliche schlechthin projiziert und damit den Körper der Frau als solchen zum Anstößigen erklärt, wird hier unterschlagen.[47] Und wo „Körperpraktiken" des Islam als „anstößig" empfunden werden, ist beim besten Willen nicht nachvollziehbar, rückt das Adjektiv „anstößig" die aufgezählten „Körperpraktiken" doch in die Nähe des Anrüchigen – des Queeren, möchte man sagen, also in die Nähe dessen, was einmal positiv gegen das Sexualtabu gewendet wurde. Vermutlich soll dies den gendertheoretischen Schulterschluss mit dem Islam erleichtern.

Jedenfalls könnte man den Irrtum schon daran erkennen, dass nur Frauen sich verhüllen (müssen), während Männer dies nicht tun. Die Verhüllung und Beschämung des Körpers der Frau im Islam, ihre gleichzeitige Heiligung und Verächtlichmachung, führt dazu, dass z. B. die muslimischen Männer in Köln, die einer solchen misogynen Erziehung allerhöchstwahrscheinlich ausgesetzt waren, tatsächlich aufgrund dieser geschlechterspezifischen Aufspaltung „[s]exualisierte Gewalt gegen als ‚Schlampen' angesehene abstammungsdeutsche Frauen"[48] begangen, was auch bedeutet, dass die Skandalisierung der Kölner Silvesternacht 2015/2016 nicht einfach als „Migrationsabwehr" abgetan werden kann. Wobei man entgegen der von Dietze vorgenommenen Ethnisierung wohl eher von ungläubigen Frauen sprechen sollte, die z. B. aufgrund ihrer Kleidung als verfügbar angesehen werden – was auch Migrantinnen einschließt, die entweder ungläubig sind oder eine liberale Form des Islam leben.[49]

Die Erziehung zum Kopftuch hinterlässt in den Mädchen und Frauen Spuren, die viel eher als „Sexualpolitik" zu begreifen und kritisch zu thematisieren wären als Dietzes Phantasma anstößiger muslimischer „Körperpraktiken". So gab eine in Berlin-Neukölln arbeitende Lehrerin dem *Freitag* zu Protokoll, was in der genderfeministischen Literatur verschwiegen wird:

> „Wenn die Mädchen sehr jung das Kopftuch anlegen, dann fühlen sie sich nackt, wenn sie es wieder ausziehen. Fachfrauen sagen, dass es volle Absicht

> bestimmter patriarchaler islamischer Kreise sei, dass man den Mädchen immer früher das Kopftuch anziehen will. Da das Kopftuch verhindern soll, dass Männer sich von Frauen angezogen fühlen und diese vor Belästigung schützen sollen, ist dies eine Sexualisierung von Kindern! Außerdem nehmen einige muslimische Männer sich das Recht, unverschleierte Frauen belästigen zu dürfen! Und dann gibt es eine ganze Reihe Linker und Grüner, die glauben, die Verschleierung von Frauen sei eine kulturelle Besonderheit, die man schützen müsse."[50]

Diese genaue Beobachtung wurde in einem *taz*-Interview mit mehreren verschleierten muslimischen Frauen von einer – außerhalb der Schule kopftuchtragenden – Lehrerin (!) unfreiwillig vorweggenommen: „Eine Bekannte sagte zu mir: Du hast bestimmt schönes Haar. Den anderen wird das gefallen. Okay. Aber für mich ist das in etwa so, als würde jemand sagen: Du hast bestimmt tolles, gewelltes Schamhaar. Zeig es mir doch mal!"[51] Für eine weitere Mitdiskutantin dieses Interviews ist das Lehrerinnen aufgezwungene Ablegen des Kopftuchs gar ein Striptease: „Für mich wäre das, als sagte jemand zu mir: Zieh deine Unterwäsche aus."[52] So, wie diese Aussagen das Kopftuch als „Schamtuch"[53] und als Ausdruck und Vehikel eines anerzogenen, verkrampften Verhältnisses zur eigenen Sexualität bloßlegen, erscheint auch der Ehrenmord an Hatun Sürücü durch ihre Brüder als „Kristall des Totalgeschehens"[54]. Die 23-jährige Berlinerin türkisch-kurdischer Herkunft wurde 2005 an einer Bushaltestelle von einem ihrer Brüder ermordet, weil sie leben wollte „wie eine Deutsche"[55], und das bedeutete in diesem Fall – wie in vielen anderen Fällen –, dass sie ihr Leben und ihre Sexualität frei von den Zwängen der Familie und der Religion gestalten wollte.[56] Sowohl die Kritik an ihrer Ermordung als auch an ihrer vorherigen Zwangsverheiratung in der Türkei mit einem Cousin, der sie entfloh, fällt nicht bloß dem zu, was Dietze bar jeder Empathie „kulturalisierte Verbrechensinterpretationen"[57] nennt: Es handelt sich um eine Kritik an einer kulturellen Realität, unter der Individuen tatsächlich leiden und die abzuschaffen ist.[58] Dies sollte dann auch folgende frauenverachtende, die Möglichkeit von Autonomie auf den Müllhaufen der Geschichte werfende Frage beantwortet haben, welche die Genderforscherin umtreibt: „Warum ist das Arrangieren einer haltbaren Ehe frauenfeindlich und die Wegwerfscheidungen prominenter Männer, die periodisch ein älteres gegen ein jüngeres Modell austauschen, nicht?“[59] Obwohl Dietze in ihrer Einleitung den Gegenstimmen zum kulturrelativistischen Paradigma einen kurzen Einschub widmet, verwässert sie das Problem der islamischen Sexualpolitik – der sich ein Großteil der genderfeministischen Kreise nicht unterordnen müssen, weil sie von dieser nicht unmittelbar betroffen sind –, indem sie die „Rassisierung von Muslimen“[60] als „Bedingung der Möglichkeit, diese Freiheit zu empfinden“[61] definiert – gemeint ist die „Form von Freiheit, derer sich neoliberale Regierungstechnik bedient“[62]. Man könnte an dieser Stelle fast den Spieß umdrehen: Die Autorin argumentiert, dass die „abstammungsdeutsche Mehrheitsgesellschaft“ die allgemeine Frauenverachtung in rassistischer Weise abspalte und auf die Muslime bzw. Migrantinnen und Migranten projiziere. So überlässt sie den praktischen Vollzug der spezifischen Frauenverachtung den Muslimen – aus der Vorstellung heraus, dass die genannten Praktiken keine Probleme darstellten, da sie nun mal deren „Kultur“ seien.

Auch der sogenannten „Körperpraktik“ der Beschneidung kann man nur mit dem Verweis auf die Erfahrungen von Waris Dirie oder Ayaan Hirsi Ali entgegnen, deren Verarbeitungen des Themas allen zugänglich sind.[63] Die beiden prominenten Frauenrechtlerinnen stehen beispielhaft für ca. eine Million Mädchen und Frauen in Europa und circa 200 Millionen weltweit, die Opfer der unmenschlichen Praxis der weiblichen Genitalverstümmelung geworden sind. Waris Dirie schrieb in ihrem autobiografischen Roman *Wüstenblume* über die Verstümmelung, die ihr mit fünf Jahren angetan wurde, wie sie dann mit 13 Jahren vor einer drohenden Zwangsheirat floh und später in Europa als Model entdeckt wurde.[64] Ayaan Hirsi Ali, die ebenfalls als Fünfjährige verstümmelt worden ist, musste ebenso vor einer Zwangsheirat nach Europa fliehen. Sie wurde eine engagierte Kritikerin des Islam und kämpft seitdem für die von dieser Religion unterdrückten Frauen.[65] Doch verfolgte sie der Hass auch in die Niederlande. Der an Ali adressierte Drohbrief am Leichnam des von einem radikalen Muslim brutal ermordeten Filmemachers Theo van Gogh und die Notwendigkeit des Personenschutzes legte davon Zeugnis ab. Nachdem die niederländische Politik Ali verraten hatte, ging sie nach Amerika. Dort war und ist sie von verschiedener Seite Vorwürfen der „Islamophobie" ausgesetzt: So wurde die Verleihung eines Ehrentitels an Ali durch die Brandeis University aufgrund ihrer angeblichen *hate speech* nicht durchgeführt; das Southern Poverty Law Center setze unter anderem sie auf eine Liste von *„anti-Muslim extremists"*.[66]

Das Motto des dem Gender-Paradigma entsprungenen „islamischen Feminismus" und der neueren Queer Theory hat Lana Sirri im Jahr 2016 an der Berliner TU gut zusammengefasst: „Unser Gegner ist der Universalismus des eurozentrischen, weißen, paternalistischen Feminismus."[67] Konkordant zu diesem theoretischen Verrat an jenen Menschen, die unter einem regressiven Islam und Kulturrelativismus leiden, war solch eine Preisgabe im Vorjahr ganz praktischer Art am Londoner Goldsmiths College bekannt geworden, als die muslimische Studentengruppe *Goldsmiths Islamic Society* (ISOC) einen Vortrag von Maryam Namazie massiv störte. Auf Einladung der *Goldsmiths Atheist, Secularist and Humanist Society* (ASH) sollte die Frauenrechtlerin zum Thema „Blasphemie, Apostasie und Redefreiheit in der Zeit des Islamischen Staats" referieren. Sie sprach passenderweise auch die Kulturalisierung der Solidarität an, welche sich darin äußere, dass linke und feministische Gruppen sich aus „kultursensiblen" Gründen auf die Seite islamischer Vereinigungen schlügen, statt kollektive Zusammenschlüsse von Individuen unabhängig von sogenannter Ethnie und Kultur zur Erreichung politischer Ziele zuzulassen.[68] Dies nahm dann auch das Nachspiel des Vortrags vorweg. Der dortigen LGBTQ+-Gruppe (*Goldsmiths LGBTQ+ Society*) und der feministischen Studentinnengruppe *Goldsmiths Feminist Society* fiel nichts Besseres ein, als sich mit der ISOC zu solidarisieren und die angebliche „Islamophobie“ und den angeblichen Hass der Veranstalter und der Referentin zu verurteilen.[69] Im Vorfeld hatte die ISOC selbst vor der angeblichen „Islamophobie“ Namazies gewarnt und behauptet, dass ihre Anwesenheit auf dem Campus der Universität zu Unwohlsein unter den ISOC-Mitgliedern führe und sich diese in ihrem *Safe Sace* gestört fühlten.[70] Die ISOC wiederum ist kein unbeschriebenes Blatt: Ihr mittlerweile ehemaliger Präsident fiel durch homophobe Äußerungen auf; die Organisation lud homophobe Redner ein und unterstützte die islamisch-extremistische Organisation *Cage*.[71]

Während eine Kritik an Projektionen auf und Fremdenfeindlichkeit gegenüber Migranten und Migrantinnen sowie deren Nachkommen tatsächlich geboten ist, darf diese aus der Religion doch nicht eine *race* machen, wie es die postmoderne Queer Theory tut. Die blinde Gegenüberstellung der Mehrheitsgesellschaft einerseits, für „muslimisch“ erklärter Migrantinnen und Migranten andererseits, zementiert die vermeintliche und tatsächliche Identität Letzterer und verunmöglicht eine Kritik an den tatsächlich vorhandenen regressiven Zügen des Islam. Die Vorstellung, dass bestimmten Individualität verachtenden Ideologien, Religionen und Kulturen Respekt gezollt werden sollte, ob dies nun von außen geschieht oder von innen, macht aus den Einzelnen bloße Exemplare dieser – die sie teilweise ja freiwillig sind –, und verhindert wahre Autonomie. Laut Dietze gäbe es „kaum mehr Uneinigkeit darüber, dass es sich bei […] ‚antimuslimischen Ressentiments‘ um Rassismus handelt“.[72] Mit solchen Proklamationen, die nicht einmal mehr nachgewiesen, sondern als Gewissheit präsentiert werden, lässt der Genderfeminismus all jene migrantischen Individuen allein, die sich gegen den einengenden Vollzug des Alltagsislams wehren bzw. ihn kritisieren oder solche Aussagen verneinen würden. Selbst die wissenschaftliche Beschäftigung mit der Wirklichkeit wird so verhindert. In einer Fußnote schreibt Dietze, dass die vom Lesben- und Schwulenverband (LSVD) in Auftrag gegebene Studie über die Homophobie von Jugendlichen in Berlin, gemessen anhand der Befragung von tausend Berliner Jugendlichen, sich schon durch ihre Fragestellung selbst antimuslimischer Ressentiments bediene.[73] Die Erhebung ergab zwar, dass Jugendliche mit Migrationshintergrund (vor allem die türkischstämmigen) homophober seien als ihre Mitschüler ohne einen solchen, gab zugleich aber einen Hoffnungsschimmer, an dem man ansetzen müsste – und nur ansetzen kann –, wenn man das Problem anerkennt: „Die Studie ergab, dass die Homophobie bei den russisch- und türkischstämmigen Jungen zunimmt, je religiöser sie sind und je mehr sie sich selbst diskriminiert fühlen. Je integrierter sie sind, umso mehr sinkt die Schwulenfeindlichkeit."[74] Das heißt, man müsste Geld, Zeit und Energie in die Integration solcher Jugendlicher investieren, statt sie ihrem So-Sein zu überlassen. Genderfeminismus und Queer Theory kämpfen allerdings, in Zeiten der „Ehe für alle" um Radikalität ringend, lieber andere Kämpfe, wie Dietzes Abhandlung musterhaft zeigt:

> „Wendy Brown hat kürzlich auf Freuds recht wenig beachtete frühe Schriften zu den Abwehr-Neuro-Psychosen Bezug genommen […], um die Insistenz spätmoderner Nationalstaaten zu erklären, sehr teure und offensichtlich ihren Abwehrzweck verfehlende Mauern und Zäune zu bauen, zum Beispiel zwischen den USA und Mexiko, zwischen Israel und der Westbank, und zwischen Marokko und Ceuta […]. Brown politisiert Freuds Modell und interpretiert den ‚hysterischen' Mauerbau als Versuch, in einem Zeitalter schwindender Staatssouveränität durch (Welt-)Marktradikalität, supranationale Governance und globalisierte Migration, den verängstigten […] Bürgern das Gefühl zu geben, man würde sie gegen gefährliche Fremde absichern […], ihnen ein sicheres Heim […] bieten und ihnen dabei das Gefühl der Unschuld und moralischen Überlegenheit vermitteln, da das Böse ja ‚Außen' ist […]."[75]

Dass die Mauer zwischen Israel und der Westbank den völlig rationalen Sinn hat, Selbstmordattentäter davon abzuhalten, Juden zu töten, hat in der abstrakten Aufzählung von durch Nationalstaaten errichteten Sperranlagen keinen Platz, da es Dietze um Besonderes nicht geht, sondern um das Signalwort „Mauer" – in Zeiten, in denen Mauern einzureißen doch für befreienden Pluralismus stehen soll. Der Begriff „Pluralismus" verschleiert jedoch, was er nicht lösen kann: den Antagonismus der Gesellschaft. Adorno empfahl gegenüber dieser Bezeichnung deshalb die allergrößte Skepsis:

> „Ich würde Ihnen also [...] gegen den Begriff des Pluralismus, mit dem so an allen Ecken und Enden, ähnlich wie mit den ‚Sozialpartnern', heute aufgewartet wird, die allergrößte Skepsis anempfehlen. Es fügt sich das der allgemeinen ideologischen Tendenz ein, die Momente der Diskontinuität oder die Momente der sozialen Antagonismen auf die Weise zu verklären, zu ideologisieren – wie es für unsere Epoche überhaupt sehr charakteristisch ist –, daß man gerade das, worin in Wirklichkeit das Ganze in die Luft zu gehen droht, so darstellt, als ob es ein friedliches Miteinander der Menschen wäre, die sich darin versöhnt hätten und der Kämpfe überhaupt nicht mehr bedürften; eine Tendenz, unter der sich fast versteckt, daß die Menschheit an der Lösbarkeit dieser Konflikte zu verzweifeln beginnt."[76]

Dieses Verzweifeln an der Lösbarkeit der Konflikte ist es, was die verschiedenen irrationalen Reaktionen von links und rechts auf den Status quo im Allgemeinen und auf den Islam im Besonderen hervorbringt. Weder sollte man die Unterschiede von Menschen ontologisieren noch leugnen. Der gesellschaftlichen Tendenz, Individualität zu verunmöglichen, kann man jedoch nicht durch freiwillige und erzwungene Kollektivierung im islamischen Sinne – die vermeintlich Schutz bietet, in Wirklichkeit aber die Abhängigkeit und Unfreiheit verstärkt – entfliehen. Es käme darauf an, die Migrantinnen und Migranten und alle vom Islam bedrohten nicht alleine zu lassen, sondern ihnen Solidarität anzubieten. Diese wäre keine Anerkennung des regressiven identitären Bedürfnisses, sondern

> „die Veränderung dieser Gesellschaft in eine den Bedürfnissen der Allgemeinheit angemessene Form. In der Solidarität ist das Selbstinteresse nicht einfach verneint; denn es bildet als Wissen von der Aussichtslosigkeit des individuellen Strebens in der bestehenden Welt einen fortwährenden Antrieb zur Aktivität. Aber es verliert die Gestalt, die im bürgerlichen Zeitalter ihm eigentümlich war, nämlich seinen Gegensatz zum Interesse der Allgemeinheit."[77]

Anmerkungen

1 Max Horkheimer, „Zum Rationalismusstreit in der gegenwärtigen Philosophie", in: ders., *Gesammelte Schriften*, Band 3: *Schriften 1931-1936*, Frankfurt am Main 2009, S. 163–220, hier: S. 193.

2 Günther Mensching, „Zeit und Fortschritt in den geschichtsphilosophischen Thesen Walter Benjamins", in: Peter Bulthaup (Hg.), *Materialien zu Benjamins Thesen „Über den Begriff der Geschichte". Beiträge und Interpretationen*, Frankfurt am Main 1975, S. 170–192, hier: S. 185.

3 Theodor W. Adorno, *Zur Lehre von der Geschichte und von der Freiheit*, Frankfurt am Main 2006, S. 72.

4 Vgl. Theodor W. Adorno, „Fortschritt", in: Peter Bulthaup (Hg.), *Materialien zu Benjamins Thesen „Über den Begriff der Geschichte"*, S. 149-169, hier: S. 168.

5 Vgl. Fewzi Benhabib, „Saint-Denis: Wie meine Stadt islamistisch wurde", auf: https://diepresse.com/home/politik/aussenpolitik/4869481/SaintDenis_Wie-meine-Stadt-islamistisch-wurde (letzter Abruf: 20.06.2018).

6 Einerseits wird der politische Gehalt des Islams durch den Begriff z. B. der Minderheit verkannt, andererseits wird die unveränderliche Zugehörigkeit zum Islam als widerständige Identität anerkannt. Der identitäre Bezug auf den Islam z. B. auch des ‚islamischen Feminismus' ist insofern politisch, als er den regressiven politischen Gehalt des Islam verdrängt und zugleich an regressiven Elementen, wie z. B. dem Kopftuch, festhält. Deswegen ist er auch politisch, wenn er als Lifestyle oder therapeutische Selbstermächtigung daherkommt, wie man z. B. anhand Lana Sirris Buch *Einführung in islamische Feminismen* oder der *Teen Vogue* beobach-

ten kann. Nicht zufällig ist Lana Sirri Unterstützerin des antizionistischen BDS-Bündnisses. Vgl. Alexandra Colligs, „Schweigende Exegese. Der sogenannte islamische Feminismus propagiert die ‚gefühlte Gleichheit' der Geschlechter", in: *Jungle World*, Nr. 17/2018, 26.04.2018; Amani Al-Khatahtbeh, „Watch Muslim Girls Get REAL About Love, Faith, and Donald Trump", https://www.teenvogue.com/story/muslim-girl-videos-islamophobia-america (letzter Abruf: 20.06.2018); Naida Pintul/Vojin Saša Vukadinović, „Die Regression ‚reclaimen'", in: *Jungle World*, Nr. 19/2018, 09.05.2018.

7 Je nach Region und islamischer Rechtsschule wird die Beschneidung von Frauen und Mädchen unterschiedlich bewertet. Vgl. Thomas von der Osten-Sacken/Oliver M. Piecha, „Zur Beschneidungsdebatte nach den Kölner Gerichtsurteil", auf: http://www.stopfgmkurdistan.org/html/deutsch/artikel/artikel021.htm (letzter Abruf: 20.06.2018).

8 Theodor W. Adorno, *Minima Moralia. Reflexionen aus dem beschädigten Leben*, Frankfurt am Main 2003, S. 116.

9 Vgl. Theodor W. Adorno, *Zur Lehre von der Geschichte und von der Freiheit*, S. 125.

10 Theodor W. Adorno, „Fortschritt", S. 168.

11 Vgl. Max Horkheimer, „Zum Rationalismusstreit in der gegenwärtigen Philosophie", S. 219; Theodor W. Adorno, „Reflexionen zur Klassentheorie", in: ders., *Soziologische Schriften I*, Frankfurt am Main 1979, S. 373-391, hier: S. 375f.

12 Theodor W. Adorno, „Vernunft und Offenbarung", in: ders., *Kulturkritik und Gesellschaft II. Eingriffe, Stichworte, Anhang*, Frankfurt am Main 2003, S. 608-616, hier: S. 611.

13 Till Schmidt/Sama Maani, „Falsche Begriffe wie ‚Islamophobie' reproduzieren den neuen Rassismus", in: *Jungle World*, Nr. 13/2018, 29.03.2018.

14 Bernhard Schmid, „Wer hat Angst vor Differenz?", in: *Jungle World*, Nr. 51/2003, 17.12.2003.

15 Ebd.

16 Vgl. Caroline Fourest/Fiammetta Venner, „Islamophobie? Über die Karriere eines Begriffs", in: *Jungle World*, Nr. 50/2003, 10.12.2003.

17 Vgl. Kenan Malik, „The Failure of Multiculturalism", auf: https://www.foreignaffairs.com/articles/western-europe/failure-multiculturalism (letzter Abruf: 20.06.2018); Hansjörg Müller/Kenan Malik, „„Kritik am Islam sollte keine Grenzen kennen'", in: *Basler Zeitung*, 16.01.2018, https://bazonline.ch/leben/gesellschaft/kritik-am-islam-sollte-keine-grenzen-kennen/story/25896636 (letzter Abruf: 20.06.2018).

18 Wahied Wahdat-Hagh: „Wie die Zwangsverschleierung im Iran eingeführt wurde", in: *WELT Online*, 20.03.2008, https://www.welt.de/debatte/kolumnen/Iran-aktuell/article6061666/Wie-die-Zwangsverschleierung-im-Iran-eingefuehrt-wurde.html (letzter Abruf: 20.06.2018).

19 Vgl. Stop the Bomb, „Überblick: Informationen zum iranischen Regime", auf: http://de.stopthebomb.net/text-audio-und-video/das-iranische-regime-ueberblick.html (letzter Abruf: 20.06.2018).

20 Gabriele Dietze, *Sexualpolitik. Verflechtungen von Race und Gender*, Frankfurt am Main 2017.
21 Ebd., S. 21.
22 Ebd., S. 9.
23 Ebd.
24 Vgl. ebd., S. 17.
25 Ebd., S. 19.
26 Ebd., S. 17.
27 Ebd., S. 21.
28 Vgl. Sama Maani, *Respektverweigerung. Warum wir fremde Kulturen nicht respektieren sollten. Und die eigene auch nicht*, Klagenfurt et al. 2015, S. 8-10.
29 Gabriele Dietze, *Sexualpolitik*, S. 18.
30 Ebd.
31 Ebd., S. 26.
32 Ebd., S. 18.
33 Ebd.
34 Die Kirchen in Deutschland unterstützen den Islam in Deutschland, um ihre Privilegien nicht zu verlieren, und demonstrieren, als zusätzlichen Gewinn, auch noch Toleranz. Vgl. Andreas Main/Alice Schwarzer, „Alice Schwarzer – Islamismus ist eine ‚politische Gefahr im Weltmaßstab'", auf: http://www.deutschlandfunk.de/alice-schwarzer-islamismus-ist-eine-politische-gefahr-im.886.de.html?dram:article_id=419084 (letzter Abruf: 20.06.2018).
35 Gabriele Dietze, *Sexualpolitik*, S. 20.
36 Ebd., S. 18.
37 Ebd., S. 23.
38 Peter Altenberg, zitiert nach Theodor W. Adorno, „Fortschritt", S. 158.
39 Vgl. Theodor W. Adorno, „Reflexionen zur Klassentheorie", S. 388.
40 Gabriele Dietze, *Sexualpolitik*, S. 25f., Fußnote 25.
41 Ebd., S. 26.
42 Ebd.
43 „Die Welt ist das System des Grauens, aber darum tut ihr noch zu viel Ehre an, wer sie ganz als System denkt, denn ihr einigendes Prinzip ist die Entzweiung, und sie versöhnt, indem sie die Unversöhnlichkeit von Allgemeinem und Besonderem rein durchsetzt. Ihr Wesen ist das Unwesen; ihr Schein aber, die Lüge, kraft deren sie fortbesteht, der Platzhalter der Wahrheit." Theodor W. Adorno, *Minima Moralia*, S. 128. Vgl. auch Sama Maani, „Wie ‚sexuelle Autonomie' die Lust tötet", auf: https://derstandard.at/2000056397418/Wie-sexuelle-Autonomie-die-Lust-toetet (letzter Abruf: 20.06.2018).
44 Maryam Namazie: „Islam and Islamism as the greatest stumbling blocks for women's emancipation", auf: http://maryamnamazie.com/sulaymaniyah (letzter Abruf: 20.06.2018).
45 Gabriele Dietze, *Sexualpolitik*, S. 25.
46 Ebd., S. 23.

47 Vgl. İlhan Arsel, *„Frauen sind eure Äcker". Frauen im islamischen Recht*, Aschaffenburg 2012.

48 Gabriele Dietze, *Sexualpolitik*, S. 25.

49 Vgl. Kathrin Spoerr/Zana Ramadani, „Seid wütend auf die muslimischen Frauen!'", auf: *WELT Online*, 14.01.2016, https://www.welt.de/vermischtes/article150989935/Seid-wuetend-auf-die-muslimischen-Frauen.html (letzter Abruf: 20.06.2018); Christian Rabhansi/Ahmad Mansour, „Psychologe Ahmad Mansour – ‚Unterdrückte Sexualität spielt Schlüsselrolle bei Radikalisierung'", in: Deutschlandfunk Kultur, http://www.deutschlandfunkkultur.de/psychologe-ahmad-mansour-unterdrueckte-sexualitaet-spielt.990.de.html?dram:article_id=363017 (letzter Abruf: 20.06.2018).

50 Maxi Leinkauf/Hildegard Greif-Groß, „‚Der Nahostkonflikt ist hier'", in: *Der Freitag*, Nr. 22/2018, 31.05.2018. Die Erklärung zur Unterschriftenaktion von Terre des Femmes gibt gute Gründe, warum Mädchen und Frauen kein Kopftuch oder Schlimmeres tragen sollten. Vgl. Terre des Femmes, „Unterschreiben Sie unsere Petition: DEN KOPF FREI HABEN!", auf: https://www.frauenrechte.de/online/themen-und-aktionen/gleichberechtigung-und-integration/kinderkopftuch/3338-terre-des-femmes-unterschriftenaktion-den-kopf-frei-haben (letzter Abruf: 20.06.2018).

51 Zitiert nach Marlene Halser u. a., „Muslima über das Kopftuch-Tragen: ‚Nur eine Verpackung, mehr nicht'", in: *taz*, 25.04.2015.

52 Zitiert nach ebd.

53 Alice Schwarzer, „Laudatio auf Necla Kelek: Ein freier Kopf braucht kein Schamtuch", auf: http://www.faz.net/1.577261 (letzter Abruf: 20.06.2018).

54 Walter Benjamin, *Das Passagen-Werk*, Band 1, Frankfurt am Main 1983, S. 575.

55 Martin Reichert, „Wenn das Familiengericht tagt", in: *taz*, 22.02.2005.

56 Vgl. die Dokumentation auf www.ehrenmord.de, http://ehrenmord.de/doku/einsbissechs/2005_Hatun_Sueruecue.php (letzter Abruf: 04.07.2018).

57 Gabriele Dietze, *Sexualpolitik*, S. 24.

58 Vgl. Emrah Erken, „Sexuelle Selbstbestimmung – Lösungsansätze für ein verfassungskonformes Vorgehen gegen die Scharia", auf: https://freiheitoderscharia.wordpress.com/2017/01/11/719/ (letzter Abruf: 20.06.2018).

59 Gabriele Dietze, *Sexualpolitik*, S. 21.

60 Ebd., S. 39.

61 Ebd.

62 Ebd., S. 38.

63 Vgl. Desert Flower Foundation, „Was ist FGM?", auf: http://www.desertflowerfoundation.org/de/was-ist-fgm.html (letzter Abruf: 20.06.2018).

64 Vgl. Waris Dirie, *Wüstenblume*, München 1998.

65 Vgl. Dorothea Jung, „Frei im Land der ‚Ungläubigen'", auf: http://www.deutschlandfunkkultur.de/frei-im-land-der-unglaeubigen.988.de.html?dram:article_id=153851 (letzter Abruf: 20.06.2018).

66 Vgl. Richard Pérez-Peña/Tanzina Vega, „Brandeis Cancels Plan to Give Honorary Degree to Ayaan Hirsi Ali, a Critic of Islam", auf: https://www.nytimes.com/2014/04/09/us/brandeis-cancels-plan-to-give-honorary-degree-to-ayaan-hirsi-ali-a-critic-of-islam.html (letzter Abruf: 20.06.2018); Ayaan Hirsi Ali, „Why Is the Southern Poverty Law Center Targeting Liberals?", auf: https://www.nytimes.com/2017/08/24/opinion/southern-poverty-law-center-liberals-islam.html (letzter Abruf: 20.06.2018).

67 Zitiert nach Marie-Luise Goldmann, „Feminismus & Islam: Wer bestimmt eigentlich mein Muslim_a* sein?", in: *Die WELT*, 15.07.2016.

68 Vgl. Jamie Palmer, „Maryam Namazie and the Shame of the Pro-Islamist Left", auf: https://quillette.com/2015/12/06/the-shame-and-the-disgrace-of-the-pro-islamist-left/ (letzter Abruf: 20.06.2018).

69 Vgl. Goldsmiths Feminist Society, „Goldsmiths Feminist Society stands in solidarity with Goldsmiths Islamic Society", auf: http://goldfemsoc.tumblr.com/post/134396957048/goldsmiths-feminist-society-stands-in-solidarity (letzter Abruf: 20.06.2018); Vgl. den Facebook-Post der Goldsmiths LGBTQ+ Society vom 03.12.2015, auf: https://www.facebook.com/lgbtqgold/posts/635682619906781 (letzter Abruf: 20.06.2018).

70 Vgl. Jamie Palmer, „Maryam Namazie and the Shame of the Pro-Islamist Left".

71 Vgl. Aftab Ali, „Goldsmiths University Islamic Society president Muhammed Patel quits after tweeting ‚homophobic remarks' about Channel 4's Muslim Drag Queen documentary", auf: https://www.independent.co.uk/student/news/goldsmiths-university-islamic-society-president-muhammed-patel-quits-after-tweeting-homophobic-a6767891.html (letzter Abruf: 20.06.2018); Layo, „Why are Goldsmiths' FemSoc and LGBTQ Society showing solidarity with Islamists who attempt to silence and intimidate a feminist speaker?", auf: https://medium.com/@Layo_91/goldsmiths-feminist-society-show-solidarity-with-islamists-who-attempt-to-silence-and-intimidate-a-2ff011b461ed (letzter Abruf: 20.06.2018).

72 Gabriele Dietze, *Sexualpolitik*, S. 18.

73 Vgl. ebd., S. 25f., Fußnote 25.

74 Claudia Keller, „Junge Migranten sind mehrheitlich schwulenfeindlich", in: *Tagesspiegel*, 26.09.2007.

75 Gabriele Dietze, *Sexualpolitik*, S. 20.

76 Theodor W. Adorno, *Zur Lehre von der Geschichte und von der Freiheit*, S. 140.

77 Max Horkheimer, „Zum Rationalismusstreit in der gegenwärtigen Philosophie", S. 198.

Verhinderte Rechte

Eine Kritik der „Kritischen Weißseinsforschung“ in Deutschland

Krsto Lazarević

Die absurden Blüten der „kulturellen Aneignung“

Es klingt wie Satire und ist doch bitter ernst gemeint: Der Musiker Bruno Mars sei nicht wirklich Schwarz und betreibe daher „kulturelle Aneignung“, warf die Aktivistin Seren Sensei dem Künstler im März 2018 vor. In ihren weiteren Ausführungen auf dem YouTube-Kanal *Grapevine*[1] behauptet sie, dass Mars von seiner „rassischen Ambiguität“ profitiere, um Genregrenzen zu überschreiten, und sich darüber hinaus schwarze Musik aneigne, ohne Schwarz zu sein. Wer Schwarz ist und wer nicht, das entscheidet Sensei auf Grundlage ihrer persönlichen Gefühle und Befindlichkeiten selbst – wie es unter vielen AnhängerInnen der Critical Whiteness üblich ist.

Bruno Mars, Sohn einer philippinischen Mutter und eines puerto-ricanisch-jüdischen Vaters, ist der Aktivistin ein Dorn im Auge, weil er und seine Musik in kein Schwarz-Weiß-Schema hineinpassen. Man kann Mars nicht vorwerfen, Weiß zu sein, und auf das Judentum seines Vaters zu verweisen, wäre offen antisemitisch – also wird er der „rassischen Ambiguität“ beschuldigt. Der Einwand basiert auf nichts anderem als dem Umstand, dass der Sänger laut der Aktivistin weder eindeutig als Schwarz noch als Weiß gelesen werden könne. Weil Sensei mit dieser Uneindeutigkeit nicht umgehen kann, wird sie zum Problem stilisiert. Die Komplexität der Welt wird derselben übelgenommen. Was anders ist, soll nicht sein. Jede Vermischung von Genres und „Kulturen“, von Schwarz und Weiß, ist verdächtig und wird verächtlich gemacht. Jede Form von Ambiguität wird abgelehnt und Hautfarbe als Wesensmerkmal essenzialisiert.

Kurz darauf sah sich auch die Musikerin Niki Minaj – die nach Auffassung mancher CW-AnhängerInnen nicht eindeutig als Weiß oder Schwarz gelesen werden kann – dem Vorwurf ausgesetzt, sie betreibe „kulturelle Aneignung“. Es geht um ihren Auftritt bei *Saturday Night Live* am 19. Mai 2018, bei dem sie ein traditionelles chinesisches Outfit trug. Niki Minaj performte ihre Single „Chun-Li“, die nach der gleichnamigen Figur aus *Street Fighter* benannt ist: eine der ersten weiblichen Heldinnen in einem Beat 'em Up-Game und ein klar feministisch gemeintes Statement der Künstlerin. Doch ihre KritikerInnen wollten das nicht sehen. Alles, was sie wahrnahmen, war eine nicht-asiatische Frau, die ein ostasiatisches Outfit trug. Eine fiktive chinesische Heldin, entwickelt von einem japanischen Designer, die von einer Musikerin aus Trinidad und Tobago verkörpert wird. Manchen CW-AnhängerInnen war das eindeutig zu viel der „kulturellen Aneignung“ – oder besser gesagt, der Mischung von Menschen aus verschiedenen „Kulturen“ und „Rassen“. Die fundamentalistischen Vertreter des Konzepts der *cultural appropriation* unterscheiden nicht mehr zwischen klar rassistischen Praktiken wie dem *blackfacing*, Kostümen, die rassistische Stereotype reproduzieren, aber auch kritisch und subversiv gemeint sein können (wie bei Niki Minaj), und Weißen, die Dreadlocks tragen. Letzteres ist zwar oft eine ästhetische Zumutung, aber keine rassistische Praxis.

Es ist eine alte Debatte, die seit den Erfolgen von Elvis Presley in den 1950er Jahren geführt wird, dem schon vor über einem halben Jahrhundert vorgeworfen wurde, schwarze Musik „gestohlen“ zu haben, was wiederum auf ein sehr beschränktes Verständnis von Musik und Kultur hinwies. Zweifelhaft sind nicht Weiße, die von Gospel und Rhythm 'n' Blues inspirierte Musik machen, oder Schwarze, die in Tracht und Lederhosen bayerische Volkslieder singen – sondern, dass nur Elvis als

Weißer mit schwarzer Musik so erfolgreich sein konnte. Oder wie Sam Phillips, Chef des Plattenlabels Sun Records und Produzent des Weltstars, es ausdrückte: „If I could find a white boy who could sing like a black man I'd make a million dollars."[2] Das Problem ist also mitnichten, dass sich ein weißer Mann schwarze Musik „kulturell aneignet", sondern dass die gesellschaftlichen Verhältnisse so waren, dass die Musikindustrie in den USA der 1950er Jahre auf ein überwiegend weißes und konsumstarkes Publikum schielte, das nach einer Identifikationsfigur verlangte, welche dieselbe Hautfarbe hat wie sie. Anders gesagt: Hätte Elvis keine schwarze Musik gemacht, dann wäre auch nichts gewonnen.

Critical Whiteness – Hintergrund

Critical Whiteness entstand in den 1980er Jahren in den USA zunächst aus dem antirassistischen Bedürfnis, darauf aufmerksam zu machen, dass Nicht-Weiße rassifiziert werden, während Weißsein als unmarkierte Norm gilt. „‚Rasse' nicht als weiße Angelegenheit zu betrachten, ist Teil der Privilegien, die mit dem Weißsein einhergehen", fasst die Genderforscherin Ann Russo die anfängliche Kernidee zusammen.[3] Diese Einsicht, die aus dem politischen Kampf der Schwarzen in den USA hervorgegangen war, sollte nun auch Eingang in die Wissenschaft finden. Es ging also konkret darum, politische Forderungen methodisch in den akademischen Betrieb zu integrieren. Der strukturelle Rassismus der Mehrheitsgesellschaft sollte sichtbar gemacht werden, um ihn besser bekämpfen zu können. Dabei wurde „Weißsein" als eine soziale Kategorie verstanden, die sich nicht einfach banal an der Farbe der Haut orientiert oder Vermutungen darüber anstellt, ob bei einer Person „rassische Ambiguität" vorliegt und diese daher kein Recht darauf habe, sich „Schwarze Kultur" „anzueignen", wie bei den Vorwürfen, die gegen Bruno Mars erhoben werden. Als die Literaturnobelpreisträgerin Toni Morrison 1992 ihre literaturkritische Abhandlung *Playing in the Dark* veröffentlichte, fasste sie diesen Anspruch folgendermaßen zusammen: *„My project is an effort to avert the critical gaze from the racial object to the racial subject; from the described and imagined to the describers and imaginers; from the serving to the served.*"[4] Man könnte auch schlicht hinzufügen, dass Weiße diejenigen sein sollen, die keine Rassismuserfahrungen machen.[5]

Doch irgendwann hat die Critical Whiteness Theory eine falsche Abzweigung genommen. Heute fallen die VerfechterInnen dieser Lehre durch abstruse Vorwürfe, essenzialistische Identitätspolitik und das Bedürfnis auf, Andersdenkende – also so ziemlich jeden und jede – zu maßregeln und zu bestrafen. Dafür sind sie auch gerne bereit, den Universitätsbetrieb zu stören und Wissensvermittlung und -aneignung in Seminaren zu boykottieren. Unter der deutschsprachigen Anhängerschaft der sogenannten „kritischen Weißseinsforschung" fehlt es dabei vielen an jeglichem Willen, Komplexität verstehen zu wollen oder auch nur anzuerkennen.

So wird beispielsweiße die Lektüre von Immanuel Kant oftmals zur Gänze abgelehnt, weil dieser Rassentheorien vertrat. Vielschichtigkeit in einem Oeuvre ernst zu nehmen würde indes bedeuten, zu sehen, dass sich mithilfe seiner Schrift *Zum ewigen Frieden* hervorragend gegen die rassistischen Abschnitte in seinem Werk argumentieren ließe.[6] Mitunter lässt sich aus dem Staatsbürgerrecht des Philosophen zudem das Prinzip ableiten, dass ein Subjekt automatisch die Staatsbürgerschaft jenes Landes erhalten sollte, in dem es lebt beziehungsweise geboren wurde. Dass in Deutschland bis zum heutigen Tag das *Ius sanguinis* gilt und hier geborene Kinder in Länder abgeschoben werden können, die sie oftmals überhaupt nicht kennen, ist ein unerträglicher Zustand, der mit Kant kritisiert werden kann. Zu dieser Erkenntnis drang ein vor einigen Jahren bekannt gewordener Berliner CW-Trupp nicht vor, weil er nicht nur die Lektüre des Aufklärers grundsätzlich ablehnte, sondern auch andere Studierende in einer erziehungswissenschaftlichen Vorlesung an der Humboldt-Universität daran hindern wollte, sich mit Kant zu befassen: Am 10. Februar 2014 wurde die Lehrveranstaltung so lange durch Zwischenrufe und Lärm gestört, bis ein Student die Polizei alarmierte. Die Sitzung konnte erst dann fortgeführt werden, nachdem die Beamten die randalierende Gruppe abgeführt hatten. In einer Stellungnahme schrieb das CW-affine Referat für Hochschulpolitik hierzu:

> „Weltweit anerkannte Philosoph_innen wie Hegel, Rousseau oder Kant verbreiteten aus einer eurozentristischen weißen Perspektive rassistische Ansichten – so seien die Bewohner_innen von Afrika nicht reif genug für die Freiheit, daher wäre es notwendig, dass sie von den Europäer_innen ‚erzogen' werden [...].
> Diese Texte vermitteln [diffizile] Begriffe unreflektiert weiter; ebenfalls werden in unkritischer Form historische Ereignisse widergegeben [*sic*]. Das ist bedeutend für die Vermittlung von Normen, Identitäten und Machtverhältnissen und für die weitere Bildung von Denkweisen [...]."[7]

Nun ist es sehr wichtig, sich damit zu beschäftigen, inwiefern Schriften der genannten Philosophen in Rassismus gründen oder sich zur Rechtfertigung des Kolonialismus heranziehen ließen. Das würde aber beinhalten, sich grundsätzlich mit diesen Werken auseinanderzusetzen – und nicht, universitäre Veranstaltungen zu stören, die dieses Wissen vermitteln. Die Forderung, dass Arbeiten von Kant und insbesondere von Hegel überhaupt nicht mehr gelesen werden dürfen, hat für mittelmäßige Studierende natürlich den entscheidenden Vorteil, dass sie sich damit nicht weiter befassen müssten.

Bei Kant und Hegel finden sich nun tatsächlich zahlreiche, bisweilen durchaus verstörende rassistische Aussagen.[8] Wie übrigens auch bei Karl Marx und Theodor W. Adorno. Die entscheidende Frage lautet daher, ob den Theorien ein rassistisches Weltbild zugrunde liegt. Bei Kant und Hegel lässt sich dies nicht gänzlich abstreiten, allerdings kann man mit den Werken der beiden, wie gesagt, auch hervorragend gegen Rassismus und rassistische Gesetzgebung argumentieren. Häufig werden diesen

Denkern aber auch Auffassungen unterstellt, die nicht korrekt sind. So zieht Peggy Piesche in ihrem Aufsatz „Der ‚Fortschritt' der Aufklärung – Kants ‚Race' und die Zentrierung des weißen Subjekts" ein Zitat aus Hegels *Vorlesungen aus der Philosophie der Weltgeschichte* aus dem Kontext, indem sie behauptet, dieser habe damit die Sklaverei gerechtfertigt.[9] Wahr ist das Gegenteil. Aus Hegels Rechtsphilosophie leitet sich ein Verbot der Sklaverei ab, weil er fordert: „sei eine Person und respektiere die anderen als Personen."[10]

Es ist antiemanzipatorisch, die Aufklärung abzulehnen, weil einige ihrer Vordenker rassistische Einstellungen vertraten oder mit ihren Abhandlungen solche festigten. Emanzipatorisch wäre es hingegen, die Geschichte der Aufklärung um ihre Schwarzen Denker zu ergänzen, die heute oft vergessen sind – beispielsweise um den haitianischen Revolutionär Toussaint Louverture. Doch stattdessen argumentieren deutsche CW-Kreise mit einer Essenzialisierung von Kultur. Und genau hierin sind sie der Neuen Rechten sehr viel ähnlicher, als ihnen bewusst sein dürfte.

Essenzialisierung von Rasse und Parallelen zur Neuen Rechten

Die Vorwürfe gegenüber Niki Minaj und Bruno Mars, die darauf basieren, dass sie „rassisch" nicht klar zuzuordnen seien, haben mit dem Anspruch, den Critical Whiteness in den USA zumindest anfangs beanspruchte, nichts mehr zu tun. Sie sind vielmehr ein Verrat an der Freiheit auf Kosten essenzialistischer Identitätspolitik, die ideologisch näher mit der rechtsextremen Identitären Bewegung verwandt ist als mit emanzipatorischen politischen Ideen und Kämpfen. Die ideologischen Schnittstellen zwischen CW-Zirkeln und rechten Denkern hebe ich nicht aus Polemik hervor, sondern weil sie existieren und dies zumindest für Progressive ein Denkanreiz für konstruktive Kritik an den Konzepten der „Kritischen Weißseinsforschung" in Deutschland bilden kann.

Merkliche Parallelen bestehen beispielsweise zum französischen Philosophen Alain de Benoist, einem der Begründer der Nouvelle Droite in Frankreich. Dieser und seine Theoriegruppe beziehen sich in ihren Schriften stark auf Carl Schmitt, die „konservative Revolution" in Weimar, Herders Kulturkreistheorie und – dies allerdings zu Unrecht und in vielerlei Hinsicht auf falsche Weise – auf Antonio Gramsci.

Alain de Benoist definiert Rassismus unterkomplex als Unterscheidung zwischen „höheren" und „minderwertigen Rassen", lehnt diese Einteilung allerdings entschieden ab. Obwohl er sich damit zum „rechten Antirassisten" erhebt, essenzialisiert er Menschen aufgrund ihrer Herkunft und betont die Bedeutung von „Homofilation": Dies ist seinem Verständnis nach der Wunsch nach Kontinuität durch Endogamie, welche einer „Vermischung von Menschen" entgegenwirke. Dem liegt die Idee zugrunde, dass die vermeintliche Vermengung von „Rassen" und „Kulturen" Übel schaffe – was wiederum mit der Vorstellung einhergehe, dass die westliche Welt überlegen sei, was nach de Benoist aber nicht zutreffe. Auch den Universalismus lehnt er als vom Westen aufgezwungenes Konzept ab. Dass die westliche Zivilisation gegenüber anderen als progressiv dargestellt werde – was sie seiner Auffassung nach nicht sei –, habe die Grundlage für Rassismus und für den Kolonialismus gebildet, welchen de Benoist ebenfalls ablehnt: So habe der Westen auf der gesamten Welt kulturelle Identitäten und nicht-westliche Formen des Zusammenlebens, Wirtschaftens und Denkens zerstört. Der neurechte Ideologe bezieht sich dabei sogar positiv auf antikoloniale und antiimperialistische Befreiungsbewegungen und die Black-Power-Bewegung.[11]

Eine weitere Parallele zum essenzialistischen Denken vieler CW-VertreterInnen ist de Benoists Unterscheidung zwischen einem „universalistischen" und einem „differentialistischen" Antirassismus. Ersterer beraube Menschen ihrer Identität, weil er Unterschiede zwischen ihnen sowie zwischen „Rassen" und Kulturen leugne. Letzterer hingegen, für den auch der Philosoph plädiert, erkenne „rassische" Unterschiede allerdings an – vermeintlich, ohne diese zu hierarchisieren. Schon die

Annahme, dass dies möglich sei, ist ein Denkfehler. Sinn dieser pseudointellektuellen Ideologie ist letztlich, dass man auch weiterhin seine Nachbarn mit Migrationshintergrund und anderer Hautfarbe hassen kann, ohne gleich als Rassist abgetan zu werden, weil man ja eigentlich „Antirassist" sei: Man habe nichts gegen Schwarze und Ausländer, diese sollten aber bitte bleiben, wo sie herkommen, und ihre „gleichwertige Kultur" dort leben. Dieses Konzept fasst die Neue Rechte als „Ethnopluralismus" zusammen, wobei de Benoist sogar zu denjenigen gehört, die eine „gewisse Anzahl" von Ausländern nicht einmal als allzu problematisch wahrnehmen, falls diese bei „ihrer" Kultur bleiben. Wer seine Worte liest, könnte meinen, es mit einem linken Kulturrelativisten zu tun zu haben:

> „Die Amerikanisierung der Welt, die Vereinheitlichung der Produktionsweisen und Konsumgewohnheiten, die Herrschaft des Geschäfts, die Ausbreitung des globalen Marktes, die systematische Erosion der Kulturen unter den Folgen der Globalisierung untergraben die Identität der Völker noch weitaus mehr, als es die Einwanderung tut. Die Eröffnung einer Fast-Food-Filiale oder eines Supermarktes stellt für unsere Identität sicher eine größere Bedrohung dar als der Bau einer Moschee!"[12]

Alain de Benoist hat akzeptiert, dass zumindest in Westeuropa keine „ethnisch reinen" Bevölkerungen mehr zu haben sind, und plädiert deshalb für einen „gemäßigten Multikulturalismus". Konkret meint er damit, dass die „Kulturfremden" sich nicht assimilieren oder allzu sehr mit der Ursprungskultur vermischen sollten. Er setzt auf ein Neben-, nicht auf ein Miteinander. Aus dem „Recht auf Differenz" leitet er eine Pflicht ab.[13] Dabei betont er aber auch, dass die Migranten nicht das Recht erhalten sollten, Staatsbürger des jeweiligen Landes zu werden. Und genau hier wird der eigentliche Kern seiner Ideologie sichtbar. Wenn man schon die Anwesenheit von „Fremden" zu akzeptieren hat, dann sollten diese nicht dieselben

Rechte genießen. De Benoist hält Migrationsbewegungen für eine „Zwangsentwurzelung“, welche durch eine von der US-Hegemonie forcierten „Logik des Kapitals“ bestimmt sei.[14]

Die ethnoromantisierende Forderung danach, dass Migranten sich bitte an ihrer ursprünglichen Kultur orientieren sollten, verbindet ihn auch mit einigen Postulaten der Kritischen Weißseinsforschung. Der Kulturrelativismus vieler CW-geschulter Linker ist nicht nur regressiv, sondern absolut anschlussfähig an neurechte Ideologien. Denn gerade die Vorstellung, dass Menschen aufgrund ihrer „kulturellen Herkunft“ oder ihrer „Wurzeln“ bestimmten Bildern oder Verhaltensweißen entsprechen sollten, meint ja das Phänomen des von Étienne Balibar beschriebenen Neo-Rassismus, welcher eine vermeintlich „authentische kulturelle Identität“ anstelle von „rassischer Reinheit“ und „Kultur“ anstelle von „Biologie“ setzt.[15] Eine kulturelle Identität, welche für CW-Gläubige letztlich darüber entscheidet, ob Bruno Mars nun schwarze Musik machen dürfe oder nicht.

Alain de Benoists Denken ist eine ideologische Grundlage der Neuen Rechten in Frankreich, Deutschland, Österreich und anderen Ländern. Es wird nicht mehr die „rassische“ oder „kulturelle Minderwertigkeit“ der „Anderen“ behauptet, sondern vielmehr ihre Gleichwertigkeit. Schlecht sei hingegen die „Vermischung“ der verschiedenen „Rassen“ und „Kulturen“. Das „Lob der Differenz“ dient letztlich dazu, Unterschiede zu verabsolutieren und sich gegen jede vermeintliche Kreuzung zu verwahren.[16] Deswegen ist es auch nicht verwunderlich, dass die Identitäre Bewegung mit Stickern für sich warb, auf denen indigene Amerikaner abgebildet waren – und darüber der Schriftzug: „Sie konnten ihre Identität nicht retten, jetzt leben sie in Reservaten.“ Ein solches Bild und eine solche Behauptung könnte eins zu eins auch aus CW-Kreisen stammen. Zwischen Seren Sensei, die Bruno Mars wegen seiner „rassischen Ambiguität“ kritisiert, und dem Neurechten Götz Kubitschek passt kaum noch ein Blatt: Beide wollen ihren partikularen Kulturraum „rein“ halten. Letztlich soll jeder bei seiner Kultur, seiner Hautfarbe, seinem Weiß oder seinem Schwarz bleiben. Es wird eine Ursprünglichkeit verschiedener Kulturen behauptet, eine Art Wesenskern, der nicht endlich ist und deshalb geschützt bzw. wiederentdeckt werden muss.

Manche deutschsprachigen CW-IdeologInnen sind nichts anderes als durch ihr Milieu oder ihre Herkunft verhinderte Rechte. Die Grundfrage ist nicht die nach kultureller Zugehörigkeit, sondern die Frage nach Partikularismus und Universalismus. Wer darf was, weil er woher kommt? Sowohl die Neue Rechte als auch die CW-Sekten enden letztlich automatisch in der Regression, für welche sie sich selbst feiern und in der sie sich wohlfühlen: sei es, indem sie sich von ihren Kindern auf einem Rittergut siezen lassen oder Verständnis für die Genitalverstümmelung von Mädchen aufbringen[17] und die Kritik an nicht-westlicher Gewalt abtun als *„white men saving brown women from brown men*".[18] Eine Bemerkung von Gayatri Chakravorty Spivak, auf den sich vor allem diejenigen ihrer falschen Fans beziehen, welche die Dialektik und Komplexität hinter der Aussage nicht verstanden haben.[19] Der „strategische Essenzialismus", den Spivak einmal als notwendige Taktik bestimmte, sei notwendig, um in konkreten politischen Kämpfen überhaupt Solidarität zu schaffen – wobei es bei ihr aber auch immer darum geht, die geschaffenen Identitäten letztlich zu überwinden. Universalismus und das nicht eingelöste Versprechen der universellen Menschenrechte für jede Bürgerin dieses Planeten: Dies einzufordern, muss eine Grundlage progressiver Politik sein. Die Romantisierung menschenverachtender und erniedrigender Praktiken auf kulturrelativistischer Grundlage ist es sicherlich nicht. Dem Kulturrelativismus der CW-AktivistInnen liegt auch die Zerstörung von „Wahrheit" zugrunde. Die Annahme, persönliche Empfindungen und die daraus resultierenden Schlüsse hätten auch dann als wahr zu gelten, wenn diese falsifiziert werden können, zeugt hiervon. Objektive Wahrheit und wissenschaftliche Standards spielen keine Rolle mehr. Es geht nur noch darum, die eigene Identität zu leben, sich *Safe Spaces*[20] zu errichten, aus denen Andersdenkende ausgeschlossen werden können, und sich in einer eigenen Wohlfühlwahrheit einzurichten. Die „proklamierte Wahrheit" wird dem eigenen Weltbild angepasst. Sowohl die ethnopluralistische Neue Rechte als auch die CW-Sekten schaffen sich so ihre eigenen „Wahrheiten" – im Plural.

Auch in der antiegalitären Forderung, dass die Differenzen verschiedener Kulturen um jeden Preis und um ihrer selbst Willen zu schützen seien, unterscheiden sich die CW-VerteidigerInnen in nichts von den Ideen eines Alain de Benoists. Auch dieser spricht sich gegen eine – seiner Auffassung nach von den USA vorangetriebene – Globalisierung aus, welche „Völker und Kulturen" zerstöre, damit das Kapital sich ausbreite.[21] Zudem ist Essenzialisierung von Menschen auf Grundlage ihrer Hautfarbe und Herkunft eine rechte Kulturpraxis, die sich niemand aneignen sollte – auch nicht, um eine gutgemeinte Identitätspolitik zu fahren. Etwas völlig anderes ist es hingegen, wenn man sich als Teil einer Gruppe wehrt, weil man als Teil ebenjener Gruppe angegriffen wird. Dies ist selbstverständlich legitim und umfasst auch das, was Spivak meint, wenn sie von „strategischem Essenzialismus" spricht.

Sprechort und Maßregelung

Eine besonders sektenartige Ausformung der CW-AktivistInnen zeigt sich stets dann, wenn sie zu sprechen beginnen. Im Sinne der „Sprechorttheorie" sollen jedem Redebeitrag Ausführungen über die eigenen Merkmale – Hautfarbe, Geschlecht, sexuelle Orientierung, Bildungshintergrund, Einkommensverhältnisse – vorangestellt werden. Ziel dieses andächtigen Rituals ist es keineswegs, Rassismus und Diskriminierungen zu überwinden, sondern zu beweisen, dass man in einem intersektionalen Feld entweder zu viele „Privilegien" genießt, für die man nun öffentlich Buße tun möchte, oder aber Opfer möglichst vieler Diskriminierungen sei, was wiederum die eigene Sprechortposition bestärkt: je diskriminierter, umso mehr Rederecht. Wichtig ist dabei nicht so sehr, *was* gesagt wird – die eigene Wahrnehmung und Gefühlswelt zählen ohnehin mehr als Faktizität und nachvollziehbare wissenschaftliche Standpunkte –, sondern *wer* etwas sagt. Die Selbstviktimisierung wird zum Fetisch erhoben und die unentwegte Betonung der eigenen Herkunft letztlich zur Farce.

Innerhalb dieser sektenartigen Strukturen ist es von Vorteil, migrantische *credentials* in der eigenen Biografie vorverweisen zu können. Diese können auf noch so absurde Art und Weise heraufbeschworen werden. So ist sich Sabine Hark nicht zu schade, in *Unterscheiden und herrschen* zu behaupten, dass auch sie „einen Migrationshintergrund“ habe, weil ihre Eltern „streng genommen Zugewanderte“ seien, da sie aus dem Saarland kämen und dieses bis 1957 nicht zur Bundesrepublik gehörte. Sie selbst wurde 1962 geboren, als das Bundesland bereits zu Westdeutschland zählte. Doch damit nicht genug:

> „Aber ich hab auch noch in anderen Hinsichten einen Migrationshintergrund: Ich bin die Erste in meiner Familie, die Abitur gemacht hat, in meiner gesamten Verwandtschaft bin ich bis heute die Einzige, die eine akademische Laufbahn eingeschlagen hat. Ich lebe ein lesbisches Leben. All das sind vielfältige Migrations- und Fremdheitserfahrungen. Wie kann ich da einfach sagen, ich bin von hier? Und wo genau wäre dieses ‚hier‘?“[22]

Dies ist nur eines von vielen grotesken Beispielen dafür, wie weiße Deutsche versuchen, Migrationserfahrungen zu konstruieren, um sich ein besseres Standing innerhalb von CW-Debatten zu sichern.

Eine Weiße könne dem CW-Denken zufolge nur dann solidarisch gegen Rassismus eintreten, wenn sie als *ally* auserkoren worden ist. Um eine solche „Verbündete“ zu werden, muss man sich meist einer Selbstgeißelung unterziehen, die man in stalinistischen Parteien einst „Kritik“ und „Selbstkritik“ nannte. Wer sich einfach nur an Demonstrationen gegen die AfD oder gegen Abschiebungen nach Afghanistan beteiligt, wirkt für CW-Kreise verdächtig, wenn er nicht den eigenen Vorstellungen eines Mitglieds einer diskriminierten Minderheit entspricht. Nicht nur die Praxis erinnert an die K-Gruppen der

1970er Jahre – auch die ProtagonistInnen tun es. Ein besonders unterhaltsames, aber auch passendes Psychogramm dieser Szene hat der Journalist Deniz Yücel festgehalten, nachdem er 2014 bei einem *taz*-Kongress mit CW-IdeologInnen aneinandergeriet. Konkret ging es darum, dass Teile des Publikums, darunter viele Weiße, verhindern wollten, dass Yücel aus Martin Luther Kings 1963 gehaltener *But one hundred years later the negro is still not free*-Rede vorliest, weil er das historische englische Wort *Negro* mit dem ebenso historischen deutschen Wort „Neger" übersetzte. Die lautstarke CW-Reaktion hierauf beschreibt Yücel so:

> „Ein zwangsneurotisches Verhalten, das man weniger bei aufgeklärten Menschen, Intellektuellen gar, vermuten würde und das an ganz andere Leute erinnert. An katholische Nonnen, die versehentlich auf Youporn gelandet sind (‚Weiche, Satan!'). Oder an Hinterwäldler in Pakistan, die mit Schaum im Bart und Schuhen aus Autoreifen an den Füßen gegen Karikaturen protestieren (‚Death to Amerikka!')."[23]

Auch der obsessive Fokus auf das N-Wort bei völliger Ignoranz gegenüber den Inhalten von Literatur ist ein Kritikpunkt Yücels. Wenn zum Beispiel gefordert wird, in *Pippi Langstrumpf* das Wort „Negerkönig" durch das Wort „Südseekönig" zu ersetzen, ändert dies rein gar nichts an der Problematik eines von kolonialen und rassistischen Stereotypen durchzogenen Kinderbuchs (wohingegen das N-Wort in *Die Abenteuer des Huckleberry Finn* zwar verwendet wird, weil im ausgehenden 19. Jahrhundert so gesprochen wurde, „Nigger" dort jedoch vor allem eine Anklage gegen die Sklavenhaltergesellschaft war). Yücel fasst die Agitation der CW-Kollektive folgendermaßen zusammen: „So, wie sie eine inhaltistische Auffassung von Kunst haben, so unempfänglich sind sie für subversive Strategien wie Satire, Aneignung und Umdeutung."[24]

Es gibt etwas, das besonders die Deutschen ohne Migrationshintergrund innerhalb der CW-Blase überaus gut beherrschen:

das Maßregeln anderer. Menschen mit Migrationshintergrund wird dann erklärt, wie sie über ihre Lage zu sprechen hätten. Wer noch vor wenigen Wochen eine Fahrt über das Mittelmeer überlebte und dann das Pech hatte, auf dem Berliner Oranienplatz auf CW-Sektenmitglieder zu treffen, musste sich in manchen AktivistInnenkreisen erklären lassen, wie er/sie über ihre Situation zu reden habe. Dem liegt die Illusion zugrunde, dass durch diese Gängelung von Sprache (und zwar durch deutsche Muttersprachler!) die rassifizierten Subjekte lernen würden, sich emanzipatorisch zu ihrer Situation zu äußern. In Wirklichkeit ist das Gegenteil der Fall. Gayatri Chakravorty Spivak fragte einst: *Can the Subaltern Speak*?[25] Die ehrliche Antwort vieler CW-VertreterInnen darauf wäre: „*We don't care. We make them speak our way.*" Das Zuhören, das von anderen eingefordert wird, betreiben sie selbst nicht.

„Deutschsein" als Problem

Der Versuch, Konzepte der Critical Whiteness als „kritische Weißseinsforschung" in Deutschland einzuführen, war von vornherein zum Scheitern verurteilt. Während in den USA die Sklaverei und Ermordung weiter Teile der indigenen Bevölkerung zu den Gründungsverbrechen gehören, deren konkrete Auswirkungen in Form von Rassismus sowie gesellschaftlicher und wirtschaftlicher Diskriminierung anhalten, ist die deutsche Geschichte eine andere.

Das deutsche Kaiserreich hat den ersten systematischen Völkermord des 20. Jahrhunderts begangen: und zwar an den Herero und Nama in seinem Kolonialgebiet Deutsch-Südwestafrika. Zeitgleich starben verschiedenen Angaben zufolge zwischen 70.000 und 300.000 Afrikaner beim Maji-Maji-Aufstand in Deutsch-Ostafrika. Deutschland hat koloniale Verbrechen begangen und von ihnen profitiert. Es hat Menschen zu „Völkerschauen" in Zoos ausstellen lassen. Schwarze Sklaven haben jedoch nie einen relevanten Anteil der hiesigen Bevölkerung gestellt. Der Kolonialrassismus und die damit einhergehende

Ausbeutung der Arbeitskraft von Schwarzen hat hier eine geringere Rolle gespielt als in Frankreich, Großbritannien oder den USA. Überhaupt war und ist die Präsenz schwarzer Menschen in Deutschland eine viel geringere. Der deutsche Hass richtete sich vor allem gegen Gruppen, die nicht nach Deutschland gebracht wurden, um Sklavenarbeit zu verrichten: namentlich gegen Juden, gegen Sinti und Roma, später im Vernichtungskrieg gegen die slawische Bevölkerung Osteuropas. Und die deutsche Singularität äußert sich darin, dass es überhaupt nicht das Ziel der Nationalsozialisten war, diese Gruppen maximal auszubeuten, sondern sie schlichtweg zu vernichten. Der Unterschied zwischen den Vereinigten Staaten und Deutschland ist letztlich banal: In den USA ist das Erbe der Sklaverei, der Jim-Crow-Gesetze und des Rassismus sehr präsent. Die eigenen Opfer in der Geschichte der USA waren vor allem Schwarze. In Deutschland ist das nicht so. „Critical Whiteness Studies haben koloniale und postkoloniale Formen des Rassismus auf die Forschungsagenda gesetzt – insbesondere in einem Land, das seiner eigenen kolonialen Vergangenheit nach wie vor in vielerlei Hinsicht mit Schweigen begegnet, ist dies ein großes Verdienst", behauptet beispielsweise die Genderforscherin Ina Kerner, die damit das wesentliche Problem unfreiwillig zusammenfasst.[26] Denn es ist schwierig, wenn nicht gar unmöglich, CW-Konzepte aus den Vereinigten Staaten in den deutschsprachigen Raum zu übertragen. In den USA wird die Angabe *race* erhoben und Menschen werden gezwungen, sich einzuordnen. In Deutschland ist das deutlich komplizierter. Sind Russen, Polen, Serben oder Spanier Weiße? Und was ist mit deutschen Juden? Die Deutschen haben in ihrer Geschichte vor allem Menschen ermordet, welche die gleiche Hautfarbe hatten wie sie. Ein antirassistischer Ansatz, der sich auf die Kategorien Weiß und Schwarz stützt, ist nicht in der Lage aufzuarbeiten, wieso die Deutschen sechs Millionen Juden industriell vernichten und einen Krieg entfachen konnten, dem über 20 Millionen Slawen zum Opfer fielen. Schlimmer noch: Das CW-Milieu neigt dazu, die Singularität der Shoah zu verneinen, weil weiße Juden als Opfergruppe nicht in sein Weltbild passen – denn nichts darf die Verbrechen der Kolonialmächte in den Schatten stellen.

Rassismuskritische Strategien in Deutschland müssen vor allem den eliminatorischen Antisemitismus und die Migration der vergangenen 50 Jahre in den Blick nehmen.[27] Dass die Anhängerinnen der „kritischen Weißseinsforschung" in Deutschland durch eine Dämonisierung Israels auffallen – ein Land, in dem neben dem Hebräischen das Arabische Amtssprache ist und ein sehr großer Teil der Bevölkerung nicht weiß ist –, ist kein Zufall. Der jüdische Staat ist dasjenige Land in der Region, dem CW-Kreise vorwerfen, für Rassismus zu stehen, während die rassistischen Praktiken – bisweilen sogar Gesetzgebungen – in angrenzenden Staaten schlichtweg ignoriert werden. Das ist nicht nur absurd: Es ist auch eine weitere Parallele zu manchen Rechten in Deutschland.

Die Übertragungen der anfänglich komplexen theoretischen Überlegungen der Critical Whiteness in den USA sind teilweise an der Provinzialität des akademischen Diskurses in Deutschland gescheitert. Komplett zunichte gemacht wurden sie durch ihre größten Fans an den Universitäten, die alles ablehnen und mundtot zu machen versuchen, das auch nur im Geringsten von ihren eigenen Vorstellungen abweicht. Eine Essenzialisierung von Rassekategorien ist nicht zwingend in der Critical Whiteness Theory verankert, aber ihre Anhängerschaft, in Deutschland mehr noch als in den USA, hat diese eingeführt. Das Weltbild der CW-Sekten an deutschen Hochschulen lässt sich meist in einem Satz zusammenfassen: „Check deine Privilegien." Eine kurze, aber aufschlussreiche Zusammenfassung dieser Forderung findet sich in einem Beitrag von Nadia Shehadeh, der in der „Hä? Was heißt denn …"-Sparte des *Missy Magazine*-Blogs veröffentlicht wurde – eine Zeitschrift, die sich an CW orientiert.[28] Shehadeh definiert „Privilegien" dort als „unverdiente Vorteile, die eine Person genießt. Darunter fallen Positionen wie weiß, männlich, cisgender, mit Kapital ausgestattet oder able-bodied". Konkret: Keine körperliche Behinderung zu haben oder sich mit dem Geschlecht zu identifizieren, das einer Person bei der Geburt zugewiesen wurde, wird als „unverdienter" Vorteil gesehen, den man zu reflektieren habe. Solche Checklisten an „Privilegien" basieren mitunter auf einem Artikel der Aktivistin Peggy McIntosh aus dem Jahre 1989.[29] Demnach wäre ein unverdientes Privileg beispielweise: *„I can go into a music shop and count on finding the music of my race represented."* (die Verleumder von Bruno Mars und Niki Minaj hingegen ertragen es schon nicht, wenn Musik von Menschen verkauft wird, die sie nicht klar als „Weiß" oder „Schwarz" einordnen können). Wozu eine Person ihre „Privilegien" checken soll, wird dabei nicht weiter ausgeführt. Shehadeh behauptet, dass die angeblichen Vorteile deshalb nicht reflektiert würden, weil Subjekte die Sorge hätten, diese dann zu verlieren. Doch warum sollte dies so sein? Als Autor dieser Zeilen kann ich so oft ich will in die Welt hinausschreien, dass ich ein „weißer, non-disabled Cis-Mann" bin – und werde dennoch kein einziges der unterstellten „Privilegien" verlieren.

Es geht den Sektenanhängern nicht darum, progressive Ideen voranzubringen, sondern darum, Andersdenkende – nochmals: so ziemlich jeden und jede – zu denunzieren. Dieses Strafbedürfnis richtet sich nicht nur gegen „Weiße", sondern auch gegen „Schwarze", die nicht den vermeintlich richtigen Jargon beherrschen. Dem liegt die Annahme zugrunde, „Rassismus" sei vor allem das Problem von Individuen, das man ihnen durch Selbstkasteiung und freiwilligen Verzicht auf angebliche Vorteile austreiben könne. Doch man bekämpft Rassismus nicht, indem man Weißen aufzwingt, ihre „Privilegien" zu hinterfragen, sondern indem man diese für alle einfordert und somit abschafft. Fingen Deutsche ohne Migrationshintergrund an, ihre Vorrechte zu hinterfragen, würde dies zunächst nichts an der Situation von Schwarzen und Menschen mit Migrationshintergrund verbessern. Diese werden weiterhin die anstrengenden und schlecht bezahlten Jobs auf dem Bau und in der Pflege machen, weiterhin in schlechten Wohnungen in schlechten Stadtteilen leben und ihre Kinder daher weiterhin auf die schlechtesten Schulen schicken müssen, bis sich der gesamte Kreislauf für eine weitere Generation wiederholt. Ziel kann es nur sein, diese gesellschaftspolitischen Bedingungen aufzubrechen. Auch wenn es an dieser Stelle pathetisch daherkommen mag: Es geht einzig darum, „alle Verhältnisse umzuwerfen, in denen der Mensch ein erniedrigtes, ein geknechtetes, ein verlassenes, ein verächtliches Wesen ist"[30].

Universalismus statt akademische Mittelschichtsbefindlichkeiten

Als Critical Whiteness in den 1980er Jahren im US-Kontext entstand, ging es darum, auf die soziale Konstruktion von Weißsein aufmerksam zu machen. Als „weiß" gelten demnach Personen, die keine Rassismuserfahrungen machen. Diese Einsicht, die aus dem politischen Kampf der Schwarzen in den USA hervorging, sollte Eingang in die Wissenschaft finden. Mit der Zeit rückte aber eine essenzialistische Identitätspolitik in den Fokus. CW beinhaltet heute keinerlei emanzipatorisches Potenzial mehr, im Gegenteil: Sie argumentiert kulturrelativistisch und gebärdet sich sektenhaft. Im Bedürfnis, partikulare Räume „rein" zu halten und sich gegen die Vermischung von Kulturen zu verwahren, zeigen sich zudem deutliche Parallelen zwischen „kritischer Weißseinsforschung" und Ideologien der Neuen Rechten.

Dies belegt, dass eine Verteidigung und Essenzialisierung von „Kultur", „Herkunft" und „Rasse" wenig mehr bedient als das Wohlbefinden ihrer jeweiligen Anhänger. Die Entwicklung weist auf eine allgemeine Gefahr hin: von rechts, weil klassische rassistische Denkmuster durch ihre Reformulierung leichter Eingang in die Mitte finden. Von links, weil die Fetische „Kultur" und „Identitätspolitik" den Kampf um die größtmögliche Freiheit aller Subjekte zunehmend verdrängen. CW steht für eine „Kulturalisierung von Politik", wobei eigene Meinungen und Empfindungen mehr gelten als sogenannte „Wahrheiten". Die Gretchenfrage ist letztlich die normative Bewertung von Partikularismus und Universalismus. Während die einen – Vertreter der Neuen Rechten wie von CW – bestimmte „Kulturen" vor „fremden Einflüssen" schützen wollen, treten die anderen für die Würde und Rechte eines jeden Individuums ein.

„Kritische Weißseinsforschung" ist in Deutschland ein universitärer Diskurs mit stark ausgeprägtem aktivistischen Bedürfnis. Er legt seinen Fokus darauf, Subjekten eine künstliche Sprache aufzuerlegen – im festen Glauben daran, dass Rassismus so bekämpft werden könne. Die CW-Gemeinde hat keinen Begriff und kein Verständnis von der Geschichte migrantischen Widerstands in der Bundesrepublik, welcher mit diesen akademischen Mittelschichtsbefindlichkeiten wenig bis nichts gemein hat. Eine Essenzialisierung von Rassekategorien ist nicht zwingend in der Critical Whiteness verankert, aber ihre Anhängerschaft in Deutschland hat dies – mehr noch als in den USA – forciert. „Kritische Weißseinsforschung" verfehlt daher ihr Ziel und bleibt letzten Endes wegen ihrer moralischen Strenge vor allem eins: sehr deutsch.

Anmerkungen

1 https://www.youtube.com/watch?v=Z9NTvCyprsA&t=244s (letzter Abruf: 22.06.2018).

2 Zitiert nach Mark Steyn, „The man who invented Elvis", in: *The Atlantic*, October 2003, o.S.

3 Zitiert nach Ina Kerner, „Critical Whiteness Studies: Potentiale und Grenzen eines wissenspolitischen Projekts", in: *feministische studien*, Band 31, Heft 2, November 2013, S. 278-293, hier: S. 278.

4 Toni Morrison, *Playing in the Dark. Whiteness and the Literary Imagination*, Cambridge et al. 1992, S. 90.

5 Vgl. Ruth Frankenberg, *White Women, Race Matters. The Social Construction of Whiteness*, Minneapolis 1993, S. 11f.

6 Immanuel Kant, *Zum ewigen Frieden. Ein philosophischer Entwurf*, Stuttgart 2008.

7 Humboldt-Universität RefRat, „Kritisches Hinterfragen wird an der HU jetzt polizeilich unterbunden", http://www.refrat.de/article/8765.html?1392145136 (letzter Abruf: 22.06.2018).

8 Immanuel Kant, „Bestimmung des Begriffs einer Menschenrace", in: ders., *Immanuel Kants frühere, noch nicht gesammelte kleine Schriften*, Lintz 1795, S. 107-128; G. W. F. Hegel, *Vorlesungen über die Philosophie der Weltgeschichte*, Berlin 1970.

9 Peggy Piesche, „Der ‚Fortschritt' der Aufklärung" – Kants ‚Race' und die Zentrierung des weißen Subjekts", in: Susan Arndt/Maureen Maisha Eggers/Grada Kilomba/dies. (Hg.), *Mythen, Masken, Subjekte. Kritische Weißseinsforschung in Deutschland*, Münster 2005, S. 30-39, hier: S. 33.

10 G. W. F. Hegel, *Grundlinien der Philosophie des Rechts*, §36.

11 Alain de Benoist, *Aufstand der Kulturen. Europäisches Manifest für das 21. Jahrhundert*, Berlin 1999.

12 Zitiert nach Peter Krause, „Einwanderung bedroht unsere kollektive Identität nicht", Interview mit Alain de Benoist, in: *Junge Freiheit*, Nr. 30/1998, 17.06.1998.

13 Alain de Benoist, *Aufstand der Kulturen*, S. 36ff.
14 Ebd., S. 43.
15 Étienne Balibar, „Gibt es einen Neo-Rassismus?", in: ders./Immanuel Wallerstein, *Rasse, Klasse, Nation. Ambivalente Identitäten*, 2. Auflage, Hamburg/Berlin 1992, S. 23-38.
16 Pierre-André Taguieff, „Die Metamorphosen des Rassismus und die Krise des Antirassismus", in: Ulrich Bielefeld (Hg.), *Das Eigene und das Fremde. Neuer Rassismus in der alten Welt?*, Hamburg 1998, S. 221-268, hier: S. 243.
17 Exemplarisch etwa Daniela Hrzán, „(Re)Discovering FGC: Anthropology, Whiteness, Feminism", in: Martina Tißberger/Gabriele Dietze/dies./Jana Husmann-Kastein (Hg.), *Weiß – Weißsein – Whiteness. Kritische Studien zu Gender Gender und Rassismus/Critical Studies on Gender and Racism*, Frankfurt am Main et al. 2005, S. 113-142.
18 So z. B. Gabriele Dietze, „Critical Whiteness Theory und Kritischer Okzidentalismus. Zwei Figuren hegemonialer Selbstreflexion", in: ebd., S. 219-247, hier: S. 237f., und Sabine Hark/Paula-Irene Villa, *Unterscheiden und herrschen. Ein Essay zu den ambivalenten Verflechtungen von Rassismus, Sexismus und Feminismus in der Gegenwart*, Bielefeld 2017, S. 85.
19 Es geht Spivak mitnichten darum, die Praxis der „Witwenverbrennung" als kulturelle Folklore zu rechtfertigen, sondern vielmehr darum, dass die britischen Kolonisatoren sich als Retter der indischen Frauen aufspielten und dieses Argument nutzen, um ihre Herrschaft zu rechtfertigen und sich selbst moralisch zu überhöhen – wobei ja gerade sie es waren, die kolonialisierte Subjekte, unabhängig welchen Geschlechts, ausbeuteten und unterdrückten. Konkret wird laut Spivak die Unterdrückung der Frauen durch Männer um die Unterdrückung durch die Kolonialmacht ergänzt.
20 Ausführlich dazu Jakob Hayner, „Bringt euch in Sicherheit! Wenn der Alltag zum Schutzraum wird", in: Patsy l'Amour laLove (Hg.), *Beißreflexe. Kritik an queerem Aktivismus, autoritären Sehnsüchten, Sprechverboten*, Berlin 2017, S. 61-64.
21 Vgl. Alain de Benoist, „Ein Gespräch mit Alain de Benoist über die ‚Nouvelle Droite' und die ‚Neue Rechte'", in: Dieter Stein, *Phantom „Neue Rechte". Die Geschichte eines politischen Begriffs und sein Mißbrauch durch den Verfassungsschutz*, Berlin 2005, S. 159-178, hier: S. 175f.
22 Sabine Hark/Paula-Irene Villa, *Unterscheiden und herrschen*, S. 115.
23 Deniz Yücel, *Wir sind ja nicht zum Spaß hier. Reportagen, Satiren und andere Gebrauchstexte*, Hamburg 2018, S. 35.
24 Ebd., S. 36.
25 Gayatri Chakravorty Spivak, *Can the Subaltern Speak? Postkolonialität und subalterne Artikulation*, Wien 2007.
26 Ina Kerner, „Critical Whiteness Studies", S. 290.
27 Inwiefern CW-Vertreterinnen das nicht begreifen und den Nationalsozialismus bereits sprachlich verharmlosen, lässt sich u. a. an einem frühen CW-Aufsatz von Gabriele Dietze nachzeichnen. 2005 schrieb sie über

die allgemeine Sensibilität in Deutschland bezüglich dieser Frage: „Ein gesellschaftliches Übereinkommen existiert lediglich darüber, dass Antisemitismus als Rassismus zu verstehen und abzulehnen ist. Da dieser mit der ‚Verarbeitung' des Faschismus als überwunden gilt, scheint die Rassismusfrage im öffentlichen Raum vielfach vom Tisch." Gabriele Dietze, „Critical Whiteness Theory und Kritischer Okzidentalismus", S. 225.

28 Nadia Shehadeh, „Hä? Was heißt denn Privilegien?", 01.08.2017, https://missy-magazine.de/blog/2017/08/01/hae-was-heisst-denn-privilegien (letzter Abruf: 22.06.2018). Nachfolgende Zitate ebd.

29 Peggy McIntosh, „White Privilege: Unpacking the Invisible Knapsack", in: *Peace and Freedom*, July/August 1989, o. S.

30 Karl Marx, „Zur Kritik der Hegelschen Rechtsphilosophie. Einleitung", in: ders., *MEW*, Band 1, Berlin (Ost) 1976, S. 378-391, hier: S. 385.

Kognitive Dissonanz

Der linke Hass auf migrantisch-feministische Individuen

Hannah Kassimi

Rassenkunde mit Butlers Erben

An den Universitäten und im politischen Aktivismus hat sich die Idee etabliert, dass alle Personen, die Rassismus erlebt haben, politisch „links" stehen, während Personen, die damit nicht in Berührung gekommen sind, „rechts" zu verorten seien – und zwar deshalb, weil alle aufgrund unvermeidlicher „Zugehörigkeit" zur „eigenen" Ethnie, Nation etc. deren jeweiligen Interessen verteidigen müssten.[1] Von Diskriminierung betroffene Individuen werden so einer homogenisierten Gruppe subsumiert und hätten im Sinne dieses Zwangskollektivs die Interessen ihrer „Volksgenossen" zu vertreten. Dabei gelte diesem „Narrativ" zufolge unweigerlich: Die Weißen sind die Unterdrücker, die Schwarzen die Unterdrückten. Der queeraktivistische, antirassistische Impetus wird deshalb darauf verwendet, „die Weißen" von diesem angeblich kollektiven Weiß- (und Männlich-)Sein zu läutern. Konstruiert wird eine gemeinschaftliche Schuld, der durch „Buße" in Form eines permanenten „Privilegienchecks"[2] Abhilfe geleistet werden soll. Vice versa soll dadurch der konstruierte pauschalisierte Opferstatus von Schwarzen gerächt bzw. gesühnt werden. Edward Saids Abhandlung *Orientalismus*, 1978 erstmalig erschienen, ist *die* Grundlage postkolonialer Theorie, auf die sich sowohl der Antirassismus im Allgemeinen als auch Judith Butler im Speziellen ausführlich berufen.[3] Im Folgenden geht es um die geistigen Erben Letzterer, die mit den Critical Whiteness Studies eine eigenständige Theorie hervorgebracht haben.

Eine frühe deutschsprachige CW-Verfechterin ist Eske Wollrad. In ihrer 2005 erschienenen Abhandlung *Weißsein im Widerspruch*, anhand derer sich die Fallstricke eines gegenaufklärerischen Rassendenkens exemplarisch beleuchten lassen, spricht sie sich für die Formierung von „Kollektive[n] des Widerstands und der Solidarität“ aus, die sich „primär politisch und nicht identitär verorten“ sollen.[4] Der Unterschied zwischen „politisch“ und „identitär“ bleibt dabei unklar. Was hingegen als „solidarisch“ und „unsolidarisch“ definiert wird, ist offensichtlich: Es wird ein „für uns“ oder „gegen uns“ konstruiert, das in den Denkmustern eines postmodernen Antirassismus gründet. Weißsein respektive Schwarzsein sind demnach soziale Konstrukte, in denen das Herrschaftsverhältnis binär eingeschrieben sei. Weißsein heiße automatisch, Macht über Schwarze auszuüben[5]; folglich müsse nicht nur gegen das Weißsein opponiert, es müsse vielmehr ausgelöscht werden.[6] Folgt man der Definition des Soziologen Albert Memmi, ist der Antirassismus somit in seiner Logik selbst zutiefst rassistisch. Denn in ihm werden die Individuen nicht mehr für sich betrachtet, sondern als Mitglieder einer sozialen Gruppe aufgefasst, „deren Eigenschaften […] zwangsläufig a priori“[7] gesetzt werden.

Wollrad zitiert ausgiebig Toni Morrison, die kurzerhand alle Weißen zu Rassisten und gleichzeitig zu Sklavenhältern erklärt.[8] Vollständig ausgeblendet wird dabei die historische Tatsache, dass nicht nur weiße Amerikaner schwarze Afrikaner versklavt haben, sondern Schwarze durch Schwarze versklavt worden sind, ebenso wie Schwarze durch Araber versklavt wurden und immer noch werden.[9] Die Ineinssetzung der Sklaverei mit dem Rassismus, die Ontologisierung bzw. Rassifizierung von Opfer- bzw. Täterkollektiven ist symptomatisch für den postmodernen Antirassismus. Wie Butler verweist Aline Oloff, Redakteurin der *feministische studien* und ebenfalls Critical-Whiteness-Verfechterin[10], in einer nicht-materialistischen Interpretation der materialistischen Rassismusforscherin Colette Guillaumin darauf, dass allein das *Feststellen* einer Differenz (z. B. von Hautfarben), bereits die „erste Bewegung rassistischen Verhalten[s]“ sei.[11] Auch wenn es durchaus zutrifft, dass die Hautfarbe kein Alleinstellungsmerkmal (!) für eine mögliche rassistische Diskriminierung ist, so kann doch nicht geleugnet werden, dass eine schwarze Hautfarbe (historisch und ideologisch bedingt) als Argument zur Rassifizierung der Individuen gedient hat. Der schwarzen Haut kann man sich ebenso wenig entziehen wie seinen weiblichen Genitalien; diese phänotypischen Merkmale sind festgeschrieben[12], sie sind für sich allerdings auch gar nicht das Problem, wie der Genderfeminismus augenscheinlich behaupten möchte. Vielmehr sind es die Zuschreibungen, die Ab- und Anerkennungen von Fähigkeiten, die aufgrund der Physis konstatiert werden, denn: „Der Rassismus beginnt erst mit der Interpretation der Unterschiede.“[13] „Schwarz“ und „Weiß“ sollen jedoch dem linken Historiker Noel Ignatiev zufolge, auf dessen sozialkonstruktivistischer Argumentation Wollrads eigene fußt, lediglich politische Kategorien sein – ähnlich wie bei Judith Butler, die eine feministische Theorie ohne die Kategorie „Frau“ etablieren wollte, was die Gender Studies geradezu verinnerlicht haben.[14] Wollrads politische Forderung beläuft sich darauf zu behaupten, dass Weiße den „weißen Club“, in dem sie qua Geburt (!) sein sollen, durch das Ablehnen „weißer“ Privilegien und der Solidarität mit einer „schwarzen Bewegung“ (wie „Black Power“) verraten und somit selbst ein wenig *Blackness* aufnehmen könnten.[15]

Darin zeigt sich schon die ganze Farce der im Antirassismus geführten Debatten. Mal ist der Körper Referenzpunkt, mal bloße Konstruktion. Es wird sich andauernd widersprochen und inkonsistent von der einen Position zu der nächsten gesprungen, ohne die jeweiligen Postulate einer kritischen Überprüfung zu unterziehen, geschweige denn ihre Widersprüche aufzudecken. Sie werden nebeneinander gestellt und als gleichermaßen wahr verkauft, weil sie immerhin einen stetig wiederkehrenden gemeinsamen Nenner aufweisen: „*die* Weißen“ sind im Unrecht, üben Macht aus, sind am Elend der

Welt schuld, während „*die* Schwarzen" im Recht und Opfer der Gewalt „*der* Weißen" sind. Verächtlich beäugt man die Wissenschaft, die dann nur noch als Werkzeug zur „universalisierten Ausbeutung" begriffen wird, wobei rassistische Vorurteile und Auschwitz als „unumstößliche Beweise eines mindestens fünfhundertjährigen Irrwegs westlicher Zivilisation seit Kolumbus' Ankunft in Amerika 1492 genommen"[16] werden.[17] So verwundert es nicht, dass sich bei der Benennung eines explizit deutschen Rassismus in antirassistischen Debatten selten ein Wort über den explizit deutschen Antisemitismus findet. Wie auch, wenn der Antisemitismus lediglich als „Spielart" des Rassismus verstanden wird und die grundlegenden Unterschiede dieser Ideologien nicht nur nicht begriffen, sondern theoretisch in eins gesetzt werden. Dass antirassistische Traktate somit nicht selten (strukturell oder offen) antisemitische Texte produzieren, ist nur die logische Konsequenz. Exemplarisch kann die Gleichsetzung der Wirkungsgeschichte des Kolonialismus und des Holocaust bei Aline Oloff genannt werden, welche die Vernichtung der europäischen Juden nicht als Zivilisationsbruch begreift und so relativiert.[18]

Weil der Antirassismus einzig Rassismus von Weißen kennt, muss das Phänomen des real existierenden *reverse racism*[19] von Wollrad geleugnet und als vermeintlich politisch „rechte" Position verworfen werden; die Diffamierung jedweder anderen Bewertung von Rassismus als „rechts" ist dabei durchaus symptomatisch für das antirassistische Weltbild. Gleichzeitig zitiert die Weißheitsforscherin exemplarisch die Theologin und Ethikerin Katie Cannon, die einst eine autobiografische Party-Anekdote wie folgt geschildert hat: Eine weiße Frau habe sie als Schwarze mit rassistischen Vorurteilen konfrontiert – dass Schwarze sich nie waschen würden und ob sie denn mal an ihr schnuppern dürfte, um sich zu überzeugen, dass dem nicht so sei. Statt diese Aufforderung als rassistisch abzulehnen, ließ Cannon das „Geschnüffel" über sich ergehen, um im Anschluss darum zu bitten, selbst an der Gesprächspartnerin zu riechen, da sie wiederum gehört habe, dass die nassen Haare von Weißen nach nassem Hund stänken. Das Skandalöse wird hier sowohl von Cannon als auch von Wollrad in dem Zurückschrecken der weißen Frau gesehen, die sich nicht beschnüffeln lassen wollte – und nicht etwa in den jeweils wechselseitigen rassistischen Vorstellungen.[20] Auch hier offenbart sich wieder, wie sinnlos und regressiv die Forderungen antirassistischer Praxis sind: Statt das „Privileg" für Schwarze einzufordern, nicht wie „Versuchskaninchen"[21], sondern wie Menschen behandelt zu werden, sollen Weiße ebendieses „Privileg" abgeben.

Solches Denken hält die Aufklärung und die Moderne für die Ursache der Unterjochung marginalisierter Bevölkerungsgruppen, die sich im „weißen heterosexuellen Mann" verstoffliche bzw. konkretisiere. Deswegen gelte es, diesen Menschentypus im Speziellen und aufklärerische, moderne Tendenzen im Allgemeinen zu bekämpfen bzw. sich ihnen zu widersetzen.[22] So werden wie bei den queertheoretischen Setzungen Butlers auch im Antirassismus verschiedene Ebenen unkenntlich gemacht. Die rassistische Diskriminierung, losgelöst von jedem Körper, sei demnach – analog zum *doing gender* – Ausdruck eines *doing race*.[23] Dass der Antirassismus, der Hautfarben negiert, sich dabei ganz in der Tradition eines auch der nationalsozialistischen Ideologie der „Rassenreinheit" nicht unbekannten Synkretismus bedient, bei dem das Verwischen und Vermischen bestimmter Unterschiede zu einem absoluten Unterschied den Kern der Rassenideologie darstellte[24], scheint Butlers Erben nicht weiter zu beunruhigen. Als Beispiel fungiert eine Episode aus Heinrich Hoffmanns 1844 erstmalig erschienenem autoritär-pädagogischem Kinderbuch *Der Struwwelpeter*[25], wo (weiße) Kinder ermahnt werden, nett zu anderen Kindern zu sein. In einer Geschichte lachen drei Buben über einen anderen Jungen, der – im Gegensatz zu ihnen – schwarz ist. Als sie damit nicht aufhören wollen, werden sie zur Strafe in ein Tintenfass gestülpt und sind von nun an „viel schwärzer als das Mohrenkind". Wollrad macht daraus ein infames Schauermärchen, das weiße Kinder dazu ermahnen soll, rechtschaffen und (aus irgendeinem Grund) reinlich zu sein, weil ihnen sonst das Weißsein aberkannt würde. Vollkommen ungeachtet dessen, dass diese Erzählung, in der es um eine „Strafe für das Hänseln eines Schwarzen Mannes“[26] geht, wohl eher als Beispiel für eine ablehnende Haltung gegenüber Rassismus zu bewerten ist.

Wollrad bemerkt zwar an anderen Stellen treffend, wie inkonsequent Rassismus ist und welch irrationale Züge er annehmen kann, zieht allerdings aus ihrer Analyse den Schluss, er sei ein perfides „Machtinstrument“ der Weißen, das gegen Schwarze eingesetzt würde. Ihre antirassistische Welt zeichnet Rassismus als „Einbahnstraße“: nur Weiße seien demnach in der Lage, rassistische Vorurteile gegen Schwarze zu hegen und eine „Rassenhygiene“ zu proklamieren.[27] Sie übernimmt die Ansicht der Philosophin Elizabeth Spelman, die einen universalistischen Ansatz verwirft und auf Identitätspolitik setzt. Schwarze Frauen würden demnach „ganz andere“ Erfahrungen machen als weiße und müssten deswegen gesondert behandelt werden. Dass Sexismus und Misogynie aus der Herabsetzung des (biologisch) weiblichen Geschlechts hervorgehen, wird geleugnet.[28] Die Behauptung, weiße Frauen würden schwarze Frauen per se rassifizieren, was einen universalistischer Ansatz undenkbar erscheinen lässt,[29] führt unweigerlich zu einer Segregation, welche die einen Frauen zu Täterinnen, die anderen Frauen zu Opfern ontologisiert. Auch wenn es stimmt, dass Feministinnen, die sich für die Gleichberechtigung „der Frau“ einsetzen, damit noch lange nicht davor gefeit sind, sich selbst auch rassistisch zu verhalten, so ist es wohl völlig haltlos zu behaupten, dass weiße Frauen „bewusst oder unbewusst“[30] generell aufgrund ihres Weißseins Macht über schwarze Frauen ausüben würden: denn „jeder Rassismus [ist] ein Angriff, aber nicht jeder Angriff ist rassistisch“, wie Albert Memmi betont.[31] Deswegen folgt es vielmehr einer rassistischen denn einer antirassistischen Logik, jedwede Form der Äußerung (Lautstärke, Blicke, Häufigkeit) auf rassifizierte Eigenschaften abzuklopfen, anstatt ihren jeweiligen Inhalt zu überprüfen. Während Wollrad richtigerweise analysiert, dass Frauen nicht immer nur Opfer, sondern durchaus auch Täterinnen sein können, beschränkt sie diese Täterschaft darauf, dass die von ihr Gemeinten weiß sind – schwarze Täterinnen gibt es für sie nicht.[32] So wird dann auch die Dichotomisierung der Geschlechter aufgrund der Industrialisierung, der vorangeschrittenen Arbeitsteilung und der Spaltung in Produktions- und Reproduktionssphäre zu einem „elitären Konzept“[33] verklärt, anstatt die „Hausfrauisierung“ (Maria Mies) als Ausdruck kapitalistischer Produktionsverhältnisse anzuerkennen. Doch die „vermeintlich allgemein gültigen weiblichen Attribute wie Schwäche, Abhängigkeit und Schutzbedürftigkeit“[34] galten noch nie für alle Frauen, sondern waren vielmehr Ausdruck einer bürgerlichen Ideologie, die letztlich (nicht nur) bürgerliche Frauen knechtete und vom öffentlichen Leben ausschloss. Da aber die der Moderne innewohnende Dialektik weder thematisiert geschweige denn begriffen wird, erscheint Rassismus als bloße „Machtpolitik“, also als unmittelbarer Ausdruck derselben:

> „Der westliche Jagdblick auf den Körper [*sic*], (s)ein Z/Erlegen [*sic*] des Physiognomischen und willkürlichen Klassifikationen [*sic*] gehören zu den zentralen Obsessionen der Moderne. Körper wurden zu Landkarten, deren Farben und Wölbungen alles über den Wert oder Unwert eines Menschen zu erzählen vermochten und die unumstößliche Gewissheiten vermittelten. Heute sind die Erzählungen ins Stocken geraten: Dekonstruktivistische Theorien haben das Hergestelltsein des Körpers als Effekt miteinander verwobener Machtpolitiken [*sic*] erkannt, welche die Ausübung von Gewalt gegen die Mehrheit der Weltbevölkerung wie auch den Besitz von Privilegien legitimieren. Zu diesen Machtpolitiken gehört Rassismus: Er produziert differente Körper vermittels kontinuierlicher Prozesse von Rassifizierung.“[35]

Dass Wollrad Adorno und Horkheimer affirmierend zum Thema Rassismus zitiert,[36] ist ein Beleg dafür, dass die *Dialektik der Aufklärung* von ihr nicht verstanden wurde, weil dort Vernunft und Aufklärung klar von der Barbarei unterschieden werden. Es geht in dieser Studie um ein *Umschlagen* der Aufklärung in Mythos und Barbarei; Aufklärung wird eben *nicht* schon zu

Beginn mit der Barbarei als *identisch* begriffen. Adorno und Horkheimer hielten an den Werten der Aufklärung fest – nicht etwa, weil sie die „aufklärerischen Ideale verwirklichen oder als positive Grundlage materialistischer Kritik reetablieren wollten, sondern weil sie diese, negativ, als Bedingung der Möglichkeit jeglicher Kritik und Emanzipation begriffen“.[37]

Auch wenn es zutrifft, dass die Unterteilung in Natur und Kultur – und die Beherrschung der Natur durch die Kultur – eine Treibkraft der Moderne ist, so ist das, was unter den Begriff der „Natur“ subsumiert wird, keineswegs bloß als „Fiktion“ bzw. Produkt soziostruktureller Diskurseffekte zu verstehen, wie Wollrad und Oloff es darstellen.[38] Mit anderen Worten: Die Haut wird nicht erst schwarz durch ihre Benennung, die Genitalien entwickeln sich auch nicht erst durch den Ausspruch: „Es ist ein Mädchen!“ – jene sprachmagische Vorstellung also, die Judith Butler geprägt hat.[39] Eine solche „linke Generalabrechnung mit der Aufklärung“[40] führt unweigerlich dazu, dass die intellektuelle Waffe gegen den Rassismus, die Vernunft, aufgegeben wird. Als Hauptgrund für die Genese des Rassismus als Bewusstseinsform im Rahmen des Kolonialismus wäre vielmehr die Struktur der kolonialen Wirtschaft abhängig von der Ökonomie der Metropolen anzuführen.[41] Denn der ökonomische Zwang, gegen die Metropolen konkurrenzfähig zu bleiben, führte unweigerlich dazu, dass die Arbeitskraft „unter ihrem Wert“ gekauft wurde. Damit entfiel die Möglichkeit einer formalen Gleichheit. Stephan Grigat weist mit dem Politikwissenschaftler und Historiker Peter Schmitt-Egner darauf hin, dass

> „der Rassismus […] aus der ‚Differenz von historisch-moralischer Reproduktion und physischer Reproduktion‘ [entspringt]. Die Wertbestimmung als Mensch wird vollends in Natur aufgelöst. Die Kolonisierten werden auf Tiernaturen reduziert. ‚Der Kolonisierte erscheint deswegen als ‚tierisch‘, weil hier seine gesellschaftliche Bestimmung mit der ersten Naturbestimmung zusammenfällt.‘ […]

> Vor diesem Hintergrund erscheint der Kapitalexport als Kultur- und Zivilisationsexport. Bei den zu unterwerfenden Menschen hat die Wertförmigkeit die menschliche Arbeit selbst noch nicht erfaßt. Dadurch, daß sie keinen Mehrwert produzieren, erscheinen sie als minderwertig oder wertlos. [...] Als Subjekt wird in der wertfetischistischen Sichtweise nur erkannt, wer als Tauschender auftritt."[42]

Wird in den Metropolen noch die erste Natur der Menschen negiert und auf die zweite Natur reduziert, so findet in den Kolonien, bei den kolonialisierten Menschen genau das Umgekehrte statt: Diese werden auf die erste Natur reduziert. Im Kern des Rassismus geht es also um *„das gewaltsame Verhältnis von Körper und Arbeit*, die beide in der gesellschaftlichen Moderne zu Objekten der Ausbeutung geworden sind".[43] In den Metropolen kam es allerdings nicht nur zu einer Entfremdung der ersten Natur, sondern auch zu einer Fetischisierung des zinstragenden Kapitals, die „einerseits zu einem aktiven und aggressiven Antisemitismus, andererseits zu einer von [Schmitt-Egner, H. K.] als ‚passivisch-defensiv' gekennzeichneten ‚Blut-und-Boden'-Ideologie" geführt hat.[44]

Das antisemitische Bewusstsein unterscheidet sich also insofern von einem rassistischen, als dass es die Juden nicht wie im Rassismus als etwas Minderwertiges, quasi Natürliches, sondern als etwas Übermächtiges, Magisches imaginiert.[45] Es zeichnet eine allumfassende Vernichtungsfantasie aus, die in ihrem Wahn mit dem rassistischen Bewusstsein nicht gleichzusetzen ist.[46] Schon Simone de Beauvoir hatte dies erkannt. Sie sah zwar Überschneidungen, was das Zeichnen kollektiver Feindbilder hinter Misogynie, Rassismus und Antisemitismus anbelangt, verwahrte sich jedoch einer Gleichsetzung dieser drei Phänomene. „Insgesamt ist das jüdische Problem allerdings sehr verschieden von den beiden anderen", schreibt sie in *Das andere Geschlecht*: „der Jude ist für den Antisemiten weniger ein Unterlegener als vielmehr ein Feind, und ihm wird in dieser Welt kein eigener Platz zugebilligt – eher möchte man ihn vernichten".[47]

Frantz Fanons psychoanalytischer Herangehensweise[48] an das Phänomen des Rassismus gelingt eine Analyse der psychischen Struktur sowohl von Schwarzen als auch von Weißen – und zwar durch die Verbindung mit marxistischen Analysen hinsichtlich der ausbeuterischen wirtschaftlichen Strukturen in Kolonialgebieten. Dabei geht es ihm um die Bewusstwerdung der ökonomischen und sozialen Wirklichkeit, um eine Selbstreflexion, die sich nicht auf eine simple „Täter-Opfer"-Gegenüberstellung in Form von weißen und schwarzen Kollektiven reduzieren lässt.[49] Vielmehr geht es ihm um die Befreiung des schwarzen Bewusstseins von einem Minderwertigkeitskomplex[50] und „dem Schwarzen wie dem Weißen eine gesunde Begegnung zu ermöglichen".[51] Rassismus kann eben nicht „funktionalistisch als (imperiales) Unterdrückungsinstrument oder als individuell moralisches Problem"[52] begriffen werden.

Stattdessen arbeitet die antirassistische Praxis unentwegt daran, „Rassen" konzeptuell in „Täter" und „Opfer" zu segregieren und im Sinne eines Freund/Feind-Schemas gegenüberzustellen und so aufrechtzuerhalten. Kulturen und Religionen werden, ganz wie im Ethnopluralismus rechter Provenienz, als etwas Schützenswertes begriffen, die es vor dem Zugriff „westlicher Säkularisierung" zu bewahren gelte.[53] Auch hier wird die radikal-relativistische Haltung sichtbar, die verschiedene „Narrative" einfach nebeneinander stehen lassen möchte, und Überschneidungen zu anderen reaktionären Denkformen werden deutlich. Philippe Witzmann und Thomas Maul schreiben dazu:

> „Die schwarze Haut soll ein Sprechort sein, eine Perspektive bzw. Situiertheit repräsentieren, die in antirassistischen Belangen (und darüber hinaus) allein schon Wahrheit verbürgt. Statt auf Integration und Verbrüderung mit Weißen setzte beispielsweise schon Marcus Garvey – Inspirator für die spätere ‚Nation of Islam' und mit Malcolm X dann auch für die Black-Power-Bewegung – in den zwanziger Jahren auf Segregation und eine Kooperation mit dem Ku-Klux-Klan. Im Ergebnis wird heute nicht

> nur allen Weißen misstraut, die sich noch nicht zum kritischen Weißsein durchgerungen haben, sondern allem vorgeblich Weißen: der Logik etwa, und erst recht der Vernunft."[54]

In genderfeministischen Kreisen wird so getan, als wären die Positionen Eske Wollrads extrem, weswegen auf moderatere – und akademisch professioneller auftretende – Stimmen wie Ina Kerner verwiesen wird, die als Musterbeispiel für die angebliche Wissenschaftlichkeit der CW-Forschung dient. In ihrem Aufsatz „Critical Whiteness Studies: Potentiale und Grenzen eines wissenspolitischen Projekts", der 2013 in den *feministischen studien* erschien, versucht sich die Politikwissenschaftlerin auch an einer Kritik an Koryphäen wie eben Wollrad. Dabei stellt sie das grundsätzliche Konzept dieser Theorie jedoch nicht infrage: Auch bei Kerner bleiben „*die* Schwarzen" pauschal Opfer, „*die* Weißen" pauschal Täter. Ihr Einwand besteht lediglich darin zu behaupten, dass eine „Selbstgeißelung" von Weißen nicht ausreiche, um Rassismus zu bekämpfen, sondern dass ein gesellschaftlicher Wandel auch Institutionen und „Repräsentatiosmuster" sowie „individuelle Einstellungen" umfassen müsse.[55] Sie begreift nicht, dass ein fundamentales Problem der Critical-Whiteness-Studien darin besteht, dass diese nicht objektiv sind, weil sie eine politische Agenda verfolgen, was sich mit Wissenschaftlichkeit im Sinne der Wahrheitsfindung nicht vereinbaren lässt.

No true Scotsman – no true black woman

Diese Vorstellung rassischer Reinheit ist der Grund, weshalb migrantische Feministinnen wie Mina Ahadi, Necla Kelek und Ayaan Hirsi Ali, die den Islam und die misogynen Ausprägungen arabischer Kultur kritisieren, aus Gender-Studies-Kreisen so viel negative Aufmerksamkeit erhalten und Frauenrechtsorganisationen mit universalistischem Anspruch wie Terre des Femmes selbst in linken Medien als „rechte Helfershelfer" bzw. „Helfershelfer der AfD"[56] diffamiert werden. Allen voran verweigert sich besonders die *taz* der Religionskritik. So ließ die Zeitung einmal die genderfeministische Pädagogikprofessorin Birgit Rommelspacher die Aufklärung verunglimpfen: der Säkularismus habe „mit der Biologisierung der Geschlechterunterschiede die Grundlage für tief greifende Formen der Frauenunterdrückung gelegt", zudem habe die (verächtlich in Anführungszeichen gesetzte) „aufgeklärte" Wissenschaft doch nur die „Erfindung des physiologischen Schwachsinns des Weibes ebenso wie die Hierarchisierung von Menschen mithilfe ihrer Hautpigmentierung" zur Folge gehabt.[57] Als politische Abhilfe für diesen angeblichen Nachlass der Aufklärung müssten weiße Individuen von einer Critical-Whiteness-Trainerin gecoacht werden, um sich ihres „inneren Rassismus" bewusst zu werden.[58]

Der Antirassismus ist längst in unterschiedliche Rackets zerfallen. Doch egal, ob es sich dabei um intersektionale oder queere (usw.) Aktivisten handelt: Sie alle eint ihr gegenaufklärerisches Bemühen, ihre wissenschaftsfeindlichen Züge, ihr Sympathisieren mit dem Islam, das Konzept der „Definitionsmacht", das Schwarz/*weiß*-Denken bezüglich des Rassismus und einiges Antiemanzipatorisches mehr. Freilich wird vom Gros der Rezipienten gar nicht begriffen, wessen Geistes Kind sie eigentlich sind. So wird sich regelmäßig über den Rassismus Immanuel Kants echauffiert[59], ohne aber jemals die politischen Vorväter des Poststrukturalismus kritisch zu reflektieren, zu denen bekanntlich ausgemachte Nationalsozialisten wie Carl Schmitt und Martin Heidegger zählen[60], oder sich gar mit Michel Foucaults Begeisterung für die Islamische Revolution, mit dem PLO-Enthusiasmus von Gilles Deleuze und anderen politisch reaktionären Bekundungen auseinanderzusetzen, die sich in der eigenen Theorietradition finden und die darauf hinweisen, dass Judith Butlers notorische Bemerkung, Hamas und Hisbollah seien „Teil der globalen Linken", alles andere als zufällig war. Kaum verwunderlich also, dass Paula-Irene Villa die 2017 in der *EMMA* veröffentlichte Kritik von Vojin Saša Vukadinović am desolaten Zustand der Gender Studies nicht begreift, da sie in ihrer Antwort AutorInnen und Akteure genau dieses Spektrums auflistet.[61]

Auch der *Freitag* reihte sich 2013 in die Diffamierung migrantischer Feministinnen ein. Tahir Chaudhry unterstrich dort eindrucksvoll, dass ihm die Emanzipation der Frau eindeutig zu weit gegangen sei – hatte es Necla Kelek doch tatsächlich gewagt, sich in einem *Welt*-Artikel gegen die Verschleierung von Kindern auszusprechen. Der Nachwuchsjournalist und Blogger folgerte daraus, „dass Kelek nicht weniger fanatisch ist als radikale Islamisten, die jeder abweichenden Meinung gegenüber taub sind. Zu sagen, dass man(n) die Frau zum Kopftuch zwingt, ist das Produkt eines gefährlichen Klischeedenkens, das aus der Basis eines pervertierten Verstandes, infolge von persönlichen Traumata ihres Elternhauses, entspringt".[62] Für Chaudhry sind die Opfer des (politischen) Islam eben bedauerliche Einzelfälle; patriarchale, regressive Strukturen leugnet er. Und eine Frau, die sich gegen die Degradierung von Frauen- und Kinderkörpern zu Sexobjekten ausspricht, ist für ihn mit folternden und mordenden Terroristen gleichzusetzen. Dass er Kelek abnormes Denken attestiert, ist eher Zeugnis seines eigenen „pervertierten Verstandes": Eine Religion ist für ihn schützenswerter als Individuen. Muslime und Islam identifiziert er vollkommen miteinander.[63]

Auch ein 2006 veröffentlichter Kommentar von Ulrike Hermann über Ayaan Hirsi Ali reihte sich in die Treibjagd auf diejenigen ein, die dem antirassistischem „Narrativ" widersprechen. Schadenfroh, herablassend und journalistisch unsauber eröffnete die *taz*-Journalistin kurz auf die Nachricht folgend, dass die islamkritische Frauenrechtlerin aus den Niederlanden ausgewiesen wurde, dass man sie – die von Hermann schamlos die „Frau der weißen Männer" Genannte – nicht mehr „als Kronzeugin gegen den Islam" bräuchte. Was die tatsächlichen Vorwürfe waren, verschwieg die Autorin. Die lauteten nämlich wie folgt: Die bekannte Ex-Moslemin hatte gegenüber den niederländischen Behörden ihren richtigen Namen und ihr wahres Alter verschwiegen. Auch war sie nicht direkt aus dem somalischen Bürgerkrieg geflohen, sondern hatte zuvor zwölf Jahre lang als anerkannter Flüchtling in Kenia gelebt. Diese Vorwürfe sind zutreffend, waren aber vom Beginn der politischen Karriere Hirsi Alis bekannt – sie selbst hatte die „Lügen" publik gemacht. Sie stellten bis zur Einbürgerung auch keine Probleme dar. Erst dann wendete sich die politisch Rechte, die Hirsi Ali zuvor in ihrer Kritik gegen den Islam unterstützte, gegen sie, was allemal ein Beweis dafür ist, dass die vorgeschobene Islamkritik als reines Feigenblatt begriffen werden kann.[64] All die geschlechterpolitischen Belange, die Hirsi Ali immer wieder thematisiert hat – ihre Beschneidung und die Zwangsheirat, der sie sich widersetzte – waren jedoch keine „Lügen", wie Hermann wahrheitswidrig behauptete. Dass die Politikerin 2005, nach der Ermordung ihres engen Freundes Theo van Gogh durch einen islamistischen Fanatiker, ebenfalls Morddrohungen erhielt und deswegen unter Polizeischutz gestellt wurde, sind harte, traurige Fakten. Hermann stellt diese jedoch auf den Kopf und behauptet, nach der Ausweisung sei bestätigt worden, „dass Hirsi Ali nicht den realen Islam beschrieb, sondern ihre Fiktion für die Einwanderungsbehörde: Weil sie angeblich von ihrem Vater zur Heirat mit einem Verwandten gedrängt wurde, war es für Hirsi Ali nur konsequent, die Zwangsehe zum muslimischen Massenphänomen zu erheben".[65] Diese Behauptung ist nicht nur falsch – sie ist vor allem niederträchtig. Als „Quelle", dass das mit der Zwangsheirat ja auch eine Lüge gewesen sei, dient Hermann ein „Video-Chat" mit Hirsi Alis Verwandten: Denjenigen also, die sie zwangsverheiraten wollten. Der ideologische Wahn, dem Hermann aufsaß, kann als unmittelbares Ergebnis des Critical-Whiteness-Einflusses erklärt werden. Ähnlich argumentieren auch die Genderforscherinnen Christina von Braun und Bettina Mathes. In ihrer kulturrelativistischen Islam-Apologie *Verschleierte Wirklichkeit* heißt es, dass die falschen Angaben Hirsi Alis Asylantrags „symptomatisch für ihre seither eingenommenen Positionen" seien – „andererseits erzählt das auch von den Erwartungen der europäischen Gesellschaft an Migrantinnen aus islamischen Ländern".[66]

Ein weiterer in diesem Geiste verfasste *taz*-Artikel, 2008 von Daniel Bax veröffentlicht, nahm die Islamkritikerin Mina Ahadi unter dem Titel „Die Glaubenskriegerin" ins Visier. In auffällig herablassenden Tonfall – „Wann immer es um den Islam geht, bekommt die Stimme der kleinen, sonst so freundlich blickendenden Frau etwas Stählernes" – zeichnete er ein martialisches Bild von der Exil-Iranerin.[67] Er bezichtigte die „radikale Atheistin" der Hetzerei gegen den Islam, was ihm zufolge – und diese Gleichsetzung fand sich bereits bei Chaudhry – mindestens genauso schlimm sei, wie Jihadist zu sein. Damit nicht genug, wurde Ahadis Einsatz gegen eine 2000 in Berlin gehaltene Konferenz der Heinrich-Böll-Stiftung, zu der treue Anhänger des von 1997 bis 2001 regierenden iranischen Präsidenten Mohammad Chatami eingeladen worden waren, als Zeichen dafür ausgelegt, dass sie eine „stalinistische Hardlinerin" sei, die „eine ganze Religionsgemeinschaft diffamiert" – und zwar deshalb, weil sie sich kritisch über den Einfluss der Mullahs geäußert hatte, der durch den nur verhältnismäßig moderaten Chatami keineswegs geschmälert worden war: An der religiösen Vorherrschaft im Iran dachte auch dieser nicht zu rütteln. Erschwerend kam hinzu, dass sich auf jener Konferenz Mitarbeiter des iranischen Geheimdienstes befanden. Neben den Chatami-Anhängern waren auch oppositionelle Säkulare eingeladen worden, die nach der Rückkehr in den Iran verhaftet und zu langjährigen Strafen verurteilt wurden. Statt anzuerkennen, dass Ahadi vollkommen zu recht protestiert hatte, weil Verhaftungen von Oppositionellen und von Religionskritikern nur in einem Regime möglich sind, das Meinungsfreiheit nicht kennt, machte Bax sie für diese Freiheitsberaubungen und Repressalien mitverantwortlich – eine Sophisterei sondergleichen. Des Weiteren wies der *taz*-Autor darauf hin, dass Ahadi sich gegen die Steinigung sogenannter „Ehebrecherinnen" einsetzt, die im Iran „hin und wieder vorkommt", wie er förmlich einräumt – so, als wäre ihr Engagement für Frauenrechte eigentlich nicht der Mühe und die Opfer dieser barbarischen Praxis nicht der Rede wert. Zum Schluss betonte Bax noch, dass Ahadi wegen zahlreicher Morddrohungen Vorträge nur unter Polizeischutz halten könne. Er stellte das als selbstverschuldet dar, da sich die Islamkritikerin „[m]it ihren harschen Ansichten" eben „viele Feinde gemacht" habe.

Empathie und Solidarität von Antirassisten hören da auf, wo Individuen nicht dem „Narrativ des bösen Westens" frönen und stattdessen selbstbewusst vermeintlich „marginalisierte

Kulturen" kritisieren. Ähnlich schrieb die Bloggerin Hannah C. Rosenblatt 2015 auf *Mädchenmannschaft*, dass sie „kein Verständnis für ‚Religionskritik' von Personen" habe, „die nicht der kritisierten Religion angehören".[68] Demnach seien es westliche Säkulare, von denen Antisemitismus ausginge, während islamische Judenfeindschaft als Phänomen genauso wie der weitverbreitete Hass auf Schwule in dieser migrantischen Community ausgeblendet werden. Jeder, der dies an- oder ausspricht, gilt diesem Denken zufolge bereits als „Rassist". Als Rosa von Praunheim *Missy*-Redakteurin Hengameh Yaghoobifarah anfragte, ob sie an seinem Dokumentarfilm *Überleben in Neukölln* mitwirken wolle, kommentierte diese auf *Mädchenmannschaft*:

> „Ich schlage vor: Überleben in Charlottenburg. Überleben im cis-normativen, kapitalistischen, white supremacist Heteropatriarchat. Überleben in Deutschland. Wenn ich einen rassistischen Blick auf Neukölln sehen will, kann ich auch Buschkowski oder Sarrazin lesen, da braucht Rosa von Praunheim, der sich offenbar noch nie mit seinem weißen Privileg auseinandergesetzt hat, keine weitere Dokumentation drehen."[69]

Islamischen Antisemitismus zu thematisieren heißt nicht zu behaupten, dass alle (selbstbekennenden oder zugeschriebenen) Muslime Vernichtungsfantasien gegen Juden oder den Staat Israel hegen. Sie werden durch die Thematisierung eines evidenten Problems nicht zwangsläufig in Sippenhaft genommen, wie linke Islamapologeten wie Herrmann, Bax, Rosenblatt und Yaghoobifarah unterstellen. Umgekehrt werden von diesem Spektrum jedoch alle zu Rassisten erklärt, die „*weiß*" sind und nicht im Sinne der Critical-Whiteness-Studien die „eigenen Privilegien checken". Wer „nicht-*weiß*" ist und gängigen Denkschemen eines Antirassismus widerspricht, verursacht kognitive Dissonanz. Dieser wird Abhilfe geschaffen, indem Frauen wie Mina Ahadi, Necla Kelek oder Ayaan Hirsi Ali als „Kronzeuginnen der sexuellen Unterdrückung von Frauen durch den Islam und den muslimischen Mann"[70] diffamiert oder schlicht zu *Token* erklärt werden – zu Ausnahmen also, die den „Weißen" aus Karrieregründen oder aus Selbsthass nach dem Mund redeten. Oder es wird ihnen, in letzter Konsequenz, ihr „Schwarzsein" (und „Frausein") aberkannt. Sie seien demnach einfach keine *richtigen* Schwarzen oder keine *richtigen* Frauen. Die antizionistische Mitorganisatorin des US-amerikanischen *Women's March*, Linda Sarsour, wünschte sich auf Twitter einmal wortwörtlich, Hirsi Ali die Vagina wegzunehmen.[71]

Es geht nicht um den Beweis, dass der „linke Antirassismus" das „eigentliche Problem" vor dem Rechtsradikalismus ist. Vielmehr muss eine politische Analyse der Gegenwart aufzeigen, wo und warum sich rassistische und antirassistische Gedankengänge überschneiden. Rassismus ist weiterhin ein zu bekämpfendes, gesellschaftliches Problem. Ein Antirassismus jedoch, der Theorien wie Critical Whiteness hervorbringt und wie im Falle von Butlers Erben Worte mit Taten verwechselt, kann gesellschaftliche Missstände nicht bekämpfen: weil er nicht nur nicht weiß, was Rassismus ist, sondern im Gegenteil selbst rassistischen Trugschlüssen anhängt. Dies allein ist keine neue Erkenntnis. Angesichts der mittlerweile endemischen reflexiven Mankos und der an den Universitäten kaum zu vernehmenden Kritik an diesen Fehlentwicklungen muss aber explizit hieran erinnert werden. Detlev Claussen wies schon 1994 in *Was heißt Rassismus?* auf diese Problematik hin, stieß damit aber in der Linken offenkundig auf taube Ohren:

> „Nicht die Kenntnis über den Rassismus ist gewachsen, sondern Moralisierungstechniken werden im gesellschaftlichen, nicht nur akademischen, Verteilungskampf benützt. Zum Teil berechtige Kritik an gesellschaftlichen Missständen, Benachteiligungen und Diskriminierungen werden von intellektuellen Opinionleadern moralisch-propagandistisch einer Öffentlichkeit verkauft, die idiosynkratisch auf politische Reizwörter wie Rassismus und Diskriminierung anspringt."[72]

Anmerkungen

1 Eske Wollrad, *Weißsein im Widerspruch. Feministische Perspektiven auf Rassismus, Kultur und Religion*, Königstein/Taunus 2005, S. 24.

2 Siehe ebd., S. 192ff., für regelrechte Listen, an denen sich abgearbeitet werden soll.

3 Edward Said, *Orientalismus*, Frankfurt am Main 2009 [zunächst New York 1978]; Judith Butler, *Am Scheideweg. Judentum und die Kritik am Zionismus*, Frankfurt am Main/New York 2013, S. 41-69.

4 Eske Wollrad, *Weißsein im Widerspruch*, S. 25 (Hervorhebung im Original).

5 Vgl. ebd., S. 31.

6 Butler selbst positioniert sich zum Thema Rassismus in einem Interview, das im Januar 2015 geführt und zwei Jahre später in Buchform erneut veröffentlicht wurde, wie folgt: „Whiteness is less a property of the skin than a social power reproducing its dominance in both explicit and implicit ways. When whiteness is a practice of superiority over minorities, it monopolizes the power of destroying or demeaning bodies of color." Zitiert nach George Yancy, *On Race. 34 Conversations in a Time of Crisis*, Oxford 2017, S. 53-60, hier: S. 58.

7 Albert Memmi, „Rassismus", in: Detlev Claussen (Hg.), *Was heißt Rassismus?*, Hamburg 1994, S. 203-222, hier: S. 217.

8 Siehe Eske Wollrad, *Weißsein im Widerspruch*, S. 34.

9 Vgl. Egon Flaig, *Weltgeschichte der Sklaverei*, München 2009. Eine Historikerin hat Flaigs Formulierung „islamische Sklaverei" als ahistorisch auszuweisen versucht und moniert, dass in seiner Darstellung „die transatlantische Sklaverei niemals als ‚christliche Sklaverei' bezeichnet" werde. Damit verkennt sie, dass der Menschenhandel nach Nordamerika jahrhundertelang *trotz* Christentum gerechtfertigt wurde, der innerafrikanische bzw. auf die arabische Halbinsel gehende aber *mit* dem Islam legitimiert worden ist und bisweilen auch heute noch wird. So kann die einzige von ihr als Korrektiv entgegengehaltene Studie über innerislamische Versuche des Abolitionismus nur nachweisen, dass solche Vorstöße aus minoritären Traditionen wie etwa den Sufi-Strömungen kamen, nicht aber aus der dominanten Theologie oder aus der übrigen Herrschaftssphäre. Vgl. Ulrike Schmieder, *Nach der Sklaverei. Martinique und Kuba im Vergleich*, zweite Auflage, Berlin 2014, S. 31, sowie William Gervase Clarence-Smith, *Islam and the Abolition of Slavery*, Oxford 2006.

10 Der Titel ihrer Doktorarbeit war zunächst *Rassismus als Metapher. Frauenbewegung im postkolonialen Frankreich*, vgl. https://www.zifg.tu-berlin.de/menue/team/aline_oloff/curriculum_vitae/ (letzter Abruf: 06.07.2018).

11 Aline Oloff, *Die Sprache der Befreiung. Frauenbewegung im postkolonialen Frankreich*, Bielefeld 2018, S. 54.

12 „Transitioning" bedeutet nicht, einen z. B. weiblichen Körper in einen männlichen Körper zu „verwandeln", sondern lediglich, diesem Körper den Anschein (!) eines männlichen Körpers zu verpassen.
13 Detlev Claussen, *Was heißt Rassismus?*, S. 20.
14 Vgl. Judith Butler, *Das Unbehagen der Geschlechter*, S. 209.
15 Eske Wollrad, *Weißsein im Widerspruch*, S. 38f.
16 Detlev Claussen, *Was heißt Rassismus?*, S. 8.
17 Vgl. etwa Aline Oloff, *Die Sprache der Befreiung*, S. 53.
18 Ebd.
19 Meint: die Diskriminierung einer augenscheinlich bevorteilten Gruppe zugunsten einer als benachteiligt eingeschätzten Gruppe, z. B. Rassismus gegen Weiße.
20 Eske Wollrad, *Weißsein im Widerspruch*, S. 52.
21 Ebd., S. 52.
22 Ebd., S. 68.
23 Ebd., S. 78.
24 Vgl. Detlev Claussen, *Was heißt Rassismus?*, S. 5.
25 Heinrich Hoffmann, *Der Struwwelpeter*, Klosterneuburg 2003.
26 Eske Wollrad, *Weißsein im Widerspruch*, S. 78.
27 Vgl. ebd., S. 82f.
28 Ebd., S. 102ff.
29 Ebd., S. 103.
30 Ebd., S. 107.
31 Albert Memmi, „Rassismus", S. 209.
32 Eske Wollrad, *Weißsein im Widerspruch*, S. 108ff.
33 Ebd., S. 110.
34 Ebd.
35 Ebd., S. 117.
36 Ebd., S. 53.
37 Zitiert nach Stephan Grigat, *Fetisch und Freiheit, Über die Rezeption der Marxschen Fetischkritik, die Emanzipation von Staat und Kapital und die Kritik des Antisemitismus*, Freiburg 2008, S. 341. Siehe dazu auch Detlev Claussen, *Was heißt Rassismus?*, S. 174.
38 Vgl. Aline Oloff, *Die Sprache der Befreiung*, S. 58.
39 Judith Butler, *Körper von Gewicht*, S. 174.
40 Detlev Claussen, *Was heißt Rassismus?*, S. 17.
41 Vgl. Stephan Grigat, *Fetisch und Freiheit*, S. 307f.
42 Stephan Grigat, *Fetisch und Freiheit*, S. 308.
43 Detlev Claussen, *Was heißt Rassismus?*, S. 23f (Hervorhebung im Original).
44 Stephan Grigat, *Fetisch und Freiheit*, S. 309. Allzu oft wird behauptet, dass diese Analyse nicht den Rassismus der Vormoderne erklären könne. Das mag zutreffen, schmälert aber mitnichten den Erkenntnisgewinn über die Ursachen und Formen eines Rassismus, der sich im Zuge der Moderne etabliert hat (vgl. dazu ebd., S. 309f).
45 Vgl. ebd., 313f.

46 Vgl. ebd., S. 312. Siehe dazu auch Frantz Fanon, *Schwarze Haut, weiße Masken*, Frankfurt am Main 1985, S. 113.

47 Simone de Beauvoir, *Das andere Geschlecht. Sitte und Sexus der Frau*, Reinbek 2000, S. 20.

48 In Freud'scher Tradition und damit keineswegs aufklärerische Tendenzen verwerfend – ganz im Gegensatz zu den Vermutungen eines Antirassismus/einer Critical Whiteness, die sich gerne gleichermaßen auf Malcolm X wie auf Fanon berufen, ohne sich bewusst zu machen, was beide (theoretisch) ganz klar voneinander trennte. Siehe exemplarisch etwa Tina Adomako, „Hä? Was heißt denn People of Color?", https://missy-magazine.de/blog/2017/04/03/hae-was-heisst-denn-people-of-color (letzter Abruf: 30.06.2018).

49 Vgl. Frantz Fanon, *Schwarze Haut, weiße Masken*, S. 10.

50 Vgl. ebd., S. 24.

51 Ebd., S. 59.

52 Felix Perrefort, „Das neurotische Verhältnis zwischen Schwarzen und Weißen. Zur Verteidigung Frantz Fanons *Schwarze Haut, weiße Masken* gegen die Ideologie der Critical Whiteness", auf: *Kritiknetz*, 13.12.2016, https://www.kritiknetz.de/kritischetheorie/1364-das-neurotische-verhaeltnis-zwischen-schwarzen-und-weissen (letzter Abruf: 30.06.2018).

53 Vgl. Birgit Rommelspacher, „Ungebrochene Selbstidealisierung", in: *taz*, 05.04.2018.

54 Philippe Witzmann/Thomas Maul, „Plebejische Globalperspektive. Critical Whiteness als postmoderner Nazi-Zombie", in: *Bahamas*, Nr. 67, Herbst 2014, S. 6-10, hier: S. 7.

55 Ina Kerner, „Critical Whiteness Studies: Potentiale und Grenzen eines wissenspolitischen Projekts", in: *feministische studien*, Band 31, Heft 2, November 2013, S. 278-293, hier: S. 290.

56 Patricia Hecht, „Helfershelfer der AfD", in: *taz*, 05.04.2018.

57 Birgit Rommelspacher, „Ungebrochene Selbstidealisierung", in *taz*, 18.01.2010.

58 Vgl. Dominique Haensell, „Der böse, böse Essenzialismus", auf: *Missy-Blog*, 04.11.2016, https://missy-magazine.de/blog/2016/11/04/der-boese-boese-essenzialismus/ (letzter Abruf: 30.06.2018).

59 Vgl. Eske Wollrad, *Weißsein im Widerspruch*, S. 65.

60 Vgl. Alex Gruber, „Dekonstruktion und Regression. Poststrukturalismus als Masseverwalter Carl Schmitts und Martin Heideggers", in: ders./Philipp Lenhard (Hg.), *Gegenaufklärung. Der postmoderne Beitrag zur Barbarisierung der Gesellschaft*, durchgesehene Neuauflage, Freiburg 2014, S. 154-193.

61 Vgl. Paula-Irene Villa, „The Sargnagel talks back: Eine Replik auf die ‚EMMA', 2017, auf: https://missy-magazine.de/blog/2017/07/12/the-sargnagel-talks-back-eine-replik-auf-die-emma/ (letzter Abruf: 21.06.2018).

62 Tahir Chaudry, „Das Versagen der Necla Kelec – Die Entgegnung", auf: *Freitag Online*, 16.05.2013, https://www.freitag.de/autoren/tahir-

chaudhry/das-versagen-der-necla-kelek-die-entgegnung (letzter Abruf: 30.06.2018).

63 Siehe dazu Sama Maani, *Respektverweigerung. Warum wir fremde Kulturen nicht respektieren sollten. Und die eigene auch nicht*, Klagenfurt et al. 2015, S. 10.

64 Vgl. Karsten Polke-Majewski, „Hirsi Ali verlässt Holland“, 15.5.2006, auf: *ZEIT Online*, https://www.zeit.de/online/2006/20/niederlande_hirsi_ali_integration (letzter Abruf: 30.06.2018).

65 Ulrike Hermann, „Frau der weißen Männer“, in: *taz*, 17.05.2006.

66 Christina von Braun/Bettina Mathes, *Verschleierte Wirklichkeit. Die Frau, der Islam und der Westen*, Berlin 2017, S. 43.

67 Daniel Bax, „Die Glaubenskriegerin“, in: *taz* 29.05.2008. Nachfolgende Zitate ebd.

68 Hannah C. Rosenblatt, „Grund- und Machtbedürfnisse“, auf: *Mädchenmannschaft*, 25.09.2015, https://maedchenmannschaft.net/grund-und-machtbeduerfnisse-religion-und-gewalt (letzter Abruf: 30.06.2018).

69 Hengameh Yaghoobifarah, „Überleben in Neukölln“, auf: *Mädchenmannschaft*, 29.10.2015, https://maedchenmannschaft.net/ueberleben-in-neukoelln (letzter Abruf: 30.06.2018).

70 Gabriele Dietze, *Sexualpolitik. Verflechtungen von Race und Gender*, Frankfurt am Main 2017, S. 301.

71 Linda Sarsour, Tweet vom 08.11.2011.

72 Detlev Claussen, *Was heißt Rassismus?*, S. 8.

Sisterhood und Bruderhorde

Genderforscherinnen zur Kölner Silvesternacht

Veronica Szimpla

Nach der Kölner Silvesternacht 2015/2016 waren Debatten um Feminismus und Antirassismus wie noch nie zuvor in den Fokus der Öffentlichkeit gerückt. Nachdem das Ausmaß der Vorkommnisse zwischen Hauptbahnhof und Domplatte offensichtlich zunächst hatte vertuscht werden sollen, konnte es nach einigen Tagen medial nicht länger verschwiegen werden: Hunderte Frauen hatten von kollektiven sexuellen Übergriffen, von Raub, Diebstahl und Belästigung durch Männergruppen überwiegend nordafrikanischer Herkunft berichtet. Wochenlang beschäftigten diese in ihrer Ausprägung und Dimension präzedenzlosen Vorfälle die deutsche wie die internationale Medienlandschaft. Auch das Ministerium für Inneres und Kommunales des Landes Nordrhein-Westfalen räumte ein, dass eine solche Häufung von auf Frauen abzielenden Straftaten „in Deutschland bisher nicht aufgetreten" und von den bis dato bekannt gewordenen Antanzdelikten „deutlich zu unterscheiden" sei.[1] Medial wurde der Begriff der „Bruderhorde" angeführt, der junge, meist islamisch sozialisierte Männer meinte, die durch ihr aggressives und frauenfeindliches Verhalten in Gruppen auffielen.[2] Jedoch wurde eine solche Beurteilung der Verbrechen von einigen Instanzen schnell als „rassistisch" und als „populistisch" eingestuft, wenn die Herkunft der Täter thematisiert worden war, um über mögliche Verbindungen zwischen nicht-westlicher Sozialisierung und den Straftaten zu debattieren.

Linke und feministische PolitikerInnen und AktivistInnen wollten die Sichtweise der Einsatzkräfte nicht teilen: „diese

Form von Gewalt in Deutschland [ist] leider ein altes Phänomen", behauptete etwa die Grünen-Vorsitzende Claudia Roth.[3] Auch Vergleiche zu sexuellen Übergriffen bei Großereignissen wurden gezogen, die Autorin Margarete Stokowski etwa sprach in ihrer *SPON*-Kolumne davon, dass eine entsprechende Debatte „nach jedem verdammten Oktoberfest" hätte geführt werden müssen.[4] Dass das rechtskonservative Lager die Silvestervorfälle nutzte, um schnellere Abschiebungen oder eine restriktivere, fremdenfeindliche Einwanderungspolitik zu fordern, schien dessen linken Widersachern Grund genug zu sein, Hunderte sexuelle Übergriffe auf Frauen zugunsten einer antirassistischen Ideologie herunterzuspielen und unzulässig mit anders gearteten Taten gleichzusetzen.

Natürlich kann die Lösung zur Verhinderung solcher Übergriffen nicht einzig darin liegen, die Täter auszuweisen, weil das Problem damit in einen nicht-deutschen Justizbereich verlagert wird. Ebenso sind Abschiebungen aus menschenrechtlichen Gründen abzulehnen. Jedoch wurde die notwendige Debattenführung über männliche Gewalt im Allgemeinen wie auch über misogyne Gewalt durch islamisch sozialisierte Männer im Speziellen *ohne* einen rassistischen Unterton – ob von rechts oder links – durch die harte Frontenbildung im öffentlichen Diskurs vollständig verhindert. So auch durch die Schriften einiger deutscher Genderforscherinnen, bei denen der antirassistische Impetus dazu führt, die Opfer jener Übergriffe allein zu lassen.

Die Kölner Silvesternacht ist nachrangiges Thema des 2017 erschienenen „Essays" *Unterscheiden und herrschen* von Sabine Hark und Paula-Irene Villa, der – wie der Untertitel ankündigt – den *ambivalenten Verflechtungen von Rassismus, Sexismus und Feminismus in der Gegenwart* gewidmet ist.[5] Es handelt sich folglich nicht um eine wissenschaftliche Untersuchung, sondern um den Versuch, das Reden über die Taten gemäß genderfeministischer Prämissen zu analysieren, während die Beurteilung der Vorfälle als solche sekundär ist. Die Autorinnen beschreiben die medialen Schlagworte und erläutern die sich daraus entwickelnde gesamtgesellschaftliche Debatte. Sie beklagen eine rassistische, sexistische und fremdenfeindliche

Darstellung der Vorfälle, habe die Täterrepräsentation doch das Feindbild der gefährlichen Fremden hervorgebracht. Dies sei, so Hark und Villa, der Pfeiler einer „kolonialrassistischen Sicht", die aus „den Anderen" Wesen mache, die nicht in der Lage seien, sich selbst (sexuell) zu regieren – ganz im Gegensatz zu den augenscheinlich zivilisierten Europäern.[6] In *Unterscheiden und herrschen* werden zudem andere feministische Strömungen kritisiert, so etwa die bekannteste deutsche Frauenrechtlerin, Alice Schwarzer. Im selben Atemzug wird auch die „Feminismuskritikerin" Birgit Kelle erwähnt – und beide somit in relative Nähe zueinander gerückt.[7]

Hark und Villa bleiben in ihrer Abhandlung erschreckend unkonkret. Weder kommen die Opfer der Kölner Silvesternacht darin zu Wort – wenig überraschend handelt es sich bei diesen fast ausschließlich um Frauen –, noch können oder wollen sich die Genderforscherinnen sich mit den Motiven, dem Verhalten und den Hintergründen der Täter beschäftigen. Der Unwille beginnt bereits mit einer Begriffsverwirrung: Die Silvesternacht von Köln ist kein „Ereignis"[8] im Sinne einer Sportveranstaltung, sondern steht für ein schwerkriminelles Vorgehen, bei dem zahlreiche Frauen von Gruppen junger Männer gezielt und koordiniert sexuell belästigt, misshandelt und ausgeraubt wurden. Eine solche Abstraktion ist verharmlosend. Im „Essay" ist sie aber Programm: Dort firmiert der kollektive Übergriff wahlweise als „Signatur" und als „Chiffre", als „Ding von Belang" oder als „wirkmächtiges Emblem"[9] – aber nirgends als Verbrechen. Dessen ungeachtet sprechen Hark und Villa allgemein von einer „Freundschaft zur Welt", die „wir" in Europa pflegen sollten: Man dürfe beim Urteilen über solche Ausschreitungen nicht „versämtlichen", da nicht etwa die entsprechenden Taten, sondern das angeblich undifferenzierte Reden darüber „gewaltvoll" sein soll, weil es die Lebensumstände des Einzelnen nicht berücksichtige.[10] Die Herkunft, die kulturelle Sozialisation und die Motive der Täter sollen demnach bei der Aufarbeitung solcher Delikte nur eine ins unkenntlich differenzierte Rolle spielen. So darf man laut Hark und Villa zwar „(sexualisierte) Gewalt als solche benennen, [diese muss] gesellschaftlich geächtet und strafrechtlich sanktioniert werden"[11], doch im ganzen „Essay" wird nicht deutlich, wie die Kriminellen von Köln vorgingen und vor allem weshalb, welche Sozialisation sie erlebt haben oder ob nun wirklich ein islamisch geprägtes Patriarchat existiert und wie man als Gesellschaft in Europa damit verfahren soll. Auch eventuelle Gemeinsamkeiten der misogynen Prägung der Täter mit den hier vorherrschenden frauenfeindlichen Stereotypen werden nicht untersucht. Der „Essay" tritt also eher als moralische Mahnung auf und nicht wie eine ernsthafte feministische Auseinandersetzung, die helfen könnte, die Geschehnisse der Silvesternacht besser zu verstehen. Hark und Villa sprechen nur davon, den Feminismus zu „dekolonialisieren"[12] oder ihn gar einer antirassistischen Detox-Kur zu unterziehen – die abermals nicht analytisch, sondern eher moralisch ist. Denn dabei wird anderen Feministinnen vorgeworfen, im Diskurs um männliche Gewalt rechtspopulistisch und „islamophob" wie die AfD zu agieren, statt sich mit deren Standpunkten auseinanderzusetzen.

Beispielhaft wäre Alice Schwarzer zu nennen, die sich jahrelang auch dem Schutz marginalisierter Frauen gerade aus der islamischen Einflusssphäre gewidmet hat.[13] „Offen rassistisch zu sprechen, war nun nicht nur möglich, sondern im Namen der Verteidigung westlicher Werte, der Gleichheit der Geschlechter und des Schutzes unserer Frauen geradezu legitim geworden …"[14] – dieser Vorwurf Harks und Villas an Schwarzer und Co. bleibt unbelegt, da kein einziges rassistisches Zitat besagter Feministinnen genannt wird. Der „Essay" fungiert so mehr als Nebelkerze zugunsten der Täter denn als Analyse und bietet keinerlei Lösungsansätze, wie man derartige Vorfälle in Deutschland zukünftig verhindern kann. Ebenso versuchen die Autorinnen ihrer Publikation akademische Glaubhaftigkeit zu verschaffen, indem sie Judith Butler ein wenig gehaltvolles Geleitwort schreiben ließen. Bei Erscheinen bewarb der Verlag die Schrift unterstützend mit einem Kurzinterview mit den Autorinnen: „Mit wem würden Sie Ihr Buch am liebsten diskutieren?". Als Antwort nannten Hark und Villa ausgerechnet Seyran Ateş.[15] Da die Rechtsanwältin und Imamin aufgrund ihrer Tätigkeit und ihren Bemühungen um einen reformierten, modernen islamischen Glauben regelmäßig von Islamisten und anderen Extremisten mit dem Tode bedroht wird, dürfte sie sicherlich Wichtigeres zu tun haben, als diesen „Essay" zu diskutieren – zumal sie seit Jahren Anfeindungen aus dem genderfeministischen Lager erlebt, das sie regelmäßig vorführt, ohne bislang eine argumentative Widerlegung ihrer kritischen Postulate vorgelegt zu haben.

Unterscheiden und herrschen ist ein erschreckendes Beispiel dafür, was passiert, wenn sich ein von den Dogmen der Gender Studies geprägter Beitrag zu einer politischen Frage äußern will. Den Prämissen des Gender-Paradigmas treu ergeben, welches *gender* (Repräsentation) vor *sex* (Materie) favorisiert, befassen sich Hark und Villa nicht weiter mit dem körperlichen Leid, das in einer Nacht Hunderten Frauen offenbar gezielt zugefügt wurde, sondern einzig mit den Debatten darüber. Besonders kritikwürdig an diesem „Essay" ist deshalb die absolute Abwesenheit derjenigen, die am ehesten Auskunft über das Geschehen geben könnten: die Opfer jener Männergruppen. Im Feminismus, in dem die Lebenswelten von Frauen eine zentrale Rolle spielen müssen, muss neben einer klaren materialistischen Analyse gesamtgesellschaftlicher Verhältnisse, die Frauen betreffen, auch Platz für deren Stimmen sein – egal welcher Herkunft. Gerade bei einem so stark debattierten Vorfall wie der Kölner Silvesternacht wäre es von zentraler Bedeutung, ja unerlässlich, die Zeuginnen und Betroffenen zu hören, um die Taten anschließend hierüber zu bewerten. Ein Opfer beschreibt, wie sie unmittelbar nach Verlassen des Bahnhofsgebäudes in eine Gruppe von „so 30 Leute[n], alles junge Männer und Ausländer", geraten war:

> „Ich wurde direkt von den Männern angefasst, nicht nur von einem, sondern von vielen Männern. Diese Männer hatten ihre Hände überall an meinem Körper, das ging alles blitzschnell. Ich wurde im Schritt und an den Brüsten berührt. Und dies nicht nur so einfach berührt, sondern ziemlich heftig, so dass

dies auch wehtat. Ich habe hierbei auch Prellungen und blaue Flecken an den Beinen erlitten. Ich hatte zum Glück eine dicke Jacke an und wurde vermutlich hierdurch auch nicht am Oberkörper verletzt. […]

Es waren zu diesem Zeitpunkt so acht Männer an mir dran, einer oder mehrere hielten mich fest, ein anderer nahm die Geldbörse aus meiner Jacke und andere wiederum machten lachend Handyfotos und Videos. Ich hatte überhaupt keine Chance, meine Wertsachen zu retten. Ich bin dann auch auf einen von den Männern los und habe dessen Taschen durchsucht, um wieder an meine Wertsachen zu kommen. Aber ich hatte keine Chance, diese ganze Gruppe arbeitete zusammen. Ich hatte dann nur noch Wut und versuchte aus der Masse dieser Typen herauszukommen und schrie auch um Hilfe. Aber keiner half mir. […] Ich spürte dann, dass die Stimmung bei den Typen kippte. Zunächst haben diese Männer dies alles lachend durchgeführt, aber als sie Widerstand [bekamen] wurden sie aggressiver. Sogar einer drohte mir mit einer Flasche. […]

Es war für mich sexuell motiviert. Diese Typen schienen daran einfach nur Spaß zu haben und selbst als meine Wertsachen weg waren, gingen diese Bemühungen weiter. Es war für mich ganz klar, dass diese Männer mich sexuell berühren wollten. […]

Ich wurde von einem Jungen aus unserer Clique dort herausgeholt. Mit herausgeholt meine ich, dass diese ganzen Männer mich immer noch eingekesselt hatten. In diesem Moment hatte einer der Männer gerade eine Glasflasche erhoben und versucht mir diese auf den Kopf zu schlagen, was zum Glück misslang, da der Junge aus unserer Clique mich zuvor dort herausholte. Ich muss hier erwähnen, dass es meinen drei Freundinnen aus unserer Gruppe zeitgleich genauso erging. Alle Mädchen von uns

> wurden sexuell belästigt, beraubt wurden aber nur meine Freundin [...] und ich."[16]

Diese und zahlreiche ähnliche Aussagen von Frauen lassen sich in den behördlichen Stellungnahmen nachlesen; sie sind frei zugänglich. Es ist beachtlich, wenn der Polizei- und der Abschlussbericht des nordrhein-westfälischen Untersuchungsausschusses zur Kölner Silvesternacht mehr Zeuginnenberichte in der Analyse berücksichtigt als ein genderfeministischer „Essay", der dezidiert kein wissenschaftlicher Beitrag zur Aufarbeitung des vermeintlichen „Ereignisses" sein will. Die Gründe hierfür liegen auf der Hand: Wären diese Aussagen zitiert worden, hätten die Autorinnen sich dem konkreten Verhalten, den sozialen Hintergründen und den misogynen Motiven der Täter widmen müssen – und wären zwangsläufig in Erklärungsnot geraten, was ihre theoretischen Überzeugungen anbelangt.

Mit dieser Aporie sind die beiden Gender-Studies-Akademikerinnen nicht allein. In ihrer Abhandlung *Sexualpolitik* hat sich auch Gabriele Dietze der Silvesternacht angenommen; das entsprechende Kapitel trägt den auch hier bezeichnenden Titel „Das Ereignis Köln"[17]. Wie Hark und Villa euphemisiert diese Genderforscherin ebenfalls Hunderte kriminelle Taten an einem Ort und in einer Nacht zu einer Art diskursivem Event, dem sie anschließend ihre Aufmerksamkeit schenkt – nicht aber denjenigen, die dabei vergewaltigt, genötigt, drangsaliert und gedemütigt wurden. Die Auseinandersetzung scheint geradezu beseelt von besagtem „Ereignis": „Denn, um es provokant zu sagen, hätte es diesen Vorfall nicht gegeben, hätte er erfunden werden müssen."[18] Auch Dietze skandalisiert die mediale Debatte bezüglich der übergriffigen Handlungen der Männer als Ausdruck rechtskonservativer Politik, die die Forderung nach Abschiebungen hätte beschleunigen sollen, und bietet denjenigen, die das „Ereignis" über sich ergehen lassen mussten, nirgends auch nur die Spur wissenschaftlicher Solidarität an. Dabei kritisiert sie die für sie offensichtliche, allerdings nicht empirisch nachgewiesene Islamfeindlichkeit der Medien, worin sie eine Art Vorbau sieht, hinter dem sich eine einzige „rassistische Konstruktion" verberge.[19] Als Beispiel führt Dietze etwa das *Focus*-Titelbild der zweiten Januarwoche 2016 an, das ein weißes Mädchen mit dunklen Handabdrücken auf dem Körper zeigt.[20] Zwar stellt sie treffend fest, dass einige Presse-Beiträge (vor allem deutsche) Frauen moralisch zu schutzbedürftigen Objekten degradierten, die den Beistand eines europäischen Mannes benötigten. Trotzdem fehlt aber auch hier eine Analyse der Täterprofile und der Verbrechen. Der von der Genderforscherin in vermeintlich kritischer Absicht eingeführte Begriff des „Ethno-Sexismus" meint die negative Repräsentation junger, muslimischer Männer als übergriffige, sexuell geladene Täter – gleichsam ignorierend, dass genau diese Gruppe für ebenjene Übergriffe verantwortlich war. Andere Analyseversuche bezeichnet sie süffisant als „Sex-Mob-Narrative".[21] Dabei geht sie sogar so weit, die Kölner Silvesternacht als „im Ereigniskern leer"[22] zu bezeichnen. Dies erscheint angesichts Hunderter sexueller Übergriffe in dieser einen Nacht zynisch.

Wie Hark und Villa widmet sich auch Dietze lieber sogenannten „femonationalistischen" Scheinargumenten rechtspopulistischer Propaganda, statt feministische Lösungsansätze zu formulieren, und bestätigt damit ein weiteres Mal, dass der Genderfeminismus zu mehr als Repräsentationskritik nicht in der Lage ist. Diese wird in *Unterscheiden und herrschen* sogar noch als „Selbstzweck" verteidigt: „Dualistische Kontrastierungen" seien „zu entschlüsseln", heißt es dort, da dies eine „völlig legitime akademische Form" sei.[23] Damit laufen alle drei hier genannten Genderforscherinnen in die eigenhändig von ihnen ausgelegte Falle: Sie werfen ihren Gegnern eine Instrumentalisierung der Kölner Silvesternacht vor, wollen aber ihre Leser ebenfalls in eine bestimmte ideologische Richtung lenken. Verklausuliert geben sie dies sogar zu: Ihr Anliegen sei gar keine politische Analyse, sondern eine „selbstreflexive Positionierung"[24]; zudem fordert Hark wie so oft auch in dieser Schrift einen „antiimperialistischen Egalitarismus"[25] ein, dem das feministische Anliegen untergeordnet werden solle.

Durch solche Voreingenommenheit wird eine säkular oder laizistisch motivierte Religionskritik im Feuerbach'schen oder

Marx'schen Sinne, wie sie in der Linken einst weit verbreitet war, nahezu verunmöglicht. Meist beschränkt sich die Kritik linker AktivistInnen heute auf das westlich geprägte, in weiten Teilen Europas domestizierte Christentum und dessen dazugehörige Kirchen, die realpolitisch längst bedeutungslos geworden sind. Der sunnitische und schiitische Islam hingegen wird als relevanter Einflussfaktor in migrantischen Communitys meist reflexhaft verteidigt, da man Muslime – in einer selbst rassistischen Geste – zu einer bedrohten Minderheit mit wenig politischem Einfluss viktimisiert. AktivistInnen wie auch SozialwissenschaftlerInnen bedienen sich hierfür der unkritischen Übernahme von Kampfbegriffen wie „Islamophobie" und übersehen den Einfluss, den die zahlreichen islamischen Staaten wie Saudi-Arabien, der Iran, Marokko und Ägypten sowie deren religiösen Vereine und Oberhäupter auf die hier lebenden muslimischen Bevölkerungsgruppen haben. In den letzten Jahren geraten immer mehr islamische Vereine und Organisationen in den Fokus der Politik und des Verfassungsschutzes, da sie in ihren Einrichtungen und Moscheen junge Männer radikalisieren – nicht nur für Terrorganisationen wie den IS, sondern gerade in ihrer Haltung zu Frauenrechten. Der aktuell sehr dominante Genderfeminismus ignoriert diese Entwicklungen, weil sie nicht in das vorherrschende Dogma passen: eben weil sich diese akademische Strömung längst von der Frauenemanzipation verabschiedet hat, die ja das Glück der Einzelnen zum Ziel hatte, werden universalistische Werte abgelehnt und sich mit einer Affirmation der islamischen Ideologie begnügt. Dafür werden auch historisch rückblickend all jene Episoden aus der Geschichte der Frauenbewegung für „rassistisch" erklärt, die schon früh einen islamkritischen Standpunkt deutlich machten. So erwähnt Gabriele Dietze eine historische Episode, als die beiden radikalen Feministinnen der ersten Frauenbewegung, Anita Augspurg und Lida Gustava Heymann, 1926 Ägypten bereisten und mit lokalen Frauen ins Gespräch kamen. Sie gaben diesen direkt zu verstehen, den Schleier abzulegen und dies mit Protest zu verbinden – aus dem individuellen Akt also Politik zu machen. Dietze bezeichnet diese Aufforderung als Versagen

„des egalitären, anti-rassistischen Kompasses“, dem die beiden Feministinnen sonst verlässlich gefolgt seien.[26]

Natürlich haben alle drei Genderforscherinnen recht, wenn sie den Missbrauch der Frauenrechtsfrage durch rechtsgerichtete Medienorgane anprangern. Dieser Einwand verkommt jedoch zur reinen ideologischen Selbsterhaltung bzw. zur selbstgefälligen Distanzierungsgeste, wenn man das eigentliche Problem – die Gewalt an migrantischen *und* autochthonen Frauen durch Männer aus dem migrantischen und islamischen Spektrum – nicht benennen kann oder will. Sexismus und sexuelle Gewalt sind Herausforderungen, die gesellschaftlich einerseits hartnäckig verschwiegen, andererseits auf vielerlei Weisen skandalisiert und relativiert werden. Auch wenn Dietze sich von rechtsnationalen Stimmen zu differenzieren weiß, bildet sie doch gleichzeitig wie Hark und Villa eine argumentative Immunisierung für die Täter aus. In einem anderen Kapitel von *Sexualpolitik* nennt sie den CDU-Politiker Jens Spahn höhnisch „einen bekennenden Homosexuellen, der die vermutete Homophobie arabischer Männer fürchtet"[27] – seine berechtigte Angst vor religiös-patriarchalisch motivierter Gewalt gegen Schwule nimmt sie nicht ernst. Niemand sollte behaupten, dass sexuelle Gewalt, Homophobie und Sexismus ein Alleinstellungsmerkmal muslimischer Männer seien. Jedoch ist islamisch-patriarchale Gewalt gerade in einem feministischen Kontext auch als solche zu benennen und nicht einfach zugunsten einer antirassistischen Politik, die einem unterkomplexen Weltbild folgt, zu verschweigen.

Was ist also zu tun, wenn wir über die Silvesternacht Köln und über patriarchale Gewalt sprechen? Eine feministische Analyse männlicher Gewalt kann kulturspezifische Fragestellungen nicht auslassen und muss folglich eine religionskritische Perspektive einnehmen. Ohne klar zu benennen, dass den Handlungen am Bahnhof und auf der Domplatte eine ähnliche Dynamik wie den Massenvergewaltigungen am Tahrir-Platz[28] innewohnte, ist jeder Lösungsvorschlag zur zukünftigen Verhinderung solcher Vorfälle von vornherein zum Scheitern verurteilt. Hieran sind „Essays“ wie der von Hark und Villa ohnehin nicht interessiert: Ihr genderfeministischer Ansatz bleibt selbst an den Stellen schwammig und apologetisch, wo sich die Autorinnen gegen sexuelle Gewalt aussprechen. Natürlich muss man nicht auf rassistische Stereotype zurückgreifen, wenn man patriarchale Akte nicht-westlicher Herkunft kritisiert – aber nicht jede Kritik an islamischen Männern ist ein rassistischer Angriff auf solche. Dabei ist vor allem auf die Intention der Kritik zu achten. Man muss auch nicht von einer „Islamisierung des Abendlandes“ fantasieren, um zu erkennen, dass viele Männer aus islamisch geprägten Familien, Ländern und Traditionen mit einem patriarchalen Weltbild aufwachsen, in dem Frauen, ihre Körper und die damit verbundene Reproduktion einem Mann zur absoluten Verfügung stehen. Die Lösung zur Bekämpfung solch frauen- und homofeindlicher Ideologie liegt jedoch nicht in der Ausgrenzung und Abschiebung der Täter (vor allem dann, wenn dies eine Verletzung des Asylrechtes bedeuten würde), sondern in einer langwierigen gesellschaftspolitischen Auseinandersetzung mit dem spezifischen Weltbild besagter Männer, aus dem ihr übergriffiges Verhalten resultiert. Dieser Konflikt beinhaltet bei Gewalttätigkeit die Strafverfolgung, Resozialisierung und letztendlich Integration – und auch eine breit angelegte, sachliche und öffentliche Debatte hierüber. Ebenso muss eine religionskritische Position und Praxis in allen politischen Strömungen wieder hoffähig werden. Sie darf nicht das Exklusivmerkmal rechtspopulistischer Bewegungen sein, deren Religionskritik sich darauf beschränkt, eine fremdenfeindliche Stimmung anzufachen. Die Bekämpfung von radikal-islamischen Organisationen, die über staatliche Förderung Einfluss auf die Erziehung junger MuslimInnen nehmen können, darf ebenfalls nicht aus dem politischen Fokus geraten. Die Frage um Religion, Frauenbild und Integration muss als zusammenhängende benannt werden können, um eine wirkliche Debatte zu beginnen. Das langfristige Ziel muss die Verhinderung sexueller Gewalt gegen Frauen gleich welcher Herkunft sein.

In der folgenden Silvesternacht 2016/2017 hatte die Kölner Polizei – nach einer internen, intensiven Fehleranalyse der Vorfälle des Vorjahres – ein Lösungskonzept angewendet, das zu einer extremen Reduktion entsprechender Straftaten führte: Verdächtige (männliche) Tätergruppen wurden von der Teilnahme an den Feierlichkeiten teilweise ausgeschlossen bzw. eine Zulassung zum Festplatz diesen nur vereinzelt gestattet. Daraufhin kam der Vorwurf des *racial profiling* auf. Es ist bedauernswert, dass Gruppen überhaupt von öffentlichen Feierlichkeiten ausgeschlossen werden mussten. Jedoch kann man die Sicherheit und körperliche Unversehrtheit aller Frauen nicht einfach zu einem nachrangigen Grundrecht erklären, wenn von einer bestimmten Klientel Gefahr für diese ausgeht, nur um ein öffentliches Bild scheinbarer Toleranz zu wahren. Und Täterapologetik, wie sie von den vorgenannten genderfeministischen Schriften mindestens implizit betrieben wird, ist antifeministisch. Deswegen ist es auch nicht weiter verwunderlich, dass sich Villa 2017 öffentlich fragte, wieso sich die Gender Studies überhaupt mit der Frauenemanzipation befassen sollten.[29] Von der geteilten weiblichen Unterdrückungserfahrung und deren gemeinsamer Bekämpfung (*sisterhood*) bleibt bei einem solchen Denkansatz nicht viel übrig. Dies mündet zwangsläufig in einer mangelnden Solidarität mit den Opfern der Kölner Silvesternacht.

Anmerkungen

1 Ministerium für Inneres und Kommunales des Landes Nordrhein-Westfalen (Hg.), *Bericht des Ministeriums für Inneres und Kommunales über die Übergriffe am Hauptbahnhof Köln in der Silvesternacht*, Düsseldorf 2016, S. 15.

2 Vgl. etwa Paulette Gensler, „Und es hat doch mit dem Islam zu tun“, in: *Jungle World*, Nr. 5/2016, 04.02.2016.

3 Zitiert nach o.A., „Das sagt Claudia Roth zu den sexuellen Übergriffen in Köln“, auf: *Augsburger Allgemeine online*, 08.01.2016, https://www.augsburger-allgemeine.de/politik/Das-sagt-Claudia-Roth-zu-den-sexuellen-Uebergriffen-in-Koeln-id36526517.html (letzter Aufruf 08.07.2018).

4 Margarete Stokowski, „Des Rudels Kern“, auf: *SPIEGEL ONLINE*, 07.01.2016, http://www.spiegel.de/kultur/gesellschaft/margarete-stokowski-ueber-sexualisierte-gewalt-a-1070905.html (letzter Abruf: 23.06.2018).

5 Sabine Hark/Paula-Irene Villa, *Unterscheiden und herrschen. Ein Essay zu den ambivalenten Verflechtungen von Rassismus, Sexismus und Feminismus der Gegenwart*, Bielefeld 2017.
6 Ebd., S. 41.
7 Vgl. ebd., S. 77.
8 Ebd., S. 18.
9 Ebd., S. 9, S. 36 und S. 46.
10 Ebd., S. 17 und S. 49.
11 Ebd., S. 94.
12 Ebd., S. 96.
13 Vgl. Alice Schwarzer, *Meine algerische Familie*, Köln 2018.
14 Sabine Hark/Paula-Irene Villa, *Unterscheiden und herrschen*, S. 46.
15 https://www.transcript-verlag.de/978-3-8376-3653-6/unterscheiden-und-herrschen/ (letzter Abruf: 08.02.2018).
16 Zitiert nach Landtag Nordrhein-Westfalen (Hg.), *Schlussbericht des Parlamentarischen Untersuchungsausschusses IV (betreffend der Geschehnisse in der Silvesternacht in Köln)*, Düsseldorf 2017, S. 271.
17 Gabriele Dietze, *Sexualpolitik. Verflechtungen von Race und Gender*, Frankfurt am Main 2017, S. 279-300.
18 Ebd., S. 296.
19 Ebd., S. 283.
20 Ebd., S. 283-285.
21 Ebd., S. 292.
22 Ebd., S. 279.
23 Ebd., S. 24.
24 Ebd., S. 25.
25 Ebd., S. 97.
26 Gabriele Dietze, *Sexualpolitik*, S. 84.
27 Ebd., S. 301.
28 Vgl. Markus Bickel, „Die Wiederholungstäter vom Tahrir-Platz", auf: *FAZ.net*, 10.06.2014, http://www.faz.net/aktuell/politik/ausland/afrika/vergewaltigungen-in-aegypten-die-wiederholungstaeter-vom-tahrir-platz-12981479.html (letzter Abruf: 08.07.2018).
29 Paula-Irene Villa, „The Sargnagel talks back: Eine Replik auf die ‚EMMA'", 12.07.2017, auf: https://missy-magazine.de/blog/2017/07/12/the-sargnagel-talks-back-eine-replik-auf-die-emma/ (letzter Abruf: 08.07.2018).

Kulturalismus

Kulturrelativismus, Rassismus von links und die Sehnsucht nach dem Anderen

„Freiheit ist weder westlich noch östlich, sondern universal“

Fathiyeh Naghibzadeh

Zwei tief verschleierte Frauen stehen vor zwei Gebäuden – das eine ein Gefängnis, das andere ein fensterloses „Heim der muslimischen Frau“. Die eine zeigt auf das Zuchthaus und ruft aus: „Schwester, sieh, wie glücklich sie sind: Sie haben Fenster …“

Handelt es sich hier um einen Cartoon aus dem als „islamophob“ geschmähten französischen Magazin *Charlie Hebdo*? Oder gar um rechte Hetze gegen Muslime? Keineswegs. Diese Zeichnung erschien vor mehr als einhundert Jahren in dem iranisch-aserbaidschanischen Satiremagazin *Molla Nasreddin*, einem der wichtigsten Dokumente der demokratisch-konstitutionellen Revolution im Iran zu Beginn des zwanzigsten Jahrhunderts.[1] Folgten wir den Koordinaten der Debatten um „Orientalismus“, „Islamophobie“ und „Rassismus“ der letzten Jahrzehnte, dürfte es eine solche Karikatur eigentlich gar nicht geben. Sie erscheint innerhalb dieser Paradigmen als Widerspruch in sich: Wie können Menschen aus dem Orient es wagen, sich so vor dem sogenannten „westlichen Blick“ zu entblößen und „ihre Kultur“ zu beschimpfen und zu verraten?

Vielleicht ist der Abstand von einem Jahrhundert nicht genug, um dem Verdacht der Kollaboration mit westlichem Imperialismus und Kolonialismus zu entgehen. Zwar haben die Macher von *Molla Nasreddin* die europäische und die russische Kolonialpolitik ebenfalls aufs Korn genommen, aber eben auf Augenhöhe mit den damals auch im Westen geführten Auseinandersetzungen um „Fortschritt“ und „Reaktion“. Nehmen wir also für einen Moment an, auch die antiklerikalen Spötter aus dem Kaukasus seien nur frühe Propagandisten des westlichen Eurozentrismus gewesen – was sollen wir dann von Dichtern aus dem Orient wie Omar Khayyam (1048-1131), Ubeid Zakani (1300-1371) und anderen halten, die auf die eine oder andere Weise Kritik an „ihrer" Kultur und vor allem Religion übten? Was von einem Denker wie Al-Razi (865-925), der die Philosophie über die Religion stellte?

Würde man den Islam aus der obigen Beschreibung streichen, dann würde die ganze Problematik unverständlich. Es ist heute kein Karriererisiko, das Christentum zu kritisieren, und in Europa ist es natürlich erlaubt, die Gedanken der Aufklärung gegen diese Religion an sich ins Feld zu führen. Als ich vor gut 15 Jahren mein Studium der Gender Studies an der Humboldt-Universität zu Berlin begann, erschien mir die Sache ganz einfach: Ich verstand das Fach als Wissenschaft vom Geschlechterverhältnis und hoffte auf theoretische Instrumente, um Erkenntnis darüber zu erlangen, was uns Frauen unter der Herrschaft der Islamischen Republik widerfahren war.

Eine solche Erwartung an einen akademischen Zweig, den ich damals in der weiteren Sphäre des Feminismus verortete, erschien mir naheliegend. Exil-Iranerinnen waren in den 1980er und 1990er Jahren in Organisationen wie auf Demonstrationen der Frauenbewegung präsent gewesen. Natürlich erinnerten wir uns an die feministische Solidarität im Westen – repräsentiert von Simone de Beauvoir, Kate Millet, Alice Schwarzer – mit den Protesten der iranischen Frauen gegen die Scharia-Gesetze der Mullahs.

Die Annahme, bei den Gender Studies Aufklärung über das Verhältnis von Islamismus und Geschlechterverhältnis zu finden, erwies sich jedoch als Illusion. Der Neuen Frauenbewegung der 1960er und 1970er Jahre ging es um den Kampf um die Gleichberechtigung der Geschlechter, in den Schriften von Judith Butler und anderen um die Infragestellung der bestehenden Geschlechterkategorien selbst. Zunächst erschienen mir Butlers Theorien wie meinen Kommilitoninnen als eine Radikalisierung – die Sprengung des Mann/Frau-Dualismus. Wäre dies nicht der Tod der Islamischen Republik? Wen soll man als Frau unter Zwang verschleiern, wenn es keine eindeutigen Geschlechter gibt?

Ich bemerkte jedoch schnell, dass meine Darstellungen der Frauenunterdrückung in der Islamischen Republik Iran nicht ins Setting passten. Ich wurde für meine Beiträge weder von Studenten- noch Dozentenseite angegriffen. Mein Problem bestand in der standhaften Weigerung meines akademischen Umfelds, den Umbruch im Iran von 1979 in irgendein Verhältnis zur Klage über „Islamophobie“ im Westen zu setzen, wie beinahe jegliche Kritik des Islamismus klassifiziert wurde und wird. Besonders deutlich wurde diese Konstellation in den Lehrveranstaltungen von Bettina Mathes, die der Vorlauf zu ihrem gemeinsam mit Christina von Braun herausgegebenen Werk *Verschleierte Wirklichkeit. Die Frau, der Islam und der Westen* waren, auf das ich zurückkommen werde.

Erst später wurde mir klar, dass diese Mischung von Unwillen und Unverständnis eine lange Vorgeschichte hatte und dass der Vorwurf des westlichen „Kulturimperialismus“ und Rassismus gegenüber der „anderen Kultur“ des Islam sich bis in die Tage der Islamischen Revolution im Iran zurückverfolgen lässt. Schon wenige Wochen nach der Machtübernahme Khomeinis hatte jene Spaltung der Linken und der Frauenbewegung begonnen, die bis heute anhält: Nach Appellen iranischer Frauen für internationale Solidarität gegen den Schleierzwang und die Ersetzung des bürgerlichen Rechts durch die Scharia in der nunmehrigen „Islamischen Republik Iran“ bildete sich unter der Führung Simone de Beauvoirs ein Komitee, das schließlich 18 prominente Frauen nach Teheran entsandte, um sich ein Bild vor Ort zu machen und Solidarität mit dem Kampf der iranischen Frauen zu demonstrieren.[2] Unter ihnen brach sofort nach der Ankunft ein Streit darüber aus, wie weit man den neuen Herrschern begegnen solle. Ein Teil der Gruppe akzeptierte schließlich die Forderung der Mullahs, sich für eine Audienz beim religiösen Führer Khomeini zu verschleiern.[3] Am schockiertesten über diese Unterwerfung zeigte sich die einzige arabische Teilnehmerin der Delegation, Laila Abou-Saif (Pseudonym Laila Said), die ihren verwunderten westlichen Freundinnen erklärte: „Wenn Ihr einen Tschador tragt, um Khomeini zu sehen, wird er zu einem Karnevalskostüm für Euch […] Ihr könnt ihn ablegen, wenn die Party vorbei ist. Aber für arabische Frauen ist er das Fundament der Segregation."[4]

Ganz anders waren die Reaktionen in West-Deutschland und -Europa: Die Zeitschrift *Autonomie* zum Beispiel veröffentlichte sofort nach dem Umsturz im Iran eine Sonderausgabe, die den Eindruck vermittelt, man habe nur auf einen Anlass gewartet, zugunsten des Kampfes gegen den „Kulturimperialismus" alle linken Traditionen über Bord zu werfen, um „angesichts des Iran marxistische Kategorien und Identifikationen zu zerbrechen" oder „Religionskritik als Diffamierung traditioneller Unterklassenkultur" zu kritisieren usw. Auch auf die Kopftuch-Unterwerfung bei der Khomeini-Audienz wurde eingegangen. So schrieb die Historikerin Angelika Ebbinghaus damals: „Frau entschied sich, ein Kopftuch zu tragen, um damit ihren Respekt vor einer fremden Kultur und Religion zum Ausdruck zu bringen. Ich halte diese Entscheidung für richtig." Über die Kritik einer Iranerin am neuen Regime, die in der *EMMA* abgedruckt wurde, stand in der *Autonomie* zu lesen: „Warum wurde dieser Artikel ohne Kommentar und ohne andere Informationen abgedruckt? Sagte Alice Schwarzer nicht, sie wolle sich ein konkretes Bild von einer komplexen Situation machen?"[5] Im Grunde sind alle Muster der Auseinandersetzungen, die ich selbst erfahren habe, hier bereits angelegt: Im Namen der westlichen Selbstkritik wird gefordert, die angeblich authentischen Stimmen der „orientalischen Kultur" zu hören. Die Aufmerksamkeit endet aber abrupt, wenn diese Stimmen nicht das sagen, was erwartet wird.

Es ist paradox: Im Namen der Kritik der Begrenztheiten der Aufklärung und ihrer uneingelösten Versprechen wird die wesentlich brutalere, dichotomere, geschlechtervereindeutigende „symbolische Ordnung" des Islamismus gerechtfertigt. Es stellt sich die Frage, warum das so ist.

Vielleicht kann man die komplizierten Rituale westlicher Intellektueller in ihrem Reden über den Orient folgendermaßen auf den Punkt bringen: Der Islam dient ihnen als Grenze und Korrektur der Verwerfungen des Westens. Er war für so unterschiedliche historische Figuren wie Joschka Fischer[6] und Michel Foucault das Gegenmodell zum modernen industriellen Kapitalismus, den Letzterer als „die grausamste, wildeste, eigennützigste, unehrlichste herrschaftliche Gesellschaft, die man sich überhaupt vorstellen kann“ verstand.[7] Foucault soll allerdings schockiert gewesen sein, als er hörte, dass im revolutionären Iran Homosexuelle exekutiert werden.[8] Dies entsprach offensichtlich nicht mehr seiner Fantasie eines anderen Verhältnisses von Sexualität und Wahrheit im Orient. Dennoch sind nach seinem Tod ganze Bücher in diesem Geiste geschrieben worden, um zu beweisen, dass Homophobie unter den iranischen Mullahs und in der Islamischen Welt „eine Erfindung des christlichen Westens [sei], die im Zuge der Globalisierung in die entlegensten Winkel dieser Welt exportiert wird“.[9]

Für jene Statements, die gleich 1979 ausgesprochen worden waren, mag „strafmildernd“ gelten, dass die Lage noch unübersichtlich war und dass die westliche Begeisterung über die „authentische Volksrevolution“ im Iran von vielen Iranern gerne bestätigt und legitimiert wurde. Die europäischen Intellektuellen hätten ihre Sympathien allerdings in Bezug zu ihren eigenen Schriften setzen können: Wie passte Foucaults Rede über die „Schönheit“ der vermeintlichen Einheit des ganzen Volks und seinen „kollektiven Willen“ zu seinen Artikeln gegen den „Faschismus in uns allen“?[10] Warum legitimierten Intellektuelle, die im Namen des Antifaschismus radikal geworden waren, nun eine Bewegung, die sie selbst als Züge eines faschistoiden Führerkults tragend beschrieben?

Foucault und andere konnten vielleicht nicht wissen, dass die Prinzipien des „Islamischen Staats“ bereits in den Jahrzehnten vor 1979 von Khomeini publiziert und propagiert worden waren. Spätere Schriften über Islam und Islamismus können sich auf eine solche Unwissenheit nicht mehr berufen. Das gilt auch für die 2007 erstmalig erschienene und 2017 neu aufgelegte, in den Kulturwissenschaften und Gender Studies breit rezipierte und diskutierte Abhandlung *Verschleierte Wirklichkeit* von Christina von Braun und Bettina Mathes.[11] Nicht in meinen schlimmsten Albträumen hätte ich mir vorstellen können, dass in meinem Fachbereich ein akademisches Plädoyer zur Verteidigung des Kopftuches erscheinen könnte, das diese

Monografie zweifelsohne ist. Wichtig ist jedoch, die Form zu verstehen, in der diese Apologie formuliert wird. Ich möchte dies anhand einer Einschätzung des Films *Submission* durch die beiden Autorinnen nachzeichnen.

Submission ist ein 2004 nach dem Drehbuch der damaligen Parlamentsabgeordneten Ayaan Hirsi Ali gedrehter Kurzfilm des niederländischen Regisseurs Theo van Gogh. Nach der öffentlichen Kontroverse hierzu schoss der Islamist Mohammed Bouyeri am 2. November 2004 auf offener Straße auf van Gogh, schnitt ihm die Kehle durch und stieß ihm ein Messer, an dem ein Bekennerschreiben mit Morddrohungen gegen Hirsi Ali befestigt war, in den Körper. Der Film zeigt eine Muslimin, die vom Gebet zur Ansprache an Allah übergeht. Sie berichtet von verbotener Liebe, von Erfahrungen mit Gewalt in der Ehe, Vergewaltigung durch den Onkel. Braun und Mathes interessieren sich jedoch kaum für diese Inhalte – denn diese würden sowieso von einem vermeintlichen lüsternen Voyeurismus überlagert, der auf ein von den Westlern imaginiertes erotisches Geheimnis hinter dem Schleier ziele.

> „Eher unbewusst als beabsichtigt, gewährt der Film Einblicke in das pornographische Imaginäre des Westens, das die Entschleierung der Muslimin fordert. [...] Das mag der Grund sein für die Gewalt, mit der Muslime ihrerseits auf diesen Film reagiert haben. So zu argumentieren heißt nicht, den Mord [an van Gogh, F.N.] zu entschuldigen oder zu rechtfertigen, sondern zukünftig die gewaltige und unter Umständen Gewalt auslösende Wirkungsmacht symbolischer und unbewusster Ordnungen im Umgang mit dem Fremden ernst zu nehmen.“[12]

Neben dem hier offen vorgetragenen Wunsch, zukünftig auf alles zu verzichten, was Islamisten „provozieren“ könnte, ist es bezeichnend, dass Braun und Mathes das Bekennerschreiben von van Goghs Mörder nicht zur Kenntnis genommen haben, in dem er seinen Grund für die Gewalt dargelegt hat. Ihren

Vermutungen folgend müsste es darin Anzeichen geben, die aufzeigen, dass der Vorwurf der „Pornografie“ ein Motiv für die Ermordung van Goghs war. Doch in dem Text, den Bouyeri als „Offenen Brief an Hirsi Ali“[13] aufsetzte, findet sich kein Hinweis darauf. Zahlreiche Sexskandale in der Islamischen Republik Iran oder die brutalen Vergewaltigungsorgien des Islamischen Staats dürften mittlerweile klargemacht haben, dass es abwegig ist, von einer puritanischen Obsession islamischer Fundamentalisten mit Sex an sich zu sprechen.

Bouyeris Mitteilung stellt eine ganz andere Wut in den Mittelpunkt: Der Mord an Theo van Gogh sollte eine blutige Nachricht an die unter Polizeischutz stehende Hirsi Ali und alle vermeintlich abtrünnigen Muslime sein. Angeklagt wurde und wird Hirsi Ali als „ungläubige Fundamentalistin“, die mit dem Westen und mit den ihn angeblich beherrschenden Juden unter einer Decke stecke. Nicht Haremsfantasien trieben den Islamisten zur mörderischen Weißglut, sondern das, was Bouyeri als Hirsi Alis Widerspruch gegen Gott sah: das Setting des Films, in dem eine muslimische Frau mit Allah und seinen Anhängern streitet, anstatt zu schweigen und sich zu unterwerfen. Ihre Widerrede gipfelt in den Worten:

> „Der Schuldspruch, der meinen Glauben zerstört hat, steht in deinem heiligen Buch. Glaube an dich […], Unterwerfung zu dir […] es fühlt sich so an […] wie der Verrat an sich selbst.
> O Allah, Schenker und Nehmer des Lebens.
> Du ermahnst alle, die glauben, deinen Weg zu gehen mit der Absicht, die Seligkeit zu erreichen […]. Ich habe mein ganzes Leben lang nichts anderes getan, als an dich zu glauben.
> Und nun da ich für Rettung unter meinem Schleier bete, bleibst du schweigsam wie das Grab, das auf mich wartet.“[14]

Theo van Gogh unterschätzte tragischerweise die Gefahr, die ihm drohte. Er hatte jedoch keine Illusion darüber, dass nicht er, sondern Hirsi Ali, die „ungläubige teuflische Mortadda [Apostatin]“ als Erste im Visier der Islamisten stand und steht, als er zu ihr sagte: „Ich bin der Dorftrottel, dem sie nichts tun. Aber sei du vorsichtig, denn du bist die betrügende Frau.“[15]

Wie so viele andere Kritikerinnen der sogenannten „Islamophobie“ können Braun und Mathes diese Konstellation nicht zur Kenntnis nehmen, weil der Islam für sie *das* Gegenbild ist, vor dem sie ihre Kritik des Westens ausbreiten. Es interessiert sie das Schicksal der Muslime, die sie vermeintlich in Schutz nehmen wollen, gar nicht. Statt ein Feld akademischer und politischer Analyse zu sein, wird der Islam zur Kontrastfolie der kritisierten westlichen Moderne erhoben, zur Black Box, und die ihm Unterworfenen – entgegen aller antirassistischen Beteuerungen – zur homogenen Masse.

Bettina Mathes hat die Sache mit einem mit „An Argument for the Burka“ betitelten (und mittlerweile gelöschten) Eintrag auf ihrem Blog unfreiwillig auf den Punkt gebracht. Während des Aufstands im Iran im Sommer 2009 verwechselten Internet-Aktivisten die vom Regime auf den Straßen Teherans erschossene Neda Agha-Soltan mit Neda Soltani, deren Facebook-Profil durch die globalen Medien kursierte. Der iranische Geheimdienst versuchte diese Verwechslung zu nutzen und Soltani dazu zu zwingen auszusagen, dass sie Teil eines westlichen Fake-News-Komplotts gegen die „Islamische Republik“ gewesen sei. Sie musste daraufhin aus dem Iran flüchten. Mathes schrieb dazu:

> „Neda Agha-Soltans publizierter Tod und Neda Soltanis Verlust der Kontrolle über ihr Bild zeigen, wie schwierig es für Frauen ist, sich vor der Invasion und der Manipulation westlicher Medien und ihrer schamlosen Konsumenten zu schützen. Wir verurteilen die Burka als Symbol und Instrument weiblicher Unterdrückung, wir befürworten die Enthüllung muslimischer Frauen, wir gehen davon aus, dass wir allein die Wahrheit kennen. Wann werden

> wir ihnen erklären, dass wir ihre nackten Gesichter als unser Eigentum betrachten?“[16]

Für Mathes ist die Verfolgung Neda Soltanis nicht etwa ein Beweis für die Brutalität des iranischen Regimes, sondern für die Schamlosigkeit und Geldgier der westlichen Medien. Hätte die islamistische Diktatur den Kopftuchzwang zum Burka-Gebot radikalisiert, so hätten die Medien laut dieser Logik kein „nacktes Gesicht“ verbreiten können: kein Subjekt, keine Öffentlichkeit, kein Problem. Der Vorwurf der „westlichen kulturellen Invasion“ ist übrigens ein Standardbegriff des iranischen Regimes gegen seine Gegner. Auf einer Wellenlänge mit dem westlichen Kulturrelativismus sieht dieses seine Mission im vermeintlichen Schutz seiner Untertanen vor westlicher Überfremdung.

Was die Kritik der „Orientalismuskritik“ so anstrengend macht, ist, dass sie einem Verwirrspiel gleicht, in dem andauernd sich gegenseitig ausschließende Positionen vertreten werden. So wollte Edward Said anhand seiner Schriften über die westliche Orientforschung deren angeblichen Essenzialismus gegenüber dem Orient und dem Islam kritisieren. Er hatte aber gleichzeitig kein Problem damit, mit dem Begriff „Orientalismus“ eine Art Super-Essenzialismus zu schaffen, der fast die gesamte nichtorientalische Beschäftigung mit dem Nahen und Mittleren Osten über Jahrhunderte hinweg umfasst. Der jihadistische Islamismus soll nichts mit dem Islam zu tun haben, gleichzeitig sollen seine Taten aber auch verständlich sein durch die Verletzungen, die der Westen dem Orient zugefügt habe.

In ihrem Vorwort zur Neuauflage von *Verschleierte Wirklichkeit* haben Christina von Braun und Bettina Mathes dieses Spiel um eine Variante erweitert.[17] Sie verweisen auf eine ältere (Al Qaida-)Generation des Jihadismus, die noch in großen Teilen aus gebildeten Studenten bestanden habe. Die jüngere Generation der in Europa aufgewachsenen Mitglieder des „Islamischen Staats“ bestehe hingegen aus gewaltfixierten religiösen Ignoranten. Sie repräsentiere ein „Schichtproblem“, aus dem ein höherer Grad an Brutalität folge – „niedriges Bildungsniveau gepaart mit Gewaltbereitschaft, Kleinkriminalität, religiöser Analphabetismus", vermerken die Autorinnen.[18] Während die Anschläge von Al Qaida noch als Reaktion auf westliche Untaten in Afghanistan und Irak („Die Stimmung war aufgeheizt") beschrieben werden, soll es sich bei dem IS-Terror in Europa um das Werk von Leuten handeln, die vom Islam keine Ahnung hätten, da sie ungebildet und außerdem von „Alkohol, Drogen, Sex" besessen seien. Würde es heute noch jemand wagen, in dieser Form eine Faschismustheorie zu formulieren? Übertragen auf die europäische Geschichte würde diese These bedeuten, dass man einen moralisch-politischen Unterschied machen müsse einerseits zwischen Akademikern in der SS, die ihre Taten mit der „aufgeheizten Stimmung" der 1930er Jahre oder mit „kulturellen Beleidigungen" seitens des Judentums begründen könnten, und andererseits ignoranten und besonders brutalen Unterschichtsnazis, die vom wahren Wesen „ihrer Kultur" keine Ahnung hätten.

In Wirklichkeit hat im Islamismus – genauso wie im Nationalsozialismus – neben der Elite auch der Mob seine Legitimität: Schläger, die im Iran schon früher das Schutzgeld für die Mullahs von den religiösen Minderheiten erpressten und heute das Personal von Revolutionsgarden und Basiji bilden. Leute wie der Sittenpolizist Reza Zarei, der in Teheran Prostituierte nackt vor sich zum Gebet aufstellte, was die Behörden als „ganz privates" Vergehen sahen, und jedenfalls nicht als Unverständnis des Islam.[19]

Es ist sogar noch schlimmer. Der Terror der neuen IS-Generation bestätigt die Warnungen, die frühe Kritiker des Islamismus bereits vor langer Zeit an die westlichen Gesellschaften richteten: Es ist gerade die Verbindung von antimoderner religiöser Ideologie und modernen – vermeintlich zur Mäßigung anhaltenden – Mitteln, die erst die aggressive globale Expansion eines fundamentalistischen Islam möglich macht. Eines Islam, der „möglichst frei von nationalen und kulturellen Einflüssen ist"[20], und so von französischen Vorstadtgangstern oder deutschen Konvertiten angenommen werden kann.

Die von Braun und Mathes vorgenommene Unterscheidung zwischen gebildeten und ungebildeten Jihadisten mit und ohne legitime Motivation geht genauso wenig auf wie die Behauptung, Theo van Gogh habe wegen muslimischer Beleidung durch Pornografie sterben müssen. Sie legt nur den Verdacht nahe, dass islamische Motive in dem Moment zum Verschwinden gebracht werden, wenn es um europäische Opfer des islamistischen Terrors geht, denen keine unmittelbare Mitschuld an ihrem Tod attestiert werden kann und soll. Bezeichnenderweise erwähnen die Genderforscherinnen in ihrer Aufzählung der IS-Untaten zwar die Anschläge von Brüssel, Paris und Berlin, nicht aber die Massenverbrechen des IS gegen Muslime und religiöse Minderheiten im Orient. Dort wird das Töten und Sterben anscheinend als Ausdruck der lokalen Kultur verstanden. Aber diese Kulturgrenze, die von akademischen, linken und rechten Identitären behauptet wird, gibt es nicht: In Ost und West tobt ein Kampf zwischen Säkularen einerseits, islamischen und anderen Fundamentalisten andererseits.

„Freiheit ist weder westlich noch östlich, sondern universal" – wie kamen die iranischen Frauen, die am 8. März 1979 gegen die Zwangsverschleierung demonstrierten, auf diese Parole? Hatten sie damals schon den westlichen Kulturrelativismus im Blick, dessen wichtigste Werke doch noch gar nicht erschienen waren? Wohl kaum. Stattdessen war der Slogan eine Entgegnung auf Khomeinis Kampfparole „Weder Ost noch West – Islamische Republik". Die Demonstrationen der Frauen im Iran waren eine Antwort auf den islamistischen Angriff gegen den Säkularismus im Iran – und keine Auftragsarbeit für den west-östlichen Kulturkampf.

Doch mit der globalen Mission und Ausbreitung des Islamismus ab den späten 1970er Jahren haben diese Demonstrationen auch eine globale Bedeutung bekommen. Sie wurden zum Ausgangspunkt der Auseinandersetzung zwischen religiöser, rechter und linker Identitätspolitik und ihren Gegnern. Wie lange auch immer dieser Kampf noch dauern mag, die iranischen Frauen des 8. März 1979 haben das Urteil über den Kulturrelativismus in Ost und West bereits gesprochen, bevor er überhaupt Fahrt aufgenommen hatte. Die „Mädchen von der Revolutionsstraße", die zur Zeit in Teheran und anderswo mit mutigen Aktionen gegen den Schleierzwang protestieren, bestätigen dieses Urteil.[21] Sie sind die Töchter und Enkelinnen der Demonstrantinnen von 1979. Sie sind keine Opfer westlicher Medien, sondern sie fordern ein Ende von deren Schweigen. Und sie bezeugen: Gegen die Kultur der Islamisten und die Trennung nach Herkunft und Religion steht eine lange Geschichte des Kampfes für die Freiheit, gegen die Despotie. Wagt es noch jemand, ihnen ein „Argument für die Burka" vorzuhalten?

Es wird hoffentlich der Tag kommen, an dem endlich auch im Westen wieder eine Erkenntnis aufgegriffen wird, die für die französischen Feministinnen, welche die Demonstrationen in Teheran 1979 dokumentiert hatten[22], noch selbstverständlich war: dass der Moment, in dem die iranischen Frauen ihre Ketten brechen, auch ein Fortschritt für die Frauen der ganzen Welt sein wird.

Anmerkungen

1 Siehe o.A. „Slavs and Tatars: When Satire Conquered Iran", in: *The New York Review of Books*, 18.09.2012, http://www.nybooks.com/daily/2012/09/18/when-satire-conquered-iran-molla-nasreddin/ (letzter Abruf: 21.06.2018)

2 Vgl. Janet Afary/Kevin B. Anderson, *Foucault and the Iranian Revolution. Gender and the Seductions of Islamism*, Chicago 2005, S. 245f.

3 Vgl. Mahnaz Matine/Nasser Mohajer, *Iranian Women's Uprising. March 8, 1979*, Créteil/Berkeley 2010.

4 Zitiert nach Diane Manuel, „Feminist-in-exile decries growing oppression in Egypt", in: *Christian Science Monitor*, 13.09.1985, https://www.csmonitor.com/1985/0913/blail.html (Übersetzung aus dem amerikanischen Englisch von mir, F. N.) (letzter Abruf: 21.06.2018).

5 *Autonomie. Materialien gegen die Fabrikgesellschaft* (Neue Folge), Nr. 1, 1979: „Der Iran", S. 25 und S. 59. Archiviert unter: https://www.mao-projekt.de/BRD/VLB/Autonomie/Autonomie_Neue_Folge_1979_01.pdf (letzter Abruf: 01.06.2018).

6 Joschka Fischer, „Durchs wilde Kurdistan", in: *Pflasterstrand*, Nr. 47, Frankfurt am Main, 10.02.1979, S. 28-31.

7 Janet Afary/Kevin B. Anderson, *Foucault and the Iranian Revolution*, S. 185 (Übersetzung aus dem amerikanischen Englisch von mir, F. N.).

8 Vgl. ebd., S. 143.

9 So die Online-Bewerbung von Georg Klauda, *Die Vertreibung aus dem Serail. Europa und die Heteronormalisierung der islamischen Welt*, Hamburg 2008.

10 Vgl. Andreas Benl, „Delegierte Regression. Der europäische Kulturrelativismus: eine Form der Kollaboration mit dem Islamismus“, in: Dinah Hartmann, Simone/Stephan Grigat (Hg.), *Der Iran. Analyse einer islamischen Diktatur und ihrer europäischen Förderer*, Innsbruck 2008, S. 236-246, und Janet Afary/Kevin B. Anderson, *Foucault and the Iranian Revolution*, S. 250-260.

11 Christina von Braun/Bettina Mathes, *Verschleierte Wirklichkeit. Die Frau, der Islam und der Westen*, Berlin 2007.

12 Ebd., S. 199.

13 Mohammed Bouyeri, „Open letter to Hirsi Ali“, dokumentiert auf https://wikiislam.net/wiki/Letters_(Mohammed_Bouyeri) (letzter Abruf: 21.06.2018).

14 *Submission*, R: Theo van Gogh, Niederlande 2004.

15 Ayaan Hirsi Ali, „Der Terror hat sich festgesetzt. Zum Tod des Theo van Gogh“, in: *DIE WELT*, 10.11.2004.

16 Bettina Mathes, „An Argument for the Burka“, 08.02.2010, https://web.archive.org/web/20100227181237/http://www.bettinamathes.net/blog/2010/02/ (Übersetzung aus dem Englischen von mir, F. N.) (letzter Abruf: 01.06.2018).

17 Christina von Braun/Bettina Mathes, *Verschleierte Wirklichkeit. Die Frau, der Islam und der Westen*, Gießen 2017, S. i-viii.

18 Ebd., S. ii.

19 Vgl. o.A. „A Police Chief Incarcerated. Prostitute Scandal Rattles Tehran Government“, auf: *SPIEGEL ONLINE*, 28.04.2008, http://www.spiegel.de/international/world/a-police-chief-incarcerated-prostitute-scandal-rattles-tehran-government-a-550156.html (letzter Abruf: 21.06.2018).

20 Presseerklärung der Islamischen Gemeinschaft der schiitischen Gemeinden Deutschlands (IGS), 30.04.2018: Treffen des Bundespräsidenten Steinmeier mit Vertretern der IGS, auf: http://igs-deutschland.org/news/presse/117-presseerklaerung/431-treffen-des-bundespraesidenten-steinmeier-mit-vertretern-der-igs3 (letzter Abruf: 21.06.2018).

21 Vgl. o.A., „Iranerinnen: Solidarität zum 8. März!“, auf: *EMMA* Online, 06.03.2018, https://www.emma.de/artikel/iranerinnen-solidaritaet-335507 (letzter Abruf: 21.06.2018).

22 *Mouvement de Libération des Femmes Iraniennes, Année Zéro*, R: Des Femmes Filment (Sylvina Boissonas/Claudine Mulard), Frankreich 1979, online verfügbar unter http://www.cinemasdiran.fr/2013/06/mouvement-de-liberation-des-femmes-iraniennes-annee-zero-1979/ (letzter Abruf: 08.07.2018).

Über das islamische Kopftuch

Emrah Erken

Gleich zu Beginn meiner Ausführungen möchte ich die aus meiner Sicht vollständige Fehleinschätzung der Bedeutung und der Tragweite des islamischen Kopftuchs korrigieren, die leider immer noch oft anzutreffen ist. Es ist falsch oder zumindest intellektuell unredlich, dieses mit „westlichen", von Frauen getragenen Kopfbedeckungen zu vergleichen, die insbesondere in den sechziger und siebziger Jahren in Mode waren.[1]

Das Kopftuch, das etwa Stilikone Audrey Hepburn im Film *Frühstück bei Tiffany* (1961) in der Abschiedsszene am Busbahnhof trug, war im Gegensatz zum islamischen ein wertfreies Kleidungsstück. Mit diesem eleganten Accessoire sollte keineswegs göttliches Recht durchgesetzt oder eine vormittelalterliche Sexualmoral zum Ausdruck gebracht werden. Es kann ausgeschlossen werden, dass der Kostümdesigner Givenchy, der in diesem Filmklassiker für die Garderobe der Schauspielerin verantwortlich war, nur ansatzweise solche Gedanken hatte. Auch die Queen, die heute noch gerne Kopftücher trägt, dürfte dies gewiss nicht aus religiöser Pflichterfüllung oder aus weltanschaulichen Gründen tun. Aus meiner Sicht stellt genau diese äußerliche Ähnlichkeit des islamischen Kopftuches mit „westlichen" Kopftüchern den Hauptgrund für die oft anzutreffende verharmlosende Betrachtungsweise dar. Oft heißt es in solchen Diskussionen etwa, *„Auch unsere Großmütter hatten früher Kopftücher an!"* oder *„Ich bin zwar gegen die Burka, aber Kopftücher sind doch etwas, was wir aus unserer eigenen Kultur kennen!"*. Solche Vergleiche sind deshalb nicht redlich, weil die Kopfbedeckungen schweizerischer oder deutscher Großmütter, die sie etwa bei Feld- oder Fabrikarbeit trugen, nicht die gleiche Bedeutung haben wie das islamische Kopftuch.

Bevor ich mich mit Letzterem befasse und dessen Bedeutung zu erläutern versuche, möchte ich kurz darauf eingehen, weshalb Muslime überhaupt derartige Verhaltensnormen einhalten. Bei der Beantwortung dieser scheinbar banalen Frage spielen diese beiden Koranstellen eine wichtige Rolle:

> Sure 3, Vers 32
> *Sag: Gehorcht Allah und dem Gesandten. Doch wenn sie sich abkehren, so liebt Allah die Ungläubigen nicht.*
>
> Sure 33, Vers 21
> *Ihr habt ja im Gesandten Allahs ein schönes Vorbild, (und zwar) für einen jeden, der auf Allah und den Jüngsten Tag hofft und Allahs viel gedenkt.*

In diesen Versen wird den Musliminnen und Muslimen von Gott befohlen, einerseits den Geboten sowie Verboten Gottes, andererseits denjenigen des Propheten zu gehorchen. Ferner sollen sie dessen vorbildliches Verhalten kopieren. Die Vorgaben Gottes finden die Gläubigen im Koran, zumal dessen Inhalt als das von Gott unmittelbar gesprochene Wort gilt. Darüber hinaus folgen sie der Sunna des Propheten, die in erster Linie in den Hadithen vorzufinden ist, indem Musliminnen und Muslime dessen Verhalten nachahmen und seinen Befehlen gehorchen, um ein gottgefälliges Leben zu führen. Die Gesamtheit dieser Normen, die vor allem im Koran und in den Hadithen zu finden ist – inklusive die Methode der Rechtsfindung –, wird als Scharia (deutsch: „Weg zur Quelle") bezeichnet, wobei der Begriff „Recht" hier im weitesten Sinne zu verstehen ist, da dieses alle erdenklichen Bereiche des menschlichen Lebens regelt. Das Tragen des islamischen Kopftuchs ist damit nur eine von vielen Vorschriften, welche den Musliminnen ermöglichen soll, ein gottgefälliges Leben zu führen. Damit diesbezüglich keine Missverständnisse entstehen: Auch ein Mann oder irgendeine andere Drittperson, die sicherstellt, dass ein Mädchen oder eine Frau ein islamisches Kopftuch trägt, beabsichtigt mit diesem maßregelnden Verhalten, ein gottgefälliges Leben zu führen, was nicht außer Acht gelassen werden sollte. Dass bei der Kopftuchtragepflicht also nicht bloß die Kopftuch tragende Frau die Adressatin der Vorschrift ist, wird am Beispiel des Irans deutlich, wo Beamtinnen und Beamten des Staates die Einhaltung dieser Pflicht gewährleisten. Auch will der muslimische Vater, der seine Frau zur Tochter schickt, damit diese anfängt, das islamische Kopftuch tragen, mit seinem Verhalten ein gottgefälliges Leben führen. Die Frau, die diesen Befehl des Familienvaters vollzieht, hat genau dieselben Motive.

Entgegen anderslautender Ansicht handelt es sich beim islamischen Kopftuch nicht um ein religiöses Symbol – dies aus dem einfachen Grund, dass der Islam so etwas nicht kennt, zumal es an einer dafür erforderlichen Grundlage in der Scharia fehlt. Kerngedanken von Religionen werden mit Symbolen bildlich ausgedrückt, wobei die entsprechenden Zeichen regelmäßig den tieferen Sinn der jeweiligen Glaubensphilosophie wiedergeben. Christliche Symbole sind etwa das Kreuz, welches Christen an die Passion Jesu erinnert, oder die eucharistischen Fische. Ebenso der Davidstern im Judentum, der die Beziehung zwischen Menschen und Gott symbolisiert, oder die Menora. Im Islam stellt nicht einmal der Hilal, der muslimische Sichelmond, der von zahlreichen Flaggen muslimisch geprägter Länder bekannt ist, ein religiöses Symbol dar. Das Fehlen eines solchen in den Quellen der Scharia hat vor allem damit zu tun, dass im Islam nicht Symbole, sondern Gott – und damit das von Gott unmittelbar ausgesprochen Wort – als heilig gilt, und das ist die Schrift, namentlich der Koran. Was im Islam damit in die Nähe eines religiösen Symbols kommen könnte, sind islamische Kaligraphien, die einzelne religiöse Ausdrücke oder Kernaussagen beinhalten wie beispielsweise das Maschallah oder das Basmala.

Das nachfolgende Beispiel sollte verdeutlichen, dass das islamische Kopftuch, aber auch alle anderen islamischen Verschleierungsformen für Frauen, ausschließlich in einem Kontext zu fremden Männern steht und damit kein religiöses Symbol darstellt. Gewiss hat die Leserin oder der Leser schon Touristinnen aus der Golfregion oder Saudi-Arabien beobachtet, wie sie in europäischen Städten Shopping im großen Stil betrieben. Sicherlich haben sich auch einige gefragt, was diese vollverschleierten Frauen mit so vielen Kleidern machen, die ganz offensichtlich nicht den Regeln der Scharia entsprechen. Die Antwort sollte nur teilweise erstaunen: Entweder tragen sie diese Kleidung im privaten Rahmen in der Familie, in erster Linie vorbestimmt für die Augen des Ehemannes, oder sie organisieren unter Freundinnen Partys und sogar Modeschauen bei sich zu Hause, zu denen Männer keinen Zutritt haben. Mit anderen Worten: Diese Frauen tragen sowohl in Europa als auch in ihren Heimatländern in der Öffentlichkeit den Nikab. In der Familie und im Privaten im Heimatland, wo die Scharia sogar staatliches Recht ist, tragen sie jedoch westliche Design-Kleidung ohne jeden islamischen Bezug. Wenn das islamische Kopftuch tatsächlich ein religiöses Symbol darstellen sollte, sind die Fragen, die man sich nun stellen sollte, diese: Weshalb sollen sich diese Frauen, die ein ultraorthodoxes islamisches Leben führen, nur gegenüber einer Gesellschaft verschleiern, in der sich Männer befinden, gegenüber einer rein weiblichen hingegen nicht? Weshalb soll die Angehörige einer Religion ihre religiöse Identität, die sie mit einem angeblich religiösen Symbol *wie dem Hijab* ausdrücken will, nur gegenüber dem Angehörigen eines Geschlechts offenbaren wollen, aber nicht auch gegenüber dem anderen? Wer soll dadurch überhaupt angesprochen werden, zumal Symbole ja per Definition eine Botschaft beinhalten? Nur Männer?

Wenn man hierfür die maßgebliche Stelle zur Rechtfertigung des islamischen Kopftuchs im Koran konsultiert, dürfte die Behauptung, wonach es sich dabei um ein religiöses Symbol handeln soll, klar widerlegt sein. Die religiöse Pflicht zum Tragen eines Kopftuchs geht gemäß islamisch-theologischer Doktrin in erster Linie auf Sure 24, Vers 31 zurück. Wörtlich heißt die Stelle: „*Sie* [die Frauen] *sollen ihre chumur* [sing. *chimar*] über ihre Taschen schlagen“, wobei die eigentliche Bedeutung von *chumur* unklar ist, aber traditionell als „Kopftuch“ verstanden wird. Auch die Webseite islam.de übersetzt die Stelle mit Kopftuch. Häufig wird auch der Begriff Schleier verwendet. Beide Übersetzungen sind nicht unumstritten und werden von einer nicht geringen Anzahl von Musliminnen und Muslimen auch nicht so interpretiert und umgesetzt. Der springende Punkt liegt jedoch nicht einfach in der Bedeutung dieses einen Wortes, sondern im Gesamtkontext dieser Koranstelle und was dort zum Ausdruck kommt. Daher zitiere ich im Nachfolgenden nicht nur Sure 24, Vers 31, sondern auch Sure 24, Vers 30.

> Sure 24, Vers 30
> *Sag zu den gläubigen Männern, sie sollen ihre Blicke senken und ihre Scham hüten. Das ist lauterer für sie. Gewiß, Allah ist Kundig dessen, was sie machen.*
>
> Sure 24, Vers 31
> *Und sag zu den gläubigen Frauen, sie sollen ihre Blicke senken und ihre Scham hüten, ihren Schmuck nicht offen zeigen, außer dem, was (sonst) sichtbar ist. Und sie sollen ihre Kopftücher auf den Brustschlitz ihres Gewandes schlagen und ihren Schmuck nicht offen zeigen, außer ihren Ehegatten, ihren Vätern, den Vätern ihrer Ehegatten, ihren Söhnen, den Söhnen ihrer Ehegatten, ihren Brüdern, den Söhnen ihrer Brüder und den Söhnen ihrer Schwestern, ihren Frauen, denen, die ihre rechte Hand besitzt, den männlichen Gefolgsleuten, die keinen (Geschlechts)trieb (mehr) haben, den Kindern, die auf die Blöße der Frauen (noch) nicht aufmerksam geworden sind. Und sie sollen ihre Füße nicht aneinanderschlagen, damit (nicht) bekannt wird, was sie von ihrem Schmuck verborgen tragen. Wendet euch alle reumütig Allah zu, ihr Gläubigen, auf daß es euch wohl ergehen möge!*

Wenn man diese Zeilen konsequent zu Ende denkt (ungeachtet der unterschiedlichen Übersetzungsvarianten), dürften die Umrisse einer Gesellschaftsordnung zum Vorschein kommen, gemäß derer Frauen und Männer sich mehr oder weniger voneinander verstecken müssen, sofern sie nicht derselben engeren Verwandtschaft angehören. Diese überindividuelle Betrachtungsweise ist deshalb notwendig, zumal der Koran nicht die einzelne Gläubige anspricht, sondern – was auch dem Text selbst entnommen werden kann – sich vielmehr an eine homogene islamische Gesellschaft wendet, in der normalerweise alle Menschen (oder praktisch alle) Muslime sein dürften, welche die flächendeckende Einhaltung dieses Gebots, aber auch anderer Gebote des Islam sicherstellen. Es geht bei der Kopftuchtragepflicht mithin um die Erfüllung einer gesellschaftspolitischen Maßnahme, wobei dem islamischen Kopftuch – und natürlich auch allen anderen Verschleierungsarten des Islam – eine funktionale Bedeutung zukommt, bei der es darum geht, sämtliche Frauen für fremde Männer möglichst unsichtbar zu machen. Angesprochen sind nicht nur alle Angehörigen des weiblichen Geschlechts, sondern auch alle des männlichen (Sure 24, Vers 30), die ihre Blicke senken sollen, d.h., sie sollen keine Frauen anstarren und die eigene Sexualität in der Öffentlichkeit verbergen. Gemäß dieser Sexualmoral ist ein offenes Zusammenleben zwischen Frauen und Männern, die nicht näher miteinander verwandt sind, nicht oder nur eingeschränkt vorgesehen. Die Verschleierung soll wie viele andere Vorschriften der Scharia Frauen und Männer gesellschaftlich voneinander trennen, damit sündige Gedanken gar nicht erst entstehen oder sich gar noch „schlimmere" Dinge ereignen, die man sich nicht einmal vorstellen möchte. Dass es bei der Verschleierungspflicht ausschließlich um die Erfüllung dieser archaischen Sexualmoral geht, wird aus jenem Teil der Koranstelle deutlich, wo von Kindern die Rede ist, die noch zu klein seien, um auf die Blöße (!) einer Frau aufmerksam zu werden, oder von Männern, die keinen Geschlechtstrieb mehr besäßen (wie beispielsweise Eunuchen), und die sich nur deshalb in der Gegenwart von unverschleierten Frauen aufhalten dürfen. Mit einem religiösen Symbol hat das islamische Kopftuch nach dem Gesagten offensichtlich nichts zu tun.

Die Folge dieser Sexualmoral dürfte bekannt sein. Es herrscht Geschlechtertrennung, ja sogar Geschlechterapartheid, wie man an den bekannten muslimischen Gesellschaften und Parallelgesellschaften bestens erkennen kann – wobei diese Trennung je nach regionalen Traditionen und Ausmaß der Orthodoxie unstrittig unterschiedlich ausgeprägt ist. In diesem Kontext ist auch die Existenz verschiedener Verschleierungsarten zu verstehen. Was bei näherer Betrachtung dieser Sexualmoral besonders auffällt, ist die Tatsache, dass sich hinter diesen Koranzeilen Annahmen über die menschliche Natur bzw. das menschliche Verhalten verbergen, die aus heutiger Sicht schlicht und einfach inakzeptabel sind. Einerseits soll mit diesen Geboten einem geschlechtlichen Kontrollverlust von Männern vorgebeugt werden, womit erwachsenen Menschen die Fähigkeit abgesprochen wird, ihre Sexualität ohne solche Maßnahmen unter Kontrolle zu halten. Andererseits sollen diese Gebote Frauen vor den gierigen Blicken der Männer schützen, weil angenommen wird, dass diese sich beim ungehinderten Anblick einer Frau nicht beherrschen könnten. Selbstverständlich bedeutet das Ganze auch, dass der weibliche Körper grundsätzlich als eine Bedrohung für die gesellschaftliche Moral und für die Tugendhaftigkeit der Familie wahrgenommen wird, der aus Sittlichkeitsgründen versteckt werden muss, weil alles andere ein öffentliches Ärgernis darstellen würde.

Ähnliche Gedanken sind auch Sure 33, Vers 59, zu entnehmen – der zweiten Stelle im Koran, die für die Rechtfertigung des Kopftuchs immer wieder vorgebracht wird.

> Sure 33, Vers 59
> *O Prophet! Sprich zu deinen Frauen und deinen Töchtern und zu den Frauen der Gläubigen, sie sollen ihre Übergewänder reichlich über sich ziehen. So ist es am ehesten gewährleistet, daß sie (dann) erkannt und nicht belästigt werden. Und Allah ist Allverzeihend, Barmherzig.*

Auch hier steht zwar nicht ausdrücklich „Kopftuch", was wiederum keine Rolle spielt, weil auch an dieser Stelle die identische archaische Sexualmoral zum Ausdruck kommt, die bereits angesprochen wurde. Ohne Verschleierung kann nach Vorstellung jener Muslime, welche diesen Vers als Rechtfertigung für das

Kopftuch heranziehen, im Umkehrschluss nicht gewährleistet werden, dass eine Muslimin nicht belästigt wird!

Wie falsch und vor allem kontraproduktiv derartige koranische Gedanken sind, ist am Ergebnis einer solchen Gesellschaftsordnung zu erkennen, in der die menschliche Sexualität unterdrückt und der weibliche Körper versteckt und tabuisiert wird. Die Erfahrung der letzten Jahrzehnte zeigt, dass je weiter eine Gesellschaft islamisiert wurde und die Zahl der Frauen zunahm, die das islamische Kopftuch trugen, auch die sexuellen Belästigungen und schwerere Sexualdelikte in diesen Gesellschaften anstiegen. Ägypten, wo seit Beginn der achtziger Jahre mit dem Erstarken der Muslimbruderschaft mittlerweile praktisch jede Frau in irgendeiner Form verschleiert ist, ist ein gutes Beispiel, aber auch die Türkei unter dem Muslimbruder Erdoğan. Dafür gibt es mehrere Gründe. Einerseits werden wegen dieses Weltbilds, das durch den Koran vermittelt wird, insbesondere Frauen, die keine Verschleierung tragen, als eine Art „Freiwild" wahrgenommen, da sie die „ehrbare" Kleiderordnung des Islam nicht einhalten. Andererseits werden die Triebe vieler junger Männer durch das Versteckspiel und die Geschlechtertrennung erst recht auf die Stufe des sexuellen Notstands gebracht – insbesondere dann, wenn sie aus wirtschaftlichen Gründen zu heiraten nicht in der Lage sind, um damit wenigstens die islamisch zulässige Form von Sexualität zu erleben.

Das Ganze führt freilich auch dazu, dass innerhalb einer Gesellschaft von Menschen, in der die Zahl der Kopftuchträgerinnen zunimmt, analog der Druck auf jene Frauen wächst, die sich (noch) nicht bedecken. Dieser gesellschaftliche Zwang ist teilweise sehr direkt. Musliminnen, die das Kopftuch nicht tragen, werden selbst in Europa oft von wildfremden Männern mit den folgenden Worten angesprochen: *„Du bist doch Muslimin. Wieso trägst du kein Kopftuch?"* Teilweise findet der Druck auch dadurch statt, dass Frauen, die den sexuellen Notstand der Männer der Scharia-Gesellschaft, in der sie leben, gut kennen und sich auf diese Art und Weise tatsächlich zu „schützen" versuchen – wobei die Verschleierung vor sexueller Belästigung oft dennoch nicht bewahrt. Heute, nach der Verbreitung des Islam in vielen Ländern Westeuropas, der zudem seit Ende der siebziger Jahre global betrachtet immer konservativer geworden ist, sind sogar nichtmuslimische Frauen, je nachdem, wo sie sich aufhalten, einem ähnlichen Druck ausgesetzt, weil ihre Nichtverschleierung für viele muslimische Männer, die nach den Maßgaben dieser archaischen Gesellschaftsordnung denken, nichts anderes bedeutet, als dass sie verfügbar oder mindestens nicht ehrbar seien. Die Folge davon ist beispielsweise die Kölner Silvesternacht 2015/2016.

Nach den bisherigen Ausführungen ist es ein Hohn, von einer angeblichen Freiwilligkeit des islamischen Kopftuchs zu sprechen, zumal die entsprechenden Vorschriften nicht bloß die Gläubige auf einer individuellen Ebene, sondern vielmehr überindividuell die gesamte islamische Gesellschaft ansprechen. Das vermeintlich schlagende Argument der Freiwilligkeit der Selbstbedeckung, das von Kopftuchapologetinnen und -apologeten vorgebracht wird, kann auch daran gemessen werden, wenn in Betracht gezogen wird, was geschieht, falls sich eine Frau diesem Zwang verweigert. Bekanntlich ist dies in vielen Staaten dieser Erde überhaupt keine Option, womit wir es mindestens in diesen Fällen wohl unstrittig nicht mit Freiwilligkeit zu tun haben. Dann gibt es muslimisch geprägte Staaten, in denen eine gesetzliche Pflicht zur Verschleierung zwar nicht vorherrscht, aber der gesellschaftliche Druck so groß ist, dass etwas anderes nicht zur Debatte steht – wie beispielsweise im heutigen Ägypten. Wenn eine Frau, die etwa in Europa das Kopftuch ablegt, im besten Fall von Eltern, Verwandten und vom eigenen Freundeskreis gemobbt und gemieden, im schlimmsten Fall von diesem Personenkreis verletzt oder sogar umgebracht werden könnte, kann ebenfalls nicht von Freiwilligkeit gesprochen werden. Genau das ist der wichtige Unterschied, wenn wir Europäer von freiwilligen Entscheidungen im Bereiche der Religion sprechen. Ein gewöhnlicher Westeuropäer mit christlichen Wurzeln kann in aller Regel problemlos zu einer anderen christlichen Denomination oder zu einer anderen Religion wechseln und selbstverständlich auch ganz auf Religion verzichten, ohne dass dies gesellschaftliche, familiäre oder gar lebensbedrohliche Konsequenzen für ihn hätte. Hier kann durchaus von Freiwilligkeit gesprochen werden. Eine Muslimin hingegen, die das islamische Kopftuch angeblich aus freien Stücken trägt, kann dieses meistens nicht einfach so von einem Tag auf den anderen ablegen, weil sie nicht die einzige Adressatin der entsprechenden religiösen Vorschrift ist, sondern auch die sie umgebende muslimische Gesellschaft. Tatsache ist damit, dass die islamische Orthodoxie kein Ding der Freiwilligkeit ist. Meines Erachtens sollten wir beim Gebrauch des Freiwilligkeitsbegriffs ohnehin sorgsamer sein, wenn wir eine Diskussion über den Islam führen. Immerhin ist in diesem Wort der sogenannte *„freie Wille"* versteckt: die Fähigkeit und die Freiheit also, in Eigenverantwortung Entscheidungen treffen zu können und die Konsequenzen dieser Entscheidungen zu tragen. Um einen freien Willen zu haben, braucht es einerseits eine gewisse Reife, vor allem darf es aber keinerlei Zwang oder ungewollte Fremdeinwirkung geben. Ansonsten ist etwas nicht „freiwillig". Wir hätten es nur dann mit Freiwilligkeit zu tun, wenn eine echte Option bestünde, genau das Gegenteil zu tun, namentlich das Kopftuch abzulegen, was die wenigsten Frauen, die in der realen Welt das islamische Kopftuch tragen, tun können.

Wenn man die individuelle Ebene außer Betracht lässt, bei der es beim Kopftuchtragen primär darum gehen soll, unter Einhaltung vieler anderer Vorschriften ein gottgefälliges Leben zu führen, stellt das islamische Kopftuch in überindividueller Hinsicht ein Durchsetzungsinstrument der Scharia dar, mit dem die archaische Sexualmoral des Islam innerhalb einer Gesellschaft gewährleistet werden soll. Weil diese unter anderem mit der Verschleierung von Frauen durchgesetzt wird, verlangt sie eine strenge gesellschaftliche Trennung der Geschlechter und führt damit – insbesondere bei einer flächendeckenden Befolgung innerhalb einer Gesellschaft – zu einer Regulierung durch die Allgemeinheit, wie man dies in vielen muslimisch geprägten Ländern bestens erkennen kann. Entsprechendes kann freilich nicht behauptet werden, wenn beispielsweise nur einige wenige Kopftuchträgerinnen in größeren Gesellschaften von Nichtmuslimen wie etwa in einer südamerikanischen Großstadt leben würden. Ganz anders sieht es freilich aus, wenn 90 % der Frauen eines Quartiers einer europäischen Stadt das islamische Kopftuch tragen – erst recht für die verbleibenden 10 % der Frauen, die es nicht tun.

Obwohl das islamische Kopftuch offensichtlich kein religiöses Symbol ist, wie ich dargelegt habe, bedeutet dies freilich nicht, dass es nie Symbolcharakter haben kann. Diesen hat es in der Tat. Es ist auch ein politisches Symbol des politischen Islam, etwa im Sinne der Lehren von Hasan al-Banna, dem Gründer der Muslimbruderschaft. Ihre Politik verlangt eine bewusste Ablehnung des westlichen Lebensstils und eine Zuwendung zu den eigenen, namentlich islamischen Werten. So schrieb Hasan al-Banna in seinen Erinnerungen:

> „Die Ausrüstung des Orients ist Sitte und Glauben; wenn er diese beiden verliert, so verliert er alles, wenn er zu ihnen zurückkehrt, so kehrt alles zu ihm zurück. Vor fester Moral, Glauben und Überzeugung bricht die Macht der Unterdrücker zusammen. Daher werden sich die Führer des Ostens um die Festigung seines Geistes und um die Wiedergewinnung seiner verlorenen Moral bemühen, denn dies ist der einzige Weg zu einer echten Renaissance. Diesen Weg aber werden sie nur finden, wenn sie zum Islam zurückkehren und an seiner Lehre festhalten."[2]

Durch das Tragen des islamischen Kopftuchs kann also auch zum Ausdruck gebracht werden, dass der westliche Lebensstil abgelehnt wird und dass man sich einer eigenen islamischen Identität zuwendet. In diesem Zusammenhang ist das Kopftuch tatsächlich ein Symbol – kein religiöses, sondern ein politisches oder zumindest identitäres. Man könnte sogar von einer islamischen Uniform sprechen, in diesem Fall auf der Grundlage der Ideologie der Muslimbruderschaft.

Abschließen möchte ich mit einigen Gedanken darüber, wie westliche Gesellschaft mit dem islamischen Kopftuch oder generell mit anderen Vorschriften der Scharia umgehen oder eben nicht umgehen. Unsere Verfassungen schützen in erster Linie den individuellen Anspruch eines Muslims oder einer Muslimin, nach islamischen Vorschriften leben zu dürfen, soweit diese nicht gegen die Rechtsordnung verstoßen, wie dies beispielsweise beim „Züchtigungsrecht" des Mannes gegenüber seiner Frau gemäß Sure 4, Vers 34 zutreffen dürfte. Wenn eine Muslimin ein gottgefälliges Leben führen möchte und den Koran so versteht, dass dieser ihr eine Kopftuchtragepflicht vorschreibt und sie das Kopftuch trägt, ist dies durch das Grundrecht der Glaubens- und Gewissensfreiheit (oft auch Religionsfreiheit genannt) geschützt. Ebenfalls grundrechtlich geschützt wäre das Tragen des islamischen Kopftuchs aus politisch-weltanschaulichen Motiven, zum Beispiel aus Sympathie zu Gruppierungen, die der Muslimbruderschaft zuzurechnen sind. Wenn eine Frau das islamische Kopftuch nicht nur aus religiösen Gründen, sondern auch deshalb trägt, weil sie eine ablehnende Haltung gegenüber dem Westen hat und beispielsweise mit der Muslimbruderschaft sympathisiert, schadet ihr dies also nicht. Auch das wird geschützt.

Dass das islamische Kopftuch, aber auch weitere Vorschriften der Scharia die hiesige gesellschaftliche Entwicklung beeinflussen, weil sie nicht nur an die einzelne Gläubige appellieren, gesellschaftspolitisch motiviert sind und damit unsere eigenen Gesellschaften zweifelsohne auch normieren oder zumindest beeinflussen, interessiert unsere westlichen Demokratien nicht. Man will aus falsch verstandener Toleranz bewusst nichts dagegen unternehmen, weil die erwähnten individuellen Ansprüche höher gewertet werden, ohne dass die Motive und die Hintergründe solcher Regeln hinterfragt werden, wie ich das in diesem Beitrag getan habe. Bei näherer Betrachtung konkurrieren und widersprechen diese Werte, die hinter dem islamischen Kopftuch, aber auch hinter anderen Regeln der Scharia stehen, fundamentalen Aspekten unserer Gesellschafts- und Rechtsordnung, weshalb wir diesen Umstand nicht achselzuckend hinnehmen sollten. Damit spreche ich bei Weitem nicht „nur" die mühsam erkämpfte Gleichberechtigung der Geschlechter an. Vielmehr denke ich, dass eine Ideologie, die Frauen aus der Gesellschaft verdrängen oder diese sogar aus sittlichen Gründen ausschließen und verstecken will, diskriminierend ist, in ihren Extremformen zweifelsohne auch die Menschenwürde verletzt und in Europa deswegen gesellschaftspolitisch niemals maßgeblich sein sollte. Es ist meines Erachtens an der Zeit, nicht nur die Vollverschleierung, sondern alle Verschleierungsarten zu hinterfragen, und damit auch das islamische Kopftuch – weil es nicht sein kann, dass die in der Scharia verankerten Werte durch die Grundrechte gewährleistet werden, nachdem diese in der Vergangenheit des europäischen Kontinents dafür verantwortlich waren, die Menschen von ähnlichen Zwängen und Werten zu befreien und sie zu emanzipieren. Jedenfalls denke ich nicht, dass die Grundrechte – ein Erbe der europäischen Aufklärung – dazu dienen sollten, eine vormittelalterliche Gesellschaftsordnung mit Geschlechtertrennung sicherzustellen oder die Verbreitung der Ideen von Organisationen wie der Muslimbruderschaft zu gewährleisten, die den westlichen Lebensstil, die westliche Gesellschaft, aber auch die im Westen geformten Grundrechte verachtet und diese für die eigenen Ziele missbraucht.

Anmerkungen

1 So etwa bei Christina von Braun/Bettina Mathes, *Verschleierte Wirklichkeit. Die Frau, der Islam und der Westen*, Gießen 2017, S. 55.

2 Zitiert nach Siegrun Kapferer, *Die Moslembruderschaft. Nativistische Reaktion und religiöse Revitalisierung im Prozess der Akkulturation*, Heidelberg 1972, S. 130.

Der neue Orientalismus

Vermeidungsstrategien & Erlösungsfantasien

Jasmina Krauss

Wirft man einen flüchtigen Blick auf den Populär-Feminismus des Jahres 2018, der sich im Wesentlichen aus Gender- und Queerfeminismus zusammensetzt, könnte man meinen, der Islam sei nicht bloß ein bedeutender Bestandteil der Bewegung, sondern gar ein definierender. Für das unbescholtene Auge mag es sich hierbei um einen modernen Zweig, einen unschuldigen, gut gemeinten Auswuchs ein paar verständnisvoller Individuen handeln. Doch im Gegensatz zu materiellen Analysen der islamgeprägten Realität durch vorangegangene Feministinnen wird heute nicht mehr nur keine Kritik an dieser Religion geübt – jeglicher Ansatz einer solchen wird sofort attackiert, zensiert, als „rechts" denunziert und verboten. So wie im Falle von Professor Richard Dawkins, der eine Absage auf eine Einladung zu einer Sendung von KPFA Radio in Berkeley, Kalifornien aufgrund von islamkritischer „*Hate Speech*" auf seinem Twitter-Account erhielt[1], oder der ex-muslimischen Menschenrechtsaktivistin Maryam Namazie, einem Mitglied des *Council of Ex-Muslims* in England, deren Vortrag an der Warwick University aus Angst vor „Hassverbreitung" gestrichen wurde.[2]

Hätte Alice Schwarzer sich mit ihrer *EMMA* nicht bereits eine jahrelange, treue Gefolgschaft und einen festen Platz im Feminismus aufgebaut, blieben auch einer historischen Frauenrechtlerin wie ihr viele Diskussionen versagt: Seit über 40 Jahren setzt sich die Autorin kritisch mit dem Islam in seinen Herkunftsländern auseinander, hört und zitiert die Stimmen dortiger Feministinnen und der Opfer religiös sanktionierter, patriarchaler Gewalt. Doch wird dieser jahrelange Aktivismus nicht nur gerne übersehen, er wird simplifiziert zusammengepresst zu einem polemischen Gegenstück zur heutigen pro-islamischen Doktrin der neuen Linken: Jedwede Kritik ist ausnahmslos blindem Rassismus zuzuordnen. Unentwegt wird gefordert, gefälligst die Stimmen „wirklicher" Musliminnen anzuhören, nicht die einer „weißen", westlichen, „privilegierten" – deutschen – Frau wie Alice Schwarzer, die – trotz ihres stetigen Kontaktes mit dieser „fremden" Welt – kein wirkliches Verständnis für die Kultur der Anderen aufbringen könne. Lässt sie ansässige Musliminnen oder hierher Geflüchtete in *EMMA* sprechen, die mit ihrer Meinung übereinstimmen, so handele es sich entweder um kulturell deplatzierte Interpretationen oder sorgfältig auserwählte „Kronzeuginnen"[3]. Es bedarf aber nicht einmal einer gestandenen Feministin wie Schwarzer, die islamkritischen Ex- bzw. Post-Musliminnen eine Bühne bietet, um undifferenzierte Reaktionen zu gerieren. Genügend Frauen mit persönlicher Erfahrung, die das Mikrofon auch ohne Beihilfe in die Hand nehmen und von den Gräueltaten in islamisch geprägten Ländern, Gemeinden, Institutionen und Familien erzählen – von dem durch Verbote definierten Lebensalltag, von der Unsichtbarmachung der Frauen in der Öffentlichkeit, von den Kinderehen, von den Genitalverstümmelungen, von der Gewalt sexueller und nicht sexueller Natur, von den Ehrenmorden –, werden ebenfalls mit sprichwörtlichen faulen Tomaten beworfen – sei ihre Ansicht doch nicht repräsentativ für alle. Die deutsch-türkische Autorin Serap Çileli, die als Jugendliche verschleppt und in der Türkei zwangsverheiratet wurde, ist bereits als simples „Stereotyp" diffamiert worden.[4] Frauenrechtlerinnen wie Seyran Ateş oder Necla Kelek hingegen seien qua ihrer minder religiösen Erziehung nicht „muslimisch genug".[5] Seinen Höhepunkt fand diese Methodik in der schmählichen Beleidigung der niederländisch-amerikanischen Politikerin, Frauenrechtlerin und Islamkritikerin Ayaan Hirsi Ali, die sich aufgrund eigener grausamer Erfahrungen in ihrer somalischen Heimat lautstark gegen die Genitalverstümmelung von Mädchen unter dem Deckmantel der – unter anderem islamischen

– Religion einsetzt. Eine der Ikonen des modernen Pop-Feminismus der 2010er Jahre, die palästinensisch-amerikanische Aktivistin Linda Sarsour, hielt es als Reaktion auf den Aktivismus und die Erfahrung Hirsi Alis für angebracht, öffentlich auf ihrer Twitter-Seite den Wunsch zu äußern, ihr die „Vagina wegnehmen zu können", da sie nicht „verdient, eine Frau zu sein".[6] Die allgemeine Reaktion der Genderfeministinnen auf diese grausame, antifeministische Häme? Ohrenbetäubendes Schweigen. Der liberalfeministische Blog *Jezebel* geht sogar so weit, den Fall zwar in einem Artikel über Sarsour zu erwähnen und ihn als „kontrovers" und „vulgär" zu bezeichnen – daraus aber keine Schlüsse hinsichtlich ihrer Qualifikation als Feministin zu ziehen, da sie in ihrer marginalisierten Position gleichermaßen aufgrund stetiger verbaler Angriffe auf ihre Person genug zu erleiden habe.[7]

Wird die Realität der Opfer aber als eine solche erkannt – und das wird sie –, so wird sie trotzdem für nichtig erklärt. Warum wird also die Realität der *einen Einzelnen* über die Realität der *anderen Einzelnen* gestellt? Insbesondere, wenn es sich bei dem Leid der einen Gruppe um ein so viel gravierenderes handelt als bei dem der anderen: Warum werden diejenigen in Schutz genommen, die ja (angeblich) gar keine Unterdrückung von islamischer Seite erfahren, anstatt die, die den Schutz bitter nötig haben? Warum wird alles dafür getan, das Fremde, in diesem Falle „den Islam", so pauschalisiert ins gute Licht zu rücken, anstatt ihn differenziert zu betrachten – so wie es doch regelmäßig von der Gegenseite gefordert wird?[8]

Dies fällt so leicht, da es bei solchen Einwänden nicht um Wahrheitsfindung geht. Vielmehr handelt es sich um ein verstricktes Konstrukt an Vermeidung, Selbstbeschwichtigung und Sehnsuchtserfüllungen. Dieses Konstrukt, diese Mechanismen, gilt es zu analysieren und aufzulösen, denn nur dann sind ein produktiver Feminismus und Aktivismus möglich.

Die Erkenntnis, dass auf der gesamten Welt kein sicherer Zufluchtsort vor allen Abgründen der Menschheit, keine utopische Oase tatsächlichen Humanismus existiert, ist für das von der Globalisierung überforderte Individuum in seiner

Gänze weder intellektuell noch emotional vollständig erfassbar – allem voran beim Thema Gewalt gegen Frauen. Im „Westen" muss frau speziell Vergewaltigungen durch ihr bekannte Männer fürchten, die von den Gerichten selten anerkannt und fast immer zu milde bestraft werden (das Höchstmaß liegt in Deutschland bei gerade mal fünf Jahren Haft). In den USA und in Großbritannien kommt der Mannschaftssportkult hinzu, der bisweilen so stark ist, dass die Täter brutaler Gruppenvergewaltigungen wie im Falle des High-School-Football-Teams aus dem US-amerikanischen Steubenville aus dem Jahre 2012[9] oder der Rugby-Mannschaft eines Vereins der U20-Liga Ireland and Ulster von 2018[10] von UnterstützerInnen um jeden Preis verteidigt werden und Gerichte trotz eindeutiger Beweise oft gar keine Strafen verhängen, da sie die Leben der jungen Männer nicht „ruinieren wollen". Diese Fälle stellen trotz allem große Ausnahmen dar – gegen die von feministischer Seite auch stets lautstark protestiert wird.[11]

Schauen wir hingegen in andere, nämlich ebenjene „nichtwestliche" Teile der Welt, so werden wir konfrontiert mit alltäglichen, von öffentlichen und religiösen Institutionen nicht sanktionierten Gräueltaten, die in ihrer Barbarei unserer Auffassung von Zivilisation diametral gegenüberstehen: Genitalverstümmelungen, die in Ägypten sogar von Abgeordneten gefordert werden;[12] Steinigungen von Frauen für „Verbrechen" wie Ehebruch in Afghanistan, an denen auch mal „örtliche Religionsführer" beteiligt sind;[13] sowie Ehrenmorde, die von einigen muslimisch geprägten Ländern durch kaum vorhandene Strafverfolgung legitimiert werden.[14] Diese Beispiele konzentrieren sich hier auf die islamische Einflusssphäre, da es darum geht zu erfassen, dass gewisse Grausamkeiten mit dieser Religion in Verbindung stehen und diese nicht ignoriert werden soll. Und dass diese Art der Verbrechen, die von öffentlichen Institutionen und der Religion nicht bloß verteidigt, sondern sogar gefördert werden, in dieser Form im Westen einfach nicht existieren – nicht *mehr*.

Nicht wenigen Islamkritikerinnen wird vorgeworfen, die Welt mit westlichen, „imperialistischen" Augen zu betrachten:

erheben sie doch die angeblich unberechtigte Kritik, der Westen sei „erleuchtet“ und „weiterentwickelt“, der islamische Osten hingegen nicht. Dafür zerren Genderfeministinnen gerne das Beispiel der „islamischen Gelehrten“ hervor,[15] die den Westen während seines Dunklen Zeitalters, das von Religion und Irrationalität beherrscht wurde, kulturell und wissenschaftlich nicht bloß bereichert hätten,[16] sondern in jeder Hinsicht um einiges voraus gewesen seien. Sie postulieren also dieselben universellen Werte, in denen Bildung, Fortschritt und Freiheit über religiösem Fundamentalismus stehen. Geht es jedoch um den Islam und seine Auswüchse in der heutigen modernen Zeit, so wird dieser Universalismus für eine pauschale und absolute kulturrelativistische Akzeptanz verworfen. Der Westen hat sich aus dem dunklen Loch befreit – nicht aufgrund einer natürlichen Evolution, sondern aufgrund von Umbrüchen, die von unterdrückten Individuen und deren Unterstützern hart erkämpft wurden. Und die Werte und Ideale, die diese Umbrüche symbolisieren, gilt es zu verteidigen und hochzuhalten. Denn wie an den vielfältigen Geschichten der islamischen Welt zu erkennen ist: Auch ein fortschrittliches, freiheitliches System ist ein fragiles.

Diese Art der Hypokrisie zieht sich durch die gesamten Argumentationen der genderfeministischen Islamverteidigerinnen. Auch werden gerne mal Statistiken vorsätzlich fehlinterpretiert, um die Opposition um jeden Preis von der eigenen Sache zu überzeugen. So versuchte Birgit Rommelspacher in einem Artikel auf der Webseite der Bundeszentrale für politische Bildung von 2009 auf fünf Seiten anschaulich zu machen, wie selbstbewusst und emanzipiert kopftuchtragende Musliminnen in Deutschland doch seien.[17] Sie verwies dabei auf eine Studie der Konrad-Adenauer-Stiftung aus dem Jahr 2006[18], die sich u.a. mit den Lebenszielen der Musliminnen befasst, und schrieb: „Diesen [kopftuchtragenden] Frauen ist die eigene Berufstätigkeit sehr wichtig. […] Sie gleichen hierin in hohem Maße den emanzipierten Frauen der deutschen Mehrheitsgesellschaft.“[19] Schaut man sich jene Statistik jedoch genauer an, stellt man fest, dass beruflicher Erfolg mit gerade mal 58 Prozent erst an zwölfter Stelle steht. Höher priorisiert wurden: Religion und

Familie. Seinen Glauben leben zu können stand mit 95 Prozent an erster Stelle und eine Pilgerreise zu unternehmen mit ganzen 86 Prozent sogar schon an dritter.[20]

Wieso wird also die totale Verteidigung jedweder Kritik vorgezogen und jegliche Konfrontation mit der Realität so vehement abgelehnt? Eine der Ursachen lässt sich mit dem von Freud beschriebenen „Unbehagen in der Kultur" erklären, das auf dem Verzicht der Triebe und Gefühle des „prä-zivilisatorischen" Menschen basiert. Durch die Normen und Autoritäten einer modernen Zivilisation wird sein Leben in enge Bahnen gelenkt, für die es keine höhere – keine zufriedenstellende – Rechtfertigung gibt. Laut Freud sei „der Verzicht [...] einer im Laufe der Kulturentwicklung progressiver gewesen; die einzelnen Fortschritte desselben wurden von Religion sanktioniert", jedoch wurde „das Stück Triebbefriedigung, auf das man verzichtet hatte, [...] der Gottheit zum Opfer gebracht; das so erworbene Gemeingut für ‚heilig' erklärt."[21] Mit der Progressivität einer Kultur steigt also nicht gleichzeitig ihre Sinnstiftung. Werden hingegen die eigenen Triebe für eine höhere, transzendente Macht unterdrückt, so fungiert dieser „heilige Verzicht" als Rechtfertigung für ein im Irdischen entbehrungsreiches Leben.[22]

In dem westlichen Menschen, der eine globale Norm repräsentiere, entsteht eine Sehnsucht, aus der Zivilisation „auszubrechen". In ihrer 1995 erschienenen Aufsatzsammlung *Dominanzkultur* beschreibt Birgit Rommelspacher „die Folge von Selbstzwang und Normalismus [...] u.a." als „ein anhaltendes Bedürfnis nach *Grenzüberschreitung*".[23] Sie führt hierzu die US-amerikanische schwarze Feministin bell hooks an, die dies als Ursache für die Exotifizierung des „Fremden" (speziell der Schwarzen in den USA) beschreibt:

> „Das Verführerische dieser Begegnung liegt so gesehen in dem Versprechen, sie wirke der erschreckenden Macht des Status quo entgegen, der die Identität festlegt – als unabänderlich, statisch, eingeengt und wie tot. [...] Die Weißen hadern mit ihrem Schicksal, immer einer Norm entsprechen zu

> müssen und glauben, die Welt der ‚Erfahrung' liege jenseits von ihnen."[24]

Der „weiße" Westler suche also den Ausweg aus seiner prekären Langeweile in der Kultur des Anderen. Folgte man bell hooks hier, müssten insbesondere die Deutschen für dieses Phänomen anfällig sein: Als im 19. Jahrhundert der erste deutsche Nationalstaat gegründet wurde, fehlte es ihm an einer organisch entstandenen gemeinsamen Kultur. Einen inneren Zusammenhalt fand das deutsche Volk immer nur für die Dauer aggressiver Kriege. Dies kulminierte in dem größten Verbrechen der Menschheitsgeschichte, dem letzten Ereignis, das bei den Deutschen ein unvergleichlich starkes Einigkeitsgefühl auslöste. Als sie nach dem Zweiten Weltkrieg abermals vor das Problem der Selbstfindung gestellt waren, stand der Westen des geteilten Landes allerdings nicht nur in wirtschaftlicher, sondern auch in kultureller Hinsicht unter starkem Einfluss der USA: Amerika gelobte mit Jeans, Hollywood und Coca-Cola das Versprechen der freien Entfaltung, der Echtheit, der Individualität. Sogar im Osten zeugte der Indianerkult von dieser Sehnsucht nach der Ferne, nach der Freiheit. Doch mit der Einigung, der voranschreitenden Globalisierung und der Verbreitung des Internets wurde auch dieser Einfluss als westlich und kapitalistisch – „imperialistisch" – entlarvt. Zu viele unliebsame Gemeinsamkeiten wurden offensichtlich, der Versuch aus dem zivilisierten Ennui auszubrechen, scheiterte. Eine andere, fremdere Kultur musste her, die den Ausbruch und die Flucht in den heiligen Verzicht besser symbolisierte.

Es ist kein Zufall, dass viele Deutsche auf der Suche nach der Erfüllung ihrer Erlösungsfantasie in der islamischen Welt landen, repräsentiert für sie in der alten Tradition des Orientalismus doch kaum eine andere die Idee einer antizivilisatorischen Weltanschauung so treffend. Gemälde, die das gesamte 19. Jahrhundert überspannten, malten sie als einen romantischen Ort besetzt mit Völkern, die mehr im Einklang mit der Natur lebten, im Einklang mit dem Irrationalen, dem Mystischen. Getrieben von Motiven wie Gefühlen, Spiritualität, Glauben, Ehrgefühl und einer unbestimmten Hoffnung darauf, dass das hiesige Weltliche nicht alles sei, ist diese Orientalisierung aktueller denn je. Die durchgängig apologetische Haltung der Genderfeministinnen, in deren Kreisen der *neue Orientalismus* regelrecht aufblüht, zeigt sich erneut an der absoluten Entschuldigung der Zwänge und Missstände in den islamisch geprägten Ländern, da diese nicht nur ausnahmslos auf Kultur zurückzuführen seien, sondern nicht einmal als solche erkannt werden sollen. Dies geht so weit, dass auch hier wieder mit zweierlei Maß gemessen wird: Rommelspacher erkennt in *Dominanzkultur*, dass Familie bei muslimischen Frauen Priorität hat, und postuliert, dass dies für sie eine relative Machtposition bedeute:

> „Diese Vieldimensionalität von Macht hat u.a. zur Folge, daß dieselben Erfahrungen für Frauen durchaus etwas verschiedenes bedeuten können, je nachdem in welchem Kontext sie mit ihren übrigen Erfahrungen stehen. Zum Beispiel bedeutet Familie für Frauen etwas anderes, je nachdem welche Bedeutung die familialen Machtressourcen wie emotionale Unterstützung, Liebe, Vertrauen oder auch das Wissen um persönliche Dinge und Strategien der Familienpolitik in verschiedenen sozialen Klassen und in verschiedenen Gesellschaften jeweils haben. Der Funktionsverlust der Familie in den westlichen Gesellschaften führt auch dazu, daß die familialen Machtressourcen, die vor allem den Frauen zur Verfügung standen, immer weiter entwertet wurden. Insofern läßt sich das westliche Emanzipationsverständnis mit seiner Wertschätzung vor allem beruflicher und politischer Macht durchaus auch als ein Kommentar zum Bedeutungsverlust der Familie in der westlichen Gesellschaft lesen."[25]

Eine Befreiung der Frau ist demnach gar nicht notwendig, da sie bereits eine kulturell spezifische Machtposition innehat: nämlich nicht *außerhalb*, in der Gesellschaft, sondern *innerhalb*, in der

Familie. Die „westliche Feministin" hingegen schiebe die Familie von sich weg, da sie diese als unterdrückendes Moment wahrnehme. Der Kreis der engsten Verwandtschaft kann einen Schutzraum vor der Härte der Gesellschaft bieten, besitzt er jedoch eine zu hohe Vormachtstellung innerhalb dieser Gesellschaft, in der die einzelnen Mitglieder zu Gesetzeshütern deren Werte- und Moralvorstellungen werden, vermag sich dieser Schutzraum in ein Gefängnis zu verkehren. Die Priorisierung von Familie kann in allen Kulturen negative Auswirkungen haben, in einer islamisch-patriarchal geprägten Gesellschaft sind diese jedoch oftmals enorm. Die Mutter fungiert als Sittenwächterin des Haushalts: Sie sorgt dafür, dass ihre Töchter verschleiert und „rein" bleiben, dass ihr Lebensmittelpunkt fortan im Haus liegt; sie schützen sie nicht vor Gewalt, sondern fördern mitunter harsche Sanktionierung bei jeder Überschreitung des Gesetzes. Ihre Söhne hingegen erziehen sie zu den „Prinzen", die sich in ihrem Leben als Nutznießer dieser Gesetze zurücklehnen dürfen. Dies wird von Genderfeministinnen aber keineswegs analysiert, geschweige denn kritisiert – es wird einfach als anders markiert. Und genau an diesem Beispiel zeigt sich das Messen mit zweierlei Maß erneut. Ein anderes System, in dem sich die hohe Machtfunktion der Mutter innerhalb der Familie zeigt, wird im Folgenden am Beispiel des Nationalsozialismus gänzlich anders gewertet:

> „Eine Erklärung mag darin liegen, daß in der Unterordnung der Familie unter die Interessen des Staates die Frauen und ihre Arbeit nicht nur ab-, sondern auch aufgewertet wurden. So wurden Frauen in ihrer Mutterrolle gefördert und geehrt, und zwar nicht nur als Mütter ihrer Kinder, sondern vor allem als Mütter der ‚arischen Rasse' und des ‚deutschen Volkes'. Sie wurden bedeutsam für ‚das Ganze'. Und dabei konnten sie sich auch ein Stück weit aus ihrer persönlichen Abhängigkeit herauslösen."[26]

Die relative Machtposition der Frau wird hier zwar genau so faktisch beschrieben, jedoch werden das System und der dahinterliegende Mechanismus eindeutig kritisiert. Bei den islamischen Familienverhältnissen wird diese Kritik nicht vorgenommen. Die beschriebene „Macht potentieller Denunziation"[27] der Frauen im Nationalsozialismus, die auch islamische Frauen nicht bloß innerhalb der Familie, sondern in Ländern wie Saudi-Arabien oder dem Iran in Form von (freiwilligen) Sittenwächterinnen auch in der Öffentlichkeit innehaben, wird gänzlich übergangen. Parallelen werden nicht erkennbar gemacht – nicht wegen fehlender Erkenntnis, sondern aufgrund absoluter Verdrängung. Ein ausnahmslos differenzierter Blick auf *alle* Systeme wird nicht gefordert, die Kritik endet stets an demselben Punkt: Aus „unserer" westlichen Sichtwarte, mit „unserer" kulturellen Prägung bleibt uns ein substanzielles Verständnis auf ewig verborgen.

Was hier geschieht, ist also eine absolute Vermeidung der Realität auf allen Ebenen: Der Sehnsüchtige möchte sich von sich selbst entfernen und seine eigene Realität vermeiden. Er möchte sich nicht mit den tatsächlichen Problemen seiner Zivilisation auseinandersetzen, da ihm diese viel zu komplex erscheinen und eine absolute, rohe Entblößung seiner selbst erfordern würden. Er weigert sich, Zugehörigkeit zu zeigen. Sogar Rommelspacher erkennt korrekt: „Die Deutschen, das sind immer die anderen."[28] Diese Flucht vor sich selbst führt in das Fremde, das als solches und nur als solches angenommen und einverleibt werden möchte. Eine realistische Betrachtung wiederum würde bedeuten, dass der Fremde ebenfalls nur ein komplexer Mensch ist wie er, der, so wie seine Kultur, gute und schlechte Züge hat. Seine tribalistische Erlösungsfantasie würde verpuffen, die Neuorientierung in den Orient wäre misslungen. Aus genau diesem Grund soll das Klischeebild des pauschal Neutralen und aufgrund seines präzivilisatorisch natürlichen Zustandes – wie bei einem Tier – Guten erhalten bleiben, damit der moderne Orientalist die Projektionsfläche für seine Vermeidungsstrategie beibehalten kann.

Diese „positive Dehumanisierung" des Muslims erfolgt jedoch nicht bloß durch die Pauschalisierung seiner Kultur, sie geschieht ebenfalls durch das Absprechen jeglicher Eigenverantwortung. Gesteht eine Genderfeministin doch mal, dass es auch schlechte Auswüchse des Islams gibt, so geschieht dies nicht ohne das obligatorische Anhängsel, dass der Westen doch daran schuld sei. Auch Rommelspacher schreibt: „So ist etwa der Fundamentalismus in einigen islamisch geprägten Ländern sicherlich auch eine Reaktion auf den Kulturimperialismus der westlichen Welt."[29]

Diese „Tatsache" erfolgt entweder ohne jede weitere Erläuterung, sei sie doch selbstverständlich, oder wird von kurzgreifenden Analysen der westlichen Interessen untermalt. In jedem Fall unterstellt sie aber den muslimischen Gesellschaften, dass ein rationales Handeln gar nicht möglich sei, dass Verbrechen solcher Brutalität von Einzeltätern sowie von Terrorgruppen wie dem IS nur natürliche Reaktionen auf Auslöser des „imperialistischen Westens" seien – selbst wenn sie sich gegen die eigene Bevölkerung wenden. „Der Muslim" wird nicht bloß verkindlicht, er wird erneut zum Wilden stilisiert, dessen Ehrverletzung ausschließlich in emotionsgeladenen, brutalen Racheakten kulminieren kann – sind seine Reaktionen doch mehr Instinkt als Verstand. Diese Art der Erklärung rührt aber nicht ausschließlich von den Verteidigern her, sie wird auch von den Attentätern selbst verwendet, wie z. B. dem Pakistani, der 2016 in einer Würzburger S-Bahn Menschen mit einem Beil und einem Messer schwer verletzte. In seinem Bekennervideo erklärte er: „Die Zeiten sind vorbei, in denen ihr in unsere Länder gekommen seid, unsere Frauen und Kinder getötet habt und euch keine Fragen gestellt wurden […]. So Gott will, werdet ihr in jeder Straße, in jedem Dorf, in jeder Stadt und auf jedem Flughafen angegriffen."[30] Anstatt jedoch anzuerkennen, dass diese Erklärung in einer zivilisierten Gesellschaft keine Rechtfertigung darstellen darf, wird eine Ausnahme gemacht, da unsere gesamtwestliche Schuld historisch eine so viel größere sei und wir es letztlich doch irgendwo verdient hätten.

Eine Rückbesinnung auf die koloniale Vergangenheit, die nahezu alle westlichen Mächte eint, befeuert die Existenz dieser Schuldgefühle. Hinzu kommen Militäreinsätze, etwa US-Interventionen wie zuletzt im Irak, die unabhängig von ihrer politischen Bewertung unweigerlich negative Konsequenzen mit sich ziehen. In Deutschland werden diese Emotionen von Kindheitsbeginn an durch entsprechende Schulbildung hervorgerufen; Deutsche wachsen mit dem Schuldbewusstsein des größten Verbrechens der Menschheitsgeschichte auf, das von ihren (Ur-)Großeltern mitverursacht wurde. Doch verursachen diese Gewissensbisse unabhängig ihrer korrekten Bewertung weder eine tiefgreifende Auseinandersetzung damit, noch führen sie zu produktiven Lösungsansätzen. Die „absolute Machtposition" des Westlers, der sich die Welt Untertan gemacht hat, bedeutet also ein pauschales „Zurückhalten", wenn es um die Analyse sowie um die Rettung der Welt geht. Natürlich ist die Historie europäischer Mächte, die unter falschen Vorwänden versuchten, die Welt zu retten, nicht außer Acht zu lassen. Doch wird gerne ignoriert, dass bereits Einigkeit bezüglich der historischen Fakten herrscht und diese Begründung in einem feministischen Streit eine überflüssige ist. Gerne wird hierbei die Aufmerksamkeit auf die Kreuzzüge gelenkt, die als Strohmann-Argument dafür dienen, das Christentum als Legimitierung zu diskreditieren.[31] Einer kritischen Auseinandersetzung mit dem imperialistischen Islam soll hiermit der Riegel vorgeschoben werden. Da es sich bei feministischer Islamkritik aber generell um Kritik an patriarchaler Religion handelt, ist ein solcher Vergleich erst recht redundant.

Flüchtlinge sollen alle #ausnahmslos aufgenommen werden, gilt es doch, weiterhin Buße zu tun für die Vergangenheit und für alle Ewigkeit. Doch möchte diese pazifistische Weltsicht militärische Einsätze in Kriegsgebieten um jeden Preis verhindern, selbst wenn ein Eingreifen die objektiv rationalere Lösung des Problems darstellen würde. So gibt es doch keine perfidere Art des Wegsehens als den Pazifismus.

Dass sich dieser Auswuchs der Nichtverarbeitung von Schuldgefühlen ins Gegenteil umkehren kann, lässt sich am Beispiel der Juden und Israel ablesen: Kaum eine andere ethnische Gruppe wird aus kulturellen und religiösen Gründen so verfolgt wie diese, kaum ein Unterdrückungsmechanismus ist so stark verbreitet wie der Antisemitismus. Trotz der unsäglichen

Verbrechen gegen sie funktioniert die Methode der Opfermachung der Juden nicht – handelt es sich bei ihnen nämlich nicht um „gute Opfer". „Der Jude" steht uns zu nahe: Seine Kultur entspringe der „unseren", „er" wird als „weiß" gelesen und vor allem als eines: nicht hilfsbedürftig, sondern stark, wohlhabend und wehrhaft. Dass der Israel/Palästina-Konflikt um einiges komplexer ist als ein Dafür oder Dagegen, damit hat sich der Linke schon seit jeher schwergetan. Selbst Linda Sarsour postuliert: Zionistin und Feministin – das geht nicht.[32] Hingegen bieten die Palästinenser die ideale Projektionsfläche für die Sehnsucht nach einer simplifizierten Dichotomie: Mögen sie noch so viele Grenzen anzünden, noch so viele Raketen auf Israel feuern, noch so viele Selbstmord- und sonstige Terroranschläge verüben – jedes Verbrechen gegen unschuldige Israelis gilt ausschließlich als „verständlicher Racheakt" bzw. Teil des notwendigen „Befreiungskampfes" gegen einen „imperialistischen Unterdrücker". Schaut man in den Westen, so wird auch da der jüdische „Großkapitalist" wegen seiner vermeintlichen Gier und speziell in den USA & Hollywood wegen seiner Vetternwirtschaft innerhalb seiner „Mischpoken" kritisiert. Die Priorisierung der Familie gilt es hier nicht als kulturell neutral einzuordnen, zeugt sie in diesem Falle doch von der Ausnutzung der eigenen absoluten Machtposition auf ethnischer und ökonomischer Ebene. Gerne wird bei dem Ganzen vergessen, dass viele Juden denselben ethnischen Ursprung wie arabische Muslime haben und deshalb auch über ähnliche physiognomische Merkmale verfügen. Dass es sich bei einem Großteil der Einwohner Israels um friedliebende sunnitische Araber handelt, wird auch übergangen.

Trotz der ebenfalls starken Religiosität zeugt der jüdische Staat als kulturelle Insel des Fortschritts gegenüber seinen islamischen Nachbarn eindeutig von Innovation im arabischen Raum, und zwar in allen Bereichen: medizinisch, technologisch und militärisch. Doch wer heute die Macht über komplizierten Fortschritt hat, der kann kein guter Mensch sein. Hingegen werden fundamentalistische, orthodoxe Rabbis – oftmals zu Recht – kritisiert und als Beispiel für rückständige religiöse Gesellschaftsideale hingehalten. Eine universalistische Anwendung dieser Kritik? Fehlanzeige. Denn der „anti-zivilisatorische Muslim" verfügt nur über seine Religion, „der Jude" hingegen trägt mit seinem Judenstern das Machtsymbol am Revers. Hier reichen weder Religion noch die an ihm und seinem Volk begangenen Verbrechen als Rechtfertigung aus; hier gelten sie nicht als „Entschuldigung" für die Wehrhaftigkeit des eigenen Landes.

Es ist ein generelles Problem der Jugend, sich nicht mit dem eigenen Selbst auseinandersetzen zu wollen, gibt es doch selten ein angsteinflößenderes und schmerzhafteres Unterfangen. Trotzdem möchte dieser Beitrag ein Appell an sie sein, sich den Komplexitäten aller Kulturen und Gesellschaften zu stellen. Er möchte ein Appell an die westliche Linke sein, die Existenz universeller Werte und absoluter Freiheit, freier Entscheidung und freier Entfaltung zu verteidigen und global nach ihnen zu streben. Ein Appell für die Priorisierung der Wahrheitsfindung und gegen deren willkürliche Angleichung je nach Opposition. Der Kampf für die Akzeptanz von Geflüchteten und gegen pauschale Fremdenfeindlichkeit ist ein ehrenwerter – doch ist er weder mit Verdrehungen noch mit Verdrängungen von Tatsachen zu gewinnen.

Anmerkungen

1 Alison Flood, „Richard Dawkins event cancelled over his ‚abusive speech against Islam'", *The Guardian*, 24.07.2017, https://www.theguardian.com/books/2017/jul/24/richard-dawkins-event-cancelled-over-his-abusive-speech-against-islam (letzter Abruf: 23.07.2018).

2 Simon Gilbert, „Speaker banned from Warwick University over fears of offending Islam", auf: *Coventry Live*, 25.09.2015, https://www.coventry-telegraph.net/news/coventry-news/speaker-banned-warwick-university-over-10136555 (letzter Abruf: 23.07.2018).

3 Yasemin Shooman, „Einblick gewähren in die Welt der Muslime", in: Iman Attia/Swantje Köbsell/Nivedita Prasad (Hg.), *Dominanzkultur reloaded. Neue Texte zu gesellschaftlichen Machtverhältnissen und ihren Wechselwirkungen*, Bielefeld 2015, S. 47-58, hier: S. 47.

4 Ebd., S. 49.

5 Ebd., S. 51.

6 Linda Sarsour, Tweet vom 08.03.2011. Darin heißt es: „Brigitte Gabriel=Ayaan Hirsi Ali. She's asking 4 an a$$ whippin'. I wish I could take their vaginas away – they don't deserve to be women." Archiviert unter: https://web.archive.org/web/20170126231900/https:/twitter.com/lsarsour/status/45297251513401344 (letzter Abruf: 25.07.2018).

7 Prachi Gupta, „The Demonization of Linda Sarsour", auf: *Jezebel*, 08.09.2017, https://jezebel.com/the-demonization-of-linda-sarsour-1797537513 (letzter Abruf: 25.07.2018).

8 Für ein genderfeministisches Beispiel, das im Anschluss an Birgit Rommelspacher fordert zu „differenzieren", aber bei diesem Plädoyer stehenbleibt, siehe Sabine Hark/Paula-Irene Villa, *Unterscheiden und herrschen. Ein Essay zu den ambivalenten Verflechtungen von Rassismus, Sexismus und Feminismus in der Gegenwart*, Bielefeld 2017, S. 35.

9 Jennifer Preston, „How Blogger Helped the Steubenville Rape Case Unfold Online", auf: *The New York Times*, 18.03.2013, https://thelede.blogs.nytimes.com/2013/03/18/how-blogger-helped-steubenville-rape-case-unfold-online/ (letzter Abruf: 25.07.2018).

10 Jack de Menezes, „Ulster and Ireland rugby players Paddy Jackson and Stuart Olding found not guilty in rape trial", auf: *The Independent*, 29.03.2018, https://www.independent.co.uk/sport/rugby/rugby-union/news-comment/paddy-jackson-rape-trial-not-guilty-sexual-assault-stuart-olding-verdict-ulster-ireland-rugby-a8277616.html (letzter Abruf: 25.07.2018).

11 Jane Dalton, „Thousands march ‚in support of complainant' after Irish rugby players are cleared of rape", auf: *The Independent*, 01.04.2018, https://www.independent.co.uk/news/uk/crime/paddy-jackson-stuart-olding-ireland-rugby-internationals-march-protest-demonstration-cleared-rape-a8283861.html (letzter Abruf: 25.07.2018).

12 Lisa Daftari, „Egyptian MP calls on women to undergo FGM, reduce their sexual appetite", auf: *The Foreign Desk*, 05.09.2016, http://www.foreigndesknews.com/world/middle-east/egyptian-mp-calls-women-undergo-fgm-reduce-sexual-appetite/ (letzter Abruf: 23.07.2018).

13 o.A., „Junge Frau in Afghanistan gesteinigt", auf: *WELT Online* 03.11.2015, https://www.welt.de/politik/ausland/article148395283/Junge-Frau-in-Afghanistan-gesteinigt.html (letzter Abruf: 23.07.2018).

14 Siehe unter anderem: Zahra Ullah, „Is Pakistan finally doing something about ‚honor killings'?", auf: *CNN.com*, 26.07.2016, https://edition.cnn.com/2016/07/25/asia/pakistan-honor-killing-bill/index.html (letzter Abruf: 25.07.2018). Oder auch: Robert Fisk, „The lie behind mass ‚suicides' of Egypt's young women", auf: *The Independent*, 09.09.2010, https://www.independent.co.uk/voices/commentators/fisk/robert-fisk-the-lie-behind-mass-suicides-of-egypts-young-women-2074229.html (letzter Abruf: 25.07.2018).

15 So etwa Christina von Braun/Bettina Mathes, *Verschleierte Wirklichkeit. Die Frau, der Islam und der Westen*, Gießen 2017, S. 230-242.

16 So Birgit Rommelspacher, *Dominanzkultur. Texte zu Fremdheit und Macht*, Berlin 1995, S. 42.

17 Birgit Rommelspacher, „Zur Emanzipation ‚der' muslimischen Frau", auf: *bpb.de*, 23.01.2009, http://www.bpb.de/apuz/32234/zur-emanzipation-der-muslimischen-frau?p=all (letzter Abruf: 26.07.2018).

18 Frank Jessen/Ulrich von Wilamowitz-Moellendorff, „Das Kopftuch – Entschleierung eines Symbols?", in: *Zukunftsforum Politik*, Nr. 77, Sankt Augustin/Berlin 2006.

19 Birgit Rommelspacher, „Zur Emanzipation ‚der' muslimischen Frau".

20 Frank Jessen/Ulrich von Wilamowitz-Moellendorff, „Das Kopftuch – Entschleierung eines Symbols?", S. 30.

21 Sigmund Freud, „Die ‚kulturelle' Sexualmoral und die moderne Nervosität", in: ders., *Studienausgabe*, Band IX: F*ragen der Gesellschaft/Ursprünge der Religion*, Frankfurt am Main 1982, S. 9-32, hier: S. 18.

22 Siehe dazu Sigmund Freud, „Zwangshandlungen und Religionsübungen", in: ders., *Studienausgabe*, Band VII: *Zwang, Paranoia und Perversion*, Frankfurt am Main 1982, S. 11-22.

23 Birgit Rommelspacher, *Dominanzkultur*, S. 34 (Hervorhebung im Original).

24 bell hooks, *Black Looks. Popkultur – Medien – Rassismus*, Berlin 1994, S. 35.

25 Birgit Rommelspacher, *Dominanzkultur*, S. 29.

26 Ebd., S. 105.

27 Ebd.

28 Ebd., S. 189.

29 Ebd., S. 100.

30 o.A., „Axt-Attacke bei Würzburg: Ermittler halten IS-Video des Zug-Attentäters für echt", auf: *FAZ.net*, 19.07.2016, http://www.faz.net/aktuell/politik/axt-attacke-bei-wuerzburg-ermittler-halten-is-video-des-zug-attentaeters-fuer-echt-14347856.html (letzter Abruf: 25.07.2018).

31 Birgit Rommelspacher, *Dominanzkultur*, S. 22, ebenso Christina von Braun/Bettina Mathes, *Verschleierte Wirklichkeit*, S. 139.

32 Collier Meyerson, „Can You Be a Zionist Feminist? Linda Sarsour Says No", auf: *The Nation*, 13.03.2017, https://www.thenation.com/article/can-you-be-a-zionist-feminist-linda-sarsour-says-no/ (letzter Abruf: 25.07.2018).

„Bis selber du dich ganz vergisst“

Der spirituelle Islam und die Sehnsucht der westdeutschen Bourgeoisie

Zeinab Shaker

„Ich sehe so viele Menschen,
denen [die Aufklärung] nicht genügt,
denen es schlecht geht.
Jedes Mal, wenn ich auf eine Beerdigung gehe,
spüre ich, dass der Atheismus unserer Gesellschaften
unerträglich geworden ist.“
Michel Houellebecq[1]

„Und denke so inständig Gottes
bis selber du dich ganz vergisst,
dass du im Gerufenen aufgehst
wo Rufer und Ruf nicht mehr ist.“
Rumi[2]

2016 ging der Religionswissenschaftliche Medien- und Informationsdienst von ca. 10.000 MuslimInnen in Deutschland aus, die in Sufi-Gemeinschaften involviert sind. Die anhängerstärkste davon ist der Naqschbandīya-Orden, gefolgt vom Burhani-Orden. Unter deren Angehörigen gibt es einen bedeutsamen Anteil an deutschen KonvertitInnen. Einen Überblick darüber, wie deutsche Intellektuelle zum Sufismus kamen und wie er in Deutschland gelebt wird, soll dieser Beitrag geben. Dabei greife ich auch auf mein Wissen und meine Erfahrungen zurück, da ich in einen Sufi-Orden geboren wurde und ein deutsches, konvertiertes Elternteil habe.

In letzten Jahren ist von einer Renaissance der Religionen und einem Rückgang der Säkularisierung die Rede. Es geht um das Phänomen, dass sich zunehmend westliche Menschen zwar von den Kirchen als Institutionen der Religion distanzieren, sich aber dem Spirituellen oder dem als spirituell Empfundenen verstärkt widmen.[3] Spirituell ist dabei, was religiöse Ausübung ist, aber dabei unkonventionell, individuumszentriert und nicht institutionalisiert wirkt – als Gegenentwurf zu den Kirchen und deren schwerfälligem Glaubensapparat. Der Neu-Spirituelle scheint mit den neuen spirituellen Möglichkeiten konsumierbare und an seinen persönlichen Bedürfnissen orientierte Wege zu suchen. Vermeintlich abseits von „Kapitalismus und Konsum" möchte er sich selbst erfahren können. Gibt es diese individuelle und freie Spiritualität in Sufi-Orden?

In Deutschland beginnt die Geschichte der Sufis in der Zeit des Ersten Weltkriegs. Der damalige Sultan-Kalif des Osmanischen Reiches rief Muslime aus den kolonialisierten Ländern, die für England oder Frankreich kämpften, dazu auf, als Jihadis gegen ihre Kriegsherren zu rebellieren. Deutschland unterstützte den Vorstoß. Eine große Zahl muslimischer Kriegsgefangener, die auf Seiten der Gegner Deutschlands gekämpft hatten, war im Halbmondlager in Wünsdorf bei Zossen interniert. Um sie auf die Seite der deutsch-fundamentalmuslimischen Koalition zu holen, wurde für sie die erste Moschee in Deutschland gebaut. Zeitgleich, 1922, wurde der Imam Sadr ud-Din von der Ahmadiyya-Bewegung von Indien nach Deutschland geschickt, um für diese und für den Islam zu missionieren. Drei Jahre später wurde deren Moschee in Berlin-Wilmersdorf eröffnet, während die aus Holz gebaute Zossener Moschee verfiel. Diese Gemeinde ist bis heute aktiv. Die missionarischen Aktivitäten von Sadr ud-Din und die Akzeptanz der deutschen Institutionen legten die Grundsteine für eine akademische und später gesellschaftliche Auseinandersetzung mit und Annäherung an den spirituellen Islam.

Für das Nachkriegsdeutschland spielte insbesondere die Islamwissenschaftlerin Annemarie Schimmel (1922-2003) eine Rolle, die sich in ihren Werken intensiv mit dieser Strömung auseinandersetzte und viel dazu beitrug, sie im deutschsprachigen Raum und darüber hinaus bekannt zu machen. Ihre Rechtfertigung dieser Popularisierung sparte Kritik aus. So bezeichnete sich Schimmel etwa 1995, um ihre wiederholt kontroversen, da affirmativen Äußerungen zur Scharia und ähnlichen Belangen zu erklären, als einen „absolut unpolitische(n) Mensch[en]“: Zuvor hatte sie auf die Todesfatwa gegen Salman Rushdie mit Verständnis reagiert, da „erwachsene Männer geweint haben, als sie erfahren haben, was in den *Satanischen Versen* steht.“[4] Statt Analyse zeichnet sich Schimmels Werk durch Verbrämungen und Huldigungen für Vulvaverstümmelung, Fundamentalismus und Repressionen durch islamische Regimes aus. Konkret betrachtete sie beispielsweise die Genitalverstümmelung allein unter dem Gesichtspunkt der in diesem Zuge gefeierten Initiationen und sah den Fundamentalismus als Antwort auf „die übertriebene Modernisierung“ wie die „Zerrbilder, die von der westlichen Zivilisation ausgehen.“[5] Kritik am islamischen Regime im Iran, für das sie auch publizierte (z. B. in der Zeitschrift *Spektrum Iran,* herausgegeben von der Iranischen Botschaft in Bonn) wehrte sie stets ab; Fragen nach der Situation der iranischen Frauen beantwortete sie mit dem Hinweis auf starke weibliche Figuren in der islamischen Mystik.[6] Schon bevor sich Schimmel unmissverständlich mit dem schiitischen Regime in Teheran solidarisierte und gegen seine Opfer stellte, hatte sie sich damit begnügt, vor den Verbrechen die Augen zu verschließen und sich in ihre spirituellen Texte zu vertiefen. Ein Muster, das bereits aus ihrer Tätigkeit im Nationalsozialismus bekannt war: Sie promovierte 1941 zur Stellung des Kalifen und der Qadis im spätmittelalterlichen Ägypten. Unter Joachim von Ribbentrop arbeitete sie als Übersetzerin im Auswärtigen Amt. Von der Verfolgung von Juden, Kommunisten und Homosexuellen durch die Nazis wollte sie nichts mitbekommen haben.[7] Diese Form der Nicht-Auseinandersetzung erinnert nicht zufällig an den Umgang heutiger Sufi-KonvertitInnen mit den eklatanten Widersprüchlichkeiten ihrer Religion.

Diese Nicht-Auseinandersetzung zeigt sich unter anderem in der Tendenz, das Ursprungsland der gewählten spirituellen Strömung zu romantisieren und dabei das Unrecht und Leid, dass oft in den dortigen Gesellschaften herrscht, zu ignorieren.

Diese Idealisierung bleibt auch bestehen, wenn die AnhängerInnen bereits durch die obligatorischen Pilgerfahrten Länder wie beispielsweise den bürgerkriegsgebeutelten Sudan aus nächster Nähe kennengelernt haben. In Erzählungen scheint es dann oft, als wären die seligen europäischen JüngerInnen in Parallelwelten gereist, die nur zufällig denselben Namen tragen wie einige der an Hoffnung ärmsten Länder dieser Welt.

Die Bewegungen der 1970er und 1980er Jahre waren in Westdeutschland geprägt von der Suche nach esoterischen Praktiken, die für Deutsche neu waren, aber den Ruch des Althergebrachten und spirituell Verwurzelten besaßen. Das Interesse am breiten Spektrum alternativer und esoterischer Heilverfahren für Körper und Psyche wuchs – insbesondere in den Großstädten; vor allem AkademikerInnen, die sich von ihren christlichen Wurzeln abwandten und als AtheistInnen verstanden, fühlten sich vereinzelt und spirituell unbefriedigt. Der Soziologe Gerhard Schmidtchen sieht die Wurzel des protestantischen Suchens nach „Unwiderlegbarkeit", Struktur und Überzeugt-sein-Können in der reformatorischen Zerschlagung der religiösen Institutionen und ihrem universalistischen Anspruch der Welterklärung. In dieser Rationalisierung des Glaubens wird der Protestantismus einerseits zur Diesseitsreligion ohne Heilsversprechen, andererseits individualisierter Glaube, der vom Individuum einfordert, aktives Subjekt der Religionsausübung zu sein. Entgrenzung und Transzendenz werden für die Gläubigen zur vor allem selbstverantworteten Praxis. Die JüngerInnen esoterischer Praktiken sind davon zugleich abgestoßen und folgen diesem Konzept: In Reaktion auf die Moderne suchen sie das jeweils neueste und zugleich antimodernste Konzept mit dem Nimbus des Althergebrachten und Fremden und sehen darin eine Befriedigung der Sehnsucht nach Mythos.[8] Der Islam bietet einen weiteren Vorteil gegenüber den etablierten christlichen Religionen, nämlich den Ausweg aus dem etwas komplizierten Konzept der religiösen Dreifaltigkeit. Die spirituelle Autorin Anna Platsch schildert in ihrem autobiografischen Bericht *Offenes Siegel*, das ihre *Reise zu Sufis und Muslimen* dokumentiert, die muslimische Antwort auf Jesus („ein Mensch in der Kette der Propheten"). Die Uneindeutigkeit der Rolle Jesu als Mensch, Sohn Gottes und Gott stellte für sie eine der brennenden Fragen ihrer Jugend dar, die sie im Islam zufriedenstellend auflösen konnte: „Wie konnte denn ein Mensch – Jesus – Gott sein?“[9] Im Islam ist Jesus nur Mensch, Allah hingehen ist eine einheitliche Entität.[10] Die Bedeutung dieser Sichtweise wird daran deutlich, wie häufig KonvertitInnen ihre Zuwendung zum Islam so begründen. Dass Jesus trotzdem weiterhin eine Rolle im Islam spielt, scheint eine tröstliche Wirkung und das Vertraute im Neuen zu sein.

Das Aufkommen des Sufismus in Deutschland geschah im Kontext der Abwendung von weltlichen Problemen wie Krieg, Umweltzerstörung und der Verschärfung kapitalistischer Anforderungen, indem die spirituelle Suche als rettend in den Vordergrund trat. In den 1970er Jahren boten sich verschiedenste Wege für diese Suche nach einem vermeintlich nachhaltigeren Leben an. Spirituelle Reisen nach Indien oder zu Native Americans, bewusstseinserweiternde Drogen, meditative Praktiken aus Fernost, schamanistische Rituale – einzelne Personen konnten so in kurzer Zeit viele Elemente aus verschiedensten Richtungen ausprobieren und kombinieren. So wurde sich in feministischen Kreisen um eine von den etablierten Religionen abgrenzende weibliche Spiritualität bemüht, die „oft auf eine sogenannte Ur-Religion, die in der Anbetung der Weiblichkeit und ihrer Schöpfungskraft bestand, bevor das Patriarchat und das Kriegertum sie zerstörten.“[11] Dabei wurden Bestandteile aus Paganismus, Christentum und anderen Richtungen übernommen und im Sinne einer weiblichen Ur-Religion und eines Ur-Matriarchats gedacht.

Die Psychotherapie wandelte und bewegte sich weg von Freud. Stattdessen orientierte man sich einerseits an Jung und dessen Vorstellung vom Unterbewussten als schöpferische Instanz[12], die als eigenständige Entität außerhalb der Menschen existiere, andererseits legte die Kognitive Wende in der Psychotherapie den Grundstein dafür, dass nicht nur Verhalten, sondern auch Gedanken und das innere Wohlbefinden eine Frage des Willens jedes Einzelnen wurden. ÄrztInnen und PsychotherapeutInnen griffen den *New Age*-Trend auf. Die Homöopathie trat ihren Siegeszug an und PsychologInnen arbeiteten mit Transpersonaler Psychologie, „die eine Erweiterung des psychologischen Forschungsfeldes um jene Bereiche menschlichen Erlebens und Verhaltens anstrebt, die oft mit dem Begriff ‚Spiritualität' bezeichnet werden."[13] Zentral waren mythische und außerkörperliche Erfahrungen, die man durch Körperarbeit, schamanistische Übungen, LSD und Meditation erreichen wollte. Eine zentrale Methode waren auch die Drehtechniken der Sufis.[14]

In dieser Anfangszeit der *New Age*-Bewegung in den 1970er Jahren gelangte der Sufismus als spirituelle Ausübungsform des Islam in das Bewusstsein der Westdeutschen. Über die psychotherapeutischen Kurse erlangte der Ägypter Salah Eid Bekanntheit. Seine Auslegung des Islam ermöglichte den Anschluss an einen Sufismus, der sich als eine Option spiritueller Lebensgestaltung und als potenzielle Antwort auf drängende, existenzielle Fragen anbot.

Eid hatte in den 1960er Jahren in Heidelberg in Politikwissenschaften promoviert. 1969, als er sich in seiner Heimat aufhielt, wurden aufgrund des Sechstagekriegs Notstandsgesetze erlassen, unter denen Eid ohne Prozess für zwei Jahre in Haft genommen wurde. Im Gefängnis beschäftigte er sich mit mystischen Übungen. Er wurde nach seiner Freilassung Schüler von *Maulana* Sheikh Mohamed Osman (*Maulana* ist der Titel für den verehrten Scheich, zu deutsch: „unser Meister"). Dieser hatte den Sufi-Orden Tariqqa Burhaniyya wiederbelebt, der ursprünglich, im 13. Jahrhundert, von den Imamen und Predigern Sayyidi Abul Hasan ash-Shadhuli und Sayyidi Ibrahim al Disuqi gegründet worden war.

Mohamed Osman erteilte Eid die Lehrerlaubnis, mit der dieser nach Westdeutschland zurückkehrte. In Berlin-Kreuzberg sammelte er Ende der 1970er Jahre eine internationale Gruppe aus vornehmlich deutschen Intellektuellen um sich, mit denen er verschiedene Sufi-Techniken spiritueller Meditation einübte.[15] Dazu gehörte das *Dhikr* (hierbei werden kurze Phrasen oder Gebete laut oder still für sich wiederholt, um sich in ihre Bedeutung zu vertiefen).

Von den deutschen Intellektuellen wurden die Lehren „als universelle, spirituelle Psychologie rezipiert"[16]: Sie verstanden die Betätigungen als einen Weg der Selbsterfahrung und -erkenntnis. Als genuin islamisch verstanden sie die Praktiken zunächst nicht. Viele TeilnehmerInnen, die teils später konvertierten, berichten, dass sie sogar mit einer den Islam ablehnenden Einstellung zu Eid (oder anderen Sufi-Lehrern) gekommen waren und dort durch sein Charisma, seine Herzlichkeit und die spirituellen Erfahrungen überzeugt wurden, sich der Sufi-Gemeinde anzuschließen. Eid versicherte den TeilnehmerInnen, dass sie auch sufistische ChristInnen sein könnten. Viele hatten jedoch keine Religion (mehr), in die sie die Spiritualität der Sufis hätten einbinden können. Hierzu Anna Platsch:

> „Erfüllt und verwirrt tapste ich im Halbdunkel die Treppe hinunter. Ich – Muslimin! Nie und nimmer. Ich hatte viele Jahre politische Arbeit in München hinter mir, war in der Berliner Frauenbewegung aktiv gewesen, hatte die aus Amerika hereinbrechende Welle der humanistischen Psychologie voll ausgeschöpft – ich konnte jetzt doch nicht zurück ins Mittelalter! Aber ich hatte schon den Duft der Essenz eingezogen ...“[17]

Salah Eid verunglückte 1981 tödlich – nach einer für viele seiner neuen AnhängerInnen kurzen, aber heftigen und bewegenden Zeit. Das „Sufi Zentrum Haus Schnede“, das er 1979 zusammen mit Hussein Abdul Fattah in der Lüneburger Heide gegründet hatte, blieb jedoch Zentrum der deutschen Burhanis. Anfangs fanden weiterhin *Dhikrs* wie gewohnt statt; es wurden Vorträge und Seminare gehalten, u. a. von der Naqschbandi-Sufi-Lehrerin Irina Tweedie. Wie schon zu Eids Lebzeiten nahmen auch Bhagwan-AnhängerInnen und andere Gäste an den Zusammenkünften teil, was 1983 einen von Burhani-Anhängern als reißerisch und übertrieben empfundenen *Stern*-Artikel („Bhagwan ist out, Allah ist in“) nach sich zog, der die Konkurrenz zwischen der Bhagwan-Bewegung und dem Sufismus thematisierte.

1981 kam es in Westdeutschland durch den Tod von Salah Eid sowie auch 1983 länderübergreifend, bedingt durch den Tod des internationalen Oberhaupts *Maulana* Sheikh Mohamed Osman, zu einem Machtvakuum, das verschiedene männliche Anwärter füllen wollten. Letztlich entschied Sheikh Mohamed Osmans Sohn, *Maulana* Sheikh Ibrahim, diesen Konflikt für sich und übernahm die Führung über den Orden. Die Konflikte sind ein Zeichen für die zentrale Fixierung auf eine personalisierte Autorität im Sufismus. In hierarchischer Struktur konzentrieren sich bei Sufi-Orden die Gläubigen besonders auf die Figur des *Maulanas*, der auf extreme Weise verehrt wird und als sagenumwoben gilt. Im Gegensatz zum sunnitischen Mainstream glauben Sufis, dass es nach dem Tod des Propheten Mohammeds spirituelle Mittler zwischen Menschen und Gott gegeben habe und nach wie vor gebe und dass ihre Sheikhs solche Mittler seien. Einem Sheikh, der den Titel *Maulana* trägt, wird als „Heiligem" gehuldigt; die Überzeugung ist, er stehe mit der spirituellen Welt in Kontakt. Einerseits wird seine körperliche Anwesenheit als Segen empfunden, andererseits könne er auch ohne körperliche Anwesenheit auf wundersame Weise helfen.

Als die deutschen Sufis noch Salah Eid als zentrale Figur hatten, waren sie offiziell keinem Sufi-Orden angeschlossen und verfügten über keinen formalen *Maulana*. Funktionell füllte Eid diese Rolle als eine liebende und führende Figur aus, den wichtigen Titel führte er jedoch nicht, da er vom derzeitigen *Maulana* Sheikh Mohamed Osman, dem Oberhaupt des Burhani-Ordens, nur die sufistische Lehrerlaubnis erhalten hatte. Einen richtigen „Vater" mit dem Titel eines *Maulanas* gewannen die deutschen Sufis erst nach dem Konflikt nach Eids Tod. Sheikh Mohamed Osman setzte sich in diese Rolle. Nach seinem Tod übernahm sein Sohn *Maulana* Sheikh Ibrahim Mohamed Osman diese Rolle und die Leitung über die neue Gemeinschaft. Die straffe und stark hierarchische Organisation[18], die für den Sufismus an sich ein wichtiges und essenzielles Element ist, wurde so in der deutschen Gemeinde auch formal verwirklicht. Folge dieser Konflikte war eine Spaltung und eine deutlichere Orientierung des Burhani-Ordens – nun unter Führung von *Maulana* Sheikh Mohamed Osmans Sohn – an Regeln des Islam. Muslimische Praktiken wie das fünfmalige Gebet am

Tag, Geschlechtertrennung, Ramadan, Halal etc. hielten nun Einzug in das Selbstverständnis.

Um den Sufismus zu verstehen, muss dem Zusammenhang von Hierarchie und dem gleichzeitigen Wunsch nach Harmonie Aufmerksamkeit zukommen. Für einen Sufi-Orden ist es wichtig, dass Klarheit besteht, wer den Orden führt. Der Sufi konzentriert sich in religiöser Liebe auf den Sheikh, der im Zentrum steht; er wird Mitglied einer Gruppe, die dem gewählten Sheikh folgt, anstatt sich für eine Gruppe inklusive Sheikh zu entscheiden.[19] Aus Sufi-Sicht braucht ein Gläubiger diese persönliche Führung, um vom niedereren Niveau des Gläubigen aufzusteigen und MuslimIn (hier: jemand, der sein Ego Gott unterwirft) zu werden.[20] Die Autorität des *Maulana*-Sheikhs stützt sich auf die „spirituelle Kette" (arabisch: Silsila) eines Sheikhs, die ihn spirituell über mehrere vorgehende Sufi-Sheikhs mit dem Propheten Mohamed verbindet.

Gläubige lesen für jeden Sheikh in chronologischer Reihenfolge die erste Sure des Korans (die *Fatiha*) und erhoffen sich davon Hilfe und Beistand im Leben. Dies ist auch essenzieller Bestandteil der *Hadra* – der Versammlung, bei der *Dhikr* betrieben wird. Hierbei sollen viele Heilige und Sheikhs spirituell anwesend sein. Die Gläubigen haben dabei vielfältige emotionale und übersinnliche Erlebnisse. Manche behaupten, sich leicht und selig zu fühlen, andere bekunden, sensorische Sinneserfahrungen zu haben, z. B. Farben zu sehen.

Im Alltag wird um die Hilfe des Sheikhs gebeten, indem „*Shai al Lillah Mawlana*" ausgerufen wird, was so viel bedeutet wie: „*Maulana*, hilf mir, um Gottes willen." Wenn der *Maulana* – der meist in verschiedenen Städten, Ländern und Kontinenten AnhängerInnen hat – eine Gemeinde besucht, ist das für diese ein Anlass größter Freude. Die Gläubigen hoffen, dass er ihnen die Möglichkeit gibt, mit ihm gemeinsam in einem Raum zu sitzen und ihm die Hand zu küssen. Davon, wie verantwortungsbewusst ein *Maulana* mit dieser Macht umgeht, hängt es deshalb auch ab, wie seine Anhänger in der Gesellschaft außerhalb des Ordens integriert sind, ebenso, ob sie als Muslime und Sufis wahrgenommen werden und ob sie als gewöhnliche, funktionierende Mitglieder der Gesellschaft mit Freundschaften außerhalb der Gemeinde ihr Leben leben können. Die übernatürliche und gottnahe Position, die der *Maulana* in der Gemeinde einnimmt, ist der des Papstes und des Dalai Lamas ähnlich. Da das Gemeindemitglied als „SchülerIn" nichts hinterfragen soll und der *Maulana* über alleinigen Zugriff auf göttliches Wissen verfügt, kann dieser auch absurde oder gefährliche Forderungen stellen. Es existieren Berichte, dass Männer, die vom *Maulana* die Lehrerlaubnis bekamen, diese Verbindung ausgenutzt haben, um sich sexuell an naiven jungen Anhängerinnen zu vergehen, denen weisgemacht worden war, dass dieses Verhalten vom Sheikh abgesegnet worden sei. Dies ist eine Folge des bedingungslosen Vertrauens, das die AnhängerInnen ihrem *Maulana* entgegenbringen sollen.

Von jenen Gläubigen, die über die Anziehungskraft Salah Eids zum Sufismus gekommen und teils zum Islam konvertiert sind, sind diejenigen geblieben, die sich entweder mit der neuen Richtung identifizieren oder zumindest abfinden konnten, da sie dort weiterhin ihre spirituelle Erfüllung sahen. Von denen, die nicht geblieben sind, haben sich manche vollständig vom Islam und/oder dem Sufismus abgekehrt oder sich anderen Sufi-Orden angeschlossen.

Derzeit gibt es etliche Sufi-Orden, die entweder sehr auf sich konzentriert sind oder über einen starken Missionierungseifer verfügen. Der Naqschbandīya-Orden ist einer der Letztgenannten und tritt offensiv auf. Dementsprechend stellt er die größte Sufi-Gemeinschaft im deutschsprachigen Raum dar. Die Mitglieder unterhalten eigene Herbergen und Verlage, über die vor allem die Schriften des nordzypriotischen Sheikh Nazim verbreitet werden. Die AnhängerInnen kleiden sich oft auch außerhalb der internen Versammlungen im traditionellen Gewand mit türkischer Weste und Turban bzw. Kopftuch. 2006 ließ Sheikh Nazim eine Internetseite erstellen, damit man ihn nicht persönlich treffen muss, um ihm den Treueeid zu schwören.[21]

Am anderen Ende des Publicity-Spektrums gibt es hingegen Sufi-Orden, die weder durch Kleidung noch durch öffentliche Veranstaltungen oder Eintragung ihrer Vereine auf sich aufmerksam machen. Die Treffen finden meist im Geheimen statt, weil sie sich und ihre Gemeinde nicht in der Öffentlichkeit präsentieren möchten. Ihre Mitglieder missionieren nicht, da sie davon ausgehen, dass die übernatürlichen Sufi-Sheikhs potenziellen Anhängern im Traum erscheinen, was öffentliches Werben überflüssig macht. In den Medien wurde, zumindest vor den Anschlägen am 11. September 2001 und vor dem Wandel des gesellschaftlichen wie politischen Bewusstsein für den Islam, eher spöttisch über Sufis berichtet.

Gemeinsam haben die Sufi-Orden in Deutschland, dass sie muslimisch-mystisch und eine Gemeinde von MuslimInnen sind, die sich zur Andacht treffen und einem Sheikh folgen, als dessen SchülerInnen sich die AnhängerInnen verstehen. Ludwig Schleßmann, der zur Popularität der Sufi-Bewegung in westlichen Ländern geforscht hat, unterscheidet zwischen universalen und traditionellen Sufi-Bewegungen, womit universalistische und schariafundierte Sichtweisen gemeint sind.[22] Während die meisten Sufi-Orden die Scharia z. B. bei Gebet- und Speisevorschriften berücksichtigen, spielt sie z. B. bei den Naqschbandis eine besonders große Rolle. Auch wird bei diesen oft der angebliche moralische Verfall der westlichen Welt hervorgehoben und die baldige Apokalypse angekündigt.[23]

In der Nachfolge des mittelalterlichen persischen Sufi-Mystikers und Dichers Rumi sieht sich der Mevlevi-Orden, dessen Angehörige tatsächlich, wie man es üblicherweise mit Sufis assoziiert, als Derwische wirbeln. Der deutsche Konvertit Abdullah Halis Dornbach führt seinen eigenen Sufi-Orden im Süden von Berlin. Sie pflegen eine detaillierte Webseite[24], auf der man u. a. erfahren kann, dass ihre Gemeinde „auf jeden Fall kein Ort für Esoteriker oder dergleichen“ sei. Die Duden-Definition heranziehend, betrachte ich diesen wie jeden Sufi-Orden dennoch als essenziell esoterisch.[25] Wie alle Sufi-Orden wenden die AnhängerInnen des Mevlevi-Ordens die Meditations-Praktik *Dhikr* an, um „das Wissen über den Sinn und Zweck unseres Daseins, unserer Herkunft und unseres Zieles […]“ zu ergründen bzw. in ihren Seelen „das Wissen um unsere Geschöpflichkeit und um Gott“ zu wecken. Auch hier muss sich der Sufi-Schüler dem Scheich unterordnen, der in der Hierarchie oben steht. Dabei wird ein „Schüler, wenn er einem Scheich folgen will, auch immer wieder in Situationen kommen, wo etwas anderes von ihm verlangt wird, als was er selbst im Moment zu tun wünscht."[26]

Wegen der Bedeutsamkeit der Scharia leben die meisten Sufis eine konservative Sexualität; als Ideal gilt eine frühzeitige, monogame und heterosexuelle Ehe. Wie stark die Geschlechter voneinander getrennt werden und wie viel Körperkontakt erwünscht ist, hängt von den jeweiligen Orden ab. Körperkontakt zwischen Frauen und Männern kann ganz abgelehnt oder nur intime Handlungen als unerwünschter Kontakt deklariert werden, sodass der Handschlag und freundschaftliche Umarmungen möglich sind. Es kann eine anlassbezogene Geschlechtertrennung geben: etwa mit aktiver Teilnahme an der Andacht im Männerraum und passivem Lauschen im Frauenraum, oder in weiteren Feldern der Glaubensausübung und/oder des Alltagslebens.

Mit Ausnahme von Sheikh Nazim, der im Zuge seiner gefährlich anmutenden Gesundheitstipps Homosexuellen die Schuld an vielen Krankheiten gibt[27], halten sich Sufis mit öffentlichen Äußerungen zu Homosexualität eher zurück. Allerdings gilt Homosexualität entsprechend der Scharia als ein nicht „erwünschtes Verhalten". Ohne öffentlich gegen diese als deviant ausgegrenzte Lebensform zu wettern, wird Homosexualität in Sufi-Kreisen eher verschwiegen. Selbiges gilt für Sucht und Rauschmittelkonsum und andere „menschliche Schwächen". Stattdessen wird oft angenommen, dass *Jinns* sie verursachen, also übersinnliche Wesen, die im Gegensatz zum Menschen nicht aus Erde, sondern aus Feuer erschaffen worden sein sollen. Sie leben angeblich unsichtbar unter den Menschen, wobei manche *Jinns* Menschen Schaden zufügen möchten. Der konkrete Umgang mit Menschen, die die Regeln der Gemeinschaft infrage stellen, ist demnach auch ein recht konfliktvermeidender: Niemand werde ausgegrenzt, so die Denkweise, aber es soll auch niemand zu unerwünschtem Verhalten ermutigt werden. Ich gehe davon aus, dass Individuen, die ihrer Geschlechterrolle nicht entsprechen oder in gleichgeschlechtlichen Beziehungen leben wollen, sich einem konventionellen Sufi-Orden entweder gar nicht erst anschließen oder aber sich frühzeitig davon wieder distanzieren. Die Ausgrenzung passiert nicht offen und feindselig, sondern indirekt und unter Umgehung jeglicher Auseinandersetzung. Nichtsdestotrotz ist sie da: Kinder wachsen mit der heterosexuellen Botschaft auf.

Ich verstehe den Sufi-Weg als Erfüllung mehrerer kindlicher Bedürfnisse. Der Mensch, der sich einsam und entfremdet fühlt, findet in den anderen Anhängern des Ordens eine Gemeinschaft von Brüdern und Schwestern, im *Maulana* einen Vater und in der Meditation eine Verschmelzung mit einer Mutter. Hierbei gibt er seine Autonomie als Erwachsener auf und begibt sich innerhalb dieser Beziehungsgeflechte in eine kindliche Rolle. Besonders problematisch wird es, wenn die neuen Eltern und Geschwister einen zentralen Teil der Persönlichkeit dieses Menschen ablehnen: nämlich Konflikte und Sexualität. Hier muss die kognitive Dissonanz besonders stark werden, weshalb ich jenen, die dennoch ein Bedürfnis nach einem Leben haben, in dem Dogmen und Tabus vorherrschen, und sich zugleich nach einer Gemeinde sehnen, die sich selbst als eine Familie betrachtet, in der ein harmonischer Konsens verteidigt wird, empfehle, sich stattdessen z. B. der queeren Community anzuschließen.

Anmerkungen

1 Zitiert nach Iris Radisch, „Der Tod ist nicht auszuhalten", in: *Die ZEIT*, Nr. 4/2015, 22. Januar 2015.

2 Zitiert nach Johannes Boldt, *Gotttrunkene Poeten. Juan de la Cruz und die Sufi-Mystik*, Münster 2013, S. 32.

3 Vgl. Hubert Knoblauch, „Vom New Age zur populären Spiritualität", in: Dorothea Lüddeckens/Rafael Walthert (Hg.), *Fluide Religion. Neue religiöse Bewegungen im Wandel. Theoretische und empirische Systematisierungen.* Bielefeld 2010, S. 149-174, hier: S. 1.

4 Stefan Wild, „Der Friedenspreis und Annemarie Schimmel: Eine Nachlese", in: *Die Welt des Islams. International Journal for the Study of Modern Islam*, Volume 36, 1996, S. 107-122, hier: S. 1f.

5 Alice Schwarzer, „Islamismus: Skandal um Friedenspreisträgerin!", in: *EMMA*, September/Oktober 1995, S. 4-5, hier: S. 4.

6 Vgl. ebd.

7 Vgl. Henryk M. Broder, „Absolut unpolitisch?", in: *Der Spiegel*, Nr. 38/1995, 18.09.1995, S. 223-224, hier: S. 223.

8 Vgl. Gerhard Schmidtchen, „Religiosität", in: Martin Greiffenhagen/ Sylvia Greiffenhagen (Hg.), *Handwörterbuch zur politischen Kultur der*

Bundesrepublik Deutschland, zweite, völlig überarbeitete und aktualisierte Neuauflage, Wiesbaden 2002, S. 525-533, hier: S. 527.

9 Anna Platsch, *Offenes Siegel. Meine Reise zu Sufis und Muslimen.* Kamphausen 2006, S. 14.

10 Sprich: „Er ist Allah, der Einzige;
Allah, der Unabhängige und von allen Angeflehte.
Er zeugt nicht und ward nicht gezeugt;
und keiner ist Ihm gleich." – Sure 112 (*Ahmadiyya*, 1954)

11 Mira Sigel, „Feminismus, New Age und Esoterik", 01.03.2016, auf: https://diestoerenfriedas.de/frauen-new-age-und-esoterik/ (letzter Abruf: 06.08.2018).

12 Vgl. Alfred Künzler et al., *Körperzentrierte Psychotherapie im Dialog*, Berlin/Heidelberg 2010, S. 18.

13 https://www.spektrum.de/lexikon/psychologie/transpersonale-psychologie/15710 (letzter Abruf: 06.08.2018).

14 Vgl. Dagmar Mehler/Klaus Mehler, „Transpersonale Psychotherapie – Fluch oder Segen?", 30.09.2016, auf: https://www.mein-weg-vom-aschenbroedel-zur-koenigin.de/2016/09/29/transpersonale-psychotherapie-fluch-oder-segen-artikel-serie-teil-6/ (letzter Abruf: 06.08.2018).

15 Vgl. Ina Wunn/Hamideh Mohaghegh, *Muslimische Gruppierungen in Deutschland. Ein Handbuch*, Stuttgart 2007, S. 135.

16 Gritt Klinkhammer, „Sufismus im Westen. Entwicklungen, Strukturen, Organisationen", in Lidwina Meyer (Hg.), *Die unbekannte Seite des Islam. Rollen und Positionen des Sufismus*, Rehburg-Loccum 2009, S. 105-131, hier: S. 7.

17 Anna Platsch, *Offenes Siegel*, S. 10.

18 Vgl. Ina Wunn/Hamideh Mohaghegh, *Muslimische Gruppierungen in Deutschland*, S. 135f.

19 Vgl. Gritt Klinkhammer, „Sufismus im Westen", S. 12.

20 Vgl. Arthur F. Buehler, *Sufi Heirs of the Prophet. The Indian Naqshbandiyya and the Rise of the Mediating Sufi Shaykh*, Columbia 1998, S. 38.

21 Gritt Klinkhammer, „Sufismus im Westen", S. 22.

22 Vgl. Søren Christian Lassen, „Strategies for ‚Concord', in: Catharina Raudvere/Leif Stenberg (Hg.), *Sufism Today. Heritage and Tradition in the Global Community*, London 2009, S. 189-208, hier: S. 189.

23 Vgl. Gritt Klinkhammer, „Sufismus im Westen", S. 20.

24 www.mevlevi.de (letzter Abruf: 06.08 2018).

25 Vgl. *Duden*, Definition 1b) zum Begriff „Esoterik": „weltanschauliche Bewegung, Strömung, die durch Heranziehung okkultistischer, anthroposophischer, metaphysischer u. a. Lehren und Praktiken auf die Selbsterkenntnis und Selbstverwirklichung des Menschen abzielt."

26 Zitiert nach https://www.mevlevi.de/sufitum-weg/zikr-dhikr-zikir/ (letzter Abruf: 06.08.2018).

27 Nazim Al-Haqqani, „Natural Medicine. Home of Moulana Sheikh Nazim", auf: http://www.sheiknazim2.com/naturalmedicine.html (letzter Abruf: 06.08.2018).

Multirassismus – der ehrbare Rassismus

Lena Rackwitz

Als 1980 der türkische Sozialist und Gewerkschaftler Celalettin Kesim in Berlin von Grauen Wölfen erstochen wurde und seinen Verletzungen erlag, schrieb der *Spiegel*: „Kürzlich gab es mitten in Schöneberg, nicht weit vom Rathaus, eine Türkenschlacht."[1] Opfer und Täter, wie die Tat an sich, wurden hier zu einem Kollektiv eingemeindet und verschmolzen zu einer unterschiedslosen Masse. Beispielhaft lehrt diese Formulierung, wie Menschen rassifiziert werden, ein politischer Konflikt zu einem Stammeskrieg exotisiert, abgespalten und die Auseinandersetzung mit einem faschistischen Mord vermieden wird. Ein ganz nach diesem Muster verfahrender Eindruck wird in der Gegenwart erweckt, wenn Presse und Politik von „Kurdendemos" oder dem „Kurden-Führer Abdullah Öcalan" sprechen,[2] wenn es nach Demonstrationen anlässlich der türkischen Militäroffensive auf Afrin 2018 oder auf der Straße zu Auseinandersetzungen zwischen kurdischen, türkischen und deutschen Linken mit türkischen Faschisten kommt. Dabei wird oft ausgelassen, dass die Angriffe zumeist von Grauen Wölfen und anderen türkischen Rechtsradikalen ausgehen.

Günter Wallraff beschrieb in seiner 1985 erschienenen Undercover-Reportage *Ganz unten*, wie er auf einer CSU-Veranstaltung zunächst als „Mulitreiber" beschimpft und gemieden, dann aber freundlich zu einem Foto und Autogramm mit Franz Josef Strauß gebeten wurde, nachdem er sich als Abgesandter der Grauen Wölfe vorgestellt hatte.[3] Dass nämlich die sich heute als Bollwerk gegen sogenannten „Ausländerextremismus" und Islamismus gerierende Union aus antikommunistischer Motivation heraus einst diverse islamistische und faschistische Organisationen, Gruppierungen und Personen förderte und schützte, fällt heute oft unter den Tisch. So wurden sowohl der Mentor Erdoğans und Gründer der islamischen Wohlfahrtspartei, Necmettin Erbakan, als auch die Grauen Wölfe in Deutschland viele Jahre lang hofiert und vor türkischer Strafverfolgung geschützt, während die Organisation und Islamisten in der Türkei teils noch mit staatlichen Repressionen belegt wurden.[4] Folgerichtig erinnerte sich Erbakan noch in seinem letzten *WELT*-Interview sehr wohlwollend an Deutschland, wo er die Pünktlichkeit, Sauberkeit, Ordnung und Disziplin zu schätzen gelernt habe, die er in seine politische Arbeit in der Türkei eingebracht habe.[5] Sehr aussagekräftig in Hinblick auf Exotisierung, Eingemeindung und Abspaltung ist eine Talkshowrunde von 1992, in die Alice Schwarzer sowohl eine algerische Sozialistin, Khalida Messaoudi, als auch die deutsche Islamkonvertitin Amina Erbakan eingeladen hatte – Letztere hatte einen jüngeren Bruder von Erbakan geheiratet und ist Vorsitzende der DIF (Deutschsprachige Islamische Frauengemeinschaft). Dort schilderte Messaoudi ihre Furcht und Sorge vor einer Übernahme der Islamisten kurz vor den sogenannten „schwarzen Jahren" in Algerien, in denen dann ein Bürgerkrieg zwischen Islamisten und Militär tobte, während die in Köln geborene Deutsche Amina Erbakan bereits in postkolonialem Jargon von „euch hier im Westen" und Neokolonialismus sprach, sich also selbst in das Kollektiv der angeblich unterdrückten Opfer historischer Fremdherrschaft eingemeindete und die algerisch-berberische Sozialistin zum Teil des kolonialistischen Westens erklärte.[6]

Deniz Yücel erinnerte sich in der *taz*, wie er nach den rassistischen Pogromen in den frühen 1990er Jahren verpflichtenderweise qua Herkunft wöchentlich die Fächer „Mathe für Ausländer" und „Deutsch für Ausländer" in der Schule hatte, obgleich er der Klassenbeste im Deutschunterricht war.[7] Ebenso wie die algerische Frauenrechtlerin Messaoudi kommt auch Seyran Ateş, die in einem Slum in Istanbul geboren wurde, aus der Linken, nahm als junge Frau an Hausbesetzungen teil und schreibt in ihrer Autobiografie über ihre Erfahrungen als Kind auf deutschen Ämtern: „Ich habe sofort rausgekriegt, dass Ausländer schlechter behandelt werden als Deutsche. Auch weil sie ihre Rechte nicht kennen."[8] Nachdem sie 17-jährig vor der Familie geflohen war, Jura studiert hatte und Anwältin wurde, arbeitete sie später im West-Berliner TIO (Treff- und Informationsort für Frauen aus der Türkei). Dort überlebte sie 1984 ein Attentat eines Grauen Wolfes, ihre Klientin Fatma E. wurde ermordet, der Täter wurde mangels Beweisen freigesprochen. Während Seyran Ateş aufgrund einer Fatwa unter ständigem Polizeischutz lebt, wird die Islamkonvertitin Amina Erbakan beständig zum christlich-islamischen Dialog eingeladen – dabei ist Ateş Imamin und hat eine liberale Moschee gegründet, in der Frauen und Männer gemeinsam beten, Aleviten, Schiiten, Christen, Bahai und Juden willkommen sind, und Frauen Vorbeterinnen sein können. Erneut wird eine emanzipierte Frau, die tatsächlich seit ihrer Kindheit mit Rassismus zu kämpfen hatte, umstandslos zur Westlerin erklärt, wohingegen IslamkonvertitInnen wie Amina Erbakan, Felix Blume (Kollegah) oder Pierre Vogel oft genug als SprecherInnen eines authentischen Islams durch die Talkshows gereicht wurden und es teils immer noch werden – trotz offen reaktionären Denkens. Vollends absurd und rassifizierend wurde es medial 2011, als der Rapper Bushido, der in der deutschen Mittelschicht aufgewachsene Sohn einer deutschen Mutter, der seinen tunesischen Vater überhaupt nicht kannte, einen Integrationsbambi verliehen bekam. Hier drängt sich der Eindruck auf, dass bereits ein arabischer Elternteil jemanden zum Migranten qua Blut mache und die Verleiher wohlmeinend in positivem Rassismus handelten.

An der Humboldt-Universität zu Berlin wurde im Wintersemester 2005/06 ein affirmativ konzipiertes Gender-Studies-Seminar zum Hijab abgehalten, in dem die Dozentin Bettina Mathes einen sich kritisch äußernden Studenten der Lehrveranstaltung verwies, diesen autoritären Schritt im Bulletin des Zentrums für transdisziplinäre Geschlechterstudien (ZtG) rechtfertigte und die Kritik am Hijab dort zur „fremdenfeindlichen Propaganda" erklärte.[9] Dabei äußerte sie die rassistische Projektion, der Erfolg des Kurses sei „in aller erster Linie den Studierenden aus Einwandererfamilien, die nicht müde wurden, sich für ‚das' Fremde und ‚den' Islam zuständig zu fühlen" zu verdanken.[10] Hier wurden Studentinnen mit Migrationshintergrund mit „dem" Islam und „dem" Fremden identifiziert. Während die Kollegahs, Bushidos, Amina Erbakans, Pierre Vogels und andere OrientalistInnen mit einer Mischung aus Faszination und Entsetzen dargestellt und von Critical-Whiteness-Aktivisten kaum beachtet werden, ist progressiven Menschen mit Migrationshintergrund wie Nasser El-Ahmad die Solidarität entzogen oder eine Seyran Ateş implizit als Verräterin an ihrer Kultur diffamiert worden.

All diese Personen, Vorfälle und Phänomene können unter dem Oberbegriff Multirassismus zusammengefasst und analysiert werden. Dieser wurde 1992 von Wolfgang Pohrt eingeführt und sollte die Fetischisierung, Exotisierung und Kollektivierung heterogener MigrantInnen zu Gemeinschaften und Kulturträgern bezeichnen:

> „Die zentrale Lüge des Geredes von den verschiedenen Kulturen besteht also darin, daß es Einwanderer zu Angehörigen einer anderen Kultur erklärt, obgleich diese Einwanderer sich in allen Dingen von Belang überhaupt nicht von den Einheimischen unterscheiden müßten. Wenn sie es doch tun, liegt das nicht an ihrer Herkunft, sondern an den Bedingungen im Einwanderungsland, an den Erwartungen nämlich, die man in der Bundesrepublik an die Einwanderer richtet. Weil sie als Einwanderer nicht akzeptiert werden, sondern Ausländer bleiben sollen, müssen sie hier die Exoten spielen. Spanier müssen, wenn die Deutschen sie mal mögen sollen, Flamenco tanzen, was sie wie die meisten Spanier in ihrem Herkunftsland ebenso wenig taten, wie unter Ihnen vermutlich jemand jodelt, obgleich wir hier in Bayern sind. Wenn das Verständnis der Deutschen für die Ausländer geweckt werden soll, müssen letztere eine Folklore-Show und Spezialitäten vom Grill servieren, weil die Deutschen ihr Vorurteil bestätigt haben möchten, daß die Auslän-

> der anders sind als sie. Nur begreiflich, daß dann Einwanderer in der Bundesrepublik manchmal so türkisch werden, wie sie in der Türkei nie gewesen waren und die hochmoderne türkische Oberschicht überhaupt nicht ist."[11]

Fremd- und Selbstethnisierung bedingen sich gegenseitig. Zudem wird aufgrund solcher multirassistischen Eingemeindung der türkische Rechtsradikalismus nicht zur Kenntnis genommen, obschon unter diesem nicht nur migrantische Minderheitengruppen leiden, die bereits in der Türkei marginalisiert waren, sondern auch türkische und deutschtürkische „Volksverräter", gegen die er sich ebenso richtet. Diese sind dann dem Rassismus der deutschen Mehrheitsgesellschaft *und* demjenigen türkischer Rechtsradikaler oder Islamisten ausgesetzt. Sehr anschaulich konnte man das an den sich überaus ähnelnden Tiraden gegen Deniz Yücel beobachten, dem von zwei Seiten „Volksverrat", Nestbeschmutzung und vaterlandsloses Gesellentum vorgeworfen wurden. Multirassismus als ehrbarer Rassismus macht Leute auch in seinen wohlmeinendsten Formen qua Haut-, Haarfarbe oder Herkunft zu Mitgliedern eines Kollektivs, zu Trägern einer Kultur, und rassifiziert so Menschen und Konflikte. Multirassismus kann sich abspaltend und exkludierend artikulieren, wie in dem eingangs geschilderten Mord in Berlin, um einen politischen Konflikt zu kulturalisieren und rassifizieren. Er kann sich aber auch paternalistisch und wohlmeinend äußern: Dann macht er seine Objekte zu unmündigen Schutzbefohlenen, spiegelt also *white man's burden* erneut. Multirassismus ist natürlich keine eigene Kategorie, sondern eine Unterform des Rassismus. Deshalb genügte es auch vollkommen, wenn Messaoudi in jener Talkshow Multirassismus als Form von Rassismus mit „Sie sagen, Khalida ist Algerierin, deshalb darf sie nicht modern sein, sie braucht keine Demokratie [...]" auf den Punkt brachte. Jedoch kann der Begriff Multirassismus – in Anlehnung an „Multikulturalismus" – zum Ausdruck bringen, dass sich Rassismus auch wohlmeinend äußern kann.

Im Sommer 2015, als in Deutschland alle von einer sogenannten „Willkommenskultur" sprachen, stellte der hier aufgewachsene Sohn iranischer ExilsozialistInnen, Soroush H., in Lüneburg im Bus fest, dass eine ältere Frau ihn schon eine ganze Weile lächelnd ansah. Als er aussteigen wollte, bekam seine Beobachterin feuchte Augen und sagte: *„Be welcome!"* Soroush H. wurde vor 29 Jahren in Deutschland geboren, ist sein halbes Leben bei den JuSos und in der Gewerkschaft aktiv und durfte als „Schwarzkopf" nicht aufs Gymnasium, sondern erkämpfte sich sein Studium nach dem Realschulabschluss über Berufskolleg und Ausbildung. Wieder einmal ging es nicht um die rassifizierten Personen, sondern um deutsche Bedürfnisse. Eine einzige Busfahrt in seiner Heimatstadt genügte, um ihn qua Haar- und Hautfarbe in ein Flüchtlingskollektiv einzugemeinden und „willkommen" zu heißen, was im Gegensatz zu einer Gymnasialempfehlung und der möglichen Konkurrenz des studierten Ebenbürtigen nichts kostet, sich aber gut anfühlt.

Als im September 2014 die muslimische Journalistin Sounia Siahi in einem offenen Brief an Jakob Augstein ihre Erfahrungen mit Salafisten schilderte, die sie (auch körperlich) bedrängt und auf ihr „fehlendes" Kopftuch angesprochen hatten, antwortete dieser: „Mich beunruhigt die Zuspitzung des Anti-Islamismus in Deutschland. Ebenso wie der Import des islamisch-westlichen Konflikts aus dem Nahen Osten. Ich möchte nicht, dass wir alle gezwungen werden können, Seiten zu beziehen. Das ist der Weg in die Unfreiheit. Ich möchte auch nicht, dass jede Szene, die sich in einer deutschen Stadt abspielt [...] als Signal dafür gewertet wird, es gehe wieder einmal um alles." Auf Siahis Schilderung der verschiedenen Codes, die von der deutschen Mehrheitsgesellschaft nicht wahrgenommen werden, d.h. der „Blicke, Gesichtszüge, Bewegungsabläufe und Zuflüsterungen", denen muslimische Frauen – und Frauen, die für solche gehalten werden – durch ihre selbsternannten Brüder ausgesetzt sind, reagierte Augstein mit dem Hinweis, dass er für eine „autochthone, hauptsächlich weiße, bürgerliche Leserschaft" schreibe. Mit diesem Verweis auf seinen „Standpunkt" und den seiner Leserschaft rechtfertigte er, dass er „in einem Gefecht [...], wo die Feinde von zwei Seiten kommen können" einem dieser Feinde „den Rücken zukehre[n]" müsse. Wir fassen zusammen: Eine Muslima schildert Übergriffe durch andere Muslime. Ein deutscher Kolumnist antwortet allen Ernstes, dass er Angst vor „Anti-Islamismus" habe, um später festzustellen, dass er qua Sprechort nicht dafür zuständig sei, sich um solche Übergriffe zu kümmern.[12]

Abschließend ist Multirassismus mit den Worten der ägyptischen Frauenrechtlerin Mozn Hassan zusammenzufassen, die 2016 den *Right Livelihood Award* für sich und ihre Frauenrechtsorganisation *Nazra* erhielt und die das Phänomen in ihrer Preisrede wie folgt beschrieb: „Es scheint, dass wir, [um] die patriarchalen Gepflogenheiten im Mittleren Osten verurteilen [zu] dürfen, zuerst bedenken sollen, was Europäer über unsere Proteste denken könnten – und das dann für wichtiger befinden sollen als die Rechte und die Sicherheit von Frauen."[13]

Anmerkungen

1 o.A., „Türken in Berlin – ‚die Heimat hast du hier'", in: *Der Spiegel*, Nr. 5/1980, S. 38-44, hier: S. 38.

2 o.A., „NRW: Warum der Konflikt zwischen Kurden und Türken zu eskalieren droht", auf: *Der Westen Online*, https://www.derwesten.de/staedte/duisburg/kurden-gegen-tuerken-droht-der-konflikt-in-nrw-zu-eskalieren-id213866115.html (letzter Abruf: 20.06.2018).

3 Günther Wallraff, *Ganz Unten. Mit einer Dokumentation der Folgen*, Köln 1985, S. 23ff.

4 Anna Feist/Herbert Klar/Steffen Judzikowski, „Graue Wölfe. Eine Chronologie der stillen Macht", auf: http://webstory.zdf.de/graue-woelfe/ (letzter Abruf: 20.06.2018).

5 Boris Kálnoky, „Erdogan ist ein Kassierer des Zionismus", Interview mit Necmettin Erbakan, in: *WELT Online*, 08.11.2010, https://www.welt.de/politik/ausland/article10769062/Erdogan-ist-ein-Kassierer-des-Zionismus.html (letzter Abruf: 20.06.2018).

6 *Zeil vor Zehn*, HR3, Sendung vom 31.01.1992, online unter https://www.youtube.com/watch?v=DSIRh4imTYg&t=1s (letzter Abruf: 20.06.2018).

7 Deniz Yücel, „Mathe für Ausländer", in: *taz*, 12.12.2014.

8 Waltraud Schwab, „Seyran Ates große Reise", in: *EMMA Online*, 01.01.2005, https://www.emma.de/artikel/tuerkei-seyran-ates-grosse-reise-264067 (letzter Abruf: 20.06.2018).

9 Bettina Mathes, „Was heißt hier fremd?“, in: *ZtG Bulletin-Info*, Nr. 32, 2006, S. 20-21.

10 Ebd.

11 Wolfgang Pohrt, „Multirassismus“, in: *konkret*, Nr. 11/1992, S. 10-16, hier: S. 10.

12 Sowohl Siahis offener Brief als auch Augsteins Antwort sind zu finden unter: „Herr Augstein, Sie irren“, *SPIEGEL Online*, 17.09.2014, http://www.spiegel.de/politik/deutschland/salafisten-journalistin-sounia-siahi-reagiert-auf-augstein-kolumne-a-991888.html (letzter Abruf: 20.06.2018).

13 Mozn Hassan, „Universelle Probleme“, in: *EMMA Online*, 25.11.2016, https://www.emma.de/artikel/aegypten-alternativer-nobelpreis-333829 (20.06.2018).

Critical Whiteness macht Schule

Zur kulturrelativistischen Fahrlässigkeit in der politischen Bildungsarbeit

Janina Marte

Im September 2016 veröffentlichte *EMMA* einen Artikel von Hannah Wettig, der ursprünglich im Auftrag der Bundeszentrale für politische Bildung (bpb) geschrieben worden war. Die bpb hatte die Arabistin beauftragt, unter dem Titel „Nach Köln: Bringen die Flüchtlinge eine Vergewaltigungskultur mit?" einen Beitrag für das bpb-Onlineportal zu verfassen, der sich „der Frage widmen [sollte], ob ein Zusammenhang zwischen bestimmten kulturellen/religiösen Hintergründen und sexualisierter Gewalt gegen Frauen existiert."[1] Wettig, die sich seit über 20 Jahren mit diesem Sujet beschäftigt und mehrere Jahre in islamisch geprägten Ländern gelebt hat, schrieb diesem Auftrag gemäß einen Text, in dem sie die Kulturthese negierte und sich mit „rassistischen Orientbildern"[2] auseinandersetzte. Schließlich argumentierte sie mit Verweis auf die von islamistischen Predigern geschürten sexuellen Übergriffe auf Demonstrationsteilnehmerinnen in den Maghreb-Staaten während des Arabischen Frühlings 2011, dass es sich nicht etwa um eine Vergewaltigungs*kultur*, sondern vielmehr um eine Vergewaltigungs*politik* des radikalen Islams handle. Zwei Monate nach Einreichung des Artikels antwortete die Bundeszentrale der Autorin: „Der Text entspricht noch nicht einmal ansatzweise den Qualitätskriterien"[3], eine Nachbesserung sei zwecklos. Wettigs Analyse, die einen Zusammenhang zwischen den Angriffen auf die sexuelle Selbstbestimmung von Frauen und dem politischen Islam aufzeigte, war offenbar nicht im Sinne der bpb, deren Selbstverständnis doch darin besteht, „Verständnis für politische Sachverhalte zu fördern“[4].

Diese Abwehrreaktion ist kein Einzelfall. Vielmehr drängt sich der Eindruck einer allgemeinen Tendenz in der politischen Bildungslandschaft auf, in der sich zunehmend eine unkritische Übernahme fragwürdiger antirassistischer Ansätze und Theoreme feststellen lässt. Im Folgenden soll diese Tendenz am Beispiel eines renommierten bundesweiten Bildungsnetzwerks verdeutlicht werden.

Das Netzwerk für Demokratie und Courage (NDC) wurde 1999 in Sachsen von einem Zusammenschluss verschiedener Jugendorganisationen und Einzelpersonen gegründet und hat sich im Laufe der nachfolgenden Jahre in elf weiteren Bundesländern etabliert. Sein Hauptbildungsangebot besteht aus Projekttagen für (Berufs-)Schulen und Jugendeinrichtungen. Im Rahmen dieser demokratiefördernden Projekte wird zu dem Themenkomplex „Gruppenbezogene Menschenfeindlichkeit“ wie beispielsweise Rassismus gearbeitet.[5] Die Jugendlichen sollen dabei zum couragierten Handeln für „ein demokratisches gesellschaftliches Miteinander“[6] ermutigt werden. Mehr als 600 sogenannte TeamerInnen führen jährlich etwa 1500 Projekttage mit 28.000 Jugendlichen durch.[7] Von Anfang an war das Projekt mit der SPD verbunden: So übernahm beispielsweise Wolfgang Thierse, damals Vizepräsident des Deutschen Bundestages, die Schirmherrschaft; seit 2016 ist Bundestagsabgeordnete Susann Rüthrich eine der stellvertretenden Vorsitzenden des Vereins. Seit seinem Bestehen hat das NDC 17 Auszeichnungen erhalten, zuletzt im Jahr 2016 einen Anerkennungspreis beim Sächsischen Förderpreis für Demokratie. Finanziert wurde es seit 2001 u. a. durch die Länder, den Bund und die EU.

Im Rhythmus von etwa zwei Jahren werden die Konzepte der drei Hauptprojekttage des NDC auf Basis umfangreicher Evalutionsdaten von SchülerInnen, LehrerInnen und TeamerInnen überarbeitet. Die Teilnahme an den einwöchigen Konzeptüberarbeitungen, die von TrainerInnen sowie von Hauptamtlichen begleitet werden[8], steht allen TeamerInnen offen. Angesichts einiger hundert Aktiver sind im NDC relativ heterogene, mitunter auch stark divergierende Positionen vertreten, sodass die konkrete Ausrichtung der Konzepte letztlich maßgeblich davon abhängt, wer an den Überarbeitungen teilnimmt.

Deutungshoheit statt Aufklärung?

In den letzten Jahren lässt sich im NDC ein zunehmender Einfluss von Critical-Whiteness-Theorien feststellen. So wurde die vormals in den Projekttagen verwendete Rassismus-Definition 2014 unter dem ausdrücklichen Hinweis, dass es sich nun nicht mehr um eine begriffliche Bestimmung, sondern um eine „Erklärung" handle, durch die mit CW- und Insider-Vokabular gespickte Formulierung ersetzt, Rassismus sei die „Diskriminierung von Schwarzen, People of Color oder Migrierten". Im Bewusstsein darüber, dass insbesondere der zweite Begriff den wenigsten SchülerInnen bekannt sein dürfte, wurde zum vermeintlich besseren Verständnis die Anschlusserklärung hinzugefügt, „People of Color" sei die „Selbstbezeichnung von Rassismus betroffener Menschen". Hinsichtlich des Begriffs „Schwarze" wurden die TeamerInnen zudem angehalten zu betonen, dass es sich dabei nicht um die Hautfarbe, sondern um eine kontext- und ortsabhängige Selbstbezeichnung Nicht-Weißer handle. Aus der Gruppe des Konzepttransfers für Baden-Württemberg kamen teilweise massive Einwände gegen diese Neuerungen. Die KritikerInnen der eher unverständlichen denn niedrigschwelligen, zudem noch tautologischen Erklärung – Rassismus sei die Diskriminierung von PoC und PoC seien wiederum rassistisch Diskriminierte – wurden schließlich mit dem Totschlagargument abgekanzelt, dass es sich hierbei um Selbstbezeichnungen handle und es an der Zeit sei, dem „Empowerment" von Betroffenen Priorität einzuräumen. Demgegenüber wurde die in den NDC-Projekttagen verwendete Antisemitismus-Definition, die den Begriff auf die „Feindseligkeit gegenüber Jüdinnen und Juden" reduziert, trotz der Hinweise zahlreicher TeamerInnen, dass diese Erklärung zu kurz greife und der dringenden Bitte, die Definition zu erneuern, beibehalten.

Begründet wurde dies damit, dass man die SchülerInnen nicht überfordern wolle und einen niedrigschwelligen Ansatz verfolge. Der implizite Vorwurf jedenfalls, den von Rassismus Betroffenen die Solidarität zu versagen, lud nicht dazu ein, „deren" Begriffshoheit weiter infrage zu stellen. Im Zuge der darauf folgenden Konzeptüberarbeitung wurde die Erklärung – möglicherweise aufgrund wenig überzeugender Erfahrungen aus dem Projektalltag der TeamerInnen – in dem Projekttag mit Fokus auf Rassismus ersetzt; in einem Projekttag ohne den gesonderten Fokus auf Rassismus blieb sie erhalten. Ausgetauscht wurde die Erklärung jedoch nicht durch eine neue Definition, sondern durch eine Sammlung von Aussagen (potenziell) von Rassismus betroffener Menschen darüber, in welchen Situationen sie sich „fremd" fühlen würden (Stichwort: *othering*). Hiermit wurde jedoch der Anspruch auf Begriffsarbeit gänzlich zugunsten subjektiver Wahrnehmung aufgegeben.

Umgang mit Minderheiten: „Ich bin klein, mein Herz ist rein!"

Der wachsende Einfluss von CW-Ansätzen zeigt sich nicht nur in der Verschiebung von inhaltlich fundierten Begriffen hin zu schwammigen *buzzwords* und politischen Kampfbegriffen, sondern auch in der Art und Weise, wie Minderheiten in den NDC-Konzepten repräsentiert werden. Reaktionäres Gedankengut und Diskriminierung werden mehr oder weniger ausschließlich im Hinblick auf die weiße Mehrheitsbevölkerung thematisiert, während Minderheiten per se als Opfer bzw. Widerständige auftreten. So tauchen in einem Projekttag zu Diskriminierung und Menschenverachtung vier Beispiele für Antisemitismus auf, von denen eines – anders als sämtliche anderen 22 Beispiele aus dem Methodenteil! – nicht etwa aus Deutschland, sondern von der Baptistengemeinde Westboro Baptist Church stammt, die als „meistgehasste Familie Amerikas"[9] bezeichnet wird. Die anderen Exempel für antisemitische Artikulationsformen zeigen ein judenfeindliches Transparent in einem Fußball-Fanblock, eine Grabschändung sowie antisemitische Schilder auf einer Montagsdemo von Pegida im Jahr 2014. Der Umstand, dass im selben Jahr vor dem Hintergrund des Gaza-Kriegs auch der islamisch-motivierte Antisemitismus in Deutschland Aufsehen erregte, als beispielsweise muslimische Jugendliche in Form praktisch gewordener „Israelkritik" eine Wuppertaler Synagoge anzündeten[10], oder die offen-judenfeindlichen Al-Quds-Demonstrationen, bei denen seit den 1980er Jahren regelmäßig Hunderte Menschen mit überwiegend muslimischem Hintergrund in der Bundesrepublik für die Vernichtung Israels demonstrieren, werden demgegenüber nicht thematisiert. Stattdessen wird auf das lebensfremde und unverfängliche Beispiel einer gesellschaftlich geächteten Sekte aus Übersee zurückgegriffen.

Der sich angesichts des Antisemitismusbeispiels aufdrängende Verdacht, dass Minderheiten in den NDC-Konzepten von Kritik ausgenommen werden, verhärtet sich angesichts einer dem Projekttag gegen Rassismus beigefügten Argumentationshilfe zu der „stilisierten Aussage"[11]: „Ich habe aber Angst vor sexualisierter Gewalt von Asylsuchenden."[12] Der Argumentationsleitfaden basiert offenbar auf dem abschließend zum Weiterlesen empfohlenen Text „(Anti-)Sexismus und Instrumentalisierung feministischer Diskurse im antimuslimischen Rassismus" der Historikerin Yasemin Shooman und erschöpft sich darin, die Thematisierung eines Zusammenhangs zwischen sexueller Gewalt und islamischer Sozialisation ausnahmslos abzuwehren. Der „Sexismus-Vorwurf"[13] diene demnach in „antimuslimisch-rassistischen Diskursen"[14] dazu, vom Sexismus der „weißen Mehrheitsbevölkerung" abzulenken und diesen zu externalisieren. In der Debatte ginge es weder um Geschlechtergerechtigkeit noch um die Betroffenen, sondern um die Täter – was die Frage aufwirft, warum über diese nicht gesprochen werden sollte. Es handle sich nur um eine „*vermeintliche* Sorge um Gleichberechtigung"[15], die „der Mehrheitsgesellschaft dazu [diene], sich klar abzugrenzen und aufzuwerten"[16]. Sexuelle Gewalt, so heißt es schließlich, habe „sehr unterschiedliche Formen. Auch deutsche Männer sind Täter."[17] Gesprochen werden solle darüber, dass die wenigsten sexuellen Übergriffe in unserer Gesellschaft geahndet würden.

Auffällig ist, wie das Ablenken, das hier als Ziel des „Sexismus-Vorwurf[s]" gegenüber dem Islam unterstellt wird, mittels eines Rassismusvorwurfs vielmehr selbst praktiziert wird. Auch aus dem Tadel, nicht die Betroffenen in den Fokus zu rücken, scheint kein entsprechender Anspruch an die eigene Auseinandersetzung zu folgen. Angesichts dieser Nichtthematisierung und der einseitigen Argumentation, die eine Diskussion über einen Zusammenhang zwischen Misogynie und Islam als „rassistisch" brandmarkt, erscheint der abschließende Hinweis, dass es wichtig sei, die Ängste der Schülerinnen vor sexueller Gewalt ernst zu nehmen, geradezu zynisch. Dass die politische Rechte die Debatte um die Frage nach dem Verhältnis von Sexismus und Islam mitunter rassistisch auflädt, führt augenscheinlich zu der Konsequenz, dass die Diskussion im NDC frei nach dem Motto „Rassismus schlägt sexuelle Gewalt" abgewehrt wird.

Hannah Wettig, die sich im Vergleich dazu in ihrem eingangs erwähnten Artikel über die Vergewaltigungspolitik in der Öffentlichkeit in islamischen Ländern differenziert mit dieser Problematik auseinandersetzt, beschreibt *beide* Phänomene. Ganz im Sinne des NDC geht sie dabei durchaus auch auf die Tradition westlicher Diskurse über triebgesteuerte Ausländer ein:

> „Für die Partei ‚Alternative für Deutschland' (AfD) und Bewegungen wie Pegida war das Wasser auf ihre Mühlen. […] Das Bild des wollüstigen Orientalen ist Teil der über tausend Jahre währenden Auseinandersetzung zwischen christlichem Abendland und muslimischen Morgenland, richtete sich aber genauso gegen Juden. […] Der Verweis auf dieses uralte Feindbild diente nun nach den Ereignissen von Köln auf der anderen Seite des politischen Spektrums dazu, eine Diskussion über den Zusammenhang von Herkunft und sexuellen Straftaten als ‚rassistisch' motiviert abzulehnen."[18]

Insbesondere für Schülerinnen, die am eigenen Leib erfahren mussten, dass ein Zusammenhang zwischen islamischer Sozialisation und sexueller Übergriffigkeit bestehen kann, dürfte eine entsprechende Diskussion während eines NDC-Projekttages wenig befriedigend, geschweige denn „empowernd" sein. Die Tabuisierung des Themas in antifaschistischen und linksliberalen Kreisen dürfte vielmehr Kampagnen wie dem „120 Dezibel"-Hashtag der Identitären Bewegung Deutschland, die Flüchtlinge unter Generalverdacht stellt, Zulauf verschaffen.

Bei näherem Betrachten der für die NDC-Konzepte verwendeten Literatur offenbart sich die politische Schlagrichtung noch deutlicher. Yasemin Shooman bezieht sich im oben erwähnten Beitrag, der dem NDC als Argumentationsgrundlage dient – wenig überraschend – auf einschlägige VertreterInnen der Postcolonial Studies. Neben deren Mitbegründer Edward Said – der es sich zu Lebzeiten nicht nehmen ließ, an der Grenze zu Israel schon einmal einen Stein gegen den jüdischen Staat zu werfen[19] – seien hier genannt: die Genderforscherin Leila Ahmed, die das islamische Kopftuch zum Mittel des weiblichen Autonomiegewinns verklärt, sowie die genderfeministische Psychologin Birgit Rommelspacher, die den Begriff der „Dominanzkultur" geprägt und Islamkritikerinnen wie Necla Kelek, Ayaan Hirsi Ali und Seyran Ateş in die Nähe extremer Rechter gerückt hat.[20] Auch Shooman selbst versucht in dem vom NDC empfohlenen sowie in weiteren Texten Islamkritikerinnen wie Necla Kelek und Serap Çileli zu diskreditieren. So überrascht es nicht, dass die Historikerin, die am Zentrum für Antisemitismusforschung der TU Berlin nicht etwa zum Thema Antisemitismus, sondern zu „islamfeindlichen Diskursen in Deutschland" promovierte, bereits in Publikationen wie dem *Jahrbuch für Islamophobieforschung Deutschland – Österreich – Schweiz* veröffentlichte.

Darüber hinaus wird in den NDC-Materialien Literatur wie *Wir und die Anderen. Kopftuch, Zwangsheirat und andere Missverständnisse* von Elisabeth Beck-Gernsheim empfohlen. Unter diesem Titel, der bereits verspricht, die darin aufgeführten Phänomene als reine Mythen entlarven zu wollen, wird eine Dichotimisierung in „wir" vs. „die anderen" sowie die Verantwortung für die Entstehung islamischer Parallelgesellschaften einseitig dem Westen unterstellt. Eine Auseinandersetzung mit den islamischen Lehren und deren praktizierter Auslegung vernachlässigt die Autorin bei ihrem Versuch, Kritik am Islam als angebliches interkulturelles Missverständnis darzustellen, die aus einer „Folklore des Halbwissens“[21] resultieren soll.

Empowerment bis zum Islamismus?

Eine solche „Folklore des Halbwissens“ scheint in den letzten Jahren jedoch vielmehr den NDC-Konzepten zugrunde zu liegen. Als im Jahre 2017 im Leipziger Team eine Diskussion darüber stattfand, ob sich das NDC der Auseinandersetzung mit dem politischen Islam zuwenden müsse, vertraten einige die Position, dass es – gerade in Sachsen – mit den sich haltenden Neonazistrukturen weitaus wichtigere Probleme gäbe. Es sei hier darauf hingewiesen, dass Leipzig als Hotspot des radikalen Islams in Ostdeutschland gilt.[22] Die Diskussion fand außerdem nicht nur wenige hundert Meter von der berüchtigten Eisenbahnstraße entfernt statt, wo die zentrale Figur der ostdeutschen Salafisten-Szene, Hassan Dabbagh, regelmäßig anzutreffen ist, wenn er nicht gerade in der nahegelegenen Al-Rahman-Moschee Hass gegen Juden predigt[23]; die Diskussion fand besonders auch aus einem wichtigen Grund statt: Die mangelnde Auseinandersetzung mit islamischen Strukturen und Symbolen, gepaart mit dem Bedürfnis, gerade auch die muslimische Minderheit im Land „empowern“ zu wollen, führt im NDC seit einigen Jahren immer wieder zur affirmativen Repräsentation von AkteurInnen und Symbolen des politischen Islams.

Über zwei Jahre lang wurde in einem Projekttag ein Kampagnenvideo für Kübra Gümüşays Hashtag gegen Alltagsrassismus #SchauHin gezeigt. Die muslimische Medienaktivistin pflegt Verbindungen zu islamistischen Institutionen wie der Islamischen Gemeinschaft Millî Görüş (IGMG), dem muslimbrudernahen Islamic Relief Deutschland e.V. sowie dem irantreuen Islamischen Zentrum Hamburg (IZH)[24]. Sie ist zudem mit dem

Islamwissenschaftler Tariq Ramadan verbunden[25], auf den im Folgenden noch einzugehen sein wird, und bezieht sich positiv auf islamistische Organisationen und Parteien wie die in der Türkei regierende AKP.[26] Gümüşay verkehrt aber nicht nur in strikt geschlechtergetrennten Strukturen, zu deren Geschlechterapartheid man von der angeblichen „Feministin“, die Anfang des Jahres 2018 *EMMA* verklagte[27], auffällig wenig Kritik hört. Sie demonstriert vielmehr ihr Einverständnis damit durch die Einhaltung der entsprechenden Kleiderordnung („weite, lockere Klamotten, lange dunkle, weite Röcke, das abgeschirmte Kopftuch an der Stirn, fest am Kinn zugebunden“[28]). Mehr noch: Sie soll einst „die Muslima Mervy Kay […] für ihre ‚zu sexualisierte Bekleidungsweise‘ gerügt haben, weil sie sich modisch-sexy auf Profilfotos“[29] gezeigt und damit den Islam falsch präsentiert habe. Das später von Gümüşays mitinitiierte #ausnahmslos-Manifest und der dazugehörige Hashtag dienten vornehmlich dazu, all jenen Rassismus vorzuwerfen, die den Sozialisationshintergrund der sexuell übergriffigen Männer in der Kölner Silvesternacht thematisierten. Zumindest in Letzterem scheinen sich Gümüşay und weite – oder möglicherweise auch nur besonders durchsetzungsfähige – Teile des NDC einig zu sein.

Im selben Jahr, in dem der Gümüşay-Clip in eines der NDC-Konzepte aufgenommen wurde, wurde Aiman Mazyek, Vorsitzender des Zentralrats der Muslime in Deutschland (ZMD), zum Botschafter des NDC ernannt. Auch Mazyek, der die Scharia für vereinbar mit dem deutschen Grundgesetz hält[30], pflegt enge Kontakte zum islamistischen Spektrum. Zu den Mitgliedsvereinen des ZMD zählen unter anderen die Islamische Gemeinschaft in Deutschland (IGD), die als „deutscher Ableger der internationalen, islamistischen Muslimbruderschaft“[31] gilt, und der nationalistisch-islamische Graue-Wölfe-Ableger ATIB. Auch die IGMG, der Gümüşay nahesteht, gehört zum ZMD. Zwei Stellvertreter Mazyeks vertreten Verbände, die unter Beobachtung des Verfassungsschutzes stehen[32], und der Generalsekretär des ZMD, Abdassamad El Yazidi, gehört dem Deutsch-Islamischen Vereinsverband Rhein-Main (DIV) an, der ebenfalls als islamistisch beeinflusst gilt.[33]

2017 wurde zudem die Muslimische Jugend in Deutschland (MJD) in eine Liste von Betroffenenorganisationen aufgenommen, die sich aktiv gegen ihre gesellschaftliche Diskriminierung einsetzen und vom NDC in den Schulklassen (als Möglichkeiten, sich zu engagieren) vorgestellt werden. Nicht nur ist die Aufnahme einer Organisation, deren Aktivitäten in erster Linie religiösen Charakter hat, in eine Liste unterstützenswerter politischer Initiativen an sich schon fragwürdig; auch der MJD wurden mehrfach Bezüge zur Muslimbruderschaft nachgewiesen:

> „Offiziell gilt die MJD als unabhängiger Jugendverband, aber der Verein HDI (Haus des Islam) ist bis heute Pate der MJD. Personelle und organisatorische Verflechtungen zwischen der MJD und Organisationen, die – wie die IGD oder die Dachorganisation für muslimische Jugendliche in Europa (Forum of European Muslim Youth and Student Organizations; FEMYSO) – der Muslimbruderschaft nahestehen, regelmäßige Auftritte von Referenten aus diesem Spektrum auf MJD-Veranstaltungen und die von der MJD verbreitete religiöse Literatur legen nahe, dass die MJD eine wesentliche Funktion als Rekrutierungsreservoir und Kaderschmiede für diese von den Moslembrüdern beeinflusste Spielart des politischen Islam wahrnimmt.“[34]

Zu den Autoren des hauseigenen Buchverlages Greenpalace, über den sich die MJD teilweise finanziert, zählen Autoren wie Tariq Ramadan, ein Enkel von Hassan al-Banna, dem Gründer der Muslimbruderschaft, der beste Verbindungen zu Muslimbrüdern pflegt, die Terrorgruppen nahestehen.[35] 2017 geriet er aufgrund mehrerer Vergewaltigungsvorwürfe international in die Schlagzeilen. Auch sammelte die MJD bereits Spenden für die muslimbrudernahe Hilfsorganisation Islamic Relief Deutschland, die ihrerseits Spenden an die radikal-islamische Terrorgruppe Hamas überweist.[36] Im Fall der Vereinsauflösung soll das Vermögen der MJD zudem vollständig an Islamic Relief fließen, mit dem sich die MJD laut Vereinsregister auch ihren Sitz in Berlin teilt.[37] Seitdem die MJD in einigen Ländern unter Beobachtung des Verfassungsschutzes stand und ihr im Jahr 2003 aufgrund der öffentlichen Legitimation von Gewalt gegen Juden vom Bundesministerium für Familie, Senioren, Frauen und Jugend Fördergelder gestrichen wurden, bemüht sich der Verein um eine moderate Außenwirkung.[38] Doch nach innen praktiziert der Verein weiterhin einen orthodoxen Islam. „Die konservativ-islamische Geschlechtertrennung wird bei der MJD eingehalten und praktiziert. So gibt es für Mädchen und Jungen jeweils eigene mehrtägige Jugendlager“[39] und Treffen an jeweils unterschiedlichen Wochentagen, wie eine Dokumentation hierzu vermerkt. Den Mädchen wird darüber hinaus beigebracht, dass sie durch eine Heirat mit einem nicht-muslimischen Mann „aus religiöser Sicht eine Verfehlung“[40] begehen.

All dies steht offiziellen Zielen des NDC wie dem der Demokratieförderung, der Geschlechtergleichheit, Integration und einem gleichberechtigtem Miteinander diametral entgegen. Dennoch stieß die im vergangenen Jahr schriftlich vorgetragene Kritik einer Teamerin an einigen der genannten und weiteren Beispielen, die von einigen Landesnetzstellen und Einzelpersonen durchaus geteilt oder zumindest interessiert aufgenommen wurde, bei der zuständigen Konzeptüberarbeitungsgruppe und der Bundesgeschäftsstelle des NDC größtenteils auf Unverständnis. Ernsthafte Konsequenzen blieben bisher aus. Zwar wurde die Idee geäußert, für künftige Konzeptüberarbeitungen Rechercheteams zu bilden, welche die für die Konzepte zur Diskussion stehenden Inhalte auf demokratiefeindliche Elemente prüfen, doch sämtliche kritisierten Inhalte der frisch überarbeiteten Konzepte wurden mit der Begründung der (angeblich) mangelnden Eindeutigkeit an Beweisen zunächst beibehalten. Dabei wurde auch darauf verwiesen, dass man den Verfassungsschutz aufgrund seiner Rolle in der Mord- und Anschlagsserie des NSU unmöglich als ernstzunehmende Quelle ansehen könne und Mitglieder der Muslimischen Jugend in manchen Bundesländern auch im NDC aktiv seien. Dies gebe eher keinen Anlass, die MJD gesondert kritisch zu betrachten.

Mit Verweis auf einen Artikel des umstrittenen[41] Ethnologen Werner Schiffauer, der Organisationen wie die Muslimische Jugend, die IGD und die IGMG als angeblich „postislamistisch" und demokratisierte Organisationen versteht[42], wurde die MJD sogar tendenziell als unschuldiges Opfer des übereifrigen Verfassungsschutzes dargestellt. Während eine mangelnde Eindeutigkeit bei politisch rechten AkteurInnen zweifelsfrei zur sofortigen Verbannung aus den NDC-Konzepten führen würde und eine Beobachtung durch den Verfassungsschutz aufgrund des Verdachts auf neonazistische Bestrebungen gewiss keine Unschuldsvermutung nach sich zöge, scheint man mit der Repräsentation von Personen, Organisationen und Inhalten, die sich (angeblich nur) in einer Grauzone zum Islamismus bewegen, kein Problem zu haben. Das disparate Verhältnis zur politischen Rechten und dem politischen Islam zeigt sich auch daran, dass (voll-)verschleierte Frauen in den NDC-Projekttagen stets entweder als positive Identifikationsfiguren oder als allein rassistisch unterdrückte Subjekte präsentiert werden – sei es durch „antimuslimischen Rassismus" oder die „unrechtmäßige" Viktimisierung als durch den Islam entrechtete Subjekte. Mehrfach werden Bilder von vollverschleierten Frauen als Beispiele für rechte oder rassistische Propaganda verwendet (so beispielsweise ein AfD-Wahlkampfplakat mit der Forderung nach einem Vollverschleierungsverbot), ohne dass die Vollverschleierung und das ihr zugrunde liegende Frauenbild problematisiert werden. Gleichzeitig werden selbstbewusste Hijab-Trägerinnen wie Kübra Gümüşay als von der Mehrheitsgesellschaft Diskriminierte und/oder „empowerte" Aktivistinnen gegen diese Diskriminierung in Szene gesetzt.

Dass das Nichterkennen der zum Teil eklatanten Widersprüche zwischen dem eigenen Selbstverständnis und der Repräsentation bzw. Kooperation mit entsprechenden AkteurInnen nicht zuletzt einer mangelnden und längst überfälligen Auseinandersetzung mit dem politischen Islam geschuldet ist, vermag man überdies nicht zu bedenken. Zumindest bei Teilen des NDC scheint jedoch ein Bewusstsein für die Problematik zu bestehen. So hat das Leipziger Team, als Reaktion auf die nach der letzten

Konzeptüberarbeitung geäußerte Kritik, für das sächsische Team interne Weiterbildungsworkshops zu islam(ist)ischen Akteuren in der Region sowie zum Thema „Frauen, Männlichkeitsbilder und Sexualmoral im Islam" organisiert. Auch ist die Zahl der aktiven TeamerInnen dort seit der letzten Konzeptüberarbeitung stark zurückgegangen, was möglicherweise einigen in diesem Beitrag kritisierten Umständen geschuldet sein mag.

Schule ohne Rassismus – Schule mit Allah

Was aber bedeutet all dies für die pädagogische Praxis? Welche Folgen ergeben sich daraus für den Projektalltag und die SchülerInnen? Die implizite Aufteilung der Gesellschaft in eine fremdenfeindliche weiße Mehrheit und von der Kritik ausgenommene Minderheiten-Communitys stieß in der Vergangenheit wiederholt auf (meist vorsichtige) Kritik von Seiten einiger SchülerInnen: Beispielsweise wenn von diesen Jugendlichen geäußerte Erfahrungen mit Anfeindungen und Mobbing aufgrund ihrer deutschen Herkunft nicht ganz ernst genommen oder relativiert wurden. Teilweise äußerten SchülerInnen in der abschließenden Feedback-Runde, dass die TeamerInnen zu einseitig Partei ergriffen und ihnen keine „eigene Meinung" zugestanden hätten. Dass sich hinter solcher Kritik stets rassistische Vorbehalte oder eine handfeste rechte Gesinnung der SchülerInnen verbirgt, darf (auch) vor dem Hintergrund des NDC-Argumentationsleitfadens zur Angst vor sexueller Gewalt durch Geflüchtete angezweifelt werden.

Weiter lässt sich feststellen, dass die Verwässerung der Rassismuserklärung bei SchülerInnen in der Vergangenheit immer wieder für Verwirrung gesorgt hat. Angesichts der unzulänglichen Antisemitismusdefinition, die eher die Frage aufwirft, warum Juden und Jüdinnen überhaupt gesondert und nicht als Teil der People of Color aufgeführt werden, kann darüber hinaus nicht davon ausgegangen werden, dass den SchülerInnen durch das NDC-Angebot ein grundlegendes Verständnis der Bedeutung und Funktionsweise von Antisemitismus vermittelt wird.

Als fatal muss auch das Nicht-sprechen-Wollen über muslimischen Antisemitismus im NDC gewertet werden. Nicht erst der Fall des 14-jährigen Schülers, der 2017 an einer Berliner *Schule ohne Rassismus – Schule mit Courage* brutal von seinen Mitschülern drangsaliert wurde, nachdem diesen bekannt geworden war, dass er Jude ist[43], zeigt den dringenden Interventionsbedarf gegen Antisemitismus gerade auch an Schulen. Angesichts der Tatsache, dass sich insbesondere von muslimischer Seite antisemitische Vorfälle an Schulen in den letzten Jahren mehren und der gewalttätigste Antisemitismus in Europa derzeit von Muslimen ausgeht – im 21. Jahrhundert wurden alle antisemitisch motivierten Morde an Juden in Europa von Muslimen begangen[44] –, ist dem NDC die Nicht-Thematisierung des islamisch-motivierten Antisemitismus umso mehr anzulasten. Im Stich gelassen werden nicht nur jüdische SchülerInnen, sondern auch Kinder und Jugendliche, die von islamischem Glaubensterror durch MitschülerInnen und Eltern betroffen sind. Immer öfter werden etwa Mädchen, die sich nicht verschleiern, in der Schule gemobbt, wie die Ethnologin und Leiterin des Frankfurter Forschungszentrums Globaler Islam, Susanne Schröter, erklärt:

> „Es gibt tatsächlich Schulen, in denen schon Erstklässlerinnen Kopftuch tragen. Übrigens weisen muslimische Eltern ihre Mädchen auch zunehmend dazu an, nicht mit Jungen zu spielen. Von Lehrerinnen mit Migrationshintergrund weiß ich außerdem, dass Mädchen, die kein Kopftuch tragen, von anderen muslimischen Schülern gemobbt werden. Das geht so weit, dass man sie fotografiert und ihnen droht, die Bilder über soziale Netzwerke mit Kommentaren wie ‚ehrloses Mädchen' zu verbreiten."[45]

Statt der Sexualisierung des weiblichen Körpers nicht nur in Bezug auf sexistische Werbung o. ä., sondern *konsequent* etwas entgegenzusetzen, wird in kulturrelativistischer Manier durch den affirmativen Umgang mit der islamischen Verschleierung von Frauen und Mädchen in den NDC-Konzepten unter dem

Credo des „Empowerments“ der Normalisierung einer misogynen Kleiderordnung im Klassenzimmer Vorschub geleistet. Somit wird der Anspruch der Aufklärung, für Gleichheit und Freiheit einzutreten, konterkariert.

Durch die Doppelstandards im Umgang mit islamischen und rechten AkteurInnen werden jedoch nicht nur reaktionäre Elemente wie die Verschleierung ignoriert bis glorifiziert. Im festen Glauben, Werte wie Gleichheit und Freiheit zu vermitteln, werden jungen Menschen durch das Bewerben eines Spektrums, das dem politischen Islam nahesteht, oder durch entsprechende Kooperationen durch die Hintertür Gruppierungen näher gebracht, die diesen Werten fundamental entgegenstehen.

Auch wenn in Bundesländern wie Sachsen der Fokus auf Neonazistrukturen und rechtes Gedankengut plausibel und notwendig ist, dürfen andere reaktionäre Strömungen in der politischen Bildungsarbeit, gerade in einem länderübergreifenden Projekt wie dem NDC, nicht vernachlässigt werden. Das verdeutlicht der aktuelle Bericht einer Lehrerin aus dem Ruhrpott in der *EMMA*: SchülerInnen aus

> „[…] der 5. bis 10. Klasse [. . .] kommen zum großen Teil völlig gehirngewaschen aus den umliegenden Moscheen in den Unterricht. Als Lehrer merkt man sofort, welche Kinder ‚die Ungläubigen‘ und das ‚westliche‘ Denken ablehnen. […] Sobald es darum geht, was Mädchen zu Hause dürfen und was Jungs dürfen, sind wir wieder voll im Mittelalter. Muslimische Jungs aus einer meiner 10. Klassen sagten ganz freimütig, dass sie regelmäßig zu Prostituierten gingen, und einer zeigte mir sogar auf seinem Handy ein Foto von seiner ‚Lieblingsnutte‘ aus einem Billigpuff. Klar ist gleichzeitig, dass jedes muslimische Mädchen, das einen Jungen nur ansieht, ‚die letzte Schlampe‘ ist. […] Was Jungs dürfen, dürfen muslimische Mädchen noch lange nicht. […] Der Islam sei die beste Religion und stehe über dem Grundgesetz, heißt es. An dieser Mau-

> er pralle ich ab – und zwar total. Nicht der Hauch einer Einsicht, dass man den Koran vielleicht nicht mehr auf heute beziehen kann, weil er historisch zu lesen ist."[46]

Das traurige, aber treffende Resümee dieser Lehrerin: „Bislang wollen die Schulen nur ‚Schule gegen Rassismus' sein, nicht aber ‚Schule gegen Sexismus' – und schon gar nicht ‚Schule gegen Islamismus'." Auch die Leiterin des bpb-Fachbereichs Extremismus beklagte 2017 auf einer Bundesfachtagung zum Thema „Politische Bildung in Zeiten gesellschaftlicher Polarisierung" durchaus selbstkritisch, dass viele AkteurInnen der politischen Bildungsarbeit die „Zeichen der Zeit noch nicht erkannt"[47] haben und sich auf „die pflegeleichten Zielgruppen"[48] fokussieren: „So vertieft sich der Graben und die politische Bildung macht es sich gemütlich."[49]

Critical Whiteness bietet für diese Probleme keine Lösungen an. Vielmehr zeigen die vorangegangenen Schilderungen, dass der Vormarsch entsprechender Theorien und Ansätze, der sich im NDC deutlich in der Konzeptualisierung von Projekttagen auf Basis einschlägiger CW-Literatur äußern, eine lösungsorientierte Herangehensweise sogar verhindert und zudem geneigt ist, die bestehenden Probleme zu verschärfen. Deutlich wurde auch, dass sich die CW-Ideologie längst nicht mehr auf das akademische Feld beschränkt, sondern den Weg heraus aus den Universitäten und hinein in die Schulen gefunden hat. Profiteure dieser Entwicklung sind nicht zuletzt Akteure und Strukturen, die wesentliche freiheitliche Errungenschaften infrage stellen, jedoch im Namen des Antirassismus hofiert werden. Leidtragende sind in erster Linie diejenigen, die schon jetzt unmittelbar durch die TrägerInnen solcher Ideologien bedroht sind und deren Schutz und Freiheit im Namen desselben Antirassismus preisgegeben werden.

Anmerkungen

1 Hannah Wettig, „Mythos vom fremden Vergewaltiger“, auf: *EMMA.de*, 07.09.2016, https://www.emma.de/artikel/ueber-den-mythos-vom-fremden-vergewaltiger-333349 (letzter Abruf: 16.05.2018).
2 Ebd.
3 Hannah Wettig, „Silvester. Der zensierte Beitrag“, auf: *EMMA.de*, 09.09.2016, https://www.emma.de/artikel/nach-koeln-bringen-fluechtlinge-eine-vergewaltigungskultur-mit-333361 (letzter Abruf: 16.05.2018).
4 Erlass über die Bundeszentrale für politische Bildung vom 24. Januar 2001, §2, auf: *bpb.de*, http://www.bpb.de/die-bpb/51244/der-bpb-erlass (letzter Abruf: 16.05.2018).
5 Vgl. NDC, „Das Netzwerk für Demokratie und Courage - wie alles begann“, auf: NDC Website, ohne Datum, https://www.netzwerk-courage.de/web/310.html (letzter Abruf: 16.05.2018).
6 Ebd.
7 Vgl. NDC, „Das ist das NDC. Der Erklärfilm zum NDC.“, auf: *NDC Website*, ohne Datum, https://netzwerk-courage.de/web/2160.html (letzter Abruf: 16.07.2018).
8 Vgl. NDC, „Pünktlich zum neuen Schuljahr: Erfolgreiche Überarbeitung der ABC Projekttage“, auf: *NDC Website*, 30.08.2012, https://www.netzwerk-courage.de/web/144-1436.html (letzter Abruf: 16.07.2018).
9 Vgl. *Die meistgehasste Familie Amerikas. Kreuzzug gegen Homosexuelle* (BBC-Doku), R: Geoffrey O’Connor, GB 2007.
10 Vgl. Yitzchok Adlerstein, „Wie kann ein Anschlag auf eine Synagoge nicht judenfeindlich sein?“, auf: *tagesspiegel.de*, 27.03.2017, https://www.tagesspiegel.de/politik/antisemitismus-in-deutschland-wie-kann-ein-anschlag-auf-eine-synagoge-nicht-judenfeindlich-sein/19572812.html (letzter Abruf 16.05.2018).
11 Konzept des NDC-Projekttages, „PT A: Alles nur Bilder im Kopf? Ein Projekttag zu Diskriminierung, von Rassismus betroffenen Menschen und couragiertem Handeln.“, o.O. 2017, dort: Anlagen; Argumentationshilfe, S. 23.
12 Ebd.
13 Yasemin Shooman, „(Anti-)Sexismus und Instrumentalisierung feministischer Diskurse im antimuslimischen Rassismus“, in: MBR & apabiz e. V. (Hg.), *Berliner Zustände 2010. Ein Schattenbericht über Rechtsextremismus, Rassismus und Antifeminismus*, Berlin 2010, S. 37.
14 Ebd., S. 34.
15 NDC, PT A-Konzept, Anlagen: Argumentationshilfe, S. 23 (Hervorhebung von mir, J. M.).
16 Ebd.
17 Ebd.
18 Hannah Wettig, „Silvester“.

19 Vgl. Sunnie Kim, „Edward Said Accused of Stoning in South Lebanon", auf: *Columbia Spectator*, 27.03.2013, https://www.columbiaspectator.com/2000/07/19/edward-said-accused-stoning-south-lebanon/ (letzter Abruf: 16.05.2018).

20 Vgl. Birgit Rommelspacher, „Ungebrochene Selbstidealisierung", in: *taz*, 18.01.2010.

21 Elisabeth Beck-Gernsheim, *Wir und die Anderen: Kopftuch, Zwangsheirat und andere Mißverständnisse*, Berlin 2007, S. 12.

22 Vgl. Markus Decker, „Islamisten breiten sich im Osten aus", auf: *FR.de*, 11.05.2017, http://www.fr.de/politik/verfassungsschutz-islamisten-breiten-sich-im-osten-aus-a-1276993 (letzter Abruf 16.05.2018).

23 Vgl. Axel Spilcker, „Imam hetzt gegen Juden", in: *FOCUS Magazin*, Nr. 37, 2009, S. 17. Auch der sächsische Verfassungsschutz befürchtet die Radikalisierung von Flüchtlingen in der Al-Rahman-Moschee, angesichts des starken Anstiegs der dortigen Besucherzahlen in den letzten Jahren (vgl. Frank Döring, „Geheimdienst fürchtet Radikalisierung von Migranten in Leipziger Moschee", auf: *lvz.de*, 29.04.2017, http://www.lvz.de/Leipzig/Polizeiticker/Polizeiticker-Leipzig/Geheimdienst-fuerchtet-Radikalisierung-von-Migranten-in-Leipziger-Moschee (letzter Abruf 16.05.2018).

24 Vgl. Stop Extremism, „Stop Extremism kämpft gegen Unterlassungsforderungen", auf: *Stop Extremism Website*, 19.01.2018, https://www.stopextremism.eu/stop_extremism_kaempft_gegen_unterlassungsforderungen sowie Alice Schwarzer, „Gümüşay verklagt EMMA", in: *EMMA*, Nr. 3, 2018, S. 20-22.

25 Vgl. o. A., „Kübra Gümüşay, Die Schwester", auf: *EMMA.de*, 25.04.2018, https://www.emma.de/artikel/partizipation-guemuesay-ramadan-335601 (letzter Abruf: 21.07.2018).

26 Vgl. Sineb El Masrar, „Islamischer Feminismus. Frau muss genau hinschauen", auf: *taz.de*, 06.08.2016, http://www.taz.de/!5324213/ (letzter Abruf 16.05.2018).

27 Die Unterlassungsklage bezog sich auf den *EMMA*-Artikel „Die Schwestern" über Linda Sarsour und Kübra Gümüşay aus der Januar/Februar-Ausgabe 2017. Darin wurde u. a. Gümuşays Verbindung zu Tariq Ramadan und dem Islamischen Zentrum Hamburg, ihre Behauptung, für alle Frauen aus dem muslimischen Kulturkreis zu sprechen, sowie ihre haltlosen Rassismusvorwürfe im Zuge der Debatte um die Kölner Silvesternacht 2015 thematisiert. In allen genannten Punkten wurde Gümuşays Klage vom Landgericht Stuttgart abgewiesen (vgl. Alice Schwarzer, „Gümuşay verklagt EMMA").

28 Reyhan Şahin [Lady Bitch Ray], „Kübra Gümüşay Pussytionier' Dich!", auf: *FB Lady Bitch Ray – the official*, 29.06.2016. https://www.facebook.com/permalink.php?story_fbid=1124186760975691&id=199982943396082 (letzter Abruf 16.05.2018).

29 Ebd.

30 Vgl. Günther Lachmann, „‚Scharia und Demokratie sind vereinbar'", auf: *WELT.de*, 03.03.2011, https://www.welt.de/politik/deutschland/

article12692090/Scharia-und-Demokratie-sind-vereinbar.html (letzter Abruf 16.05.2018).

31 Stoldt, Till-R., „Angriff auf den freundlichen Islam", auf: *WELT.de*, 26.01.2014, https://www.welt.de/regionales/koeln/article124146187/Angriff-auf-den-freundlichen-Islam.html (letzter Abruf 16.05.2018).

32 Vgl. Christoph Cuntz, „Islamisten im Rhein-Main-Gebiet", auf: *allgemeine-zeitung.de*, 14.09.2016, http://www.allgemeine-zeitung.de/politik/hessen/islamisten-im-rhein-main-gebiet-bloggerin-die-szene-ist-groesser-als-man-denkt_17290479.htm (letzter Abruf: 16.05.2018).

33 Vgl. Christoph Cuntz, „Im Schatten der Muslimbrüder", auf: *allgemeine-zeitung.de*, 06.10.2016, http://www.allgemeine-zeitung.de/politik/hessen/im-schatten-der-muslimbrueder_17372765.htm (letzter Abruf: 16.05.2018).

34 Deutscher Bundestag, *Islamische Organisationen in Deutschland*, Berlin 2015, S. 39. Online verfügbar unter: https://www.bundestag.de/blob/405162/80a4e1e0a231dc5555afba8f0cab9b90/wd-1-004-15-pdf-data.pdf (letzter Abruf: 16.05.2018).

35 Vgl. Jürg Altewegg, „Wer ist Tariq Ramadan?", auf: *EMMA.de*, 26.04.2018, https://www.emma.de/artikel/wer-ist-tariq-ramadan-335725 (letzter Abruf: 16.05.2018).

36 Vgl. Sigrid Herrmann-Marschall, „Öffentliche Gelder für Israelfeinde? Teil I", auf: *Vorwärts und nicht vergessen. Islamismus und Gesellschaft (Blog)*, 30.06.2016, https://vunv1863.wordpress.com/2016/06/30/oeffentliche-gelder-fuer-israelfeinde-teil-i/ (letzter Abruf 16.05.18).

37 Vgl. Sigrid Herrmann-Marschall, „Muslimische Jugend", auf: *Vorwärts und nicht vergessen. Islamismus und Gesellschaft (Blog)*, 22.02.2018, https://vunv1863.wordpress.com/2018/02/22/muslimische-jugend-wege-abwege-umwege/ (letzter Abruf 16.05.18).

38 Vgl. Ahmet Cavuldak, „Jugendszenen in Deutschland – zwischen Islam und Islamismus", in: Konrad-Adenauer-Stiftung (Hg.), *Analysen und Argumente* Nr. 97, Oktober 2011, S. 6. Online verfügbar unter http://www.kas.de/wf/doc/kas_28984-544-1-30.pdf.

39 Deutscher Bundestag, *Islamische Organisationen in Deutschland*, S. 39.

40 Hischam Abul Ola, „Der Islam ist unsere Religion, Deutschland unsere Heimat", in: Bundeszentrale für politische Bildung (Hg.), *Jugendkultur, Islam und Demokratie*, Bonn 2010, S. 59.

41 Vgl. Eberhard Seidel, „Der Ethnologe und seine Boygroup", auf: *taz.de*, 03.04.2010, http://www.taz.de/!456364/ (letzter Abruf 18.05.2018).

42 Vgl. Werner Schiffauer, „Verfassungsschutz als Reformbremser", auf: *FR.de*, 17.06.2014, http://www.fr.de/politik/meinung/islam-in-deutschland-verfassungsschutz-als-reformbremser-a-574029 (letzter Abruf 18.05.2018).

43 Vgl. dpa, „Jüdischer Junge verlässt Schule nach Antisemitismus-Vorfällen", auf: *WELT.de*, 01.04.2017, https://www.welt.de/vermischtes/article163328599/Juedischer-Junge-verlaesst-Schule-nach-Antisemitismus-Vorfaellen.html (letzter Abruf: 18.05.2018)

44 Vgl. Ulrich Jakov Becker, „„Im 21. Jahrhundert wurden alle antisemitischen Morde in Europa von Moslems begangen'", auf: *juedischerundschau.de*, 13.12.2016, http://juedischerundschau.de/im-21-jahrhundert-wurden-alle-antisemitischen-morde-in-europa-durch-moslems-begangen-135910655/ (letzter Abruf: 09.08.2018).

45 Katharina Iskandar/Marie Lisa Kehler/Helmut Kehler, „Interview mit Islam-Expertin", auf: *FAZ.net*, 14.05.2018, http://www.faz.net/aktuell/rhein-main/integrationsexpertin-spricht-zum-thema-kopftuch-15588412.html?premium#void (letzter Abruf 18.05.2018). Zum Mobbing von unverschleierten Mädchen an Schulen vgl. auch Rita Breuer, „Verkehrte Welt: Mobbing gegen kopftuchfreie Mädchen", auf: *EMMA.de*, 01.09.2009, https://www.emma.de/artikel/verkehrte-welt-mobbing-gegen-kopftuchfreie-maedchen-264094 (letzter Abruf: 17.07.2018).

46 Andrea F., „Was ist an den Schulen los?", auf: *EMMA.de*, 05.04.2018, https://www.emma.de/artikel/andrea-f-radikalisierung-334795 (letzter Abruf: 18.05.2018).

47 Claudia van Laak, „Die politische Bildung macht es sich gemütlich", auf: *deutschlandfunk.de*, 05.05.2017, http://www.deutschlandfunk.de/schule-ohne-rassismus-die-politische-bildung-macht-es-sich.680.de.html?dram:article_id=385505 (letzter Abruf: 18.05.2018).

48 Ebd.

49 Ebd.

Wider den Beschneidungszwang

Ali Utlu

Religion war für mich als Kind nie ein Thema. Meine Eltern waren weder besonders fromm, noch trug meine Mutter ein Kopftuch. Wir waren zwar „Muslime", das spielte aber keine Rolle im täglichen Leben. So hatte ich eine Kindheit, die lange frei von Religion war. Damals ahnte ich aber nicht, dass sich das zu einem bestimmten Zeitpunkt dramatisch ändern würde, der wiederum mein ganzes Leben verändern sollte.

Im Alter von sieben wurden mein Bruder und ich für eine Familienfeier in die Türkei gebracht. Wir wussten nicht, warum, nur meine Verwandten machten ständig Witze über den „großen Tag". Uns wurde gesagt, dass es eine Feier zu unseren Ehren geben werde und wir „richtige Männer" würden. Welches männliche Kind wollte das nicht? Schließlich wurden wir in einen Raum geführt, auf einen Stuhl gesetzt und jeweils von vier Männern festgehalten. Wir bekamen Panik. Ich weinte und wehrte mich. Ein Onkel zog mir dann die Hose herunter, nahm meinen Penis zwischen die Finger und schnitt ohne Vorwarnung. Ohne Betäubung – gar nichts. Es war wie in einem Horrorfilm, überall war Blut. Die Männer scherzten: Wenn wir uns zu sehr wehren, würde vielleicht zu viel abgeschnitten und wir könnten dann nur noch als Frauen weiterleben. Danach wurden wir in zwei Betten in der Mitte des Saals gelegt, die Verwandten um uns herum haben gelacht und getanzt, wir aber hatten Schmerzen und standen unter Schock. Mein Leben war danach nicht mehr dasselbe.

Heute weiß ich, dass ich im Namen einer Religion gebrandmarkt wurde, der ich nicht mal verbunden war. Mir wurde wie einer Kuh ein Stempel aufgedrückt, um zu zeigen: Du gehörst ab jetzt zu unserer Herde, und jeder kann es sehen.

Jahre vergingen. Ich kam in die Pubertät. In der Schule und nach dem Sport schämte ich mich, mit den anderen zu duschen, weil ich untenrum anders war, und die anderen machten sich immer wieder darüber lustig. Ich entdeckte meine Sexualität, die sich schwieriger gestaltete als bei anderen. Denn ich konnte vieles nicht so einfach ausprobieren und genießen, wie es meinen Freunden damals möglich war. Mir war durch die Beschneidung auch die Empfindung geraubt worden. Ich fühlte mich schon damals als Opfer – Opfer der Amputation eines wichtigen Körperteils von mir. Doch es war lange ein stilles Leiden; ich konnte damals mit niemandem darüber sprechen. Mittlerweile war ich erwachsen, die Beschneidung war für immer ein Teil von mir, und ich hatte mich damit abgefunden.

2012 trat ich der Piratenpartei bei und engagierte mich in der Politik. Dies war auch das Jahr, in dem ein Kölner Gericht das Urteil fällte, dass die religiöse Beschneidung von Jungen eine Körperverletzung ist. Ich war wie elektrisiert, da dieses Thema mich bereits mein ganzes Leben verfolgte. Plötzlich meldeten sich andere zu Wort und sagten offen, sie seien Opfer dieser Praktik geworden. Noch am Abend erstellte ich am PC eine Grafik mit meinem Konterfei, auf der ich mich auch als Geschädigter outete. Ich postete dies bei Facebook und Twitter. Das Bild wurde tausende Male geteilt, und es meldeten sich viele Männer bei mir, die mir ihre Leidensgeschichte erzählten, die wie meine war. Keiner ging aber so offensiv in die Öffentlichkeit wie ich. Es war, als wäre ein Damm in mir gebrochen. Denn es ging um die Menschenrechte kleiner Kinder.

Ich wähnte die Öffentlichkeit auf meiner Seite. Doch die Ernüchterung kam schnell. Ich war mehrfach in den Medien, galt als Vorzeige-„Opfer“, das gegen die Beschneidung Stellung bezog. In meiner Partei unterstützten mich viele bei meinem Engagement – bis sich die Ultralinken einmischten. Es entbrannte ein Streit. Denn mit meiner Forderung, die Beschneidung erst mit 14 bzw. 18 Jahren zu erlauben, würde ich jüdisches Leben in Deutschland unmöglich machen, folglich sei ich ein „Antisemit“. Dabei hatte ich mich nie mit dem jüdischen Glauben auseinandergesetzt – warum auch? Es ging mir nur um muslimische Jungen. Überall in den sozialen Medien wurde ich unter Beschuss genommen, immer wieder in die rechte Ecke gestellt. Auch Online-Gesprächsrunden brachten keine Besserung. Ich war geschockt, denn ich kam aus dem sogenannten muslimischen „Kulturkreis", wurde nach islamischem Ritus beschnitten, durfte mich aber dennoch nicht als Opfer sehen, weil mich das angeblich zum „Antisemiten" mache. Ich verstand durchaus, warum mein Engagement als Angriff gesehen wurde, ist doch die Beschneidung von Babys verpflichtend für das Judentum. Dabei gibt es tatsächlich jüdische Gemeinden, die nicht beschneiden, sondern eine sogenannte *Brit Schalom* durchführen – einen kleinen, symbolischen Schnitt, um dem Glauben mit einem Blutstropfen Genüge zu tun. Dies im Gegensatz zu Muslimen, wo dieser Akt nur eine Tradition ist und es keine religiöse Verpflichtung dafür gibt. Darauf berief ich mich. Mit dem Vorwurf des „Antisemitismus" konnte man mich also nicht diffamieren. So suchten diese Linken andere Gründe, mich per Rufmord zu diskreditieren.

Bald darauf wollte man mich als „homophob" brandmarken, was witzig war, war ich zu diesem Zeitpunkt der Bundesbeauftragte der Piratenpartei zum Thema LGBTI+ und bin zudem selber schwul. Während Tausende Tweets bzw. Kommentare mit Lügen, Diffamierung etc. unberechtigt die Runde machten, kam man nun auf die Idee, ich wäre „transphob". Denn ich bin ja angeblich ein weißer Cis-Mann, ergo müsse das eine aus dem anderen folgen. Es ging dann so weit, dass man meinen Rücktritt als Bundesbeauftragten forderte – und zwar wegen eines Scherzes. Die Begründung war schräg. Hier ein kleiner Auszug:

> „Hallo Ali,
>
> ich (und einige Unterstützer*innen) schreibe dir wegen deiner Themenbeauftragung Queerpolitik.
> Ich habe auf deinem Twitteraccount am 26. Apr. 2014 folgenden Tweet gelesen: ‚Es gibt Männer mit Bart und die anderen heißen Frauen. :-P'
> Ich weiß nicht genau, wie du ‚queer' definierst, aber nach meinem Verständnis fällt auch Politik für/und um Trans*Personen in deinen Themenbereich.

> Du sollst deswegen wissen, dass deine Aussage absolut cissexistisch ist. Nicht alle Männer tragen Bart, nicht alle Frauen tragen keinen – Definition von Geschlechtern auf diese Art und Weise ist trans*feindlich und reproduziert cissexistische Mythen von Binärgeschlechtlichkeit.
> Als Sprecher für Queerpolitik populistische Aussagen darüber zu machen, wann ein Mann ein Mann ist und wie er ‚zur Frau wird' (?!?), halte ich für absolut kontraproduktiv, aber vor allem verletzend. Ich glaube nicht, dass Trans*Personen sich auf diese Weise von dir vertreten fühlen. Nicht nur Menschen, die in ihrem Alltag zur Genüge mit falschen und ungewollten Geschlechtszuschreibungen zu kämpfen haben, sollten wenigstens von einem Menschen, der sie politisch vertreten soll, mehr Solidarität erhalten. Und mit Solidarität meine ich nicht, dass sich hin und wieder dafür ausgesprochen wird, dass eins ja voll für Rechte von Trans*Personen wäre, sondern ich wünsche mir aktives Hinterfragen der eigenen Aussagen und ‚Witze'. Sich über diskriminierte Gruppen lustig zu machen, zeugt weder von Humor noch von Menschlichkeit. Wenn Witze über Diskriminierte okay sind, zeigt das, dass wir ihre Anliegen nicht ernst nehmen – gerade in der Politik ein fataler Fehler, denke ich, aber auch menschlich mehr als nicht okay. […]"

Diese Kritiker scheiterten und machten sich zur Lachnummer. Trotzdem wurde meine Arbeit innerhalb der Partei torpediert; ich wurde gemobbt und in die rechte Ecke gestellt. In dieser Zeit hat mir ausgerechnet ein ultraorthodoxer Jude beigestanden und mich immer wieder vor den Vorwürfen, ein Rechter zu sein, in Schutz genommen. Er war strikt gegen ein Beschneidungsverbot, ich pro Altersregelung. Trotzdem schafften wir es beide, bei diesem Thema sachlich zu bleiben. Wir verstanden die jeweils andere Seite. So waren es die nicht-muslimischen, nicht-jüdischen, unbeschnittenen Linken und links tickenden Antideutschen, die darüber bestimmen wollten, wer ein Opfer körperlicher Gewalt ist und wer nicht. Das ist so, als würde mir ein Heterosexueller erzählen wollen, was ein homophober Übergriff ist und was nicht – bzw. ein Nicht-Migrant erklären, was als ausländerfeindliche Tat zählt. Das ist eine sehr merkwürdige Konstellation.

Die Partei schaffte es, mich nicht in Schutz zu nehmen, so dass ich dann austrat. Meine Verleumder hatten vorerst gewonnen. Doch mein Kampf ging weiter. Was mich bis heute wütend macht, ist, dass meine Gegner nicht an der Wahrheit interessiert waren, sondern bewusst Lügen verbreiteten, mit Rufmord arbeiteten und sogar „Sippenhaft" anhingen: So wurden Journalisten, Freunde und Bekannte direkt angeschrieben, sie sollten doch von jemandem wie mir keine Beiträge mehr teilen, und lieferten erlogene Begründungen nach. Ich hatte sie zwar ausgeräumt, doch trotzdem hielten sie daran fest. Wie eine Sekte, die ihre eigene Wirklichkeit erschafft: Wer nicht in diese Schablone passt, ist abwechselnd „homophob", „transphob", „Antisemit" oder einfach nur ein „rechter Nazi". Manche versuchten zu argumentieren, eine Beschneidung sei nichts Schlimmes, denn die Genitalverstümmelung von Frauen sei ein echter Horror, Männer hingegen würden danach ja trotzdem noch „funktionieren".

Wie sich das anfühlt, kann ich an dieser Stelle gern erklären: Das ist so, als würdet ihr vier Kondome über euren Penis ziehen und dann versuchen, etwas zu empfinden. Es war ein Scheinargument. Gerade bei diesem Thema freute ich mich, das ausgerechnet die Feministinnen der *EMMA* an meiner Seite standen – genauso wie Pro Familia, Terre des Femmes und andere weltweit tätige Organisationen. Auch sie wurden des „Antisemitismus" beschuldigt und in die rechte Ecke gestellt, aber uns alle einte ein Anspruch: Menschenrechte gelten auch für Kinder. Für deren Unversehrtheit kämpfen wir gemeinsam.

Heute bin ich entspannter. Früher wehrte ich mich gegen solche Vorwürfe, jetzt nicht mehr. Denn diese „Nazi"-Anschuldigungen haben längst ihre Wirkung verloren. Mittlerweile gilt in der Öffentlichkeit, an den Universitäten und in der Politik jeder als „rechts", der nicht ganz links ist. Sechs Jahre lang hat man mich mit diesen Vorwürfen gejagt. Die simple Erkenntnis, dass ich mich nicht rechtfertigen, sondern einfach mit „na und?" antworten musste, befreite mich. Man nennt jemanden so lange „rechts", bis sich derjenige nicht mehr wehrt – dann verlieren die Diffamierenden ihre schärfste Waffe.

Was ich aus all dem gelernt habe? Dass es Linke gibt, die selbst auf die Methoden von Rechten setzen, um ihre Gegner anzufeinden. Sie merken nicht, dass sie schon zu dem geworden sind, was sie bekämpfen wollen: Sie stehen mittlerweile so weit links, dass sie rechts wieder rauskommen. Denn dass sich Linke mittlerweile so sehr auf Fragen der „kulturellen Identität" konzentrieren, die sie selbst in ihren repressiven Ausprägungen beschützen möchten, ist ein deutliches Indiz für die vorangeschrittene Reise vom einen politischen Ende zum anderen. Ich werde meinen Einsatz für Kinderrechte fortführen, denn die Menschenrechte sind auf meiner Seite. Sie sind unteilbar und gelten für alle.

Das war meine Geschichte. Stark verkürzt, aber die gesamte Odyssee würde ganze Bücherregale füllen.

Solidarität unter identitärem Vorbehalt

Flucht, Exil und Migration im 21. Jahrhundert

Obwohl wir im Land der Freiheit sind, geht das Leiden weiter

Kacem El Ghazzali

„Wären sie von der Strafe für den Glaubensabfall befreit worden, gäbe es den Islam heute nicht mehr."
Yusuf al-Qaradawi, islamischer Theologe
und Vorsitzender der Internationalen Union
muslimischer Gelehrter, über Apostaten

Es gibt keinen islamischen Staat und auch keine islamische ‚Republik', die Gedanken- und Glaubensfreiheit garantiert. Religiöse Minderheiten in muslimischen Mehrheitsgesellschaften wie etwa Christen leiden unter gesellschaftlicher Unterdrückung. Auch Apostaten sehen sich oft gnadenloser Repression ausgeliefert, da das Verlassen der Religion als unverzeihbares Tabu gilt. Unter Verfolgung und Gesetzen, die nicht nur den Glaubensabfall, sondern auch jede Religionskritik kriminalisieren, leiden religiöse Minderheiten, exmuslimische Individuen und säkulare muslimische Liberale gleichermaßen.

Obgleich die Bestrafung derjenigen, die keiner Religion mehr angehören wollen, gemäß den vier wichtigsten islamischen Rechtsschulen die Todesstrafe ist, und es 13 muslimische Länder gibt, in denen Glaubensabfall und Religionskritik mit dem Tode bestraft werden, sind die Chancen von Ex-Muslimen aus muslimischen Ländern auf ein Bleiberecht in Europa sehr gering; der Austritt aus dem Islam oder der Wechsel zu einer anderen Religion ist meist kein hinreichender Grund für politisches Asyl. Der Asylbewerber muss beweisen, dass er in seinem Herkunftsland unter islamischer Herrschaft einer direkten Gefahr ausgesetzt ist. Und die meisten derjenigen, denen in Europa schließlich doch politisches Asyl gewährt wird, sind meist nicht nur Ex-Muslime, sondern auch politische Aktivisten, Schriftsteller oder Blogger, die entweder direkt mit dem Tod bedroht oder wegen Blasphemie zu langjährigen Gefängnisstrafen verurteilt wurden.

Ein erfreuliches Beispiel von einem, der gerade noch einmal davongekommen ist, ist die Geschichte des bangladeschischen Aktivisten und Bloggers Azam Khan.[1] Er erhielt in der Schweiz Asyl, nachdem er aus seinem Land wegen einer von islamistischen Gruppen angeführten Serie von Morden gegen säkulare und atheistische Blogger fliehen musste. Doch die religiöse Verfolgung in muslimischen Gemeinschaften beschränkt sich nicht auf Atheisten, sondern trifft alle, die den Islam ablehnen oder kritisch betrachten. Verfolgt wird ebenfalls, wer zum Christentum konvertiert. Der Vorwurf der Religionsverachtung trifft manchmal sogar einige liberale Muslime, die das fundamentalistische, religiöse Erbe kritisieren: Islam Bahiri ist ein liberaler religiöser Reformer, der 2015 wegen „Missachtung des Islam" verhaftet und zu fünf Jahren Gefängnis verurteilt wurde.

Was die religiösen Minderheiten und Individuen in muslimischen Ländern vereint, ist nicht nur ihre bedauerliche Situation, sondern auch ihre gemeinsame Sehnsucht: Trotz ihrer unterschiedlichen religiösen Tendenzen (Atheisten, Christen, säkulare Muslime) ist es das gemeinsame Ziel, moderne säkulare Staatswesen zu schaffen, die die Rechte von Angehörigen aller Religionen und Glaubensrichtungen garantieren – nicht nur von denen, die mit der Religion des jeweiligen muslimisch dominierten Staates einverstanden sind. Nicht zuletzt dies ist mit ein Grund dafür, warum die meisten religiösen Minderheiten in der islamischen Welt säkular orientiert sind, im Gegensatz zu muslimischen Minderheiten in Europa, die sich nicht selten im Konflikt mit Säkularismus und Individualität befinden, insbesondere wenn es um Fragen der Rechte der Frau und ihrer individuellen und sexuellen Freiheiten geht.

Obwohl wir im Land der Freiheit sind, geht das Leiden weiter

Vom Land Allahs in das westliche Land der Freiheit zu fliehen, bedeutet für viele indes nicht, dass die religiöse Verfolgung aufhört. Einige Flüchtlinge werden von anderen Flüchtlingen wegen ihrer Religionszugehörigkeit belästigt, insbesondere in Flüchtlingsaufnahmezentren. Muslimische Asylsuchende zeigen oft keine Toleranz gegenüber ihren Kollegen, wenn sie entdecken, dass diese Ex-Muslime sind. Diese negative Haltung wird von muslimischen Flüchtlingen aus ihren Heimatländern importiert und von ihnen aufrechterhalten, obwohl die Glaubens- und Meinungsfreiheit durch die Verfassungen der europäischen Aufnahmeländer gewährleistet ist. Liberalität und die Kultur des leben und leben lassen ist den meisten muslimischen Asylbewerbern unbekannt. Für sie ist Religion ein wesentlicher Bestandteil von Zugehörigkeit und Identität. Daher wird ein Ex-Muslim als Verräter angesehen, dem man nicht trauen kann und der deshalb bestraft gehört. Meine Erfahrungen im Asylzentrum Vallorbe in der Westschweiz im Jahr 2011 und die Erfahrungen anderer ehemaliger Muslime in der Schweiz und in Deutschland bestätigen dies.

Der 18-jährige Amed Sherwan etwa musste den Irak verlassen, nachdem er verhaftet und gefoltert worden war, weil er erklärt hatte, er glaube nicht an Allah. Sein Leiden endete aber nicht nach seiner Ankunft in Deutschland: Nachdem er einen Artikel mit dem Titel „Atheismus als Asylgrund" in der lokalen mehrsprachigen Zeitschrift *Moin Flensburg* veröffentlicht hatte, wurde Amed als Folge davon von einem anderen Flüchtling aus dem Jemen schikaniert und mit dem Tod bedroht: „Zuerst hat er mich als *kafir* bezeichnet, als Ungläubigen. Dann hat er mir ins Gesicht gesagt: ‚Ich schneide dir den Kopf ab, und wenn es das Letzte ist, was ich in Deutschland tue'", sagte Amed zur *Jungle World*.[2] Nachdem er am Berliner CSD 2018 ein T-Shirt mit der Aufschrift „*Allah is gay*" trug, musste er wegen akuter Morddrohungen von der Polizei geschützt werden.

Verantwortung gegenüber den Stimmlosen

Viele Ex-Muslime, die islamische Länder verlassen, haben ein Verantwortungsgefühl gegenüber religiösen Minderheiten, die in der muslimischen Welt ihre Rechte nicht einfordern oder für sich selbst sprechen können. Es motiviert viele in Europa, die Meinungsfreiheit zu nutzen, um die Realität der fehlenden individuellen Freiheiten in muslimischen Gesellschaften zu beleuchten. Doch das bringt sie in eine andere Art von Schwierigkeiten: Wenn Ex-Muslime die unmenschlichen Praktiken und Rechtsverletzungen im Namen des Islam und der religiösen Texte kritisieren, die die Unterdrückung von Minderheiten und Apostaten in muslimischen Gesellschaften rechtfertigen, werfen manche Linken den Islamkritikern Rassismus und Feindseligkeiten gegen Muslime vor. Oft wird einem sogar unterstellt, man verbünde sich mit der extremen Rechten.

Dieser Umgang der islamsensiblen, kulturrelativistischen westlich-antiwestlichen Linken mit dem Thema Minderheiten in der muslimischen Welt und „Minderheiten innerhalb von Minderheiten" in westlichen Gesellschaften ist ein expliziter Rückzug von den Werten des Säkularismus und der Aufklärung zugunsten religiöser Identitätsdiskurse unter dem Vorwand von Toleranz und Multikulturalismus. Einige Linke betrachten Minderheiten nicht als Individuen mit unterschiedlichen religiösen und politischen Zugehörigkeiten, sondern als homogene Gruppe. Dieser ideologische Blick ignoriert Spaltungen, Konflikte und interne Verfolgung innerhalb von Minderheiten und legitimiert Menschenrechtsverletzungen unter dem Vorwand der Verteidigung des Multikulturalismus, was eine Leugnung der Universalität von Werten und Menschenrechten darstellt. Wenn vom Islam erniedrigte, geknechtete Menschen, denen unter der Herrschaft dieser Religion Grauenhaftes widerfahren ist, auf der ganzen Welt ihre universellen Rechte einfordern, lautet die Antwort dieser regressiven Linken: „Das ist rassistisch und islamfeindlich."

Liberale Ex-Muslime in Europa können keineswegs als islamfeindlich betrachtet werden. Ihre Arbeit ist eine mutige und wichtige, aufklärerische Handlung gegenüber einem religiösen Regime, das Millionen von Menschen auf der ganzen Welt verfolgt. Das macht die Kritik am Islam in diesem Kontext zu einem legitimen Akt der Selbstverteidigung, fern von jeglicher Feindseligkeit oder von jeglichem Fanatismus gegenüber Muslimen. Es ist auch wichtig, nicht zu vergessen, dass es viele säkulare Muslime gibt, die nicht zögern, die Rechte religiöser Minderheiten im Islam zu verteidigen. Kurzum: Es sind die Angst und Tabuisierung der Kritik am Islam, die zu einer Atmosphäre führen, in der wir nicht mehr zwischen Feindseligkeit gegenüber Muslimen als Individuen und Kritik an Ideen und Ideologien unterscheiden können.

Anmerkungen

1 Vgl. dazu Dominik Feusi, „‚Das sind einfach Barbaren' – Wie Azam Khan in Bangladesh Zielscheibe von Islamisten wurde – und was er der Schweiz rät", in *Basler Zeitung*, 08.05.2018, https://bazonline.ch/leben/gesellschaft/Das-sind-einfach-Barbaren/story/27662253 (letzter Abruf: 09.08.2018).

2 Zitiert nach Markus Ströhlein, „Hausverbot für einen Atheisten", in: *Jungle World*, Nr. 25/2017, 22.06.2017.

Für immer fremd-bestimmt?

Zum Vorwurf, ein Token zu sein

Tara Falsafi

2016 schrieb mir jemand zornig auf Twitter: „Für token migrants gehört sich das so, i know #hailwhitesupremacy". Das war mein erster Kontakt mit dem Begriff *Token.* Zuvor hatte ich mich kritisch mit der iranischen Regierung auseinandergesetzt. Ein fundamentalistischer Gottesstaat, mit einer der höchsten Hinrichtungsraten weltweit. Einer, der die Scharia zum Gesetz hat, einer, der in (tödlicher) Frauenfeindlichkeit kaum zu übertreffen ist, bei dem der Zwangshijab nur die Spitze des repressiven Eisbergs darstellt und wegen dem mehrere Millionen Menschen im Exil leben – viele davon seit mittlerweile 40 Jahren. Das hatte ich öffentlich kritisiert. Die Schelte, die ich mir daraufhin einholte, lautet ausformuliert, dass meine Kritik an einem nicht-westlichen Land nicht nur eine angebliche „weiße Vorherrschaft" bestärken würde, sondern dass ich sogar von dieser fremdbestimmt sei – trotz Migrationshintergrund. Mit dem Vorwurf, dass ich ein *Token* wäre, bin ich seither mehrfach konfrontiert worden. Er folgt offensichtlich immer dann, wenn ich eine unliebsame politische Meinung bekunde, die weder zu der Politschablone noch zu der Rolle passt, die ich als nichtweiße Frau in der linken Szene erfüllen soll. Und: Sie kommt immer aus dem queerfeministischen, identitätspolitischen und dem intersektional geschulten Spektrum.

Deshalb beschloss ich, der Sache auf den Grund zu gehen. Was genau soll ein Token sein? Im Englischen meint dieses Wort ein „Zeichen", ein herausragendes Merkmal oder eine symbolhafte Geste. Der Ursprung der politischen Verwendung dieses Begriffs findet sich bei Martin Luther King. In einem 1962 veröffentlichten Artikel für die *New York Times* beschrieb er „Tokenismus“ als eine Minimalakzeptanz schwarzer Personen in weiß dominierten Bereichen, um die schwarze Bewegung gesellschaftspolitisch zu besänftigen und ein vermeintliches Wohlwollen gegenüber Schwarzen im Generellen vorzutäuschen. In den 1970er Jahren erfuhr das Konzept durch Rosabeth Moss Kanters Forschung neue Bedeutung. In einer Organisationsstudie der Soziologin wurde Token als Position einer extremen Minderheitengruppe beschrieben, etwa vereinzelte Frauen in klassischen Männerberufen.[1] Aufgrund stereotyper Darstellungen und ihrer Effekte komme solchen Personen ein Alibistatus zu. Wichtig dabei ist, dass *Token* entsprechend dieser Deckmantelfunktion handeln. Frauen sollen demnach nicht alpha-mäßig auftreten, sondern sich durch Kompetenzen wie Empathie auszeichnen.

Im Fall von Migrant*innen wären dies Stereotype wie die fleißige Asiatin oder der unauffällige Pole. Oder auch das populäre Märchen vom „guten Ausländer“, der deshalb „perfekt integriert“ sei, weil er dem Staat ja nicht auf der Tasche liege und emsig arbeite. Letzterer wird gerne auch als Beispiel für die Pro-Seite einer offeneren Flüchtlingspolitik genannt, um politisch für dieses Lager zu werben – womit das Recht auf Leben an das Kriterium finanzielle Nützlichkeit geknüpft wird. Auch Kanter hat hervorgehoben, dass Tokens in Unternehmen hieran gemessen werden. Funktionale Richtlinien wie Qualifikation, Leistung oder Motivation des entsprechenden Individuums werden nicht im annähernden Maße wie in der vorherrschenden Gruppe, welche die Tokens dominiert, beurteilt. Während Martin Luther King und Rosabeth Moss Kanter die Schwierigkeiten von Minderheiten in Mehrheitsdynamiken aufzeigten und Gesellschaftskritik an denjenigen übten, die sich in der (wirtschaftlichen) Machtposition befanden, von der aus Tokens missbraucht wurden – was der weißen oder männlichen Mehrheit die Auseinandersetzung mit Themen wie Rassismus oder Sexismus ersparte –, meint der heutige Vorwurf, ein Token zu sein, einen expliziten Verrat an der „eigenen" Minderheit: „Ich ficke eure Vorzeigekanaken, mit denen ihr euch schmückt", schrieb einst eine migrantische Frau auf Twitter – mich meinend. Dieses Verhalten habe ich öfter an denjenigen bemerkt, die – wie ich – nicht weißdeutsch sind bzw. deren Familie aus einem muslimisch geprägten Land kommt.

Ich vermute, dass hier die tiefe Verankerung einer religiösen Bruder/Schwester-Dynamik zutage tritt: Es tut sich eine Art „Familienverrat" in dieser politischen Zwangskonstellation auf. Beispielsweise schrieb einmal eine ebenfalls migrantische, muslimische Person aus dem queerfeministischen Spektrum mit Verweis auf mich, sie merke sich Gesichter und meine „Kanak-Membershipcard" sei mir nun offiziell entzogen. Obgleich der offensichtlichen Drohung, die online in hohen zweistelligen Zahlen favorisiert worden ist, musste ich dann doch lachen. Denn als augenscheinlich nichtweiße Person kann ich meine angebliche Kanakitüde nicht ablegen, selbst wenn ich es wollte.

Gewarnt wird vor dem Verlust von „Verwandtschaft" im übertragenen Sinne, was konkret den Entzug von Solidarität meint, woraufhin mit Anfeindungen zu rechnen ist. Abgesehen davon, dass dabei viel mit Mechanismen wie Angst gearbeitet wird, mit Ausschluss und mit Mobbingstrukturen, die in emanzipatorischen Kontexten nichts zu suchen haben: Eine solche Linke ohne den universellen Anspruch, einen gemeinsamen Kampf gegen Rassismus zu führen – aber natürlich auch gegen Antisemitismus, Faschismus oder auch, manchmal vergessen, gegen Kapitalismus –, ist keine Linke, die hin zu einer Gesellschaft will, in der ein jeder Mensch nach seinen Fähigkeiten und Bedürfnissen leben kann. Wie iranische Frauen schon 1979 auf den Demos gegen den von den Mullahs verordneten Zwangshijab riefen: „Freiheit ist weder westlich noch östlich, sondern universal!" Wenn jedoch Identitätspolitik das beherrschende Element des eigenen wie des kollektiven Selbstverständnisses wird, wenn ich Ansagen lesen muss wie die, dass man weißen Linken ja per se nicht vertrauen könne – wie soll so ein gemeinsamer Kampf um Gleichheit und das gute Leben für alle denn aussehen?

Natürlich gibt es auch innerhalb der Linken verschiedene Ausprägungen von Rassismus. Diese anzusprechen tut weh und erfordert viel Sensibilität. Letztere wurde aber auch uns Kanak*innen nicht in die Wiege gelegt. Mit migrantischen Freund*innen tausche ich mich oft genug darüber aus, wie viel Rassismus in unseren eigenen Familien bezüglich jeweils anderer Ausländergruppen vorherrscht. Und der eigene Antisemitismus, den wir, die aus Familien aus muslimisch geprägten Ländern kommen, gerade im Bezug auf Israel oft auch stark verankert haben, fällt in linken Kontexten meist ganz unter den Tisch. Zu sogenannten „israelkritischen" nicht-weißen Genoss*innen hält man dort lieber gänzlich die Klappe. Oder man dichtet Jüdinnen und Juden gerne gleich mal an, sie seien ja auch an der Unterdrückung beteiligt, die Weiße angeblich vorantreiben, denn sie seien ja selbst welche. Vor der eigenen Haustür wird dann doch nicht gekehrt.

Was also bringt gerade linke Kanak*innen dazu, solch einem identitätspolitischen Wahn zu verfallen? Meine Vermutung ist, dass es sich hierbei um eine Mischung aus mangelndem Geschichtsbewusstsein handelt, um fehlende analytische Begrifflichkeiten – ein Phänomen, das sich ohnehin durch die gesamte Linke zieht –, um durch rassistische Erfahrungen verursachte Wunden sowie um das Verlernen von Streit und kritischer Solidarität innerhalb der linken Szene. Mit all dem wissen viele nicht umzugehen, und oftmals würde es tatsächlich eine Therapie erfordern, um all dies aufzuarbeiten. Der durch Rassismus verursachte Schmerz erklärt zum Teil, weshalb sich identitätspolitische Kanak-Linke zusammentun, weiße Linke nicht mehr als Genoss*innen ansehen und in solchen Konstellationen Selbsthilfegruppen mit politischer Aktivität verwechseln. Das heißt nicht, dass es nicht gut und sinnvoll sein kann, migrantische Antifa-Strukturen zu bilden. Zunächst muss aber begriffen werden, dass auch Linke, die nichtdeutscher Herkunft sind, nur durch Kritik, Streit und Reflexion wachsen können. Genau das wird aber unter den Teppich gekehrt.

Zudem gäbe es heute noch immer genug zu kritisieren, was Migrant*innen in ihrem Alltag erleiden müssen – gerade in wirtschaftlichen Belangen, innerhalb derer Kanter zu ihren Thesen gelangte. Zum Beispiel nutzen Firmen heute gerne Menschen aus Minderheiten, um unter dem Stichwort *Diversity Management* Frauen oder migrantische Personen einzustellen – als Beweis dafür, wie fortschrittlich ihr Unternehmen ist. Dass sie dann in solchen Lohnarbeitsstrukturen besonders ausgebeutet werden, hat bereits Kanter analysiert. Die Betroffenen bemerkten schon damals, dass sie doppelt so hart arbeiten mussten wie die anderen. Dieser Aspekt des Begriffs Token ist in den letzten Jahren überall verloren gegangen – ob in den sozialen Medien, auf Blogs oder in queerfeministischen Publikationen.

Beim heutigen Token-Vorwurf gegenüber Personen, die Minderheiten angehören, aber unbequeme Positionen vertreten, verhält es sich anders. Ziel dieser bloßstellenden Vorhaltung ist es, die Mündigkeit des angegriffenen Individuums infrage zu stellen – so, wie ich es erlebt habe und immer noch erlebe. Es vergeht kaum ein längerer Zeitraum, ohne dass ich gefragt werde, wie ich nur so ein krasses Token sein könne. Dabei ist meine Meinung als Person, die sich im sehr linken Spektrum bewegt, weder gesellschaftlich noch wirtschaftlich mainstreamfähig. Die Diffamierung Einzelner als Token macht ohnehin deutlich, dass es dabei gar nicht darum geht, was die Gemeinten sagen, sondern zu suggerieren, dass die weiße „privilegierte" Mehrheit aus ihnen spricht. Wenn ich also Kritik gegenüber dem iranischen Regime äußere, sei das also nicht mein Urteilsvermögen, sondern das, was die weiße Mehrheitsgesellschaft™ darüber denke. Während der Begriff Token ursprünglich dazu diente, die schlechtere Stellung und wirtschaftliche Ausnutzung Marginalisierter sichtbar zu machen, ist er in sein Gegenteil verkehrt worden und wird jetzt als beschämendes Instrument gegen diese verwendet, die Verantwortung also umgemünzt. Wenn ich z. B. Astrologie kritisiere, gilt das in den entsprechenden Kreisen nicht mehr als linke Kritik an einer vermeintlichen Ausflucht aus dem Elend der Realität, die durch so einen Blödsinn verkauft wird, nein – das soll bereits Mainstream-Meinung von „Weißen" sein.

Der Tokenismus-Begriff ist gänzlich falsch, weil die damit Diffamierten keine Chance haben, wirklich angepasst zu agieren. Folgen wir Kanters Definition, genießt die tokenisierte Gruppe den Schutz der Mehrheit. Das funktioniert vielleicht in bestimmten beruflichen Bereichen, nicht jedoch als Kanakin, die für jede (politisch) geäußerte Meinung angegriffen wird. Es gibt keine Möglichkeit zur totalen Angleichung.

Ich habe mich mittlerweile daran gewöhnt, mich mehr vor vermeintlichen Linken zu fürchten, die über Kontakte an meine Adresse, an meine Freund*innen, Genoss*innen und meine Familie herankommen, als vor Nazis. Das ist meine Realität in dieser Szene, meine Erfahrung mit Social Media und mit den zahlreichen Versuchen dieser Personen, mich, meine Identität und meine Biografie argumentfrei öffentlich „nackig" zu machen, damit ich dann am Ende doch bloß wieder degradiert werde. Das ist beschämend. Und es sollte Menschen eine Mahnung sein, Leute, die so etwas ausgesetzt sind, nicht alleine zu lassen – aus einer falschen Sensibilität gegenüber Migrant*innen heraus, die weißdeutsche Linke oft gerne pflegen möchten. Es ist infantilisierend, und es ermöglicht keine Auseinandersetzung auf Augenhöhe, wenn jemand wegen der Zugehörigkeit zu einer Kollektividentität nicht mehr kritisiert werden darf, während aus dieser kollektividentitären Position heraus gleichzeitig jemand für „abtrünnig" erklärt werden kann. Am Ende lernt niemand dazu.

Ich plädiere für den Einsatz von Worten, die benennen, was ist. Wer aufgrund einer öffentlich getätigten Aussage denkt, dass ein Mensch in seiner Meinungsbildung manipuliert worden ist, kann das so benennen. Wer denkt, dass eine Person unterdrückt wird, kann das so benennen. Doch ein Individuum aus einer marginalisierten Gruppe weiter an den Rand zu drängen, indem diesem nicht zugestanden wird, aus freien Stücken zu handeln – und vielleicht sogar einfach daneben zu sein, denn auch das ist möglich –, ist mies. Die Verwendung des Begriffes Token fällt heute darunter.

Ich kämpfe weiterhin für Solidarität, für Freiheit – auf dass alle nach denjenigen Fähigkeiten und Bedürfnissen leben können, durch die sie sich auszeichnen. Ich arbeite an mir selbst, jeden Tag, um dem gerecht zu werden. Und vielleicht bleibe ich für immer „fremd im eigenen Land". Aber sicher nicht fremdbestimmt.

Anmerkung

1 Rosabeth Moss Kanter, *Men and Women of the Corporation*, New York 2010.

Herkunft, Homosexualität, Humankapital – wer darf bleiben?

Mit Ravi, Emile und Fabrice über die Grenzen des europäischen Humanismus

Sohiel Partoshoar

„Probleme sind immer relativ. Jetzt bin ich hier in Kopenhagen und muss wie jeder andere auch dringend eine neue WG suchen. Meine Vermieterin reagiert so sensibel auf Gerüche – und ich liebe Parfüms!" Ravi[1] kriegt sich nicht ein vor Lachen. Er fährt demonstrativ durch seinen Nacken und riecht an seiner Hand: „Vor zwei, drei Jahren hatte ich ganz andere Sorgen." Zum einen mussten er und seine Familie in einem Vorort von Damaskus alles stehen und liegen lassen, um in die Türkei zu fliehen. Zum anderen, und das beschäftigte ihn ungleich mehr, wurde er sich seiner Homosexualität bewusst. „Gutes Timing", erklärt er lapidar, ehe er ausholt: „Du kannst dir vorstellen, dass das nicht der richtige Ort war, um meine Neigungen zu erkunden. Also habe ich erst mal versucht, sie zu ignorieren. Es war genug los: Ich habe Freunde, Verwandte, mein Studium zurückgelassen. Überhaupt, dieser ganze Zerfall, der um einen herum geschieht, was macht das mit einem? Und wenn jetzt irgendjemand mitkriegt, dass ich schwul bin … Für meine Mutter wäre das schlimmer als Krieg!" Ravis Lachen ist befreiend. Er blickt auf den Hafen, auf den Sonnenuntergang, dreht sich um, vernimmt das gelassene Treiben der Flaneure und sagt: „Ich bin froh, dass ich Informatik studiert habe. Es war mein Ticket nach Europa." Tatsächlich musste er nur wenige Monate bei seiner Familie in einer türkischen Siedlung bleiben.

Ein Stipendium erlaubte es ihm, seinen Bachelor in Kalabrien abzuschließen. „Das Studium an sich war anspruchsvoll, aber irgendwie ging mir das leicht von der Hand. Ich fühlte mich frei und konnte mein Leben neu erkunden. Das war toll."

Mit dem Stipendium ging eine temporäre Aufenthaltsgenehmigung einher, was den bürokratischen Aufwand auf ein vertretbares Minimum reduziert habe. „Was die interessiert hat, war mein Wissen, mein intellektuelles Kapital. Dass ich humanitären Schutz brauche, dass ich schwul bin, das kam alles gar nicht zur Sprache. Die wussten, okay, in meinem Heimatland geht alles zugrunde und ich habe Potenzial." Ravi blickt in die Ferne und denkt nach. „Es ist schon befremdlich, andere haben nicht so ein Glück. Aber auch bei mir ging es ums Überleben. Nicht auf einer existenziellen Ebene, sondern emotional und sexuell. Ich habe meine Freiheiten: die Freiheit zu forschen, die Freiheit zu arbeiten, die Freiheit zu lieben. Da war klar, dass ich auch nach Ende des Stipendiums in Europa studieren wollte." Und Kopenhagen wollte ihn.

„Wenn Menschen aus Syrien kommen, dann haben sie alle das gleiche Schicksal erlitten. Da ist es dann egal, ob sie Fernsehmoderatorinnen waren oder Schneider – alle kommen her", weiß Stefan Kräh einzuordnen. Er ist Vorsitzender des Darmstädter Vereins *vielbunt* und engagiert sich seit Angela Merkels Diktum „Wir schaffen das" in der AG *Rainbow Refugees*. „Egal, welche sexuelle Orientierung sie auch haben: In der Stadt, in der sie vorher gelebt haben, sind Bomben gefallen. Menschen, die aber aus Jamaika oder aus Russland kommen, kommen schon eher als verfolgte sexuelle Minderheit hierher."

Kräh hat im Rahmen seiner aktivistischen Pressearbeit die Geschichte von Fabrice und Emile publik gemacht, einem schwulen Paar aus Nigeria. Anders als im islamischen Norden, wo die Scharia die Todesstrafe für sie vorgeschrieben hätte, drohte ihnen im christlichen Süden Lynchjustiz. Über den Landweg nach Nordafrika ging es zu zweit über das Mittelmeer nach Italien, wo ihre Fingerabdrücke erstmals erfasst wurden. Von dort aus zogen sie weiter nach Frankreich, Belgien und im Dezember 2017 zu ihrem eigentlichen Ziel: nach Deutschland.

Über die Erstaufnahmeeinrichtung in Darmstadt fanden sie zu *vielbunt*. Dort haben gleichgeschlechtlich liebende Individuen, die aus ihrer Heimat fliehen mussten, die Möglichkeit, um sich mit der gegenwärtigen Situation zu arrangieren und auf bevorstehende Anhörungen vorzubereiten. „Wir können ihnen beim Ankommen helfen, fragen, ob in der Unterkunft alles in Ordnung ist. Erkennen die Leute, dass sie schwul/lesbisch sind, werden sie deshalb diskriminiert oder angegriffen? Dann bereiten wir uns auf das Interview beim BAMF vor. Wir empfehlen allen, sich vor den Behörden zu öffnen und von ihrer sexuellen Orientierung zu berichten, und zwar so detailliert wie möglich. Das kostet viel Überwindung – selbst dann, wenn man es vor anderen LGBT-Leuten erzählt. Man hat seine Sexualität ja noch nie ausgesprochen, auch nicht unter anderen LGBTs. Vielleicht gab es mal eine geheime Party, ansonsten ist man sich mit Misstrauen begegnet."

Im Falle von Fabrice und Emile kam es gar nicht erst zu einem Interview zur Darlegung ihrer Lebensumstände. Vielmehr griff die Dublin-Verordnung: Nach einem EU-weiten Abgleich ihrer Fingerabdrücke wurde ihnen mitgeteilt, dass sie für ihren Asylantrag nach Italien, ihrer ersten innereuropäischen Station, zurückkehren müssten. Stefan Kräh: „Die italienischen Behörden haben das dann auch anerkannt. Dort herrscht aber keine Willkommenskultur für Geflüchtete, insbesondere Schwarze haben es sehr schwer. Geflüchtete leben dort unter schlechten Bedingungen und landen oft auf der Straße. Sie bekommen dort keine Arbeit und insbesondere LGBT-Geflüchtete finden keinen Anschluss: weder bei der Bevölkerung noch innerhalb der Gemeinschaft von Geflüchteten. Sie werden also doppelt diskriminiert." Ein solch desolater Ausgang war dem Verein neu und wurde zum Beginn eines Wettlaufs gegen die Zeit. Für die deutschen Behörden gilt eine Frist von sechs Monaten, um die Rückführung zu erwirken. Andernfalls verfällt die Zusage Italiens zur Aufnahme von Fabrice und Emile. Mit juristischem Beistand, der längst an seine kapazitären Grenzen stößt, wird gegen Fristen gearbeitet, um beispielsweise Formfehler anzuzeigen, welche die Rückführung möglichst verhindern oder verlangsamen.

Besonders perfide ist, dass die Abschiebung von Fabrice und Emile nicht zwangsläufig gemeinsam angeordnet wird. So wurde zunächst einzig Emile von vier Beamten überrascht. „Die Polizei kommt dann morgens in die Unterkunft und holt ihn ab, wie bei Kriminellen. Man kann da kaum packen und sich von seinem Partner verabschieden." Jedoch kannte Emile sein Recht und verweigerte gegenüber dem Flugkapitän die Teilnahme an der Rückführung: „Der Pilot handelte nach eigenem Ermessen. Oben in der Luft ist er der erste Offizier, die Polizei, der Präsident, der König und der Bürgermeister. Er kann daher schon auf dem Boden diese Entscheidung treffen. Immerhin muss er die Sicherheit seiner Passagiere gewährleisten. Piloten entscheiden mal so, mal so." In diesem Falle respektierte dieser Emiles Verweigerung; die Rückführung fand nicht statt.

Die Dublin-Verordnung verschafft den Behörden einen Rahmen, der sie nicht dazu zwingt, nach rein humanitären Gesichtspunkten zu handeln. Impliziert wird, dass die Länder der Europäischen Union durchweg den gleichen Schutz und die gleichen Perspektiven für Geflüchtete bieten können – ein Umstand, der nicht zuletzt im Spätsommer 2017 konterkariert wurde, als die Rückführung geflohener Individuen nach Ungarn aufgrund von Verstößen gegen die Europäische Menschenrechtskonvention ausgesetzt wurde.[2] Kräh unterstreicht anhand zweier Beispiele weitere humanitäre Unzulänglichkeiten der Behörden: „Egal, was die Leute für Gründe vorbringen: Alle Pakistani, die bei uns betreut werden, werden allein aufgrund ihres Herkunftslandes zumindest hier in Hessen abgelehnt. In ihren Anhörungen haben sie von gesellschaftlicher Ächtung erzählt, selbst in Großstädten konnten sie nicht in die Öffentlichkeit treten, ohne geächtet zu werden. Sie haben von Vergewaltigungen berichtet und bekommen dann von den Sachbearbeitern eine Ablehnung. Das ist eine Katastrophe. Oft gehen Pakistani übrigens nach Italien, wo sie eher anerkannt werden. Dann leben sie zwar auf der Straße und es ist alles übel – aber sie dürfen bleiben." Ein zweites Beispiel betrifft einen ukrainischen Geflüchteten, dessen Asylverfahren wie folgt abgelehnt wurde: „In den letzten zwei Jahren wurden sechs LGBT-Leute umgebracht, das reiche nicht. Er könne gar nicht nachweisen, wie es jetzt ist in der Ukraine, er war ja vier Jahre nicht da."

Ravi ist die glückliche Ausnahme einer europäischen Asylpolitik, die eine zynische Kreativität in der Umgehung von Grund- und Völkerrechten offenbart. Die Pauschalisierung von Herkunftsländern, welche die individuellen Umstände der Asylsuchenden und deren Fluchtursachen nachrangig behandelt, vermittelt insbesondere LGBTIQ-Personen nicht den Schutz, der ihnen zusteht. Angesichts der unterschiedlichen gesellschaftlichen wie auch politischen Akzeptanz dieser Gruppen innerhalb der EU widerspricht die Dublin-Verordnung dem legitimen Sicherheitsbedürfnis von Betroffenen wie Emile und Fabrice.

Auf nationaler Ebene offenbart die föderale Struktur des BAMF besondere Unzulänglichkeiten: Die Handhabung von Asylanträgen kann von Außenstelle zu Außenstelle abweichen. Nicht nur im Umgang der hessischen Behörden mit Betroffenen aus Pakistan zeigt sich eine Willkür mit fatalen Folgen, sondern etwa auch bei der Offenlegung mutmaßlicher Manipulationen in der Bremer Außenstelle im Mai 2018. Vollends ermüdend wird es, wenn Asylpolitik zum Spielball parteipolitischer Eitelkeiten wird – und sei es auch „nur" für die bayerische Landtagswahl 2018, deren Relevanz für eine humanitäre, transkontinentale, Legislaturperioden überdauernde Notsituation überaus strittig ist. Dennoch ist die öffentlichkeitswirksame Rhetorikoffensive der CSU zur Kenntnis zu nehmen, weil sie jedweden rechtstaatlichen Einspruch gegen *law and order* in Verruf zu bringen weiß: mit Begriffen wie „Erfindungsreichtum"[3] bei Asylklagen etwa, mit „Anti-Abschiebe-Industrie" oder „Abschiebe-Saboteure" usw.[4]

Asylsuchende selbst werden bei dem Versuch, ihre Grundrechte durchzusetzen, kriminalisiert. Das zeigt nicht zuletzt das Beispiel Emile: Nach der gescheiterten Abschiebung wurde er von der Polizei wortlos am Darmstädter Hauptbahnhof abgesetzt; die noch gültige Aufenthaltsgestattung wurde ihm dabei nicht zurückgegeben. Zwischenzeitlich wurden die Leistungszahlungen an ihn vollständig ausgesetzt und ein Hausarrest ausgesprochen. „Das heißt, er musste nachts immer verfügbar sein, damit man ihn jederzeit abschieben kann. Die Eilanträge der beiden wurden in der Zwischenzeit bearbeitet. Nun hat Fabrice einen Eilrechtsschutz und Emile nur eine Duldung bis Ende Mai [2018, S. P.]. Wir wissen noch nicht, wie das passieren konnte und was nun weiter geschieht."

Anmerkungen

1 Alle Namen geändert.
2 Daniel Gerny, „Das Dublin-Konzept geht nicht auf", in: *NZZ*, 09.06.2017.
3 Cornelia Karin Hendrich, „Schlag ins Gesicht der rechtstreuen Bevölkerung", in: *Die WELT*, 03.05.2018.
4 Kai Biermann, „Dobrindts Traum von Rechtlosen im Rechtsstaat", in: *ZEIT Online*, 13.05.2018.

Schluss mit dem Doppelleben

Mustafa Aldabbas

Hinter jedem erfolgreichen Mann steht eine starke Frau: Diesen Satz habe ich oft gehört. Ich habe ihn schon immer ungerecht gefunden, ungerecht für mich und alle homosexuellen Menschen, denn nach der Logik, die in diesem Spruch zum Ausdruck kommt, werde ich niemals ein erfolgreicher Mann sein. Eine starke Frau, die hinter mir steht, werde ich niemals haben! In diese Logik passe ich einfach nicht hinein, das ist nicht meine Heimat.

Ich habe Heimat im politischen System von Assads Syrien gesucht und habe gefunden, dass das Regime meine Rechte vergewaltigt, mich dem Gefängnis oder der Nötigung durch die Moralpolizei unterwirft. Ich habe Heimat in der Religion gesucht und ich fand, dass der Islam Homosexualität verbietet und bestraft. Es gab keine dritte Möglichkeit, wo ich Heimat hätte finden können – ich war heimatlos.

Der Begriff Heimat bedeutet für jeden etwas anderes, je nachdem zu welcher Generation er oder sie gehört, welcher sozialen Schicht er entstammt, welchen Bildungsgrad er hat. Für meinen 75-jährigen Vater ist Heimat mit dem Boden verbunden, auf dem er geboren wurde, deswegen weigert er sich bis heute, Syrien zu verlassen.

Meine Eltern mussten wegen der blutigen militärischen Zusammenstöße, die Mitte 2012 in der Nähe unseres Hauses in einem Vorort von Damaskus begannen, in ihr Heimatdorf in den al-Zawia-Bergen bei Idlib in Nordsyrien ziehen. Hier fühlen sie sich zu Hause: Auf dem Land, das mein Vater von seinem Vater geerbt hatte, baute er ein neues Haus, pflanzte Bäume und betrachtete es als sein goldenes kleines Königreich, seine kleine Heimat.

Für meinen Vater ist Heimat deswegen so eng mit Landeigentum verbunden, weil das Land in seiner Kindheit die einzige Lebensgrundlage war; das Land war der Faktor, der Stabilität im Leben garantierte. Deswegen muss es von Generation zu Generation weitergegeben werden, jeder soll heiraten und ein Haus nebenan bauen, um die Arbeit zu teilen und das Land der Familie möglichst noch zu vergrößern.

Ich bin in Damaskus geboren, weit weg vom Geburtsort meines Vaters, und der Begriff Heimat ist für mich nicht mit der Idee des Landeigentums verknüpft. Vor allem auch deshalb nicht, weil ich wusste, dass ich die Wünsche meiner Eltern nie erfüllen würde: Ich würde nicht heiraten, würde nicht den Namen der Familie bewahren und die mir zugedachte Rolle erfüllen, das Land zu bewahren.

In der höheren Schule waren meine Teenager-Freunde damit beschäftigt, sich zu verlieben und ihre Körper zu entdecken. Jeder hatte eine Freundin oder sogar mehrere, und sie hörten Lieder, in denen die Frau als das Zuhause, die Heimat besungen wurde. Auch diese Heimat war für mich nicht zugänglich; ich konnte mich all die Jahre nicht in ein Mädchen verlieben. Während meine Freunde mit ihren sexuellen Beziehungen prahlten, saß ich in der ersten Reihe wie jeder fleißige Schüler und hatte Angst zuzugeben, dass Mädchen mich nicht interessierten.

In den Universitätsjahren wurde die Situation noch komplizierter. Ich war eben sehr anders als meine Kommilitonen. Homosexualität wird in Syrien als Schande für die Familie und für jeden Menschen gesehen, und das wird auch so bleiben, solange die Gesellschaft noch nach den alten Männlichkeits-Stereotypen lebt, die durch populäre Geschichten und die Religion verstärkt werden. Ich spürte, dass das Land, in dem ich lebte, mich ausstieß.

Aus der Sicht der in Syrien herrschenden Baath-Partei wiederum ist Heimat ein Monopol einer begrenzten Gruppe von Menschen, die über die anderen herrschen. Sie haben alles, was die materielle Grundlage von Heimatgefühlen ausmacht, von Stipendien über Jobs in der Verwaltung, Karrieren, Geld,

Einfluss, Stabilität. Auch diese „Heimat" war für mich nicht zugänglich.

Als die syrische Revolution begann, war ich begeistert und dachte, dass sich nun alles ändern würde. Ich hoffte, die Dynamik des arabischen Frühlings würde dazu führen, dass auch ich eine Heimat finden könnte, die mich akzeptiert – es war meine einzige Chance. Aber im Laufe der Jahre sah ich, wie sich die Revolution ihrer kulturellen und liberalen Symbole entledigte und stattdessen immer stärker von religiösen Fanatikern dominiert wurde, die meine Rechte als Homosexueller von vornherein negieren und sogar meinen Tod gutheißen. Das Regime bedrohte mich mit Gefängnis, aber die Religiösen erlaubten sogar, dass Homosexuelle wie ich von Hochhäusern gestürzt wurden. Das geschah in den Gegenden, in denen der „Islamische Staat" die Kontrolle erlangt hatte und auf diese Weise angeblich den Willen Gottes erfüllte.

Ich habe Syrien im Jahr 2014 verlassen, nachdem mir klar wurde, dass ich dort keine Heimat finden würde. Meine Vorstellung von Heimat hatte sich damals schon reduziert auf einige wenige Wünsche: Ich möchte nur an einem Ort leben, an dem ich akzeptiert werde, wie ich bin, wo ich nicht ausgegrenzt werde und kein Doppelleben führen muss. Einfach ein Ort, wo ich nicht immer lügen muss!

Minderheiten in vielen Teilen der Welt leiden seit Langem darunter, dass sie sich nicht zu Hause fühlen können – ob sie nun ethnische, nationale oder religiöse Minderheiten sind oder Minderheit aufgrund ihrer sexuellen Orientierung. Am schlimmsten ist das in Diktaturen, vor allem wenn sie eng mit der religiösen Macht verbunden sind. Die Unterdrückung der Homosexuellen durch das Regime wird in Syrien durch die Religion legitimiert. Denn die herrschenden Alawiten sind selbst eine Minderheit im mehrheitlich sunnitischen Syrien, und die Basis ihrer Macht besteht darin, dass sie sich als die Verteidiger eines konservativen Islam darstellen. Sie haben sich mit den Religiösen verbündet und gründen ihre Herrschaft auf drei Fundamente: Geld, Religion und Macht.

Ich lebe seit drei Jahren in Berlin. Es ist eine intellektuell anregende Stadt, ich fühle mich nicht wie ein Fremder. Ich bin der Stadt sehr nahe gekommen und habe mich mit ihren Geheimnissen vertraut gemacht. Auch mit ihrer Geschichte und ihren Leiden habe ich mich beschäftigt, die letztlich zu der heutigen Toleranz in Fragen der sexuellen Orientierung geführt haben.

Aber ich bin immer noch ein Flüchtling aus Syrien und werde immer noch in Schubladen gesteckt, nur in andere: als Orientale, Muslim, als dunkelhäutiger Mann. Und 14 Prozent der Deutschen, die die „Alternative für Deutschland" gewählt haben, akzeptieren meine Gegenwart in diesem Land nicht.

Ich suche immer noch nach einer Heimat, der ich mich zugehörig fühlen kann, körperlich und geistig. Eine Heimat, in der ich sagen kann: Hinter einem erfolgreichen Mann muss nicht immer eine Frau stehen, sondern es kann auch ein Mann sein.

Dieser Beitrag erschien zuerst am 17. Juni 2018 im *Tagesspiegel*, dem an dieser Stelle zusammen mit der Redaktion *Queerspiegel* für die freundliche Genehmigung zum Wiederabdruck gedankt sei. Übersetzung aus dem Englischen: Dorothee Nolte.

Mein nackter Hintern

Amed Sherwan

Kürzlich war Schneesturm in Flensburg. Ich fand es großartig, bin nackt auf den Balkon gerannt, habe mich dabei selbst gefilmt und ein Standbild von meinem nackten Hintern in der weißen Landschaft gepostet. Wie zu erwarten war, ist meine Familie deswegen vor Scham durchgedreht, während mich meine muslimischen Freundinnen und Freunde beschimpft haben. Selbst eine Frau, die in Deutschland aufgewachsen ist und sich als moderne Muslima bezeichnet, fand es furchtbar, da grenzüberschreitend. Sie meinte, sie schäme sich meinetwegen, und warnte mich, dass es Extremisten gebe, die mich dafür vergewaltigen würden. Letzteres fand ich als Argument gegen das Bild wenig überzeugend.

Viel seltsamer war aber die Reaktion einiger deutscher Freundinnen und Freunde, die meinen nackten Hintern als Zeichen gelungener Integration bewertet haben. Worin denn genau? In die Kultur der deutschen Nudistinnen und Nudisten? Ich habe etwas getan, was ich auch in Kurdistan gerne gemacht hätte. Mal abgesehen davon, dass es dort selten schneit, wäre ich dafür vermutlich genauso verstoßen worden, wie es mir wegen meines Abfalls vom Glauben widerfahren ist. Damit ist mein nackter Hintern natürlich schon ein Ausdruck meiner hart erkämpften Freiheit, aber das Bild hat etwas mit neuen Möglichkeiten und nichts mit Anpassung zu tun.

Als sogenannter Flüchtling lässt sich alles, was du tust, offensichtlich anhand einer Integrationsskala bewerten. Du bist nicht einfach erfolgreich oder sympathisch, sondern gut integriert. Sprachtalent, Fleiß, Erfolg und Nettigkeit – ja, selbst der Spaß am Teilen von Nacktbildern – werden also durch kulturelle Integration erworben. Und genauso hast du keine persönlichen oder sozialen Probleme, sondern Integrationsprobleme. Schwierigkeiten sind auf keinen Fall durch die oder nach der

Flucht entstanden, sondern gelten als von „Zuhause" mitgebracht. Dabei haben die Probleme meiner gleichaltrigen Freunde mit Fluchthintergrund gar nichts mit ihrer sogenannten Heimatkultur zu tun.

Es ist weder in Syrien, Afghanistan noch in Irak kulturell geachtet, sich als Drogenverkäufer, Taschendieb, Glückspieler oder Stricher über die Runden zu schlagen. Und die Eltern meiner Freunde wären entsetzt, wenn sie davon wüssten. Aber wenn du als Jungerwachsener in ein fremdes Land geschickt wirst, weil du deine Familie retten sollst, die geplante Familienzusammenführung aber nie klappt, ist deine Ausgangslage ungünstig. Und wenn du zu alt bist, um so gute Sprachkenntnisse zu erwerben, dass es für schulischen Erfolg reicht, du aber auch keine Berufsausbildung mitbringst, dann integrierst du dich eben nicht in die Mittelschicht, sondern in ganz andere Zusammenhänge.

Ich musste kürzlich an einer Maßnahme des Jobcenters für arbeitslose junge Erwachsene teilnehmen. Von fehlender Integration der Leute mit Fluchthintergrund konnte da kaum die Rede sein – wir waren alle mies dran. Alle hassten es gleichermaßen, auf Sozialleistungen angewiesen zu sein und in sinnlose Jobmaßnahmen gesteckt zu werden. Aber während die arbeitslosen deutschen Jugendlichen ein Partizipationsproblem haben, haben die geflüchteten Jugendlichen ein Integrationsproblem. Und während das Scheitern der jungen Deutschen ein Ausdruck sozialer Ungleichheit ist, ist das Scheitern der Flüchtlinge ein Zeichen ihrer Integrationsunfähigkeit.

Als geflüchteter Mensch bist du auf eine seltsame Art eine öffentliche Person. Denn dein Handeln ist ein Politikum: Wer als Geflüchteter sein Leben voll im Griff hat, Musterschüler ist oder beruflichen Erfolg hat und zudem absolut liebenswürdig ist, löst in dem einen politischen Lager immer gleich Jubel aus: „Juhu, alle Refugees sind eine totale Bereicherung für die deutsche Gesellschaft und toll integriert!" Wer ein mieser Typ ist und die finstersten Vorurteile bestätigt oder einfach nur sein Leben verbockt hat, erfreut die politische Rechte: „Genau, so ist er, der Flüchtling mit dem Integrationsproblem." Ein Großteil aller Menschen mit Fluchterfahrungen ist aber weder sensationell toll noch total schrecklich. Und vor allen Dingen sind sie nicht alle gleich.

Es gibt auch keinen direkten Zusammenhang zwischen dem Recht auf Asyl und sogenannter Integrationsfähigkeit. Ich kenne totale Widerlinge, die Juden hassen, Ex-Muslime verachten und frauenfeindlich sind, aber verdammt gute Fluchtgründe haben. Und ich weiß von Leuten, die supernett sind und sich nach kurzer Zeit erfolgreich in Deutschland eingelebt haben, aber keine Gründe vorlegen können, die einen eigentlichen Schutzstatus begründen. Die Welt ist eben nicht so schwarz-weiß und echte Menschen sind viel komplexer, als einige es gerne hätten.

Doch egal wie unterschiedlich Menschen mit Fluchterfahrungen sind, an den Vorstellungen ändert es oft nichts. Wer nicht in das vorgefertigte negative oder positive Bild passt, ist eben die Ausnahme. Ich bin schon oft diese Ausnahme gewesen. Mich können sogar Nazis leiden, weil ich den Islam schrecklich finde. Ich bin deshalb für sie ein echter Flüchtling und als verfolgter Ex-Muslim quasi der Beweis dafür, dass alle Muslime böse sind. Ja, ich habe mit dieser Religion viel Übles erlebt und es gibt kaum etwas, was mich so wütend macht wie der Islam. Aber alle Muslime als gefährlich abzustempeln, ist trotzdem so unsinnig, wie zu behaupten, vom Islam gehe gar keine Gefahr aus.

Dass ich Ex-Muslim bin, sieht man meinem Gesicht nicht an, doch das Etikett „Flüchtling" klebt sowieso an mir. Es fängt damit an, dass der Bankangestellte quer durch den Raum brüllt, ob ihm mal jemand helfen kann, ein Flüchtlingskonto für mich zu eröffnen. Und es hört damit auf, dass mein Vermieter für mich als Flüchtling doch lieber eine Bürgschaft von einem Deutschen haben will, denn man weiß ja nie. In Discos komme ich ohne hellhäutige Begleitung eher schlecht rein und die skeptischen Blicke von Kaufhausdetektiven bin ich gewohnt. Und natürlich kann ich nicht die wenigen Kilometer von Flensburg über die Grenze nach Dänemark reisen, ohne dass meine Dokumente gründlich geprüft werden.

Mein Flüchtlingsgesicht löst aber auch viele wohlgemeinte Reaktionen aus. So ist es mir schon passiert, dass mich eine freundliche Kassiererin im Bioladen darauf hingewiesen hat, dass es den Zitronensaft im Discounter gegenüber viel billiger gibt. Und wenn ich mich an einem Buffet nach vegetarischen Speisen erkundige, kommt nicht selten die freundliche Erklärung, dass ich unbesorgt zugreifen könne, da das Fleisch halal sei. Und natürlich werde ich ständig darauf angesprochen, wie irgendetwas für mich als Muslim sei, ohne dass sich jemand die Mühe macht zu fragen, ob ich überhaupt einen imaginären Freund habe.

Ich fühle mich dann oft wie ein Vertreter einer anderen Spezies. Der Flüchtling – eine fremde und exotische Art, die einerseits bemitleidenswert, andererseits aber auch bedrohlich ist und manchmal auch faszinierend. „Oh, ein echter Flüchtling": Da werde ich sogar dann zum interessanten Gesprächspartner, wenn ich gar nichts Besonderes zu sagen habe. Vor allen Dingen werde ich zum Kulturexperten, was durchaus lustig werden kann. Denn ehrlich gesagt weiß man gar nicht so viel über sein Herkunftsland, wenn man es als Kind verlassen hat. Ich kenne Flensburg viel besser als Erbil und fühle mich hier inzwischen viel eher zu Hause als in Kurdistan.

Wenn mich Leute auf Reisen fragen, wo ich herkomme, antworte ich deshalb auch ganz selbstverständlich: „Aus Flensburg!" Dann kommt meistens die zweite Frage: „Und wo kommst du wirklich her?" Okay, ich habe nur ein Fünftel meines Lebens in Flensburg verbracht. Ich bin eingewandert und kann mich daran sogar erinnern. Aber trotzdem habe ich in Flensburg meinen Lebensmittelpunkt, während Erbil nur die Stadt ist, in der meine Eltern wohnen. Warum ist mein Herkunftsort in einem ersten Gespräch wichtig? Und was macht so eine Frage mit Leuten, die in Deutschland geboren sind?

Seit meiner Flucht hat sich meine Vorstellung von Kultur verändert. Mein Kurdisch habe ich von meinen Eltern gelernt, mein Englisch im Internet und mein Arabisch von syrischen Freunden. Mein Deutsch klingt typisch norddeutsch und am Wochenende hört man in meiner Stadt fast nur Dänisch. Ich bin über Social Media mit Atheistinnen und Atheisten überall auf der Welt verbunden und wir lachen über dieselben Sachen.

Meine Kindheitshelden waren japanisch und koreanisch. Und während meiner Reisen habe ich mich in Barcelona am meisten zu Hause gefühlt. Ich habe keine Lust, mich auf meine Herkunft reduzieren zu lassen.

Ich kann mit Exilkultur deshalb auch wenig anfangen und gehe lieber in die Kneipe als in den Kulturverein. Ich trinke lieber Bier als Chai, esse lieber vegan als halal, rauche lieber Weed als Shisha und finde Frauen mit Dreadlocks schöner als mit Kopftuch. Ich tanze lieber bei LGBTI-Partys als in der Oriental-Disco und feiere lieber CSD als Eid. Ich spare für eine Weltreise und nicht auf ein Auto – und ich sage selbstverständlich lieber „Moin" als „Salaam". Und bei einigen Leuten in meiner Umgebung frage ich mich schon, warum sie überhaupt geflüchtet sind, wenn sie nur im Exilmilieu abhängen. Aber je länger ich in Deutschland lebe, desto besser verstehe ich ihren Rückzug.

Mit der Flucht verlierst du deinen Status, deine Identität und deine Individualität. Egal, ob du früher Bürgermeister, Politikerin oder Tagelöhner warst, egal, ob du Ex-Muslim oder Islamist bist – in Deutschland bist du erst mal nur Flüchtling. Du wirst nicht als normaler Mensch betrachtet, sondern entweder in einem naiven Freudentaumel idealisiert oder mit angstversperrtem Blick verteufelt: Der edle Exot oder der böse Muselmann. Es hat deshalb etwas unglaublich Befreiendes, unter anderen Flüchtlingsgesichtern zu sein und zur Abwechslung als normaler Mensch mit individuellen Merkmalen wahrgenommen zu werden.

Leider klappt das als Ex-Muslim nicht immer. Und so kann es mir durchaus passieren, dass ich abends nicht in die Disco komme, weil ich als potenziell gefährlicher, muslimischer Mann gesehen werde, und am nächsten Tag nicht in ein Begegnungscafé gelassen werde, weil ich ein ungläubiger Kafir bin. Das entbehrt nicht einer gewissen Ironie und ist alles noch Jammern auf hohem Niveau. Als heterosexueller männlicher Ex-Muslim darf ich mich eigentlich nicht beschweren über die kleinen Ausgrenzungen im Alltag. Ich habe mal in Gedanken durchgespielt, wie es mir ergangen wäre, wenn ich als Mädchen festgestellt hätte, nicht an Allah zu glauben.

Ich hätte es vermutlich für mich behalten. Hätte ich es doch gesagt, hätte mein Vater mich nicht bei der Polizei angezeigt, sondern schnell verheiratet. Hätte ich dennoch flüchten können, wäre ich als alleinreisendes Mädchen vermutlich auf der Flucht vergewaltigt und zwangsprostituiert worden. Hätte ich das überlebt, hätte ich mich in Deutschland vermutlich als Muslima getarnt, um nicht weiteren Druck aushalten zu müssen. In den männerdominierten Flüchtlingshilfeangeboten wäre ich als Alleinstehende potenziell als Hure, in deutschen Kontexten als mitleiderregendes Opfer meiner Kultur gesehen worden.

Ich hätte ganz andere Sorgen und kaum Spaß daran gehabt, ein Bild von meinem Allerwertesten zu posten. Und hätte ich diesen dennoch entblößt, hätte das kaum kollektive Schamgefühle bei anderen Flüchtlingsgesichtern auslöst, sondern Wut. Und bei der Warnung vor einer möglichen Vergewaltigung wäre es kaum geblieben. Ich frage mich auch, ob Deutsche das Bild als Integrationsleistung gewertet und nicht ganz anders kommentiert hätten? Ja, er ist schon in mehrfacher Hinsicht Ausdruck meiner Freiheit: mein nackter Hintern!

Kanonisierung des Leidens

Ein Aufruf gegen den linken Cordon sanitaire

Sabri Deniz Martin

Dass ich nicht aus einem rein deutschen Elternhaus komme, verrät bereits mein Name, aber man sieht es mir auch an. Diskriminierungserfahrungen habe ich zuhauf gemacht. Es hat mich nie gereizt, mir daraus eine Leidensidentität zu basteln, mich also mit den absurden Kollektivkategorien zu identifizieren, für die ich diskriminiert werden kann. Das wiederum ist wahrscheinlich *die* politische Mode unserer Zeit, die besonders prominent von Teilen der Postcolonial Studies und des Queerfeminismus vertreten wird. Deren weltanschaulicher Kanon ebnet individuelle Erfahrungen und Erwartungen ein, hält die Leute auf Linie und verspricht in einer unkontrollierbar vor sich hin wuchernden Gesellschaft ein vermeintlich sicheres Obdach.[1] Wer am gemeinschaftlichen Unsicherheitsmanagement teilhaben möchte, hat einen Preis in Moralin zu zahlen. Diesen Kreisen gilt nur als normativ tragbar, wer sich besonders enthusiastisch um akkurates Verhalten, klare Feindbestimmungen, Streitigkeiten um die richtigen Formulierungen, Standpunkte oder Theorien, um Raumordnungen, Kleidungsgebote usw. bemüht. Vor Universitäten macht das keinen Halt, im Gegenteil: Sie sind der Ort, an dem diese Ideen akademische Weihen erhalten.

Situiertes Wissen: Niemals über den Tellerrand gucken

Am Anfang meines Studiums wusste ich von all dem nichts. Ich nahm arglos an einem Seminar zu postkolonialen Rassismustheorien an der Frankfurter Goethe-Universität teil. Theoriearbeit bedeutete für mich stets Reflexion, weshalb ich qua Migrationshintergrund und Diskriminierungserfahrungen sehr gespannt auf den Lehrplan war. Doch statt auf die Kursinhalte einzugehen, sollten wir uns in der ersten Sitzung zunächst verbal, dann räumlich nach *Blackness* sortieren. Die Dozentin erteilte mit dieser „Übung" ihre erste Lektion: Je stärker die Pigmentierung, umso größer sei die rassistische Diskriminierung, aber auch die Einsicht in das Rassismusproblem und folglich die Autorisierung, sich zu diesen Belangen zu äußern. Alarmiert durch mein Äußeres, erfragte sie meinen Migrationshintergrund und erkundigte sich danach, ob ich muslimisch sei. Nach meiner artigen Antwort bekam ich von ihr eine Stelle im Mittelfeld zugewiesen – ganz wie in der Grundschule, als wir uns der Körpergröße nach wie Orgelpfeifen nebeneinander aufstellten. Nun wusste ich, wie schlecht es mir gehen durfte und wer mehr darüber zu sagen hatte als andere. Mir erschien das reichlich undifferenziert, hatte ich Diskriminierung doch immer kontextabhängig erlebt. Diese obskure Aufreihung zum Zwecke einer korrekten Identitätsbildung konnte nur geistiger Faulheit oder didaktischer Inkompetenz geschuldet sein. Ich fragte mich deshalb, ob ich mich weiterhin an den Wunsch klammern sollte, mir in diesem Seminar begriffliches Wissen anzueignen. Dennoch wagte ich einige Vorstöße und meldete mich interessiert zu Wort: Was bedeutet es für die Lektüre von W.E.B. Du Bois, dass er zeitweilig nach Bismarck eine schwarze Nation unter einem Führer formen wollte[2] und zudem recht fasziniert vom imperialistischen Japan[3] war? Wo in Frantz Fanons *Verdammten dieser Erde* steht, dass Juden weiß und privilegiert sind, solange sie nicht als Juden identifiziert werden, und wie sei der Psychiater knapp fünfzehn Jahre nach der Shoah auf diese Idee gekommen?[4] Nach jeder meiner Fragen wurde es im Seminarraum unangenehm still. Die Dozentin blickte angestrengt an mir vorbei, um alsbald ostentativ ein neues Thema aufzugreifen. Ein halbes Weißbrot hatte nicht am kanonisierten Wissensbestand ums Kollektivleid zu rütteln. Ich durfte still dasitzen, *buzzwords* oder gradierende Rassismusgleichungen auswendig lernen und nachplappern, mich ein wenig schuldig oder betroffen fühlen und damit um Anerkennung buhlen. Aus Textarbeit gewonnene Erkenntnis war hier offenkundig ein nachrangiges Lernziel. Was im Seminar postkoloniale Rassismustheorie genannt wurde, beschränkte sich in realitas darauf, das gesellschaftliche Miteinander neu zu hierarchisieren.

Ähnliches widerfuhr mir in einem Queer & Gender Studies-Seminar. Wir lasen Raewyn Connell und behandelten deren Konzept der „hegemonialen Männlichkeit". Die Dozentin verstand darunter die stets bewusste Kumpanei unter Männern, was politisch gewendet erlauben würde, ihnen gegenüber intervenieren zu können, ohne sich jemals erklären zu müssen, weil die Problemlage allen offenkundig und zugänglich wäre. Connell aber, die dieses Konzept seit Jahren ausarbeitet, bezeichnet zwar Männer, die der Norm hegemonialer Männlichkeit entsprechen, explizit als Komplizen mit patriarchaler Dividende, macht sie aber nicht als immer bewusst Handelnde aus und stellt innerhalb der Männlichkeiten selbst Marginalisierungen und Unterordnungen fest.[5] Männlichkeit ist also ein soziales Verhältnis und damit alles andere als felsenfest invariant und unveränderbar. In stiller Opposition sollte meine abschließende Ausarbeitung diese drei Kategorien vorstellen, die Rolle von Bewusstem und Unbewusstem verdeutlichen und sie anhand des politischen Vorspiels der Schwulen- und Lesbenbewegung der 1970er Jahre exemplifizieren, der Stonewall-Riots 1969. Ich präsentierte den Aufbau gegen Semesterende. Die Dozentin warf mir vor, Connells Theorie zu „testen", also auf den Prüfstand zu stellen, statt sie unhinterfragt „anzuwenden", und erklärte knapp, dass auch mein Thema „nicht gut" sei. Als ich sie mit der Unterstützung des Seminars um konstruktive Kritik und Hilfe bei der Themenwahl bat, weil ihre Kriterien nicht nur mir unverständlich blieben, meinte sie, dass ich mich selbst darum zu kümmern habe. Meine späteren Vorschläge trafen ebenfalls auf Ablehnung. Weil ich mir schon nicht mehr wie ein Student, sondern wie ein Bittsteller vorkam, der durch den Gesinnungstest gefallen war, schmiss ich das Handtuch. Ein wenig über den Tellerrand des kanonischen Wissensbestands zu gucken, das heißt, einen theoretischen Text anders auszulegen, als erwartet wurde, bzw. schlichtweg wirklich zu lesen, wertete sie als Affront. Statt sich mit den Unstimmigkeiten in ihrem eigenen Weltbild auseinanderzusetzen, sanktionierte sie mich konsequenterweise.

Wissenschaftspolitisch gesehen finden diese moralisch imprägnierten Druckmittel nicht im luftleeren Raum Anwendung. Besagtes Queer & Gender Studies-Seminar konnte als Teil des Zertifizierungsprogramms „Frauen/Gender Studies" vom an die Uni angegliederten Cornelia-Goethe-Centrum für Frauenstudien (CGC) besucht werden. Ganz im Sinne der Butler'schen Vereinigung von Genderfeminismus, Queer Theory und Antisemitismus[6] wird in den außerkurrikulären Veranstaltungen des CGC Aktivistinnen der antisemitischen BDS-Bewegung das Mikrofon in die Hand gedrückt.[7] Diese nutzen den akademischen Rückhalt, um sich beispielsweise gegen eine Koexistenz Israels und Palästinas, gar für die Auslöschung des jüdischen Staates oder wissenschaftspolitisch gegen jedwede Kooperation mit israelischen und anders gesinnten Akademikern auszusprechen. So arbeiten mittlerweile nicht mehr nur einzelne Dozenten, sondern ganze universitäre Strukturen daran, unliebe Diskussionen zu unterbinden, den Widerspruch auszusperren, wider dem Geist der Wissenschafts- und Meinungsfreiheit dem kritischen Denken den Raum zu nehmen, was den Zerfall der Universität nur vorantreibt.[8] Das Feld wird ihnen aber nicht mehr kampflos überlassen: Wenigstens im Queer-Aktivismus gibt es mittlerweile ein „vor" und ein „nach" *Beißreflexe*[9] – der vieldiskutierte Sammelband von 2017, der die Debatte über ein politisches Phänomen vorantrieb, das Ideologie vor Erkenntnis setzt, auch und gerade an den Hochschulen.

Von der Parodie zur Politik: Wie sich die Leute anstellen

Die großen sozialen Bewegungen, aus denen die Postcolonial Studies und der Queerfeminismus entstanden sind, sind außeruniversitär längst zu Wurmfortsätzen verkümmert. In ihren dennoch lautstarken Kämpfen um meist private Angelegenheiten treiben sie oft besonders verschrobene Blüten. So traf ich auf einer provinziellen Metaller-Hausparty eine alte Freundin wieder. Der Gesprächseinstieg ist mir unvergesslich. Nachdem ich sie gegrüßt hatte, musterte sie mich missbilligend und meinte: „Na, echter Mann?", woraufhin sie tiefe Affenlaute von sich gab, sich im Sessel aufplusterte und ihre Arme so hielt, als hätte sie Rasierklingen unter den Achseln. Seit unserer letzten Begegnung war ich in der Tat muskulöser geworden. Mangels anderer Gesprächspartner ertrug ich das Spektakel beflissentlich, bis wir doch noch auf andere Themen kamen. Sie erzählte mir von ihrem Studium und ihren aktivistischen Projekten, in denen sie viel zur „Definitionsmacht" und zum „Queering" von diesem oder jenem arbeite, woraufhin eine gegenseitig aufschlussreiche Diskussion entbrannte, in der ich unter anderem herausfand, dass ihre kulturell angeeigneten[10] Wursthaare[11] aus politischer Überzeugung einer Art von hippem Armeeschnitt gewichen waren. Ich verstand nun auch, dass sie meine Körperform reflexartig mit dem Stereotyp des begriffsstutzigen Mackers assoziiert hat, der im Fitnesscenter mit langen, harten Eisenstangen in den starken Händen männliche Muskelhaufen trainieren geht, um seine geschlechtliche Dominanz zu unterstreichen und seine homosexuellen Anteile zu unterdrücken. Dass die Realität den orthodoxen Kategorien meistens entflieht, hätte sie wissen können, aber daran war ihr anscheinend wenig gelegen. Alsbald traf jedenfalls einer meiner besten Freunde ein, den ich Ewigkeiten nicht mehr gesehen hatte. Er unterbrach uns und begann lachend im Schwall auf mich einzureden. So vorhersehbar wie der nächste Zeigerschlag eines Uhrwerks sagte sie ihm laut ins Gesicht, dass sie ihn „vollständig verachtet", was sie den Abend über mehrfach wiederholte, auch als er schon bedröppelt auf den Boden starrte. Freilich wurde ihm – ganz nach Ratio meiner Queer & Gender-Studies-Dozentin – der Grund für die so lange andauernde Schelte nicht erklärt. Außerhalb der Bildungs- und Szenezusammenhänge mag es im sozialen Minenfeld queerer Ausprägung üblich sein, nach impliziten Regelverletzungen nicht mehr nur in aufwändigeren Sanktionen[12] zu denken, sondern ungebremst ins formlose Ausleben von Autoritäts- und Rachlust überzugehen, aber auf dieser Metal-Party im Hinterland herrschten noch Moral und Anstand.[13] Um die Situation zu entschärfen und das Niveau sinken zu lassen, monierte ich also im Scherz, dass ich ihn ebenfalls vollständig verachten würde, weil er mir noch immer kein Bier gebracht habe. Das stellte sich als rücksichtslose Äußerung sondergleichen heraus: Meine alte Bekannte wandte sich beleidigt ab. Mich keines Blickes mehr würdigend, befasste sie sich für den Rest des Abends mit der hilflos dreinschauenden Gastgeberin, ihrer einzigen noch verbleibenden Freundin auf der Party.

Die meisten Queers, denen ich zuvor begegnet war, waren demgegenüber weniger aggressiv als vielmehr darauf bedacht, niemanden zu verletzen und den Umgang ganz soft und konfliktfrei zu gestalten. Ihnen barg die kleinste gemeinsame Aktivität große Gefahr. Um jede Unsicherheit selbst im Voraus aus dem Weg zu räumen, wurden ewige Problembesprechungen zu möglichen zukünftigen Situationen geführt, in denen sich alle einem eventuell autoritären Redestil entziehen wollten. „Ich will …“ und „Kannst du mir …“ wurde zu „Möchtest du vielleicht …“ und „Wäre es okay für dich, wenn …“ – was dem Gegenüber emotionale Last aufzwängt, denn wer der Aufforderung nicht nachkommt und nicht entsprechend formuliert antwortet, ist potenziell ein schlechter Mensch und muss an sich arbeiten, um sich sozial zu rehabilitieren. Dieses Vorsichtsprozedere hatte meist eine gewisse Komik. Beispielsweise besuchte ich einmal eine dezidiert queere WG-Feier. Nach meiner Ankunft erklärte unser Gastgeber meiner Begleitung und mir alle Räume mit ihren spezifischen Funktionen. Besondere Erwähnung fanden zwei absperrbare Kopulierzimmer in Kleiderschrankgröße. Auch wenn man sich *sex positive* gab, musste selbst „überschwängliches Küssen“ hinter verschlossenen Türen stattfinden, damit niemand davon getriggert würde. Pro forma wurden trotzdem auch die Vor- und Nachteile der Betten in den einzelnen WG-Zimmern hervorgehoben – vielleicht ist ja doch nicht alles verloren. Letztlich sammelten sich alle Partygäste in der zwischenmenschlich sterilen, hell erleuchteten Küche bei den

Schnapsflaschen. Der Rest der Wohnung war verbrannte Erde, denn dank der detaillierten Raumeinweisung herrschten dort statt etwaiger Perversion und Geilheit nun Scham und Unsicherheit. Vor fünf Kurzen wagte es niemand, sich davonzustehlen. Als dieser äußerst maßvolle, leidenschaftsgedämpfte Abend sich dem Ende neigte, stellte sich uns so langsam die Frage, ob diese Leute noch alle Tassen im Schrank haben.

Learning to learn from below: embracing the nutters

Einzelfälle hin oder her – nicht nur ich habe erleben dürfen, wie die autoritäre Anhängerschaft der Postcolonial Studies und des Queerfeminismus vergisst, dass sie es mit Menschen mit individuellen Lebensgeschichten in einer sich heterogenisierenden Gesellschaft zu tun hat, denen ihre kanonisierten Begründungszusammenhänge, Pauschalurteile und ihr dauerpädagogischer Dünkel großteils unverständlich bleiben. Gewiss muss gegen Diskriminierungen Stellung bezogen, müssen Gegenstrategien ersonnen, müssen Betroffene bei Bedarf unterstützt werden. Allerdings ist der Versuch, der Welt eine ganz neue, unter Strafdrohung auswattierte Normalität zu oktroyieren, zum Scheitern verurteilt. Angesichts zahlloser online und offline zur Schau gestellter Peinlichkeiten ist das einem breiten Publikum schon lange klar. Dennoch liefert sie nicht nur den Trollen wie selbstverständlich neues Futter, sondern regt auch eine Vielzahl von Kritiken an, denen gegenüber sie freilich in Abwehrhaltung verharrt. So wurden nach dem Erscheinen von *Beißreflexe* zwar ausführlich Geschlecht, sexuelle Orientierung oder Rasse der AutorInnen unzutreffend als stets männlich, schwul und weiß/deutsch diskutiert, nicht aber ihre Argumente. Hingegen wurden die Beiträge im Sammelband, die von Autorinnen verfasst wurden, ignoriert: Von Frauen formulierte Kritik an autoritären Bedürfnissen und reaktionären wissenschaftlichen Tendenzen überforderte das Weltbild des einen oder der anderen Genderforschenden offenbar so sehr, dass dazu nur geschwiegen werden konnte.[14]

Es ist gängige Praxis geworden, Individuen auf die für sie veranschlagten, manchmal beliebig anmutenden Kategorien zu reduzieren und sie beispielsweise in eine vermeintliche Kollektivgeschichte ihrer Pigmentierung oder ihres Geschlechts einzupassen. Weil sich die Trennlinien der sozialen Frage meist nicht mehr von selbst so schnurgerade ziehen, wie noch in den revolutionären Annalen überliefert, wird eben nachgeholfen, um den gemeinschaftlichen Ideologiegewinn an Orientierung und Sicherheit nicht zu gefährden. Es ist ein fataler Witz, dass Teile der Postcolonial Studies und des Queerfeminismus so der Hypostasierung von Rasse und Geschlecht Vorschub leisten, statt einen lockeren und weniger leidvollen Umgang mit dem Allerlei an Identitätsbestandteilen einzufordern, um den problematisierten Kategorien so die Macht zu nehmen. Das offizielle Leitmotiv der Linken ist auch dank dieser Halbgescheiten längst ein postkolonial und queer vertontes *„We embrace the nutters"*[15] geworden. Es mag ernüchternd sein, immer wieder auf die basale Einsicht hinweisen zu müssen, dass wir keine reinen Ableitungen von Kategorien oder Kollektiven sind, sondern alle eigene Lebenswege, Erfahrungen, Wissensschätze und Perspektiven haben. Möchten wir uns nicht verdummen lassen und stattdessen im Erkenntnisprozess und im Miteinander auf einen grünen Zweig kommen, ist es daher unabdingbar, schon aus methodischen Gründen offen und achtsam gegenüber anderen Ideen und Individuen zu sein. Andernfalls wären keine sinnvollen Auseinandersetzungen bezüglich gesellschaftlicher Themen zu führen.

Anmerkungen

1 Mit Bezug auf Georg Lukács' *Theorie des Romans* (1916) schreibt zur transzendentalen Obdachlosigkeit: Siegfried Kracauer, *Die Angestellten, Aus dem neuesten Deutschland*, Frankfurt am Main 1971 [1929], S. 91-101.

2 Andreas Eckert, „Schwarz, schön und stolz", in: *Die Zeit*, Nr. 37/2014, 04.09.2014.

3 Reginald Kearney, „The Pro-Japanese Utterances of W.E.B. Du Bois", in: *Contributions in Black Studies*, Vol. 13, 1995, S. 201-217. Weitere

potenziell problematische Punkte sind Du Bois' Positionen zur Sklaverei in Liberia, zu den Sowjets und zum Panafrikanismus.

4 Vgl. Jost Müller, „Die Masken des Frantz Fanon. Lesarten einer Theorie der Befreiung", in: *Jungle World*, Nr. 40/2002, 02.10.2002.

5 Vgl. Raewyn Connell, *Masculinities*, Berkeley 2005; dies., „Hegemonic Masculinity. Rethinking the Concept", in: *Gender & Society*, Volume 19, Issue 6, 2005, S. 829-859.

6 Vgl. Judith Butler, *Am Scheideweg. Judentum und die Kritik am Zionismus*, Frankfurt am Main 2013.

7 In einem offenen Brief üben vierzehn Akteure verschiedener politischer Spektren Kritik an den antisemitischen Veranstaltungen des CGC. Online abrufbar ist der Brief auf der Facebookseite des Jungen Forums DIG Frankfurt unter https://www.facebook.com/jufoffm/posts/1345330195568385 (letzter Abruf: 03.06.2018).

8 Vgl. Alfred Lorenzer, „Der Zerfall der Universität und die Möglichkeiten kritischer Wissenschaft", in: Rebekka Habermas/Walter H. Pehle (Hg.), *Der Autor, der nicht schreibt*, Frankfurt am Main 1989, S. 104-117.

9 Patsy l'Amour laLove (Hg.) *Beißreflexe – Kritik an queerem Aktivismus, autoritären Sehnsüchten, Sprechverboten*, Berlin 2017.

10 Als erster Denkansatz: „Cultural appropriation, the act of taking or using things from a culture that is not your own, especially without showing that you understand or respect this culture: Some see his use of African music as cultural appropriation." Cambridge Dictionary, https://dictionary.cambridge.org/de/worterbuch/englisch/cultural-appropriation (letzter Abruf: 03.06.2018).

11 Lesenswerte Überlegungen zu Frisuren als politischen Symbolen in der amerikanischen Bürgerrechts- und Black-Power-Bewegung finden sich bei Paul C. Taylor, „Malcolm's Conk and Danto's Colors; Or, Four Logical Petitions concerning Race, Beauty, and Aesthetics", in: *The Journal of Aesthetics and Art Criticism*, Vol. 57, No. 1, Winter 1999, S. 16-20.

12 Zwei besonders populäre Sanktionsmittel sind in letzter Zeit Bloßstellungen am Online-Pranger und unzulässige Personalisierungen szeneinterner Auseinandersetzungen in für die Allgemeinheit irrelevanten Publikationen geworden. Für die Opfer ist dieses Vorgehen nicht nur psychisch sehr belastend, es kann sie insbesondere im sozialen Bereich sogar die Karriere kosten. Alternativ werden beispielsweise *cordon sanitaire*- oder *no platforming/deplatforming*-Strategien angewandt.

13 Achtung, Witz.

14 Siehe dazu Caroline A. Sosat, „Grüsse von der Gender-Front", in: *NZZ*, 10.11.2017.

15 Julie Bindel äußerte sich zum identitätspolitischen „embracen" von Spinnern „beyond parody" beim Panel „The Personal is Political: Is Identity Politics Eating itself?" auf dem Battle of Ideas Festival 2015. Siehe: „Julie Bindel on Identity Politics", YouTube, 27.01.2016, online abrufbar unter: https://youtu.be/z6quwPMrH1M (letzter Abruf: 03.06.2018).

Räumt die geistigen Ausländerbehörden

Gruppe gegen migrantische Weinerlichkeit

Du erlebst Rassismus, weil Du in einer ungerechten Welt lebst. Vorbehalte und Vorurteile existieren, Dummheit ohnehin. Überholte Gesetze und solche, die immer schon falsch waren, ebenfalls. Und Gewalt erst recht: grausame und erbarmungslose, geplante und zufällige. All dies ist zu bekämpfen. Es gibt hierüber nichts zu diskutieren.

Nur: Dagegen zu sein, heißt lange noch nicht, schon für etwas Besseres zu streiten. Du hast die Wahl: über die schlechten Verhältnisse hinauszuwollen – oder das von Dir Abgelehnte fortleben zu lassen in dem, wonach Du Dich sehnst. Dein Vokabular verrät Dich genauso wie Deine Taten und Deine Träume. Wenn Du zu lange bei den Symptomen des Unerträglichen verweilst, wirst Du Dich ihnen angleichen, ob bewusst oder unbewusst. Am Ende wird aus Dir der Dünkel der Herrschaft sprechen, das gebieterische Bedürfnis und der gekränkte Trotz. Alles, nur eben nicht die Rebellion. Die Provokation, die Du hättest werden können, um Deinen Beitrag zum Beenden des Abscheulichen zu leisten, wird dann *perdu* sein. Deine Geschichte wäre schon an ihrem Anfang stillgestellt. Somit hast Du Dich rasch zu entscheiden: entweder die destruktiven Tendenzen und Gewohnheiten Deiner Umwelt aufzusaugen und zu absorbieren – oder ihnen einen allegorischen Tritt in den Hintern zu verpassen.

Wer andere als „Haustürken", *Token* oder „Fifi-Migranten" beschimpft, ist weder cleverer noch aufmüpfiger als diejenigen, die damit vorgeführt werden sollen, sondern stellt die Freude zur Schau, trotz Minderheitenzugehörigkeit selber autoritär auftrumpfen zu können. Furcht einzuflößen. Endlich einmal Instanz zu sein. Solche Berufsmarginale mit Lautsprecher genießen in der Regel die komfortable Bevorratung der verhassten Ersten Welt, mit der sie nichts anzufangen wissen. Sie kommen sich mächtig lässig vor, sind aber nur das Ethno-Gewissen miesepetriger Gender-Vorpredigerinnen und dröger Queer-„Theoretiker“, denen die Moral diktiert, die eigenen reaktionären Impulse zu unterdrücken, die sich für ihre Abneigung jedoch längst ein wirksames pseudowissenschaftliches Ventil geschaffen haben. Die missgünstige Fixierung auf jene migrantischen Individuen, die „ihrer“ angeblichen „Kultur“ entschieden „*Thanks, but no thanks!*“ zurufen, beweist es stets aufs Neue.

Daraus kann nur ein Aufruf an alle resultieren: Räumt die geistigen Ausländerbehörden. Genug der Bürokratisierung der Begriffe, dem ewig variierten Abfragen von „Herkunft“, „Wurzeln“ und „Heimat“, dem Neuhierarchisieren des Politischen und des Zwischenmenschlichen durch Platzanweisungen, Moral und kollektive Identitätssucht – alles im Dienste wohliger Gemeinschaft. Überlasst die Metonymien von Volk, Völkern, Volkszugehörigkeit demjenigen politischen Spektrum, das ohne sie nicht leben kann.

Und genug des Wehleidigen. Wenn Dir jemand dumm kommt, pfeif zurück! Wappne Dich für Hässliches und Übles, weil die Welt nie anders war und so schnell zur Trauminsel nicht werden wird. Du kannst scharf entgegnen, ohne Dich zu brutalisieren und der Logik des Krieges zu verfallen, der so viele frönen. Was soll die erbärmliche Rede von „Verbündeten“ denn anderes sein als eine penetrante Weise, das eigene Aggressionspotenzial zu rationalisieren? Wer so redet, feilt doch nur an einem unendlichen Bewerbungsschreiben für einen Diversity-Posten bei der Bundeswehr oder der NATO. „Koalitionen“ sind etwas für Beamte, „Allianzen“ etwas für Kriegsführende.

Hör auf, bei jeder Gelegenheit rumzujammern über „Almans“, „Weiße“, „Kartoffeln“ oder die ach so fiese „Mehrheitsgesellschaft“, als wärst Du ein kleines Kind, das meint, jederzeit ein Anrecht auf Süßes zu haben, und das deshalb ohne Ende plärrt, wenn es an der Supermarktkasse mal keinen Lollipop gibt. Weder verdienst Du per se Aufmerksamkeit, weil Du einen Migrationshintergrund hast, noch bist Du die einzige Person, der es auf der Welt schlecht geht. Nur wenn Du immer schon von den falschen Verhältnissen ausgehst, wird sich Dein Protest gegen Rassismus nicht ans Ressentiment binden. Dazu musst Du Dich zunächst vom doppelten Gruppendenken verabschieden: erstens von der Annahme, dass „die" (Weißen, Deutschen, „da oben" usw.) Dich im Sinne einer undurchdringlichen, homogenen und konstant bösartigen Vereinigung knechten; zweitens von der Selbstidentifikation mit Deinen „eigenen" Stämmen. Schluss mit diesem modernen Tribalismus. Stell Dich allem entgegen, was Kollektive vor das Individuum rückt. In der Freiheit liegt das Potenzial Deiner selbst brach, und „sie stört eigentlich immer"[1], was Dir nur zugutekommen kann.

Wissen fliegt Dir nicht zu. Lass Dir an der Uni deshalb nichts einreden, was mit Deinem Leben nichts zu tun hat. Misstraue Autoritäten, auch wenn diese wie Softies daherkommen. Fang beim heiligen Schrein Deiner Studienfächer an: Vergiss Foucault! Vergiss Butler! Du wirst bei diesen ausgelatschten Pantoffeln aus dem 20. Jahrhundert nichts lernen, außer, Dein Unglück noch mit Plüsch auszupolstern. Am Ende wird Deine Kompetenz darin liegen, mit wohliger Stimme „Diskurs" und „Macht" summen zu können – Begriffe, die wie Häppchen bei geselligen Anlässen serviert werden. Lass Dich nicht blenden. *Sexualität und Wahrheit* ist der Liebling aller Genderspießer, und das Reden darüber hat die Funktion wie einst der Sonntagswagen: ausfahren und glänzen, tatsächlich aber nichts getan haben. *Das Unbehagen der Geschlechter* ist das triste Dokument eines neurotischen Verhältnisses zur Lust, in etwa so, wie Sex nur schamvoll erleben zu können, angezogen und im Dunklen. Je mehr Du weißt, je mehr Du gelesen hast, desto weniger werden Dich diese akademischen Entertainer beeindrucken. Mach Dir nichts vor: Es handelt sich wirklich um das Gegenteil von Denken, um Massengeschmack im Stile von Samstagabendshows im TV, die abgestandenen Pepp in die Wohnzimmerödnis bringen sollen – nur eben einem kultivierten Kleinbürgertum serviert. Gemacht von totalen Langweilern für Langweiler. Wer das gut findet, brillant gar, hat mit Sicherheit noch nie etwas Aufregendes erlebt. Ganz abgesehen davon, dass sich damit nichts erklären lässt, was derzeit die Hütte brennen lässt. Gar nichts.

Deine Devise, stattdessen und auf unbestimmte Zeit: *Occupy reason!*[2] Kontere die regressive Sehnsucht nach dem Anderen mit Deiner Sehnsucht nach dem anderen Leben. Bring dabei verschiedene Ebenen nicht durcheinander, denn Projektion und Politik unterscheiden sich. Der Wunsch nach einer vollumfänglichen Einheit von Analyse und Existenz wird Dich nur verwirren. Distanz statt Verschmelzung. Was Theorie nicht vermag, kann Literatur. Lies *Orlando* von Virginia Woolf, *Auf den Körper geschrieben* von Jeanette Winterson, wenn es Dir darum gehen sollte, die Grenzen der Geschlechtsidentität nicht nur zu begreifen, sondern auch sinnlich zu erfahren. Lass diejenigen hinter Dir, die Dir alle paar Monate einen neuen pseudoanalytischen Begriff aufzwingen wollen, der den jeweils neusten Kniff der Herrschaft erklären soll. Sie stellen nur pingelige Verordnungen für korrektes Verhalten aus.

Es ist alles da. Nur eben nicht auf dem Seminarplan des Kurses, den Du gerade besuchst, erst recht nicht auf der Lektüreliste Deiner Politgruppe, und ganz bestimmt nicht unter dem Geistesschutt, der Dir tagtäglich entgegenströmt. Streng Dich selbst an. Dies ist Dein Leben, und Du hast nur dieses eine. Kämpfe hart dafür. „Eine Welt von Genüssen ist zu gewinnen. Wir haben dabei nichts zu verlieren als die Langeweile."[3]

Also. Nicht weinen, Queerdo. Die *Raison d'Être* der Politik ist Dir bekannt: Du hast bereits die Freiheit zu feiern. Was Du jetzt noch brauchst, ist die Feier *Deiner* Freiheit.

Anmerkungen

1 Linda M. G. Zerilli, *Feminismus und der Abgrund der Freiheit*, Wien/ Berlin 2010, S. 25.

2 Initiative Sozialistisches Forum, „Occupy reason! Einladung zum Jour fixe im Frühjahr/Sommer 2012", Freiburg 2012, S. 4.

3 Raoul Vaneigem, *Handbuch der Lebenskunst für die jungen Generationen*, Hamburg 2008, S. 343.

Nachwort zur zweiten Auflage

Ioannis Dimopulos

In der *Poetik* bestimmt Aristoteles die Metapher als die „Übertragung eines Wortes, das [eigentlich] der Name für etwas ist“[1], auf einen anderen Fall, so etwa, wenn Herakles aufgrund seiner Stärke als Löwe bezeichnet wird, ohne selbst ein Tier zu sein. Die Metapher ist so zu verstehen als Austausch eines Wortes durch ein anderes, welcher durch eine gemeinsame Bedeutungsspur ermöglicht wird. Freiheit soll, so gab es der Titel dieses Buches bereits 2018 an, aber gerade keine Metapher sein, also ihrer Übertragung trotzen. Das hat einen spezifischen Grund.

Das in den letzten Jahren populär gewordene akademisch-aktivistische Beharren auf das „intersektionale“ Kreuzen diverser Marginalisierungsformen in einer Person hält die Hierarchisierung von Opfern für eine Analyse von Rassismus, Misogynie und Klassenzugehörigkeit, was sich allerdings auf das bloße Aufzählen einzelner Diskriminierungskomponenten beschränkt, während „Befreiung“ im Duktus Foucault'schen Besserwissens in der Regel zu einem Diskurseffekt karikiert wird. Die Kritik an solchem Gebaren macht die bleibende Schlagkraft dieses Sammelbandes aus. Ihm geht es darum, die genannten Kategorien zu entzerren, um nach den gesellschaftlichen Tendenzen hinter diesem Denken zu fragen. Die Rezeption dieser Publikation belegt zudem, dass die gängige Definition von Freiheit in den letzten Jahrzehnten einer leeren Phrase gewichen ist, an die regressive Denkschulen nach Belieben anschließen können. Es überrascht deshalb nicht, dass die in *Freiheit ist keine Metapher* vorgelegten Analysen der Verfallserscheinungen wissenschaftlichen Denkens von den Gemeinten bis heute nicht zur Kenntnis genommen, verschwiegen oder belächelt wurden, weil diese Kritik bereits 2018 so grundlegend angesetzt hatte, dass sie zu einer Gefahr für diejenigen wurde, die sich mit den Verhältnissen abgefunden haben, die sie zugleich hochtrabend zu durchschauen meinen.

Die Prominenz Judith Butlers nicht nur im Gender-Diskurs, sondern auch ihre Rolle als antizionistische Stichwortgeberin für die deutsche Wissenschaftslandschaft und den hiesigen Kulturbetrieb sowie die Beliebtheit kulturrelativistischer Positionen ist heute so ungebrochen wie damals und zeigt, was die hier versammelten Aufsätze, Artikel und Essays heute noch so gewichtig macht. Das Verbarrikadieren vor dieser Kritik ist dabei der beste Beleg für die Schlagkraft dessen, was sich auf diesen 500 Seiten entfaltet hat. Die Publikation war die längst überfällige Kritik an pseudokritischen universitären Produkten, die ihr eigenes, destruktives Wirken selbst nicht zu reflektieren gedenken, obwohl sie stets mit besonderer Verve „Selbstreflexivität" einfordern.

Der Anspruch, dass Freiheit keine Metapher sein darf, zeugt noch immer vom Widerstand gegen ein Denken, das selbst zur Metapher geworden ist und demnach immer schon bedeutungsgleich mit dem sein will, was es erst zu denken hätte. Das eigene Selbstverständnis solle identisch sein mit Freiheit, ohne sich mehr die Frage zu stellen, ob ein gemeinsamer Bezug auf Freiheit in diesem Denken überhaupt noch vorliegt. Davon zeugt die Umdeutung jedweder Kritik in einen persönlichen Angriff, worauf sich Queerfeministinnen wie Postkoloniale seit jeher geeinigt haben. Freiheit heißt für sie die Freiheit vom Denken und damit von einer Kritik, die das Gesagte nicht blind affirmiert. Die Tendenz, Freiheit als leere Worthülse auf alles Geplärre zu stülpen, was die eigene intellektuelle Verwahrlosung noch zulässt, macht sie bedeutungslos. Exemplarisch wird das nicht nur darin, dass diverse Aktivisten die Definition des Antisemitismus so vehement aufzuweichen versuchen, bis die eigene Vernichtungsfantasie gegenüber dem Staat Israel aus ihr herausfällt. Der neuerliche Hass auf Feministinnen, die Frauen nicht auf ein performiertes Diskursphänomen reduziert sehen wollen, belegt ein Übriges.

Freiheit ist keine Metapher bleibt jedoch nicht bei einer grundlegenden Kritik dieses Denkens stehen, sondern koppelt das

Erkannte an den prekären Stand derjenigen sozialen Gruppen zurück, die von den Kritisierten zu vertreten behauptet werden. Der Sammelband legte beinahe prophetisch die Probleme dieses Denkens und ihre Konsequenzen für das Subjektsein und die gesellschaftliche Entwicklung von Freiheit offen. Die Warnung vor der einflussreichen Stellung des Irans im Nahen Osten, die Psychoanalyse des Jihadismus und der immanente Antisemitismus queerfeministischen Denkens lesen sich sechs Jahre nach Erscheinen noch dringender, als sie es bei der ersten Drucklegung ohnehin schon taten. Die Apologie klerikalfaschistischer Strukturen einer völlig begriffslosen Linken, die Umdeutung des Antizionismus in einen gesellschaftlich ehrbaren Kampf wie auch die Vergötzung geschlechtlicher, rassischer oder sonstiger Identifikationsmerkmale zur steinernen, sich selbst recht gebenden Identität, hat ein Netz einander selbstbejahender Subjekte produziert, die sich selbst das Denken schuldig bleiben. Es ist diese Übertragung von Erkenntnis zu Bekenntnis, gegen die die Autorinnen und Autoren dieses Bandes Widerspruch erhoben haben. Sie alle insistieren auf einer Kritik, die sich denkend bestimmt und eben nicht durch die eigene aktivistische Befindlich- und Bedürftigkeit.

Das bleibt sechs Jahre nach der Erstveröffentlichung eine schier unlösbare Aufgabe. Das Sich-Abarbeiten an den immergleichen Problemfeldern, deren Bestandsaufnahmen sich offenkundig gar nicht erst weiterentwickeln können und somit auch nicht in der Lage sind, ihre bisweilen sehr irren Postulate einer Revision zu unterziehen, scheint mit Blick auf die Entwicklungen der letzten Jahre nicht nur eine permanente, sondern vielmehr eine verzweifelte Aufgabe zu sein. Zu sehr erfreuen sich die äußerst kritikwürdigen Positionen und Befindlichkeiten deutschlandweit wie global einer höchst gemütlichen Position. Hiervon zeugen nicht nur die Erosion der geistes- und sozialwissenschaftlichen Disziplinen, sondern auch die Internalisierung identitätspolitischer Übersteigerungswettkämpfe zum strukturgebenden Moment der Kulturindustrie selbst. Das Netz aus lebenslänglich geadelten Professoren, die im Gleichklang mit Journalisten, Aktivisten, Kulturfunktionären und Staatsbeauftragten agieren, hat es sich in der gegenseitigen ideologischen Bestätigung sehr bequem gemacht. Im Versuch, immer wieder auf der Mikroebene gesellschaftlicher Deformation das jeweilige Problem zu benennen und darüber hinauszuweisen, treffen sich die unterschiedlichen Vorgehen und Reflexionen, die der Band vereint, ohne die politischen Differenzen zwischen den artikulierten Positionen zu negieren. Sie sind so vielfältig und distinkt, wie das identitätspolitische Gerede gerne von sich selbst behauptet, „vielfältig" zu sein, dies aber nie einlöst, weil es nur Meinungshomogenität kennt. Deshalb sind alle Beiträge, die der Herausgeber unter dem programmatischen Titel vereint hat, in ihren besonderen Perspektiven lesenswert und eben keine blinde und gedankenlose Wiederholung des identitären Immergleichen, das von sich meint, mit stets ausufernden Selbstbezeichnungen „Diversität" zu leben. Bei einem Denken hingegen, das sich auf die leiderfüllte wie zynische Wirklichkeit bezieht, geht es um nichts anderes als die Aufdeckung des je Besonderen, das sich gegen seine Kollektivierung sträubt. Auf dem Spiel stehen die Vorbedingungen eines Zustands, in dem das Lebendige noch einen kleinen Platz hätte, ohne vollends zur Kategorie verdinglicht zu werden, wie man es aus der Debatte um Intersektionalität indes zu Genüge kennt.

Ein zentraler Bestandteil dieses Vorgehens, das Kritik an den Verwechslungen üben will, die heute im Namen der Freiheit in Europa und weltweit phantasmagorisch umherirren, ist die Bedeutung von Zeit. „Es ist Zeit"[2], ein kurzer Teilsatz aus der Vorbemerkung von 2018, darf deshalb nicht einfach überlesen werden. Es ist Zeit, dass es Zeit wird – dass Zeit selbst wieder Teil des Denkens wird, statt in der ahistorischen wie geistlosen Selbstbeweihräucherung identitätspolitischer Art aufgelöst zu werden. Sie ist die entscheidende Kategorie, die Kritik nicht zu einem selbstgefälligen Hobby macht, sondern zu einer schmerzlichen und deshalb umso drängenderen Aufgabe führt: verbliebene Freiheitsräume zu entdecken und aus ihnen heraus den Blick denkend auf die Möglichkeit eines anderen Lebens zu richten.

In jeder gesellschaftlichen Deformation ist die Aussicht auf ihre Überwindung enthalten und umgekehrt. Mit Blick auf diesen Kipppunkt unentwegt zu denken, ist die Mahnung, die sich zwischen den Deckeln dieses Bandes erstreckt. Das aufmerksame Lesen als eine der wenigen Möglichkeiten, aus dem Verblendungszusammenhang hinauszuweisen, Gewissheiten zu kränken oder auch nur Möglichkeitsräume zu eröffnen, unter denen ein Mehr an Freiheit denkbar wäre – das ist als permanente Aufgabe all jenen auferlegt, für die Freiheit keine Metapher ist. Das Märchen vom aufgeschlossenen, auf Minderheiten achtenden Aktivismus, bei dem es sich tatsächlich um die jüngste Inkarnation des immer schon zur Barbarei tendierenden revolutionären Subjekts handelt, macht die Dringlichkeit dieser Angelegenheit unverkennbar.

Es ist demnach der richtige Impetus, der sich von der ersten bis zur letzten Seite dieses Buches findet. So sehr sich die Autorinnen und Autoren den akademisch-aktivistischen Produkten intelligenter und weniger intelligenter Ideologen und Unpersonen zuwenden, um aus der Lektüre ein Verständnis der politischen Gegenwart zu entwickeln, so sehr ist man beim Lesen selbst dazu angeraten – beinahe unweigerlich dazu gedrängt –, ihrer beispielhaften Kritik zu folgen. *Freiheit ist keine Metapher* ist deshalb als eine bleibende Aufforderung zu verstehen, lesend und denkend den Ist-Zustand zu begreifen; alles andere folgt daraus.

Anmerkungen

1 Aristoteles, *Poetik*, in: ders., *Werke*, Band 5, Berlin 2008, S. 29.

2 Vojin Saša Vukadinović, „Am Abgrund der Freiheit. Vorbemerkung", S. 18-23 in diesem Band, hier: S. 22.

Autoren und Autorinnen

Mustafa Aldabbas ist syrischer Journalist und Menschenrechtsaktivist. Er studierte Kommunikationswissenschaften an der Universität Damaskus und arbeitete als Reporter für viele lokale und internationale Medien und Plattformen, so etwa für *Al-Monitor*, *Rozana Radio*, die *taz* und das *Centre for Thought and Public Affairs*. 2014 verließ er aufgrund seines Einsatzes für die Freiheit und die Menschenrechte Syrien, nachdem er vom dortigen Regime zwei Monate inhaftiert worden war, und ging in den Libanon. Über das Büro der UNHCR gelang ihm die Ausreise nach Deutschland, wo er seit Januar 2015 lebt. Er trägt zum Exiljournalisten-Projekt des *Tagesspiegel* bei. Gegenwärtig lernt Mustafa Aldabbas Deutsch, um an einer hiesigen Hochschule zu studieren.

Nasrin Amirsedghi ist eine in Berlin lebende deutsche Publizistin und Sprachdozentin (DaF & DaZ) persischer Herkunft. 1996 gründete sie den Verein DIA („Deutschland von Innen und Außen") für Kultur und Migration in Mainz. 2006 erhielt sie den Verdienstorden des Landes Rheinland-Pfalz für ihre Arbeit mit Migrantinnen und Migranten.

Sercan Aydilek, Jahrgang 1991, ist Auszubildender, beschäftigt sich als politischer Aktivist mit dem Kampf gegen Antisemitismus, Antizionismus, Homophobie und Islamismus und ist seit 2017 als freier Referent unterwegs mit seinem Vortrag „100 % Haram?! Being queer in Islam".

Judith Sevinç Basad studierte in Stuttgart und Berlin Philosophie und Germanistik. Sie bloggt für das Autorenkollektiv *Salonkolumnisten* und schreibt für *Tagesspiegel Causa*, *WELT* und *FAZ* über Feminismus, den Islam und Antisemitismus. In der Initiative „Liberaler Feminismus" setzt sie sich für einen freiheitlichen Feminismus ohne Sprechverbote ein. Sie arbeitet für die von Seyran Ateş gegründete Ibn Rushd-Goethe Moschee in Berlin-Moabit, die einen liberalen und geschlechtergerechten Islam praktiziert.

Lisa Bertel hat in Wien und Leiden (Holland) Politikwissenschaften studiert und fokussierte sich im Rahmen ihres Faches auf Antisemitismus- sowie Konfliktforschung. Während eines Auslandsaufenthaltes in England setzte sie sich aufgrund der politischen Konstellation vor Ort näher mit dem Antisemitismus in der Linken auseinander, woraus ein weitläufiges Interesse am anglo-amerikanischen Raum hervorging. Sie ist bei der Austrian Press Agency und als Übersetzerin tätig.

Ioannis Dimopulos ist Literaturwissenschaftler. Nach Studienaufenthalten in Bielefeld, Tokio und Tübingen, in denen er Germanistik, Allgemeine und Vergleichende Literaturwissenschaft studierte, ist er seit Herbst 2023 am German Department der Brown University tätig. Dort promoviert er zur Philosophie und Literaturtheorie der Frankfurter Schule sowie zu Marcel Proust. Darüber hinaus schreibt er für diverse Medien.

Christina Dschaak ist Linguistin und lebt in Leipzig.

Marco Ebert lebt in Berlin und hat an der Humboldt-Universität zu Berlin Gender Studies und Moderne Geschichte studiert. Von 2010 bis 2013 engagierte er sich in der queeren Szene Berlins und war von 2014 bis 2017 Referent für Ökologie und Umweltschutz im RefRat (AStA) der Humboldt-Universität. Seine Forschungsinteressen sind die Geschlechtergeschichte und politische Ideengeschichte des 20. Jahrhunderts. Zurzeit arbeitet er zum Wirken und Denken von Frauen in faschistischen Bewegungen in der Bundesrepublik Deutschland.

Emrah Erken, geboren 1970 in Ankara, ist Schweizer Rechtsanwalt türkischer Herkunft, der seit 1979 in der Schweiz lebt. Ende Dezember 2017 hat der bekennende Freidenker, der zwischendurch auch bloggt, die Facebook-Gruppe „Before Sharia Spoiled Everything“ ins Leben gerufen, in der säkulares Leben in der islamischen Welt vor 1979 gezeigt wird. Die Facebook-Gruppe war seither Gegenstand zahlreicher Artikel, u. a. in der *Welt am Sonntag*, *EMMA*, *Weltwoche*, *Süddeutsche Zeitung* und *Basler Zeitung*.

Ali Tonguç Ertuğrul, Studium der Politikwissenschaft an der Philipps-Universität Marburg und der Politischen Theorie an der Goethe-Universität Frankfurt. Gegenwärtig beschäftigt er sich mit dem Verhältnis von Dekadenz und Apokalypse.

Tara Falsafi wurde 1992 geboren. Wer politisch interessiert ist, hat meistens keine Hobbys (eher Twitter) – davon ist sie sehr überzeugt. Miteinander streiten *und* Bündnisse wagen! Themen, die aktuell bleiben: Materialistischer Feminismus, Antifaschismus und wo eins das beste bezahlbare Essen an jedem Ort bekommt. Twitter: @sternenrot

Kacem El Ghazzali, Jahrgang 1990, ist ein säkularer Publizist. Er stammt aus Marokko und kam 2011 als Flüchtling in die Schweiz, wo er inzwischen eingebürgert ist.

Die **Gruppe gegen migrantische Weinerlichkeit** hat ihren Namen zum Programm. Sie ist auf professionelle Heulsusen gleich welcher Herkunft nicht gut zu sprechen.

Anastasia Iosseliani wurde 1991 – im Jahr, in welchem Georgien endlich wieder die Unabhängigkeit erlangte – als Tochter eines Schweizer Vaters und einer Frau aus der untergehenden Sowjetunion in Zürich geboren. Sie wuchs als Kind dort sowie in Tblissi und in Moskau auf. Hauptberuflich arbeitet sie in einer Buchhandlung; des Weiteren bloggt sie unter PinkKosher-Nostra.org zu verschiedenen Themen.

Hannah Kassimi, geboren in Düsseldorf, lebt seit 2012 in Leipzig. Studiert derzeit Soziologie im Master in Halle.

Polina Kiourtidis, 1995 in Griechenland geboren, hat Politikwissenschaft und Germanistik an der Ruprecht-Karls-Universität Heidelberg studiert. Seit einigen Jahren setzt sie sich gegen Antisemitismus und für Israel ein. 2016 hat sie das Junge Forum der Deutsch-Israelischen Gesellschaft in Heidelberg mitgegründet.

Panagiotis Koulaxidis, Jahrgang 1990, Studium der Philosophie, Ethik, Politik- und Wirtschaftswissenschaft in Stuttgart.

Jasmina Krauss, 1988 geboren in Jugoslawien, lebt in Leipzig und ist studierte Übersetzerin und Dolmetscherin. Die angehende Autorin setzt sich für das nordische Modell und Kampagnen wie #RotlichtAus ein.

Krsto Lazarević wurde in Tuzla, Bosnien-Herzegowina geboren. Nach der Flucht vor dem Krieg und einem Abstecher auf die Reutlinger Hauptschule studierte er Politikwissenschaft, Soziologie und Gender Studies in Frankfurt am Main, Valencia und Berlin und absolvierte erfolgreich einen Master of Arts. Er arbeitet als Journalist. Seine thematischen Schwerpunkte sind Migration, Flucht, Rechtsextremismus, Islamismus sowie Kunst und Kultur aus den Ländern des ehemaligen Jugoslawiens. Er arbeitet als Redakteur in Berlin und war zuvor Korrespondent in Wien, Belgrad und Sarajevo. Lazarević dreht Dokumentarfilme, unter anderem für Arte und den MDR, und schreibt eine Kolumne für die Deutsche Welle. Er betreibt gemeinsam mit Danijel Majić (*Frankfurter Rundschau*) den Podcast „Neues vom Ballaballa-Balkan".

Sama Maani, Schriftsteller und Psychoanalytiker in Wien. 2015 erschien *Respektverweigerung: Warum wir fremde Kulturen nicht respektieren sollten. Und die eigene auch nicht* (Essayband), 2016 *Der Heiligenscheinorgasmus und andere Erzählungen*, 2018 *Teheran Wunderland* (Roman).

Yasemin Makineci, Ex-Muslima.

Janina Marte, Studium der Soziologie und Ethnologie in Freiburg und Kulturwissenschaften in Leipzig. Engagiert sich in der feministischen Menschenrechtsorganisation Terre des Femmes e.V. und ist seit 2010 ehrenamtlich in der politischen Bildungsarbeit aktiv. Beschäftigt sich mit den Themen Antisemitismus, Feminismus, (Anti-)Rassismus, Kulturrelativismus und Islam (-appeasement).

Sabri Deniz Martin, BA Soziologie und Japanologie, studiert Wirtschafts- und Finanzsoziologie im Master, arbeitet in den Bereichen Kommunikation und Marketing und engagiert sich rund um Erinnerungskultur und Vergangenheitspolitik.

Kazem Moussavi ist Mitbegründer und Sprecher der oppositionellen Green Party of Iran, Herausgeber des *Iran Appeasement Monitor* und prominenter Kritiker der Islamischen Republik im deutschen Exil. Er schreibt für diverse Webseiten und Printmedien über die Menschenrechtssituation im Iran und kritisiert die Appeasementpolitik und universitäre sowie Kultur- und Wirtschaftsbeziehungen mit dem islamistischen Regime. Aufgrund seiner Berichte mussten in den letzten Jahren mehrere deutsch-iranische Prestigeprojekte abgesagt werden. Er hat die Organisationsstrukturen des alljährlichen iranischen antisemitischen Al-Quds-Tages in Berlin offengelegt. Selbst im Exil wird Moussavi durch Regimemedien im Iran wegen seiner pro-israelischen und -amerikanischen Haltung bedroht und auch von Iran-Lobbyisten in Deutschland drangsaliert.

Fathiyeh Naghibzadeh studierte Gender Studies an der Humboldt-Universität zu Berlin und ist Gründungsmitglied des Mideast Freedom Forum Berlin. Sie ist Ko-Autorin von *Verratene Freiheit. Der Aufstand im Iran und die Antwort des Westens* und *Iran im Weltsystem. Bündnisse des Regimes und Perspektiven der Freiheitsbewegung*, und zudem Ko-Regisseurin des Dokumentarfilms *Kopftuch als System – Machen Haare verrückt?*

Sohiel Partoshoar ist freier Autor und hauptberuflich in der IT-Branche tätig. Er lebt in Malmö.

Naida Pintul, Jahrgang 1986, geboren in Jugoslawien, lebt in Heidelberg. Hat Anglistik und Politikwissenschaft studiert, engagiert sich als Feministin in der Tradition der Zweiten Welle bei Terre des Femmes e.V., ist Mitglied im Zentralrat der Ex-Muslime und fokussiert sich in ihrer politischen Arbeit insbesondere auf Prostitution und die Formulierung einer feministischen Islamkritik.

Ioannis Politis ist Fotograf.

Lena Rackwitz, Jahrgang 1996, studiert und lebt in Bonn. Sie hält gelegentlich Vorträge und schrieb für die *Jungle World* über die Terre des Femmes-Studie zu Female Genital Mutilation.

Ljiljana Radonić lehrt über Kritische Theorie, Antisemitismus und (ostmittel)europäische Erinnerungskonflikte am Institut für Politikwissenschaft der Universität Wien und verfasst ihre Habilitation über den Zweiten Weltkrieg in postsozialistischen Gedenkmuseen am Institut für Kulturwissenschaften und Theatergeschichte der Österreichischen Akademie der Wissenschaften. Sie ist Redakteurin und Autorin der *sans phrase – Zeitschrift für Ideologiekritik*. 2018 erschien *Die friedfertige Antisemitin reloaded. Weibliche Opfermythen und geschlechtsspezifische antisemitische „Schiefheilung"* im Clio-Verlag, eine Aktualisierung ihrer 2004 bei Peter Lang veröffentlichen Studie *Die friedfertige Antisemitin? Kritische Theorie über Geschlechterverhältnis und Antisemitismus.*

Rocío Rocha Dietz hat Linguistik und Sozialwissenschaften an der Humboldt-Universität zu Berlin studiert und arbeitete von 2016-2018 im Forschungsprojekt „Antisemitismus im World Wide Web" der TU Berlin. In ihrer Abschlussarbeit im Master Kognitive Medienlinguistik untersucht sie das Emotionspotenzial verbalantisemitischer Äußerungen im Internet. Ihre weiteren Forschungsfelder sind *Hate Speech* und digitale Kommunikationsstrategien in den Sozialen Medien.

Dennis Schnittler lebt, arbeitet, denkt und schreibt außerhalb der Universität in einer südhessischen Kleinstadt. Er hält unregelmäßig Vorträge zu Hartz-IV-Maßnahmen, dem Leben von Heimkindern, Verschwörungstheorien und Rassismus. Ähnliches, aber auch sehr Abwegiges, veröffentlicht er u. a. auf seinem aktuellen Blog: mariasfirst.wordpress.com

Annette Seidel-Arpacı hat an den Universitäten Bradford und Leeds studiert. 2005 hat sie an der University of Leeds in Jewish Cultural Studies promoviert. Nach 18 Jahren im UK und in den USA lebt sie seit 2017 wieder in Deutschland und lohnarbeitet derzeit im Hochschulbereich.

Zeinab Shaker ist Bibliothekarin und studiert an der Humboldt-Universität zu Berlin Bibliotheks- und Informationswissenschaften sowie Amerikanistik.

Amed Sherwan, Jahrgang 1998, in Kurdistan im Nordirak geboren und aufgewachsen, mit 15 Jahren als Ex-Muslim inhaftiert und gefoltert, seit 2014 in Deutschland, Blogger und Aktivist. Hilfe bei der Verbesserung seiner abenteuerlichen Orthografie und der Gliederung seiner chaotischen Gedanken bekommt er von seiner Freundin.

Veronica Szimpla, Jahrgang 1989, hat ingenieurswissenschaftliche Lebensmitteltechnologie an der Technischen Universität Berlin studiert, war währenddessen politisch für die Stadt Berlin und die Hochschule aktiv und hat an einem Projekt zur Frauenförderung in Naturwissenschaften mitgearbeitet. Zurzeit arbeitet sie an ihrer Master-Qualifikation im Bereich Bioverfahrenstechnik. Ihr Engagement widmet sie sowohl Frauenrechten generell als auch speziell Frauen im Autismusspektrum.

Ali Utlu wurde 1971 als Kind türkischer Einwanderer im hessischen Groß-Umstadt geboren. 1997 zog er nach einer Ausbildung zum Grafiker nach Köln. 2012 wurde er Politiker für die Piratenpartei. Er setzt sich als homosexueller Ex-Muslim und Atheist für Menschenrechte ein und ist bekannter Religions- und Islamkritiker. Twitter: @AliCologne

Chloé Valdary war ein Jahr lang Tikvah Fellow beim *Wall Street Journal*, wo sie eine umfängliche Studie über die Entwicklung antiisraelischer Vorurteile an US-amerikanischen Colleges durchführte. Ihre Beiträge erscheinen in der *New York Times*, dem *Wall Street Journal* sowie dem *Atlantic Magazine*, um nur einige wenige zu nennen. Heute ist sie Brand Ambassador und Shilman Fellow bei Jerusalem U, einer US-amerikanischen Bildungsorganisation.

Oliver Vranković lebt seit 2007 in Israel und arbeitet seit 2010 im Elternheim Pinkhas Rozen der Vereinigung der Israelis mitteleuropäischer Herkunft und seit 2017 an der Wiener Library. Außerdem organisiert er Studienreisen und geht einer freiberuflichen journalistischen Tätigkeit nach. In seinem israelbezogenen Blog schreibt er über den Holocaust, Antisemitismus, die Geschichte des Staates Israel, den Nahostkonflikt und die israelische Gesellschaft heute.

Vojin Saša Vukadinović ist Historiker.